Œuvres

de

Rimbaud

Rimbaud

Œuvres

Nouvelle édition
revue 1991

Classiques Garnier

En couverture :
Rimbaud,
photographie de Carjat
(septembre-octobre 1871 ?)

© Bordas, Paris, 1991

ISBN 2-04-017399-4

Sommaire biographique,
introduction, notices,
relevé de variantes,
bibliographie et notes
par
Suzanne Bernard
et
André Guyaux

Édition illustrée de 25 reproductions

AVANT-PROPOS DE L'ÉDITION
REVUE ET CORRIGÉE

En *1960, l'édition de Suzanne Bernard était la première tentative importante d'annotation de l'œuvre de Rimbaud. En vingt ans, un certain nombre de choses ont changé mais je ne crains pas de dire, aujourd'hui que je le connais mieux, que le travail de Suzanne Bernard est sans équivalent. Depuis lors, bien sûr, il est paru une nouvelle édition de la Pléiade, où figurent toutes les lettres de Rimbaud, y compris la volumineuse correspondance africaine, mais le commentaire d'Antoine Adam, souvent plus court, n'a pas la même perspective.*

La difficulté d'une annotation des œuvres de Rimbaud est celle-ci : autant il convient, pour les premiers poèmes, de chercher des sources d'inspiration, en particulier dans la poésie romantique et parnassienne, autant il est vain de le faire pour les Illuminations. *L'évolution du poète s'explique par une débandade des valeurs et des références. Il passe de l'imitation à la parodie, insensiblement, et à force de se démarquer, il se dégage des autres arts poétiques et ne trouve plus qu'une forme : le fragment, et qu'une source d'inspiration : lui-même. Pourtant, Rimbaud reste un poète de la parodie. Sa poésie est toujours le miroir d'une autre, fût-ce la sienne, et l'on rencontre, dans les* Illuminations, *d'étranges dérisions qui sont aussi des complaisances : une forme authentique d'autoparodie. A ce moment, qu'inscrire encore en marge du texte ? Comment l'aborder avec science et savoir ? Comment l'expliquer et l'enseigner ? Que mettre à la place des vers de Coppée, de Banville ou d'Hugo qui convenaient*

au commentaire de Soleil et Chair *et de* L'Orgie parisienne *?
Il y a une réponse : rien. Mais elle est courte. Si l'on prend
le parti du commentaire, on prend du même coup celui de
l'interprétation; et à la liste des sources succède celle des
hypothèses de lecture. Car c'est Rimbaud lui-même qui nous
conduit de l'émotion de ses premiers poèmes, avec tout le
remuement du XIXᵉ siècle littéraire, synthèses d'art poétique
divers et brillamment transposés, à des lectures inquiètes,
les « poèmes en prose ».*

*Depuis 1960, beaucoup d'articles et de livres ont paru. Les
points de vue se sont multipliés. L'intérêt pour les* Illuminations *n'a cessé de croître, même au détriment d'*Une
saison en enfer *(c'est dommage). Les questions tradi-
tionnelles (le rôle d'Isabelle, la chronologie de l'œuvre en
prose, la théorie « du voyant ») se sont un peu éloignées et,
récemment, ont refait surface. De nouveaux doutes aussi sont
venus : non plus comment interpréter les textes des* Illuminations, *mais faut-il même les interpréter ? Le travail de
Suzanne Bernard est considérable parce que le souci d'exhaus-
tivité et d'objectivité y est tel qu'il finit par toucher les questions les plus récentes, étant à la source des nouvelles questions
posées.*

*Quant aux commentaires contenus dans cette édition sous
forme d'une introduction générale, puis de notices précédant
chaque œuvre, enfin de notes, je les ai complétés lorsqu'il était
possible et urgent de le faire. J'ai essayé de limiter l'importance donnée par Suzanne Bernard aux principes poétiques
découlant des lettres de mai 1871, dites « du voyant », notamment en ôtant la majuscule au mot* voyant, *qui me semble
injustifiée, et en faisant l'économie du substantif dérivé,*
voyance, *qui ne convient pas, je crois, et que Rimbaud n'a
jamais utilisé. D'autre part, j'ai rendu à leur statut d'hypothèses ou de conjectures un certain nombre d'interprétations
présentées avec un peu trop de certitude, ajoutant l'un ou
l'autre « peut-être », changeant un « probable » en « possible »,
mettant au conditionnel tel verbe à l'indicatif. Seuls ont été*

refondus la notice sur les Illuminations et le chapitre de l'introduction qui correspond à cette œuvre, intitulé : « Le problème des Illuminations ». Le titre d'un autre chapitre : Encrapulement et voyance est devenu Le poète « voyant ».

Si je n'ai pas bouleversé la riche annotation de Suzanne Bernard, image de diversité rassemblée, cela ne signifie pas que je partage sans réserve toutes ses idées et ses interprétations. On peut croire parfois qu'un désir de tout expliquer est à rebours du sentiment poétique. C'est un pari. Cela ne veut pas dire que le poème soit réductible à son commentaire, lequel prétend à la connaissance alors que le poète veut « atteindre l'inconnu ». Parmi les interprétations avec lesquelles je ne suis pas en accord absolu, je citerai l' « illuminisme social », qui permet à Suzanne Bernard d'expliquer A une Raison, Génie et certains passages d'Une saison en enfer. En fait, on connaît très mal les affinités de Rimbaud avec les idéologies, et notamment celle-là. Il ne faut donc pas en augmenter l'importance. Les quelques indications du naïf Delahaye sur les lectures progressistes de son ami ne peuvent nous faire croire que ce nihiliste était un utopiste ou qu'il avait absous son anarchisme fondamental dans un socialisme enthousiaste. Et certainement pas à l'époque des Illuminations. Mais comme à cet égard les choses sont très mouvantes et très incertaines, j'ai préféré ne pas infléchir dans mon sens l'interprétation de Suzanne Bernard.

L'édition de Suzanne Bernard a toutes les qualités d'une édition annotée, mais ce n'est pas une édition critique, à proprement parler. J'ai essayé de la compléter en améliorant l'établissement du texte de Rimbaud, en particulier en précisant l'apparat critique, en bas de page. J'ai pu tirer parti de l'entrée à la Bibliothèque nationale de manuscrits de l'ancienne collection Barthou. Le texte difficile des Proses « évangéliques » et des brouillons d'Une saison en enfer a été revu sur les autographes appartenant à M. Jacques Guérin, que je remercie.

Quant aux Illuminations, outre les modifications dont je rends compte dans les notes de la fin du volume, concernant notamment la question des groupements ou celle des textes sans titre, j'ai voulu ajouter, en bas de page, les variantes que constituent les corrections ou *les surcharges des manuscrits. Il paraît aujourd'hui plusieurs livres par an sur ces textes « mystérieux » et « difficiles » et on ne trouve nulle part que, dans* Marine, *les* chars d'acier *surchargent des* chars d'azur, *comme si ce qu'on appelait jadis « la lettre du texte » se perdait dans les mille et une interprétations.*

Malgré quelques corrections ponctuelles, il convient d'attribuer à Suzanne Bernard les commentaires de l'introduction, des notices et des notes. Lorsque j'ai apporté des corrections ou des ajouts plus significatifs, un jeu d'initiales : (S. B.) et (A. G.) permet de distinguer du mien le texte de Suzanne Bernard, en particulier dans les notices et dans les notes. Je n'ai pas entrepris de modifier radicalement l'esprit de l'édition de Suzanne Bernard. Je me suis contenté, dans les notes, de retouches. Il va de soi que les précisions apportées à l'établissement du texte et dans les apparats critiques ne portent pas mes inititales.

André Guyaux.

SOMMAIRE BIOGRAPHIQUE

1854 :

20 OCTOBRE. *Naissance à Charleville, en Ardennes, de Jean-Nicolas-Arthur Rimbaud. Son père, Frédéric Rimbaud, était capitaine d'infanterie; sa mère, Vitalie Cuif, fille de propriétaires ruraux. Le capitaine Rimbaud, qui s'entendait mal avec sa femme, ne fera que de brèves apparitions à Charleville et prendra de bonne heure sa retraite à Dijon. Arthur avait un frère aîné, Frédéric, d'un an plus âgé que lui, et deux sœurs plus jeunes : Vitalie (née en 1858) et Isabelle (née en 1860).*

1862 :

Rimbaud entre comme externe à l'Institution Rossat, à Charleville. Il travaille assidûment et obtient de nombreux prix.

1863-1864 :

Rimbaud est en 7ᵉ à l'Institution Rossat.

1864-1865 :

Rimbaud est en 6ᵉ (à l'Institution Rossat, puis, probablement au Collège de Charleville). C'est sans doute cette année-là qu'il commence un récit (voir ci-dessous p. 5-7), qui est le plus ancien texte connu de lui.

1865-1866 :

*En 5e au Collège de Charleville. En octobre 1866, il entre
en 4e.*

1868 :

*Rimbaud adresse en grand secret une lettre en vers latins
au Prince impérial à l'occasion de la première communion de celui-ci.*

1869 :

Le Moniteur de l'Enseignement secondaire *publie successivement trois pièces en vers latins de Rimbaud :* Ver
erat, L'Ange et l'enfant, Jugurtha[1]. *Cette dernière
pièce vaut à son auteur le premier prix au Concours
académique.*

1870 :

JANVIER. La Revue pour tous *publie les premiers
vers français que nous connaissions de Rimbaud,* Les
Étrennes des orphelins. *En janvier aussi, arrive à
Charleville un jeune professeur de rhétorique, Georges
Izambard, qui deviendra le confident de Rimbaud.*

24 MAI. *Rimbaud écrit à Banville, et lui envoie* Sensation, Ophélie *et* Credo in unam *(plus tard* Soleil
et chair*) dans l'espoir qu'une de ces pièces paraîtra au
second* Parnasse contemporain — *espoir qui restera
vain.*

MAI-AOUT. *Rimbaud compose plusieurs pièces de vers qu'il
fait lire à Izambard. En juillet, apprenant la déclaration de guerre à la Prusse, il compose* Morts de Quatre-
vingt-douze.

---

1. Ces trois pièces sont publiées, avec la traduction, dans l'édition
Antoine Adam, à la « Bibl. de la Pléiade », p. 179 *sqq.*

29 AOUT. *Première fugue de Rimbaud. La ligne directe étant coupée, il passe par Charleroi, arrive à Paris le 31. Son billet de chemin de fer n'étant valable que jusqu'à Saint-Quentin, il est incarcéré à Mazas. Izambard le fait délivrer quelques jours plus tard. Rimbaud reste quinze jours à Douai chez les tantes d'Izambard, les demoiselles Gindre.*

7 OCTOBRE. *Seconde fugue : Rimbaud part pour la Belgique et arrive à Charleroi, où il espèce trouver une situation de journaliste; il compose plusieurs poèmes. Déçu dans ses espérances, il gagne Bruxelles, puis Douai.*

20-30 OCTOBRE. *Nouveau séjour chez les demoiselles Gindre; Rimbaud recopie les 22 poèmes qu'il a écrits jusqu'alors, et confie le recueil à Paul Demeny, un jeune poète que lui a fait connaître Izambard[1].*

1er NOVEMBRE. *Mme Rimbaud fait renvoyer son fils à Charleville par la police. Le collège n'ayant pas rouvert, il partage son temps entre la bibliothèque de Charleville (cf.* Les Assis) *et les promenades avec son ami Ernest Delahaye.*

1871 :

JANVIER. *Occupation de Charleville-Mézières par les Allemands.*

25 FÉVRIER. *Troisième fugue de Rimbaud qui gagne Paris, erre dans les rues sans argent, lit les nouveautés, et repart le 10 mars pour Charleville qu'il regagne à pied. Il reprend ses lectures à la bibliothèque : il lit les historiens (Thiers, Michelet), les socialistes (Proudhon, Louis Blanc) et (dit Verlaine)* « force contes orien-

---

1. Le « recueil Demeny » est reproduit en fac-similé dans *Les Manuscrits des Maîtres* : Arthur Rimbaud, *Poésies,* Messein, 1919.

taux et libretti de Favart, le tout entremêlé de vagues bouquins scientifiques très anciens et très rares ».

18 MARS. *La Commune est établie à Paris; Rimbaud apprend cette nouvelle avec allégresse et manifeste des sentiments vivement « communards ».*

FIN AVRIL-DÉBUT MAI. *La réouverture du collège étant fixée au 23 avril, Rimbaud, semble-t-il, part pour Paris, s'engage dans les corps francs de la Commune, et séjourne à la caserne de Babylone[1]. En tout cas, Rimbaud exprime avec violence sa passion communarde dans plusieurs poèmes :* Chant de guerre parisien, Les Mains de Jeanne-Marie, Paris se repeuple.

13 ET 15 MAI. *Rimbaud expose dans deux lettres, dites « du voyant » à Georges Izambard et à Paul Demeny, ses nouvelles théories poétiques.*

10 JUIN. *Rimbaud écrit à Demeny en lui demandant de brûler tous les vers qu'il lui a donnés en octobre 1870, et lui adresse* Les Poètes de sept ans, Les Pauvres à l'église *et* Le Cœur du pitre *(plus tard* Le Cœur volé*). Il passe alors par une crise violente d'antichristianisme, dont témoignent les pièces qu'il écrit.*

15 AOUT. *Rimbaud envoie à Banville* Ce qu'on dit au poète à propos de fleurs.

FIN AOUT. *Rimbaud écrit à Verlaine et lui envoie des poésies. Verlaine, enthousiasmé par les vers qu'il a reçus, le convie à venir à Paris :* « Venez, chère grande âme, on vous appelle, on vous attend. »

MI-SEPTEMBRE. *Rimbaud, emportant* Le Bateau ivre,

---

1. Pour cet épisode controversé, voir p. XXXIV.

qu'il vient d'écrire pour montrer aux amis de Verlaine,
quitte Charleville pour Paris.

OCTOBRE-DÉCEMBRE. *Rimbaud se rend bientôt indési-*
rable chez les beaux-parents de Verlaine, et loge suc-
cessivement chez différents amis de ce dernier : Charles
Cros, Banville, etc. Il collabore aux pastiches de l'Al-
bum Zutique, *assiste avec Verlaine aux dîners des*
« Vilains Bonshommes », mais son attitude maussade
et hargneuse le fait partout mal voir.

1872 :

JANVIER. *Verlaine et Rimbaud mènent ensemble une*
vie dissolue et hantent les cafés. De violentes querelles
éclatent entre Verlaine et sa femme.

FÉVRIER-MARS. *Rimbaud regagne les Ardennes pour*
laisser Verlaine tenter de se réconcilier avec sa femme,
qui a menacé de présenter une demande de séparation de
corps. Il y écrit ses vers « dernière manière ».

MAI. *Rimbaud regagne Paris sur les instances de Verlaine.*
Il poursuit son travail poétique.

7 JUILLET. *Verlaine abandonne sa femme et son enfant*
pour suivre Rimbaud en Belgique.

4 SEPTEMBRE. *Les deux amis s'embarquent pour l'Angle-*
terre ; ils étudient l'anglais, circulent dans la ville et les
faubourgs de Londres, menant une vie de bohème.

DÉCEMBRE. *Rimbaud retourne à Charleville où il séjour-*
nera trois semaines.

1873 :

JANVIER. *Verlaine étant tombé malade, Mme Verlaine*
mère et Rimbaud viennent le retrouver à Londres.

11 AVRIL. *Le jour du vendredi saint, Rimbaud arrive à Roche, ferme que possède sa famille près de Vouziers. Il vit en famille et commence à rédiger un* Livre païen, *ou* Livre nègre, *qui deviendra* Une saison en enfer.

24 MAI. *Rimbaud accepte de revoir Verlaine à Bouillon et repart avec lui pour l'Angleterre.*

3 JUILLET. *A la suite d'une nouvelle querelle, Verlaine quitte Rimbaud et se rend à Bruxelles. Sa mère et Rimbaud l'y rejoignent : il est très exalté et parle de suicide.*

10 JUILLET. *Verlaine, voyant que Rimbaud veut repartir pour Paris, tire sur lui deux coups de revolver et le blesse au poignet gauche. Soigné à l'Hôpital Saint-Jean, Rimbaud prend ensuite le chemin de la gare. Verlaine le menaçant à nouveau, il s'adresse à un agent de police. Verlaine est arrêté, Rimbaud est hospitalisé.*

20 JUILLET. *Ayant signé la veille un acte de renonciation à sa plainte, Rimbaud part pour Roche. En juillet-août, il y termine* Une saison en enfer.

8 AOUT. *Verlaine est condamné à deux ans de prison.*

OCTOBRE. *N'ayant pu payer son imprimeur, Rimbaud abandonne l'édition de son livre après avoir adressé quelques exemplaires à ses amis.*

1874 :

JANVIER-MARS. *Rimbaud se rend en Angleterre avec Germain Nouveau. Ils donnent des leçons de français. Rimbaud recopie une partie au moins des* Illuminations [1].

---

1. Sur la date des *Illuminations* et les problèmes qu'elle pose, voyez la *Notice* sur les *Illuminations*, p. 245 *sqq.*

JUILLET. *Mme Rimbaud et sa fille Vitalie viennent passer le mois de juillet à Londres avec Arthur. Celui-ci quitte Londres le 31.*

1875 :

FÉVRIER. *Rimbaud, qui était à Charleville en janvier, part pour l'Allemagne avec l'intention d'apprendre la langue allemande; il s'installe à Stuttgart.*

FIN FÉVRIER. *Verlaine, récemment sorti de prison, va revoir son ami à Stuttgart. Rimbaud lui remet, semble-t-il, le manuscrit des* Illuminations *pour le faire éditer.*

MAI. *Rimbaud part de Stuttgart à pied, se rend en Italie et tombe malade à Milan, où il est soigné par une dame italienne. En juin, il continue sa route vers le sud, et, malade, est rapatrié par le consul de France à Livourne.*

OCTOBRE-DÉCEMBRE. *De retour à Charleville, Rimbaud passe l'hiver à étudier les langues. Sa sœur Vitalie meurt le 18 décembre.*

1876 :

AVRIL. *Rimbaud s'est rendu à Vienne, en Autriche; il est expulsé par la police et revient en France, en traversant l'Allemagne.*

19 MAI. *Rimbaud, qui a gagné la Hollande, signe un engagement dans l'armée coloniale hollandaise; en juillet, il arrive à Batavia avec son contingent; mais il déserte trois semaines plus tard et s'embarque sur un voilier anglais qui regagne l'Europe. Il arrive à Charleville fin décembre.*

1877 :

Rimbaud se rend à Brême et à Hambourg, où il est engagé comme interprète au cirque Loisset. Il fait un voyage en Suède et au Danemark, peut-être avec le cirque Loisset.

SEPTEMBRE. *Faux départ pour Alexandrie. Rimbaud malade, revient de Rome à Charleville.*

1878 :

PRINTEMPS. *Rimbaud, à Hambourg, cherche à s'engager dans une maison de denrées coloniales pour gagner l'Orient; il n'y parvient pas et doit regagner Charleville. Il est vu à Paris à Pâques.*

OCTOBRE. *Il traverse les Vosges à pied, puis la Suisse, gagne Gênes, puis Alexandrie. En décembre, il travaille à Chypre comme chef de carrière pour une maison française.*

1879 :

JUIN. *Rimbaud, tombé malade, revient à Roche et s'alite avec la typhoïde, mais guérit assez vite et travaille à la ferme. Comme Delahaye lui rend visite et lui demande s'il s'occupe toujours de littérature, il lui répond : « Je ne pense plus à ça. »*

1880 :

Rimbaud regagne Chypre au printemps, puis s'embarque pour l'Égypte et gagne Aden en août. Il trouve un emploi dans une maison de commerce (peaux et café). On le délègue à la succursale de Harar, où il arrive en décembre.

1881 :

Rimbaud continue à travailler pour la maison Bardey. Il s'ennuie et rêve de partir en expédition. Il a gagné quelques fonds qu'il confie à sa famille.

1883 :

18 MARS. *Rimbaud quitte Aden pour rejoindre Harar. Au cours de l'année, il organise des expéditions, en Ogadine notamment.*

1886 :

22 OCTOBRE. *Rimbaud annonce à sa famille son départ pour le Choa : il a l'intention d'aller revendre à Ménélik quelques milliers de fusils qui lui parviennent d'Europe. Il ignore que* La Vogue *a publié, cette même année, des vers de lui et la majeure partie des* Illuminations.

1887 :

Ménélik prend livraison des fusils, mais refuse de payer le prix convenu. Rimbaud revient à Harar puis à Aden. Très fatigué, il va ensuite se reposer quelques semaines au Caire.

1888-1891 :

Rimbaud dirige une factorerie à Harar et fait des affaires avec la maison César Tian, d'Aden. Il semble qu'il ait alors essayé de se procurer des esclaves [1].

1891 :

Le 20 février, Rimbaud se plaint de douleurs à la jambe droite. La douleur augmente et le 15 mars Rimbaud, qui a une tumeur au genou (tumeur cancéreuse, d'origine rhumatismale, mais aggravée par une ancienne syphilis), ne peut plus se lever. On le transporte en civière à Zeilah, d'où il s'embarque pour Aden. Le 9 mai, il se fait rapa-

---

1. Une lettre d'Alfred Ilg à Rimbaud, datée du 23 août 1890, dit en effet : « Quant aux esclaves, pardonnez-moi, je ne puis m'en occuper, je n'en ai jamais acheté et je ne veux pas commencer. Je reconnais absolument vos bonnes intentions, mais même pour moi je ne le ferai jamais. » (Éd. Adam, « Bibl. de la Pléiade », p. 638.) (A.G.)

trier. Le 22, il est à l'hôpital de Marseille; les médecins l'amputent quelques jours plus tard.

JUILLET. *Rimbaud retourne à Roche; mais son état empire bientôt.*

23 AOUT. *Il repart pour Marseille en compagnie de sa sœur Isabelle et retourne à l'hôpital de la Conception. Son état continue à empirer; il se désespère.*

28 OCTOBRE. *A en croire Isabelle, qui l'annonce à sa mère, Rimbaud a accepté de se confesser et de recevoir les derniers sacrements.*

10 NOVEMBRE. *Rimbaud meurt à l'âge de trente-sept ans.*

INTRODUCTION

R IMBAUD *est à l'heure actuelle* « plus encombrant que Hugo », *écrivait Cocteau à J. Maritain en 1926. Et certes il n'a pas fini de nous encombrer, de déranger nos habitudes esthétiques et morales, de nous proposer un double visage, de nous poser des énigmes, cet adolescent au visage d'ange dont le destin poétique s'accomplit à travers les cris de fureur les plus orduriers et les extases les plus suaves. Comment s'étonner que les mythes les plus contradictoires s'emparent de lui ? Sans cesse il change, il se contredit, il nous échappe. Et d'abord n'oublions pas qu'il s'agit d'un adolescent, doué, certes, mais d'un adolescent tout de même, et particulièrement prompt à assimiler, à réagir, à se transformer. Pourquoi vouloir que sa personnalité, que sa vision d'artiste et ses dons d'écrivain soient fixés dès les premiers poèmes qu'il écrivit à quinze ans ? Il faut donc suivre Rimbaud au cours de sa fulgurante carrière littéraire, en tenant compte aussi bien des influences qu'il subit, plus ou moins fortes (et qui ne sont pas uniquement des influences littéraires : le rôle de Mme Rimbaud, celui de la Commune ont été déterminants sur l'ombrageux adolescent) que de l'affirmation progressive d'une extraordinaire personnalité d'homme et d'artiste. S'il est peu de poètes chez lesquels l'œuvre soit coupée de la vie, ici vraiment il est impossible de ne pas tenir compte des courants qui ont baigné, et souvent roulé, le jeune Rimbaud ; et c'est en étudiant ces rapports entre ce qu'il était, ce qu'il était devenu et ce qu'il a réalisé qu'on peut le mieux tenter d'éclairer l'œuvre, de comprendre* de quelles exigences intérieures sont nés ces poèmes obscurs et éclatants, de deviner aussi pourquoi l'adolescent génial, peu après sa vingtième année, a dit adieu à toute forme de littérature et quitté les chemins de la poésie pour les routes du réel.

I

CE « SANS-CŒUR » DE RIMBAUD

Dès *sa prime jeunesse, apparaît le double visage de Rimbaud : visage de l'enfant tranquille, bien tenu, travailleur, qui remporte de brillants succès scolaires et pose sagement devant le photographe, en costume de premier communiant; visage du garnement qui, à dix ans, est déjà tenté par la création littéraire : un texte (voir p. 5-7) nous est parvenu où se révèle, précoce et significative, l'horreur du travail, de tout métier, des contraintes et des notions apprises. Et cela continuera au collège, où l'on verra tantôt l'élève bien doué que le professeur ne peut plus arrêter dans sa récitation des tirades de* L'Énéide[1], *tantôt le fumiste qui, dans la même* Énéide, *change malignement le* « debellare superbos » *en* « dégueulare superbos » *pour la plus grande joie des condisciples.*

On reste surpris devant le portrait que fait Izambard de l'élève de rhétorique « un peu guindé, sage et douceâtre, aux ongles propres, aux cahiers sans taches, aux devoirs étonnamment corrects[2] » — *quand on sait que ce même élève impeccable va faire fugue sur fugue, marcher jusqu'à user ses bottines, connaître la prison pour avoir voyagé sans billet. Surpris, aussi, de voir son portrait moral varier du tout au tout suivant ses biographes : pour Bourguignon et Houin (ne disons rien de Berrichon), bon camarade, à la*

1. *Souvenirs* d'un condisciple de Rimbaud, reproduits dans le *Mercure de France,* 1er janvier 1955, p. 68.
2. *Rimbaud tel que je l'ai connu,* p. 54.

« bonté » duquel ses anciens condisciples ont tous rendu hommage; pour Marcel Coulon, qui n'est pas tendre envers lui,
collégien sournois et cruel. Mot inquiétant, celui que cite
Delahaye, son meilleur ou plutôt son seul ami de jeunesse :
« Ce qui fait ma supériorité, c'est que je n'ai pas de
cœur »; mais si l'on regarde le contexte, on s'aperçoit que
cette déclaration pleine de superbe a été formulée devant « de
braves gens effarés et révoltés de ce qu'ils prenaient
pour du cynisme[1] », ce qui en change passablement la portée.
Quant à J. Rivière, qui a fait un inoubliable portrait de
« l'enfant de colère » (ainsi l'appelait Verlaine), il veut
nous faire croire que lorsque Rimbaud signe une lettre à Izambard « ce sans-cœur de Rimbaud », il faut prendre le mot
à la lettre, même s'il l'a voulu ironique. Mais Rimbaud a écrit
entre guillemets, « ce « sans-cœur » de A. Rimbaud », et
l'épithète lui avait été décernée à Douai par Izambard et les
tantes de celui-ci. Voici la lettre :

Charleville le 2 novembre 1870

Monsieur.
— A vous seul ceci. —

Je suis rentré à Charleville un jour après vous avoir quitté.
Ma mère m'a reçu, et je — suis là... tout à fait oisif. Ma mère
ne me mettrait en pension qu'en janvier 71.
Eh bien! j'ai tenu ma promesse.
Je meurs, je me décompose dans la platitude, dans la
mauvaiseté, dans la grisaille. Que voulez-vous, je m'entête
affreusement à adorer la liberté libre, et... un tas de choses
que « ça fait pitié, » n'est-ce pas? — Je devais repartir aujour-
d'hui même; je le pouvais : j'étais vêtu de neuf, j'aurais
vendu ma montre, et vive la liberté! — Donc je suis resté!
je suis resté! — et je voudrai repartir encore bien des fois.
— Allons, chapeau, capote, les deux poings dans les poches
et sortons! — Mais je resterai, je resterai. Je n'ai pas promis
cela. Mais je le ferai pour mériter votre affection : vous me
l'avez dit. Je la mériterai.

---

1. *Rimbaud*, Paris-Reims, *Revue littéraire de Paris et de Champagne*,
1905, p. 95.

La reconnaissance que je vous ai, je ne saurais pas vous l'exprimer aujourd'hui plus que l'autre jour. Je vous la prouverai. Il s'agirait de faire quelque chose pour vous, que je mourrais pour le faire, — je vous en donne ma parole. — J'ai encore un tas de choses à dire...

— Ce « sans-cœur » de —

A. Rimbaud [1].

Est-il vraiment si insensible, ce rhétoricien qui écrit de pareille manière au professeur à peine plus âgé que lui, qu'il considère comme un ami, presque comme un frère ? Mais Rimbaud lui-même, explique ici son cas mieux que personne. Que voyons-nous dans ces lignes ? D'un côté, un adolescent épris de « liberté libre », d'espace et d'aventure comme rarement le fut garçon de seize ans, et qui dirait volontiers comme l'incompris de Baudelaire (dans Les Vocations*) :* « Il m'a souvent semblé que mon plaisir serait d'aller toujours droit devant moi, sans savoir où, sans que personne s'en inquiète, et de voir toujours des pays nouveaux » — *de l'autre, une mère rigoureuse, qui parle de pension, qui impose une existence réglée et monotone dans la* « platitude » *et la* « grisaille », *toute fantaisie lui semblant une vraie* « pitié ». *C'est dans les rapports entre Rimbaud et sa mère (aiguisés encore par le sentiment qu'il éprouve d'avoir un père sans en avoir un) qu'il faut chercher la clef des contradictions et des rébellions de l'adolescent.*

Mais le problème n'est pas simple : il n'est pas beaucoup plus facile de définir d'un trait Mme Rimbaud que son fils. Femme « sévère et austère » *suivant sa fille Isabelle, figure biblique, dit M. Coulon; suivant les autres, et suivant Arthur lui-même, la* « bouche d'ombre », *la* « mère Rimbe », « aussi inflexible que 73 administrations à casquettes de plomb » : *un personnage plus impitoyable, plus sinistre que Mme Lepic elle-même. Certes, on peut éprouver de la compassion à l'égard de Vitalie Cuif, femme Rimbaud : dotée de*

1. Texte établi d'après le fac-similé de la lettre, publié dans le catalogue de la vente Matarasso (Hôtel Drouot, 3 mai 1972). (A. G.)

deux frères déplorables, buveurs et débauchés; d'un mari qui, après lui avoir donné quatre enfants, se séparera d'elle définitivement; de deux fils qui lui causeront les plus graves soucis (elle dira de son aîné, Frédéric, en 1899 : « Il a encore fait des progrès en mensonge, en hypocrisie, et en tromperie »*), elle perdra, enfin, sa seconde fille, Vitalie, âgée de dix-sept ans :* « Il y a des créatures qui sont destinées à toutes les souffrances de la vie : je suis de celles-là », *écrira-t-elle à sa fille Isabelle en 1900. Et, à coup sûr, la vie ne dut pas lui être facile : il lui fallait prendre des décisions seule, faire fructifier la propriété de Roche, essayer de sauvegarder la respectabilité de la famille. La respectabilité! voilà le souci majeur de cette fille de paysans, dont le père était parvenu finalement à s'établir en ville et à marier Vitalie à un officier : il fallait défendre la condition sociale compromise par les frères, puis par les fils : il fallait* « tenir son rang[1] ». *Mais n'est-ce pas là, justement, la raison profonde de la dureté de Mme Rimbaud, du mur d'airain qu'elle opposa sans cesse aux désirs d'aventures d'Arthur, de ses rigueurs? L'enfant prodige ne lui a d'abord donné que des satisfactions (à la différence de son aîné Frédéric, garçon sans avenir, et qui ne fera que redescendre dans l'échelle sociale) : c'est un fort en thème, un élève exemplaire. Quand il commencera à faire des fugues, à Paris, en Belgique, sa mère ne verra, semble-t-il, qu'une chose : il va ternir la* respectabilité *de la famille, il va* « mal tourner » *comme ses oncles. Qu'on relise la lettre de Mme Rimbaud à Izambard lors de la fugue d'Arthur en 1870 :* « (...) la police fait des démarches pour

---

1. Il faut lire, faite d'après les souvenirs de Pierquin, la description de la famille Rimbaud se rendant en bon ordre à la messe dominicale : « En avant, les deux fillettes, Vitalie et Isabelle, se tenant par la main; au deuxième rang, les deux garçons, Frédéric et Arthur, portant chacun un parapluie de coton bleu. Le buste droit, corsage noir et gants de filoselle, la mère fermait la marche. » (J.-M. Carré, *La Vie aventureuse de Jean-Arthur Rimbaud*, Plon, 1926, p. 8.) (S. B.)

La correspondance de la mère de Rimbaud a été publiée par Suzanne Briet chez Minard en 1968. Elle est reprise dans l'édition Adam. (A. G.)

savoir où il est passé, et je crains bien qu'avant le reçu de cette présente ce petit drôle se fasse arrêter une seconde fois; mais il n'aurait plus besoin de revenir, car, je le jure bien, de ma vie je ne le recevrais plus[1] ». *Et c'est là le fond de sa pensée. Rimbaud déshonore le nom qu'il porte !*

« Femme de caractère », *comme on dit, il n'est pas étonnant de la voir se heurter sans cesse contre son fils, durement, maladroitement : ils sont aussi volontaires l'un que l'autre. En novembre 1870, c'est la surveillance étroite, les menaces de pension. En août 1871, ce sera pis encore : Rimbaud doit travailler, se faire une position respectable.* « Une place pour tel jour, disait-elle, ou la porte!^[2] » : *voilà l'ultimatum. Et peut-être le fils n'a-t-il pas tort de penser que sa mère en est venue à souhaiter son* « départ inconsidéré », *sa fuite encore une fois, dans l'espoir de le faire entrer* « aux établissements de correction ». « Et, dès ce moment, silence sur moi! » *ajoute l'adolescent, lucide et amer. Ainsi, la respectabilité sera sauve.*

Dès lors, faut-il s'étonner de voir Rimbaud écrire Les Poètes de sept ans, *multiplier les fugues, remplir ses lettres de phrases haineuses sur la* « mère Rimbe », *la* « daromphe », *la* « bouche d'ombre » ? *Faut-il s'étonner de le voir adopter tantôt une attitude hypocrite, faussement soumise* (« Tout le jour il suait d'obéissance », *dit-il dans* Les Poètes de sept ans), *tantôt une allure cynique, débraillée, provocante ? De la sournoiserie de son fils, comme de ses accès de cynisme, Vitalie Cuif est profondément responsable.*

Et pourtant, l'adolescent révolté n'osera jamais rompre complètement avec sa famille. Il partira pour Paris, en 1871, avec l'assentiment de sa mère, qui le croit en passe de trouver une situation avec l'appui de Verlaine (un homme déjà connu et bourgeoisement marié, pense-t-elle naïvement...). Il fera

---

1. Lettre du 24 septembre 1870, éd. Adam, p. 243-244.
2. Lettre de Rimbaud à Demeny, [28] août 1871, éd. Adam, p. 258-260.

*de fréquents séjours chez les siens : à la fin de 1872, au
printemps de 1873; après le coup de revolver de Bruxelles,
c'est encore à Roche qu'il reviendra. En 1874, sa mère et sa
sœur Vitalie viendront le retrouver à Londres. Il leur fera
visiter les musées, et même les magasins* « avec une bonté
et une complaisance parfaites », *dira Vitalie dans son
Journal*[1]. *Tout cela n'est guère d'un fils dépourvu de tout
sens de la famille. Une fois encore, on est en pleine contradiction. Faut-il donc admettre qu'il y a deux Rimbaud? Le
révolté, en rébellion ouverte contre le joug maternel, et le bon
fils, soumis et complaisant? Peut-être le problème serait-il
plus facile à résoudre si l'on remarquait combien, pendant
toute sa jeunesse, Arthur Rimbaud a été seul. La vraie solitude, la solitude morale : car, il n'en faut pas douter, il mépri-
sait ses camarades de collège, y compris le bon Delahaye qu'il
s'amusait à ébahir par ses récits, à qui même il a sans doute
fait quelques confidences, mais qu'il n'a jamais considéré
comme son* alter ego. *Izambard, il lui a voué, un temps, une
affection et une confiance sans bornes; mais qu'était Izambard,
après tout? un fonctionnaire, un professeur, non un camarade.*
« Vous faites partie des corps enseignants : vous roulez
dans la bonne ornière [2] », *lui écrit-il, et il sait bien qu'il y
a un fossé entre eux. Quant à Verlaine, dont il sera question
plus loin, contentons-nous pour l'instant de rappeler quel portrait il en fera dans* Vagabonds, *où le* « pitoyable frère »
*est décrit avec autant de rancune que de sarcasme. La solitude
est dure à supporter pour un adolescent, même de génie. Et
l'aventure, la griserie de l'inconnu, les marches forcées,
l'ambition littéraire, conduisent à bien des déboires. Il semble
que Rimbaud, même quand il s'en va, même au plus fort de sa
révolte, hésite à couper les ponts — ou du moins, prévoit qu'il
reviendra à son port d'attache. A-t-on suffisamment remarqué
comment, dans* Le Bateau ivre, *dans* Comédie de la soif,
il « boucle » *l'aventure en faisant revenir le voyageur à son*

---

1. Éd. Adam, p. 827.
2. Lettre du [13] mai 1871, publiée ici p. 345-346.

point de départ ? « Je regrette l'Europe aux anciens parapets », *fait-il dire au* Bateau ivre; *et à la fin de* Comédie
de la soif, *c'est le souhait de boire tranquille* « en quelque
vieille Ville », *le regret de* « l'auberge verte » *de son enfance.
En de tels moments, quels paysages évoque-t-il ? Les horizons
familiers des Ardennes, la* « flache » *où un enfant fait voguer
son bateau de papier, les forêts humides aux aurores violettes :
Rimbaud, ce voyageur, est souvent revenu à son coin de terre;
et il a toujours considéré comme un havre la maison de famille
à Roche. Mécontent, irrité contre les paysans de cette* « aigre
campagne[1] », *c'est vrai; mais il revenait tout de même, il
visitait la propriété[2], il regardait sa famille faire la moisson;
il reviendra encore, périodiquement, pendant sa suite de voyages
à travers l'Europe : en 1875, en 1876, en 1877, en 1879.
Il semble qu'il n'ait jamais pu se libérer vraiment de toute
attache, qu'il soit toujours resté en lui une nostalgie des fraîcheurs ardennaises — des rivières, des cavernes..., toujours
aussi une nostalgie de cette tendresse familiale qu'il avait si
peu connue, qui était pourtant tout ce qu'il devait connaître de
tendresse dans l'existence* [3].

Reconnaissons du reste que son attitude hargneuse n'encou-
rageait pas les offres d'amitié — et cette hargne ne fera
qu'augmenter après son départ de Charleville. Il avait pu se
lier, à Douai, avec Paul Demeny, à Charleville avec Bretagne
et quelques autres; à Paris, il découragera les amis de Verlaine qui, pourtant, s'étaient cotisés pour lui faire « une rente
de trois francs par jour [4] ». On connaît la manière dont il

---

1. *Vies II*, dans les *Illuminations.*
2. Le vendredi saint 11 avril 1873, Arthur débarque à Roche, arrivant
de Londres où il mène avec Verlaine une vie orageuse. Que raconte Vitalie
dans son *Journal ?* « La journée se passa dans l'intimité de la famille
et dans la connaissance de la propriété... » (Prem. éd. de la Pléiade,
par J. Mouquet et A. Rolland de Renéville, tirage de 1954, p. 558.)
3. On n'est pas peu surpris de voir, vers 1890, le solitaire du Harar
caresser l'idée de se marier... Asservissement définitif aux idées bourgeoises, ou rêve sans espoir d'une âme épuisée de solitude...
4. Cf. *Dinah Samuel,* roman de Félicien Champsaur où Rimbaud est
désigné sous le nom d'Arthur Cimber.

*tenta, à la sortie d'une soirée aux Vilains Bonshommes, de
porter à Carjat, qui lui avait adressé une remontrance, un
coup de canne-épée*[1]. *Ses premiers biographes, Bourguignon et
Houin, qui ont pu recueillir des témoignages de contemporains,
expliquent cet* « échec moral » *de Rimbaud dans la vie parisienne par son caractère indépendant et volontaire, mais aussi*
« forcément timide » : *Arthur savait que ses manières
étaient gauches et peu policées, et sa sauvagerie s'en trouva
augmentée; nous pouvons tenir pour certain qu'il exagéra à
plaisir sa brusquerie et ses airs insolites. Quant à sa violence
très réelle, comment ne pas croire sur ce point le témoignage
de la* Vierge folle *dans* Une saison en enfer, *ce portrait
de Rimbaud vu par Verlaine?* « Je l'écoute faisant de
l'infamie une gloire, de la cruauté un charme... Oh!
ces jours où il veut marcher avec l'air du crime! »

*Ce qui n'était à Charleville que violence rentrée va en
quelque sorte exploser à Paris (l'influence de la Commune et
des théories anarchistes jetant de l'huile sur la flamme) :
violence et révolte font partie du génie de Rimbaud. Mais il
ne faut pas oublier, non plus, que ce maussade, ce violent est
aussi un poète qui cultive en lui ce qu'il y a de plus insolite,
de plus sauvage parce qu'il s'agit pour lui, par l'* « encrapulement », *d'arriver à l'*inconnu. *En août 1871, il se
décrit comme ayant quitté* « la vie ordinaire » *pour son
extraordinaire tentative :* « ne fréquentant pas un homme,
recueilli dans un travail infâme, inepte, obstiné, mystérieux, ne répondant que par le silence aux questions [2]... », *comment pourrait-il participer au jeu social ?*

En réalité, c'est par et à travers la poésie que l'enfant

---

1. Le dîner des Vilains Bonshommes était un repas mensuel fré-
quenté par des poètes et artistes amis de Verlaine (tels que Blémont,
Valade, d'Hervilly et le photographe-poète Carjat). Verlaine a raconté
l'incident de la canne-épée dans sa Préface aux *Poésies* de Rimbaud
(Vanier, 1895) : voir J. Mouquet, *Rimbaud raconté par Verlaine*, p. 94.
Rimbaud, semble-t-il, était ivre.

2. Lettre à Demeny, 28 août 1871, éd. Adam, p. 258-260.

Gêneur, la si sotte bête,

(*comme il se désigne dans* Honte) *va appeler et retrouver la puissance de l'amour : ce* « nouvel amour », *cet amour universel que chanteront les* Illuminations *et qui doit unir tous les hommes dans un avenir régénéré.*

Nous devons donc, ici, reprendre à son début ce qu'il faut bien appeler la « carrière poétique » *de Rimbaud, pour voir par quels chemins le bon élève, l'émule des Parnassiens, va arriver à l'*encrapulement *systématique et explorer les régions interdites de la poésie dans l'espoir de* changer la vie.

II

CHEZ LES « BONS PARNASSIENS »

En *mai 1870, Rimbaud a quinze ans et demi. Il remporte les plus brillants succès scolaires : prix d'excellence (en seconde et en rhétorique), prix de latin, de grec, d'histoire, de géographie...* Le Bulletin de l'Académie de Douai *a imprimé non seulement ses vers latins mais, le 15 avril, une* Invocation à Vénus, *traduction en vers français des vingt-six premiers vers du* De Natura rerum *— et qui est tout bonnement une fraude, le collégien ayant repris en leur faisant subir quelques retouches des vers de Sully Prudhomme qui avaient paru chez Lemerre en 1869[1]. Il a suscité l'intérêt du proviseur Desdouets qui a dit : «* Faites-lui lire tout *» — et il lit, pêle-mêle, historiens, philosophes, poètes. Ses opinions sont vivement républicaines et il pratique, non seulement Rousseau, mais Michelet et* La Lanterne, *où Rochefort crible de lazzis mordants le gouvernement et la famille impériale. Son développement littéraire ne le cède en rien à son développement politique : Izambard, ce jeune professeur qui n'est son aîné que de cinq ans, lui a fait lire Rabelais, Hugo, Banville et les Parnassiens. Très vite il adore, nous dit*

---

1. Nous sommes redevables à Jules Mouquet de la découverte du *Bulletin de l'Académie de Douai* et des premières proses de Rimbaud qui y ont paru; c'est lui qui a également signalé la fraude de Rimbaud pour l'*Invocation à Vénus* (voir l'*Introduction* de J. Mouquet aux *Vers de collège* de Rimbaud, Mercure de France, 1932).

Delahaye, « trois dieux : Leconte de Lisle, Banville, Gautier ». *En juillet, il déclamera à travers champs du Gautier, du Banville ou le* Lazare *de Dierx; et quand il revendra ses livres, le* Kaïn *de Leconte de Lisle sera ponctué de points d'exclamation* « plus ou moins nombreux suivant le degré d'admiration » *qu'il a éprouvé*[1]!

Or, le 24 mai 1870, Rimbaud envoyait à Théodore de Banville, alors « Maître » *reconnu des parnassiens, une lettre où, après des flagorneries qu'on peut juger excessives,* « J'aime tous les poètes, tous les bons parnassiens — puisque le poète est un parnassien — épris de la beauté idéale », *il lui dévoilait son désir le plus cher : être, lui aussi, imprimé par Lemerre,* « le bon éditeur », *obtenir pour* Credo in unam, *grâce à Banville,* « une petite place entre les parnassiens » *dans le recueil à venir (*Le Parnasse contemporain *paraissait par livraisons mensuelles depuis le 1ᵉʳ novembre 1869). Le vœu du jeune poète (qui se donnait* « dix-sept ans »*) ne sera pas exaucé, la réception des manuscrits étant close depuis longtemps, et son nom ne prendra pas place parmi ceux de Banville, de Leconte de Lisle, de Dierx — et aussi de V. de Laprade, de Coppée et de Nina de Callias. Mais on se rend compte, en lisant les premières œuvres de l'enfant prodige (celles qu'il a écrites entre quinze et dix-sept ans, avant son changement de front à la fin de 1870), que sa poésie est fortement tributaire tant des parnassiens que de Musset et du Hugo des* Châtiments[2] *et de La Légende des siècles. Gengoux a dressé une liste importante, mais encore très incomplète, des démarquages faits par Rimbaud de Gautier, de Banville, de Glatigny, de Hugo, de Coppée (pour ne rien dire de Mérat, de J. Reboul ou de V. de Laprade). Qu'un poète de quinze ans soit influencé par ses lectures, quoi de plus naturel?*

---

1. Voir Delahaye, *Rimbaud, l'artiste et l'être moral,* p. 105-107.

2. Lus par Rimbaud dans l'édition belge, qu'on introduisait clandestinement en France. Rimbaud « ne trouvait démesurée aucune invective », nous dit Delahaye. (*Souvenirs familiers,* p. 68.)

Mais une inquiétude nous prend très vite. Si dans Credo in unam *(devenu par la suite* Soleil et chair*)* Rimbaud *suit ses modèles,* Musset, Banville *et* Leconte de Lisle, *avec une application qui n'exclut pas la virtuosité, si* Les Étrennes des orphelins *sont pleines de* Coppée *et* Le Forgeron *plein de* Hugo, *très vite et de plus en plus nous sentirons percer dans les poèmes suivants une ironie, une volonté mystificatrice.* Rimbaud *ne se gêne pas pour plagier ses modèles, reprenant littéralement telle expression ou telle fin de vers; mais il leur fait subir une déformation qui les tire vers la laideur ou la grimace. C'est déjà sensible dans les pièces* « légères » *où la satire de la sottise et de la vulgarité se fait plus appuyée, plus dure que chez ses modèles (ainsi, quand il décrit les bourgeois ce* Charleville *dans* A la musique*), c'est encore plus frappant lorsque, imitant dans* Vénus Anadyomène *la description donnée par* Glatigny *d'une fille de joie, il place les deux mots gravés :* Clara Venus, *non pas sur ses bras, comme* Glatigny, *mais au bas des reins.*

Que dire alors des poèmes de 1871 ? On y voit Rimbaud *transformer le* Chant de guerre circassien *de* Coppée *en* Chant de guerre parisien *violemment communard, retrouver, pour la diriger contre les* Versaillais, *l'éloquence déployée par* Leconte de Lisle *dans* Le Sacre de Paris *contre les Allemands (et c'est* Paris se repeuple*), opposer aux mains délicates chantées par les parnassiens* Les Mains de Jeanne-Marie *tannées par le soleil et rougies par la lutte ouvrière. La* Commune *est venue donner à* Rimbaud *une violence, un ton de sarcasme et parfois de grossièreté qui font que maintenant, s'il reprend les mêmes thèmes, c'est avec un tout autre accent. Mais le sarcasme et l'injure ne sont jamais aussi agressifs qu'à l'égard de la religion : le* « petit cagot » *d'autrefois*[1]

---

1. Voyant de grands élèves du collège qui se jetaient au visage, par plaisanterie, l'eau du bénitier, « Rimbaud, tout petit, bondit de fureur à la vue du sacrilège », se jeta sur les profanateurs, reçut et rendit des bourrades... « Cette bataille lui valut la qualification qu'il acceptait avec fierté de *sale petit cagot* », dit Delahaye (*Rimbaud,* p. 21). Rimbaud

passe par une crise violente d'anticléricalisme et d'antichristia-
nisme : parle-t-il (comme pourrait faire Lamartine) du
« Seigneur du cèdre et des hysopes », *c'est pour évoquer,*
dans un poème qui a pour titre Oraison du soir, *un buveur*
de « chopes » *qui se* « recueille » *pour* « lâcher l'âcre
besoin »; *et quand il écrit, après Vigny, son* Mont des
Oliviers *(c'est le poème dit* L'Homme juste*), il laisse*
déborder un véritable flot d'injures et d'invectives grossières
contre le Christ, le « pleureur des Oliviers », *dont la* « tendresse » *et la* « raison »

> Reniflent dans la nuit comme des cétacés.

Il y a là, dans ce réalisme, ces violences, cette outrance furieuse,
des accents nouveaux en littérature — et qui font songer à
ceux qu'à la même époque un autre «jeune » trouvait, lui aussi,
dans la solitude de sa chambre pour crier à Dieu sa haine et sa
révolte : Lautréamont [1].

Il faut donc parler moins d' « influences » *à propos des*
« sources » *de Rimbaud que d'* « utilisation » *et, assez*
souvent, de parodie. Suivant Gengoux, Rimbaud, féru de
Hegel et de Lévi, et voulant « reproduire en lui les différentes étapes du devenir universel », *empruntait des*
expressions ou des symboles « aux auteurs qui traduisaient
le plus exactement l'esprit de l'étape qu'il voulait
rendre », *et il a mystifié le lecteur* « non en fumiste, mais
en mage qui garde son secret [2] ». *Si j'admire la sagacité*
montrée par Gengoux à découvrir les démarquages du jeune
poète, je ne crois pas du tout, pour ma part, que cette attitude

---

devait avoir alors onze ou douze ans : il était entré au collège en 1865 ;
il fit sa première communion en 1866.

1. F. Carmody pense (son article sur Rimbaud dans *The French
Review,* n° de janvier 1960) que Rimbaud a pu lire, lors de son séjour à
Paris au début de 1871, tout ou partie des *Chants de Maldoror,* et qu'on
pourrait trouver des similitudes de thèmes ou d'expressions entre la
poésie de Rimbaud à cette date et celle de Lautréamont.

2. *La Pensée poétique de Rimbaud,* p. 619.

de « mage » *convienne au Rimbaud en pleine fermentation intellectuelle de 1871. Si l'on veut comprendre son attitude, il faut admettre, ici comme ailleurs, que Rimbaud est double : d'une part le bon élève, le virtuose qui sent la nécessité de faire ses gammes, et se livre à de brillants exercices de style dont* Soleil et chair *reste le meilleur exemple; d'autre part, et de plus en plus, le révolté, qui avant de lancer l'anathème contre Musset* « quatorze fois exécrable » *dans la lettre du* « voyant » *a senti depuis longtemps déjà tout ce qu'il y avait de périmé, d'artificiel aussi bien dans les thèmes d'inspiration que dans les formes poétiques et le vocabulaire chers aux par- nassiens. Jusqu'à un certain point, celui qui fait une parodie rend hommage à celui qu'il imite; mais aussi, et surtout s'il fait une parodie et non un pastiche, il souligne ce qu'il y a d'extérieur et de conventionnel dans l'art de son modèle*[1]. *De même que Lautréamont, qui se sert du plagiat et de la parodie comme de véritables machines de guerre contre la littérature, Rimbaud détruit de l'intérieur les procédés littéraires aux- quels il recourt (le beau vers, l'énumération, l'éloquence, ou au contraire le ton d'aimable badinage); mais bientôt il dépasse ce stade, déborde hors des frontières qu'il s'est tracées, laisse fuser sa haine ou son lyrisme.*

Le 14 juillet 1871, Rimbaud, sous la signature Alcide Bava, *adressait à Banville un nouveau poème,* Ce qu'on dit au poète à propos de fleurs, *qui est assez extraordinaire. C'est le pastiche d'un pastiche, en ce sens que Rimbaud s'y inspire des* Odes funambulesques *de Banville, que Banville a présentées lui-même comme une parodie des* Odes de Hugo; *mais c'est en même temps une parodie grimaçante des poèmes*

---

1. On pourra voir par les poèmes de l'*Album zutique* quelle était la virtuosité de Rimbaud dans la parodie. Il ne faut pas accorder trop d'importance, certes, à ces « joyeusetés », assez « fortes en gueule », comme disait Verlaine; le fait que Rimbaud n'a pas écrit moins de vingt-quatre pièces dans cet *Album* prouve, en tout cas, la facilité et l'allégresse avec lesquelles il parodiait Dierx, Ratisbonne, A. Silvestre — et surtout Coppée.

parnassiens remplis de « Lys » et de « Roses », et aussi (chez Leconte de Lisle et ses émules) de « Lotos » et d' « Açokas »; et c'est enfin un nouvel art poétique, et beaucoup plus sérieux qu'il n'y paraît de prime abord. Assez de fleurs « poétiques », assez de fleurs « exotiques » :

> Tas d'œufs frits dans de vieux chapeaux,
> Lys, Açokas, Lilas et Roses.

Que le poète trouve des fleurs fabuleuses, des fleurs-chaises ou des fleurs « presque pierres »! qu'il se fasse « commerçant! colon! médium! », qu'il exploite les inventions de la physique et de la chimie modernes pour faire surgir

> d'étranges fleurs
> Et des papillons électriques!

En somme, qu'il apporte du nouveau, de l'inédit, de l'inconnu. Ce qu'on dit au poète *est le corollaire de la lettre du 15 mai :* « Demandons aux *poètes* du *nouveau* — idées et formes ». *Et Rimbaud ne manque pas d'égratigner en passant l'*octave *(l'octosyllabe) cher à Gautier et les* constrictors *d'un* hexamètre *qui s'étirent chez Leconte de Lisle : sa première parole, en arrivant à Paris, ne sera-t-elle pas pour demander à Banville s'il ne va pas* « être bientôt temps de supprimer l'alexandrin[1] »?

Pour sa part, Rimbaud est engagé sur la voie qui va le mener aux plus grandes audaces de rythme et d'inspiration, d'abord aux derniers vers de 1872, puis aux vers libres [2], puis à la prose des Illuminations; *et cette fois, c'est pour lui seul et par lui seul qu'il va poursuivre son travail* « obstiné » *et* « mystérieux ». *En septembre 1871, cependant, en partant pour Paris, il emportera, pour le lire à Verlaine et à ses*

---

1. C'est Banville lui-même qui l'a raconté dans *Le National* le 16 mai 1872 en décrivant *Le Coin de table* de Fantin-Latour.

2. L'attribution des premiers « vers libres » à Rimbaud (*Marine* et *Mouvement*) est généralement admise, mais douteuse. (A. G.)

amis à son arrivée, Le Bateau ivre *qu'il vient d'écrire. Le poème, sans doute, se ressent de cette volonté de communication : on y a vu, non sans raison, la reprise d'un thème somme toute assez banal, et dont les parnassiens avaient déjà fait grand usage. Faut-il, pour autant, accuser Rimbaud de manquer d'originalité ?* « *Le Bateau ivre,* écrit en 1871 par un virtuose du pastiche et qui voulait se voir imprimé au *Parnasse contemporain,* développe tout uniment l'un des symboles favoris des parnassiens », *écrit Étiemble*[1]. *Mais qu'on relise le poème : chez quel parnassien trouvera-t-on l'équivalent de ces images prodigieuses,* « L'Aube exaltée ainsi qu'un peuple de colombes », « la nuit verte aux neiges éblouies », « Fileur éternel des immobilités bleues »? *La puissance, la perpétuelle trouvaille, la virtuosité rythmique, l'étincellement des couleurs, tout cela fait que le poème de Rimbaud* « éteint » *tout poème parnassien qu'on lui comparerait. Et Rimbaud n'avait pas tort de dire à Delahaye :* « Ah! oui, on n'a rien écrit encore de semblable, je le sais bien... »

Le génie poétique de Rimbaud est, dès lors, parvenu à sa pleine maturité; mais sa recherche et sa difficile expérience ne sont pas, elles, parvenues à leur terme.

---

1. *Le Mythe de Rimbaud,* t. 2 : *Structure du mythe,* p. 81 de la première édition, en 1952. Pour plus de détails, voir l'article du même auteur, *Les sources littéraires du Bateau ivre,* dans la *Revue d'histoire littéraire de la France,* juillet-septembre 1947, p. 245-256.

III

LE POÈTE « VOYANT »

L E *jeune Ardennais un peu rustre qui arrive chez Verlaine au mois de septembre 1871 est un poète déjà en possession d'un but et d'une méthode. Le but est de* « se rendre *voyant* », *et la méthode, c'est le* « long, immense et raisonné *dérèglement* de *tous les sens* » *(lettre du 15 mai 1871). Dans sa lettre du* [*13*] *mai à Izambard, Rimbaud parlait déjà de* « dérèglement », *en indiquant comment il s'efforçait d'y parvenir :* « Maintenant, je m'encrapule le plus possible. » *Sans doute, l'*encrapulement *est un des moyens de parvenir au dérèglement (tous les moyens sont bons) ; mais il est lié à une certaine attitude sociale (asociale plutôt) dont Rimbaud ne parle pas dans sa lettre du 15 mai, et qu'il est utile de préciser avant d'aborder la doctrine poétique du* « voyant » : *tant chez Rimbaud les idées sociales, politiques et littéraires se développent consubstantiellement.*

Dans cette lettre du [*13*] *mai, Rimbaud oppose violemment l'attitude du professeur qu'est Izambard, lequel fait* « partie des corps enseignants » *et roule* « dans la bonne ornière », *et son attitude à lui, l'anarchiste, le révolté, qui se refuse à jouer un rôle dans la vie sociale, et se vautre volontairement dans la paresse et la débauche : ce qu'il appelle* « s'encrapuler ». *Avant tout, il se refuse à travailler, et ricane quand on lui dit qu'il se doit* « à la Société ». *La Commune est alors en pleine lutte ; et Rimbaud a épousé les haines du peuple* communard contre la société bourgeoise rancie dans le respect des valeurs admises, dans le goût de l'ordre et du confort égoïste. Depuis qu'il est revenu de Paris (où il a séjourné « du 25 février au 10 mars [1] »), le jeune Ardennais affecte l'allure la plus débraillée, pipe au bec, cheveux dans le cou, gouailleur, insolent, défiant règles et conventions. Et Delahaye nous a raconté la joie de son ami apprenant, le 20 mars, le triomphe de la révolution, le départ des troupes régulières pour Versailles et l'installation d'un comité central à l'Hôtel de Ville — et aussi les « paroles affreuses » que lançait le jeune révolutionnaire en passant devant les boutiquiers et les bourgeois : « L'ordre... est vaincu[2] ! » On a beaucoup discuté sur la participation effective, ou non, de Rimbaud à la Commune : les dates de ses lettres prouvent qu'il était à Charleville le 17 avril, qu'il y était aussi les 13 et 15 mai, et comme la répression versaillaise a commencé le 21 mai pour se terminer le 28 par l'extinction de la Commune à la fin de la Semaine sanglante, il n'a sûrement pas pu passer, comme le disait Delahaye, une quinzaine de jours à Paris à la fin de mai; il a fort bien pu toutefois s'y rendre entre le 18 avril et le 13 mai, et tout un faisceau d'indices nous autorise à le croire[3]. Sa participation morale, en tout cas, est certaine.

Pourquoi donc, s'il a fait partie des « francs-tireurs » communards, Rimbaud n'en dit-il rien à Izambard? En fait, il n'est pas impossible qu'il lui en ait parlé quelques jours plus tôt dans une lettre qu'Izambard déclare avoir offerte à une de ses élèves en 1881, et n'avoir jamais pu récupérer — et au

---

1. Lettre à Demeny envoyée le 17 avril 1871 de Charleville (éd. Adam, p. 246-247).
2. Delahaye, *Souvenirs familiers*, p. 103.
3. Voir à ce sujet *Le cœur volé*, note 1, p. 399. La participation de Rimbaud à la Commune était en tout cas un fait acquis pour ses amis, Delahaye et Verlaine : « Retour à Paris pendant la Commune et quelque séjour à la caserne du Château-d'Eau parmi de vagues vengeurs de Flourens», écrit Verlaine en 1884 dans la biographie de Rimbaud (pour les *Hommes d'aujourd'hui*).

sujet de laquelle ses souvenirs paraissent extrêmement vagues[1] :
supposition que semble appuyer le encore *de la lettre du
13 mai :* « Je serai un travailleur : c'est l'idée qui me
retient, quand les colères folles me poussent vers la
bataille de Paris — où tant de travailleurs meurent
pourtant encore tandis que je vous écris ! » *Et cette
même phrase nous explique ce qui* « retient » *à présent Rimbaud à Charleville : il veut devenir un poète, un* travailleur
(« horrible travailleur », *comme il dira dans la lettre du
15 mai à Demeny) ; mais il ne peut accepter d'être un* « travailleur » *à la façon des ouvriers parisiens, ses frères en
révolte pourtant ; sa façon à lui de travailler consiste à refuser
toute occupation régulière et tout labeur, aussi bien que toute
participation effective à la lutte révolutionnaire — tout labeur
autre que cette recherche méthodique de* « voyant » *à laquelle
il ne pourra parvenir que par l'* « encrapulement » *et par une
ascèse d'une nouvelle espèce. D'où les contradictions apparentes
de sa lettre :* « Travailler maintenant, jamais, jamais ; je
suis en grève », *déclare-t-il à Izambard. Mais, deux lignes
plus loin :* « je veux être poète, et je travaille à me
rendre *voyant.* »

Sur la lettre dite du « voyant » *(envoyée deux jours plus
tard à Demeny) des flots d'encre ont coulé déjà, mais il faut
revenir sans cesse à ce texte essentiel — maladroit, sans
doute, trop haché, où bouillonnent mille idées, où la fureur
iconoclaste se mêle à des souvenirs de lectures récentes : mais
qui pourtant définit bien le programme d'une poésie tendue à
la fois vers l'exploration de l'inconnu et vers les hauts destins
d'une triomphante marche au progrès.*

---

1. Sur cette lettre égarée, qui n'était certainement pas une première
profession de foi « littératuricide », voir l'article d'O. Nadal, *A propos
d'une lettre* « *égarée* » *de Rimbaud à G. Izambard,* dans la *Revue d'histoire
littéraire de la France* d'avril-juin 1951. La lettre a bien existé, puisque
Izambard dit avoir cherché vainement à la récupérer en 1924. C'est
en répondant à Rimbaud qu'Izambard a dû lui donner quelques
conseils moraux auxquels celui-ci fait allusion le 13 sarcastiquement.

Si Rimbaud condamne avec violence ces « innombrables
générations idiotes » *de lettrés et de versificateurs auxquelles il oppose les* « générations douloureuses et prises
de visions » *de 1870, c'est que tous ces* « versificateurs »,
ces « fonctionnaires » *n'ont jamais pressenti la fonction
vitale, le rôle* actif *de la poésie. Le poète est* « voleur de feu »
*(et sans doute, ici, Rimbaud se rappelle-t-il le Prométhée
qu'évoque Michelet dans sa* Bible de l'Humanité*); son but
est d'arriver* « à l'inconnu », *pour rapporter aux autres
hommes quelques étincelles du feu interdit, car il est* « chargé
de l'humanité ». *Sur le rôle du poète, Rimbaud rejoint (ou
reprend) les idées de Hugo, de Lamartine, de Michelet : le
poète est un mage, un* voyant, *qui devrait dans un avenir
proche ou lointain arriver à définir* « la quantité d'inconnu
s'éveillant en son temps dans l'âme universelle », *à être
« un multiplicateur de progrès ». On oublie volontiers les
expressions par lesquelles Rimbaud définit le rôle* social *du
poète, si énergiques pourtant :* « L'art éternel aurait ses
fonctions; comme les poètes sont citoyens. La Poésie
ne rythmera plus l'action; elle *sera en avant.* » *Certes,
ces idées ne sont pas neuves, puisque les Romantiques les
avaient déjà exprimées sous bien des formes; et l'on croit à
lire ces lignes entendre l'écho non seulement des* Mages *de
Hugo, mais aussi des* Destinées de la poésie *de Lamartine :*
« C'est elle qui plane sur la société et qui la juge, et qui,
montrant à l'homme la vulgarité de son œuvre, l'appelle sans cesse en avant, en lui montrant du doigt des
utopies, des républiques imaginaires, des cités de Dieu,
et lui souffle au cœur le courage de les atteindre[1]. »

---

1. Rimbaud, nous dit Delahaye, lisait Thiers, Quinet, Lamartine,
Louis Blanc et l'intérêt qu'il portait aux « socialistes » de 1848 l'a certainement amené à lire les déclarations du poète qui avait joué son rôle
dans la lutte révolutionnaire (l'article de Lamartine sur *Les Destinées
de la poésie,* paru en 1834, avait, du reste, été imprimé par la suite en
tête des *Méditations,* en manière de deuxième préface). « Lamartine est
quelquefois voyant », dit de lui Rimbaud dans sa lettre du 15 mai.

*Mais il faut ajouter que Hugo et Lamartine n'ont pas été
seuls à agir sur l'esprit bouillonnant du jeune poète : à la
date de mai 1871, d'autres influences capitales l'avaient profondément marqué.*

*Il s'est trouvé, tout d'abord, qu'en 1870-1871 l'adolescent,
n'allant plus au collège, passait ses journées à dévorer des
livres. A. Adam a justement souligné le rôle qu'avaient dû
jouer dans les convictions de Rimbaud ses lectures à la bibliothèque de Charleville : Michelet, en premier lieu, et les autres
écrivains « progressistes », Saint-Simon, le Père Enfantin,
Quinet.* « Les matérialistes du XVIIIe siècle lui faisaient
espérer une société fondée sur la raison. Et surtout il
connaissait la littérature d'illuminisme révolutionnaire
qui annonçait, pour un avenir prévisible, la fin du
régime social ancien, la naissance d'une humanité
libérée de toutes ses servitudes, et jusqu'à des boule-
versements cosmiques qui viendraient sanctionner le
triomphe de l'Esprit », *écrit A. Adam*[1]. *Influence, certes
de première importance. Mais on ne saurait, je crois, négliger
le rôle, tout aussi important, des révolutionnaires « illumi-
nistes » de la Commune, dont les idées (tombant sur un
terrain à coup sûr préparé à les recevoir) semblent avoir germé
de la manière la plus remarquable dans l'esprit de Rimbaud,
qu'il ait ou non participé effectivement à la lutte; et ces idées,
il en était tout imprégné en mai 1871, lui que nous voyons, en
février-mars, lire à Paris* Le Mot d'ordre *et* « les fantaisies,
admirables, de Vallès et de Vermersch au *Cri du Peuple* »,
et chercher « l'adresse de Vermersch[2] ». *Les grands espoirs
de la Commune, nous les trouvons déjà exprimés par Vermersch lorsque, dans la préface de son* Grand Testament,

---

1. *Introduction* aux *Œuvres* de Rimbaud, Club du Meilleur Livre, 1957.
2. Lettre du 17 avril 1871, éd. Adam, p. 246-247. *Le Cri du Peuple,*
fondé le 22 février, parut jusqu'au 23 mai. Vallès y rédigea trente et un
articles, du 22 février au 19 avril; Vermersch y collabora jusqu'au
7 mars, date à laquelle il lança *Le Père Duchêne.*

*en 1868[1], il dit sa foi dans la science et dans la future trans-
formation du monde; et il manifeste son enthousiasme, au
cours du poème, pour les penseurs et les poètes grâce auxquels
l'humanité marchera vers le progrès : ces « génies »,*

> Emportés par l'immense amour,
> Ils entreprendront quelque jour
> Le voyage vers la lumière!

s'écrie Vermersch, qui cite, « Pléiade éternelle » *qui libérera
l'homme, Hugo, Sainte-Beuve, Courbet, Littré, Wagner,
Michelet et Proudhon. La curieuse phrase de la lettre du
15 mai,* « Cet avenir sera matérialiste, vous le voyez », *est en rapport avec l'idéal des révolutionnaires de 1871. Et
les idées qu'exprime Rimbaud sur l'émancipation des femmes
et sur leur rôle futur :* « Quand sera brisé l'infini servage
de la femme, quand elle vivra pour elle et par elle,
l'homme, — jusqu'ici abominable, — lui ayant donné
son renvoi, elle sera poète, elle aussi! », *s'il a pu en
trouver l'amorce chez Michelet, ne se sont-elles pas surtout
formées en lui en voyant agir et lutter les femmes de la Commune? Louise Michel, Nathalie Le Mel combattaient, non
seulement pour l'émancipation de la classe ouvrière, mais
pour l'émancipation des femmes. Et l'Union des Femmes,
fondée par des militantes de l'Internationale, exprimait l'idée
qu'il était nécessaire de lutter contre le préjugé capitaliste de
« l'inégalité des sexes [2] ».*

On sent dans la lettre de Rimbaud à Demeny une efferves-

---

1. *Le Grand testament du sieur Vermersch,* publié à Paris en 1868, fut
écrit de la prison de Sainte-Pélagie. Verlaine, qui connaissait bien
Vermersch, avait collaboré à son *Hanneton,* et le fréquentera à Londres
en compagnie de Rimbaud, en possédait un exemplaire dédicacé : il
le réclamera de Londres en 1872, avec les autres objets laissés rue
Nicolet. (Lettre à Lepelletier, 8 novembre 1872.)

2. Sur ces idées féministes, et sur l'Union des Femmes, voir E. Schul-
kind, *Le Rôle des femmes dans la Commune de 1871, Revue des Révolutions
contemporaines,* 1950. Des idées analogues sont exprimées par Vermersch dans son *Grand Testament.*

cence intellectuelle que les événements récents ne faisaient qu'accroître : mais cette étrange fusion d'un délire anarchiste — qui lui fera souhaiter l'éclatement du monde dans des « nappes de sang et de braise[1] » *et qui lui fait rejeter avec violence toutes les manières conformistes de penser et de sentir, et définir le poète comme* « le grand malade, le grand criminel, le grand maudit » — *et d'une foi affirmée dans un avenir* « matérialiste » *où l'art éternel aurait* « ses fonctions » *(n'élaborera-t-il pas, c'est Delahaye qui nous l'affirme, un projet de* « Constitution » *socialiste[2]?) ne rappelle-t-elle pas les rêveries utopistes des communards mêlées au plus violent délire de destruction? Toujours nous trouverons, au cœur de l'œuvre et de la personnalité de Rimbaud, cette dualité essentielle : la plus grande force anarchique, et le plus grand esprit de système. Visionnaire, sans doute — mais visionnaire systématique, et pour ainsi dire scientifique. Le poète est* « le grand malade, le grand criminel, le grand maudit, — et le suprême Savant [3]! »

Il a, du reste (et c'est là sans doute sa plus grande originalité) une méthode *pour parvenir à l'inconnu, et l'expression qu'il emploie est bien caractéristique, de* « long, immense et raisonné *dérèglement de tous les sens* ». *C'est d'une manière consciente et* « raisonnée » *que le poète doit* « cultiver son âme », *pratiquer des expériences, libérer en lui les facultés de vision. Le premier moyen, le plus facile sans doute, consiste à recourir aux drogues qui nous font échapper aux catégories de l'espace et du temps. Rimbaud a pu être tenté par les descriptions de Baudelaire dans ses* Paradis artificiels; *pour* « l'Homme-Dieu », *l'idée de temps s'évanouit,* « on dirait qu'on vit plusieurs vies d'hommes en l'espace d'une heure », *la vision de l'univers s'élargit au-delà de ce que permettent les facultés normales,* « l'univer-

---

1. *Qu'est-ce pour nous, mon cœur...* Voy. la note 1, p. 444.
2. Ce projet, postérieur de quelques semaines au voyage de Rimbaud à Paris pendant la Commune, s'inspirait en partie des idées organisatrices de la Commune (voir Delahaye, *Rimbaud,* 1923, p. 38).
3. Lettre du 15 mai, à Paul Demeny.

salité des êtres se dresse devant vous avec une gloire
nouvelle non soupçonnée jusqu'alors[1] ». *Il est incontestable que Rimbaud a fait l'expérience du haschisch : Delahaye
a raconté comment il l'avait vu un jour, en 1872, à l'Hôtel
des Étrangers, fumant du haschisch en compagnie de Cabaner,
et voyant* « des lunes blanches, des lunes noires qui se
poursuivaient[2] »; Matinée d'ivresse *décrit certainement
une expérience du même ordre, et traduit l'enthousiasme de
l'initié* (« Nous t'affirmons, méthode!... Nous avons foi
au poison. ») *Mais là ne se borne pas la* « méthode » *de
l'apprenti-voyant. Le jeûne, le travail nocturne (que Rimbaud
pratiquera jusqu'à l'enivrement), le dérèglement sexuel aussi,
autant de moyens : le poète ne doit-il pas* « épuiser toutes les
formes d'amour, de souffrance, de folie? » *Pourtant,
c'est avant tout par un entraînement progressif des facultés
mentales que le futur visionnaire parviendra aux* terræ inco-
gnitæ *de l'esprit. Rimbaud fera allusion plus tard, dans*
Alchimie du Verbe, *à certaines de ses étranges expériences,
et racontera comment il s'était entraîné à pratiquer l'hallucination, et comment il avait eu recours à* « tous les sophismes
de la folie ». *Expériences dangereuses, sans doute, et qui
l'ont peut-être entraîné plus loin qu'il ne comptait. Izambard,
après avoir reçu la lettre où Rimbaud lui expliquait de quelle
manière il travaillait à se* « rendre voyant », *lui demanda,
paraît-il :* « Combien de temps durera votre expérience? »
et reçut cette réponse : « Juste le temps qu'il faudra. »
*Mais, si nous admettons que Rimbaud a commencé son sin-
gulier entraînement en mai 1871, se disant en août* « recueilli
dans un travail infâme, inepte, obstiné, mystérieux[3] »,
*et même s'il ne l'a pas poursuivi après son départ pour
l'Angleterre en septembre 1872* (« Ma santé fut menacée.

---

1. *Les Paradis artificiels, Le Poème du haschisch,* III (« Le Théâtre de
Séraphin ») et IV (« L'Homme-Dieu »), éd. Pichois, « Bibl. de la
Pléiade », tome I, 1975, p. 420 et 431.

2. *Souvenirs familiers,* p. 162.

3. Comme il l'écrit à Demeny le [28] août (éd. Adam, p. 258-260).

La terreur venait », *écrit-il dans* Alchimie du Verbe. « Je dus voyager, distraire les enchantements assemblés sur mon cerveau. »), *nous voyons que le* « dérèglement raisonné » *et l'entraînement à se rendre voyant ont duré tout de même plus d'une année, marquant de façon décisive son caractère et sa vision poétique.*

On ne peut, bien entendu, séparer les jugements littéraires portés par Rimbaud de ses nouvelles conceptions poétiques [1]. *Toute la fin de la lettre du 15 mai nous montre pourquoi il ne peut plus admettre ni la poésie parnassienne, ni la poésie romantique (malgré les hommages qu'il rend à Lamartine, à Hugo et surtout à Baudelaire) : la forme trop vieille* « étrangle » *chez eux toute possibilité de* voyance : « les inventions d'inconnu réclament des formes nouvelles ». *Le poème envoyé en juillet à Banville,* Ce qu'on dit au poète, *sonnera comme un adieu à toutes les anciennes formes littéraires : il demande, je l'ai dit, à être commenté par la lettre du 15 mai* [2].

Quand Rimbaud arrive à Paris en septembre 1871, c'est donc avec un mépris à peu près complet pour toute littérature existante, c'est surtout avec l'intention bien délibérée de poursuivre son expérience de « voyant » — *et très vite, il va trouver une occasion de se* « dérégler » *plus profondément : Verlaine.*

---

1. Lui-même condamnera, en juin, tout ce qu'il a écrit jusqu'alors : « brûlez, *je le veux* et je crois que vous respecterez ma volonté comme celle d'un mort, brûlez *tous les vers que je fus assez sot* pour vous donner, lors de mon séjour à Douai », écrira-t-il à Demeny le 10 juin 1871 (lettre publiée dans l'éd. Adam, p. 254-255).

2. Voir ci-dessous, p. 346-352.

L'ÉPOUX INFERNAL

S I *la* « descente aux enfers » *a pu être considérée comme une démarche initiatique* (*ainsi qu'on l'a dit à propos de Gérard de Nerval et d'*Aurélia), *ici, il faut donner au mot* « enfer » *son sens chrétien et voir sur le visage des réprouvés se refléter les lueurs rougeoyantes des derniers supplices. C'est au prix d'une véritable torture morale, infligée et subie, que Rimbaud a cherché, comme dit la vierge folle, à* « s'évader de la réalité ».

C'était bien un mauvais ange que cet adolescent au visage, dira *Verlaine,* « parfaitement ovale d'ange en exil », *et qui, dès sa première apparition au dîner des Vilains Bonshommes, se verra comparé au diable* [1]. *S'il n'avait pas encore pratiqué l'homosexualité, ce qui semble probable, malgré les demi-aveux de l'*Avertissement *des* Déserts de l'amour (« N'ayant pas aimé de femmes ») *et de* Mauvais Sang (« le vice qui a poussé ses racines de souffrance à mon côté, dès l'âge de raison »), *il n'allait pas tarder à entraîner Verlaine, près d'être père de famille, dans l'abîme*

---

1. Dans une lettre écrite par Valade le 2 octobre 1871, il est question de Rimbaud, « ce môme dont l'imagination, pleine de puissances et de corruptions inouïes, a fasciné ou terrifié » tous les amis de Verlaine. D'Hervilly l'ayant baptisé « Jésus au milieu des docteurs », un autre rectifia : « C'est le Diable ! », ce qui, ajoute Valade, « m'a conduit à cette formule nouvelle et meilleure : « Le Diable au milieu des docteurs. » (Lettre citée par M. Coulon dans *La Vie de Rimbaud et de son œuvre*, p. 161.)

où lui-même plongeait les yeux grands ouverts. On est frappé de constater, dans leurs rapports, l'attitude volontaire, virile, de ce garçon de dix-sept ans. C'est Verlaine qui est la « vierge folle », *qui se laisse entraîner, s'effraie, supplie et écrit le 2 avril 1872 :* « aime-moi, protège et donne confiance. Étant très faible, j'ai très besoin de bontés [1]. » *Si, à l'égard de sa femme Mathilde, Verlaine s'est trop souvent montré, après boire, violent et brutal, on a l'impression, en revanche, qu'il a été tout de suite envoûté par Rimbaud, tout en sentant probablement, dès le début, combien il était dominé par ce compagnon génial et tyrannique. N'allons pas trop loin pourtant. Verlaine n'a pas été un simple jouet entre les mains de Rimbaud. Il avait déjà une réputation d'homme de lettres, mieux, un talent déjà formé (on a trop tendance à oublier l'originalité, la nouveauté rythmique des* Paysages tristes *dans les* Poèmes Saturniens); *il pouvait certainement, sur le plan littéraire, influencer et conseiller Rimbaud. Jusqu'à quel point celui-ci s'est-il mis à l'école de Verlaine [2] ? On peut penser en tout cas que lorsque Rimbaud, en février-mai, fait un séjour forcé dans les Ardennes (pour permettre une réconciliation entre Verlaine et sa femme, qui avait déjà intenté contre lui une action en séparation de corps), et qu'il se met à écrire des* « chansons » *et des poèmes assonancés, dont il dira à Delahaye :* « Maintenant, je fais des chansons, c'est enfantin, c'est rustique, naïf, gentil », *il emprunte plus d'un procédé à l'auteur des* Ariettes oubliées.

---

1. La lettre est publiée dans l'éd. Adam, p. 261-262.

2. La question de l'influence de Verlaine sur Rimbaud est moins nette et plus complexe que celle de l'influence de Rimbaud sur Verlaine. Octave Nadal (*Paul Verlaine,* Mercure de France, 1961, p. 35-43) attribuait à Verlaine un rôle d'intermédiaire, ayant permis à Rimbaud de connaître les poètes qu'il a imités. Cecil Hackett (dans une étude parue en anglais en 1961, puis en français, dans *Autour de Rimbaud,* Klincksieck, 1967) envisage plutôt une influence directe, que Fortunato Zocchi (*Studi francesi,* genn.-apr. 1965) considère comme beaucoup plus réduite. Antoine Fongaro, de son côté, a traité le problème du point de vue, surtout, des *Illuminations* (*Revue des sciences humaines,* avril-juin 1962). (A. G.)

La phrase de Verlaine sur ces « chansons » : « Il accomplit ainsi des prodiges de ténuité, de flou vrai, de charmant presque inappréciable à force d'être grêle et fluet [1] », *ne définit-elle pas aussi bien, et mieux, ce qui fait le charme de la* « musique » *verlainienne ? Et le désaveu furibond de ces tentatives, dans* Alchimie du Verbe, *en 1873 :* « Je hais maintenant les élans mystiques et les bizarreries de style » *(comme dit le brouillon), pourrait bien traduire une irritation contre le poète qui a, par son exemple, égaré l'adolescent sur des voies qui n'étaient pas les siennes.*

Mais, dès le mois de mai, Arthur est de retour à Paris, où Verlaine l'attend avec impatience : rue Monsieur-le-Prince, puis rue Victor-Cousin, il va poursuivre son mystérieux « travail », *continuer cette expérience de* « voyant » *qui devait le mener, dira-t-il,* « aux confins du monde et de la Cimmérie, patrie de l'ombre et des tourbillons » — *et sans doute écrire ses derniers poèmes en vers. Le 7 juillet 1872, épuisé par la chaleur parisienne* (« je bois de l'eau toute la nuit, je ne vois pas le matin, je ne dors pas, j'étouffe », *écrit-il à Delahaye en juin [2]), épuisé surtout par une expérience où sa santé était en train de s'ébranler, et rêvant d'aller chercher sous d'autres cieux le Bonheur dont l'idée le hantait, Rimbaud entraînait avec lui Verlaine, rencontré dans la rue ; et en septembre, tous deux s'embarquaient pour l'Angleterre.*

Ce que fut leur vie commune à Londres, la correspondance et les vers de Verlaine n'en donnent qu'une description tout extérieure : vie d'aventures et de vagabondages, pleine de « blâmables excès » *(et notamment de continuelles soûleries), peut-être aussi de difficultés d'argent :*

> La misère aussi faisait rage
> Par des fois dans le phalanstère[3],

---

1. *Les Poètes maudits.* (Voir J. Mouquet, *Rimbaud raconté par Paul Verlaine*, p. 59.)

2. Lettre publiée dans l'éd. Adam, p. 352-353.

3. Verlaine, *Laeti et errabundi,* dans *Parallèlement.*

ponctuée aussi (mais là-dessus Verlaine est plus discret) de
querelles et de réconciliations. « Drury Lane, Whitechapel,
Pimlico, Angel, La Cité, Hyde Park, etc., n'ont plus
de mystère pour nous », *écrit Verlaine le 17 février. Ils*
font des progrès en anglais, vont au théâtre, fréquentent les
« communards » *de Londres : Vermersch, que ses publica-*
tions satiriques avaient fait envoyer en exil, Andrieu, Lissa-
garay et quelques autres. De leur travail poétique, nous ne
savons pas grand-chose. Verlaine termine ses Romances
sans paroles *(en mai 1873, il enverra à Lepelletier le*
« phameux manusse », *dédié à Rimbaud :* « Ces vers ont
été faits, lui étant là, et m'ayant poussé beaucoup à les
faire[1] »). *Sur Rimbaud, silence total : il paraît avoir écrit*
en Belgique ses dernières pièces en vers, mais il semble difficile
de penser qu'il n'ait poursuivi en Angleterre aucune tentative
littéraire. A-t-il écrit à cette époque une partie des Illuminations? *C'est possible — ce n'est pas sûr. Jusqu'à quand*
a-t-il poursuivi sa tentative de « voyant »? *Il en parle avec*
dérision dans Alchimie du Verbe, *et l'on peut supposer que,*
dès son retour à Charleville à Pâques 1873, il était revenu
de ses hautes ambitions. On pourrait même croire, en lisant
Alchimie du Verbe, *que, dès son premier voyage* « sur la
mer », *il avait vu s'évaporer* « les enchantements » *assem-*
blés sur son cerveau. Mais un autre texte, non moins impor-
tant, fait visiblement allusion à la période de vie commune avec
Verlaine et nous permet d'apercevoir un peu du monde insolite
où l'esprit de Rimbaud s'était, dès lors, enfermé : c'est le
texte où la « vierge folle » *(Verlaine) décrit son* « compagnon d'enfer » *— le portrait de Rimbaud vu par Verlaine,*
mais écrit par Rimbaud.

Que ce monde soit un monde clos, c'est l'impression qui
s'impose au lecteur : malgré ses efforts, Verlaine n'y pourra
jamais pénétrer. « Je voyais tout le décor dont, en esprit,

---

1. Lettre de Verlaine à Lepelletier, 19 mai 1873 (*Correspondance,*
Messein, t. I, p. 101).

il s'entourait; vêtements, draps, meubles; je lui prêtais des armes, une autre figure. Je voyais tout ce qui le touchait, comme il aurait voulu le créer pour lui », *écrit, il est vrai, la vierge folle, mais pour ajouter aussitôt :* « J'étais sûre de ne jamais entrer dans son monde. » *Nous sommes là au cœur de l'expérience* « hallucinatoire » *dans ce qu'elle a de plus ambigu : le* « voyant » *voudrait* « arriver à l'inconnu »; *mais cet inconnu, doit-il l'atteindre, comme un objet situé en dehors de lui, ou le créer? Aussi bien dans les textes d'*Une saison en enfer *que dans la lettre du 15 mai 1871, nous voyons que Rimbaud, par une équivoque essentielle, rétablit le poète dans ses fonctions démiurgiques en lui donnant pour but moins de découvrir un monde surnaturel, inconnu au commun des hommes, mais accessible aux initiés, que de* créer *un autre monde, de faire* « sentir, palper, écouter ses inventions », *de parvenir à un pouvoir véritablement magique :* « J'ai créé toutes les fêtes, tous les triomphes, tous les drames. J'ai essayé d'inventer de nouvelles fleurs, de nouveaux astres, de nouvelles chairs, de nouvelles langues. J'ai cru acquérir des pouvoirs surnaturels », *dira-t-il dans* Une saison en enfer (Adieu), *et dans* Délires I *il est question de* « pouvoir magique » *et de* « secrets pour *changer la vie* ». *Là était le grand rêve de Rimbaud — et sa suprême illusion. Il paiera durement cette tentative luciférienne pour* « être mage ou ange » *lorsqu'il se trouvera rendu au sol avec* « la réalité rugueuse à étreindre ». *Déjà il avait avant de partir pour l'Angleterre reçu, semble-t-il, un premier avertissement (dans le sens où Baudelaire disait qu'il sentait passer sur lui,* « singulier avertissement », « le vent de l'aile de l'imbécillité »)*; à Londres, il parcourt une deuxième étape, plus désespérée, à mesure qu'il s'enfonce dans une solitude plus amère, qu'il cherche avec une sorte de rage à* « s'évader de la réalité » *qui pèse sur lui :* « Quelle vie! La vraie vie est absente. Nous ne sommes pas au monde », *écrit tristement la vierge folle (mais c'est Rimbaud qui tient la plume).*

Au lieu de se faire humble dans l'attente d'une révélation,
« l'enfant de colère », *qui n'est pas arrivé à retrouver*
« l'éternité », *cherche à se créer un monde à lui, à* « vivre
somnambule ». *Mais parce qu'il sait déjà que cette recherche
est désespérée, qu'on n'échappe pas au monde réel, il s'irrite,
entre en fureur* (« Je veux devenir bien fou de rage », *lui
fait dire la vierge folle), refuse sa condition présente et
— toujours ! — le travail.* « Je suis de race lointaine :
mes pères étaient Scandinaves : ils se perçaient les côtes,
buvaient leur sang. (...) Jamais je ne travaillerai. » *Pou-
vait-il, du moins, trouver quelque aide morale auprès de son
compagnon ? Il dut vite se rendre compte que non, et le texte
de* Délires I *nous le montre bien : quand la vierge folle dit à
l'époux infernal :* « Je te comprends », *il hausse les épaules.
Les querelles, les scènes sauvages* (« plusieurs nuits, son
démon me saisissant, nous nous roulions, je luttais avec
lui ! ») *n'ont pas été seulement, dans le* « drôle de ménage »,
*la conséquence des beuveries, mais aussi de la rancune et du
mépris que Rimbaud éprouva, très vite, pour son compagnon d'enfer, celui qu'il appellera dans* Vagabonds, *son*
« pitoyable frère ». *Et même dans les instants de douceur
et de tendresse qui succédaient à ces violences, tous deux ne
devaient guère se faire d'illusions (on le voit dans* Délires I)
sur la possibilité de poursuivre cette vie intenable.

*Déjà, lorsque Rimbaud, revenu à Roche le 11 avril 1873,
commence à rédiger les trois premières* « histoires » *de ce
qu'il appelle* Livre païen, *ou* Livre nègre [1] *(et qui deviendra*
Une saison en enfer), *il passe par une violente crise intérieure dont le chapitre* Mauvais Sang *(qui date certainement
de ces semaines) porte la trace : crise morale et crise d'inquiétude religieuse. A travers ses violences contre le christianisme,
contre la société dite civilisée, contre lui-même aussi, on sent
percer le désespoir de se trouver dans une situation sans issue :*
« On ne part pas », *dit le texte définitif de* Mauvais Sang.

---

1. Lettre de mai 73 à Delahaye, publiée plus loin, p. 354-355.

Et dans le brouillon on trouve ce cri : « Ah! mon ami, ma sale jeunesse! » *Il acceptera de repartir encore une fois pour l'Angleterre en compagnie de Verlaine le 26 mai, mais la rupture est imminente.*

Chose curieuse, c'est Verlaine, excédé par les querelles, par les perpétuels sarcasmes de Rimbaud (hanté aussi, il faut le dire, par l'idée d'avoir gâché sa vie et brisé son ménage), qui prit, lui le faible, l'initiative de cette rupture[1] : « Tu dois, au fond, comprendre enfin qu'il me fallait absolument partir, que cette vie violente et toute de *scènes* sans motif que ta fantaisie ne pouvait m'aller foutre plus! » *écrit-il à Rimbaud, à peine parti. La réponse suppliante de Rimbaud prouve-t-elle un sentiment sincère? Faut-il le croire quand il dit :* « Voilà deux jours que je ne cesse de pleurer »[2]? *Ce n'est pas impossible; comme il n'est pas impossible aussi qu'Arthur, affolé de se voir abandonné à Londres sans un sou, désespéré par cette brusque décision d'un être qu'il croyait dominer, ait usé de tous les moyens, larmes et menaces, pour le rappeler; et jusqu'au chantage — il menace Verlaine de vendre les effets que celui-ci a laissés à Londres! Mais, en définitive, c'est bien Verlaine qui aura, à Bruxelles, le geste de l'abandonné. On connaît le drame, et l'on peut imaginer, d'après la déposition de Rimbaud[3], l'état d'exaltation de Verlaine brandissant le pistolet qu'il avait acheté pour se* « brûler la cervelle » *et criant :* « C'est pour vous, pour moi, pour tout le monde »; *parlant d'aller à Paris* « faire justice de sa femme et de ses beaux-parents » — *et ne dessoûlant pas, en outre. On peut penser qu'il n'a jamais eu*

---

1. Il a raconté à plusieurs reprises à ses amis la scène qui avait entraîné son départ, pour un motif futile (cf. J. Mouquet, *Rimbaud raconté par Paul Verlaine*, p. 133).

2. Lettre de Verlaine à Rimbaud du [3 juillet 1873], écrite du bateau, et lettre de Rimbaud à Verlaine du [4 juillet], publiées dans l'éd. Adam, p. 270-271. (A.G.)

3. Les interrogatoires de Verlaine, les dépositions de Rimbaud et de Mme Verlaine mère, avant le procès de Bruxelles, sont reproduits dans l'édition Adam, p. 276-284. (A.G.)

l'intention de tuer Rimbaud : « sa raison était complètement égarée » *quand il tira; et la légère blessure qu'il fit au
poignet de Rimbaud a peut-être évité un malheur plus grand.
Elle a aussi valu à la littérature plusieurs chefs-d'œuvre : les
pièces écrites par Verlaine à la prison de Mons où il fut
incarcéré pour deux ans, et les lignes les plus brûlantes
d'*Une saison en enfer. La conversion de Verlaine, la*
« fausse conversion [1] » *de Rimbaud sont en grande partie la
conséquence du drame de Bruxelles.*

*Sans doute, dès le mois de mai, Rimbaud était las de sa vie
avec son* « compagnon d'enfer », *plus las encore peut-être
des* « magies » *hallucinatoires qui l'avaient laissé déçu et
irrité, épuisé surtout par sa solitude morale :* « Ah ! Je suis
tellement délaissé que j'offre à n'importe quelle divine
image des élans vers la perfection », *écrit-il dans le
brouillon de* Mauvais Sang, *qui date certainement du séjour
à Roche (ajoutant, il est vrai :* « Autre marché grotesque »). *Si l'on remarque qu'au dos de ces mêmes brouillons
figurent les* Proses « évangéliques », *on doit admettre-
même en tenant compte du ton volontairement* « rationaliste »
*et ironique de ces textes, que Rimbaud se préoccupait alors
des miracles de Jésus, et relisait saint Jean. On ne peut pas,
enfin, ne pas remarquer combien l'* « époux infernal » *paraît,
dans* Délires I, *hanté par l'idée de* charité : *pleurant devant
les malheureux qui hantent les bouges, relevant les ivrognes
dans les rues;* « sa bonté et sa charité lui donneraient-elles
droit dans le monde réel ? » *se demande la vierge folle,
qui ajoute un peu plus loin :* « Il m'a dit avoir des regrets,
des espoirs : cela ne doit pas me regarder », *et se
demande :* « Parle-t-il à Dieu ? » *Depuis des mois, sans doute,
Rimbaud poursuivait un dialogue épuisant avec Dieu et avec
lui-même : appelant le repos, le calme intérieur, l'amour divin
— puis repoussant avec fureur et sarcasme toute idée de*

---

1. *Fausse conversion* est le titre donné, dans le brouillon, au texte qui
deviendra *Nuit de l'Enfer.*

sanctification : « Si Dieu m'accordait le calme céleste, aérien, la prière — comme les anciens saints. — Les saints! des forts! les anachorètes, des artistes comme il n'en faut plus! » (Mauvais Sang). *Mais dans cet esprit depuis longtemps tourmenté, le drame de Bruxelles allait déchaîner la lutte la plus déchirante, s'il est vrai, comme il l'a dit, que* « le combat spirituel est aussi brutal que la bataille d'hommes » (Adieu).

Certes, Une saison en enfer *n'est pas le récit d'une conversion, loin de là! Mais il est incontestable que Rimbaud,* « s'étant trouvé sur le point de faire le dernier *couac!* » *a songé à* « rechercher la clef du festin ancien[1] » *et a rêvé d'une impossible pureté[2]; sur son lit d'hôpital* « l'odeur de l'encens » *lui est revenue[3], et avec elle tous les souvenirs mystiques de son enfance. Si sa conversion manquée lui a inspiré des cris de douleur et de révolte (dans* Nuit de l'enfer), *c'est qu'il reste obsédé par les idées chrétiennes. Il refuse Dieu avec fureur, il s'emporte contre ses parents qui, en le faisant baptiser, l'ont voué à l'enfer (car, raisonne-t-il,* « l'enfer ne peut attaquer les païens[4] ») — *il ne met pas en doute l'existence de Dieu. Quand on regarde* Une saison en enfer *sans passion, il est impossible de ne pas voir que Rimbaud n'est pas sereinement athée comme l'étaient nombre de ses contemporains. Il est un maudit, un réprouvé; il sait qu'il est damné, justement parce que Dieu existe; et damné moins*

---

1. Voir la page qui sert de prologue à *Une saison en enfer* et la note 8, p. 458.

2. Texte émouvant que celui où Rimbaud, après avoir crié son dégoût de notre civilisation et des « marais occidentaux », et évoqué avec nostalgie l'Orient, la « patrie primitive », lance un appel angoissé vers la *pureté* édénique :

O pureté! pureté!

C'est cette minute d'éveil qui m'a donné la vision de la pureté! — Par l'esprit on va à Dieu !

Déchirante infortune !

(L'Impossible.)

3. *L'Éclair.*

4. *Nuit de l'enfer.*

encore pour avoir cédé à ses « instincts délétères » (L'Impossible) *que pour son péché capital — l'Orgueil. C'est par orgueil qu'il a cru pouvoir échapper à la loi divine, et vivre, comme le dit Verlaine dans* Crimen Amoris, *par-delà le Bien et le Mal* [1]; *par orgueil aussi qu'il a voulu acquérir des pouvoirs magiques, rivaliser avec Dieu, refaire la création,* devenir Dieu :

Oh! je serai celui-là qui créera Dieu!

lui fait dire Verlaine dans Crimen Amoris. *Ce qui l'a perdu, c'est la révolte métaphysique.*

Lorsque Rimbaud reçut de Verlaine, vers la fin de l'été 1873, Crimen Amoris, *composé en août par le prisonnier de Mons désormais converti, il le recopia soigneusement, et put méditer sur le destin du* « mauvais ange » *qui, voulant abolir les notions de Bien et de Mal, se voyait châtié par un dieu* « justicier ». *Mais la route du révolté se séparait, dorénavant, de celle de Verlaine. Et l'on peut penser que Rimbaud en voulait d'autant plus à son ancien* « compagnon d'enfer » *qu'il voyait celui-ci, humble et repentant, abjurer ses erreurs passées et prier pour lui, Rimbaud.*

La dernière entrevue entre Verlaine et Rimbaud eut lieu, semble-t-il, en 1875, à Stuttgart. « Verlaine est arrivé ici l'autre jour, un chapelet aux pinces, *écrit Rimbaud à Delahaye le 5 mars.* Trois heures après, on avait renié son Dieu et fait saigner les 98 plaies de N.-S. » *Ce revoir avait ranimé son attitude satanique, son allégresse furieuse à*

---

1. Dans la première version de *Crimen Amoris,* celle que recopia Rimbaud, le « mauvais ange » s'adresse ainsi aux pécheurs et aux saints :
Vous le saviez qu'il n'est point de différence
Entre ce que vous dénommiez Bien et Mal...

Et dans *Matinée d'ivresse* on trouve cette phrase : « On nous a promis d'enterrer dans l'ombre l'arbre du bien et du mal, de déporter les honnêtetés tyranniques, afin que nous amenions notre très pur amour. » Révolte païenne *à la fois* contre la notion d'impureté et contre celle de péché.

engager le combat, à travers son trop faible ami, contre Dieu lui-même. « Je ne commente pas les dernières grossiè-retés du Loyola, *dira-t-il encore en octobre*, et je n'ai plus d'activité à me donner de ce côté-là à présent[1]... » *Les ponts étaient rompus, cette fois, aussi bien entre Rimbaud et le catholicisme qu'entre Rimbaud et Verlaine — bien que Verlaine (qui continuera à demander à Delahaye, par la suite, des nouvelles de l'Œstre) ait fait une dernière tentative auprès de «* l'enfant de colère », *lui écrivant :* « Ce m'est un si grand chagrin de te voir en des voies idiotes, toi si intelligent, *si prêt* (bien que ça puisse t'étonner!) J'en appelle à ton dégoût lui-même de tout et de tous, à ta perpétuelle colère contre chaque chose, — juste au fond, cette colère, bien qu'inconsciente *du pourquoi*[2]. » *Verlaine montre ici qu'il connaissait bien Rimbaud; mais si quelqu'un pouvait convertir Rimbaud, ce n'était certes pas Verlaine.*

L'adolescent, du reste, avait à cette date profondément évolué : Une saison en enfer *(terminé à la fin de l'été 1873) avait mis un point final, non seulement à sa tentative de «* voyant », *mais à sa crise spirituelle.* « Je hais mainte-nant les élans mystiques et les bizarreries de style », *dit le brouillon d'*Alchimie du Verbe *en manière de conclusion. Et le dernier chapitre d'*Une saison en enfer, Adieu : « Tous les souvenirs immondes s'effacent. Mes derniers regrets détalent, — des jalousies pour les mendiants, les bri-gands, les amis de la mort, les arriérés de toutes sortes. » *Il avait fallu la proximité de la mort pour remettre Rimbaud en face des idées chrétiennes («* Suis-je trompé? la charité serait-elle sœur de la mort, pour moi? » *se demande-t-il dans* Adieu*); il faudra la proximité d'une mort, cette fois inéluctable, pour remettre Rimbaud, cloué sur son lit d'hôpital à Marseille, en présence de Dieu. C'est du moins en ce sens*

---

1. Lettre à Delahaye, 14 octobre 1875, éd. Adam, p. 298-300.
2. Verlaine à Rimbaud, 12 décembre 1875, éd. Adam, p. 300-301.

que témoignera sa sœur, Isabelle. Le poète des Illuminations *n'est plus le rebelle fiévreux, tourmenté, hurlant d'*Une saison en enfer, *il est sorti de son état de crise — si l'on admet que les* Illuminations *sont, pour une part, postérieures à l'été de 1873.*

V

LE PROBLÈME DES *ILLUMINATIONS*

IL *existe en effet un problème, et combien irritant! des* Illu-minations.

« Le livre que nous offrons au public fut écrit de 1873 à 1875, parmi des voyages tant en Belgique qu'en Angleterre et dans toute l'Allemagne », *écrivait Verlaine en 1886, présentant au public la première édition des* Illuminations. *Mais, pendant très longtemps, on a refusé de croire Verlaine (dont le témoignage, il faut le dire, est souvent suspect); on a refusé de le croire parce qu'il était admis qu'*Une saison en enfer *était un* « adieu à la littérature » *et la dernière œuvre de Rimbaud, et que les* Illuminations *avaient, par conséquent, été écrites avant* Une saison en enfer, *donc avant juillet 1873 — c'est-à-dire à Paris ou en Angleterre, en 1872 et en 1873, pendant la période du* « voyant ». *Au témoignage de Delahaye, du reste, telle était bien leur date de composition. Mais il est arrivé à Delahaye, malgré son honnêteté certaine, de se tromper sur les dates. Et l'on sait qu'en 1949, dans une thèse qui n'a pas fini de faire couler de l'encre, H. de Bouillane de Lacoste a tout remis en question : l'étude graphologique des manuscrits l'a conduit à dater ceux-ci de 1874 au plus tôt, à donner par conséquent raison à Verlaine contre Delahaye.* Une saison en enfer *n'est plus alors un adieu de Rimbaud à la littérature, mais seulement à une certaine forme de littérature : chansons,*

« rhythmes naïfs » *et* « bizarreries de style » *dont il parle dans* Alchimie du Verbe *et qu'il faut rattacher à la fois à la période du* « voyant » *et à l'influence de Verlaine. Suivant Bouillane de Lacoste, les* Illuminations *ont été écrites à Londres en 1874, alors que Rimbaud s'y trouvait avec Germain Nouveau dont il avait fait la connaissance à la fin de 1873, et elles témoignent d'un état de joie et de santé retrouvées. Cette thèse a été très controversée : les uns ont adopté d'emblée la date de 1874, d'autres se refusent à placer* Une saison en enfer *avant les* Illuminations, *d'autres encore pensent que Rimbaud a pu écrire des poèmes jusqu'en 1875 et même plus tard*[1]. *On verra dans la* Notice *des* Illuminations *quels arguments* externes *on peut tirer de l'examen des manuscrits.*

Incontestablement, Rimbaud a écrit des poèmes en prose dès 1872 : nous voyons Verlaine, de Londres, réclamer à Lepelletier en novembre 1872 « des vers et des poèmes en prose » *de son ami, abandonnés rue Nicolet*[2]. *Certains* textes *portent, du reste, la trace de l'expérience de* « dérèglement

---

1. Je me contenterai de citer, comme occupant les deux positions extrêmes, Antoine Adam, qui dans la *Revue des sciences humaines* a publié en décembre 1950, un article intitulé *L'Énigme des « Illuminations »*, où il essaie de montrer que les textes de Rimbaud ont pu être écrits, avec des intervalles, de 1872 jusqu'à 1878 ; et C. Chadwick, qui a publié dans la *Revue d'histoire littéraire*, en décembre 1958 et mars 1959, une longue étude sur *La Date des Illuminations*, pour défendre la position traditionnelle : 1872-1873. (S. B.)

Aucune de ces deux positions n'est tenable. Les conjectures d'Antoine Adam, qui éparpillent la composition des *Illuminations* dans une période trop large, comme si Rimbaud avait rapporté un texte de chacun de ses voyages, sont invraisemblables. Suscitées par la thèse de Bouillane de Lacoste, elles la conduisent du probable (1874) au très improbable (1878) et se heurtent à la datation des copies. Antoine Adam ne les a pas reprises dans son édition de la Pléiade. Quant à la chronologie de Charles Chadwick, elle surestime l'argument opposé à Bouillane de Lacoste sur le fait qu'il n'avait pas daté que des copies et non la composition des *Illuminations,* et par ailleurs, comme d'autres travaux anglais (l'édition de Nick Osmond en particulier) elle sous-estime l'intervention de Germain Nouveau dans la copie des textes, en 1874. (A. G.)

2. *Correspondance*, t. I, p. 67.

raisonné » *faite par le jeune* « voyant » *pendant son séjour à Paris, et au début du séjour de 1872-1873 en Angleterre :* Matinée d'ivresse *a certainement été écrit sous l'influence d'une séance de haschisch, et nous y voyons Rimbaud glorifier sa* « méthode » *et s'enthousiasmer à l'idée de voir enterré dans l'ombre* « l'arbre du bien et du mal ». Nocturne vulgaire *présente également un caractère onirique et hallucinatoire très particulier : et lorsque Rimbaud nous dit, dans* Alchimie du Verbe, *qu'il s'était habitué* « à l'hallucination simple » *et qu'il voyait* « des calèches sur les routes du ciel », *nous avons quelques indications sur le processus qui lui permettait de se* « voir » *entraîné dans un carrosse par un* « postillon » *et des* « bêtes de songe » *à travers* « les plus suffocantes futaies ». *Le* « voyant » *recourt, du reste aussi, à* « l'hallucination des mots » : *par associations verbales plus encore que visuelles, le carrosse est aussi le* « corbillard » *de son sommeil, la* « maison de berger » *de sa niaiserie... Dans cet univers halluciné, tout est en état de métamorphose perpétuelle, aucune stabilité ne peut s'établir. De même, dans* Veillées I *et* II *l'univers mental et l'univers réel se fondent, se brouillent sous les yeux du* « veilleur », *et nous voyons la muraille devenir* « une succession psychologique de coupes, de frises, de bandes atmosphériques et d'accidences géologiques ».

Mais plus on regarde les Illuminations, *plus on s'aperçoit qu'il y a là un recueil d'inspirations diverses, étrangères les unes aux autres. A côté de pièces optimistes, illuminées de joie et d'espérance, d'autres sombres et angoissées; à côté de pièces hallucinatoires, d'autres de caractère nettement descriptif. C'est pourquoi il semble très probable que les poèmes ont été écrits à des époques assez différentes; que Rimbaud a repris sa tentative en 1874, à l'époque de son second séjour à Londres, recopiant ses anciens poèmes et en écrivant de nouveaux* [1]. *Un fait est certain, c'est qu'il ne s'est pas, comme*

---

1. Sur ces questions de dates, on verra plus loin la *Notice* des *Illu-*

on le croyait, désintéressé de la littérature après 1873,
puisqu'en 1875 il se préoccupait de faire éditer les Illuminations *en recueil, comme le prouve une lettre de Verlaine à*
Delahaye datée du 1er mai 1875 : « Rimbaud m'ayant prié
d'envoyer, pour être imprimés, des *poèmes en prose* siens
(que j'avais), à ce même Nouveau, alors à Bruxelles,
(je parle d'il y a deux mois), j'ai envoyé — 2 francs 75
de port!!! — illico... ».

Il faut dépasser, semble-t-il, la position dualiste de Rivière,
qui prétendait que s'opposent, à l'égard de Rimbaud, les
« esprits esthétiques » *et les* « esprits métaphysiques »
— les premiers ne voyant dans les Illuminations *que pro-*
cédés artificiels, « la réalité mal vue exprès », *alors que les*
seconds (parmi lesquels il se range) y voient « l'approche de
ce monde mystérieux dont on voulait nous faire croire
qu'il n'était qu'une invention poétique [1] ». *Même si l'on*
admet que Rimbaud a écrit la plupart des Illuminations
après avoir renoncé à sa tentative de « voyant », *il est impos-*
sible de penser qu'il s'est plu volontairement à « truquer » *la*
réalité, à fausser le jeu, cultivant le coq-à-l'âne, les sautes
d'idées, l'incohérence. N'oublions pas que Rimbaud avait passé
une longue période à s'entraîner à l'hallucination, à bannir de
son esprit le raisonnement logique, à retrouver les « enchantements » *de l'enfance* (« romans de nos aïeules, contes de
fées, petits livres de l'enfance [2]... »). *Il s'écriait en 1870,*
nous dit Delahaye : « Tout à démolir, tout à effacer dans
mon cerveau... Ah! il est heureux l'enfant abandonné
au coin d'une borne, élevé au hasard, parvenant à l'âge
d'homme sans aucune notion inculquée par une famille
ou par des maîtres : neuf, net, sans principes, sans

---

minations. Il semble, en particulier, que le poème *Vagabonds,* où Rimbaud évoque Verlaine : « Pitoyable frère! Que d'atroces veillées je lui
dus! » n'a pas pu être écrit avant 1874, car il fait allusion à un passé
déjà éloigné.

1. Rivière, *Rimbaud,* Kra, 1930, p. 147 et p. 213.
2. *Alchimie du Verbe.*

devoirs, et libre[1]... » *Ce comportement adolescent devant les choses, propice à tous les émerveillements, Rimbaud a eu d'autant moins de peine à le retrouver qu'après tout il était lui-même à peine sorti de l'enfance, et qu'il avait toujours été en rébellion contre les* « notions » *apprises, les habitudes, les conventions. S'il y a du procédé dans certaines proses descriptives des* Illuminations, *ce n'est rien d'arbitraire ni d'artificiel ; il serait plus exact de parler d'*impressionnisme, *dans le sens où l'entend Proust quand il dit que l'effort d'Elstir (peintre qui est une synthèse de plusieurs peintres impressionnistes) consistait à* « dissoudre cet agrégat de raisonnements que nous appelons vision[2] ». *Bon nombre des étrangetés des* Illuminations *s'expliquent par cette* « vision impressionniste » *qui nous restitue, comme disait encore Proust,* « ces illusions d'optique dont notre vision première est faite », *et nous fait voir la mer apparaissant* « au-dessus du niveau des plus hautes crêtes » (Villes), *un petit valet* « dont le front touche le ciel » (Enfance IV) *ou des fantasmagories lumineuses dans des* « plans de pois » *(*Métropolitain*). D'autres étrangetés tiennent au refus de donner aux sensations, aux associations d'idées, un ordre logique imposé de l'extérieur : Rimbaud respecte le jaillissement tumultueux du flux mental (impressions, sentiments et idées mêlés) ; il nous montre* « derrière l'arête de droite la ligne des orients, des progrès » (Mystique) *ou un* « envol de pigeons écarlates » *qui* « tonne autour de *(sa)* pensée » *(*Vies I*), inventant une nouvelle langue poétique où le concret et l'abstrait sont les aspects interchangeables d'une seule et même réalité ; et tout porte à croire que lorsqu'il va au théâtre (et nous savons qu'il y est allé fréquemment en Angleterre), c'est dans l'état d'esprit d'un enfant qui veut*

---

1. Delahaye, *Les Illuminations et Une saison en enfer*, p. 184.
2. *Le Côté de Guermantes*, t. 2. J'ai étudié cette « vision impressionniste » de Rimbaud dans un article sur *Rimbaud, Proust et les Impressionnistes, Revue des Sciences humaines*, avril-juin 1955. (S.B.)

croire à toutes les féeries, ouvert à toutes les suggestions que lui offrent la multiplicité des décors et l'illumination de la scène, et qu'il voit « un lac qui monte » *(Enfance III) et* « des boulevards de tréteaux » *(Scènes).*

L'esthétique de Rimbaud tend à débarrasser l'art et l'esprit des limitations imposées tant par le conceptualisme que par la réalité matérielle; il supprime les catégories du temps et de l'espace, il néglige le principe d'identité, associe les éléments les plus éloignés, les plus contraires, la mer et le ciel, le concret et l'abstrait, « les brasiers et les écumes » (Barbare). *Il serait faux pourtant de dire qu'il nous jette en plein chaos, accumulant à plaisir les notations disparates : ce foisonnement n'est pas éparpillement; la vision de Rimbaud a toujours un caractère non pas passif (comme la vision surréaliste) mais vigoureusement actif et* synthétique. *Au point de départ de chaque poème se trouve, pour reprendre l'expression de Rimbaud lui-même, l'* « impulsion créatrice » (Jeunesse IV); *nous ne sommes pas en présence d'une décomposition de la réalité mais plutôt, pour ainsi dire, d'une* « cristallisation » *autour de l'idée initiale; s'il n'y a pas unité formelle, il y a du moins unité de vision. Chaque poème est un* « rêve intense et rapide » *(comme dit Rimbaud dans* Veillées) *: exactement une* Illumination [1] *qui fait surgir devant nous, pour un temps très court, mais avec une prodigieuse intensité, une vision qui s'impose à nous avec la force d'un tableau, d'une scène brillamment éclairée sur un théâtre. Ainsi le poème devient-il un point irradiant dont l'éclair, suivant une formule de Valéry,* « donne des lueurs d'un autre système ou « *monde* » que ne peut éclairer une clarté durable [2] ».

(S.B.)

---

1. Sur ce titre *Illuminations,* voir la notice p. 246.

2. *Mélange,* N. R. F., 1941, p. 192. C'est Valéry qui souligne.

Au problème « irritant » de la chronologie, Suzanne Bernard donne la solution la plus raisonnable, celle qui laisse une partie des Illuminations *avant* Une saison en enfer *et l'autre partie après.*

Avant d'écrire Une saison en enfer, *Rimbaud s'était essayé à ce genre baudelairien et très révélateur de la littérature de la fin du XIXᵉ siècle : le poème en prose. Suzanne Bernard citait une lettre de Verlaine de 1872, attestant cette activité. Il faut aussi considérer la lettre de Rimbaud à Delahaye, de mai 1873, publiée dans ce volume et qui est très importante, et même centrale dans ces problèmes de chronologie* [1]. *C'est en cette lettre en effet que Rimbaud fait allusion à* « quelques fraguemants en prose » *que Verlaine a gardés en sa possession et dont il pourrait charger Delahaye. Des fragments* « de moi ou de lui », *écrit Rimbaud, ce qui signifie qu'il y en avait des deux sortes. Si ces* « fraguemants en prose » *ne désignent pas les textes des* Illuminations *en un état antérieur et peut-être très différent de celui que nous pouvons lire, il s'agit à tout le moins de compositions analogues, et qu'il faut situer dans la gestation du recueil, qui nous parvint d'ailleurs dans un état d'inachèvement que nous ne pouvons mesurer. Le terme de* fragment *est adéquat et Verlaine le reprend, en 1883, dans l'article sur Rimbaud des* Poètes maudits, *pour désigner les* Illuminations [2]. *Enfin, autre allusion qui va dans le même sens chronologique,* « les quelques petites lâchetés en retard » *dont il est question à la fin du prologue d'*Une saison en enfer, *ne seraient-elles pas, encore, ces fragments en prose, commencés et inachevés ?*

D'autre part — il n'y a plus de doute à ce sujet — la plupart des textes des Illuminations *ont été recopiés en 1874. La preuve décisive est que Germain Nouveau a participé à la copie de deux d'entre eux,* Villes *et* Métropolitain. *Il suffit, pour s'en convaincre, de les comparer à telle lettre authentifiée de Germain Nouveau ou à tel manuscrit autographe.*

---

1. Voir le texte de cette lettre, p. 354-355 et les notes p. 556-557.
2. « en prose encore, une série de superbes fragments », écrit Verlaine.

Lorsqu'on pose la question de la chronologie de l'œuvre en prose de Rimbaud en termes d'antériorité et de postériorité, on la fausse considérablement. Elle mérite d'être traitée non comme une insoluble question érudite, qui attend son Archimède, mais comme un problème qui déborde de lui-même et concerne le sens d'une carrière et d'une vocation poétiques. Une saison en enfer *est une œuvre violente, entière, frappée d'une forte unité de style et de sujet. Les* Illuminations, *au contraire, se fragmentent en des formes et des thèmes très divers. Les deux œuvres sont si différentes et si complémentaires que le reflet de l'une dans l'autre est presque toujours insaisissable. Les textes des* Illuminations *appartiennent sans doute à une veine plus littéraire de l'inspiration de Rimbaud. Ils sont le terme d'une « carrière » qui va des premiers vers, parnassiens, au refus de la prosodie et à l'exaltation d'une prose libérée, qu'ils illustrent. Au contraire, dans le cheminement poétique de Rimbaud,* Une saison en enfer *fait une saillie, sous une forme autobiographique et narrative que les* Illuminations *ne reflètent que d'une manière occasionnelle, pour certains textes.*

Reprenons les dates de Verlaine auxquelles la thèse de Bouillane de Lacoste donnait un nouvel éclat : « de 1873 à 1875 ». Une saison en enfer *porte la date d'avril-août 1873, au bas du texte, dans l'édition originale. La date indiquée par Verlaine ne signifie donc nullement qu'aucun texte des* Illuminations *n'a été écrit avant la* Saison. *Au contraire, l'espace de temps couvre trois années. Or si Verlaine connaît avec certitude l'époque à laquelle Rimbaud a commencé d'écrire des poèmes en prose, il ignore probablement quand il s'est arrêté, puisqu'à ce moment il ne le voyait plus. La date de 1873 est donc plus crédible que celle de 1875. Elle désigne une année très décisive. Verlaine ne peut l'évoquer sans repenser aux menaces de rupture, au coup de revolver, au procès, au scandale, aux premiers moments de son incarcération. S'il n'y avait pas l'année 1873 et son ambiguïté quant à la liaison des deux poètes, on pourrait croire que Verlaine, situant les*

Illuminations *entre ces deux dates, s'en écarte volontairement, comme s'il n'avait pas vécu avec Rimbaud les moments
où celui-ci s'en préoccupait et comme s'il réservait aux*
Illuminations *le temps qu'il a lui-même passé en prison,
ou un peu plus.*

*S'il est un problème chronologique, sa solution est rela-
tivement simple : les* Illuminations *chevauchent la* Saison
en enfer. *Ou si l'on préfère, la* Saison *interrompt et coupe
la composition, d'ailleurs nécessairement décousue, fragmentée
elle aussi, des* Illuminations. *Alors tout s'accorde : les
« fragments en prose » commencés vers 1872 deviennent les
« quelques petites lâchetés en retard » au moment où vient
d'être écrite* Une saison en enfer, *et, Verlaine mis de côté,
Rimbaud recopie sans doute en Angleterre et à coup sûr avec
Germain Nouveau, les « lâches » fragments, pour composer
un recueil dont l'idée, cependant, n'est pas très sûre. Rien,
en tout cas, ne contredit les dates de Verlaine, sinon peut-être
la possibilité d'étendre ou de réduire un espace de temps où
les textes des* Illuminations *s'éparpillent un peu, à l'image
du recueil parfois insolite ou même hétéroclite qu'ils forment
pour nous.*

Bien plus que partagées par le temps, les Illuminations *et*
Une saison en enfer *sont contemporaines (Rimbaud dans
les deux œuvres parle de ses vingt ans : « Aller mes vingt ans,
si les autres vont vingt ans... » écrit-il dans* L'Éclair. *Et le
troisième texte de* Jeunesse, *dans les* Illuminations, *porte
ce sous-titre :* Vingt ans). *Les deux œuvres sont aussi
essentiellement solidaires : « la perspective finale de la*
Saison *» et « la perspective ultime des* Illuminations [1] *» se
rejoignent dans l'inévitable synthèse (un mythe sans doute)
que nous en faisons : l'idée d'un poète qui n'écrit plus.*

Lorsque parut en 1949 Rimbaud et le problème des

---

1. C'est la formule de Maurice Blanchot dans un bel article de la
Nouvelle Revue française d'août 1961 (p. 293-303), repris dans *L'Entretien
infini,* Gallimard, 1969, p. 421-431.

Illuminations, *A. Rolland de Renéville et quelques autres
ont répondu à Bouillane de Lacoste que, croyant dater une
œuvre, il n'avait daté que des copies. Il est vrai, les manuscrits
des* Illuminations *sont des textes recopiés. L'intervention de
Nouveau, le soin de l'écriture, les fautes caractéristiques de la
copie (placer un mot avant un autre, sauter un passage, comme
dans* Antique *et* Promontoire) *montrent que c'est le cas
pour la plupart des textes. Le tout est de savoir quelle importance on donne au fait de recopier, si c'est un acte banal ou,
au contraire, une entreprise chargée de sens. On ne peut croire
en tout cas que Rimbaud a recopié des textes sans les relire,
sans les corriger, sans en ajouter. Il les a non seulement
recopiés mais il a voulu, sans y insister d'ailleurs, organiser
le recueil* [1]. *Bien sûr quelques-uns des arguments subsidiaires
de Bouillane de Lacoste sont très contestables : comme l'a
écrit Breton, il ne faut pas séjourner en Allemagne pour
écrire le mot* wasserfall (*dans* Aube); *il n'est pas nécessaire
non plus d'avoir lu* La Tentation de saint Antoine *pour
écrire* rafales de givre (*dans* Barbare). *Mais le fonds de
cette thèse longtemps controversée est juste : la composition
d'*Une saison en enfer *s'est achevée avant celle des* Illuminations. *Yves Reboul a montré combien la chronologie de
Delahaye était aussi celle de Berrichon, et celle d'Isabelle,
pour qui* Une saison en enfer *devait clore l'œuvre de Rimbaud,
sauf à compromettre la belle image qu'ils présentaient de lui* [2].
On ne voit pas de quel texte des Illuminations *on pourrait
dire qu'il fut obligatoirement écrit avant l'été 1873 : cela
signifie que, s'il y en a, — ce qui reste probable, — la trace de
leur appartenance à cette époque s'est atténuée ou a disparu
dans la version du texte que nous pouvons lire. On a longtemps
dit que le passage de* Délires II *relatif à « l'hallucination*

1. Voir la notice, p. 250-252.

2. *Les problèmes rimbaldiens traditionnels et le témoignage d'Isabelle,*
dans *A. Rimbaud* 1 et 3, 1972 et 1976.

simple [1] » *faisait allusion aux* Illuminations, *et que des textes comme* Génie *et* A une Raison *reflétaient un « illuminisme social » et une influence de Michelet caractéristiques du Rimbaud d'avant* Une saison en enfer [2]. *Tout cela est très incertain : il s'agit de conjectures fondées non sur des faits mais sur des interprétations de textes, avec lesquelles on peut ne pas être d'accord.*

(A. G.)

---

1. Voir le texte, p. 228-234.

2. Je crois, comme Pierre Boutang, qu'il est regrettable d'interpréter ces textes par l'influence de Michelet (malgré la brillante étude de Bernard Leuilliot, *Rimbaud lecteur de Michelet,* dans la *Revue d'histoire littéraire,* sept.-oct. 1974). Et dans sa thèse (Paris, 1978), Hiroo Yuasa montre qu'on peut difficilement séparer ces textes et leur thématique de quelques autres textes des *Illuminations* qu'on n'hésite pas à dater d'après la *Saison.*

L'HOMME AUX SEMELLES DE VENT

Verlaine, *qui a trouvé nombre de formules heureuses à propos de Rimbaud, a entre autres trouvé ces deux-ci :* « l'homme aux semelles de vent », *et* « un poète mort jeune » *(à dix-huit ans, disait-il, puisque ses derniers vers datent de 1872). Même s'il était démontré un jour que l'activité littéraire de Rimbaud s'est prolongée au-delà de 1875, il resterait tout de même un poète mort jeune ; et il était devenu, dès 1875,* « l'homme aux semelles de vent », *que les dessins de ses amis, Verlaine, Delahaye ou Nouveau, représentent tantôt sous l'aspect d'un roi nègre, tantôt sous celui d'un explorateur trinquant avec un ours blanc* « sur le 70e parallèle[1] ». *Une sorte de frénésie voyageuse s'est emparée de lui : on le voit, en février 1875, en Allemagne, où il étudie la langue et, dira Verlaine dans* Les Poètes maudits, « encombre les pinacothèques de son amateurisme »; *en juin, Delahaye décrit à Verlaine* « Rimbe en ce moment à Marseille, ayant fait, paraît-il, le tour de la Ligurie à pied » *et ayant connu* « des aventures épastrouillantes et des misères terribles[2] ». *En 1876, il s'engage dans l'armée coloniale hollandaise et arrive en juillet à Batavia avec son*

---

1. On verra tous ces dessins concernant Rimbaud dans l'album publié par J.-M. Carré en 1949 dans les *Cahiers J. Doucet* et intitulé *Autour de Verlaine et de Rimbaud.* (S. B.) Ils sont reproduits aussi dans l'*Album Rimbaud* de la Pléiade et, en partie, dans les *Documents iconographiques* parus chez Cailler en 1946 et dans *La Vie de Rimbaud* par André Dhôtel (1965). (A. G.)

2. Lettre citée dans *Autour de Verlaine et de Rimbaud,* p. 15.

*contingent ; mais trois semaines plus tard, il aura déserté et
reviendra en Europe sur un voilier anglais. Une lettre envoyée
par Ernest Delahaye à E. Millot, le 28 janvier 1877, retrace
son voyage :*

Il est revenu ! ! !
D'un petit voyage, presque rien. Voici les stations :
Bruxelles, Rotterdam, Le Helder, Southampton, Gibraltar,
Naples, Suez, Aden, Sumatra, Java (deux mois de séjour !) ;
le Cap, Sainte-Hélène, Ascension, les Açores, Queenstown,
Cork (en Irlande), Liverpool, Le Havre, Paris et toujours,
pour finir... à Charlestown [1].

*Mais, de retour à Charleville pour la Saint-Sylvestre, dès
le début de 1877, il ne peut plus tenir en place. On le suit
jusqu'en Autriche, d'où il se fait expulser, puis en Hollande,
à Hambourg où il s'engage comme interprète au cirque Loisset
et part pour la Scandinavie. « Je te dis qu'il a été signalé
dernièrement à Stockholm, puis à Copenhague », écrit
Delahaye à Millot. Rapatrié en France, c'est en septembre
1878 qu'il partira enfin (son vieux rêve !) pour l'Orient.*

*Là seulement se place la grande et définitive coupure avec
le passé, avec les amis d'antan (encore a-t-il revu ceux-ci
lorsqu'il était installé à Roche pour l'hiver 1879-1880), avec
les préoccupations littéraires [2]. J'ai déjà rappelé qu'au témoignage de Delahaye il aurait, au cours de ce dernier séjour,
répondu à son ami qui tentait de lui parler de littérature : « Je
ne pense plus à ça. » Et cette apostrophe adressée à Pierquin, un soir de l'été 1879, parce que leur ami Millot le féli-
citait d'avoir acquis des livres chez Lemerre : « Acheter des*

---

1. Voir l'article de D. de Graaf, *Deux lettres de Delahaye à E. Millot,
Revue des Sciences humaines,* 1951, p. 325. Verlaine, mis au courant de
ces voyages par Delahaye, écrit alors un dizain gouailleur :

  *J'ai promené ma gueule infecte au Sénégal,
  Et vu Cinq-Hélèn' (merde à Badingue !)... un' rud' noce !...*

  (J. Mouquet, *Rimbaud raconté par Paul Verlaine,* p. 23).

2. Les « préoccupations littéraires » avaient quitté l'esprit de
Rimbaud, selon toute probabilité, depuis plusieurs années déjà. (A. G.)

bouquins, et surtout de pareils, c'est complètement idiot ! Tu portes une boule sur tes épaules, qui doit complètement remplacer tous les livres. Ceux-ci, rangés sur des rayons, ne doivent servir qu'à dissimuler les léprosités des vieux murs ! », *quel est son sens ? Assurément Rimbaud, dont l'œuvre (dira Fénéon) est « hors de toute littérature », a pris en aversion, et en mépris, tout ce qui est littéraire : ce n'est pas lui qui a échoué en face de la littérature, mais la littérature qui ne trouve plus grâce à ses yeux parce qu'il n'en a retiré que déboires, et surtout parce que l'adolescent qui voulait créer un monde nouveau par la magie de son verbe poétique est parvenu maintenant à l'âge d'homme. Presque tous les hommes sont poètes quand ils sont enfants, mais il en est peu chez qui la faculté merveilleuse de recréer la réalité survive au-delà de la dixième année. Chez Rimbaud aussi, la source s'est un jour tarie. Je verrais volontiers le « bilan » de son aventure poétique, à travers la transposition qu'il fait subir au passé et les illusions dont il auréole l'avenir, dans* Guerre, *écrit quand* [1] *?*

Enfant, certains ciels ont affiné mon optique : tous les caractères nuancèrent ma physionomie. Les Phénomènes s'émurent. — A présent l'inflexion éternelle des moments et l'infini des mathématiques me chassent par ce monde où je subis tous les succès civils, respecté de l'enfance étrange et des affections énormes.

Je songe à une Guerre de droit ou de force, de logique bien imprévue.

C'est aussi simple qu'une phrase musicale.

Bien sûr on peut toujours penser qu'après 1874, Rimbaud

---

1. *Guerre* fait partie du groupe de cinq textes publiés après coup par Vanier en 1895 et naturellement rattachés aux *Illuminations* : faisaient-ils un lot à part chez Ch. de Sivry ? Ce manuscrit, qui fait partie de l'ancienne collection Graux, est d'une écriture un peu particulière. Il est possible que ce texte ait été écrit pendant l'été de 1875 : voir la note 1, p. 524.

*a composé ici et là un poème. Mais c'est une idée invérifiable,
sinon un fantasme de critique*[1]. *Ensuite on n'arrive pas à
imaginer le chef de chantier de Chypre, en 1879, écrivant
encore des poèmes en prose, le soir, sa journée faite. La vision
de l'anarchiste, du communard, du révolté qui voulait transformer le monde, ne saurait plus être celle du contremaître qui*
« pointe les journées, dispose du matériel » *et fait ses*
« rapports à la Compagnie* [2] ».

C'est pourquoi, du reste, l'histoire des « quarante mille
vers » *que Rimbaud aurait écrits au Harar paraît tout à
fait incompatible avec ce que nous savons de son existence
d'adulte, et (comme l'écrivait Mallarmé) avec* « l'interprétation exacte d'une aventure unique dans l'histoire de
l'art. Celle d'un enfant trop précocement touché et
impétueusement par l'aile littéraire qui, avant le temps
presque d'exister, épuisa d'orageuses et magistrales
fatalités, sans recours à du futur* [3] ». *Relisons les lettres
qu'il écrivait très régulièrement à sa famille : le poète est bien
mort, et quoi qu'on en ait dit l'homme d'affaires soucieux et
attaché au gain qui écrit ces missives n'a plus grand-chose de
commun avec* « l'ange en exil » *non plus qu'avec le* « démon »
*aux élans sauvages : un homme, un négociant, c'est tout. Rien
de plus morne que ces lettres remplies de précisions techniques,
de demandes de renseignements techniques et financiers. Rimbaud traverse le désert somali, il fait l'ascension des pentes
du Harar :* « Voici les acacias en fleurs, les bégonias
arborescents, l'éventail des fougères balancé au pied

---

1. Antoine Adam a tenté de montrer que plusieurs textes des *Illuminations* s'inspiraient des voyages de Rimbaud entre 1875 et 1879
(*L'Énigme des* « *Illuminations* », *Revue des Sciences humaines,* oct.-déc. 1950).
L'hypothèse n'est pas vraisemblable et entre autres démentis, celui des
manuscrits est formel : le plus grand nombre de textes fut recopié, en
1874, par Rimbaud et par G. Nouveau. (A. G.)

2. Lettre aux siens, le 15 février 1879, éd. Adam, p. 307-308.

3. *Arthur Rimbaud*, article paru dans *The Chap Book* le 15 mai 1896,
Œuvres complètes de Mallarmé, éd. Mondor et Jean-Aubry, « Bibl. de la
Pléiade », p. 512-519.

des sycomores géants qui abritent, dans les cavernes de leurs racines, les zèbres et les caravaniers. » *Hélas ! ce n'est pas Rimbaud qui parle ainsi du Harrar; c'est J.-M. Carré* [1]. *Rimbaud, lui, voici ce qu'il écrit :* « Je suis arrivé dans ce pays après vingt jours de cheval à travers le désert Somali. Harar est une ville colonisée par les Égyptiens et dépendant de leur gouvernement. La garnison est de plusieurs milliers d'hommes. Ici se trouve *(sic)* notre agence et nos magasins. Les produits marchands du pays sont le café, l'ivoire, les peaux, etc... Le pays est élevé, mais non infertile [2]. » *Et toujours, à travers le morne désert des énumérations de produits et des comptabilités marchandes, ce gémissement qui revient à intervalles réguliers : quel ennui ! quel ennui que cette vie !* « Je vis d'une façon fort bête et fort embêtante » *(15 février 1881)*, « J'ai trente ans passés à m'embêter considérablement » *(30 décembre 1884)*, « Mon existence est pénible, abrégée par un ennui fatal et par des fatigues de tout genre » *(10 novembre 1888), et une fois ce cri déchirant :* « Heureusement que cette vie est la seule et que cela est évident, puisqu'on ne peut s'imaginer une autre vie avec un ennui plus grand que celle-ci! » *(25 mai 1881). Cet ennui vertigineux, insondable, c'est lui qui (si peu que ce soit) nous rappelle le Rimbaud d'autrefois, celui qui a toujours trouvé l'existence insupportable, aussi bien à Paris qu'à Charleville* (« Toujours même geinte, quoi [3] ! »), *qui a toujours espéré en vain autre chose, et à qui Verlaine fait dire en 1877 :* « J'm'emmerd' plus que jamais [4] » : *le véritable enfer, il l'a connu sur terre, et c'était l'enfer de l'ennui. Du moins en 1872-1873 espérait-il encore*

1. *La Vie aventureuse de Jean-Arthur Rimbaud*, p. 173.
2. Lettre du 13 décembre 1880, éd. Adam, p. 321.
3. Lettre à Delahaye, juin 1872, envoyée de Paris, publiée ci-après p. 352-354.
4. Dizain écrit à l'occasion des voyages de Rimbaud, en 1877. (J. Mouquet, *Rimbaud raconté par Paul Verlaine*, p. 237.)

« trouver des secrets pour *changer la vie* [1] »; *mais au Harar, c'est sans illusion qu'il travaille à longueur de journée (lui qui a en horreur le travail !), qu'il s'épuise à la besogne avec dégoût, avec fureur, sans espoir de jamais sortir de cette condition de commerçant qu'il déteste, et pour gagner si peu d'argent en définitive !* « l'homme compte passer les trois quarts de sa vie à souffrir pour se reposer le quatrième quart; et, le plus souvent, il crève de misère sans plus savoir où il en est de son plan [2] ! » *Lignes lucides et prophétiques; mais Rimbaud continue à mener, pendant des années, cette vie accablante, dans un climat épuisant. Tout esprit de révolte est bien anéanti en lui :* « ce qu'il était venu nous dire, *écrit Mauriac*, lui-même l'avait oublié [3]. » *S'il a encore quelque rêve, c'est de mettre un peu d'argent de côté pour pouvoir se reposer, enfin ! et, qui l'eût cru ? fonder un foyer et avoir au moins un fils qu'il puisse élever à son idée et* « armer de l'instruction la plus complète [4] ». *Il supporte mal, comme jadis, de rester sédentaire, mais même l'aventure, même les explorations de pays inconnus ne lui apportent plus rien : la vie qu'il mène est une vie absente, une vie morte :* « La vraie vie est absente [5] ». *Et ce que la mort viendra saisir, en 1891, c'est un cadavre déjà presque sans âme ou qui, peut-être, dans les derniers instants, retrouvera cette âme juste avant d'expirer : ceux qui croient à la possibilité d'une conversion* in extremis *rappellent à ce sujet le vœu exprimé par Rimbaud, à dix-huit ans, dans l'*Avertis-

---

1. C'est la formule de *Délires I (Une saison en enfer)*.
2. Lettre aux siens du 6 janvier 1886 (éd. Adam, p. 413). La rapacité de Rimbaud est attestée par plusieurs de ceux qui l'ont connu au Harrar. « Il était plutôt discrédité, tant étaient grands sa rapacité et son esprit de gain. On ne peut que le classer au nombre des mercantis qui ont infesté le pays », écrit l'un d'eux. (Notes publiées par P. Petitfils dans le *Mercure de France,* 1er janvier 1953.)
3. Dans *La Table ronde,* mars 1953.
4. Lettre du 6 mai 1883, éd. Adam, p. 364-365.
5. C'est la phrase de *Délires I :* « Quelle vie ! La vraie vie est absente. Nous ne sommes pas au monde. »

sement *des* Déserts de l'amour : « Il faut sincèrement désirer que cette Ame, égarée parmi nous, et qui veut la mort, ce semble, rencontre en cet instant-là des consolations sérieuses et soit digne [1]. »

Il n'est pas indifférent que Rimbaud ait eu, après s'être (dit Mallarmé) « opéré vivant de la poésie », *une telle fin d'existence, et Mallarmé n'a pas tort de penser que le sort a, au fond, bien fait les choses : certes, le négociant d'Aden ne serait en aucun cas revenu à la littérature, et il n'apparaît pas qu'il ait été ému d'aucune manière par la lettre de son ancien camarade Paul Bourde, vers le début de 1887, lui apprenant qu'il est devenu à Paris* « une sorte de personnage légendaire », *qu'on a publié ses proses et ses vers, et qu'un* « petit groupe », *au quartier Latin, a voulu fonder* « un système littéraire » *sur le sonnet des* Voyelles [2]. *Mais peut-on imaginer Rimbaud marié et vivant bourgeoisement, ou simplement survivant à son amputation et devenant, même à son corps défendant, chef d'une* « école » *littéraire ? En lui donnant cette fin de vie désolée, aussi aride et desséchée que les sables du Harar, le destin avait trouvé la meilleure conclusion pour cette carrière* « hautaine, après tout et sans compromission — d'anarchiste, par l'esprit [3] ». *Et c'est par là que l'existence de Rimbaud au Harar est à sa manière exemplaire : car cette vie morte, à la fois aride et brûlante, c'est justement la vie des hommes que n'anime plus aucune foi en l'esprit, et que ne rafraîchit plus la source éternelle de la poésie.*

La légende n'a pas épargné le personnage d'Arthur Rimbaud, et il n'était pas encore mort que déjà le « mythe »

---

1. Si toutefois Rimbaud prononçait avec intention, pendant son agonie, les mots « Allah ! Allah kerim ! » (comme le rapporte Isabelle dans une lettre à Berrichon, le 2 août 1896, publiée dans l'éd. Adam p. 752-755), on pourrait se demander s'il ne s'était pas plutôt converti à l'islamisme.

2. Voir J.-M. Carré, *La Vie aventureuse de Jean-Arthur Rimbaud,* p. 216.

3. Mallarmé, *Œuvres complètes,* éd. citée, p. 519.

commençait à s'emparer de l'homme et du poète. *Verlaine, Isabelle Rimbaud, Berrichon, trop de vivants avaient intérêt à altérer la vérité et à transfigurer le défunt. C'est la tâche des historiens de la littérature que de rectifier des préjugés parfois tenaces, et souvent de ramener à de plus justes proportions l'écrivain statufié que la postérité aime à contempler. Mais je crois que si certains auteurs ont eu, parfois, à souffrir de ce rajustement posthume, Rimbaud, lui, n'a rien à en craindre. Les propagateurs de* « mythes » *dénoncés par Étiemble, qui ont tâché de le présenter comme un bon bourgeois, ou comme un honnête chrétien, n'ont fait qu'édulcorer et affaiblir sa vraie figure et la portée de son œuvre. C'est le Rimbaud furieux et révolté, l'*« époux infernal » *aux colères folles, le* « nègre » *criant son innocence et son horreur du monde civilisé, l'illuminé aux visions éblouissantes, qui seuls nous importent — et même le trafiquant des dernières années, qui fait ressortir l'autre comme l'ombre fait ressortir la lumière : tous ces Rimbaud ne composent finalement ensemble qu'un seul Rimbaud, qui tire son pouvoir justement de sa violence, de sa lutte contre* « ce qui est », *de son aspiration frénétique à autre chose ; et aussi de la beauté bouleversante d'une poésie qui, en s'accomplissant dans une forme éclatante, nous conduit au-delà d'elle-même.*

ARTHUR RIMBAUD (assis) et son frère Frédéric
en communiants (1866).

RIMBAUD (10 ans), À L'INSTITUTION ROSSAT DE CHARLEVILLE,
assis au premier rang, le troisième en commençant à gauche.

RIMBAUD À DIX-SEPT ANS (décembre 1871 ?),
seconde photographie de Carjat.
La première (septembre-octobre 1871 ?) est en page de couverture.

LE COLLÈGE DE CHARLEVILLE.

A droite, la bibliothèque ; à gauche, le séminaire.
Laïques et séminaristes suivaient les mêmes cours.

LA MEUSE ET LE VIEUX MOULIN À CHARLEVILLE EN 1855.

Dessin de J.-A. Hénon. (Le Vieux Moulin est devenu, aujourd'hui,
un Musée Rimbaud.)

ERNEST DELAHAYE,
ami d'enfance de Rimbaud.

Photo Musée Rimbaud de Charleville.

GEORGES IZAMBARD,
professeur de Rimbaud en rhétorique au Collège de Charleville.

UN BOURGEOIS. Dessin de Rimbaud.

« Tous les bourgeois poussifs qu'étranglent les chaleurs »
(A la Musique, p. 59).

PRISE DE SARREBRÜCK, image d'Épinal (2 août 1870).
Cette gravure, rehaussée de couleurs, a inspiré à Rimbaud :
« *L'éclatante victoire de Sarrebrück remportée aux cris de Vive l'Empereur !* »
(V. p. 79 et p. 384, notes 1 et 7.)

VERLAINE
Dessin de Félix Régamey
(reproduit dans *Verlaine dessinateur*, Floury, 1896),
daté du 29 novembre 1870.

VERLAINE à l'époque où Rimbaud le connut.

LE COIN DE TABLE, par Fantin-Latour (1872).

De gauche à droite, assis : Verlaine, Rimbaud, L. Valade, E. d'Hervilly,
C. Pelletan ; debout : E. Bonnier, E. Blémont, J. Aicard.

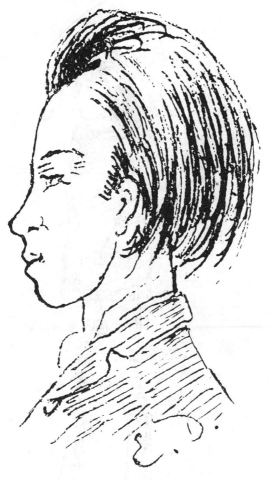

RIMBAUD EN 1871. Dessin de Delahaye.

RIMBAUD.
Dessin « de mémoire » par Verlaine, daté de juin 1872.

VERLAINE ET RIMBAUD À LONDRES (septembre-décembre 1872).
Dessin de Félix Régamey
(reproduit dans *Verlaine dessinateur*, Floury, 1896).

Jean-Louis Forain. Autoportrait en 1872.
(Peinture à l'huile, collection particulière.)

RIMBAUD, croquis de Forain.
« Qui s'y frotte s'y pique »
daté par Berrichon de l'hiver 1871-1872.

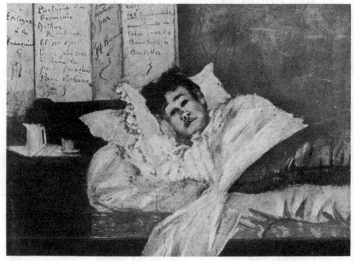

RIMBAUD BLESSÉ (juillet 1873). Portrait par Jef Rosman.

« Epilogue à la française. Portrait du Français Arthur Rimbaud blessé après boire par son intime, le poète français Paul Verlaine ; sur nature par Jef Rosman, chez Mme Pincemaille, marchande de tabac, rue des Bouchers à Bruxelles. »

Reproduit avec l'aimable autorisation de Mme Vve P. Dufour - *Cl. B.N.*

LE GRENIER DE ROCHE, où fut achevée *Une saison en enfer*.
Dessin de Paterne Berrichon.

A. RIMBAUD

UNE

SAISON EN ENFER

PRIX : UN FRANC

BRUXELLES
ALLIANCE TYPOGRAPHIQUE (M.-J. POOT ET COMPAGNIE)
37, rue aux Choux, 37

1873

LE SEUL LIVRE PUBLIÉ PAR RIMBAUD.
Couverture de l'édition originale 1873.

Portrait présumé de Rimbaud,
par Jean-Louis Forain, daté de mai 1874.
(Peinture à l'huile, collection particulière.)

GERMAIN NOUVEAU, photographie de Carjat.

les fantômes du futur luxe nocturne.

Après cette distraction vaguement hygiénique je m'étendais sur une paillasse. Et, presque chaque nuit, aussitôt endormi, le pauvre frère se levait la bouche pourrie, les yeux arrachés, — tel qu'il se rêvait ! — et me tirait dans la salle en hurlant son songe de chagrin idiot.

J'avais en effet, en toute sincérité d'esprit, pris l'engagement de le rendre à son état primitif de fils du Soleil, — et nous errions, nourris du vin des cavernes et du biscuit de la route, moi pressé de trouver le lieu et la formule.

Villes

L'acropole officielle outre les conceptions de la barbarie moderne les plus colossales. Impossible d'exprimer le jour mat produit par le ciel immuablement gris, l'éclat impérial des bâtisses, et la neige éternelle

B.N. Manuscrits - *Cl. B.N.*

Vagabonds et *Villes*, fac-similé du manuscrit de la B.N.

(*Vagabonds* est de la main de Rimbaud, ainsi que le titre *Villes* ;
le texte, à partir de *L'acropole,* est de la main de Germain Nouveau.)

Antique.

Gracieux fils de Pan ! Autour de ton front
couronné de fleurettes et de baies tes yeux, des boules
précieuses, remuent. Tachées de lies brunes tes joues se creusent. Tes crocs luisent. Ta poitrine ressemble à une
cithare, des tintements circulent dans tes bras blonds.
Ton cœur bat dans ce ventre où dort le double sexe.
Promène-toi, la nuit, en mouvant doucement
cette cuisse, cette seconde cuisse et cette jambe
de gauche.

Being Beauteous.

Devant une neige, un Être de Beauté de haute
taille. Des sifflements de mort et des cercles de
musique sourde font monter, s'élargir et
trembler comme un spectre ce corps adoré ;
des blessures écarlates et noires éclatent dans les
chairs superbes. Les couleurs propres de la vie
se foncent, dansent, et se dégagent autour
de la Vision, sur le chantier. Et les frissons
s'élèvent et grondent et la saveur forcenée
de ces effets se chargeant avec les sifflements
mortels et les rauques musiques que le monde,
loin derrière nous, lance sur notre mère
de beauté, — elle recule, elle se dresse. Oh !
nos os sont revêtus d'un nouveau corps amoureux.

* * *

O la face cendrée, l'écusson de crin, les bras de
cristal ! le canon sur lequel je dois m'abattre
à travers la mêlée des arbres et de l'air léger !

Antique, Being Beauteous et un texte sans titre,
fac-similé du manuscrit de la B.N.

Sonnet

Homme de constitution ordinaire, la chair
n'était-elle pas un fruit pendu dans le verger, — ô
journées enfantes ! — le corps un trésor à prodiguer ; — ô
aimer, le péril ou la force de Psyché ? La terre
avait des versants fertiles en princes et en artistes,
et la descendance et la race vous poussaient aux
crimes et aux deuils : le monde votre fortune et votre
péril. Mais à présent, ce labeur comblé, toi, tes calculs,
— toi, tes impatiences — ne sont plus que votre danse et
votre voix, non fixées et point forcées, quoique d'un double
évènement d'invention et de succès + une raison,
— en l'humanité fraternelle et discrète par l'univers
sans images ; — la force et le droit réfléchissent la
danse et la voix à présent seulement appréciées.

III

Vingt ans.

Les voix instructives exilées .... L'ingénuité physique amèrement
rassise .... — Adagio — Ah ! l'égoïsme infini de l'adolescence,
l'optimisme studieux : que le monde était plein de fleurs cet été !
Les airs et les formes mourant .... — Un chœur, pour calmer l'impuissance
et l'absence ! Un chœur de verres, de mélodies nocturnes .... En effet
les nerfs vont vite chasser.

IV

Tu en es encore à la tentation d'Antoine. L'ébat du zèle
écourté, les tics d'orgueil puéril, l'affaissement et l'effroi.
Mais tu te mettras à ce travail : toutes les possibilités
harmoniques et architecturales s'émouvront autour de ton siège.
Des êtres parfaits, imprévus, s'offriront à tes expériences.
Dans tes environs affluera rêveusement la curiosité d'anciennes
foules et de luxes oisifs. Ta mémoire et tes sens ne seront que
la nourriture de ton impulsion créatrice. Quant au monde,
quand tu sortiras, que sera-t-il devenu ? En tout cas, rien
des apparences actuelles.

Bibliotheca Bodmeriana, Cologny-Genève.

Jeunesse II, III, IV,
fac-similé du manuscrit de la fondation Martin Bodmer.

LE NOUVEAU JUIF ERRANT. Dessin de Delahaye.

Rimbaud parcourt l'Europe à grandes enjambées, salué
par les paysans, les douaniers et un « valaque ».

Photographie de Rimbaud à Harar (1883).

Rimbaud, quelques jours avant sa mort.
Dessin de sa sœur Isabelle.

PREMIÈRES PROSES

NOTICE

Oɴ *trouvera rassemblés ici les trois textes de la jeunesse de Rimbaud qui peuvent éclairer la formation de ses idées et de son style : le texte (qu'on a longtemps appelé* Narration, *mais qui, en fait, n'a pas de titre composé par Rimbaud vers dix ou onze ans ; le devoir intitulé* Charles d'Orléans à Louis XI, *composé par Rimbaud en rhétorique ; enfin* Un cœur sous une soutane, *qui doit dater de 1870. On verra dans les* Notes *les circonstances probables de leur composition, et les remarques qu'ils appellent. J'ai reproduit le premier d'après le texte, revu sur l'autographe, donné par Suzanne Briet dans* Rimbaud notre prochain *(Nouvelles Éditions latines, 1956).*

Il existe quelques autres écrits de jeunesse de Rimbaud, mais qui ne sont pas des œuvres originales : quelques textes recopiés ou traduits par Rimbaud sur son cahier d'enfant (celui où figure le Prologue) *et qui ont été reproduits par Mme Briet dans* La Grive *(numéro d'avril 1956) ; et les vers de collège : vers latins et traduction de l'*Invocation à Vénus, *de Lucrèce (plagiée de Sully Prudhomme !), qu'on trouvera reproduits dans l'édition de la Pléiade. D'après Isabelle Rimbaud, Rimbaud aurait écrit, enfant, des récits de voyages et d'aventures (les « romans » des* Poètes de sept ans !), *qu'il aurait aussitôt déchirés ou égarés : à moins d'un hasard imprévisible, ces balbutiements littéraires, s'ils ont existé, sont perdus pour nous.*

[RÉCIT][a1]

I

PROLOGUE

LE soleil était encore chaud; cependant il n'éclairait presque plus la terre; comme un flambeau placé devant les voûtes gigantesques ne les éclaire plus que par une faible lueur, ainsi le soleil, flambeau terrestre, s'éteignait en laissant échapper de son corps de feu une dernière et faible lueur, laissant encore cependant voir les feuilles vertes des arbres, les petites fleurs qui se flétrissaient, et le sommet gigantesque des pins, des peupliers et des chênes séculaires. Le vent rafraîchissant, c'est-à-dire une brise fraîche, agitait les feuilles des arbres avec un bruissement à peu près semblable à celui que faisait le bruit des eaux argentées du ruisseau qui coulait à mes pieds. Les fougères courbaient leur front vert devant le vent. Je m'endormis, non sans m'être abreuvé de l'eau du ruisseau.

II

Je rêvai que... j'étais né à Reims, l'an 1503.
Reims était alors une petite ville ou, pour mieux dire, un bourg cependant renommé à cause de sa belle cathédrale, témoin du sacre du roi Clovis.

---

a. *Ancien titre :* Narration. *Je reproduis le texte du manuscrit, tel qu'il a été donné par Suzanne Briet d'après l'original (voir* Rimbaud notre prochain, Nouvelles Éditions latines, 1956, p. 44-47). *J'ai corrigé quelques fautes d'orthographe et de ponctuation.*

Mes parents étaient peu riches, mais très honnêtes : ils n'avaient pour tout bien qu'une petite maison qui leur avait toujours appartenu et qui était en leur possession vingt ans avant que je ne fusse [a] encore né, en plus, quelque [b] mille francs auxquels il faut encore ajouter les petits louis provenant des économies de ma mère.

Mon père était officier* dans les armées du roi. C'était un homme grand, maigre, chevelure noire, barbe, yeux, peau de même couleur... Quoiqu'il n'eût guère, quand j'étais né, que 48 ou 50 ans, on lui en aurait certainement bien donné 60 ou... 58. Il était d'un caractère vif, bouillant, souvent en colère et ne voulant rien souffrir qui lui déplût.

Ma mère était bien différente : femme douce, calme, s'effrayant de peu de chose, et cependant tenant la maison dans un ordre parfait. Elle était si calme que mon père l'amusait comme une jeune demoiselle. J'étais le plus aimé. Mes frères étaient moins vaillants que moi et cependant plus grands. J'aimais peu l'étude, c'est-à-dire d'apprendre à lire, écrire et compter... Mais si c'était pour arranger une maison, cultiver un jardin, faire des commissions, à la bonne heure, je me plaisais à cela.

Je me rappelle qu'un jour mon père m'avait promis vingt sous, si je lui faisais bien une division ; je commençai ; mais je ne pus finir. Ah ! combien de fois ne m'a-t-il pas promis... de sous, des jouets, des friandises, même une fois cinq francs, si je pouvais lui... lire quelque chose... Malgré cela, mon père me mit en classe dès que j'eus dix ans. Pourquoi — me disais-je — apprendre du grec, du latin ? Je ne le sais. Enfin, on n'a pas besoin de cela. Que m'importe à moi que je sois reçu... à quoi cela sert-il d'être reçu, à rien, n'est-ce pas ? Si, pourtant ; on dit qu'on n'a une place que lorsqu'on est reçu. Moi, je ne veux pas de place ; je serai rentier. Quand même on en voudrait une, pourquoi apprendre le latin ? Personne ne parle cette langue. Quelquefois

---

a. *Rimbaud a écrit* fus.
b. *Rimbaud a écrit* quelques
* Colonel des Cent-Gardes.

j'en vois sur les journaux; mais, dieu merci, je ne serai pas journaliste. Pourquoi apprendre et de l'histoire et de la géographie? On a, il est vrai, besoin de savoir que Paris est en France, mais on ne demande pas à quel degré de latitude. De l'histoire, apprendre la vie de Chinaldon, de Nabopolassar, de Darius, de Cyrus, et d'Alexandre, et de leurs autres compères remarquables par leurs noms diaboliques, est un supplice?

Que m'importe à moi qu'Alexandre ait été célèbre? Que m'importe... Que sait-on si les latins ont existé? C'est peut-être quelque langue forgée; et quand même ils auraient existé, qu'ils me laissent rentier et conservent leur langue pour eux. Quel mal leur ai-je fait pour qu'ils me flanquent au supplice? Passons au grec... Cette sale langue n'est parlée par personne, personne au monde!...

Ah! saperlipotte de saperlipopette! sapristi! moi je serai rentier; il ne fait pas si bon de s'user les culottes sur les bancs, saperlipopettouille!

Pour être décrotteur, gagner la place de décrotteur, il faut passer un examen; car les places qui vous sont accordées sont d'être ou décrotteur, ou porcher, ou bouvier. Dieu merci, je n'en veux pas, moi, saperlipouille! Avec ça des soufflets vous sont accordés pour récompense; on vous appelle animal, ce qui n'est pas vrai, bout d'homme, etc...

Ah! saperpouillotte!...

La suite prochainement.
ARTHUR.

CHARLES D'ORLÉANS A LOUIS XI[1]

SIRE, le temps a laissé son manteau de pluie; les fou-
riers d'été sont venus : donnons l'huys au visage à
Mérencolie! Vivent les lays et ballades! moralités et
joyeulsetés! Que les clercs de la basoche nous montent
les folles soties : allons ouyr la moralité du Bien-Advisé
et Maladvisé, et la conversion du clerc Théophilus, et
come alèrent à Rome Saint Pière et Saint Pol, et comment furent martirez! Vivent les dames à rebrassés
collets, portant atours et broderyes! N'est-ce pas, Sire,
qu'il fait bon dire sous les arbres, quand les cieux sont
vêtus de bleu, quand le soleil cler luit, les doux ron-
deaux, les ballades haut et cler chantées? *J'ai ung arbre
de la plante d'amours,* ou *Une fois me dites ouy, ma dame,*
ou *Riche amoureux a toujours l'advantage...* Mais me voilà
bien esbaudi, Sire, et vous allez l'être comme moi :
Maistre François Villon, le bon folastre, le gentil rail-
lart qui rima tout cela, engrillonné, nourri d'une miche
et d'eau, pleure et se lamente maintenant au fond du
Châtelet! Pendu serez! lui a-t-on dit devant notaire :
et le pauvre folet tout transi a fait son épitaphe pour lui
et ses compagnons : et les gratieux gallans dont vous
aimez tant les rimes, s'attendent danser à Montfaulcon,
plus becquetés d'oiseaux que dés à coudre, dans la
bruine et le soleil!
   Oh! Sire, ce n'est pas pour folle plaisance qu'est là
Villon! Pauvres housseurs ont assez de peine! Clergeons
attendant leur nomination de l'Université, musards,

Texte de l'autographe de l'ancienne collection Alfred Saffrey.

montreurs de synges, joueurs de rebec qui payent leur
escot en chansons, chevaucheurs d'escuryes, sires de
deux écus, reîtres cachant leur nez en pots d'étain
mieux qu'en casques de guerre*; tous ces pauvres
enfants secs et noirs comme escouvillons, qui ne voient
de pain qu'aux fenêtres, que l'hiver emmitoufle d'on-
glée, ont choisi maistre François pour mère nourricière!
Or nécessité fait gens méprendre, et faim saillir le loup
du bois : peut-être l'Escollier, ung jour de famine,
a-t-il pris des tripes au baquet des bouchers, pour les
fricasser à l'Abreuvoir Popin ou à la taverne du Pestel?
Peut-être a-t-il pipé une douzaine de pains au boulanger,
ou changé à la Pomme du Pin un broc d'eau claire pour
un broc de vin de Baigneux? Peut-être, un soir de
grande galle au Plat-d'Étain, a-t-il rossé le guet à son
arrivée; ou les a-t-on surpris, autour de Montfaulcon,
dans un souper conquis par noise, avec une dixaine de
ribaudes? Ce sont les méfaits de maistre François! Parce
qu'il nous montre ung gras chanoine mignonnant avec
sa dame en chambre bien nattée, parce qu'il dit que le
chappelain n'a cure de confesser, sinon chambrières et
dames, et qu'il conseille aux dévotes, par bonne
mocque, parler contemplation sous les courtines, l'escollier fol, si bien riant, si bien chantant, gent comme
esmerillon, tremble sous les griffes des grands juges, ces
terribles oiseaux noirs que suivent corbeaux et pies!
Lui et ses compagnons, pauvres piteux! accrocheront
un nouveau chapelet de pendus aux bras de la forêt :
le vent leur fera chandeaux dans le doux feuillage
sonore : et vous, Sire, et tous ceux qui aiment le poète
ne pourront rire qu'en pleurs en lisant ses joyeuses
ballades : ils songeront qu'ils ont laissé mourir le gentil
clerc qui chantait si follement, et ne pourront chasser
Mérencolie!
    Pipeur, larron, maistre François est pourtant le meil-
leur fils du monde : il rit des grasses souppes jacobines :
mais il honore ce qu'a honoré l'église de Dieu, et

---

* Olivier Basselin, *Vaux-de-Vire*.

madame la vierge, et la très sainte trinité! Il honore la
Cour de Parlement, mère des bons, et sœur des benoitz
anges; aux médisants du royaume de France, il veut
presque autant de mal qu'aux taverniers qui brouillent
le vin. Et dea! Il sait bien qu'il a trop gallé au temps
de sa jeunesse folle! L'hiver, les soirs de famine, auprès
de la fontaine Maubuay ou dans quelque piscine ruinée,
assis à croppetons devant petit feu de chenevottes, qui
flambe par instants pour rougir sa face maigre, il songe
qu'il aurait maison et couche molle, s'il eût estudié!...
Souvent, noir et flou comme chevaucheur d'escovettes,
il regarde dans les logis par des mortaises : « — O, ces
morceaulx savoureux et frians! ces tartes, ces flans, ces
gelines dorées! — Je suis plus affamé que Tantalus!
— Du rost! du rost! — Oh! cela sent plus doux
qu'ambre et civettes! — Du vin de Beaulne dans de
grandes aiguières d'argent! — Haro! la gorge m'ard!...
O, si j'eusse estudié!... — Et mes chausses qui tirent la
langue, et ma hucque qui ouvre toutes ses fenêtres,
et mon feautre en dents de scie! — Si je rencontrais un
piteux Alexander, pour que je puisse, bien recueilli,
bien débouté, chanter à mon aise comme Orpheus le
doux ménétrier! Si je pouvais vivre en honneur une fois
avant que de mourir!... » Mais, voilà : souper de ron-
deaux, d'effets de lune sur les vieux toits, d'effets de
lanternes sur le sol, c'est très maigre, très maigre; puis
passent, en justes cottes, les mignottes villotières qui
font chosettes mignardes pour attirer les passants; puis
le regret des tavernes flamboyantes, pleines du cri des
buveurs heurtant les pots d'étain et souvent les flam-
berges, du ricanement des ribaudes, et du chant aspre
des rebecs mendiants; le regret des vieilles ruelles
noires où saillent follement, pour s'embrasser, des
étages de maisons et des poutres énormes; où, dans la
nuit épaisse, passent, avec des sons de rapières traînées,
des rires et des braieries abominables... Et l'oiseau
rentre au vieux nid : Tout aux tavernes et aux filles!...

Oh! Sire, ne pouvoir mettre plumail au vent par ce
temps de joie! La corde est bien triste en mai, quand

tout chante, quand tout rit, quand le soleil rayonne sur les murs les plus lépreux! Pendus seront, pour une franche repeue! Villon est aux mains de la Cour de Parlement : le corbel n'écoutera pas le petit oiseau! Sire, ce serait vraiment méfait de pendre ces gentils clercs : ces poètes-là, voyez-vous, ne sont pas d'ici-bas : laissez-les vivre leur vie étrange; laissez-les avoir froid et faim, laissez-les courir, aimer et chanter : ils sont aussi riches que Jacques Cœur, tous ces fols enfants, car ils ont des rimes plein l'âme, des rimes qui rient et qui pleurent, qui nous font rire ou pleurer : Laissez-les vivre : Dieu bénit tous les miséricords, et le monde bénit les poètes.

(1870).

UN CŒUR SOUS UNE SOUTANE[1]

— *Intimités d'un séminariste.* —

... O Thimothina Labinette! Aujourd'hui que j'ai revêtu la robe sacrée, je puis rappeler la passion, maintenant refroidie et dormant sous la soutane, qui l'an passé, fit battre mon cœur de jeune homme sous ma capote de séminariste!...

1er mai 18...

... Voici le printemps. Le plant de vigne de l'abbé*** bourgeonne dans son pot de terre : l'arbre de la cour a de petites pousses tendres comme des gouttes vertes sur ses branches; l'autre jour, en sortant de l'étude, j'ai vu à la fenêtre du second quelque chose comme le champignon nasal du sup***. Les souliers de J*** sentent un peu; et j'ai remarqué que les élèves sortent fort souvent pour... dans la cour; eux qui vivaient à l'étude comme des taupes, rentassés, enfoncés dans leur ventre, tendant leur face rouge vers le poêle, avec une haleine épaisse et chaude comme celle des vaches! Ils restent fort longtemps à l'air, maintenant, et, quand ils reviennent, ricanent, et referment l'isthme de leur pantalon fort minutieusement, — non, je me trompe, fort lentement, — avec des manières, en semblant se complaire, machinalement, à cette opération qui n'a rien en soi que de très futile...

Texte de l'ancienne collection Alfred Saffrey.

2 mai.

Le sup*** est descendu hier de sa chambre, et, en fermant les yeux, les mains cachées, craintif et frileux, il a traîné à quatre pas dans la cour ses pantoufles de chanoine[a]!...

Voici mon cœur qui bat la mesure dans ma poitrine, et ma poitrine qui bat contre mon pupitre crasseux! Oh! je déteste maintenant le temps où les élèves étaient comme de grosses brebis suant dans leurs habits sales, et dormaient dans l'atmosphère empuantie de l'étude, sous la lumière du gaz, dans la chaleur fade du poêle!... J'étends mes bras! je soupire, j'étends mes jambes... je sens des choses dans ma tête, oh! des choses!...

4 mai...

... Tenez, hier, je n'y tenais plus : j'ai étendu, comme l'ange Gabriel, les ailes de mon cœur. Le souffle de l'esprit sacré a parcouru mon être! J'ai pris ma lyre, et j'ai chanté :

> Approchez-vous,
> Grande Marie!
> Mère chérie!
> Du doux Jhésus!
> Sanctus Christus!
> O vierge enceinte
> O mère sainte
> Exaucez-nous!

O! si vous saviez les effluves mystérieuses qui secouaient mon âme pendant que j'effeuillais cette rose poétique! Je pris ma cithare, et comme le Psalmiste, j'élevai ma voix innocente et pure dans les célestes altitudes!!! O *altitudo altitudinum!*...

. . . .

---

a. *Correction pour :* il a traîné dans la cour ses pantoufles frileuses de chanoine.

7 mai...

Hélas! Ma poésie a replié ses ailes[a], mais, comme
Galilée, je dirai, accablé par l'outrage et le supplice :
Et pourtant elle se meut! — Lisez : elles se meuvent! —
J'avais commis l'imprudence de laisser tomber la précédente confidence... J*** l'a ramassée, J***, le plus
féroce des jansénistes, le plus rigoureux des séides du
sup***, et l'a portée à son maître, en secret; mais le
monstre, pour me faire sombrer sous l'insulte universelle, avait fait passer ma poésie dans les mains de tous
ses amis!

Hier, le sup*** me mande : j'entre dans son apparte-
ment, je suis debout devant lui, fort de mon intérieur.
Sur son front chauve frissonnait comme un éclair furtif
son dernier cheveu roux : ses yeux émergeaient de sa
graisse, mais calmes, paisibles; son nez semblable à
une batte était mû par son branle habituel : il chuchotait
un *oremus* : il mouilla l'extrémité de son pouce, tourna
quelques feuilles de livre, et sortit un petit papier crasseux, plié...

> Grananande Maarieie!...
> Mèèèree Chééérieie!

Il ravalait ma poésie! il crachait sur ma rose! il faisait
le Brid'oison, le Joseph, le bêtiot, pour salir, pour
souiller ce chant virginal; Il bégayait et prolongeait
chaque syllabe avec un ricanement de haine concentré :
et quand il fut arrivé au cinquième vers,... *Vierge
enceininte!* il s'arrêta, contourna sa nasale, et! il éclata!
Vierge enceinte! Vierge enceinte! il disait cela avec un ton,
en fronçant avec un frisson son abdomen proéminent,
avec un ton si affreux, qu'une pudique rougeur couvrit
mon front. Je tombai à genoux, les bras vers le plafond,
et je m'écriai : O mon père!...

. . . .

— Votre lyyyre! votre cithâre! jeune homme! votre
cithâre! des effluves mystérieuses! qui vous secouaient

---

a. *Correction pour :* ma jeune [aile] poésie a pu palpiter.

l'âme! J'aurais voulu voir! Jeune âme, je remarque là
dedans, dans cette confession impie, quelque chose de
mondain, un abandon dangereux, de l'entraînement,
enfin! —

Il se tut, fit frissonner de haut en bas son abdomen :
puis, solennel :

— Jeune homme, avez-vous la foi?...

— Mon père, pourquoi cette parole? Vos lèvres plai-
santent-elles?... Oui, je crois à tout ce que dit ma mère...
la Sainte Église!

— Mais... Vierge enceinte!... C'est la conception, ça,
jeune homme; c'est la conception!...

— Mon père! je crois à la conception!...

— Vous avez raison! jeune homme! C'est une chose...

... Il se tut... — Puis : Le jeune J*** m'a fait un rapport où il constate chez vous un écartement des jambes,
de jour en jour plus notoire, dans votre tenue à l'étude;
il affirme vous avoir vu vous étendre de tout votre long
sous la table, à la façon d'un jeune homme... dégin-
gandé. Ce sont des faits auxquels vous n'avez rien à
répondre... Approchez vous, à genoux, tout près de
moi; je veux vous interroger avec douceur; répondez :
vous écartez beaucoup vos jambes, à l'étude?

Puis il me mettait la main sur l'épaule, autour du cou,
et ses yeux devenaient clairs, et il me faisait dire des
choses sur cet écartement des jambes... Tenez, j'aime
mieux vous dire que ce fut dégoûtant, moi qui sais ce
que cela veut dire, ces scènes-là!... Ainsi, on m'avait
mouchardé, on avait calomnié mon cœur et ma pudeur,
— et je ne pouvais rien dire à cela, les rapports, les
lettres anonymes des élèves les uns contre les autres, au
sup***, étant autorisées, et commandées, — et je venais
dans cette chambre, me f... sous la main de ce gros!...
Oh! le séminaire!...

. . . .

10 mai —

Oh! mes condisciples sont effroyablement méchants
et effroyablement lascifs! A l'étude, ils savent tous, ces

profanes, l'histoire de mes vers, et, aussitôt que je
tourne la tête, je rencontre la face du poussif D***, qui
me chuchote : Et ta cithare, et ta cithare? et ton journal? Puis l'idiot L*** reprend : Et ta lyre? et ta cithare?
Puis trois ou quatre chuchotent en chœur :

> Grande Marie...
> Mère chérie!

Moi, je suis un grand benêt : — Jésus, je ne me donne
pas de coups de pied! — Mais enfin, je ne moucharde
pas, je n'écris pas d'ânonymes, et j'ai pour moi ma
sainte poésie et ma pudeur!...

12 mai...

> Ne devinez-vous pas pourquoi je meurs d'amour?
> La fleur me dit : salut : l'oiseau me dit bonjour :
> Salut; c'est le printemps! c'est l'ange de tendresse!
> Ne devinez-vous pas pourquoi je bous d'ivresse?
> Ange de ma grand'mère, ange de mon berceau,
> Ne devinez-vous pas que je deviens oiseau,
> Que ma lyre frissonne et que je bats de l'aile
> > Comme hirondelle?...

J'ai fait ces vers là hier, pendant la récréation; je
suis entré dans la chapelle, je me suis enfermé dans un
confessionnal, et là, ma jeune poésie a pu palpiter et
s'envoler, dans le rêve et le silence, vers les sphères de
l'amour. Puis, comme on vient m'enlever mes moindres
papiers dans mes poches, la nuit et le jour, j'ai cousu ces
vers en bas de mon dernier vêtement, celui qui touche
immédiatement à ma peau, et, pendant l'étude, je tire,
sous mes habits, ma poésie sur mon cœur, et je la presse
longuement en rêvant...

15 mai. —

Les événements se sont bien pressés, depuis ma dernière confidence, et des événements bien solennels, des
événements qui doivent influer sur ma vie future et
intérieure d'une façon sans doute bien terrible!

Thimothina Labinette, je t'adore!

Thimothina Labinette, je t'adore! je t'adore! laisse-moi chanter sur mon luth, comme le divin Psalmiste sur son Psaltérion, comment je t'ai vue, et comment mon cœur a sauté sur le tien pour un éternel amour!

Jeudi, c'était jour de sortie : nous, nous sortons deux heures[a]; je suis sorti : ma mère, dans sa dernière lettre, m'avait dit : « ...tu iras, mon fils, occuper superficielle-ment ta sortie chez monsieur Césarin Labinette, un habitué à ton feu père, auquel il faut que tu sois pré-senté un jour ou l'autre avant ton ordination... »

... Je me présentai à monsieur Labinette, qui m'obli-gea beaucoup en me reléguant, sans mot dire, dans sa cuisine : sa fille, Thimothine, resta seule avec moi, saisit un linge, essuya un gros bol ventru en l'appuyant contre son cœur, et me dit tout à coup, après un long silence : Eh bien, monsieur Léonard?...

Jusque là, confondu de me voir avec cette jeune créature dans la solitude de cette cuisine, j'avais baissé les yeux et invoqué dans mon cœur le nom sacré de Marie : je relevai le front en rougissant, et, devant la beauté[b] de mon interlocutrice, je ne pus que balbutier un faible : Mademoiselle?...

Thimothine! tu étais belle! Si j'étais peintre, je repro-duirais sur la toile tes traits sacrés sous ce titre : La Vierge au bol! Mais je ne suis que poète, et ma langue ne peut te célébrer qu'incomplètement...

La cuisinière noire, avec ses trous où flamboyaient les braises comme des yeux rouges, laissait échapper, de ses casseroles à minces filets de fumée, une odeur céleste de soupe aux choux et de haricots; et devant elle, aspirant avec ton doux nez l'odeur de ces légumes, regardant ton gros chat avec tes beaux yeux gris, ô Vierge au bol, tu essuyais ton vase! les bandeaux plats et clairs de tes cheveux se collaient pudiquement sur ton front jaune comme le soleil; de tes yeux courait un

---

a. *Correction pour :* deux heures cet après-midi-là
b. *Correction pour :* la splendeur

sillon bleuâtre jusqu'au milieu de ta joue, comme à Santa Teresa! ton nez, plein de l'odeur des haricots, soulevait ses narines délicates; un duvet léger, serpentant sur tes lèvres, ne contribuait pas peu à donner une belle énergie à ton visage; et, à ton menton, brillait un beau signe brun où frissonnaient de beaux poils follets : tes cheveux étaient sagement retenus à ton occiput par des épingles; mais une courte mèche s'en échappait... Je cherchai vainement tes seins; tu n'en as pas : tu dédaignes ces ornements mondains : ton cœur est tes seins!... Quand tu te retournas pour frapper de ton pied large ton chat doré, je vis tes omoplates saillant et soulevant ta robe, et je fus percé d'amour, devant le tortillement gracieux des deux arcs prononcés de tes reins!...

Dès ce moment, je t'adorai : j'adorais, non pas tes cheveux, non pas tes omoplates, non pas ton tortillement inférieurement postérieur : ce que j'aime en une femme, en une vierge, c'est la modestie sainte; ce qui me fait bondir d'amour, c'est la pudeur et la piété; c'est ce que j'adorai en toi, jeune bergère!...

Je tâchais de lui faire voir ma passion; et, du reste, mon cœur, mon cœur me trahissait! Je ne répondais que par des paroles entrecoupées à ses interrogations; plusieurs fois, je lui dis Madame, au lieu de Mademoiselle, dans mon trouble! Peu à peu, aux accents magiques de sa voix, je me sentais succomber; enfin je résolus de m'abandonner, de lâcher tout; et, à je ne sais plus quelle question qu'elle m'adressa, je me renversai en arrière sur ma chaise, je mis une main sur mon cœur, de l'autre, je saisis dans ma poche un chapelet dont je laissai passer la croix blanche, et, un œil vers Thimothine, l'autre au ciel, je répondis douloureusement et tendrement, comme un cerf à une biche :

— Oh! oui! Mademoiselle... Thimothina!!!!

Miserere! miserere! — Dans mon œil ouvert délicieusement vers le plafond tombe tout à coup une goutte de saumure, dégouttant d'un jambon planant au-dessus de moi, et, lorsque, tout rouge de honte, réveillé dans ma passion, je baissai mon front, je m'aperçus que je n'avais dans ma main gauche, au lieu d'un chapelet, qu'un biberon brun; — ma mère me l'avait confié l'an passé pour le donner au petit de la mère chose! — De l'œil que je tendais au plafond découla la saumure amère : — mais, de l'œil qui te regardait, ô Thimothina, une larme coula, larme d'amour, et larme de douleur!...

. . . .

Quelque temps, une heure après, quand Thimothina m'annonça une collation composée de haricots et d'une omelette au lard, tout ému de ses charmes, je répondis à mi-voix : — J'ai le cœur si plein, voyez-vous, que cela me ruine l'estomac! — Et je me mis à table; oh! je le sens encore, son cœur avait répondu au mien dans son appel : pendant la courte collation, elle ne mangea pas : — Ne trouves-tu pas qu'on sent un goût? répétait-elle; son père ne comprenait pas; mais mon cœur le comprit : c'était la Rose de David, la Rose de Jessé, la Rose mystique de l'écriture; c'était l'Amour!

Elle se leva brusquement, alla dans un coin de la cuisine, et, me montrant la double fleur de ses reins, elle plongea son bras dans un tas informe de bottes, de chaussures diverses, d'où s'élança son gros chat; et jeta tout cela dans un vieux placard vide; puis elle retourna à sa place, et interrogea l'atmosphère d'une façon inquiète; tout à coup, elle fronça le front, et s'écria :

— Cela sent encore!...

— Oui, cela sent, répondit son père assez bêtement : (il ne pouvait comprendre, lui, le profane!)

Je m'aperçus bien que tout cela n'était dans ma chair vierge que les mouvements intérieurs de sa passion! je l'adorais et je savourais avec amour l'omelette dorée, et mes mains battaient la mesure avec la fourchette, et, sous la table, mes pieds frissonnaient d'aise dans mes chaussures!...

Mais, ce qui me fut un trait de lumière, ce qui me fut comme un gage d'amour éternel, comme un diamant de tendresse de la part de Thimothina, ce fut l'adorable obligeance qu'elle eut, à mon départ, de m'offrir une paire de chaussettes blanches, avec un sourire et ces paroles :

— Voulez-vous cela pour vos pieds, Monsieur Léonard ?

. . . .

16 mai —

Thimothina ! je t'adore, toi et ton père, toi et ton chat :

Thimothina : 〈 ... Vas devotionis,
Rosa mystica,
Turris davidica,   Ora pro nobis !
Cœli porta,
Stella maris,

17 mai. —

Que m'importent à présent les bruits du monde et les bruits de l'étude ? Que m'importent ceux que la paresse et la langueur courbent à mes côtés ? Ce matin, tous les fronts, appesantis par le sommeil, étaient collés aux tables ; un ronflement, pareil au cri du clairon du jugement dernier, un ronflement sourd et lent s'élevait de ce vaste Gethsémani. Moi, stoïque, serein, droit, et m'élevant au-dessus de tous ces morts comme un palmier au-dessus des ruines, méprisant les odeurs et les bruits incongrus, je portais ma tête dans ma main, j'écoutais battre mon cœur plein de Thimothina, et mes yeux se plongeaient dans l'azur du ciel, entrevu par la vitre supérieure de la fenêtre !...

— 18 mai :

Merci à l'Esprit Saint qui m'a inspiré ces vers charmants : ces vers, je vais les enchâsser dans mon cœur ; et, quand le ciel me donnera de revoir Thimothina, je les lui donnerai, en échange de ses chaussettes !...

Je l'ai intitulée *La Brise* :

Dans sa retraite de coton
Dort le zéphyr à douce haleine :
Dans son nid de soie et de laine
Dort le zéphyr au gai menton!

Quand le zéphyr lève son aile
Dans sa retraite de coton,
Quand il court où la fleur l'appelle,
Sa douce haleine sent bien bon!

O brise quintessenciée!
O quintessence de l'amour!
Quand la rosée est essuyée,
Comme ça sent bon dans le jour!

Jésus! Joseph! Jésus! Marie!
C'est comme une aile de condor
Assoupissant celui qui prie!
Ça nous pénètre et nous endort!

. . . .

La fin est trop intérieure et trop suave : je la conserve
dans le tabernacle de mon âme. A la prochaine sortie,
je lirai cela à ma divine et odorante Thimothina.
Attendons dans le calme et le recueillement.

. . . .

Date incertaine. Attendons!...

　16 juin! —

Seigneur, que votre volonté se fasse : je n'y mettrai
aucun obstacle! Si vous voulez détourner de votre serviteur l'amour de Thimothina, libre à vous, sans doute :
mais, Seigneur Jésus, n'avez-vous pas aimé vous-même,
et la lance de l'amour ne vous a-t-elle pas appris à
condescendre aux souffrances des malheureux! Priez
pour moi!

Oh! j'attendais depuis longtemps cette sortie de deux
heures du 15 juin : j'avais contraint mon âme, en lui
disant : Tu seras libre ce jour-là : le 15 juin, je m'étais
peigné mes quelques cheveux modestes, et, usant d'une
odorante pommade rose, je les avais collés sur mon

front, comme les bandeaux de Thimothina ; je m'étais pommadé les sourcils ; j'avais minutieusement brossé mes habits noirs, comblé adroitement certains déficits fâcheux dans ma toilette, et je me présentai à la sonnette espérée de monsieur Césarin Labinette. Il arriva, après un assez long temps, la calotte un peu crânement sur l'oreille, une mèche de cheveux raides et fort pommadés lui cinglant la face comme une balafre, une main dans la poche de sa robe de chambre à fleurs jaunes, l'autre sur le loquet... Il me jeta un bonjour sec, fronça le nez en jetant un coup d'œil sur mes souliers à cordons noirs, et s'en alla devant moi, les mains dans ses deux poches, ramenant en devant sa robe de chambre, comme fait l'abbé*** avec sa soutane, et modelant ainsi à mes regards sa partie inférieure.

Je le suivis.

Il traversa la cuisine, et j'entrai après lui dans son salon. Oh ! ce salon ! je l'ai fixé dans ma mémoire avec les épingles du souvenir ! La tapisserie était à fleurs brunes ; sur la cheminée, une énorme pendule en bois noir, à colonnes ; deux vases bleus avec des roses ; sur les murs, une peinture de la bataille d'Inkermann ; et un dessin au crayon, d'un ami de Césarin, représentant un moulin avec sa meule souffletant un petit ruisseau semblable à un crachat, dessin que charbonnent tous ceux qui commencent à dessiner. La poésie est bien préférable !...

Au milieu du salon, une table à tapis vert, autour de laquelle mon cœur ne vit que Thimothina, quoiqu'il s'y trouvât un ami de monsieur Césarin, ancien exécuteur des œuvres sacristaines dans la paroisse de***, et son épouse madame de Riflandouille, et que monsieur Césarin lui-même vint s'y accouder de nouveau, aussitôt mon entrée.

Je pris une chaise rembourrée, songeant qu'une partie de moi-même allait s'appuyer sur une tapisserie faite sans doute par Thimothina, je saluai tout le monde, et, mon chapeau noir posé sur la table, devant moi, comme un rempart, j'écoutai...

Je ne parlais pas, mais mon cœur parlait! Les messieurs continuèrent la partie[a] de cartes commencée : je remarquai qu'ils trichaient à qui mieux mieux, et cela me causa une surprise assez douloureuse. — La partie terminée, ces personnes s'assirent en cercle autour de la cheminée vide; j'étais à un des coins, presque caché par l'énorme ami de Césarin, dont la chaise seule me séparait de Thimothina : je fus content en moi-même du peu d'attention que l'on faisait à ma personne; relégué derrière la chaise du sacristain honoraire, je pouvais laisser voir sur mon visage les mouvements de mon cœur sans être remarqué de personne : je me livrai donc à un doux abandon; et je laissai la conversation s'échauffer et s'engager entre ces trois personnes; car Thimothina ne parlait que rarement; elle jetait sur son séminariste des regards d'amour, et, n'osant le regarder en face, elle dirigeait ses yeux clairs vers mes souliers bien cirés!... Moi, derrière le gros sacristain, je me livrais à mon cœur.

Je commençai par me pencher du côté de Thimothina en levant les yeux au ciel. Elle était retournée. Je me relevai, et, la tête baissée vers ma poitrine, je poussai un soupir; elle ne bougea pas. Je remis mes boutons, je fis aller mes lèvres, je fis un léger signe de croix; elle ne vit rien. Alors, transporté, furieux d'amour, je me baissai très fort vers elle, en tenant mes mains comme à la communion, et en poussant un ah!... prolongé et douloureux; *Miserere!* tandis que je gesticulais, que je priais, je tombai de ma chaise avec un bruit sourd, et le gros sacristain se retourna en ricanant, et Thimothina dit à son père :

— Tiens, monsieur Léonard qui coule par terre!

Son père ricana! *Miserere!*

Le sacristain me repiqua, rouge de honte et faible d'amour, sur ma chaise rembourrée, et me fit une place. Mais je baissai les yeux, je voulus dormir! Cette société m'était importune, elle ne devinait pas l'amour qui

---

a. *Correction pour :* le jeu

souffrait là dans l'ombre : je voulus dormir! mais j'entendis la conversation se tourner sur moi!...

Je rouvris faiblement les yeux...

Césarin et le sacristain fumaient chacun un cigare maigre, avec toutes les mignardises possibles, ce qui rendait leurs personnes effroyablement ridicules; madame la sacristaine, sur le bord de sa chaise, sa poitrine cave penchée en avant, ayant derrière elle tous les flots de sa robe jaune qui lui bouffaient jusqu'au cou, et épanouissant autour d'elle son unique volant, effeuillait délicieusement une rose : un sourire affreux entr'ouvrait ses lèvres[a], et montrait à ses gencives maigres deux dents noires, jaunes, comme la faïence d'un vieux poêle. — Toi, Thimothina, tu étais belle, avec ta collerette blanche, tes yeux baissés, et tes bandeaux plats!

— C'est un jeune homme d'avenir : son présent inaugure son futur, disait en laissant aller un flot de fumée grise le sacristain...

— Oh! monsieur Léonard illustrera la robe! nasilla[b] la sacristaine : les deux dents parurent!...

Moi je rougissais, à la façon d'un garçon de bien; je vis que les chaises s'éloignaient de moi, et qu'on chuchotait sur mon compte...

Thimothina regardait toujours mes souliers; les deux sales dents me menaçaient... le sacristain riait ironiquement : j'avais toujours la tête baissée!...

— Lamartine est mort... dit tout à coup Thimothina.

Chère Thimothine! C'était pour ton adorateur, pour ton pauvre poète Léonard, que tu jetais dans la conversation ce nom de Lamartine; alors, je relevai le front, je sentis que la pensée seule de la poésie allait refaire une virginité à tous ces profanes, je sentais mes ailes palpiter, et je dis, rayonnant, l'œil sur Thimothina :

— Il avait de beaux fleurons à sa couronne, l'auteur des *Méditations poétiques!*

— Le cygne des vers est défunt! dit la sacristaine!

---

a. *Correction pour* : sortait de ses lèvres
b. *Correction pour* : dit

— Oui, mais il a chanté son chant funèbre, repris-je enthousiasmé.

— Mais, s'écria la sacristaine, monsieur Léonard est poète aussi! Sa mère m'a montré l'an passé des essais de sa muse...

Je jouai d'audace :

— Oh! Madame, je n'ai apporté ni ma lyre ni ma cithare; mais...

— Oh! votre cithare! vous l'apporterez un autre jour...

— Mais, ce néanmoins, si cela ne déplaît pas à l'honorable, — et je tirai un morceau de papier de ma poche, — je vais vous lire quelques vers... Je les dédie à mademoiselle Thimothina.

— Oui! oui! jeune homme! très bien! récitez, récitez, mettez-vous au bout de la salle...

Je me reculai... Thimothina regardait mes souliers... La sacristaine faisait la Madone; les deux messieurs se penchaient l'un vers l'autre... Je rougis, je toussai, et je dis en chantant tendrement

> Dans sa retraite de coton
> Dort le zéphyr à douce haleine...
> Dans son nid de soie et de laine
> Dort le zéphyr au gai menton.

Toute l'assistance pouffa de rire : les messieurs se penchaient l'un vers l'autre en faisant de grossiers calembours; mais ce qui était surtout effroyable, c'était l'air de la sacristaine, qui, l'œil au ciel, faisait la mystique, et souriait avec ses dents affreuses! Thimothina, Thimothina crevait de rire! Cela me perça d'une atteinte mortelle, Thimothina se tenait les côtes!... — Un doux zéphyr dans du coton, c'est suave, c'est suave!... faisait en reniflant le père Césarin... Je crus m'apercevoir de quelque chose... mais cet éclat de rire ne dura qu'une seconde : tous essayèrent de reprendre leur sérieux, qui pétait encore de temps en temps...

— Continuez, jeune homme, c'est bien, c'est bien!

Quand le zéphyr lève son aile
Dans sa retraite de coton,...
Quand il court où la fleur l'appelle,
Sa douce haleine sent bien bon...

Cette fois, un gros rire secoua mon auditoire; Thimothina regarda mes souliers : j'avais chaud, mes pieds
brûlaient sous son regard, et nageaient dans la sueur;
car je me disais : ces chaussettes que je porte depuis un
mois, c'est un don de son amour, ces regards qu'elle
jette sur mes pieds, c'est un témoignage de son amour :
elle m'adore!

Et voici que je ne sais quel petit goût me parut sortir
de mes souliers : oh! je compris les rires horribles de
l'assemblée! Je compris qu'égarée dans cette société
méchante, Thimothina Labinette, Thimothina ne pourrait jamais donner un libre cours à sa passion! Je compris qu'il me fallait dévorer, à moi aussi, cet amour
douloureux éclos dans mon cœur une après-midi de
mai, dans une cuisine des Labinette, devant le tortillement postérieur de la Vierge au bol!

— Quatre heures, l'heure de la rentrée, sonnaient à la
pendule du salon; éperdu, brûlant d'amour et fou de
douleur, je saisis mon chapeau, je m'enfuis en renversant une chaise, je traversai le corridor en murmurant :
J'adore Thimothine, et je m'enfuis au séminaire sans
m'arrêter...

Les basques de mon habit noir volaient derrière moi,
dans le vent, comme des oiseaux sinistres!...

. . . .
. . . .

30 juin.

Désormais, je laisse à la muse divine le soin de bercer
ma douleur; martyr d'amour à dix-huit ans, et, dans
mon affliction, pensant à un autre martyr du sexe qui
fait nos joies et nos bonheurs, n'ayant plus celle que
j'aime, je vais aimer la foi! Que le Christ, que Marie me
pressent sur leur sein : je les suis : je ne suis pas digne de

dénouer les cordons des souliers de Jésus; mais ma douleur! mais mon supplice! Moi aussi, à dix-huit ans et sept mois, je porte une croix, une couronne d'épines! mais, dans la main, au lieu d'un roseau, j'ai une cithare! Là sera le dictame à ma plaie!...

. . . .

— Un an après, 1er août —

Aujourd'hui, on m'a revêtu de la robe sacrée; je vais servir Dieu; j'aurai une cure et une modeste servante dans un riche village. J'ai la foi; je ferai mon salut, et sans être dispendieux, je vivrai comme un bon serviteur de Dieu avec sa servante. Ma mère la sainte Église me réchauffera dans son sein : qu'elle soit bénie! que Dieu soit béni!

... Quant à cette passion cruellement chérie que je renferme au fond de mon cœur, je saurai la supporter avec constance : sans la raviver précisément, je pourrai m'en rappeler quelquefois le souvenir : ces choses-là sont bien douces! — Moi, du reste, j'étais né pour l'amour et pour la foi! — Peut-être un jour, revenu dans cette ville, aurai-je le bonheur de confesser ma chère Thimothina?... Puis, je conserve d'elle un doux souvenir : depuis un an, je n'ai pas défait les chaussettes qu'elle m'a données...

Ces chaussettes-là, mon Dieu! je les garderai à mes pieds jusque dans votre saint Paradis!...

POÉSIES

POÉSIES

NOTICE

LES *poésies de Rimbaud ont été écrites entre 1 8 6 9 et 1 8 7 2,*
c'est-à-dire entre sa quinzième et sa dix-huitième année ;
celles du moins que nous possédons, car il n'est pas exclu qu'il
ait écrit antérieurement d'autres essais, qui n'auraient pas été
conservés. Un premier poème, Les Étrennes des orphelins, *
date de 1 8 6 9 (il a paru le 2 janvier 1 8 7 0 dans la* Revue pour
tous) ; *la plupart des autres datent de 1 8 7 0 et de 1 8 7 1 ; en*
1 8 7 2 enfin, Rimbaud a fait une tentative entièrement différente
de poèmes en vers libérés et assonancés : ces « Derniers vers *»*
seront placés dans une section séparée.

Les poèmes réguliers eux-mêmes sont très divers d'inspi-
ration et de style. On sait, et M. Jacques Gengoux l'a montré,
que les premiers textes de Rimbaud contiennent beaucoup de
réminiscences de lectures, ce qui n'a rien d'étonnant de la part
d'un écrivain aussi jeune ; parfois même sont de véritables
pastiches : pastiche de Musset dans Soleil et chair, *pastiche*
de Hugo dans Le Forgeron ; *j'ai dit dans mon* Introduction
ce qu'il fallait en penser. Ces poèmes, du reste, Rimbaud les
faisait lire à son professeur Izambard, y compris les pièces
d'inspiration plus frivole, Roman *ou* Comédie en trois
baisers. *Et même pour les textes plus satiriques,* A la
musique *et* Vénus Anadyomène, *il n'était pas sans*
modèles.

Tous ces poèmes de la « première époque » (l'époque rhé-
toricienne, si l'on veut), il les a recopiés lui-même en octobre
1 8 7 0, en leur adjoignant sept sonnets composés en Belgique,
dans un recueil destiné à un jeune poète dont il avait fait la

connaissance à Douai, Paul Demeny : vingt-deux poèmes en tout, soigneusement calligraphiés. Ils sont reproduits en facsimilé dans Les Manuscrits des Maîtres, Arthur Rimbaud, Poésies, *Messein 1919 .*

Les poèmes écrits après le retour d'Arthur à Charleville sont très différents. Alors commence la période d' « encrapulement » décrite par Delahaye, et dont les poèmes font foi comme la correspondance : c'est un révolté qui parle, qui ricane, qui se vautre dans la grossièreté, qui clame sa haine contre la famille, contre les prêtres, contre tout ordre social. Avec une verve vengeresse, il caricature Les Assis, Les Douaniers, Les Pauvres à l'église. *Et les luttes de la Commune lui inspireront bientôt des pièces d'une violence vraiment « rimbaldienne », le* Chant de guerre parisien, Paris se repeuple, Les Mains de Jeanne-Marie.

Mais les plus originales, les plus émouvantes de ces pièces sont celles qu'une expérience intime a inspirées, celles qui nous livrent, à travers l'outrance et le sarcasme, le visage même, nu et crispé, de « l'enfant de colère » : Les Poètes de sept ans, L'Homme juste, Les Premières Communions, *et bien entendu* Le Bateau ivre. *Là nous sommes au cœur d'une révolte forcenée, mais aussi d'aspirations enivrantes. Si Rimbaud s'emporte en imprécations contre la Mère qui le fait « suer d'obéissance », contre les femmes, contre les « saints » et les « justes » incapables de changer la vie, contre le Christ « éternel voleur des énergies », quoi d'étonnant ? Ces fureurs devant le monde réel ne sont que le verso d'élans vers un monde éblouissant : pays inconnus, « ciels ocreux », « poissons chantants ». Ce monde, l'adolescent va bientôt s'apercevoir que la poésie seule, et non les voyages, peut le lui révéler : la grande expérience du « voyant » est commencée en mai, lorsqu'il écrit à Izambard et à Demeny.*

Il existe une autre lettre à Demeny, écrite un mois après la lettre du « voyant », le 10 juin 1871. Rimbaud envoie à son ami Les Poètes de sept ans, Les Pauvres à l'église, Le Cœur du pitre. *En même temps, il lui adresse cette prière :*

« Brûlez, *je le veux* et je crois que vous respecterez ma volonté comme celle d'un mort, brûlez *tous les vers que je fus assez sot* pour vous donner, lors *de mon séjour à Douai.* » *Nulle rupture avec le passé ne saurait être plus nette. Rimbaud est devenu le* « voyant ». *C'est avec dérision qu'il adresse à Banville, le mois suivant,* Ce qu'on dit au poète à propos de fleurs, *pièce où la raillerie est visible, mais qui pourtant, à travers les sarcasmes, invite nettement les poètes à faire* « du *nouveau* — idées et formes », *comme le demandait la lettre du* « voyant ».

En août 1871, Rimbaud a adressé à Verlaine un certain nombre de ses poèmes : d'abord Les Effarés, Accroupissements, Les Douaniers, Le Cœur volé *et* Les Assis ; *ensuite* Mes petites amoureuses, Les Premières Communions, Paris se repeuple : *vers* « d'une beauté effrayante », *dira Verlaine (dans* La Plume, *en 1895). On peut penser que* Le Bateau ivre, *écrit, suivant le témoignage de Delahaye, juste avant le départ pour Paris, pour* « présenter en arrivant » *à Verlaine et à ses amis, témoigne d'un assagissement relatif de la verve rimbaldienne : il y a là un retour à des thèmes parnassiens, une magnificence verbale, qui devaient forcer l'admiration des amis de Verlaine sans exciter l'inquiétude comme* Les Premières Communions *et* Le Cœur du pitre. *Quoi qu'il en soit, cette pièce est la dernière des poésies* « régulières » *de Rimbaud* — *et cela est assez remarquable. Tout de suite, Verlaine et Paris vont agir sur cet esprit prodigieusement prompt à assimiler* — *mais qui, en outre, avait déjà rompu les ponts avec le Parnasse comme avec le romantisme, et se préparait à poursuivre une expérience poétique autrement difficile : après avoir* « inventé la couleur des voyelles », *Rimbaud se flattait d'* « inventer un verbe poétique accessible, un jour ou l'autre, à tous les sens », *et pour commencer écrivait* « des silences, des nuits » *et* « notait l'inexprimable » : *ce seront les* Derniers Vers.

Comme les éditeurs précédents, j'ai suivi l'ordre chronologique dans la mesure du possible et reproduit, d'abord Les

Étrennes des orphelins *(poème de 1869), ensuite les vingt-deux pièces formant le recueil Demeny, enfin les poèmes de 1871, dont on ne sait pas toujours la date de composition. On verra dans les notes les circonstances (connues ou probables) dans lesquelles chaque poème a été écrit; mais les poèmes eux-mêmes se chargent de montrer avec évidence l'évolution psycho-logique et poétique d'Arthur Rimbaud.*

En raison de leur étendue, les notes ont été reportées en fin de volume; on trouvera en bas de page un choix des variantes les plus intéressantes, en particulier les variantes des manus-crits Izambard, données par H. de Bouillane de Lacoste dans son édition critique.

LES ÉTRENNES DES ORPHELINS[1]

I

La chambre est pleine d'ombre; on entend vaguement[2]
De deux enfants le triste et doux chuchotement.
Leur front se penche, encor, alourdi par le rêve,
Sous le long rideau blanc qui tremble et se soulève...
— Au dehors les oiseaux se rapprochent frileux;
Leur aile s'engourdit sous le ton gris des cieux;
Et la nouvelle Année, à la suite brumeuse,
Laissant traîner les plis de sa robe neigeuse,
Sourit avec des pleurs, et chante en grelottant[3]...

II

Or les petits enfants, sous le rideau flottant,
Parlent bas comme on fait dans une nuit obscure.
Ils écoutent, pensifs, comme un lointain murmure...
Ils tressaillent souvent à la claire voix d'or
Du timbre matinal, qui frappe et frappe encor
Son refrain métallique en son globe de verre...
— Puis, la chambre est glacée... on voit traîner à terre,
Épars autour des lits, des vêtements de deuil :
L'âpre bise d'hiver qui se lamente au seuil
Souffle dans le logis son haleine morose!
On sent, dans tout cela, qu'il manque quelque chose...
— Il n'est donc point de mère à ces petits enfants,
De mère au frais sourire, aux regards triomphants?

Texte de la Revue pour tous *(2 janvier 1870)*.
Pas de ms. connu.

Elle a donc oublié, le soir, seule et penchée,
D'exciter une flamme à la cendre arrachée,
D'amonceler sur eux la laine et l'édredon
Avant de les quitter en leur criant : pardon.
Elle n'a point prévu la froideur matinale,
Ni bien fermé le seuil à la bise hivernale?...
— Le rêve maternel, c'est le tiède tapis,
C'est le nid cotonneux où les enfants tapis,
Comme de beaux oiseaux que balancent les branches,
Dorment leur doux sommeil plein de visions blanches!...
— Et là, — c'est comme un nid sans plumes, sans chaleur,
Où les petits ont froid, ne dorment pas, ont peur;
Un nid que doit avoir glacé la bise amère[4]....

III

Votre cœur l'a compris : — ces enfants sont sans mère.
Plus de mère au logis! — et le père est bien loin!...
— Une vieille servante, alors, en a pris soin.
Les petits sont tout seuls en la maison glacée;
Orphelins de quatre ans, voilà qu'en leur pensée[5]
S'éveille, par degrés, un souvenir riant...
C'est comme un chapelet qu'on égrène en priant :
— Ah! quel beau matin, que ce matin des étrennes!
Chacun, pendant la nuit, avait rêvé des siennes
Dans quelque songe étrange où l'on voyait joujoux,
Bonbons habillés d'or, étincelants bijoux,
Tourbillonner, danser une danse sonore,
Puis fuir sous les rideaux, puis reparaître encore[6]!
On s'éveillait matin, on se levait joyeux,
La lèvre affriandée[7], en se frottant les yeux...
On allait, les cheveux emmêlés sur la tête,
Les yeux tout rayonnants, comme aux grands jours de
Et les petits pieds nus effleurant le plancher,   [fête,
Aux portes des parents tout doucement toucher...
On entrait!... Puis alors les souhaits,... en chemise,
Les baisers répétés, et la gaîté permise!

IV

Ah! c'était si charmant, ces mots dits tant de fois!
— Mais comme il est changé, le logis d'autrefois :
Un grand feu pétillait, clair, dans la cheminée,
Toute la vieille chambre était illuminée;
Et les reflets vermeils, sortis du grand foyer,
Sur les meubles vernis aimaient à tournoyer...
— L'armoire était sans clefs!... sans clefs, la grande
[armoire!
On regardait souvent sa porte brune et noire...
Sans clefs!... c'était étrange!... on rêvait bien des fois
Aux mystères dormant entre ses flancs de bois,
Et l'on croyait ouïr, au fond de la serrure
Béante, un bruit lointain, vague et joyeux murmure[8]...
— La chambre des parents est bien vide, aujourd'hui :
Aucun reflet vermeil sous la porte n'a lui;
Il n'est point de parents, de foyer, de clefs prises :
Partant, point de baisers, point de douces surprises!
Oh! que le jour de l'an sera triste pour eux!
— Et, tout pensifs, tandis que de leurs grands yeux bleus,
Silencieusement tombe une larme amère,
Ils murmurent : « Quand donc reviendra notre mère? »

. . . .

V

Maintenant, les petits sommeillent tristement :
Vous diriez, à les voir, qu'ils pleurent en dormant,
Tant leurs yeux sont gonflés et leur souffle pénible!
Les tout petits enfants ont le cœur si sensible!
— Mais l'ange des berceaux vient essuyer leurs yeux[9],
Et dans ce lourd sommeil met un rêve joyeux,
Un rêve si joyeux, que leur lèvre mi-close,
Souriante, semblait murmurer quelque chose...
— Ils rêvent que, penchés sur leur petit bras rond,
Doux geste du réveil, ils avancent le front,

Et leur vague regard tout autour d'eux se pose...
Ils se croient endormis dans un paradis rose...
Au foyer plein d'éclairs chante gaîment le feu...
Par la fenêtre on voit là-bas un beau ciel bleu;
La nature s'éveille et de rayons s'enivre...
La terre, demi-nue, heureuse de revivre,
A des frissons de joie aux baisers du soleil[10]...
Et dans le vieux logis tout est tiède et vermeil :
Les sombres vêtements ne jonchent plus la terre,
La bise sous le seuil a fini par se taire...
On dirait qu'une fée a passé dans cela!...
— Les enfants, tout joyeux, ont jeté deux cris... Là,
Près du lit maternel, sous un beau rayon rose,
Là, sur le grand tapis, resplendit quelque chose...
Ce sont des médaillons argentés, noirs et blancs,
De la nacre et du jais aux reflets scintillants;
Des petits cadres noirs, des couronnes de verre,
Ayant trois mots gravés en or : « A NOTRE MÈRE! »

. . . .

SENSATION[1]

PAR les soirs bleus d'été[a], j'irai dans les sentiers[2],
Picoté par les blés, fouler l'herbe menue :
Rêveur, j'en sentirai[b] la fraîcheur à mes pieds.
Je laisserai le vent baigner ma tête nue.

Je ne parlerai pas, je ne penserai rien :
Mais l'amour infini me montera dans l'âme[c3],
Et j'irai loin, bien loin, comme un bohémien[d4],
Par la Nature, — heureux comme avec une femme.

Mars 1870[e].

―――――

Texte du recueil Demeny (fac-similés Messein).
Variantes de la lettre à Banville (B.) (24 mai 1870).
Variantes du ms. Darzens (La Revue Indépendante, janv.-fév. 1889)
(D.)
Pas de titre (B.).
a. Par les beaux soirs d'été *(B.)*
b. je sentirai *(D.)*
c. Mais un amour immense entrera dans mon âme *(B.)*
d. tel qu'un bohémien *(D.)*
e. 20 avril 1870 *(B.)*

SOLEIL ET CHAIR[1]

LE Soleil, le foyer de tendresse et de vie,
Verse l'amour brûlant à la terre ravie,
Et, quand on est couché sur la vallée, on sent
Que la terre est nubile et déborde de sang[2];
Que son immense sein, soulevé par une âme[3],
Est d'amour comme Dieu, de chair comme la femme,
Et qu'il renferme, gros de sève et de rayons,
Le grand fourmillement de tous les embryons[4]!

Et tout croît, et tout monte [a]!

                         —O Vénus, ô Déesse!
Je regrette les temps de l'antique jeunesse,
Des satyres lascifs, des faunes animaux[5],
Dieux qui mordaient d'amour l'écorce des rameaux
Et dans les nénufars baisaient la Nymphe blonde!
Je regrette les temps où la sève du monde,
L'eau du fleuve, le sang rose des arbres verts [b6]
Dans les veines de Pan mettaient un univers!
Où le sol palpitait, vert, sous ses pieds de chèvre [c];
Où, baisant mollement le clair syrinx [d], sa lèvre
Modulait [e] sous le ciel le grand hymne d'amour;
Où, debout sur la plaine, il entendait autour
Répondre à son appel la Nature vivante;

Texte du recueil Demeny (fac-similés Messein).

Variantes de la lettre à Banville du 24 mai 1870 (conservée au Fonds Doucet) : Titre : Credo in unam...

  a. Et tout vit! et tout monte!...

  b. L'eau du fleuve jaseur, le sang des arbres verts,

  c. Où tout naissait, vivait, sous ses longs pieds de chèvre;

  d. le vert syrinx,

  e. Murmurait

Où les arbres muets, berçant l'oiseau qui chante,
La terre berçant l'homme, et tout l'Océan bleu[a]
Et tous les animaux aimaient, aimaient en Dieu[b]!

Je regrette les temps de la grande Cybèle
Qu'on disait parcourir, gigantesquement belle,
Sur un grand char d'airain, les splendides cités[7];
Son double sein versait dans les immensités
Le pur ruissellement de la vie infinie.
L'Homme suçait, heureux, sa mamelle bénie,
Comme un petit enfant, jouant sur ses genoux[8].
— Parce qu'il était fort, l'Homme était chaste et doux.

Misère! Maintenant il dit : Je sais les choses,
Et va, les yeux fermés et les oreilles closes.   [est Roi[c],
— Et pourtant, plus de dieux! plus de dieux! l'Homme
L'Homme est Dieu! Mais l'Amour, voilà la grande Foi[d]
Oh! si l'homme puisait encore à ta mamelle[e],
Grande mère des dieux et des hommes, Cybèle;
S'il n'avait pas laissé l'immortelle Astarté
Qui jadis, émergeant dans l'immense clarté
Des flots bleus, fleur de chair que la vague parfume,
Montra son nombril rose où vint neiger l'écume[9],
Et fit chanter, Déesse aux grands yeux noirs vainqueurs[f],
Le rossignol aux bois et l'amour dans les cœurs!

II

Je crois en toi! je crois en toi! Divine mère,
Aphrodité marine! — Oh! la route est amère[g]
Depuis que l'autre Dieu[h] nous attelle à sa croix;
Chair, Marbre, Fleur, Vénus[10], c'est en toi que je crois[i]

---

a. La Terre berçant l'homme, et le long fleuve bleu,
b. Et tous les Animaux aimaient aux pieds d'un Dieu!
c. S'il accepte des dieux, il est au moins un Roi!
d. C'est qu'il n'a plus l'Amour, s'il a perdu la Foi!
e. — Oh! s'il savait encor puiser à ta mamelle,
f. Et fit chanter partout, Déesse aux yeux vainqueurs,
g. ô! la vie est amère,
h. Depuis qu'un autre dieu
i. Mais c'est toi la Vénus! c'est en toi que je crois!

— Oui, l'Homme est triste et laid, triste sous le ciel
                                        [vaste [a] [11].
Il a des vêtements, parce qu'il n'est plus chaste [12],
Parce qu'il a sali son fier buste de dieu,
Et qu'il a rabougri, comme une idole au feu,
Son corps Olympien aux servitudes sales !
Oui, même après la mort, dans les squelettes pâles [13]
Il veut vivre, insultant la première beauté [14] !
— Et l'Idole où tu mis tant de virginité,
Où tu divinisas notre argile, la Femme,
Afin que l'Homme pût éclairer sa pauvre âme
Et monter lentement, dans un immense amour,
De la prison terrestre à la beauté du jour,
La Femme ne sait plus même être Courtisane [b] [15] !
— C'est une bonne farce ! et le monde ricane
Au nom doux et sacré de la grande Vénus [16] !

III

Si les temps revenaient, les temps qui sont venus [c] [17] !
— Car l'Homme a fini ! l'Homme a joué tous les rôles [d] !
Au grand jour, fatigué de briser des idoles
Il ressuscitera, libre de tous ses Dieux [18],
Et, comme il est du ciel, il scrutera les cieux !
L'Idéal, la pensée invincible, éternelle [e],
Tout le dieu qui vit, sous son [f] argile charnelle [g],
Montera, montera, brûlera sous son front !
Et quand tu le verras sonder tout l'horizon,
Contempteur des vieux jougs [h], libre de toute crainte,
Tu viendras lui donner la Rédemption sainte !
— Splendide, radieuse, au sein des grandes mers

---

a. Oui, l'homme est faible et laid, le doute le dévaste ;
b. — La Femme ne sait plus faire la courtisane !..
c. Oh ! les temps reviendront ! les temps sont bien venus !
d. Et l'Homme n'est pas fait pour jouer tous ces rôles !
e. Tout ce qu'il a de Dieu sous l'argile charnelle,
f. *ms. Demeny :* son *remplace* notre *biffé*
g. L'Idéal, la pensée invincible, éternelle,
h. du vieux joug

Tu surgiras, jetant sur le vaste Univers
L'Amour infini dans un infini sourire!
Le Monde vibrera comme une immense lyre
Dans le frémissement d'un immense baiser[19]!

— Le Monde a soif d'amour : tu viendras l'apaiser.

. . . .

O! L'Homme a relevé sa tête libre et fière [a] [20]!
Et le rayon soudain de la beauté première
Fait palpiter le dieu dans l'autel de la chair!
Heureux du bien présent, pâle du mal souffert,
L'Homme veut tout sonder, — et savoir! La Pensée,
La cavale longtemps, si longtemps oppressée
S'élance de son front! Elle saura Pourquoi..!
Qu'elle bondisse libre, et l'Homme aura la Foi!
— Pourquoi l'azur muet et l'espace insondable?
Pourquoi les astres d'or fourmillant comme un sable?
Si l'on montait toujours, que verrait-on là-haut?
Un Pasteur mène-t-il cet immense troupeau
De mondes cheminant dans l'horreur de l'espace[21]?
Et tous ces mondes-là, que l'éther vaste embrasse,
Vibrent-ils aux accents d'une éternelle voix?
— Et l'Homme, peut-il voir? peut-il dire : Je crois?
La voix de la pensée est-elle plus qu'un rêve?
Si l'homme naît si tôt, si la vie est si brève,
D'où vient-il? Sombre-t-il dans l'Océan profond
Des Germes, des Fœtus, des Embryons, au fond
De l'immense Creuset d'où la Mère-Nature
Le ressuscitera, vivante créature,
Pour aimer dans la rose, et croître dans les blés[22]?...

Nous ne pouvons savoir! — Nous sommes accablés
D'un manteau d'ignorance et d'étroites chimères!
Singes d'hommes tombés de la vulve des mères,
Notre pâle raison nous cache l'infini[23]!
Nous voulons regarder : — le Doute nous punit!

_____

a. *Les vers qui vont de : « O! L'Homme... » jusqu'à la fin de* III *ne figurent que dans la lettre à Banville, et pas dans le recueil Demeny.*

Le doute, morne oiseau, nous frappe de son aile...
— Et l'horizon s'enfuit d'une fuite éternelle!...

. . . .

Le grand ciel est ouvert! les mystères sont morts
Devant l'Homme, debout, qui croise ses bras forts
Dans l'immense splendeur de la riche nature!
Il chante... et le bois chante, et le fleuve murmure
Un chant plein de bonheur qui monte vers le jour!...
— C'est la Rédemption! c'est l'amour! c'est l'amour!...

. . . .

IV

O splendeur de la chair! ô splendeur idéale[24]!
O renouveau d'amour, aurore triomphale[a]
Où, courbant à leurs pieds les Dieux et les Héros,
Kallipyge[25] la blanche[b] et le petit Éros
Effleureront, couverts de la neige des roses,
Les femmes et les fleurs sous leurs beaux pieds écloses!
— O grande Ariadné, qui jettes tes sanglots
Sur la rive, en voyant fuir là-bas sur les flots,
Blanche sous le soleil, la voile de Thésée,
O douce vierge enfant qu'une nuit a brisée,
Tais-toi! Sur son char d'or brodé de noirs raisins,
Lysios, promené dans les champs Phrygiens
Par les tigres lascifs et les panthères rousses,
Le long des fleuves bleus rougit les sombres mousses[26].
— Zeus, Taureau, sur son cou berce comme une enfant[c]
Le corps nu d'Europé, qui jette son bras blanc
Au cou nerveux du Dieu frissonnant dans la vague.
Il tourne lentement[d] vers elle son œil vague;
Elle, laisse traîner sa pâle joue en fleur

---

a. O renouveau sublime, aurore triomphale,
b. La blanche Kallipyge
c. comme un enfant
d. Il tourne longuement

Au front de Zeus[a]; ses yeux sont fermés; elle meurt
Dans un divin baiser, et le flot qui murmure
De son écume d'or fleurit sa chevelure[27].
— Entre le laurier rose et le lotus jaseur[b]
Glisse amoureusement le grand Cygne rêveur
Embrassant la Léda des blancheurs de son aile[28];
— Et tandis que Cypris passe, étrangement belle,
Et, cambrant les rondeurs splendides de ses reins,
Étale fièrement l'or de ses larges seins
Et son ventre neigeux brodé de mousse noire[29],
— Héraclès, le Dompteur, qui, comme d'une gloire[c][30]
Fort, ceint son vaste corps de la peau du lion[d],
S'avance, front terrible et doux, à l'horizon!

Par la lune d'été vaguement éclairée,
Debout, nue, et rêvant dans sa pâleur dorée
Que tache le flot lourd de ses longs cheveux bleus,
Dans la clairière sombre où la mousse s'étoile,
La Dryade regarde au ciel silencieux[e]....
— La blanche Séléné laisse flotter son voile,
Craintive, sur les pieds du bel Endymion,
Et lui jette un baiser dans un pâle rayon[31]...
— La Source pleure au loin dans une longue extase...
C'est la Nymphe qui rêve, un coude sur son vase,
Au beau jeune homme blanc[f] que son onde a pressé.
— Une brise d'amour dans la nuit a passé,   [arbres,
Et, dans les bois sacrés, dans l'horreur[g] des grands
Majestueusement debout, les sombres Marbres,
Les Dieux, au front desquels le Bouvreuil fait son nid,
— Les Dieux écoutent l'Homme et le Monde infini[32]!

29 avril 1870[h].

_____

a. Au front du dieu;
b. jaseur *surcharge* en fleur
c. et, comme d'une gloire
d. Couvrant son vaste corps de la peau du lion,
e. au ciel mystérieux...
f. Au beau jeune homme fort
g. sous l'horreur
h. *Date au bas du poème, dans la lettre à Banville; le ms. Demeny porte* mai 70.

OPHÉLIE[1]

I

Sur l'onde calme et noire où dorment les étoiles
La blanche Ophélia flotte comme un grand lys,
Flotte très lentement, couchée en ses longs voiles...
— On entend dans les bois lointains des hallalis[a2].

Voici plus de mille ans que la triste Ophélie
Passe, fantôme blanc, sur le long fleuve noir,
Voici plus de mille ans que sa douce folie
Murmure sa romance à la brise du soir[3].

Le vent baise ses seins et déploie en corolle[4]
Ses grands voiles[b] bercés mollement par les eaux ;
Les saules frissonnants[5] pleurent sur son épaule,
Sur son grand front rêveur[6] s'inclinent les roseaux.

Les nénuphars froissés soupirent autour d'elle ;
Elle éveille parfois, dans un aune qui dort,
Quelque nid, d'où s'échappe un petit frisson d'aile[c] :
— Un chant mystérieux tombe des astres d'or[7].

Texte du recueil Demeny (fac-similés Messein).
*Variantes de la lettre à Banville du 24 mai 1870 (conservée au Fonds
Doucet) (B.) et du manuscrit Izambard (I.).*
    a. On entend dans les bois de lointains hallalis. *(B. I.) Telle était
aussi la version du ms. Demeny, où Rimbaud a biffé le* de *et ajouté un* des
entre les deux derniers mots.
    b. Ses longs voiles *(B. I.)*
    c. un léger frisson d'aile *(B. I.)*

II

O pâle Ophélia! belle comme la neige!
Oui tu mourus, enfant, par un fleuve [a] emporté!
— C'est que les vents tombant des grands monts de
T'avaient parlé tout bas [b] de l'âpre liberté [8]; [Norwège

C'est qu'un souffle, tordant ta grande chevelure [c],
A ton esprit rêveur portait d'étranges bruits;
Que ton cœur écoutait le chant de la Nature [d]
Dans les plaintes de l'arbre et les soupirs des nuits;

C'est que la voix des mers folles, immense râle [e],
Brisait ton sein d'enfant, trop humain et trop doux;
C'est qu'un matin d'avril, un beau cavalier pâle,
Un pauvre fou, s'assit muet à tes genoux [9]!

Ciel! Amour! Liberté! Quel rêve, ô pauvre Folle!
Tu te fondais à lui comme une neige au feu :
Tes grandes visions étranglaient ta parole
— Et l'Infini terrible effara ton œil bleu [f][10]!

III

— Et le Poète dit qu'aux rayons des étoiles
Tu viens chercher, la nuit, les fleurs que tu cueillis [11];
Et qu'il a vu sur l'eau, couchée en ses longs voiles,
La blanche Ophélia flotter, comme un grand lys [12].

                                                    15 mai 1870 [g].

---

a. fleuve *surcharge* rêve *(ms. Demeny)*
b. tout haut *(I.)*
c. C'est qu'un souffle du ciel, tordant ta chevelure *(B.)*
   C'est qu'un souffle inconnu, fouettant ta chevelure, *(I.)*
d. Que ton cœur entendait le cœur de la Nature *(B.)*
   Que ton cœur entendait la voix de la Nature *(I.)*
e. C'est que la voix des mers, comme un immense râle, *(B. I.)*
f. Un infini terrible égara ton œil bleu! *(B. I.)*
g. *Date au bas du poème dans la lettre à Banville.*

BAL DES PENDUS[1]

Au gibet noir, manchot aimable,
Dansent, dansent les paladins
Les maigres paladins du diable
Les squelettes de Saladins [2].

Messire Belzébuth tire par la cravate
Ses petits pantins noirs grimaçant sur le ciel,
Et, leur [a] claquant au front un revers de savate,
Les fait danser, danser aux sons d'un vieux Noël!

Et les pantins choqués enlacent leurs bras grêles :
Comme des orgues noirs, les poitrines à jour
Que serraient autrefois les gentes damoiselles,
Se heurtent longuement dans un hideux amour.

Hurrah! les gais danseurs, qui n'avez plus de panse[3]!
On peut cabrioler, les tréteaux sont si longs!
Hop! qu'on ne sache plus si c'est bataille ou danse!
Belzébuth enragé racle ses violons!

O durs talons, jamais on n'use sa sandale!
Presque tous ont quitté la chemise de peau[4];
Le reste est peu gênant et se voit sans scandale.
Sur les crânes, la neige applique un blanc chapeau :

Le corbeau fait panache à ces têtes fêlées,
Un morceau de chair tremble à leur maigre menton :

Texte du recueil Demeny (fac-similés Messein).
Pas d'autre ms. connu.
a. les *corrigé en* leur.

On dirait, tournoyant dans les sombres mêlées,
Des preux, raides, heurtant armures de carton.

Hurrah! la bise siffle au grand bal des squelettes!
Le gibet noir mugit comme un orgue de fer!
Les loups vont répondant des forêts violettes[5] :
A l'horizon, le ciel est d'un rouge d'enfer[6]...

Holà, secouez-moi ces capitans funèbres
Qui défilent, sournois, de leurs gros doigts cassés
Un chapelet d'amour sur leurs pâles vertèbres[7] :
Ce n'est pas un moustier ici, les trépassés!

Oh! voilà qu'au milieu de la danse macabre
Bondit dans le ciel rouge un grand squelette fou
Emporté par l'élan, comme un cheval se cabre :
Et, se sentant encor la corde raide au cou,

Crispe ses petits doigts sur son fémur qui craque
Avec des cris pareils à des ricanements,
Et, comme un baladin rentre dans la baraque,
Rebondit dans le bal au chant des ossements[8].

Au gibet noir, manchot aimable,
Dansent, dansent les paladins
Les maigres paladins du diable,
Les squelettes de Saladins.

LE CHATIMENT DE TARTUFE[1]

Tisonnant, tisonnant son cœur amoureux sous
Sa chaste robe noire[2], heureux, la main gantée,
Un jour qu'il s'en allait, effroyablement doux,
Jaune, bavant la foi de sa bouche édentée[3],

Un jour qu'il s'en allait, « Oremus[4] », — un Méchant
Le prit rudement par son oreille benoîte
Et lui jeta des mots affreux, en arrachant
Sa chaste robe noire autour de sa peau moite!

Châtiment!... Ses habits étaient déboutonnés,
Et le long chapelet des péchés pardonnés
S'égrenant dans son cœur, Saint Tartufe était pâle!..

Donc, il se confessait, priait, avec un râle!
L'homme se contenta d'emporter ses rabats...
— Peuh! Tartufe était nu du haut jusques en bas[5]!

Texte du recueil Demeny (fac-similés Messein).
Pas d'autre ms. connu.

LE FORGERON [1]

Palais des Tuileries, vers le 10 août 92 [a].

Le bras sur un marteau gigantesque, effrayant
D'ivresse et de grandeur, le front vaste [b], riant
Comme un clairon d'airain, avec toute sa bouche,
Et prenant ce gros-là dans son regard farouche,
Le Forgeron parlait à Louis Seize, un jour
Que le Peuple était là, se tordant tout autour,
Et sur les lambris d'or traînant [c] sa veste sale.
Or le bon roi, debout sur son ventre, était pâle,
Pâle comme un vaincu qu'on prend pour le gibet,
Et, soumis comme un chien, jamais ne regimbait
Car ce maraud de forge aux énormes épaules
Lui disait de vieux mots et des choses si drôles,
Que cela l'empoignait au front, comme cela !

« Or, tu sais bien, Monsieur [d], nous chantions tra la la
Et nous piquions les bœufs vers les sillons des autres :
Le Chanoine au soleil filait des patenôtres [e]
Sur des chapelets clairs grenés de pièces d'or [2].
Le Seigneur, à cheval, passait, sonnant du cor
Et l'un avec la hart, l'autre avec la cravache
Nous fouaillaient. — Hébétés comme des yeux de vache [3],
Nos yeux ne pleuraient plus [f] ; nous allions, nous allions,
Et quand nous avions mis le pays en sillons,

Texte du recueil Demeny (fac-similés Messein).
Variantes du ms. Izambard :
a. Tuileries, vers le 20 juin 1792.
b. le front large
c. traînait
d. « Donc, Sire, tu sais bien,
e. disait ses patenôtres
f. ne pleuraient pas :

Quand nous avions laissé dans cette terre noire
Un peu de notre chair... nous avions un pourboire :
On nous faisait flamber [a] nos taudis dans la nuit ;
Nos petits [b] y faisaient un gâteau fort bien cuit [4].

... « Oh ! je ne me plains pas. Je te dis mes bêtises,
C'est entre nous. J'admets que tu me contredises [5].
Or, n'est-ce pas joyeux de voir, au mois de juin
Dans les granges entrer des voitures de foin
Énormes ? De sentir l'odeur de ce qui pousse,
Des vergers quand il pleut un peu, de l'herbe rousse ?
De voir des blés, des blés, des épis pleins de grain [c],
De penser que cela prépare bien du pain [6] ?...
Oh [d] ! plus fort, on irait [e], au fourneau qui s'allume,
Chanter joyeusement en martelant l'enclume,
Si l'on était certain de pouvoir [f] prendre un peu,
Étant homme, à la fin ! de ce que donne Dieu !
— Mais voilà, c'est toujours la même vieille histoire !

« Mais [g] je sais, maintenant ! Moi, je ne peux plus croire,
Quand j'ai deux bonnes mains, mon front et mon mar-
Qu'un homme vienne là, dague sur [h] le manteau, [teau,
Et me dise : Mon gars [i], ensemence ma terre;
Que l'on arrive encor, quand ce serait la guerre,
Me prendre mon garçon comme cela, chez moi [7] !
— Moi, je serais un homme, et toi, tu serais roi,
Tu me dirais : Je veux !... — Tu vois bien, c'est stupide.
Tu crois que j'aime voir [j] ta baraque splendide,
Tes officiers dorés, tes mille chenapans,
Tes palsembleu bâtards tournant comme des paons :
Ils ont rempli ton nid de l'odeur de nos filles

a. Nous venions voir flamber
b. Nos enfants
c. De voir les champs de blé, les épis pleins de grain,
d. Oui *corrigé en* Oh *(ms. Demeny)*
e. Oui, l'on pourrait, plus fort,
f. certain qu'on pourrait
g. « ... Oh !
h. sous
i. Et me dise : Maraud,
j. j'aime à voir

Et de petits billets pour nous mettre aux Bastilles[8],
Et nous dirons : C'est bien : les pauvres à genoux!
Nous dorerons ton Louvre en donnant nos gros sous!
Et tu te soûleras, tu feras belle fête.
— Et ces Messieurs riront, les reins sur notre tête[a]!

« Non. Ces saletés-là datent de nos papas!
Oh! Le Peuple n'est plus une putain. Trois pas
Et, tous, nous avons mis ta Bastille en poussière.
Cette bête suait du sang à chaque pierre
Et c'était dégoûtant, la Bastille debout
Avec ses murs lépreux qui nous racontaient tout[b]
Et, toujours, nous tenaient enfermés dans leur ombre!
— Citoyen! citoyen! c'était le passé sombre
Qui croulait, qui râlait, quand nous prîmes la tour!
Nous avions quelque chose au cœur comme l'amour.
Nous avions embrassé nos fils sur nos poitrines.
Et, comme des chevaux, en soufflant des narines
Nous allions, fiers et forts[c], et ça nous battait là...
Nous marchions au soleil[d], front haut, — comme cela, —
Dans Paris! On venait[e] devant[f] nos vestes sales[9].
Enfin! Nous nous sentions Hommes! Nous étions
Sire, nous étions soûls de terribles espoirs :   [pâles,
Et quand nous fûmes là, devant les donjons noirs,
Agitant nos clairons et nos feuilles de chêne[10],
Les piques à la main; nous n'eûmes pas de haine,
—Nous nous sentions si forts, nous voulions être doux!

.   .   .   .

.   .   .   .

« Et depuis ce jour-là, nous sommes comme fous!
Le tas[g] des ouvriers a monté dans la rue,

---

a. *Ces quatre vers au conditionnel :* dirions — dorerions — soûlerais —
ferais — riraient
    b. qui nous rappelaient tout
    c. Nous marchions, nous chantions,
    d. Nous allions au soleil,
    e. On *surcharge le début de* accour[ant] *(ms. Dèmeny).*
    f. Dans Paris accourant devant
    g. Le flot

Et ces maudits s'en vont, foule toujours accrue
De sombres revenants [a], aux portes des richards.
Moi, je cours avec eux assommer les mouchards [11] :
Et je vais dans Paris, noir, marteau sur l'épaule [b],
Farouche, à chaque coin balayant quelque drôle,
Et, si tu me riais au nez, je te tuerais !
— Puis, tu peux [c] y compter, tu te feras des frais
Avec tes hommes noirs [d], qui prennent nos requêtes
Pour se les renvoyer comme sur des raquettes
Et, tout bas, les malins ! se disent : « Qu'ils sont sots [e][12] ! »
Pour mitonner des lois, coller [f] de petits pots
Pleins de jolis décrets roses et de droguailles [g],
S'amuser à couper proprement quelques tailles,
Puis se boucher le nez quand nous marchons [h] près d'eux,
— Nos doux représentants [i] qui nous trouvent cras-
                                              [seux ! —
Pour ne rien redouter, rien, que les baïonnettes [j]...,
C'est très bien. Foin de leur tabatière à sornettes [k] !
Nous en avons assez, là, de ces cerveaux plats [l]
Et de ces ventres-dieux [m]. Ah ! ce sont là les plats
Que tu nous sers, bourgeois, quand nous sommes
                                              [féroces,
Quand nous brisons [n] déjà les sceptres et les crosses !... »
. . . .

Il le prend par le bras [o], arrache le velours

---

a. Comme des revenants,
b. Et je vais dans Paris, le marteau sur l'épaule,
c. tu dois
d. Avec tes avocats
e. nous traitent de gros sots !
f. ranger
g. Pleins de menus décrets, de méchantes droguailles,
h. passons
i. Ces chers avocassiers
j. Pour débiter là-bas des milliers de sornettes
k. Et ne rien redouter sinon les baïonnettes,
l. assez, de tous ces cerveaux plats !
m. Ils embêtent le Peuple !
n. cassons
o. Puis il le prend au bras,

Des rideaux, et lui montre en bas les larges cours
Où fourmille, où fourmille, où se lève la foule,
La foule épouvantable avec des bruits de houle,
Hurlant comme une chienne, hurlant comme une
[mer,
Avec ses bâtons forts et ses ᵃ piques de fer,
Ses tambours ᵇ, ses grands cris de halles et de bouges,
Tas sombre de haillons saignant ᶜ de bonnets rouges :
L'Homme, par la fenêtre ouverte, montre tout
Au roi pâle et suant ᵈ qui chancelle debout ¹³,
Malade à regarder cela !

                « C'est la Crapule ¹⁴,
Sire. Ça bave aux murs, ça monte ᵉ, ça pullule :
— Puisqu'ils ne mangent pas, Sire, ce sont des ᶠ gueux !
Je suis un forgeron : ma femme est avec eux,
Folle ! Elle croit ᵍ trouver du pain aux Tuileries !
— On ne veut pas de nous dans les boulangeries.
J'ai trois petits. Je suis crapule. — Je connais
Des vieilles qui s'en vont pleurant sous leurs bonnets
Parce qu'on leur a pris leur garçon ou leur fille :
C'est la crapule. — Un homme était à la bastille,
Un autre était forçat : et tous deux, citoyens ʰ
Honnêtes. Libérés, ils sont comme des chiens :
On les insulte ! Alors, ils ont là quelque chose
Qui leur fait mal, allez ! C'est terrible, et c'est cause
Que se sentant brisés, que, se sentant damnés,
Ils sont là, maintenant, hurlant sous votre nez ⁱ !
Crapule. — Là-dedans sont des filles, infâmes
Parce que, — vous saviez que c'est faible, les femmes, —
Messeigneurs de la cour, — que ça veut toujours bien, —

---

a. des, (*au lieu de* ses), *les deux fois*
b. Ses clameurs,
c. taché
d. pâle, suant
e. roule
f. les
g. Folle ! elle vient chercher
h. D'autres étaient forçats ; c'étaient des citoyens
i. Ils viennent maintenant hurler sous votre nez !...

Vous [leur] avez craché sur l'âme [a], comme rien!
Vos belles, aujourd'hui, sont là. C'est la crapule.

. . . .

« Oh! tous les Malheureux, tous ceux dont le dos brûle
Sous le soleil féroce, et qui vont, et qui vont,
Qui [b] dans ce travail-là sentent crever leur front,
Chapeau bas, mes bourgeois! Oh! ceux-là, sont les
                                                    [Hommes!
Nous sommes Ouvriers, Sire! Ouvriers! Nous sommes
Pour les grands temps nouveaux où l'on voudra savoir,
Où l'Homme forgera du matin jusqu'au soir,
Chasseur des grands effets, chasseur des grandes causes [c],
Où, lentement vainqueur, il domptera les choses [d]
Et montera sur Tout [e], comme sur un cheval [15]!
Oh! splendides lueurs des forges! Plus de mal [f] [16],
Plus! — Ce qu'on ne sait pas, c'est peut-être terrible [g] :
Nous saurons! — Nos marteaux en main, passons au
                                                    [crible [h]
Tout ce que nous savons : puis, Frères, en avant!
Nous faisons quelquefois ce grand rêve émouvant
De vivre simplement, ardemment, sans rien dire
De mauvais, travaillant sous l'auguste sourire
D'une femme qu'on aime avec un noble amour [17] :
Et l'on travaillerait fièrement tout le jour [i],
Écoutant le devoir comme un clairon qui sonne [18] :
Et l'on se sentirait très [j] heureux; et personne,
Oh! personne, surtout, ne vous ferait ployer [k] [19]!

---

  a. Vous leur avez sali leur âme
  b. Et
  c. Où, lentement vainqueur, il soumettra les choses,
  d. Poursuivant les grands buts, cherchant les grandes causes,
  e. *ms. Demeny :* surtout *corrigé en* sur Tout
  f. Oh! nous sommes contents, nous aurons bien du mal!
  g. Tout ce qu'on ne sait pas, c'est peut-être terrible.
  h. Nous prendrons nos marteaux, nous passerons au crible
  i. *ms. Demeny : entre ce vers et le suivant, le début biffé du vers :* Et l'on se
sentirait
  j. se trouverait fort
  k. ne vous ferait plier!...

On aurait un fusil au-dessus du foyer....

. . . .

« Oh! mais l'air est tout plein d'une odeur de bataille [a].
Que te disais-je donc? Je suis de la canaille!
Il reste des mouchards et des accapareurs.
Nous sommes libres, nous! Nous avons des terreurs
Où nous nous sentons grands, oh! si grands! Tout à
Je parlais de devoir calme, d'une demeure....   [l'heure
Regarde donc le ciel! — C'est trop petit pour nous,
Nous crèverions de chaud, nous serions à genoux [20]!
Regarde donc le ciel! — Je rentre dans la foule,
Dans la grande canaille effroyable, qui roule,
Sire, tes vieux canons sur les sales pavés :
— Oh! quand nous serons morts, nous les aurons lavés!
— Et si, devant nos cris, devant notre vengeance,
Les pattes des vieux rois mordorés, sur [b] la France
Poussent [c] leurs régiments en habits de gala [21],
Eh bien, n'est-ce pas, vous tous? Merde à ces chiens-là!»

. . . .

— Il reprit son marteau sur l'épaule.
                                    La foule
Près de cet homme-là se sentait l'âme soûle,
Et, dans la grande cour, dans les appartements,
Où Paris haletait avec des hurlements,
Un frisson secoua l'immense populace.
Alors, de sa main large et superbe de crasse,
Bien que le roi ventru suât, le Forgeron,
Terrible, lui jeta le bonnet rouge au front [22]!

_____

a. *Le ms. Izambard ne possède pas cette dernière partie.*
b. sur *surcharge* vers *(ms. Demeny)*.
c. Poussaient *corrigé en* Poussent *(ms. Demeny)*

« ... Français de soixante-dix, bonapartistes,
républicains, souvenez-vous de vos pères en 92, etc... »
. . . .
PAUL DE CASSAGNAC,
- *Le Pays.* -

MORTS de Quatre-vingt-douze et de Quatre-vingt-
Qui, pâles du baiser fort de la liberté[2],   [treize[1],
Calmes, sous vos sabots[3], brisiez le joug qui pèse
Sur l'âme et sur le front de toute humanité;

Hommes extasiés et grands dans la tourmente,
Vous dont les cœurs sautaient d'amour sous les haillons,
O Soldats que la Mort a semés, noble Amante,
Pour les régénérer, dans tous les vieux sillons[4];

Vous dont le sang lavait toute grandeur salie,
Morts de Valmy, Morts de Fleurus, Morts d'Italie[5],
O million de Christs aux yeux sombres et doux[6];

Nous vous laissions dormir avec la République,
Nous, courbés sous les rois comme sous une trique[7].
— Messieurs de Cassagnac nous reparlent de vous[8]!

Fait à Mazas, 3 septembre 1870.

Texte du recueil Demeny (fac-similés Messein).
Pas d'autre ms. connu.

A LA MUSIQUE [1]

Place de la Gare, à Charleville [a].

Sur la place taillée en mesquines pelouses,
Square où tout est correct, les arbres et les fleurs,
Tous les bourgeois poussifs qu'étranglent les chaleurs
Portent, les jeudis soirs, leurs bêtises jalouses.

— L'orchestre militaire [b], au milieu du jardin,
Balance ses schakos dans la Valse des fifres :
— Autour, aux premiers rangs, parade le gandin [c];
Le notaire pend à ses breloques à chiffres [d] [2].

Des [e] rentiers à lorgnons soulignent tous les couacs :
Les gros bureaux [3] bouffis traînent leurs grosses dames
Auprès desquelles vont, officieux cornacs [4],
Celles dont les volants ont des airs de réclames;

Sur les bancs verts, des clubs d'épiciers retraités
Qui tisonnent le sable avec leur canne à pomme [f],
Fort sérieusement discutent les [g] traités [5],
Puis prisent en argent [6], et reprennent: «En somme [h]!.. »

Texte du recueil Demeny (fac-similés Messein).
Variantes du ms. Izambard :

a. Place de la Gare, tous les jeudis soirs, à Charleville.
b. Un orchestre guerrier,
c. On voit aux premiers rangs parader le gandin,
d. Les notaires montrer leurs breloques à chiffres;
e. Les
f. Chacun rayant le sable avec sa canne à pomme,
g. des
h. Et prisent en argent mieux que monsieur Prudhomme.

Épatant sur son banc[a] les rondeurs de ses reins,
Un bourgeois à boutons clairs, bedaine flamande[b],
Savoure son onnaing d'où le tabac par brins[c]
Déborde — vous savez, c'est de la contrebande[d7]; —

Le long des gazons verts ricanent les voyous[e];
Et, rendus amoureux par le chant des trombones,
Très naïfs, et fumant des roses, les pioupious
Caressent les bébés pour enjôler les bonnes..

— Moi, je suis, débraillé comme un étudiant,
Sous les marronniers verts [f] les alertes fillettes :
Elles le savent bien; et tournent en riant,
Vers moi, leurs yeux tout pleins [g] de choses indiscrètes.

Je ne dis pas un mot : je regarde toujours
La chair de leurs cous blancs brodés de mèches folles :
Je suis, sous le corsage et les frêles atours,
Le dos divin après la courbe des épaules [h].

J'ai bientôt déniché la bottine, le bas...
— Je reconstruis les corps, brûlé de belles fièvres.
Elles me trouvent drôle et se parlent tout bas...
— Et mes désirs brutaux s'accrochent à leurs lèvres [8]...

---

a. Étalant sur son banc
b. Un bourgeois bienheureux, à bedaine flamande,
c. Savoure, s'abîmant en des rêves divins,
d. La musique française et la pipe allemande!
e. Au bord des gazons frais ricanent des voyous;
f. Sous les verts marronniers
g. Vers moi, leurs grands yeux pleins
h. les rondeurs des épaules.

VÉNUS ANADYOMÈNE[1]

Comme d'un cercueil vert en fer blanc, une tête
De femme à cheveux bruns fortement pommadés
D'une vieille baignoire émerge, lente et bête,
Avec des déficits[a] assez mal ravaudés;

Puis le col gras et gris, les larges omoplates
Qui saillent; le dos court qui rentre et qui ressort;
Puis les rondeurs des reins semblent prendre l'essor[b];
La graisse sous la peau paraît en feuilles plates[c];

L'échine est un peu rouge, et le tout sent un goût
Horrible étrangement; on remarque surtout
Des singularités qu'il faut voir à la loupe.....

Les reins portent deux mots gravés : Clara Venus[2];
— Et tout ce corps remue et tend sa large croupe
Belle hideusement d'un ulcère à l'anus[3].

27 juillet 1870[d].

Texte du recueil Demeny (fac-similés Messein).
Variantes du ms. Izambard :

a. Montrant des déficits
b. — La graisse sous la peau paraît en feuilles plates
c. Et les rondeurs des reins semblent prendre l'essor...
d. *Ne figure que dans le ms. Izambard.*

PREMIÈRE SOIRÉE [1]

— Elle était fort déshabillée
Et de grands arbres indiscrets
Aux vitres jetaient [a] leur feuillée
Malinement [b] [2], tout près, tout près.

Assise sur ma grande chaise,
Mi-nue, elle joignait les mains.
Sur le plancher frissonnaient d'aise
Ses petits pieds si fins, si fins.

— Je regardai, couleur de cire
Un petit rayon buissonnier
Papillonner dans son sourire [c]
Et sur son sein [d], — mouche au rosier.

— Je baisai ses fines chevilles.
Elle eut un doux rire brutal [e] [3]
Qui s'égrenait en claires trilles,
Un joli rire de cristal [f].

Texte du recueil Demeny (fac-similés Messein).

Variantes du ms. Izambard (I.). Variantes de La Charge, 13 août 1870
(C.).

Titre : Comédie en trois baisers *(I.).* Trois baisers *(C.).*

a. penchaient *(I. C.)*
b. Malignement *(C.)*
c. Papillonner, comme un sourire *(I. C.)*
d. Sur son beau sein *(I.)* A son sein blanc *(C.)*
e. un long rire très mal *(I.)*
f. Une risure de cristal *(I.)*

Les petits pieds sous la chemise
Se sauvèrent : « Veux-tu finir ! »
— La première audace permise,
Le rire feignait de punir [a] !

— Pauvrets palpitants sous ma lèvre,
Je baisai doucement ses yeux :
— Elle jeta sa tête mièvre
En arrière : « Oh [b] ! c'est encor mieux !...

Monsieur, j'ai deux mots à te dire... »
— Je lui jetai le reste au sein
Dans un baiser, qui la fit rire [c]
D'un [d] bon rire qui voulait bien.....

— Elle était fort déshabillée
Et de grands arbres indiscrets [e]
Aux vitres jetaient [f] leur feuillée
Malinement [g], tout près, tout près.

---

a. Elle feignait de me punir ! *(C.)*
b. O ! *(I.)* — Ah ! *(C.)*
c. Dans un baiser. — Elle eut un rire, *(C.)*
d. Un *(C.)*
e. Ce soir... — les arbres indiscrets *(I.)*
f. penchaient *(I. C.)*
g. Malignement *(C.)*

LES REPARTIES DE NINA [1]

. . . .

Lui   — TA poitrine sur ma poitrine,
        Hein ? nous irions,
Ayant de l'air plein la narine,
        Aux frais rayons

Du bon matin bleu, qui vous baigne
        Du vin de jour ?...
Quand tout le bois frissonnant saigne
        Muet d'amour

De chaque branche, gouttes vertes,
        Des bourgeons clairs,
On sent dans les choses ouvertes
        Frémir des chairs :

Tu plongerais dans la luzerne
        Ton blanc peignoir [a],
Rosant à l'air ce bleu qui cerne [b]
        Ton grand œil noir,

Amoureuse de la campagne,
        Semant partout,

Texte du recueil Demeny (fac-similés Messein).
Variantes du ms. Izambard. Titre : Ce qui retient Nina.

a. Ton long peignoir,
b. Divine avec ce bleu qui cerne

Comme une mousse de champagne,
   Ton rire fou :

Riant à moi, brutal d'ivresse,
   Qui te prendrais
Comme cela, — la belle tresse,
   Oh ! — qui boirais

Ton goût de framboise et de fraise,
   O chair de fleur !
Riant au vent vif qui te baise
   Comme un voleur,

Au rose églantier qui t'embête
   Aimablement :
Riant surtout, ô folle tête,
   A ton amant [a] !....

. . . .

Dix-sept ans ! Tu seras heureuse !
   Oh ! les grands prés,
La grande campagne amoureuse !
   — Dis, viens plus près [b] !...

— Ta poitrine sur ma poitrine,
   Mêlant nos voix,
Lents, nous gagnerions la ravine,
   Puis les grands bois !...

Puis, comme une petite morte,
   Le cœur pâmé,
Tu me dirais que je te porte,
   L'œil mi-fermé..

---

a. Comme moi? petite tête,
   C'est bien méchant !
(Le vers faux est-il dû à une inadvertance de Rimbaud?)
   b. *Ce quatrain ne figure que sur le ms. Izambard.*

Je te porterais, palpitante,
            Dans le sentier :
L'oiseau filerait son andante :
            Au Noisetier [a] [2]...

Je te parlerais dans ta bouche;
            J'irais, pressant
Ton corps, comme une enfant qu'on couche,
            Ivre du sang

Qui coule, bleu, sous ta peau blanche
            Aux tons rosés :
Et te parlant [b] la langue franche....
            Tiens !... — que tu sais...

Nos grands bois sentiraient la sève,
            Et le soleil
Sablerait d'or fin leur grand rêve
            Vert et vermeil [c].

.   .   .   .

Le soir?... Nous reprendrons la route
            Blanche qui court
Flânant, comme un troupeau qui broute,
            Tout à l'entour

Les bons vergers à l'herbe bleue [3],
            Aux pommiers tors !
Comme on les sent toute une lieue
            Leurs parfums forts [d] !

Nous regagnerons le village
            Au ciel mi-noir [e];

----

a. L'oiseau filerait son andante,
            Joli portier...
b. Te parlant bas,
c. Sombre et vermeil.
d. *Ce quatrain ne figure pas dans le ms. Izambard.*
e. Au demi-noir,

Et ça sentira [a] le laitage
        Dans l'air du soir;

Ça sentira [b] l'étable, pleine
        De fumiers chauds,
Pleine d'un lent rhythme [c] d'haleine,
        Et de grands dos

Blanchissant sous quelque lumière;
        Et, tout là-bas,
Une vache fientera [d], fière,
        A chaque pas...

— Les lunettes de la grand'mère
        Et son nez long
Dans son missel; le pot de bière
        Cerclé de plomb,

Moussant entre les larges pipes [e]
        Qui, crânement,
Fument : les effroyables lippes [f]
        Qui, tout fumant,

Happent le jambon aux fourchettes
        Tant, tant et plus :
Le feu qui claire les couchettes
        Et les bahuts [4].

Les fesses luisantes et grasses
        D'un gros enfant
Qui fourre, à genoux, dans les [g] tasses,
        Son museau blanc

---

a. sentirait
b. sentirait
c. rhythme lent
d. fienterait
e. trois larges pipes
f. Fument; dix, quinze immenses lippes
g. des

Frôlé par un mufle qui gronde
   D'un ton gentil,
Et pourlèche la face ronde
   Du cher [a] petit.....

. . . .

Noire, rogue au bord de sa chaise,
   Affreux profil,
Une vieille devant la braise
   Qui fait du fil [b] [5];

Que de choses verrons-nous [c], chère,
   Dans ces taudis,
Quand la flamme illumine, claire,
   Les carreaux gris !...

— Puis, petite et toute nichée [d]
   Dans les lilas
Noirs et frais : la vitre cachée [e],
   Qui rit là-bas....

Tu viendras, tu viendras, je t'aime !
   Ce sera beau.
Tu viendras, n'est-ce pas, et même...

Elle —   Et mon bureau [f] [6] ?

                              15 août 1870 [g].

---

a. *fort*
b. *Cette strophe n'est donnée que par le ms. Izambard. Rimbaud n'a-t-il pu se la rappeler quand il a recopié la pièce pour Demeny? C'est ce que croit Bouillane de Lacoste. Mais on peut penser qu'il a préféré supprimer cette strophe qui contraste avec le ton des autres.*
c. *choses nous verrions,*
d. *Et puis, fraîche et toute nichée*
e. *La maison, la vitre cachée,*
f. ELLE. — *Mais le bureau?*
g. *La date ne figure que dans le ms. Izambard.*

LES EFFARÉS [1]

Noirs dans la neige et dans la brume,
Au grand soupirail qui s'allume,
    Leurs culs en rond,

A genoux, cinq petits [a] [2], — misère ! —
Regardent le boulanger faire
    Le lourd pain blond...

Ils voient le fort bras blanc qui tourne
La pâte grise, et qui l'enfourne
    Dans un trou clair.

Ils écoutent le bon pain cuire.
Le boulanger au gras [b] sourire
    Chante [c] un vieil air.

Ils sont blottis, pas un ne bouge,
Au souffle du soupirail rouge,
    Chaud comme un sein [3].

Et quand pendant que minuit sonne [d] [4],

Texte du recueil Demeny (fac-similés Messein).

Variantes du ms. dédicacé A Monsieur Jean Aicard, publié dans La Grive, juillet 1963, et reproduit en fac-similé dans le catalogue de la vente Matarasso, Paris, Hôtel Drouot, 3 mai 1972 (A), de la copie de Verlaine (Bibl. Nationale, ancienne coll. Barthou) (V) et de la version imprimée dans Lutèce (19 octobre 1883) (L.) :

a. les petits *(L.)*
b. gros *(L.)*
c. Grogne *(V.)*
d. Quand pour quelque médianoche, *(A. V.)*

Façonné, pétillant et jaune [a],
    On sort le pain;

Quand, sous les poutres enfumées,
Chantent les croûtes parfumées,
    Et les grillons [5];

Quand [b] ce trou chaud souffle la vie;
Ils ont leur âme si ravie
    Sous leurs haillons,

Ils se ressentent si bien vivre,
Les pauvres petits [c] pleins de givre,
    — Qu'ils sont là, tous [6],

Collant leurs petits museaux roses
Au grillage [d], chantant [e] des choses
    Entre les trous,

Mais bien bas, — comme une prière [f]....
Repliés vers cette lumière [g]
    Du ciel rouvert [7],

— Si fort, qu'ils crèvent leur culotte [8],
— Et que leur lange blanc [h] tremblote
    Au vent d'hiver [9].....

                20 sept. 70 [i].

---

a. Plein de dorures de brioche *(A.)* — Façonné comme une brioche *(V.)*

b. Que *(A. V.)*; Que *corrigé en* Quand *dans l'autographe Demeny.*

c. Jésus *(V.)*

d. treillage *(A. V.)*

e. et disant *(A.)* — grognant *(V.)*

f. Des chuchotements de prière *(A.)* — Tout bêtes, faisant leurs prières *(V.)*

g. Et repliés vers ces lumières *(V.)*; cette *surcharge* la *dans l'autographe Demeny.*

h. leur chemise *(V.)*

i. *Cette date ne figure que dans l'autographe du recueil Demeny.*

ROMAN[1]

I

O<small>N</small> n'est pas sérieux, quand on a dix-sept ans[2].
— Un beau soir, foin des bocks et de la limonade,
Des cafés tapageurs aux lustres éclatants!
— On va sous les tilleuls verts de la promenade.

Les tilleuls sentent bon dans les bons soirs de juin!
L'air est parfois si doux, qu'on ferme la paupière;
Le vent chargé de bruits, — la ville n'est pas loin, —
A des parfums de vigne et des parfums de bière[3]....

II

— Voilà qu'on aperçoit un tout petit chiffon
D'azur sombre, encadré d'une petite branche,
Piqué d'une mauvaise étoile[4], qui se fond
Avec de doux frissons, petite et toute blanche...

Nuit de juin! Dix-sept ans! — On se laisse griser.
La sève est du champagne et vous monte à la tête...
On divague; on se sent aux lèvres un baiser[5]
Qui palpite là, comme une petite bête....

Texte du recueil Demeny (fac-similés Messein).
Pas d'autre ms. connu.

III

Le cœur fou Robinsonne à travers les romans[6],
— Lorsque, dans la clarté d'un pâle réverbère[7],
Passe une demoiselle aux petits airs charmants,
Sous l'ombre du faux-col effrayant de son père[8]...

Et, comme elle vous trouve immensément naïf,
Tout en faisant trotter ses petites bottines,
Elle se tourne, alerte et d'un mouvement vif...
— Sur vos lèvres alors meurent les cavatines[9]....

IV

Vous êtes amoureux. Loué jusqu'au mois d'août.
Vous êtes amoureux. — Vos sonnets La [10] font rire.
Tous vos amis s'en vont, vous êtes mauvais goût.
— Puis l'adorée, un soir, a daigné vous écrire...!

— Ce soir-là,... — vous rentrez aux cafés éclatants,
Vous demandez des bocks [a] ou [b] de la limonade...
— On n'est pas sérieux, quand on a dix-sept ans
Et qu'on a des tilleuls verts sur la promenade.

29 [c] septembre 70.

---

a. bon[s] *corrigé en* bocks
b. ou *surcharge* et
c. 29 *plutôt que* 23, *mais le ms. n'est pas clair.*

LE MAL[1]

Tandis que les crachats rouges de la mitraille
Sifflent tout le jour par l'infini du ciel bleu;
Qu'écarlates ou verts, près du Roi [a] qui les raille [2],
Croulent les bataillons en masse dans le feu;

Tandis qu'une folie épouvantable, broie
Et fait de cent milliers d'hommes un tas fumant;
— Pauvres morts! dans l'été, dans l'herbe, dans ta joie,
Nature! ô toi qui fis ces hommes saintement!... —

— Il est un Dieu, qui rit aux nappes damassées
Des autels, à l'encens, aux grands calices d'or;
Qui dans le bercement des hosannah s'endort[3],

Et se réveille, quand des mères, ramassées
Dans l'angoisse, et pleurant sous leur vieux bonnet noir,
Lui donnent un gros sou lié dans leur mouchoir!

Texte du recueil Demeny (fac-similés Messein).
a. Roi *surcharge* chef *(ms. Demeny).*

RAGES DE CÉSARS[1]

L'HOMME pâle, le long des pelouses fleuries[2],
Chemine, en habit noir[3], et le cigare aux dents :
L'Homme pâle repense aux fleurs des Tuileries[4]
— Et parfois son œil terne a des regards ardents[5]...

Car l'Empereur est soûl de ses vingt ans d'orgie!
Il s'était dit : « Je vais souffler la Liberté
Bien délicatement, ainsi qu'une bougie! »
La liberté revit! Il se sent éreinté[6]!

Il est pris. — Oh! quel nom sur ses lèvres muettes
Tressaille? Quel regret implacable le mord?
On ne le saura pas. L'Empereur a l'œil mort.

Il repense peut-être au Compère en lunettes[7]...
— Et regarde filer de son cigare en feu,
Comme aux soirs de Saint-Cloud[8], un fin nuage bleu.

Texte du recueil Demeny (fac-similés Messein).
Pas d'autre ms. connu.

A×××Elle.

RÊVÉ POUR L'HIVER [a][1]

L'HIVER, nous irons dans un petit wagon rose
      Avec des coussins bleus.
Nous serons bien. Un nid de baisers fous repose
      Dans chaque coin moelleux.

Tu fermeras l'œil, pour ne point voir, par la glace,
      Grimacer les ombres des soirs,
Ces monstruosités hargneuses, populace[2]
      De démons noirs et de loups noirs.

Puis tu te sentiras la joue égratignée...
Un petit baiser, comme une folle araignée,
      Te courra par le cou...

Et tu me diras : « Cherche! » en inclinant la tête,
— Et nous prendrons du temps à trouver cette bête
      — Qui voyage beaucoup...

En Wagon, le 7 octobre 70.

Texte du recueil Demeny (fac-similés Messein).
Pas d'autre ms. connu.

a. Pour *est écrit avec majuscule, ce qui semble indiquer que Rimbaud avait
d'abord écrit* Pour l'hiver, *puis corrigé en* Rêvé Pour l'hiver.

LE DORMEUR DU VAL[1]

C'EST un trou de verdure où chante une rivière
Accrochant follement aux herbes des haillons[2]
D'argent; où le soleil, de la montagne fière,
Luit : c'est un petit val qui mousse de rayons[3].

Un soldat jeune, bouche[a] ouverte, tête nue,
Et la nuque baignant dans le frais cresson bleu[4],
Dort; il est étendu dans l'herbe, sous la nue,
Pâle dans son lit vert où la lumière pleut[5].

Les pieds dans les glaïeuls[6], il dort. Souriant comme
Sourirait un enfant malade, il fait un somme :
Nature, berce-le chaudement : il a froid[7].

Les parfums ne font pas frissonner sa narine;
Il dort dans le soleil, la main sur sa poitrine
Tranquille[8]. Il a deux trous rouges au côté droit[9].

Octobre 1870.

Texte du recueil Demeny (fac-similés Messein).
Pas d'autre ms. connu.

a. bouche *remplace* lèvre, *biffé.*

AU CABARET-VERT, cinq heures du soir[1].

Depuis huit jours, j'avais déchiré mes bottines [2]
Aux cailloux des chemins. J'entrais à Charleroi.
— Au Cabaret-Vert : je demandai des tartines
De beurre et du jambon qui fût à moitié froid.

Bienheureux, j'allongeai les jambes sous la table
Verte : je contemplai les sujets très naïfs
De la tapisserie. — Et ce fut adorable,
Quand la fille aux tétons énormes, aux yeux vifs,

— Celle-là, ce n'est pas un baiser qui l'épeure[3]! —
Rieuse, m'apporta des tartines de beurre,
Du jambon tiède, dans un plat colorié,

Du jambon rose et blanc parfumé d'une gousse
D'ail, — et m'emplit la chope immense, avec sa mousse
Que dorait un rayon [a] de soleil arriéré [4].

Octobre 70.

Texte du recueil Demeny (fac-similés Messein).
Pas d'autre ms. connu.

a. *les trois premières lettres de* rayon *surchargent les quatre premières de*
sole[il]

LA MALINE[1]

Dans la salle à manger brune, que parfumait
Une odeur de vernis et de fruits, à mon aise
Je ramassais un plat de je ne sais quel mets
Belge, et je m'épatais [2] dans mon immense chaise.

En mangeant, j'écoutais l'horloge, — heureux et coi.
La cuisine s'ouvrit avec une bouffée,
— Et [a] la servante vint, je ne sais pas pourquoi,
Fichu moitié défait, malinement coiffée

Et [b], tout en promenant son petit doigt tremblant
Sur sa joue, un velours de pêche rose et blanc,
En faisant, de sa lèvre enfantine, une moue,

Elle arrangeait les plats, près de moi, pour m'aiser [3];
— Puis, comme ça, — bien sûr, pour avoir un baiser, —
Tout bas : « Sens donc, j'ai pris une froid sur la joue... »

Charleroi, octobre 70.

Texte du recueil Demeny (fac-similés Messein).
Pas d'autre ms. connu.

a. Chaude, *biffé avant le tiret, en tête du vers*
b. Et *surcharge* Puis

L'ÉCLATANTE VICTOIRE DE SARREBRUCK [1],

REMPORTÉE AUX CRIS DE VIVE L'EMPEREUR!
GRAVURE BELGE
BRILLAMMENT COLORIÉE,
SE VEND A CHARLEROI, 35 CENTIMES

Au milieu, l'Empereur, dans une apothéose
Bleue et jaune, s'en va, raide, sur son dada
Flamboyant; très heureux, — car il voit tout en rose,
Féroce comme [a] Zeus et doux comme un papa;

En bas, les bons Pioupious qui faisaient la sieste
Près des tambours dorés et des rouges canons,
Se lèvent gentiment. Pitou[2] remet sa veste,
Et, tourné vers le Chef, s'étourdit de grands noms!

A droite, Dumanet[3], appuyé sur la crosse
De son chassepot[4], sent frémir sa nuque en brosse,
Et : « Vive l'Empereur!!! » — Son voisin reste coi...

Un schako surgit, comme un soleil noir[5]... — Au centre,
Boquillon rouge et bleu[6], très naïf, sur son ventre
Se dresse, et, — présentant ses derrières — : « De
[quoi[7]?.. »

Octobre 70.

Texte du recueil Demeny (fac-similés Messein).
Pas d'autre ms. connu.
a. *le* c *de* comme *surcharge un* et

LE BUFFET[1]

C'EST un large buffet sculpté; le chêne sombre,
Très vieux, a pris cet air si bon des vieilles gens;
Le buffet est ouvert, et verse dans son ombre
Comme un flot de vin vieux, des parfums engageants[2];

Tout plein, c'est un fouillis de vieilles vieilleries[3],
De linges odorants et jaunes, de chiffons
De femmes ou d'enfants, de dentelles flétries,
De fichus de grand-mère[a] où sont peints des griffons;

— C'est là qu'on trouverait les médaillons, les mèches
De cheveux blancs ou blonds, les portraits, les fleurs
Dont le parfum se mêle à des parfums de fruits.   [sèches

— O buffet du vieux temps, tu sais bien des histoires,
Et tu voudrais conter tes contes, et tu bruis
Quand s'ouvrent lentement tes grandes portes noires[4].

Octobre 70.

Texte du recueil Demeny (fac-similés Messein).
Pas d'autre ms. connu.
a. grands *corrigé en* grand

MA BOHÈME[a]
(Fantaisie)[1]

Je m'en allais, les poings dans mes poches crevées[2];
Mon paletot aussi devenait idéal[3];
J'allais sous le ciel, Muse! et j'étais ton féal[4];
Oh! là là! que d'amours splendides j'ai rêvées!

Mon unique culotte avait un large trou.
— Petit-Poucet rêveur, j'égrenais dans ma course
Des rimes. Mon auberge était à la Grande-Ourse[5].
— Mes étoiles au ciel avaient un doux frou-frou[6]

Et je les écoutais, assis au bord des routes,
Ces bons soirs de septembre où je sentais des gouttes
De rosée à mon front, comme un vin de vigueur[7];

Où, rimant au milieu des ombres fantastiques,
Comme des lyres, je tirais les élastiques
De mes souliers blessés, un pied près de mon cœur[b8]!

Texte du recueil Demeny *(fac-similés Messein).*
Quelques variantes de ponctuation et une date (octobre 1870) *dans le texte de la* Revue Indépendante, *janv.-fév. 1889.*

a. *Le ms. porte* Bohême, *avec un accent circonflexe que d'aucuns ne veulent pas corriger.*

b. *Tout près du cœur corrigé en* près de mon cœur (tout *biffé;* du *corrigé en* de; mon *ajouté*).

LES CORBEAUX[1]

Seigneur, quand froide est la prairie,
Quand dans les hameaux abattus[2],
Les longs angelus se sont tus...
Sur la nature défleurie
Faites s'abattre des grands cieux
Les chers corbeaux délicieux[3].

Armée étrange aux cris sévères,
Les vents froids attaquent vos nids!
Vous, le long des fleuves jaunis,
Sur les routes aux vieux calvaires,
Sur les fossés et sur les trous
Dispersez-vous, ralliez-vous!

Par milliers, sur les champs de France,
Où dorment des morts d'avant-hier[4],
Tournoyez, n'est-ce pas, l'hiver,
Pour que chaque passant repense[5]!
Sois donc le crieur du devoir,
O notre funèbre oiseau noir!

Mais, saints du ciel, en haut du chêne,
Mât perdu dans le soir charmé,
Laissez les fauvettes de mai[6]
Pour ceux qu'au fond du bois enchaîne,
Dans l'herbe d'où l'on ne peut fuir,
La défaite sans avenir.

Texte de La Renaissance littéraire et artistique, *14 septembre 1872.*
Pas de ms. connu.

LES ASSIS[1]

Noirs de loupes, grêlés, les yeux cerclés de bagues
Vertes[2], leurs doigts boulus[3] crispés à leurs fémurs[4]
Le sinciput plaqué de hargnosités[5] vagues
Comme les floraisons lépreuses des vieux murs;

Ils ont greffé dans des amours épileptiques[6]
Leur fantasque ossature aux grands squelettes noirs
De leurs chaises; leurs pieds aux barreaux rachitiques
S'entrelacent pour les matins et pour les soirs!

Ces vieillards ont toujours fait tresse[7] avec leurs sièges,
Sentant les soleils vifs percaliser[8] leur peau [a],
Ou, les yeux à la vitre où se fanent les neiges,
Tremblant du tremblement douloureux du crapaud [b]

Et les Sièges leur ont des bontés : culottée
De brun, la paille cède aux angles de leurs reins;
L'âme des vieux soleils s'allume emmaillotée
Dans ces tresses d'épis où fermentaient les grains.

Et les Assis, genoux aux dents, verts pianistes
Les dix doigts sous leur siège aux rumeurs de tambour,
S'écoutent clapoter des barcarolles tristes,
Et leurs caboches vont dans des roulis d'amour.

— Oh! ne les faites pas lever! C'est le naufrage....
Ils surgissent, grondant comme des chats giflés,

Texte de la copie de Verlaine (Bibl. Nationale, ancienne coll. Barthou).
Variantes de la première version imprimée, dans Lutèce *(12-19 oc-*
tobre 1883) :
  a. leurs peaux,
  b. des crapauds.

Ouvrant lentement leurs omoplates, ô rage!
Tout leur pantalon bouffe à leurs reins boursouflés.

Et vous les écoutez, cognant leurs têtes chauves   [tors,
Aux murs sombres, plaquant et plaquant leurs pieds
Et leurs boutons d'habit sont des prunelles fauves
Qui vous accrochent l'œil du fond des corridors!

Puis ils ont une main invisible qui tue :
Au retour, leur regard filtre ce venin noir
Qui charge l'œil souffrant de la chienne battue
Et vous suez pris dans un atroce entonnoir[9].

Rassis, les poings noyés [a] dans des manchettes sales
Ils songent à ceux-là qui les ont fait lever
Et, de l'aurore au soir, des grappes d'amygdales
Sous leurs mentons chétifs s'agitent à crever.

Quand l'austère sommeil a baissé leurs visières
Ils rêvent sur leur [b] bras [10] de sièges fécondés [11],
De vrais petits amours de chaises en lisière
Par lesquelles de fiers bureaux seront bordés;

Des fleurs d'encre crachant des pollens en virgule[12]
Les bercent, le long des calices accroupis
Tels qu'au fil des glaïeuls le vol des libellules
— Et leur membre s'agace à des barbes d'épis[13].

a. crispés
b. leurs

TÊTE DE FAUNE [1]

Dans la feuillée, écrin vert taché d'or,
Dans la feuillée incertaine [2] et fleurie
De fleurs splendides où le baiser dort [a][3],
Vif et crevant [b] l'exquise broderie,

Un faune effaré [c] montre ses deux [d] yeux
Et mord les fleurs rouges de [e] ses dents blanches.
Brunie et sanglante ainsi qu'un vin vieux
Sa lèvre éclate en rires sous [f] les branches [4].

Et quand il a fui — tel qu'un [g] écureuil —
Son rire tremble [h] encore à chaque feuille
Et l'on voit [i] épeuré par un bouvreuil
Le Baiser d'or du Bois, qui se recueille [5].

Texte de la copie de Verlaine (Bibl. Nationale, ancienne coll. Barthou).
Variantes de la première version imprimée, dans La Vogue *(7-14 juin 1886) :*
  a. D'énormes fleurs où l'acre baiser dort,
  b. devant
  c. affolé
  d. grands
  e. la fleur rouge avec
  f. par
  g. tel un
  h. perle
  i. croit

LES DOUANIERS[1]

Ceux qui disent : Cré Nom, ceux qui disent macache[2],
Soldats, marins, débris d'Empire, retraités,
Sont nuls, très nuls, devant les Soldats des Traités[3]
Qui tailladent l'azur frontière à grands coups d'hache.

Pipe aux dents, lame en main, profonds, pas embêtés,
Quand l'ombre bave aux bois comme un mufle de
Ils s'en vont, amenant leurs dogues à l'attache,   [vache,
Exercer nuitamment leurs terribles gaîtés !

Ils signalent aux lois modernes les faunesses[4].
Ils empoignent les Fausts et les Diavolos[5].
« Pas de ça, les anciens ! Déposez les ballots ! »

Quand sa sérénité s'approche des jeunesses,
Le Douanier se tient aux appas contrôlés !
Enfer aux Délinquants que sa paume a frôlés[6] !

*Texte de la copie de Verlaine (Bibl. Nationale, ancienne coll. Barthou).
Pas d'autographe connu.*

ORAISON DU SOIR [1]

Je vis assis [2], tel qu'un ange aux mains d'un barbier,
Empoignant une chope à fortes cannelures,
L'hypogastre et le col cambrés, une Gambier [3]
Aux dents, sous l'air gonflé [a] d'impalpables voilures [4].

Tels que les excréments chauds d'un vieux colombier [5],
Mille Rêves en moi font de douces brûlures :
Puis par instants mon cœur triste [b] est comme un aubier
Qu'ensanglante l'or jeune [c] et sombre des coulures.

Puis [d], quand j'ai ravalé mes rêves avec soin,
Je me tourne [e], ayant bu trente ou quarante chopes,
Et me recueille, pour lâcher l'âcre besoin :

Doux comme le Seigneur du cèdre et des hysopes [6],
Je pisse vers les cieux bruns, très haut et très loin,
Avec l'assentiment des grands héliotropes [7].

Texte du manuscrit Léon Valade (Bibl. munic. de Bordeaux).
Variantes de la copie de Verlaine (Bibl. Nationale, ancienne coll. Barthou) :
a. sous les cieux gros
b. mon cœur tendre
c. jaune *dans la première version imprimée, dans* Lutèce, *5-12 oct. 1883 (coquille?)*
d. Et
e. *Ms. autographe :* Je me détourne *(dé biffé).*

CHANT DE GUERRE PARISIEN[1]

LE Printemps est évident, car
Du cœur des Propriétés vertes,
Le vol de Thiers et de Picard
Tient ses splendeurs grandes ouvertes[2]!

———

O Mai! quels délirants culs-nus!
Sèvres, Meudon, Bagneux, Asnières,
Écoutez donc les bienvenus
Semer les choses printanières[3]!

———

Ils ont schako, sabre et tam-tam
Non la vieille boîte à bougies,
Et des yoles qui n'ont jam, jam...
Fendent le lac aux eaux rougies[4]!

———

Plus que jamais nous bambochons
Quand arrivent sur nos tanières[a]
Crouler les jaunes cabochons
Dans des aubes particulières[5]!

Texte de la lettre à Demeny du 15 mai 1871 (ms. de l'ancienne collection Alfred Saffrey; fac-similé Messein, 1954) où Rimbaud a écrit, dans le sens vertical, en marge du poème : Quelles rimes! ô! quelles rimes!
a. *En marge du ms. :* Quand viennent sur nos fourmilières

Thiers et Picard sont des Éros[6],
Des enleveurs d'héliotropes,
Au pétrole ils font des Corots :
Voici hannetonner leurs tropes[7]....

———

Ils sont familiers du Grand Truc[8]!..
Et couché dans les glaïeuls, Favre[9]
Fait son cillement aqueduc[10],
Et ses reniflements à poivre!

———

La Grand'ville a le pavé chaud,
Malgré vos douches de pétrole[11],
Et décidément, il nous faut
Vous secouer dans votre rôle...

———

Et les Ruraux[12] qui se prélassent
Dans de longs accroupissements[13],
Entendront des rameaux qui cassent
Parmi les rouges froissements!

MES PETITES AMOUREUSES[1]

Un hydrolat[2] lacrymal lave
    Les cieux vert-chou[3] :
Sous l'arbre tendronnier[4] qui bave,
    Vos caoutchoucs

—

Blancs de lunes particulières
    Aux pialats ronds[5],
Entrechoquez vos genouillères,
    Mes laiderons!

—

Nous nous aimions à cette époque,
    Bleu laideron[6]!
On mangeait des œufs à la coque
    Et du mouron!

—

Un soir, tu me sacras poète,
    Blond laideron[7] :
Descends ici, que je te fouette
    En mon giron;

—

Texte de la lettre à Demeny du 15 mai 1871 (ms. de l'ancienne collection Alfred Saffrey; fac-similé Messein, 1954), où Rimbaud a écrit, à nouveau, en marge : Quelles rimes, O! quelles rimes!

J'ai dégueulé ta bandoline[8],
     Noir laideron;
Tu couperais ma mandoline
     Au fil du front.

—

Pouah! mes salives desséchées,
     Roux laideron,
Infectent encor les tranchées
     De ton sein rond!

—

O mes petites amoureuses,
     Que je vous hais!
Plaquez de fouffes[9] douloureuses
     Vos tétons laids!

—

Piétinez mes vieilles terrines
     De sentiment;
— Hop donc! soyez-moi ballerines[10]
     Pour un moment!..

—

Vos omoplates se déboîtent,
     O mes amours!
Une étoile à vos reins qui boitent
     Tournez vos tours!

—

Et c'est pourtant pour ces éclanches[11]
     Que j'ai rimé!
Je voudrais vous casser les hanches
     D'avoir aimé!

—

Fade amas d'étoiles ratées,
        Comblez les coins !
— Vous crèverez en Dieu, bâtées[12]
        D'ignobles soins !

—

Sous les lunes particulières
        Aux pialats ronds,
Entrechoquez vos genouillères,
        Mes laiderons !

ACCROUPISSEMENTS[1]

Bien tard, quand il se sent l'estomac écœuré,
Le frère Milotus[2], un œil à la lucarne
D'où le soleil, clair comme un chaudron récuré,
Lui darde une migraine et fait son regard darne[3],
Déplace dans les draps son ventre de curé.

Il se démène sous sa couverture grise
Et descend, ses genoux à son ventre tremblant,
Effaré comme un vieux qui mangerait sa prise,
Car il lui faut, le poing à l'anse d'un pot blanc,
A ses reins largement retrousser sa chemise!

Or, il s'est accroupi, frileux, les doigts de pied
Repliés, grelottant au clair soleil qui plaque
Des jaunes de brioche aux vitres de papier;
Et le nez du bonhomme où s'allume la laque
Renifle aux rayons, tel qu'un charnel polypier[4].

. . . .

Le bonhomme mijote au feu, bras tordus, lippe
Au ventre : il sent glisser ses cuisses dans le feu,
Et ses chausses roussir, et s'éteindre sa pipe;
Quelque chose comme un oiseau remue un peu
A son ventre serein comme un monceau de tripe!

Autour, dort un fouillis de meubles abrutis[5]
Dans des haillons de crasse et sur de sales ventres;
Des escabeaux, crapauds étranges, sont blottis

Texte de la lettre à Demeny du 15 mai 1871 (ms. de l'ancienne collection Alfred Saffrey; fac-similé Messein, 1954); même inscription en marge : Quelles rimes, ô! quelles rimes!

Aux coins noirs : des buffets ont des gueules de chantres
Qu'entrouvre un sommeil plein d'horribles appétits.

L'écœurante chaleur gorge la chambre étroite;
Le cerveau du bonhomme est bourré de chiffons:
Il écoute les poils pousser dans sa peau moite,
Et parfois, en hoquets fort gravement bouffons
S'échappe, secouant son escabeau qui boite...
. . . .

Et le soir, aux rayons de lune, qui lui font
Aux contours du cul des bavures de lumière,
Une ombre avec détails s'accroupit, sur un fond
De neige rose ainsi qu'une rose trémière[6]...
Fantasque, un nez poursuit Vénus au ciel profond.

LES POÈTES DE SEPT ANS[1]

A M. P. Demeny.

Eт la Mère[2], fermant le livre du devoir[3],
S'en allait satisfaite et très fière, sans voir,
Dans les yeux bleus[4] et sous le front plein d'éminences[5],
L'âme de son enfant livrée aux répugnances[6].

Tout le jour il suait d'obéissance; très
Intelligent; pourtant des tics noirs[7], quelques traits,
Semblaient prouver en lui d'âcres hypocrisies.
Dans l'ombre des couloirs aux tentures moisies,
En passant il tirait la langue, les deux poings
A l'aine, et dans ses yeux fermés voyait des points.
Une porte s'ouvrait sur le soir : à la lampe
On le voyait, là-haut, qui râlait sur la rampe,
Sous un golfe de jour[8] pendant du toit. L'été
Surtout, vaincu, stupide, il était entêté
A se renfermer dans la fraîcheur des latrines[9] :
Il pensait là, tranquille et livrant ses narines.
Quand, lavé des odeurs du jour, le jardinet
Derrière la maison, en hiver, s'illunait[10],
Gisant au pied d'un mur, enterré dans la marne
Et pour des visions écrasant son œil darne[11],
Il écoutait grouiller les galeux espaliers[12].
Pitié! Ces[13] enfants seuls étaient ses familiers
Qui, chétifs, fronts nus, œil déteignant sur la joue[14],

Texte de la lettre à Demeny du 10 juin 1871 (ms. de l'ancienne collection Alfred Saffrey).

Cachant de maigres doigts jaunes et noirs de boue
Sous des habits puant la foire[15] et tout vieillots,
Conversaient avec la douceur des idiots!
Et si, l'ayant surpris à des pitiés immondes[16],
Sa mère s'effrayait; les tendresses, profondes,
De l'enfant se jetaient sur cet étonnement.
C'était bon. Elle avait le bleu regard, — qui ment[17]!

A sept ans, il faisait[18] des romans, sur la vie
Du grand désert, où luit la Liberté ravie[19],
Forêts, soleils, rives, savanes! — Il s'aidait
De journaux illustrés où, rouge, il regardait
Des Espagnoles rire et des Italiennes[20].
Quand venait, l'œil brun, folle, en robes d'indiennes,
— Huit ans, — la fille des ouvriers d'à côté,
La petite brutale, et qu'elle avait sauté,
Dans un coin, sur son dos, en secouant ses tresses,
Et qu'il était sous elle, il lui mordait les fesses,
Car elle ne portait jamais de pantalons;
— Et, par elle meurtri des poings et des talons[21],
Remportait les saveurs de sa peau dans sa chambre.

Il craignait les blafards dimanches de décembre[22],
Où, pommadé, sur un guéridon d'acajou,
Il lisait une Bible à la tranche vert-chou;
Des rêves l'oppressaient chaque nuit dans l'alcôve.
Il n'aimait pas Dieu[23]; mais les hommes, qu'au soir
[fauve,
Noirs, en blouse, il voyait rentrer dans le faubourg
Où les crieurs, en trois roulements de tambour,
Font autour des édits rire et gronder les foules.
— Il rêvait la prairie amoureuse[24], où des houles
Lumineuses, parfums sains, pubescences[25] d'or,
Font leur remuement calme et prennent leur essor!

Et comme il savourait surtout les sombres choses,
Quand, dans la chambre nue aux persiennes closes,
Haute et bleue, âcrement prise d'humidité,

Il lisait son roman sans cesse médité[26],
Plein de lourds ciels ocreux[27] et de forêts noyées,
De fleurs de chair aux bois sidérals déployées[28],
Vertige, écroulements, déroutes et pitié[29]!
— Tandis que se faisait la rumeur du quartier,
En bas, — seul, et couché sur des pièces de toile
Écrue, et pressentant violemment la voile[30]!

26 mai 1871.

LES PAUVRES A L'ÉGLISE[1]

Parqués entre des bancs de chêne, aux coins d'église
Qu'attiédit puamment leur souffle, tous leurs yeux
Vers le chœur ruisselant d'orrie[2] et la maîtrise
Aux vingt gueules gueulant les cantiques pieux[3];

Comme un parfum de pain humant l'odeur de cire[4],
Heureux, humiliés comme des chiens battus,
Les Pauvres au bon Dieu, le patron et le sire,
Tendent leurs oremus risibles et têtus[5].

Aux femmes, c'est bien bon de faire des bancs lisses,
Après les six jours noirs où Dieu les fait souffrir!
Elles bercent, tordus dans d'étranges pelisses,
Des espèces d'enfants qui pleurent à mourir.

Leurs seins crasseux dehors, ces mangeuses de soupe,
Une prière aux yeux et ne priant jamais[6],
Regardent parader mauvaisement un groupe
De gamines avec leurs chapeaux déformés.

Dehors, le froid, la faim, l'homme en ribote[a] :
C'est bon. Encore une heure; après, les maux sans
                                                          [noms!

Texte de la lettre à Demeny au 10 juin 1871 (ms. de l'ancienne collection Alfred Saffrey).
a. *Vers faux, que les éditeurs ont différemment corrigé :*
    Dehors, le froid, la faim, *et puis* l'homme en ribote :
                                        (*Poésies complètes, 1895*).
    Dehors, *la nuit,* le froid, la faim, l'homme en ribote :
            (*Bouillane de Lacoste, éd. critique, Mercure de France*).

— Cependant, alentour, geint, nasille, chuchote
Une collection de vieilles à fanons[7] :

Ces effarés y sont et ces épileptiques
Dont on se détournait hier aux carrefours;
Et, fringalant du nez dans des missels antiques[8],
Ces aveugles qu'un chien introduit dans les cours.

Et tous, bavant la foi mendiante et stupide[9],
Récitent la complainte infinie à Jésus
Qui rêve en haut, jauni par le vitrail livide,
Loin des maigres mauvais et des méchants pansus,

Loin des senteurs de viande et d'étoffes moisies,
Farce prostrée et sombre aux gestes repoussants;
— Et l'oraison fleurit d'expressions choisies,
Et les mysticités prennent des tons pressants,

Quand, des nefs où périt le soleil, plis de soie
Banals, sourires verts, les Dames des quartiers
Distingués, — ô Jésus! — les malades du foie
Font baiser leurs longs doigts jaunes aux bénitiers[10].

1871.

LE CŒUR VOLÉ[1]

Mᴏɴ triste cœur bave à la poupe[2],
Mon cœur couvert de caporal[a] :
Ils y lancent des jets de soupe,
Mon triste cœur bave à la poupe :
Sous les quolibets de la troupe
Qui pousse[b] un rire général,
Mon triste cœur bave à la poupe,
Mon cœur couvert de caporal.

Ithyphalliques et pioupiesques[3],
Leurs quolibets[c] l'ont dépravé.
Au gouvernail on voit des fresques[d]
Ithyphalliques et pioupiesques.
O[e] flots abracadabrantesques[4]
Prenez mon cœur, qu'il soit lavé[f].
Ithyphalliques et pioupiesques
Leurs quolibets l'ont dépravé !

Quand ils auront tari leurs chiques
Comment agir, ô cœur volé ?

Texte de la copie de Verlaine (Bibl. Nationale, ancienne coll. Barthou).
Variantes du ms. de la lettre à Izambard du 13 mai 1871 (I.) et de la
lettre à Demeny du 10 juin 1871 (D.).
Titre : Le Cœur supplicié *(I.)*. Le Cœur du pitre *(D.)*.
a. Mon cœur est plein de caporal ! *(vers 2 et 8) (I. D.)*
b. Qui lance *(I.)*
c. Leurs insultes *(vers 10 et 16) (I. D.)*
d. A la vesprée, ils font des fresques *(I. D.)*
e. O *surcharge* A *dans la copie de Verlaine*
f. qu'il soit sauvé ! *(I. D.)*

Ce seront des hoquets bachiques[a][5]
Quand ils auront tari leurs chiques
J'aurai des sursauts stomachiques
Moi, si mon cœur est ravalé[b][6] :
Quand ils auront tari leurs chiques
Comment agir, ô cœur volé[7] ?

Mai 1871.

---

a. des refrains bachiques *(I. D.)*
b. Si mon cœur triste est ravalé *(I. D.)*

L'ORGIE PARISIENNE
OU
PARIS SE REPEUPLE[1]

O lâches, la voilà! Dégorgez dans les gares!
Le soleil expia[a] de ses poumons ardents
Les boulevards qu'un soir comblèrent les Barbares[2].
Voilà la Cité belle, assise à l'occident[3]!

Allez! on préviendra les reflux d'incendie,
Voilà les quais, voilà les boulevards, voilà
Sur les maisons l'azur léger qui s'irradie
Et qu'un soir la rougeur des bombes étoila[4]!

Cachez les palais morts dans des niches de planches!
L'ancien jour effaré rafraîchit vos regards.
Voici le troupeau roux des tordeuses de hanches :
Soyez fous, vous serez drôles, étant hagards!

Tas de chiennes en rut mangeant des cataplasmes,
Le cri des maisons d'or vous réclame. Volez!
Mangez! Voici la nuit de joie aux profonds spasmes
Qui descend dans la rue. O buveurs désolés,

Buvez! Quand la lumière arrive[b] intense et folle,
Fouillant à vos côtés les luxes ruisselants,

Texte de l'édition Vanier (1895) (texte probablement reconstitué de mémoire par Verlaine : voir Bouillane de Lacoste, éd. critique, p. 38-41).

a. *Berrichon, dans l'édition de 1912, corrigeait en essuya.*
b. Buvez, lorsque la nuit arrive *(dans La Plume, 15 sept. 1890)*

Vous n'allez pas baver, sans geste, sans parole,
Dans vos verres, les yeux perdus aux lointains blancs,

Avalez, pour la Reine aux fesses cascadantes !
Écoutez l'action des stupides hoquets
Déchirants ! Écoutez sauter aux nuits ardentes
Les idiots râleux, vieillards, pantins, laquais[5] !

O cœurs de saleté, bouches épouvantables,
Fonctionnez plus fort, bouches de puanteurs !
Un vin pour ces torpeurs ignobles, sur ces tables...
Vos ventres sont fondus de hontes, ô Vainqueurs[6] !

Ouvrez votre narine aux superbes nausées !
Trempez de poisons forts les cordes de vos cous !
Sur vos nuques d'enfants baissant ses mains croisées
Le Poète vous dit[7] : « O lâches, soyez fous !

Parce que vous fouillez le ventre de la Femme,
Vous craignez d'elle encore une convulsion
Qui crie, asphyxiant votre nichée infâme
Sur sa poitrine, en une horrible pression.

Syphilitiques, fous, rois, pantins, ventriloques,
Qu'est-ce que ça peut faire à la putain Paris,
Vos âmes et vos corps, vos poisons et vos loques ?
Elle se secouera de vous, hargneux pourris !

Et quand vous serez bas, geignant sur vos entrailles,
Les flancs morts, réclamant votre argent, éperdus,
La rouge courtisane aux seins gros de batailles
Loin de votre stupeur tordra ses poings ardus !

Quand tes pieds ont dansé si fort dans les colères,
Paris ! quand tu reçus tant de coups de couteau,
Quand tu gis, retenant dans tes prunelles claires
Un peu de la bonté du fauve renouveau,

O cité douloureuse, ô cité quasi morte,
La tête et les deux seins jetés vers l'Avenir

Ouvrant sur ta pâleur ses milliards de portes[8],
Cité que le Passé sombre pourrait bénir :

Corps remagnétisé pour les énormes peines,
Tu rebois[a] donc la vie effroyable! tu sens
Sourdre le flux des vers livides en tes veines,
Et sur ton clair amour rôder les doigts glaçants!

Et ce n'est pas mauvais. Tes vers, tes vers livides
Ne gêneront pas plus ton souffle de Progrès
Que les Stryx n'éteignaient l'œil des Cariatides
Où des pleurs d'or astral tombaient des bleus degrés[9]. »

Quoique ce soit affreux de te revoir couverte
Ainsi; quoiqu'on n'ait fait jamais d'une cité
Ulcère plus puant à la Nature verte,
Le Poète te dit : « Splendide est ta Beauté! »

L'orage t'a sacrée[b] suprême poésie;
L'immense remuement des forces te secourt;
Ton œuvre bout, la mort gronde, Cité choisie!
Amasse les strideurs au cœur du clairon sourd[c][10].

Le Poète prendra le sanglot des Infâmes,
La haine des Forçats, la clameur des Maudits;
Et ses rayons d'amour flagelleront les Femmes.
Ses strophes bondiront : Voilà! voilà! bandits!

— Société, tout est rétabli[11] : — les orgies
Pleurent leur ancien râle aux anciens lupanars :
Et les gaz en délire, aux murailles rougies,
Flambent sinistrement vers les azurs blafards!

Mai 1871.

---

a. Tu revois (La Plume)
b. L'orage t'a sacré (La Plume) *est peut-être une correction, pour éviter une faute de versification. Bouillane de Lacoste suit l'édition de Berrichon (1912) et adopte* L'orage te sacra
c. clairon sourd (La Plume) *est aussi adopté par Berrichon et semble meilleur que* lourd, *qui est la leçon de Vanier.*

LES MAINS DE JEANNE-MARIE[1]

Jeanne-Marie a des mains fortes,
Mains sombres que l'été tanna,
Mains pâles comme des mains mortes.
— Sont-ce des mains de Juana[2]?

Ont-elles pris les crèmes brunes
Sur les mares des voluptés?
Ont-elles trempé dans des lunes
Aux étangs de sérénités?

Ont-elles bu des cieux barbares,
Calmes sur les genoux charmants?
Ont-elles roulé des cigares
Ou trafiqué des diamants?

Sur les pieds ardents des Madones
Ont-elles fané des fleurs d'or?
C'est le sang noir des belladones[3]
Qui dans leur paume éclate et dort.

Mains chasseresses des diptères
Dont bombinent les bleuisons
Aurorales, vers les nectaires[4]?
Mains décanteuses de poisons?

Texte du ms. de la Bibliothèque Nationale, n. a. fr. 14122. Ce ms. n'est
pas entièrement autographe. Les strophes 8, 11 et 12 ont été ajoutées par
Verlaine, l'une en marge, les deux autres au bas du feuillet. De sa main, encore,
au bas du poème : Fév. 72.

Oh! quel **Rêve** les a saisies
Dans les pandiculations[5]?
Un rêve inouï des Asies,
Des Khenghavars ou des Sions[6]?

— Ces mains n'ont pas vendu d'oranges,
Ni bruni sur les pieds des dieux :
Ces mains n'ont pas lavé les langes
Des lourds petits enfants sans yeux.

Ce ne sont pas mains de cousine[7]
Ni d'ouvrières aux gros fronts
Que brûle, aux bois puant l'usine,
Un soleil ivre de goudrons.

Ce sont des ployeuses[a] d'échines,
Des mains qui ne font jamais mal,
Plus fatales que des machines,
Plus fortes que tout un cheval!

Remuant comme des fournaises,
Et secouant tous ses frissons,
Leur chair chante des Marseillaises
Et jamais les Eleisons[8]!

Ça serrerait vos cous, ô femmes
Mauvaises, ça broierait vos mains,
Femmes nobles, vos mains infâmes
Pleines de blancs et de carmins[9].

L'éclat de ces mains amoureuses
Tourne le crâne des brebis[10]!
Dans leurs phalanges savoureuses
Le grand soleil met un rubis!

Une tache de populace
Les brunit comme un sein d'hier;

---

a. *Variante :* casseuses *(note de Verlaine)*

Le dos de ces Mains est la place
Qu'en baisa tout Révolté fier!

Elles ont pâli, merveilleuses,
Au grand soleil d'amour chargé,
Sur le bronze des mitrailleuses
A travers Paris insurgé!

Ah! quelquefois, ô Mains sacrées,
A vos poings, Mains où tremblent nos
Lèvres jamais désenivrées,
Crie une chaîne aux clairs anneaux!

Et c'est un soubresaut étrange
Dans nos êtres, quand, quelquefois,
On veut vous déhâler, Mains d'ange,
En vous faisant saigner les doigts[11]!

LES SŒURS DE CHARITÉ[1]

Le jeune homme dont l'œil est brillant, la peau brune,
Le beau corps de vingt ans qui devrait aller nu[2],
Et qu'eût, le front cerclé de cuivre, sous la lune
Adoré, dans la Perse un Génie inconnu,

Impétueux avec des douceurs virginales
Et noires, fier de ses premiers entêtements,
Pareil aux jeunes mers, pleurs de nuits estivales,
Qui se retournent sur des lits de diamants[3];

Le jeune homme, devant les laideurs de ce monde,
Tressaille dans son cœur largement irrité
Et plein de la blessure éternelle et profonde[4],
Se prend à désirer sa sœur de charité[5].

Mais, ô Femme, monceau d'entrailles, pitié douce,
Tu n'es jamais la Sœur de charité, jamais,
Ni regard noir, ni ventre où dort une ombre rousse,
Ni doigts légers, ni seins splendidement formés.

Aveugle irréveillée aux immenses prunelles,
Tout notre embrassement n'est qu'une question :
C'est toi qui pends à nous, porteuse de mamelles;
Nous te berçons, charmante et grave Passion[6].

Tes haines, tes torpeurs fixes, tes défaillances
Et les brutalités souffertes autrefois,

Texte de la copie de Verlaine (Bibl. Nationale, ancienne coll. Barthou).

Tu nous rends tout, ô Nuit pourtant sans malveillances,
Comme un excès de sang épanché tous les mois[7].

— Quand la femme, portée un instant, l'épouvante,
Amour, appel de vie et chanson d'action[8]
Viennent la Muse verte et la Justice ardente[9]
Le déchirer de leur auguste obsession.

Ah! sans cesse altéré des splendeurs et des calmes,
Délaissé des deux Sœurs implacables, geignant
Avec tendresse après la science aux bras almes[10],
Il porte à la nature en fleur son front saignant.

Mais la noire alchimie et les saintes études
Répugnent au blessé, sombre savant d'orgueil;
Il sent marcher sur lui d'atroces solitudes
Alors, et toujours beau, sans dégoût du cercueil[11],

Qu'il croie aux vastes fins, Rêves ou Promenades
Immenses, à travers les nuits de Vérité
Et t'appelle en son âme et ses membres malades,
O Mort mystérieuse, ô sœur de charité[12].

Juin 1871.

VOYELLES[1]

A noir, E blanc, I rouge, U vert, O bleu [a] [2] : voyelles,
Je dirai quelque jour vos naissances latentes [3] :
A, noir corset velu des mouches éclatantes [4]
Qui bombinent [5] autour des puanteurs cruelles [6],

Golfes d'ombre; E, candeur[b] des vapeurs et des tentes[7],
Lances des glaciers[e] fiers[8], rois[d] blancs[9], frissons
                                                    [d'ombelles[10];
I, pourpres [e] [11], sang craché, rire des lèvres belles
Dans la colère ou les ivresses pénitentes [12];

U, cycles [13], vibrements divins des mers virides,
Paix des pâtis semés d'animaux, paix des rides
Que l'alchimie imprime aux grands fronts studieux [f] [14];

O, suprême Clairon [15] plein des [g] strideurs étranges [16],
Silences traversés des Mondes et des Anges [17] :
— O l'Oméga, rayon violet de Ses Yeux [18] !

Texte de l'autographe donné à Émile Blémont, conservé à la Maison de la Poésie, acheté par la Bibliothèque Municipale de Charleville le 23 novembre 1982.

Variantes de la copie de Verlaine (Bibl. Nationale, ancienne coll. Barthou) :
Titre : Les Voyelles.

a. bleu *surcharge* rouge *sur le ms. autographe; une virgule entre la lettre et la couleur (sauf entre* u *et* vert*), dans la copie de Verlaine, qui comporte d'autres variantes de ponctuation.*

b. candeurs *surcharge* frissons *sur le ms. autographe;* frissons *dans la copie de Verlaine*

c. de glaçons

d. rais

e. pourpre

f. Qu'imprima l'alchimie aux doux fronts studieux.

g. de

L'ÉTOILE a pleuré rose[1] au cœur de tes oreilles,
L'infini roulé blanc de ta nuque à tes reins
La mer a perlé rousse[2] à tes mammes vermeilles
Et l'Homme saigné noir à ton flanc souverain.

Texte de la copie de Verlaine (Bibl. Nationale, ancienne coll. Barthou).
Pas d'autographe connu.

L'HOMME JUSTE [a] [1]

[...] [b]

Le Juste restait droit sur ses hanches solides[2] :
Un rayon lui dorait l'épaule; des sueurs[3]
Me prirent : « Tu veux voir rutiler les bolides[4]?
Et, debout, écouter bourdonner les flueurs
D'astres lactés, et les essaims d'astéroïdes?

« Par des farces de nuit ton front est épié,
O Juste! Il faut gagner un toit. Dis ta prière,
La bouche dans ton drap doucement expié;
Et si quelque égaré choque ton ostiaire[5],
Dis : Frère, va plus loin, je suis estropié! »

Et le Juste restait debout, dans l'épouvante
Bleuâtre des gazons après le soleil mort[6] :
« Alors, mettrais-tu tes genouillères en vente,
O vieillard? Pèlerin sacré! Barde d'Armor!
Pleureur des Oliviers[7]! Main que la pitié gante!

« Barbe de la famille et poing de la cité[8],
Croyant très doux : ô cœur tombé dans les calices[9],
Majestés et vertus, amour et cécité,
Juste! plus bête et plus dégoûtant que les lices[10]!
Je suis celui qui souffre et qui s'est révolté!

Texte du manuscrit autographe de la Bibliothèque Nationale (ancienne collection Barthou).

a. *Le ms. autographe n'a pas de titre. Voyez p. 113, note c et p. 413 note 1.*
b. *Les quatre premières strophes n'ont pas été retrouvées.*

«Et ça me fait pleurer sur mon ventre, ô stupide,
Et bien rire, l'espoir fameux de ton pardon!
Je suis maudit, tu sais[11]! Je suis soûl, fou, livide,
Ce que tu veux! Mais va te coucher, voyons donc,
Juste! Je ne veux rien à ton cerveau torpide[12]!

«C'est toi le Juste, enfin, le Juste! C'est assez!
C'est vrai que ta tendresse et ta raison sereines
Reniflent dans la nuit comme des cétacés!
Que tu te fais proscrire, et dégoises des thrènes[13]
Sur d'effroyables becs de canne fracassés[14]!

«Et c'est toi l'œil de Dieu[15]! le lâche! Quand les plantes
Froides des pieds divins passeraient sur mon cou[16],
Tu es lâche! O ton front qui fourmille de lentes!
Socrates et Jésus, Saints et Justes, dégoût[17]!
Respectez le Maudit suprême aux nuits sanglantes!»

J'avais crié cela sur la terre, et la nuit
Calme et blanche occupait les Cieux pendant ma fièvre.
Je relevai mon front : le fantôme avait fui,
Emportant l'ironie atroce de ma lèvre[18]...
— Vents nocturnes, venez au Maudit! Parlez-lui!

Cependant que, silencieux sous les pilastres[19]
D'azur, allongeant les comètes et les nœuds
D'univers, remuement énorme sans désastres,
L'ordre, éternel veilleur[a], rame aux cieux[b] lumineux
Et de sa drague en feu laisse filer les astres[c][20]!

Ah qu'il s'en aille, lui, la gorge cravatée
De honte, ruminant toujours mon ennui, doux
Comme le sucre sur la denture gâtée.
— Tel que la chienne après l'assaut des fiers toutous,
Léchant son flanc d'où pend une entraille emportée[21],

---

a. veilleur *surcharge un autre mot :* [bai...]
b. ciels *corrigé en* cieux
c. *Une copie de cette strophe par Verlaine (Bibl. Nationale, ancienne coll. Barthou), titrée :* l'homme juste (suite), *datée de* Juillet 1871, *et*

Qu'il dise charités crasseuses et progrès[22]...
— J'exècre tous ces yeux de Chinois [à be]daines[a],
Mais qui chante : nana, comme un tas d'enfants près[23]
De mourir, idiots doux aux chansons soudaines :
O Justes, nous chierons dans vos ventres de grès[b] !

Juillet 1871[c].

---

portant la mention 75 vers (80 corrigé en 75). La correction de 80 en 75 semble indiquer qu'il manque au poème les vingt premiers vers, dès lors, que nous en connaissons 55 et que la strophe est biffée, ce qui justifie la correction du chiffre.

a. *On lit, tant bien que mal :*
    — O j'exexre tous ces ces yeux de Chinois dudaines,
b. *Les deux dernières strophes semblent avoir été ajoutées.*
c. *La date ne figure que dans la copie de Verlaine.*

A Monsieur Théodore de Banville.

CE QU'ON DIT AU POÈTE
A PROPOS DE FLEURS[1]

I

Ainsi, toujours, vers l'azur noir
Où tremble la mer des topazes,
Fonctionneront dans ton soir
Les Lys, ces clystères d'extases[2]!

A notre époque de sagous[3],
Quand les Plantes sont travailleuses,
Le Lys boira les bleus dégoûts
Dans tes Proses religieuses!

— Le lys de monsieur de Kerdrel[4],
Le Sonnet de mil huit cent trente,
Le Lys qu'on donne au Ménestrel
Avec l'œillet et l'amarante[5]!

Des lys! Des lys! On n'en voit pas!
Et dans ton Vers, tel [a] que les manches
Des Pécheresses aux doux pas,
Toujours frissonnent ces fleurs blanches!

Toujours, Cher, quand tu prends un bain,
Ta chemise aux aisselles blondes
Se gonfle aux brises du matin
Sur les myosotis immondes[6]!

Texte de la lettre à Banville du 15 août 1871 (ms. de l'ancienne collection Barthou; aujourd'hui dans la collection Bernard Zimmer); fac-similé dans Marcel Coulon, Au cœur de Verlaine et de Rimbaud, *1925, et dans* Rimbaud, Ce qu'on dit au poète (...), *florilège de Agnès Rosenstiehl, Gallimard, 1981.*

a. tels *corrigé en* tel

L'amour ne passe à tes octrois
Que les Lilas, — ô balançoires !
Et les Violettes du Bois,
Crachats sucrés des Nymphes noires[7] !...

II

O Poètes, quand vous auriez
Les Roses, les Roses soufflées,
Rouges sur tiges de lauriers,
Et de mille octaves enflées !

Quand BANVILLE en ferait neiger,
Sanguinolentes, tournoyantes,
Pochant l'œil fou de l'étranger
Aux lectures mal bienveillantes[8] !

De vos forêts et de vos prés,
O très paisibles photographes !
La Flore est diverse à peu près
Comme des bouchons de carafes[9] !

Toujours les végétaux Français,
Hargneux, phtisiques, ridicules,
Où le ventre des chiens bassets
Navigue en paix, aux crépuscules[10] ;

Toujours, après d'affreux desseins[a]
De Lotos bleus ou d'Hélianthes[11],
Estampes roses, sujets saints
Pour de jeunes communiantes !

L'Ode Açoka cadre avec la
Strophe en fenêtre de lorette[12] ;
Et de lourds papillons d'éclat
Fientent sur la Pâquerette.

Vieilles verdures, vieux galons[13] !
O croquignoles végétales !

---

a. *Les éditeurs corrigent habituellement en* dessins

Fleurs fantasques des vieux Salons!
— Aux hannetons, pas aux crotales,

Ces poupards végétaux en pleurs[a]
Que Grandville eût mis aux lisières [14],
Et qu'allaitèrent de couleurs
De méchants astres à visières!

Oui, vos bavures de pipeaux
Font de[b] précieuses glucoses!
— Tas d'œufs frits dans de vieux chapeaux,
Lys, Açokas, Lilas et Roses!...

III

O blanc Chasseur, qui cours sans bas
A travers le Pâtis panique[15],
Ne peux-tu pas, ne dois-tu pas
Connaître un peu ta botanique?

Tu ferais succéder, je crains,
Aux Grillons roux les Cantharides,
L'or des Rios au bleu des Rhins, —
Bref, aux Norwèges les Florides[16] :

Mais, Cher, l'Art n'est plus, maintenant,
— C'est la vérité, — de permettre
A l'Eucalyptus étonnant
Des constrictors d'un hexamètre[17];

Là!... Comme si les Acajous
Ne servaient, même en nos Guyanes,
Qu'aux cascades des sapajous,
Au lourd délire des lianes[18]!

— En somme, une Fleur, Romarin
Ou Lys, vive ou morte, vaut-elle
Un excrément d'oiseau marin[19]?
Vaut-elle un seul pleur de chandelle?

a. pleurs : *le* p *surcharge un* f *(*fleurs*)*.
b. des *corrigé en* de

— Et j'ai dit ce que je voulais!
Toi, même assis là-bas, dans une
Cabane de bambous, — volets
Clos, tentures de perse brune, —

Tu torcherais des floraisons
Dignes d'Oises extravagantes!...
— Poète! ce sont des raisons
Non moins risibles qu'arrogantes!...

IV

Dis, non les pampas printaniers[20]
Noirs d'épouvantables révoltes,
Mais les tabacs, les cotonniers!
Dis les exotiques récoltes!

Dis, front blanc que Phébus tanna[21],
De combien de dollars se rente
Pedro Velasquez, Habana;
Incague la mer de Sorrente[22]

Où vont les Cygnes par milliers;
Que tes strophes soient des réclames
Pour l'abattis[a] des mangliers[23]
Fouillés des hydres et des lames!

Ton quatrain plonge aux bois sanglants
Et revient proposer aux Hommes
Divers sujets de sucres blancs,
De pectoraires et de gommes[24]!

Sachons par Toi si les blondeurs
Des Pics neigeux, vers les Tropiques,
Sont ou des insectes pondeurs
Ou des lichens microscopiques[25]!

Trouve, ô Chasseur, nous le voulons,
Quelques garances[26] parfumées

---

a. abatis

Que la Nature en pantalons
Fasse éclore! — pour nos Armées!

Trouve, aux abords du Bois qui dort,
Les fleurs[a], pareilles à des mufles,[27]
D'où bavent des pommades d'or
Sur les cheveux sombres des Buffles!

Trouve, aux prés fous, où sur le Bleu
Tremble l'argent des pubescences,
Des calices pleins d'Œufs de feu[28]
Qui cuisent parmi les essences!

Trouve des Chardons cotonneux
Dont dix ânes aux yeux de braises
Travaillent à filer les nœuds!
Trouve des Fleurs qui soient des chaises!

Oui, trouve au cœur des noirs filons
Des fleurs presque pierres[29], — fameuses! —
Qui vers leurs durs ovaires blonds
Aient des amygdales gemmeuses!

Sers-nous, ô Farceur, tu le peux,
Sur un plat de vermeil splendide
Des ragoûts de Lys sirupeux
Mordant nos cuillers Alfénide[30]!

V

Quelqu'un dira le grand Amour,
Voleur des sombres Indulgences :
Mais ni Renan, ni le chat Murr[31]
N'ont vu les Bleus Thyrses immenses!

Toi, fais jouer dans nos torpeurs,
Par les parfums les hystéries;
Exalte-nous vers les candeurs
Plus candides que les Maries...

---

a. fleurs : *le* f *surcharge un* p *(voyez la note* a *p. 117)*

Commerçant! colon! médium!
Ta Rime sourdra, rose ou blanche,
Comme un rayon de sodium,
Comme un caoutchouc qui s'épanche [32]!

De tes [a] noirs Poèmes, — Jongleur [b]!
Blancs, verts, et rouges dioptriques [33],
Que s'évadent d'étranges fleurs
Et des papillons électriques!

Voilà! c'est le Siècle d'enfer!
Et les poteaux télégraphiques
Vont orner, — lyre aux chants de fer [34],
Tes omoplates magnifiques!

Surtout, rime une version
Sur le mal des pommes de terre [35]!
— Et, pour la composition
De poèmes pleins de mystère

Qu'on doive [c] lire de Tréguier
A Paramaribo, rachète
Des Tomes de Monsieur Figuier [36],
— Illustrés! — chez Monsieur Hachette!

14 juillet 1871.   Alcide BAVA.
                                              A. R.

---

a. vos *corrigé en* tes
b. Jongleurs *corrigé en* Jongleur
c. puisse *corrigé en* doive.

LES PREMIÈRES COMMUNIONS[1]

I

V RAIMENT, c'est bête, ces églises des villages[2]
Où quinze laids marmots encrassant les piliers
Écoutent, grasseyant les divins babillages,
Un noir grotesque dont fermentent les souliers[3] :
Mais le soleil éveille, à travers les feuillages
Les vieilles couleurs des vitraux irréguliers[a].

La pierre sent toujours la terre maternelle,
Vous verrez des monceaux de ces cailloux terreux
Dans la campagne en rut qui frémit solennelle
Portant près des blés lourds, dans les sentiers ocreux [b],
Ces arbrisseaux brûlés où bleuit la prunelle,
Des nœuds de mûriers noirs et de rosiers fuireux[4].

Tous les cent ans on rend ces granges respectables
Par un badigeon d'eau bleue et de lait caillé :
Si des mysticités grotesques sont notables[5]
Près de la Notre Dame ou du Saint empaillé,
Des mouches sentant bon l'auberge et les étables
Se gorgent de cire au plancher ensoleillé.

L'enfant se doit surtout à la maison, famille
Des soins naïfs, des bons travaux abrutissants;
Ils sortent, oubliant que la peau leur fourmille
Où le Prêtre du Christ plaqua ses doigts puissants.
On paie au Prêtre un toit ombré d'une charmille
Pour qu'il laisse au soleil tous ces fronts brunissants.

Texte de la copie de Verlaine, (Bibliothèque Nationale, ancienne collection Barthou). Pas d'autographe connu.
   Variantes d'une autre copie de Verlaine pour la publication dans La Vogue *(11 avril 1886), conservée au Fonds Doucet, 1306-B. VI.29 :*
   a. ensoleillés
   b. séreux

Le premier habit noir, le plus beau jour de tartes,
Sous le Napoléon ou le Petit Tambour
Quelque enluminure où les Josephs et les Marthes
Tirent la langue avec un excessif amour
Et que joindront, au jour de science, deux cartes[6],
Ces seuls doux souvenirs[a] lui reste du grand Jour.

Les filles vont toujours à l'église, contentes
De s'entendre appeler garces par les garçons
Qui font du genre après Messe ou vêpres chantantes.
Eux qui sont destinés au chic des garnisons
Ils narguent au café les maisons importantes
Blousés neuf, et gueulant d'effroyables chansons.

Cependant le Curé choisit pour les enfances
Des dessins; dans son clos, les vêpres dites, quand
L'air s'emplit du lointain nasillement des danses,
Il se sent, en dépit des célestes défenses,
Les doigts de pied ravis et le mollet marquant[7]...

— La Nuit vient, noir pirate aux cieux d'or débar-
                                              [quant.

                        II

Le Prêtre a distingué parmi les catéchistes[8],
Congrégés des Faubourgs ou des Riches Quartiers,
Cette petite fille inconnue, aux yeux tristes,
Front jaune. Les [c] parents semblent de doux portiers.
« Au grand Jour, le marquant parmi les Catéchistes,
Dieu fera sur ce front neiger ses bénitiers. »

                      III [d]

La veille du grand Jour, l'enfant se fait malade.
Mieux qu'à l'Église haute aux funèbres rumeurs,

---

a. Ces deux seuls souve[nirs] *corrigé en* Ces seuls doux souvenirs
dans le ms. de la Bibliothèque Nationale ; Ces deux seuls souvenirs *dans
celui du Fonds Doucet.*
b. au ciel noir
c. Ses
d. *le chiffre* III *mq.*

D'abord le frisson vient, — le lit n'étant pas fade —
Un frisson surhumain qui retourne : « Je meurs »

Et, comme un vol d'amour fait à ses sœurs stupides[9],
Elle compte, abattue et les mains sur son cœur,
Les Anges, les Jésus[a] et ses Vierges nitides[10]
Et, calmement, son âme a bu tout son vainqueur.

Adonaï !... — Dans les terminaisons latines,
Des cieux moirés de vert baignent les Fronts vermeils[11]
Et tachés du sang pur des célestes poitrines
De grands linges neigeux tombent sur les soleils !

— Pour ses virginités présentes et futures
Elle mord aux fraîcheurs de ta Rémission,
Mais plus que les lys d'eau, plus que les confitures
Tes pardons sont glacés, ô Reine de Sion[12] !

IV[b]

Puis la Vierge n'est plus que la vierge du livre
Les mystiques élans se cassent quelquefois....
Et vient la pauvreté des images, que cuivre
L'ennui, l'enluminure atroce et les vieux bois[13];

Des curiosités vaguement impudiques
Épouvantent le rêve aux chastes bleuités
Qui s'est surpris autour des célestes tuniques,
Du linge dont Jésus voile ses nudités.

Elle veut, elle veut, pourtant, l'âme en détresse,
Le front dans l'oreiller creusé par les cris sourds,
Prolonger les éclairs suprêmes de tendresse,
Et bave... — L'ombre emplit les maisons et les cours.

---

a. Ses Anges, ses Jésus
b. III

Et l'enfant ne peut plus. Elle s'agite, cambre[a]
Les reins et d'une main ouvre le rideau bleu
Pour amener un peu la fraîcheur de la chambre
Sous le drap, vers son ventre et sa poitrine en feu...

V [b]

A son réveil, — minuit, — la fenêtre était blanche.
Devant le sommeil [c] bleu des rideaux illunés [14],
La vision la prit des candeurs [d] du dimanche;
Elle avait rêvé rouge. Elle saigna du nez

Et se sentant bien chaste et pleine de faiblesse [15]
Pour savourer en Dieu son amour revenant
Elle eut soif de la nuit où s'exalte et s'abaisse
Le cœur, sous l'œil des cieux doux, en les devinant;

De la nuit, Vierge-Mère impalpable, qui baigne
Tous les jeunes émois de ses silences gris,
Elle eut soif de la nuit forte où le cœur qui saigne
Écoule [e] sans témoin sa révolte sans cris.

Et faisant la victime et la petite épouse [16],
Son étoile la vit, une chandelle aux doigts
Descendre dans la cour où séchait une blouse,
Spectre blanc, et lever les spectres noirs des toits.

VI [f]

Elle passa sa nuit sainte dans des [g] latrines [17].
Vers la chandelle, aux trous du toit coulait l'air blanc,
Et quelque vigne folle aux noirceurs purpurines,
En deçà d'une cour voisine s'écroulant.

---

a. s'agite et cambre
b. IV
c. soleil
d. langueurs
e. Écoute
f. V
g. les *corrigé en* des *dans le recueil Messein;* les *dans la copie de 1886*

La lucarne faisait un cœur de lueur vive
Dans la cour où les cieux bas plaquaient d'ors vermeils
Les vitres ; les pavés puant l'eau de lessive   [meils.
Souffraient [a] l'ombre des murs [b] bondés de noirs som-

. . . .

VII [c]

Qui dira ces langueurs et ces pitiés immondes,
Et ce qu'il lui viendra de haine, ô sales fous [18]
Dont le travail divin déforme encor les mondes,
Quand la lèpre à la fin mangera [d] ce corps doux ?

. . . .

VIII [e]

Et quand, ayant rentré tous ses nœuds d'hystéries
Elle verra, sous les tristesses du bonheur,
L'amant rêver au blanc million des Maries,
Au matin de la nuit d'amour, avec douleur [19] :

« Sais-tu que je t'ai fait mourir ? J'ai pris ta bouche,
Ton cœur, tout ce qu'on a, tout ce que vous avez ;
Et moi, je suis malade : oh ! je veux qu'on me couche
Parmi les Morts des eaux nocturnes abreuvés !

« J'étais bien jeune, et Christ a souillé mes haleines.
Il me bonda jusqu'à la gorge de dégoûts !
Tu baisais mes cheveux profonds comme les [f] laines,
Et je me laissais faire... ah ! va, c'est bon pour vous,

---

a. *Verlaine orthographie* souffraient *dans ses deux copies ; on a proposé
de corriger en* soufraient, *du verbe* soufrer, *enduire de soufre.*
b. toits
c. VI
d. rongera
e. VII
f. des

« Hommes ! qui songez peu que la plus amoureuse
Est, sous [a] sa conscience aux ignobles terreurs,
La plus prostituée et la plus douloureuse,
Et que tous nos élans vers vous sont des erreurs !

« Car ma Communion première est bien passée.
Tes baisers, je ne puis jamais les avoir sus [b] :
Et mon cœur et ma chair par ta chair embrassée
Fourmillent du baiser putride de Jésus [20] ! »

IX [c]

Alors l'âme pourrie et l'âme désolée
Sentiront ruisseler tes malédictions.
— Ils auront [d] couché sur ta Haine inviolée,
Échappés, pour la mort, des justes passions.

Christ ! ô Christ, éternel voleur des énergies [21]
Dieu qui pour deux mille ans vouas à ta pâleur,
Cloués au sol, de honte et de céphalalgies
Ou renversés les fronts des femmes de douleur.

Juillet 1871.

---

a. dans
b bus
c. *le chiffre mq.*
d. auraient *(?)*

LES CHERCHEUSES DE POUX[1]

Quand le front de l'enfant, plein de rouges tour-
Implore l'essaim blanc des rêves indistincts,   [mentes[2],
Il vient près de son lit deux grandes sœurs charmantes
Avec de frêles doigts aux ongles argentins.

Elles assoient l'enfant devant une croisée
Grande ouverte où l'air bleu[3] baigne un fouillis de
Et dans ses lourds cheveux où tombe la rosée[4]   [fleurs,
Promènent leurs doigts fins, terribles et charmeurs.

Il écoute chanter leurs haleines craintives
Qui fleurent de longs miels végétaux et rosés[5],
Et qu'interrompt parfois un sifflement, salives
Reprises sur la lèvre ou désirs de baisers.

Il entend leurs cils noirs battant sous les silences[6]
Parfumés; et leurs doigts électriques et doux
Font crépiter parmi ses grises indolences[7]
Sous leurs ongles royaux la mort des petits poux.

Voilà que monte en lui le vin de la Paresse[8],
Soupir d'harmonica qui pourrait délirer;
L'enfant se sent, selon la lenteur des caresses,
Sourdre et mourir sans cesse un désir de pleurer[9].

Texte de l'édition définitive des Poètes maudits *(1888).*
Pas de ms. connu.

LE BATEAU IVRE[1]

Comme je descendais des Fleuves impassibles
Je ne me sentis plus guidé par les haleurs :
Des Peaux-Rouges criards les avaient pris pour cibles
Les ayant cloués nus aux poteaux de couleurs[2].

J'étais insoucieux de tous les équipages[3],
Porteur de blés flamands ou de cotons anglais.
Quand avec mes haleurs ont fini ces tapages
Les Fleuves m'ont laissé descendre où je voulais.

Dans les clapotements furieux des marées
Moi l'autre hiver plus sourd que les cerveaux d'enfants[4],
Je courus ! Et les Péninsules démarrées[5]
N'ont pas subi tohu-bohus plus triomphants

La tempête a béni mes éveils maritimes.
Plus léger qu'un bouchon j'ai dansé sur les flots
Qu'on appelle rouleurs éternels de victimes[6],
Dix nuits, sans regretter l'œil niais des falots !

Plus douce qu'aux enfants la chair des pommes sures,
L'eau verte pénétra ma coque de sapin
Et des taches de vins bleus et des vomissures
Me lava, dispersant gouvernail et grappin[7].

Texte de la copie de Verlaine (Bibl. Nationale, ancienne collection Barthou).
Pas d'autographe connu.

Et dès lors, je me suis baigné dans le Poème
De la Mer, infusé d'astres[8], et lactescent[9],
Dévorant les azurs verts[10]; où, flottaison blême
Et ravie, un noyé pensif parfois descend[11];

Où, teignant tout à coup les bleuités[12], délires
Et rhythmes lents sous les rutilements du jour,
Plus fortes que l'alcool, plus vastes que nos lyres
Fermentent les rousseurs amères[a] de l'amour[13]!

Je sais les cieux crevant en éclairs, et les trombes
Et les ressacs et les courants : je sais le soir,
L'aube exaltée ainsi qu'un peuple de colombes[14],
Et j'ai vu quelquefois ce que l'homme a cru voir[15]!

J'ai vu le soleil bas, taché d'horreurs mystiques.
Illuminant de longs figements violets[16],
Pareils à des acteurs de drames très-antiques
Les flots roulant au loin leurs frissons de volets!

J'ai rêvé la nuit verte aux neiges éblouies
Baiser montant aux yeux des mers avec lenteurs,
La circulation des sèves inouïes,
Et l'éveil jaune et bleu des phosphores chanteurs[17]!

J'ai suivi, des mois pleins, pareille aux vacheries
Hystériques, la houle à l'assaut des récifs,
Sans songer que les pieds lumineux des Maries
Pussent forcer le mufle[b] aux Océans poussifs[18]!

J'ai heurté, savez-vous, d'incroyables Florides
Mêlant aux fleurs des yeux de panthères à peaux
D'hommes[19]! Des arcs-en-ciel tendus comme des brides
Sous l'horizon des mers, à de glauques troupeaux[20]!

---

a. amères *surcharge un autre mot*
b. mufle *surcharge* monde *(?)*

J'ai vu fermenter les marais énormes, nasses
Où pourrit dans les joncs tout un Léviathan[21] !
Des écroulements d'eaux au milieu des bonaces
Et les lointains vers les gouffres cataractant !

Glaciers[a], soleils d'argent, flots nacreux[22], cieux de
Échouages hideux au fond des golfes bruns   [braises !
Où les serpents géants dévorés des punaises
Choient, des arbres tordus, avec de noirs parfums[23] !

J'aurais voulu montrer aux enfants ces dorades
Du flot bleu, ces poissons d'or, ces poissons chantants[24].
— Des écumes de fleurs ont bercé mes dérades[25]
Et d'ineffables vents m'ont ailé par instants.

Parfois, martyr lassé des pôles et des zones,
La mer dont le sanglot faisait mon roulis doux
Montait vers moi ses fleurs d'ombre aux ventouses
Et je restais, ainsi qu'une femme à genoux.... [jaunes

Presque île[b][26], ballottant sur mes bords les querelles
Et les fientes d'oiseaux clabaudeurs[27] aux yeux blonds
Et je voguais, lorsqu'à travers mes liens frêles[28]
Des noyés descendaient dormir, à reculons !

Or moi, bateau perdu sous les cheveux des anses[29],
Jeté par l'ouragan dans l'éther sans oiseau[30],
Moi dont les Monitors et les voiliers des Hanses[31]
N'auraient pas repêché la carcasse ivre d'eau ;

Libre, fumant, monté de brumes violettes,
Moi qui trouais le ciel rougeoyant comme un mur[32]
Qui porte, confiture exquise aux bons poètes,
Des lichens de soleil et des morves d'azur[33],

---

a. *Un point d'exclamation biffé après* Glaciers
b. Presqu'île *rectifié en* Presque île. *Bouillane de Lacoste a montré que cette correction modifiait le sens. (Voir son édition critique, p. 33, et la note 26.)*

Qui courais, taché de lunules électriques[34],
Planche folle, escorté des hippocampes noirs[35],
Quand les juillets faisaient crouler à coups de triques
Les cieux ultramarins aux ardents entonnoirs[36];

Moi qui tremblais, sentant geindre à cinquante lieues
Le rut des Béhémots[37] et les Maelstroms épais
Fileur éternel des immobilités bleues
Je regrette l'Europe aux anciens parapets!

J'ai vu des archipels sidéraux[38]! et des îles
Dont les cieux délirants sont ouverts au[a] vogueur :
— Est-ce en ces nuits sans fonds que tu dors et t'exiles,
Million d'oiseaux d'or, ô future Vigueur[39]? —

Mais, vrai, j'ai trop pleuré! Les Aubes sont navrantes.
Toute lune est atroce et tout soleil amer :
L'âcre amour m'a gonflé de torpeurs enivrantes.
O que ma quille éclate! O que j'aille à la mer[40]!

Si je désire une eau d'Europe, c'est la flache[b41]
Noire et froide où vers le crépuscule embaumé
Un enfant accroupi plein de tristesses, lâche
Un bateau frêle comme un papillon de mai[42].

Je ne puis plus, baigné de vos langueurs, ô lames,
Enlever leur sillage aux porteurs de cotons[43],
Ni traverser l'orgueil des drapeaux et des flammes[44],
Ni nager sous les yeux horribles des pontons[45].

---

a. aux *corrigé en* au
b. *Verlaine écrit* flâche, *de même que plus haut* pommes sûres, croû-
lantes, nâvrantes, zônes. *Ces accents circonflexes sont-ils mis là pour parodier l'accent ardennais de Rimbaud, comme le suppose Bouillane de Lacoste?*

DERNIERS VERS

NOTICE

« Ici, nous nous engageons dans l'inconnu », *dit Bouil- lane de Lacoste dans son édition critique. Si Delahaye et Izambard nous ont fourni un certain nombre de renseigne- ments sur la composition des poèmes écrits avant le départ de Rimbaud pour Paris, leurs informations sont à peu près inexistantes pour les suivants. Nous savons qu'à une date mal déterminée (mars ou avril), Rimbaud a regagné les Ardennes pour permettre à Verlaine de se réconcilier avec sa femme. Il pratique sa « méthode » de « voyant » et cultive les hallucinations; sans doute continuera-t-il le même obscur* « travail » *une fois revenu à Paris, en mai-juin. La lettre écrite de Paris à Delahaye nous renseigne sur la vie qu'il mène, mais non sur les poèmes qu'il compose, ni sur ses nouvelles idées esthétiques. C'est* Une saison en enfer *qui nous apporte les plus précieux renseignements, dans le chapitre intitulé* Alchimie du Verbe *où Rimbaud raconte* « l'histoire d'une de [s]es folies », *citant à l'appui un certain nombre de ses chansons. Il s'entraîne à* « l'hallucination simple » *et à* « l'hallucination des mots » *(favorisant peut-être l'une et l'autre par l'absinthe et le haschisch), il est en proie à une* « lourde fièvre », *son esprit est en* « désordre ». *Dans cet état, il dit* « adieu au monde » *dans des* « espèces de romances », *dont lui-même raillera l'expression* « bouf- fonne et égarée au possible ». *Il en convient dans* Alchimie du Verbe, « aucun des sophismes de la folie » *n'a été oublié par lui, qui en a fait un* « système ». *Le 7 juillet, il part pour la Belgique et l'Angleterre en compagnie de Verlaine et compose alors, semble-t-il, ses derniers poèmes en vers.*

Un certain nombre des derniers poèmes sont datés, les uns de mai 1872, les autres de juin, de juillet ou d'août. Neuf autres sont sans date. *On verra qu'un assez grand nombre laissent voir, par leur inspiration, qu'une coupure s'est produite dans l'existence et dans les sentiments de Rimbaud : il a reçu un double choc, d'abord de la fréquentation de Verlaine et de ses amis (les* Amis de Comédie de la soif*) et des* « charmes »*dissolvants de cette existence (à quoi fait allusion, sans doute,* O saisons, ô châteaux*), puis de la séparation imposée par les* « Parents », *la belle-famille de Verlaine, et Mme Rimbaud; plusieurs poèmes me paraissent avoir été écrits à Charleville lors de cette séparation, et traduire l'amertume, l'anéantissement de celui qui se qualifie lui-même d'* « enfant gêneur » : Comédie de la soif, Fêtes de la patience, Honte *en particulier. D'autres, comme* Bonne Pensée du matin, *ont dû être écrits à Paris.* Bruxelles et Est-elle almée? *paraissent évoquer le voyage en Belgique et la traversée. Suivant Delahaye, c'est vers le début de* 1873 *qu'*Arthur *lui aurait dit :* « Maintenant, je fais des chansons : c'est enfantin, c'est rustique, naïf, gentil » *et lui aurait lu,* « d'un air très détaché, indulgent, comme citant des choses faites par un autre », Soifs, Fêtes de la faim, Patience, O saisons. *Cette date ne concorde pas avec le texte des manuscrits, qui sont tous datés de 1872; si Rimbaud a lu ces pièces en 1873 à son ami, il a dû lui en parler comme de* « chansons » *faites bien auparavant — ce qui explique son* « air détaché ». *Rimbaud fait visiblement dans ces* « chansons » *une tentative pour s'émanciper tout ensemble des règles de la versification classique et des lois de la pensée rationnelle; il a recours, comme il dit dans* Alchimie du Verbe, *aux* « refrains niais », *aux* « rythmes naïfs ». Voici comment Verlaine juge cette tentative : « *Après quelque séjour à Paris, puis diverses pérégrinations plus ou moins effrayantes, Rimbaud vira de bord et travailla (lui!) dans le naïf, le très et l'exprès trop simple, n'usant* plus que d'assonances, de mots vagues, de phrases enfantines ou populaires. Il accomplit ainsi des prodiges de ténuité, de flou vrai, de charmant presque inappréciable à force d'être grêle et fluet », *et il cite le premier quatrain de* L'Éternité (Les Poètes maudits). *Cette tentative va évidemment dans le même sens que celle de Verlaine dans les* Romances sans paroles *(publiées en 1874). Mais lequel des deux a influencé l'autre? On admet généralement que c'est Rimbaud qui a montré la voie à Verlaine. Est-ce bien sûr?* Le « naïf », « l'exprès trop simple » *étaient certainement plus naturels à Verlaine qu'à Rimbaud, et je croirais volontiers que Verlaine, qui écrivait dès cette époque certaines des* Romances sans paroles, *qui en tout cas avait écrit en 1872 des* Ariettes oubliées, *a bien pu influencer Rimbaud à la recherche d'une* « formule » *poétique. Rimbaud, qui poursuivait alors sa tentative de voyant et s'efforçait de* « noter l'inexprimable », *aura trouvé dans la musique balbutiée de Verlaine un moyen d'échapper au conceptualisme, des exemples aussi de* « vieillerie poétique » *et de* « rythmes naïfs ». *Sans doute est-il allé plus loin que Verlaine dans la voie de l'irrationnel et de la* « comptine », *et c'est pourquoi il est probablement inutile de chercher à* « expliquer » *ces poèmes dans tous les détails; mais la voie du* « grêle » *et du* « fluet », *malgré le charme certain de quelques-unes de ces chansons, n'était pas vraiment la sienne. Je ne crois pas qu'il ait prolongé cette tentative en Angleterre, pas bien longtemps en tout cas; et il me semble qu'il laisse apparaître dans* Une saison en enfer *un certain ressentiment contre Verlaine à ce sujet, Verlaine dont le* Charme *a rendu la parole de Rimbaud incompréhensible, en faisant qu'*elle fuie et vole (O saisons...), *Verlaine dont il dénonce la néfaste influence dans un brouillon de* Nuit de l'enfer : « ce sont des erreurs qu'on me souffle à l'oreille, les magies, les alchimies, les mysticismes, les parfums faux, les musiques naïves... » *Après 1872, Rimbaud abandonnera définitivement la versification et ses* « musiques ».

Il est probable que le poème révolutionnaire et « commu-
nard », Qu'est-ce pour nous, mon cœur..., *date d'une*
période un peu antérieure. Quant à Marine *et à* Mouvement,
que Bouillane de Lacoste avait joints, dans son édition, aux
Derniers Vers *et qui sont des vers libres, je les ai laissés avec*
les Illuminations *où ils figurent traditionnellement :* Marine
figure, en effet, dans le manuscrit Graux, et on ne saurait ni
le séparer des autres pièces de ce manuscrit ni le séparer de
Mouvement.

(S. B.).

Les questions que soulevait, avec beaucoup de prescience,
Suzanne Bernard, ont pris, en un quart de siècle, une nou-
velle acuité. Parmi les recueils ou pseudo-recueils de Rimbaud,
celui qu'on intitule Derniers vers *et qu'entre autres*
Antoine Adam, dans son édition de 1972, appelle Vers
nouveaux et chansons, *apparaît comme le plus élastique et*
le plus factice. Et pourtant, si c'est principalement à sa
poésie de l'année qui précède (1872) que Rimbaud règle
son compte, en 1873, dans Alchimie du verbe, *c'est qu'il*
lui trouve une certaine unité de forme et d'inspiration. Des
formules telles que « vieillerie poétique », « alchimie du
verbe », « hallucination simple », « hallucination des mots »,
« désordre de [l'] esprit », « espèces de romances », « expres-
sion bouffonne et égarée », et l'ensemble de cette doxographie
rétrospective qu'est Alchimie du verbe, *se rapportent*
à la production de 1872, comme les citations elles-mêmes
l'attestent, Rimbaud reprenant à titre d'exemple de sa
« folie » poétique et dans l'ordre suivant :

— [Larme] *« Loin des oiseaux (...) »*
— [Bonne Pensée du matin] *« A quatre heures du*
matin (...) »
— Chanson de la plus haute tour

— [Fêtes de la] Faim
— *« Le loup criait sous les feuilles »*
— [L'Éternité] *« Elle est retrouvée »*
— [Bonheur] *« O saisons, ô châteaux ! »*

Il est souvent possible d'observer, dans la poésie de Rimbaud, et malgré sa périodicité serrée, des évolutions irrépressibles. Ce parcours heurté a quelques lignes droites qui conduisent systématiquement hors des sentiers battus, puis hors des sentiers tout court, de la littérature. Ainsi, les poèmes de *1870* et de *1871* ont presque tous un titre. Sur la quinzaine de poèmes que l'on connaît de *1872,* le tiers n'en a pas. Des sept poèmes cités en *1873, deux seuls* ont un titre. Larme *et* Bonne Pensée du matin *semblent avoir perdu le leur. Et « Le loup criait sous les feuilles »,* qui n'est connu que par Alchimie du verbe *et remonte donc probablement à 1872, en avait peut-être un aussi. Les brouillons d'*Une saison en enfer, *où figure ce qui deviendra* Alchimie du verbe, *nous instruisent sur le titre d'un poème dont aucune version n'en comporte : « O saisons, ô châteaux », qui devait s'intituler* Bonheur *(voir ci-dessous, p. 340). La poésie de 1872 se démet d'une certaine fixité métrique et prosodique, usant du mètre impair et de l'assonance. Elle confère au poème une mobilité. Or le titre referme le poème sur lui-même, tend à fixer quelque chose. Comme leurs rimes, les poèmes de 1872 ont quelque chose d'évanescent et c'est à tort que la tradition éditoriale a suppléé à l'un d'eux, « Plates-bandes d'amarante », un titre* Bruxelles *qui n'est en fait qu'une indication de lieu (voir p. 166).*

Il faut, pour bien comprendre, considérer ensemble l'auto-critique de 1873 et les vers de 1872, qui sont seuls représentés dans cette anthologie réfractaire. Sauf l'allusion au sonnet des Voyelles, *qui précède la première citation poétique et qui n'est pas, à proprement parler, une citation,* Rimbaud *a puisé exclusivement, pour illustrer « l'histoire d'une de [ses] folies », dans ce que nous appelons ses* Derniers vers. *Il a ainsi — et l'on ne peut croire que cela ne soit pas déli-*

*béré, calculé — omis toute citation de ce qui deviendra, l'année
suivante, les* Illuminations, *dont il a très probablement
déjà écrit plusieurs fragments.* Alchimie du verbe *fait
silence sur les poèmes en prose, tenus en réserve. Et si
l'on a voulu voir telles allusions aux* Illuminations *dans
le passage où Rimbaud décrit « l'hallucination simple »
(ci-dessous p. 230), il se garde bien de citer des poèmes
en prose ou de faire référence à l'un d'eux d'une manière
tant soit peu précise, fût-ce aux deux poèmes en prose ali-
gnée des* Illuminations, Marine *et* Mouvement, *qui
peuvent apparaître comme le lien entre les vers libérés de
1872 et les poèmes en prose des* Illuminations *et que
Suzanne Bernard, comme plus d'un critique naguère, nomme
imprudemment « vers libres ». L'objet du récit à intermèdes
poétiques que constitue* Alchimie du verbe *est incontestablement, et quasi exclusivement, l'art poétique de 1872,
coloré de toutes ses illusions et chargé, bien sûr, de l'expérience antérieure, dite, du nom des lettres fameuses, « du
voyant ».* Alchimie du verbe *est d'ailleurs, à sa manière,
un recueil, et il faut voir, aussi bien qu'entre les* Chants
de Maldoror *et les* Poésies *de* Lautréamont, *ou entre la
manière rimbaldienne de 1871 et celle de 1872, non seulement une rupture mais une dialectique de la rupture, particulièrement retorse en l'occurrence :* Alchimie du verbe
*étant à la fois une autocritique et une anthologie, le lecteur est
en droit de se demander ce qu'il reste de la nature exemplaire
de l'exemple, où est l'exemple, s'il est critique (historique,
autobiographique) ou poétique, encore.*

Alchimie du verbe *est un document unique dans le sens
où Rimbaud y pratique lui-même le commentaire de son
œuvre. Ses lettres à Banville du 24 mai 1870, à Izambard
du 13 mai 1871, et à Demeny du 15 mai (ci-dessous p. 343-
352), présentant des poèmes recopiés avec des commentaires
ou de simples liaisons en prose, comportent déjà ce double
registre en alternance, mais sans l'ambiguïté, sans le décalage chronologique et critique qui fait des vers de 1872*

l'illustration d'une poésie reniée. Les poèmes envoyés en 1870 et 1871 aux aînés, professeur, ou poètes, ont le vent en poupe. Ils portent l'espérance et la foi. Témoignant d'une grande assurance, ils sont l'argument pour capter la confiance des autres, ils demandent à être lus et publiés. L'échantillonnage poético-critique de 1872-1873 est à rebours de tout cela. Rimbaud se le renvoie à lui-même et les poèmes qu'il cite ne sont plus en perspective, mais en rétrospective. Pourtant, ils sont imprimés dans le seul ouvrage qu'aura, de lui-même, publié Rimbaud, et la confession qui se termine allégrement par « Cela s'est passé. Je sais aujourd'hui saluer la beauté » ne les exclut de toute esthétique actuelle qu'après leur avoir fait une large place.

Dans son Rimbaud : projets et réalisations, *Pierre Brunel met en évidence le rythme de la production rimbaldienne. Il y a autant de Rimbaud qu'il y a de projets d'œuvre, c'est-à-dire le plus souvent, de recueils, chaque projet correspondant à une manière, abandonnée, sinon reniée dès que se fait jour le projet suivant. S'il fallait trouver une rupture plus décisive que les autres, avant celle qui, à partir de 1875, écarte Rimbaud de la littérature, je crois qu'il faudrait la situer là, entre les poèmes de 1872 et* Une saison en enfer, *et la montrer dans toute sa complexité, dans ce temps superposé qui fait revivre 1872 en 1873, les deux périodes ayant leur rupture propre car quelque chose se casse définitivement lorsque Rimbaud abandonne les formes classiques du vers. Baudelaire ne les avait-il pas préservées ? Mallarmé, bouleversant la syntaxe, n'apparaît-il pas comme un intégriste de la métrique et de la prosodie ?*

Pour Rimbaud, à ce moment, tout se passe dans l'ombre de Verlaine, adorée puis brûlée. Les vers de 1872 sont la partie la plus verlainienne de son œuvre. Une saison en enfer *est le texte de la rupture, avec le passé, en particulier avec Verlaine. Le reniement poétique de 1873 implique celui de l'influence de Verlaine. Et c'est de ce point de vue qu'il faut envisager la partie centrale d'*Une saison en enfer *avec ses deux volets, et intitulée* Délires. *Reprenant la parole à la « vierge folle » de* Délires I, *Rimbaud aborde dans* Délires II, *sous-titré* Alchimie du verbe, *« l'histoire d'une de [ses] folies » à lui, mais où l'autre,* Verlaine, *a encore quelque part.*

*On cite volontiers — Suzanne Bernard le faisait —, pour résumer l'art des vers de 1872, deux syntagmes en allitération du début d'*Alchimie du verbe : *« refrains niais, rythmes naïfs », qui pourtant, dans le texte de Rimbaud, ne s'appliquent pas directement à sa poésie, mais à ce qu'il « aimai[t] » à cette époque, au même titre que les « enseignes », le « latin d'église » et les « contes de fées ». En outre ces affinités désuètes sont citées à partir d'un « depuis longtemps » initial qui nous reporte plus loin en arrière et même, si l'on se fie à la chronologie adoptée, avant le sonnet de* Voyelles, *dont il est question un peu plus bas. Pourtant, l'analogie, le mimétisme persiste : il est difficile de ne pas reconnaître des « refrains » dans les poèmes de 1872, ne fût-ce que ceux de la* Chanson de la plus haute tour *ou de* L'Éternité, *et de ne pas voir les « rythmes naïfs » qu'empruntent les poèmes de cette période. Le mètre impair, par rapport à la règle du pair, comme l'assonance par rapport à la rime, ne sont-ils pas « naïfs » dans un certain sens ?*

Mais c'est là aussi ce qui distingue fondamentalement Verlaine *et* Rimbaud, *ou ce qui limite l'influence de* Verlaine. *L'auteur des* Romances sans paroles *ne contrefait pas la naïveté. Depuis qu'il existe à la poésie — et Dieu sait s'il y existe —, la naïveté le crée et le perd, et le recrée. Et s'il a merveilleusement senti les « prodiges de ténuité » (*Les Poètes maudits*) qu'accomplit* Rimbaud *dans la période où il se rapproche le plus de lui, il n'a pas vu l'élément corrosif, le venin de la dérision. Les vers de* Verlaine *et ceux de* Rimbaud *en 1872 ne se lisent pas au même degré. Ils adoptent peut-être les mêmes formes, en particulier le mètre impair, sans doute très verlainien (pas exclusive-*

ment d'ailleurs : il fut celui de Marguerite de Navarre, par exemple, ou de Mme Guyon, comme Etiemble l'a rappelé ; voir son article « Sur les ' Chansons spirituelles ' », Revue de l'Université de Bruxelles, *1982, n⁰ 1-2,* Lectures de Rimbaud, *p. 61-75). Mais chez Rimbaud, il s'agit de formes d'emprunt, et qui ont le goût de la parodie. Ainsi le refrain de la* Chanson de la plus haute tour *est-il adapté, comme Etiemble l'a montré en mai 1940 dans* Modern Philology, *de la* Chanson de l'avène *(recueillie dans les* Chansons populaires des provinces de France, *notices de Champfleury, Paris, Garnier, 1860, t. III, p. 197). Ainsi le tour répétitif d'*Age d'or *est-il imité, comme l'a montré Pierre Brunel, des « livrets d'opéra-comique du XVIII⁰ siècle » (« Age d'or ou l' ' opéra fabuleux ' »,* Lectures de Rimbaud, op. cit., *p. 81). Et si ces reprises transitent, si j'ose dire, par Verlaine, si les deux poètes « sans avoir à proprement parler colla-boré », adoptent « la même forme poétique »* (ibid., loc. cit.), *la reprise rimbaldienne n'a pas le même ton. Rimbaud y instille les germes d'hermétisme qui vont caractériser bientôt, pour parler en philosophe, son « être » et son « devenir » littéraires.*

Plusieurs critiques, Antoine Adam et Pierre Brunel en particulier, ont proposé de voir dans les vers de 1872 le projet dont parle Delahaye, d'un recueil intitulé Études néantes. *Je placerais en épigraphe de cette œuvre rêvée, si elle le fut, le distique de* [Bonheur] :

> Que comprendre à ma parole ?
> Il fait qu'elle fuie et vole.

« Il » désigne Verlaine, dit Suzanne Bernard. Pourquoi pas le « Bonheur », cet état en suspension, qui vaporise les pensées ? En sept syllabes, avec cette indivisibilité relative du mètre impair, le tour évasif de l'interrogative, la réponse fataliste et les deux mots portés à la rime, parole *et* vole, *voici bien l'image de l'évanescence coupée d'her-métisme à laquelle est parvenue la poésie de Rimbaud.*

*S'il existe souvent plusieurs versions des poèmes de 1872,
le texte d'*Alchimie du verbe *fournit une version supplémentaire. On s'est beaucoup intéressé aux variantes de
1873, et à leur caractère anachronique, involontaire ou non
(effet d'un nouveau travail du texte ou d'une défaillance de
mémoire). Plusieurs critiques, en particulier Jean-Pierre
Giusto (*Rimbaud créateur, Paris, P.U.F., 1980*) et
Danielle Bandelier (*« Les poèmes de* Délires II Alchimie
du verbe *», Lectures de Rimbaud, op. cit.), ont confronté
le texte de 1872 et celui de 1873. Les décalages ne me semblent
pencher ni dans un sens ni dans un autre, ou plutôt ils penchent
dans les deux sens, et je me suis demandé si cette « poésie
de l'insaisissable » (ce sont les termes d'Antoine Adam ;
son éd., p. 924), ne se présentait pas, jusqu'à rendre inopérante la notion même d'établissement du texte, comme
mobile, ou versatile — on devrait dire mutante —, le texte
ne s'établissant qu'en variantes, paradoxalement (voir
mon article « Alchimie du vers, anachronie du verbe »,
L'Information littéraire, janvier-février 1984, p. 17-28).

*Le mètre impair constitue pourtant une certaine régularité
dans cette poésie nouvelle, il permet de dégager une première
unité formelle, et de rassembler les poèmes de cette période
qu'Antoine Adam limite intuitivement au « départ pour
Bruxelles en juillet 1872 » (son éd., p. 924), mais qui fut
peut-être plus longue qu'il n'y paraît. A côté des poèmes
datés, la plupart de mai 1872 (*Larme, La Rivière de
Cassis, Comédie de la soif, Bonne Pensée du matin,
Bannières de mai, Chanson de la plus haute tour,
L'Éternité*), mais aussi de juin (*Age d'or *et* Jeune
Ménage*) et de juillet (« *Plates-bandes d'amarantes* »
et « *Est-elle almée ? »), ceux que nous publions ici à la fin
de cette série de* Derniers vers *ne le sont pas et ne s'offrent
qu'à de douteuses conjectures chronologiques (*Fêtes de la
Faim, « Qu'est-ce pour nous, mon cœur ? », « Entends
comme brame », Michel et Christine, Honte, Mémoire,
[Bonheur]*). Si l'on s'en tient aux fragiles perspectives*

*de la critique interne et à un très hasardeux comparatisme,
on observera que* Mémoire, *un des poèmes les plus complexes
de Rimbaud, se rapproche de l'hermétisme des* Illuminations,
que Honte, *comme l'a montré Albert Henry (« Sur deux
poèmes de Rimbaud,* Angoisse *et* Honte *», Bulletin de
la classe des lettres et des sciences morales et politiques [de l'] Académie royale de Belgique, 5ᵉ série,
tome LXX, 11, 1984, p. 297-314), présente avec un
poème en prose,* Angoisse, *une analogie structurelle et
sémantique (la parenthèse intercalée ; la reprise en « Mais »),
et qu'en mettant à part « Entends comme brame » et* [Bon-
heur], *la fin de l'année 1872, voire le début de 1873, a pu
permettre une poésie qui n'est plus tout à fait celle de l'inanité parodique, celle des « refrains niais » du printemps,
et se rapprocher de l'ambition de certains poèmes en prose.*

*Pour préciser l'hypothèse, le mètre le plus représentatif
de cette poésie « impalpable » (ie reprends ici encore un mot
d'Antoine Adam ; son éd., p. 924), celle du printemps
1872, est le pentamètre, et même, pour préciser encore,
le pentamètre en strophes régulières, de quatre, cinq ou six
vers. C'est le mètre de la* Chanson *de la plus haute tour,
de* L'Éternité, *d'*Age d'or ; *c'est aussi celui d' « Entends
comme brame », qu'on serait tenté d'inclure dans cette
renaissance pentamétrique. C'est, si l'on met à part l'*Album
zutique *et quelques vers isolés, le mètre rimbaldien le plus
court et sans doute le plus approprié au « tour si gai, si
facile » (*Age d'or*) auquel se convertit provisoirement notre
poète. Il restera quasiment inexploré dans la poésie contemporaine (on le retrouvera, sous l'influence probable de
Rimbaud, dans la poésie des années de guerre et d'après
guerre d'Henri Thomas, dans* Travaux d'aveugle *(1941),*
Signe de vie *(1944),* Le Monde absent *(1947) et
dans* Nul Désordre *(1950) ; on comparera par exemple
aux strophes de* L'Éternité, *ce quatrain de « Paresseux
morose » (*Le Monde absent*) : « A telle sagesse / je n'ai
point de part, / je prends, je délaisse / au gré du hasard. »).*

Associé à un refrain, comme dans la Chanson de la plus
haute tour *ou dans* L'Éternité, *il détermine une forme
qui est l'une de celles de Verlaine, à la même époque, dans
les* Romances sans paroles. *On rapprochera, en particulier, de* L'Éternité *(daté de mai 1872), la VIIIᵉ des*
Ariettes oubliées *(qui datent de mai-juin 1872). Mais
Verlaine, qui ne l'utilise guère plus que Rimbaud en 1872,
avait déjà éprouvé la forme de la strophe pentamétrique,
dans* Marine *(publié dans* Le Parnasse contemporain *en
avril 1866, repris la même année parmi les « Eaux fortes »
des* Poèmes saturniens*). Les deux vers qu'il cite, en épigraphe de la première des* Ariettes oubliées : « Le vent
dans la plaine | Suspend son haleine », *sont aussi des penta-
mètres, empruntés à une comédie de Favart (*Ninette à
la cour ou le caprice amoureux, II, 7). *Chez Verlaine,
cette forme, comme en général le mètre impair, n'est pas
réservée au printemps 1872, et lorsque dans la seconde
« fresque » de* Bruxelles *(*Romances sans paroles,
« Paysages belges »), daté d'août 1872, il reprend le pentamètre, puis dans « A poor young Shepherd », qui date du
printemps 1873 (dans les* Romances sans paroles *aussi),
on peut penser que ces « rythmes naïfs », chez Rimbaud,
ont déjà fait long feu, et qu'il est en train de passer d'un art
poétique fondé sur le dérisoire à la dérision pure et simple
de son art.*

　　*C'est pourquoi je n'ai pas hésité à remplacer le poème
que les éditeurs publient traditionnellement à la fin des*
Derniers vers, « Le loup criait sous les feuilles », *que
l'on ne connaît que dans la version d'*Alchimie du verbe,
*par l'étrange poème de la lettre du 14 octobre 1875, où Breton
voyait « le testament poétique et spirituel de Rimbaud »
(*Anthologie de l'humour noir, 1939) *et qu'il faut
considérer comme le dernier essai de versification de Rimbaud.
Reproduisant un dialogue de chambrée, la nuit, le poème
est fondé sur le refrain à tiroirs du « génie » s'identifiant
à des fromages dont la rime conduit la réplique, comme*

en une stichomythie classique, le « gruyère » engendrant « Keller »; le « Brie », « la vie » et le « Roquefort », « la mort ». Proposant de l'intituler « La chambrée de nuit », suivant les termes mêmes de la lettre, Mario Richter s'est le premier intéressé de près à ce « rêve atrocement réel », où il voit le précoce accomplissement du « point suprême surréaliste » (Mario Richter, *« ' La chambrée de nuit : Rêve, Valse ', dernier poème de Rimbaud »,* Saggi e ricerche di letteratura francese, *XXII, 1983, p. 201-236 et « Le dernier rêve littéraire de Rimbaud »,* « Minute d'éveil », Rimbaud maintenant, *Paris, CDU-SEDES, « Société des Études romantiques », 1984, p. 177-186) et où je verrais aussi, pour ma part, la pointe extrême de cette poétique de l'inanité, le dernier et le plus anachronique des « refrains niais » de 1872.*

(A. G.)

LARME [a] [1]

Loin des oiseaux, des troupeaux, des villageoises[2],
Je buvais, accroupi[b] dans quelque bruyère
Entourée de tendres bois de noisetiers,
Par un brouillard d'après-midi tiède et vert.

Que pouvais-je boire dans cette jeune Oise[3],
Ormeaux sans voix, gazon sans fleurs, ciel couvert.
Que tirais-je à la gourde de colocase[c][4]?
Quelque liqueur d'or[5], fade et qui fait suer[d].

Tel, j'eusse été mauvaise enseigne d'auberge[e].
Puis l'orage changea le ciel, jusqu'au soir.
Ce furent des pays noirs, des lacs, des perches,
Des colonnades sous la nuit bleue, des gares[6].

L'eau des bois se perdait sur des sables vierges,
Le vent, du ciel[f], jetait des glaçons aux mares[7]...
Or! tel qu'un pêcheur d'or ou de coquillages[g],
Dire que je n'ai pas eu souci de boire[8]!

Mai 1872.

Texte du fac-similé Messein.
Variantes de La Vogue, *21 juin 1886 (n° 9).*
On pourra comparer cette version avec celle, très différente, donnée par
Rimbaud *en 1873 dans* Une saison en enfer, *p. 228.*

a. *Pas de titre.*
b. Je buvais à genoux
c. Boire à ces gourdes vertes, loin de ma case
d. Claire quelque liqueur d'or qui fait suer
e. Effet mauvais pour une enseigne d'auberge
f. Le vent de Dieu
g. Et tel qu'un pêcheur d'or et de coquillages

LA RIVIÈRE DE CASSIS[a1]

Lᴀ Rivière de Cassis[b] roule ignorée
          En des vaux[c] étranges :
La voix de cent corbeaux[2] l'accompagne, vraie
          Et bonne voix d'anges :
Avec les grands mouvements des sapinaies[3]
          Quand plusieurs vents plongent.

Tout roule avec des mystères révoltants
          De campagnes d'anciens temps[4];
De donjons visités, de parcs importants :
          C'est en ces bords qu'on entend
Les passions mortes des chevaliers errants[5] :
          Mais que salubre est le vent!

Que le piéton regarde à ces claires-voies[d6] :
          Il ira plus courageux.
Soldats des forêts que le Seigneur envoie,
          Chers corbeaux délicieux[7]!
Faites fuir d'ici le paysan matois
          Qui trinque[e] d'un moignon vieux [8].

                                        Mai 1872.

Texte du ms. autographe de la Bibl. Nationale (ancienne coll. Barthou).
Variantes de La Vogue, 21 juin 1886 (n° 9) :
a. *Pas de titre.*
b. la rivière de cassis
c. a des vaux
d. *Rimbaud a écrit* clairevoies
e. *Sur le ms.,* Qui *surcharge* Trinqua[nt]

COMÉDIE DE LA SOIF[a][1]

I. LES PARENTS

Nous sommes tes Grands-Parents[2],
        Les Grands !
Couverts des froides sueurs
De la lune[b] et des verdures.
Nos vins secs avaient du cœur !
Au Soleil sans imposture
Que faut-il à l'homme ? boire.

Moi — Mourir aux fleuves barbares.

Nous sommes tes Grands-Parents
        Des champs.
L'eau est au fond des osiers :
Vois le courant du fossé
Autour du Château mouillé.
Descendons en nos celliers[3] ;
Après, le cidre et le lait[c].

Moi — Aller où boivent les vaches.

Texte du ms. autographe de la Bibliothèque Nationale (ancienne collection Barthou).

Variantes de La Vogue, 7 juin 1886 (nᵒ 7).

Bouillane de Lacoste a étudié chez Mme Ronald Davis un autre manuscrit des parties 1, 2 et 3. La suite de ce manuscrit (les parties 4 et 5) est à la Fondation Bodmer, à Cologny. Les variantes qui suivent sont donc celles relevées par Bouillane de Lacoste, complétées par celles du ms. Bodmer.

a. *Pas de titre ni de sous-titres. Le ms. R. Davis porte en titre :* Enfer de la soif.

b. De la terre *(ms. R. Davis)*

c. *Le texte de* La Vogue *ainsi que le ms. Ronald Davis portent* Descendons en nos celliers Après le cidre, ou le lait, *ce qui donne un autre sens à la phrase. Voir la note 3.*

Nous sommes tes Grands-Parents;
        Tiens, prends
Les liqueurs dans nos armoires
Le Thé, le Café, si rares,
Frémissent dans les boulloires[a].
— Vois les images, les fleurs[4].
Nous rentrons du cimetière.

Moi —   Ah! tarir toutes les urnes[5]!

2. L'ESPRIT

Éternelles Ondines,
        Divisez l'eau fine.
Vénus, sœur de l'azur,
        Émeus le flot pur[6].
Juifs errants de Norwège
        Dites-moi la neige.
Anciens exilés chers
        Dites-moi la mer.

Moi —   Non, plus ces boissons pures,
        Ces fleurs d'eau pour verres[7];
Légendes ni figures
        Ne me désaltèrent;
Chansonnier, ta filleule
        C'est ma soif si folle
Hydre intime sans gueules[b8]
        Qui mine et désole.

3. LES AMIS

Viens, les Vins vont aux plages,
Et les flots par millions!

---

a. bouilloires *corrigé en* boulloires, *suivant la prononciation régionale;* voir Jean-Pierre Chambon (*Parade sauvage*, n° 5, juillet 1988, p. 22-23).

Vois le Bitter[10] sauvage[a]
Rouler du haut des monts !

Gagnons, pèlerins sages
L'Absinthe[b] aux verts piliers[11]...

Moi — Plus ces paysages.
Qu'est l'ivresse, Amis ?

J'aime autant, mieux, même,
Pourrir dans l'étang,
Sous l'affreuse crème[12],
Près des bois flottants.

4. LE PAUVRE SONGE[c]

Peut-être un Soir m'attend
Où je boirai tranquille
En quelque vieille Ville[d] [13],
Et mourrai plus content :
Puisque je suis patient !

Si mon mal se résigne [14]
Si j'ai jamais quelque or [15]
Choisirai-je le Nord
Ou le Pays des Vignes [e] [16]?...
— Ah songer est indigne

Puisque c'est pure perte !
Et si je redeviens
Le voyageur ancien
Jamais l'auberge verte [17]
Ne peut bien m'être ouverte.

---

a. Vois les Bitters sauvages *(ms. R. Davis)*
b. absinthe *surcharge un autre mot (ms. de la Bibl. Nationale)*
c. Chanson *(ms. Bodmer)*
d. En quelque bonne ville *(ms. Bodmer)*
e. Ou le pays des vignes *(ms. Bodmer)*

5. CONCLUSION [a]

Les pigeons qui tremblent dans la prairie,
Le gibier, qui court et qui voit la nuit,
Les bêtes des eaux, la bête asservie [18],
Les derniers papillons!... ont soif aussi.

Mais fondre où fond ce nuage sans guide,
— Oh! favorisé de ce qui est frais!
Expirer en ces violettes humides
Dont les aurores chargent ces forêts [19]?

Mai 1872.

---

a. *Pas de titre dans le ms. Bodmer, et quelques variantes de ponctuation.*

BONNE PENSÉE DU MATIN[1]

A quatre heures du matin, l'été,
Le Sommeil d'amour dure encore.
Sous les bosquets l'aube évapore
    L'odeur du soir fêté [2].

Mais [a] là-bas dans l'immense chantier
Vers le soleil des Hespérides [3],
En bras de chemise, les charpentiers
    Déjà s'agitent.

Dans leur désert de mousse, tranquilles,
Ils préparent les lambris précieux
Où la richesse de la ville
    Rira sous de faux cieux [4].

Ah! pour ces Ouvriers charmants
Sujets d'un roi de Babylone,
Vénus! laisse un peu les Amants,
    Dont l'âme est en couronne.

    O Reine des Bergers [5]!
Porte aux travailleurs l'eau-de-vie,
Pour que leurs forces soient en paix
En attendant le bain dans la mer, à midi.

                Mai 1872.

Texte du premier fac-similé Messein. Un second manuscrit, antérieur, du même texte, reproduit en regard de celui-ci dans les fac-similés Messein, n'a ni titre, ni date, ni ponctuation, ni majuscules à l'initiale des vers. On pourra comparer cette version avec la version donnée par Rimbaud dans Une saison en enfer, *p. 229.*

   a. Or *dans l'autre ms;* Mais *surcharge* Or *dans celui-ci.*

FÊTES DE LA PATIENCE [1]

BANNIÈRES DE MAI [b] [2]

Aux branches claires des tilleuls
Meurt un maladif hallali [3].
Mais des chansons spirituelles
Voltigent parmi les groseilles [c].
Que notre sang rie en nos veines,
Voici s'enchevêtrer les vignes.
Le ciel est joli comme un ange,
L'azur et l'onde [d] communient [4].
Je sors. Si un rayon me blesse
Je succomberai sur la mousse [5].

Qu'on patiente et qu'on s'ennuie
C'est trop simple. Fi de mes peines [e].
Je veux que l'été dramatique [6]
Me lie à son char de fortune.
Que par toi beaucoup, ô Nature,

---

a. *L'énumération de ces quatre titres, numérotés, sous le titre global de* Fêtes de la patience, *figure dans les fac-similés Messein, à la suite du ms. des quatre textes.*

b. *Texte du fac-similé Messein. Un second manuscrit, intitulé* Patience, *a été suivi par Vanier pour l'édition des* Poésies *en 1895. Je donne les variantes de cette édition.*

c. Voltigent partout les groseilles

d. Azur et Onde

e. C'est si simple!... Fi de ces peines!

— Ah moins seul et moins nul [a] ! — je meure.
Au lieu que les Bergers, c'est drôle [7],
Meurent à peu près par le monde.

Je veux bien que les saisons m'usent.
A toi, Nature, je me rends;
Et ma faim et toute ma soif.
Et, s'il te plaît, nourris, abreuve [8].
Rien de rien ne m'illusionne;
C'est rire aux parents, qu'au soleil [b] [9],
Mais moi je ne veux rire à rien;
Et libre soit cette infortune.

                                   Mai 1872.

---

a. — Ah moins nul et moins seul!
b. C'est rire aux parents qu'au soleil.

CHANSON DE LA PLUS HAUTE TOUR[1]

Oisive jeunesse[2]
A tout asservie,
Par délicatesse
J'ai perdu ma vie[3].
Ah! Que le temps vienne
Où les cœurs s'éprennent.

Je me suis dit : laisse,
Et qu'on ne te voie :
Et sans la promesse
De plus hautes joies.
Que rien ne t'arrête,
Auguste retraite.

J'ai tant fait patience
Qu'à jamais j'oublie[4];
Craintes et souffrances
Aux cieux sont parties.
Et la soif malsaine
Obscurcit mes veines.

Ainsi la Prairie
A l'oubli livrée,
Grandie, et fleurie
D'encens et d'ivraies

Texte du fac-similé Messein. Le texte de La Vogue, *7 juin 1886 (n° 7) ne diffère de celui-ci que par la place de la 5ᵉ strophe, qui devient la 3ᵉ et commence par O mille veuvages. Deux strophes de ce poème sont citées dans* Une saison en enfer, *p. 230.*

Au bourdon farouche
De cent sales mouches[5].

Ah! Mille veuvages[6]
De la si pauvre âme
Qui n'a que l'image
De la Notre-Dame!
Est-ce que l'on prie
La Vierge Marie[7]?

Oisive jeunesse
A tout asservie,
Par délicatesse
J'ai perdu ma vie.
Ah! Que le temps vienne
Où les cœurs s'éprennent!

Mai 1872.

L'ÉTERNITÉ[a1]

Elle est retrouvée.
Quoi? — L'Éternité.
C'est la mer allée[2]
Avec le soleil.

Ame sentinelle[3],
Murmurons l'aveu
De la nuit si nulle
Et du jour en feu.

Des humains suffrages,
Des communs élans
Là [b] tu te dégages
Et [c] voles selon [4].

Puisque de vous seules[d],
Braises de satin,
Le Devoir s'exhale[5]
Sans qu'on dise : enfin.

Texte du fac-similé Messein.
Variantes de La Vogue, *7 juin 1886 (n° 7), où la 4ᵉ et la 5ᵉ strophe
sont inversées.*
On pourra comparer cette version avec la version donnée par Rimbaud dans
Une saison en enfer, *p. 232.*

a. *Titre* : Éternité.
b. Donc
c. Tu
d. De votre ardeur seule
e. Jamais l'espérance,

Là pas d'espérance^e,
Nul orietur ^{f 6}.
Science avec patience,
Le supplice est sûr⁷.

Elle est retrouvée.
Quoi? — L'Éternité.
C'est la mer allée
Avec le soleil.

Mai 1872.

---

f. Pas d'*orietur*.

AGE D'OR[1]

QUELQU'UNE des voix
Toujours angélique[a]
— Il s'agit de moi, —
Vertement[2] s'explique :

Ces mille questions
Qui se ramifient
N'amènent, au fond,
Qu'ivresse et folie[3];

Reconnais ce tour
Si gai, si facile[4] :
Ce n'est qu'onde, flore[b],
Et c'est ta famille[5]!

Puis elle chante. O
Si gai, si facile,
Et visible à l'œil nu[6]...
— Je chante avec elle, —

Reconnais ce tour
Si gai, si facile,
Ce n'est qu'onde, flore,
Et c'est ta famille!.. etc....

Texte du fac-similé Messein.
Variantes de La Vogue, *7 juin 1886 (n° 7), où les strophes 4 et 5*
manquent.

a. — Est-elle angélique ! —
b. C'est tout onde et flore :

Et puis une Voix
— Est-elle angélique ! —
Il s'agit de moi,
Vertement s'explique ;

Et chante à l'instant
En sœur des haleines :
D'un ton allemand[1],
Mais ardente et pleine :

Le monde est vicieux ;
Si cela t'étonne[a][8] !
Vis et laisse au feu
L'obscure infortune.

O ! joli château[b][9] !
Que ta vie est claire !
De quel Age es-tu,
Nature princière
De notre grand frère ! etc....,

Je chante aussi, moi :
Multiples sœurs ! Voix
Pas du tout publiques [10] !
Environnez-moi
De gloire pudique [c].. etc....,

Juin [d] 1872.

a. Tu dis ? tu t'étonnes ?
b. O joli château !
c. *Les deux derniers vers sont intervertis dans* La Vogue. *Un manuscrit de la collection Berès porte les mentions suivantes :*
    En face de la 3e *strophe,* Terque quaterque
    — *de l'avant-dernière strophe,* Pluries
    — *de la dernière strophe,* Indesinenter
et comporte deux strophes de moins (strophes 4 et 5). C'est celui que suit La Vogue.
d. *Sur le ms.,* Juin *surcharge* Mai

JEUNE MÉNAGE[1]

La chambre est ouverte au ciel bleu-turquin[2];
Pas de place : des coffrets et des huches!
Dehors le mur est plein d'aristoloches
Où vibrent les gencives[3] des lutins.

Que ce sont bien intrigues de génies[4]
Cette dépense et ces désordres vains!
C'est la fée africaine qui fournit
La mûre, et les résilles dans les coins[5].

Plusieurs entrent, marraines mécontentes,
En pans de lumière dans les buffets,
Puis y restent! le ménage s'absente
Peu sérieusement, et rien ne se fait.

Le marié a le vent qui le floue[6]
Pendant son absence, ici, tout le temps.
Même des esprits des eaux, malfaisants[a]
Entrent vaguer aux sphères de l'alcôve.

La nuit, l'amie oh! la lune de miel[7]
Cueillera leur sourire et remplira
De mille bandeaux de cuivre le ciel.
Puis ils auront affaire au malin rat.

Texte du fac-similé Messein.

a. *Rimbaud avait écrit :*
            Même des fantômes des eaux, errants
Il a remplacé fantômes *par* esprits, errants *par* malfaisants, *et il a récrit
le vers en bas de page, avec appel d'astérisque.*

— S'il n'arrive pas un feu follet blême,
Comme un coup de fusil, après des vêpres.
— O spectres saints et blancs de Bethléem,
Charmez plutôt le bleu de leur fenêtre[8]!

27 Juin 1872.

Bruxelles ^a ¹,

Juillet.   <i>Boulevard</i> ^b <i>du Régent.</i>

P LATES-BANDES d'amarantes jusqu'à
L'agréable palais de Jupiter [2].
— Je sais que c'est Toi [3], qui, dans ces lieux,
Mêles ton Bleu presque de Sahara !

Puis, comme rose et sapin du soleil
Et liane ont ici leurs jeux enclos,
Cage de la petite veuve [4] !...
                          Quelles
Troupes d'oiseaux, ô iaio, iaio !...

— Calmes maisons, anciennes passions !
Kiosque de la Folle par affection.
Après les fesses des rosiers [5], balcon
Ombreux et très bas de la Juliette.

— La Juliette, ça rappelle l'Henriette [6],
Charmante station du chemin de fer,
Au cœur d'un mont, comme au fond d'un verger
Où mille diables bleus dansent dans l'air [7] !

Banc vert où chante au paradis d'orage [8],
Sur la guitare, la blanche Irlandaise.

Texte de La Vogue, *14 juin 1886 (nº 8).*

a. *P. Hartmann signale que dans le manuscrit de la collection Berès,* Bruxelles *ne semble pas un titre, mais une indication comme on en met en tête de lettre.*

b. *Rimbaud a écrit* Boulevart

Puis de la salle à manger guyanaise,
Bavardage des enfants et des cages.

Fenêtre du duc qui fais que je pense
Au poison des escargots et du buis
Qui dort ici-bas au soleil.
                              Et puis
C'est trop beau! trop! Gardons notre silence.

— Boulevard sans mouvement ni commerce,
Muet, tout drame et toute comédie,
Réunion des scènes infinie[9],
Je te connais et t'admire en silence.

E<small>ST-ELLE</small> almée[1]?... aux premières heures bleues[2]
Se détruira-t-elle comme les fleurs feues...
Devant la splendide étendue où l'on sente
Souffler la ville énormément florissante!

C'est trop beau! c'est trop beau! mais c'est nécessaire
— Pour la Pêcheuse et la chanson du Corsaire,
Et aussi puisque les derniers masques[3] crurent
Encore aux fêtes de nuit sur la mer pure!

Juillet 1872.

---

*Texte de l'autographe de l'ancienne collection Lucien Graux, d'après
l'édition critique de Bouillane de Lacoste.*

FÊTES DE LA FAIM [1]

Ma faim, Anne, Anne [2],
Fuis sur ton âne.

Si j'ai du *goût,* ce n'est guères
Que pour la terre et les pierres
Dinn! dinn! dinn! dinn! je pais l'air,
Le roc, les Terres, le fer.

Tournez, les faims! paissez, faims,
    Le pré des sons!
Puis l'humble et vibrant venin
    Des liserons;

Les cailloux qu'un pauvre brise,
Les vieilles pierres d'églises,
Les galets, fils des déluges [3],
Pains couchés aux vallées grises!

Texte du ms. de la Fondation Martin Bodmer.
  *Le fac-similé du recueil Messein ne reproduit pas directement le manuscrit Bodmer, mais une photographie du manuscrit, sur laquelle des corrections ont été faites pour rendre cette version plus semblable à celle d'*Une saison en enfer*, où ce poème figure sous le titre* Faim *(voy. p. 231).*

Mes [a] faims, c'est les bouts d'air noir;
  L'azur sonneur;
— C'est l'estomac qui me tire.
  C'est le malheur[4].

Sur terre ont paru les feuilles:
Je vais aux chairs de fruit blettes[5].
Au sein du sillon je cueille
La doucette et la violette.

  Ma faim, Anne, Anne!
  Fuis sur ton âne [b].

---

a. *Le* M *de* Mes *surcharge une autre lettre* (C? D?)
b. *Sur le fac-similé de la photographie corrigée, une date :* Août 1872

Qu'est-ce pour nous, mon cœur[1], que les nappes de
Et de braise, et mille meurtres, et les longs cris   [sang[2]
De rage, sanglots de tout enfer renversant
Tout ordre[3]; et l'Aquilon encor sur les débris;

Et toute vengeance? Rien!... — Mais si, toute encor,
Nous la voulons! Industriels, princes, sénats[4],
Périssez! puissance, justice, histoire, à bas!
Ça nous est dû. Le sang! le sang! la flamme d'or[5]!

Tout à la guerre, à la vengeance, à la terreur,
Mon Esprit! Tournons dans la morsure : Ah! passez,
Républiques de ce monde! Des empereurs,
Des régiments, des colons, des peuples, assez!

Qui remuerait les tourbillons de feu furieux,
Que nous[6] et ceux que nous nous imaginons frères?
A nous! Romanesques amis : ça va nous plaire.
Jamais nous ne travaillerons[7], ô flots de feux!

Europe, Asie, Amérique, disparaissez[8].
Notre marche vengeresse a tout occupé,
Cités et campagnes! — Nous serons écrasés!
Les volcans sauteront! et l'Océan frappé...

_____

Texte de La Vogue, *7 juin 1886 (n° 7). Ponctuation rectifiée d'après*
l'éd. Hartmann.

Oh! mes amis! — Mon cœur, c'est sûr, ils sont des
                                        [frères :
Noirs inconnus, si nous allions! allons! allons!
O malheur! je me sens frémir, la vieille terre,
Sur moi de plus en plus à vous! la terre fond[9],

Ce n'est rien! j'y suis! j'y suis toujours[a].

a. *Ce dernier vers a longtemps été imprimé en italique ; P. Hartmann, qui a étudié l'autographe de la collection Berès, lui a restitué sa présentation identique à celle des autres vers.*

ENTENDS comme brame[1]
près des acacias
en avril la rame
viride du pois[2]!

Dans sa vapeur nette[3],
vers Phœbé! tu vois
s'agiter la tête
de saints d'autrefois...

Loin des claires meules
des caps, des beaux toits[a],
ces chers Anciens veulent
ce philtre sournois[4]...

Or ni fériale
ni astrale! n'est
la brume qu'exhale
ce nocturne effet.

Néanmoins ils restent,
— Sicile, Allemagne[5],
dans ce brouillard triste
et blêmi, justement[6]!

Texte de l'autographe de l'ancienne collection Ronald Davis; établi d'après Bouillane de Lacoste.

a. *D'après l'éd. Bouillane de Lacoste, Rimbaud avait d'abord écrit :* des beaux caps, des toits,

MICHEL ET CHRISTINE[1]

Zut alors, si le soleil quitte ces bords!
Fuis, clair déluge! Voici l'ombre des routes.
Dans les saules, dans la vieille cour d'honneur,
L'orage d'abord jette ses larges gouttes[2].

O cent agneaux[3], de l'idylle soldats blonds[4],
Des aqueducs, des bruyères amaigries,
Fuyez! plaine, déserts, prairie, horizons
Sont à la toilette rouge de l'orage!

Chien noir, brun pasteur dont le manteau s'engouffre,
Fuyez l'heure des éclairs supérieurs;
Blond troupeau, quand voici nager ombre et soufre,
Tâchez de descendre à des retraits meilleurs.

Mais moi, Seigneur! voici que mon Esprit vole,
Après les cieux glacés de rouge, sous les
Nuages célestes qui courent et volent
Sur cent Solognes longues comme un railway[5].

Voilà mille loups[6], mille graines sauvages
Qu'emporte, non sans aimer les liserons,
Cette religieuse après-midi d'orage
Sur l'Europe ancienne où cent hordes iront!

Après, le clair de lune! partout la lande,
Rougissant[a] leurs fronts aux cieux noirs, les guerriers

Texte de La Vogue, 14 juin 1886 (n° 8), revu d'après l'éd. Hartmann.
a. Avant l'éd. Hartmann, on imprimait : Rougis et

Chevauchent lentement leurs pâles coursiers[7]!
Les cailloux sonnent sous cette fière bande!

— Et verrai-je le bois jaune et le val clair,   [Gaule,
L'Épouse aux yeux bleus, l'homme au front rouge, — ô
Et le blanc agneau Pascal, à leurs pieds chers,
— Michel et Christine, — et Christ! — fin de l'Idylle[8].

HONTE[1]

TANT que la lame n'aura
Pas coupé cette cervelle,
Ce paquet blanc, vert et gras[2],
A vapeur jamais nouvelle[3],

(Ah! Lui[4], devrait couper son
Nez, sa lèvre, ses oreilles,
Son ventre! et faire abandon
De ses jambes! ô merveille!)

Mais, non, vrai, je crois que tant
Que pour sa tête la lame,
Que les cailloux pour son flanc,
Que pour ses boyaux la flamme[5]

N'auront pas agi, l'enfant
Gêneur[6], la si sotte bête,
Ne doit cesser un instant
De ruser et d'être traître

Comme un chat des Monts-Rocheux[7];
D'empuantir toutes sphères!
Qu'à sa mort pourtant, ô mon Dieu!
S'élève quelque prière[8]!

Texte de La Vogue, 14 juin 1886 (n° 8).
Ponctuation rectifiée d'après l'édition Hartmann.

MÉMOIRE[1]

I

L'EAU claire; comme le sel des larmes d'enfance,
L'assaut au soleil des blancheurs des corps de femmes;
la soie, en foule et de lys pur, des oriflammes
sous les murs dont quelque pucelle eut la défense[2];

l'ébat des anges; — Non... le courant d'or en marche,
meut ses bras, noirs, et lourds, et frais surtout, d'herbe.
                                                    [Elle[3]
sombre, ayant[a4] le Ciel bleu pour ciel-de-lit, appelle
pour rideaux l'ombre de la colline et de l'arche.

2

Eh! l'humide carreau[5] tend ses bouillons limpides!
L'eau meuble d'or pâle et sans fond les couches prêtes.
Les robes vertes et déteintes des fillettes
font les saules[6], d'où sautent les oiseaux sans brides.

Plus pure qu'un louis, jaune et chaude paupière
le souci d'eau[7] — ta foi conjugale, ô l'Épouse! —
au midi prompt, de son terne miroir, jalouse
au ciel gris de chaleur la Sphère rose et chère[8].

---

*Texte de l'autographe de l'ancienne collection Lucien Graux, d'après l'éd.
Bouillane de Lacoste.*

a. *Bouillane de Lacoste lit* avant; *les éditeurs corrigent en* ayant.

3

Madame se tient trop debout dans la prairie[9]
prochaine où neigent les fils du travail; l'ombrelle
aux doigts; foulant l'ombelle; trop fière pour elle
des enfants lisant dans la verdure fleurie

leur livre de maroquin rouge! Hélas, Lui[10], comme
mille anges blancs qui se séparent sur la route,
s'éloigne par delà la montagne! Elle, toute
froide, et noire, court! après le départ de l'homme!

4

Regret des bras épais et jeunes d'herbe pure!
Or des lunes d'avril au cœur du saint lit! Joie
des chantiers riverains à l'abandon, en proie
aux soirs d'août qui faisaient germer ces pourritures[11]!

Qu'elle pleure à présent sous les remparts[12]! l'haleine
des peupliers d'en haut est pour la seule brise.
Puis, c'est la nappe, sans reflets, sans source, grise :
un vieux, dragueur, dans sa barque immobile, peine.

5

Jouet de cet œil d'eau morne, je n'y puis prendre,
ô canot immobile[13]! oh! bras trop courts! ni l'une
ni l'autre fleur : ni la jaune qui m'importune,
là; ni la bleue, amie[a] à l'eau couleur de cendre[14]

Ah! la poudre des saules qu'une aile secoue!
Les roses des roseaux dès longtemps dévorées[15]!
Mon canot, toujours fixe; et sa chaîne tirée
Au fond de cet œil d'eau sans bords, — à quelle boue[16]?

---

a. *Bouillane de Lacoste a, le premier, rectifié d'après le manuscrit* amie *et
non* amis.

[BONHEUR]ᵃ

O saisons, ô châteaux¹,
Quelle âme est sans défauts?

O saisons, ô châteauxᵇ,

J'ai fait la magique étude
Du Bonheur, que nul n'élude².

Oᶜ vive lui, chaque fois
Que chante son coq gaulois³.

Mais! je n'aurai plus d'envie,
Il s'est chargé de ma vie.

Ce Charme! il prit âme et corps,
Et dispersa tous efforts⁴.

Texte du ms. P. Berès (fac-similé dans Bouillane de Lacoste, Rimbaud
et le problème des Illuminations, *p. 150).*

*Bouillane de Lacoste a pu étudier le fac-similé d'un brouillon très raturé : il
a reproduit les corrections de Rimbaud dans son édition critique. Ce texte est
précédé de deux lignes de prose qui ont été barrées, et que les éditeurs de la
Pléiade lisent ainsi :* « C'est pour dire que ce n'est rien, la vie; voilà
donc les *Saisons* » *(ce qui paraît indiquer qu'il s'agit d'un brouillon pour*
Alchimie du Verbe). *Les six derniers vers, qui sont barrés, sur le manuscrit
Berès, et ne figurent pas dans le nº 9 de* La Vogue, *sont ainsi corrigés dans le
brouillon :*

> C'est pour moi *(raturé)*
> Il faut que son dédain, las!
> Soit pour moi *(raturé)*
> Me livre au plus prompt trep[as]

*Comme les éditeurs précédents, je les mets entre crochets. On pourra comparer
cette version avec la version donnée par Rimbaud dans* Une saison en enfer,
p. 234.

a. *Titre du brouillon d'*Alchimie du verbe *(voir p. 340)*
b. *Refrain ajouté, dans l'espace séparant la première strophe (vers 1-2)
de la seconde (vers 4-5).*
c. O *surcharge* J[e]

Que[a] comprendre à ma parole?
Il fait qu'elle fuie et vole!

O saisons, ô châteaux[b]!

[Et, si le malheur m'entraîne,
Sa disgrâce m'est certaine.

Il faut que son dédain, las!
Me livre au plus prompt trépas[5]!

— O Saisons, ô Châteaux!
Quelle âme est sans défauts[c]?]

---

a. Que *surcharge* Quoi

b. *Ajouté de la même manière qu'au vers 3. Sans ce double ajout, le poème était donc composé en neuf strophes de deux vers à rimes plates; six strophes si l'on tient compte de la suppression des trois dernières.*

c. *La fin du poème est donc biffée de deux diagonales qui se croisent, pour l'ensemble des trois strophes, le dernier vers ayant été, sans doute antérieurement, biffé quant à lui de plusieurs lignes horizontales.*

LA CHAMBRÉE DE NUIT[1]

RÊVE

ON a faim dans la chambrée —
    C'est vrai...
Émanations, explosions. Un génie :
    « Je suis le gruère ! » —
Lefêbvre : « Keller ! »
Le génie : « Je suis le Brie ! » —
Les soldats coupent sur leur pain :
    « C'est la vie ! »
Le génie. — « Je suis le Roquefort ! »
    — « Ça s'ra not' mort !... »
    Je suis le gruère
    Et le Brie !... etc.

VALSE

On nous a joints, Lefêbvre et moi, etc.

---

*Texte de la lettre à Delahaye du 14 octobre 1875, autographe de l'ancienne
collection Alfred Saffrey.*
Les guillemets ne sont pas refermés, sur le manuscrit, aux vers 4, 6, 8, 9, 10.

LES DÉSERTS DE L'AMOUR

NOTICE

Suivant *Ernest Delahaye, ces fragments dateraient du printemps de 1871 : à cette date la lecture de Baudelaire aurait suggéré à Rimbaud* « de tenter des *poèmes en prose* », *et c'est alors qu'il aurait écrit* « le commencement d'une série ayant pour titre *Les Déserts de l'Amour* ». *(*Rimbaud, l'artiste et l'être moral, *p. 36.) Cependant, Bouillane de Lacoste estime que l'écriture permet de dater ce manuscrit de 1872* « sans doute possible », *et l'on sait que la chronologie de Delahaye n'est pas toujours très exacte. Il semble, en effet, que ces textes n'ont pas grand rapport avec les poèmes en prose de Baudelaire, mais qu'en revanche ils en ont beaucoup avec la période de* « délire » *que Rimbaud a connue en 1872 à l'époque où il écrivait ses* Derniers Vers, *et dont il dit dans l'*Alchimie du Verbe : « Je tombais dans des sommeils de plusieurs jours, et, levé, je continuais les rêves les plus tristes. »

« Ces écritures-ci », *dit Rimbaud dans l'*Avertissement *qui précède le texte,* « sont d'un jeune, tout jeune *homme,* dont la vie s'est développée n'importe où; sans mère, sans pays, insoucieux de tout ce qu'on connaît, fuyant toute force morale... » *Le caractère autobiographique de ces proses est en effet évident, et il faut lire un aveu poignant dans l'expression* « sans mère » *aussi bien que plus loin dans la phrase :* « N'ayant pas aimé de femmes, — quoique plein de sang! — il eut son âme et son cœur, toute sa force, élevés en des erreurs étranges et tristes. » *Comme l'indique l'*Avertissement, *il s'agit moins de poèmes que de* rêves, *rêves endormis ou éveillés, rêves d'amour et de* souffrance : *il est à supposer qu'un psychanalyste y trouve-rait matière à plus d'une réflexion.*

(S. B.)

Le texte des Déserts de l'amour, *en particulier celui des deux fragments que j'ai numérotés* [I] *et* [II] *pour les distinguer l'un de l'autre, était très imparfaitement établi dans les éditions antérieures et comportait en particulier de multiples erreurs de ponctuation. Il a été revu sur les manuscrits de l'ancienne collection Barthou, aujourd'hui à la Bibliothèque Nationale.*

Comme Yves Reboul l'a démontré (« Sur la chronologie des Déserts de l'amour *», Parade sauvage, n° 8, 1991), la datation avancée par Delahaye n'a aucune crédibilité. Quand Georges Maurevert lui parle des* Déserts de l'amour *en 1906, il en ignore tout et c'est en toute présomption qu'il en témoigne en 1923.*

(A. G.)

LES DÉSERTS DE L'AMOUR

Avertissement [1]

CES écritures-ci sont d'un jeune, tout jeune *homme,* dont la vie s'est développée n'importe où; sans mère, sans pays, insoucieux de tout ce qu'on connaît, fuyant toute force morale[2], comme furent déjà plusieurs pitoyables jeunes hommes[3]. Mais, lui, si ennuyé et si troublé, qu'il ne fit que s'amener à la mort comme à une pudeur terrible et fatale[4]. N'ayant pas aimé de femmes, — quoique plein de sang! — il eut son âme et son cœur, toute sa force, élevés en des erreurs étranges et tristes[5]. Des rêves suivants, — ses amours! — qui lui vinrent dans ses lits ou dans les rues, et de leur suite et de leur fin, de douces considérations religieuses se dégagent[6]. Peut-être se rappellera-t-on le sommeil continu des Mahométans légendaires, — braves pourtant et circoncis [7]! Mais [a], cette bizarre souffrance possédant une autorité inquiétante, il faut sincèrement désirer que cette Ame, égarée parmi nous tous, et qui veut la mort, ce semble, rencontre en cet instant-là des consolations sérieuses et soit digne!

A. Rimbaud.

Texte de l'autographe de la Bibl. Nationale, ancienne collection Barthou.
*Un fac-similé de l'*Avertissement *a été reproduit dans le catalogue de la vente* Barthou *(Bibliothèque de M. Louis Barthou, seconde partie, Blaizot, 1935, p. 182) et dans* Rimbaud et le problème des Illuminations, *de* Bouillane de Lacoste, *p. 147.*

a. Mais, *dans l'interligne, remplace* Comme, *biffé.*

[I]

C'EST certes la même campagne[1]. La même maison
rustique de mes parents : la salle même où les dessus de porte sont des bergeries roussies[2], avec des
armes et des lions. Au dîner, il y a un salon avec des
bougies et des vins et des boiseries rustiques. La table
à manger est très grande. Les servantes ! Elles[a] étaient
plusieurs, autant que je m'en suis souvenu. — Il y
avait là un de mes jeunes amis anciens, prêtre et vêtu
en prêtre, maintenant : c'était pour être plus libre. Je
me souviens de sa chambre de pourpre, à vitres de
papier jaune; et ses livres, cachés, qui avaient trempé
dans l'océan[3] !

Moi j'étais abandonné, dans cette maison de campagne sans fin : lisant dans la cuisine, séchant la boue
de mes habits devant les hôtes, aux conversations du
salon : ému jusqu'à la mort par le murmure du lait du
matin et de la nuit du siècle dernier[4].

J'étais dans une chambre très sombre : que faisais-je ?
Une servante vint près de moi : je puis dire que c'était
un petit chien[5] : quoiqu'elle fût belle, et d'une noblesse
maternelle inexprimable pour moi : pure, connue, toute
charmante ! Elle me pinça le bras.

Je ne me rappelle même plus bien sa figure : ce n'est
pas pour me rappeler son bras, dont[b] je roulai la peau
dans[c] mes deux doigts; ni sa bouche, que la mienne
saisit comme une petite vague désespérée, minant[d] sans
fin quelque chose. Je la renversai dans une corbeille
de coussins et de toiles de navire, en un coin noir. Je
ne me rappelle plus que[e] son pantalon à dentelles
blanches[6]. — Puis, ô désespoir, la cloison devint vaguement l'ombre des arbres[7], et je me suis abîmé sous la
tristesse amoureuse de la nuit.

a. Elles *surcharge* Il y
b. dont *surcharge* que
c. dans *surcharge* entre
d. *faut-il corriger en* mimant ?
e. ses jambes et *biffé entre* que *et* son

[II]

CETTE fois, c'est la Femme que j'ai[a] vue dans la Ville, et à qui j'ai parlé et qui me parle[1].

J'étais dans une chambre sans lumière. On vint me dire qu'elle était chez moi : et je la vis dans mon lit, toute à moi, sans lumière. Je fus très ému, et beaucoup parce que c'était la maison de famille : aussi une détresse me prit[b] : j'étais en haillons, moi, et elle, mondaine, qui se donnait ; il lui fallait s'en aller ! Une détresse sans nom[c] : je la pris, et la laissai tomber hors du lit, presque nue ; et, dans ma faiblesse indicible, je tombai sur elle et me traînai avec elle parmi les tapis sans lumière. La lampe de la famille rougissait l'une après l'autre les chambres voisines[2]. Alors la femme disparut. Je versai plus de larmes que Dieu n'en a pu jamais demander.

Je sortis dans la ville sans fin[3]. O Fatigue ! Noyé dans la nuit sourde et dans la fuite du bonheur. C'était comme une nuit d'hiver, avec une neige pour étouffer le monde décidément. Les[d] amis auxquels je criais : où reste-t-elle, répondaient faussement. Je fus devant les vitrages de là où elle va tous les soirs : je courais dans un jardin enseveli. On m'a repoussé. Je pleurais énormément, à tout cela. Enfin je suis descendu dans un lieu plein de poussière, et assis sur des charpentes, j'ai laissé finir toutes les larmes de mon corps avec cette nuit. — Et mon épuisement me revenait pourtant toujours[11].

J'ai compris qu'elle était à sa vie de tous les jours[4], et que le tour de bonté serait plus long à se reproduire qu'une étoile. Elle n'est pas revenue, et ne reviendra jamais, l'Adorable qui s'était rendue chez moi, — ce que je n'aurais jamais présumé. — Vrai, cette fois j'ai pleuré plus que tous les enfants du monde[5].

---

a. ai *surcharge* avait
b. car *biffé entre* prit *et* j' *(et virgule corrigée en deux points)*
c. car *biffé entre* nom *et* je *(et virgule corrigée en deux points)*
d. Les *surcharge* aux

PROSES « ÉVANGÉLIQUES »

NOTICE

DE ces proses écrites en marge de l'*Évangile*, la première a longtemps été jointe à Une saison en enfer : *Berrichon, qui avait fait une erreur de lecture sur les premiers mots, croyait qu'elle commençait par* « Cette saison, la piscine .. » *et non pas* « Bethsaïda, la piscine... » *et se demandait si ce n'était pas une sorte de prologue à* Une saison en enfer, *d'autant plus que cette prose figure au dos d'un brouillon d'*Une saison [1]. *Bouillane de Lacoste, lui, qui eut le mérite de rétablir la lecture correcte* « Bethsaïda... », *avait d'abord pensé que ce texte trouvait sa vraie place avec les* Illuminations. *Mais la découverte récente de deux autres ébauches de* « proses évangéliques » *l'a conduit à penser qu'il s'agissait d'un groupe à part. H. Matarasso et Bouillane de Lacoste ont en effet publié dans le* Mercure de France *du 1ᵉʳ janvier 1948 deux autres textes, commençant respectivement par* « A Samarie » *et par* « L'air léger et charmant de la Galilée ». *Il est manifeste que les trois textes sont contemporains, et il est facile de voir qu'ils sont directement inspirés par l'*Évangile *de saint Jean.*

---

1. Il peut paraître étonnant que Rimbaud utilise les mêmes feuilles pour écrire d'un côté ces *Proses* « *évangéliques* », de l'autre les brouillons d'*Une saison en enfer*. Il nous faut admettre qu'il n'y avait pas une grande provision de papier dans le grenier de Roche, et que Mme Rimbaud n'était guère portée à la renouveler : l'écriture des brouillons est du reste extrêmement serrée (cf. Bouillane de Lacoste, édition critique d'*Une saison en enfer*, p. 23).

De quand peut-on les dater ? Puisque Bethsaïda *figure
au dos d'un brouillon d'*Une saison en enfer, *il faut
admettre que ces trois proses furent composées dans le grenier
de Roche soit avant le drame de Bruxelles, pendant le séjour de
Rimbaud à Roche au printemps de 1873, soit après, par
exemple aussitôt après la terminaison de la* Saison en enfer
*(qui porte comme date : avril-août 1873). Bouillane de
Lacoste, remarquant que l'écriture de ces ébauches est «* plus
vigoureuse et plus allègre *» que celle des brouillons d'*Une
saison *(*Mauvais Sang *et* Nuit de l'enfer*), et estimant
à peu près certain que* Mauvais Sang *a été écrit en mai, pense
que ces proses pourraient être postérieures au retour de Rimbaud à Roche après le drame. En réalité, le contraire est également possible : pourquoi Rimbaud n'aurait-il pas, en avril,
entrepris des «* proses en marge de l'Évangile *» et abandonné assez vite ce projet, pour se mettre à écrire son «* Livre
païen *» en mai? Il est assez difficile d'imaginer qu'il avait,
juste après le drame de Bruxelles, assez de sérénité d'esprit
pour sortir de sa propre histoire et surtout pour écrire d'une
écriture «* vigoureuse et allègre *».*

Ces proses « évangéliques *» présentent un aspect assez
antireligieux, à la fois sceptique et sarcastique. Dans ces trois
textes, comme dans* Mauvais Sang, *on sent que Rimbaud est
troublé, irrité par le problème religieux, mais aussi qu'il se
refuse, tantôt avec ironie, tantôt avec fureur, à écouter le
«* chant raisonnable des anges *». Il a relu l'Évangile,
attiré et inquiété par la personnalité de Jésus (avait-il lu la*
Vie de Jésus *de* Renan, *publiée en 1863? on pourrait le
penser) : et son attitude, lorsqu'il parle des miracles et des
prophéties du Christ, est bien curieuse : car on voit se mêler
dans sa prose un ton de scepticisme railleur («* Jésus n'a rien
pu dire à Samarie *», «* il eut un mouvement d'orgueil
enfantin et féminin *»), une virulence qui apparaît dans la
vigueur des expressions et la netteté des répliques («* Les premiers entrés sortaient guéris, disait-on. Non. *»), parfois
aussi des ondes soudaines de poésie :* «* Enfin il vit au loin la

prairie poussiéreuse, et les boutons d'or et les marguerites demandant grâce au jour. »

(S. B.)

Durant un demi-siècle, on ne connut que l'un de ces trois
textes : Bethsaïda, semblant égaré, tel qu'un autre « pro-
logue » d'Une saison en enfer ou tel qu'un texte de plus aux
Illuminations. *Aujourd'hui, nous pouvons lire une suite*
de trois textes, avec en chaque incipit, le nom d'un lieu saint :
Samarie, Galilée, Bethsaïda, *trois étapes d'un voyage.*
Inséparables de la gestation d'Une saison en enfer, puis-
qu'ils figurent de l'autre côté (au verso ou au recto) des
brouillons, il convient surtout, maintenant, de leur reconnaître
une place à part dans l'œuvre de Rimbaud.

Après le moment de leur découverte, tandis que l'attention
se tournait de plus en plus vers les Illuminations, *on les*
oublia quelque peu. L'intérêt pour eux s'est réveillé dans les
dernières années. Helena Shillony en a donné un « essai
d'interprétation » dans les Romance Notes *(Winter 1975).*
Ces textes posent d'abord un problème d'écriture : « Rimbaud
récrit l'Évangile » — c'est le titre de l'étude récente de Pierre
Brunel sur ces trois textes, — il fait une « paraphrase » de
saint Jean — c'est le mot de Pierre Boutang dans les pages
qu'il consacre à Bethsaïda *dans* Apocalypse du désir. *La*
question est de savoir quel sens a ce que j'appellerais pour ma
part, étymologiquement, une parodie : un sens pieux, selon
Pierre Boutang; impie selon Pierre Brunel, qui préférerait
appeler ces proses « contre-évangéliques ». Je proposerai, en
tout cas, d'ajouter au titre choisi par Suzanne Bernard,
Proses évangéliques, *et qui a fait fortune, les guillemets de*
l'incertitude : Proses « évangéliques ».

L'attitude de Rimbaud est double, en effet. Il suit fidèle-
ment, à livre ouvert, l'Évangile de saint Jean. Pierre Brunel a
retrouvé les termes exacts de la Vulgate traduite par Le
Maistre de Sacy. Mais s'il colle de si près au texte de saint
Jean, c'est pour le dénaturer, en faire une parole de doute et

non plus de vérité ou de foi. Le décalque est corrosif. Le thème principal, c'est le miracle, dont l'image, vraie ou fausse, fascine Rimbaud. Il en refait la narration pour en éprouver le sens. Le miracle, l' « impossibilité devenue réalité » (Goethe), est subverti en l'un ou l'autre de ces deux termes : la parodie banalise ou nie l'événement miraculeux.

Le texte de ces trois proses, qui figure au verso de deux feuillets des brouillons d'Une saison en enfer (voir p. 331-340) a été revu sur le manuscrit, que M. Jacques Guérin a bien voulu me permettre de consulter attentivement. Il demeure quelques incertitudes de lecture.

(A. G.)

[I]

A Samarie, plusieurs ont manifesté leur foi[a] en lui[1]. Il ne les a pas vus. Samarie [s'enorgueillissait] la parvenue, [la perfide], l'égoïste, plus rigide observatrice de sa loi protestante que Juda des tables antiques[2]. Là la richesse universelle permettait bien peu de discussion éclairée[b]. Le sophisme, esclave et soldat de la routine, y avait déjà après les avoir flattés, égorgé plusieurs prophètes.

C'était un mot sinistre, celui de la femme à la fontaine : « Vous êtes prophète, vous savez ce que j'ai fait[3]. »

Les femmes et les hommes croyaient aux prophètes. Maintenant on croit à l'homme d'état.

A deux pas de la ville étrangère[4], incapable de la menacer matériellement, s'il était pris comme prophète, puisqu'il s'était montré là si bizarre, qu'aurait-il fait? Jésus n'a rien pu dire à Samarie[5].

[II]

L'air léger et charmant de la Galilée[1] : les habitants le reçurent avec une joie curieuse : ils l'avaient vu, secoué par la sainte colère, fouetter les changeurs et les marchands de gibier du temple[2]. Miracle de la jeunesse pâle et furieuse, croyaient-ils.

Autographes de la collection Jacques Guérin.
Les mots entre crochets sont raturés ou surchargés sur le manuscrit.
a. foi *surcharge* croyance
b. *Les premiers éditeurs de la Pléiade (éd. 1954) lisaient* [beaucoup de] toute discussion éclairée, *ce qui semble moins satisfaisant comme sens.*

Il sentit sa main aux mains chargées de bagues et à la bouche d'un officier[3]. L'officier était à genoux dans la poudre : et sa tête était assez plaisante, quoique à demi chauve.

Les voitures filaient dans les étroites rues [de la ville]; un mouvement, assez fort pour ce bourg; tout semblait devoir être trop content ce soir-là.

Jésus retira sa main : il eut un mouvement d'orgueil enfantin et féminin. « Vous autres, si vous ne voyez [point] des miracles, vous ne croyez point[4]. »

Jésus n'avait point encor fait de miracles[5]. Il avait, dans une noce, dans une salle à manger verte et rose, parlé un peu hautement à la Sainte Vierge[6]. Et personne n'avait parlé du vin de Cana à Capharnaüm[7], ni sur le marché, ni sur les quais. Les bourgeois peut-être.

Jésus dit : « Allez, votre fils se porte bien[8].» L'officier s'en alla, comme on porte quelque pharmacie légère, et Jésus continua par les rues moins fréquentées. Des liserons [oranges], des bourraches montraient leur lueur magique entre les pavés. Enfin il vit au loin la prairie poussiéreuse, et les boutons d'or et les marguerites demandant grâce au jour[9].

[III]

Bethsaïda [a], la piscine des cinq galeries, était un point d'ennui[1]. Il semblait que ce fût un sinistre lavoir, toujours accablé de la pluie et noir; et les mendiants[2] s'agitant sur les marches intérieures; — blêmies par ces lueurs d'orages précurseurs des éclairs d'enfer[3], en plaisantant sur leurs yeux bleus aveugles, sur les linges blancs ou bleus dont s'entouraient leurs moignons. O buanderie militaire, ô bain populaire[4]. L'eau était toujours noire, et nul infirme n'y tombait même en songe.

C'est[b] là que Jésus fit la première action grave[5]; avec les infâmes infirmes. Il y avait un jour, de février, mars

---

a. Bethsaïda *surcharge* La piscine de, *qui surcharge* Loin.
b. C'est *surcharge* Mais.

ou avril, où le soleil de deux heures après midi, laissait
s'étaler une grande faux de lumière sur l'eau ensevelie,
et comme, là-bas, loin derrière les infirmes, j' [a] aurais pu
voir [b] tout ce que ce rayon seul éveillait de bourgeons
et de cristaux et de vers, dans le [c] reflet, pareil à un
ange blanc [6] couché sur le côté, tous les reflets infiniment pâles remuaient [d].

Alors [e] tous les péchés, fils légers et tenaces du démon,
qui pour les cœurs un peu sensibles, rendaient ces
hommes plus effrayants que les monstres, voulaient se
jeter à cette eau. Les infirmes descendaient, ne raillant
plus ; mais avec envie.

Les premiers entrés sortaient guéris, disait-on. Non [7].
Les péchés les rejetaient sur les marches, et les forçaient
de chercher d'autres postes : car leur Démon ne peut
rester qu'aux lieux où l'aumône est sûre [f].

Jésus entra aussitôt après l'heure de midi [8]. Personne
ne lavait ni ne descendait de bêtes. La lumière dans la
piscine était jaune comme les dernières feuilles des
vignes. Le divin maitre se tenait contre une colonne :
il regardait les fils du Péché ; le démon tirait sa langue
en leur langue ; et riait ou [ma...][g].

Le[h] Paralytique se leva, qui était resté couché sur le
flanc, franchit la galerie et ce fut d'un pas singulièrement assuré qu'ils le virent franchir[i] la galerie et
disparaître dans la ville, les Damnés[9].

---

a. j' *surcharge* on
b. voir *surcharge* suivre
c. le *surcharge* ce
d. remuaient *surcharge un autre mot, peut-être* retombaient.
e. *Au début du paragraphe, une phrase partiellement biffée :* Les infirmes
(*surchargeant* paralyt[iques]) avaient alors le désir de sillonner l'eau de la
piscine.
f. *Ici, un paragraphe partiellement biffé :* Un signe de vous, ô volonté
divine ; et [toute] obéissance est prévue presque avant les [signes].
g. *Lecture très difficile ; on a proposé* au monde, *ou encore* ou niait
h. Le *surcharge* Un
i. franchir *surcharge* partir.

UNE SAISON EN ENFER

NOTICE

Sur *la genèse de cette plaquette, que Rimbaud a datée* « avril-août, 1873 », *nous possédons des indications partielles, mais importantes; d'autant plus importantes qu'elles intéressent une période cruciale de l'existence du jeune poète :* c'est en juillet 1873 que le drame de Bruxelles allait le séparer définitivement de Verlaine.

Le 11 avril 1873, d'après le Journal de sa sœur Vitalie Rimbaud est arrivé à Roche, venant d'Angleterre, où il a laissé Verlaine en train de terminer les Romances sans paroles. *En mai, il écrit à son ami Delahaye qu'il travaille* « assez régulièrement » *et qu'il fait* « de petites histoires en prose, titre général : Livre païen, ou Livre nègre. C'est bête et innocent » *(voir cette lettre en* Appendice*); et en* post-scriptum : « Mon sort dépend de ce livre pour lequel une demi-douzaine d'histoires atroces sont encore à inventer. » *Il a déjà, dit-il, trois histoires faites. Pourquoi son sort dépend-il de ce livre ? Il s'agit, évidemment, de son sort d'homme de lettres. Rimbaud ne songe sans doute pas encore à abandonner la littérature (il se dira* « homme de lettres » *en juillet, devant les juges de Bruxelles); il peut penser aussi que son sort, s'il arrive à se faire publier, en sera changé par rapport soit à sa famille, soit à Verlaine (littérateur, lui, déjà* « arrivé » *) qui seront forcés de lui accorder considération.*

Mais les projets de Rimbaud sont interrompus : le 24 mai, il revoit Verlaine à Bouillon; tous deux reprennent le train pour la Belgique et vont à Anvers s'embarquer pour l'Angleterre, où ils resteront jusqu'en juillet. Rimbaud a-t-il, en

Angleterre, poursuivi son travail? Peut-être a-t-il mis au
point ses premiers chapitres, et en a-t-il ébauché d'autres :
un dessin de Verlaine, qui le montre écrivant dans un public
house, *portait, paraît-il, en exergue, d'après Bourguignon et*
Houin : « Comment se fit la *Saison en Enfer.* » *On peut très*
bien admettre que Rimbaud avait, dès lors, écrit Mauvais
Sang, *qui figurerait bien dans un* « Livre païen » *ou*
« nègre »; *peut-être aussi* L'Impossible; *peut-être enfin*
(comme troisième « histoire ») Alchimie du Verbe, *qui*
raconte et condamne la tentative du « voyant »; *mais je serais*
plus volontiers portée à penser que les « trois histoires » *dont*
il parlait en mai devaient, remaniées par la suite dans le texte
définitif, former le chapitre Mauvais Sang *(voir la note 1,*
p. 459). Quoi qu'il en soit, il est probable qu'Arthur n'a guère
travaillé à Londres entre mai et juillet : les discussions entre
Verlaine et lui devenaient de plus en plus fréquentes, de plus
en plus violentes, et l'on peut en croire le témoignage de
Délires I *d'après lequel les deux* « compagnons d'enfer »
se roulaient à terre pour se battre. C'est le 3 juillet que Ver-
laine, excédé par cette existence et toujours obsédé par l'idée
de se réconcilier avec sa femme, quitta Londres pour Bruxelles,
où Rimbaud devait le rejoindre le 8; le 10, c'était le drame, le
*coup de revolver, l'arrestation de Verlaine (voy. l'*Introduction, *p. XLVIII). Verlaine allait être condamné à deux ans*
de prison; Rimbaud, après quelques jours de soins (sa blessure
au poignet était bénigne), regagnait Charleville et arrivait à
Roche *le 20 juillet.*

« A peine entré, sans répondre aux paroles de bien-
venue, il va s'effondrer sur une chaise. Une crise
affreuse de sanglots le secoue », *a raconté Berrichon*
d'après les souvenirs d'Isabelle Rimbaud. Bientôt sa famille
le verra monter au grenier, où il va s'enfermer avec sa rancœur
et ses déceptions, et achever son livre, auquel il donnera son
titre définitif : Une saison en enfer. « Aux heures de
travail, à travers le plancher, on perçoit les sanglots qui
réitèrent, convulsifs, coupés, tour à tour, de gémisse-

ments, de ricanements, de cris de colère, de malédictions. » *Berrichon romance-t-il? Pour une fois, on serait porté à lui accorder quelque crédit, tant les pages d'*Une saison en enfer *flamboient d'une fureur et d'un désespoir sauvages.*

En octobre, le livre sortira des presses de l'imprimerie belge Poot et Cie, et Rimbaud enverra, avec quelle intention sarcastique? un exemplaire à Verlaine, alors en prison à Mons; il en donnera un exemplaire à Delahaye, un à Millot, autre ami de Charleville; il en enverra « trois ou quatre » à Forain pour lui-même et quelques amis de Paris. « Une saison en enfer, *devait écrire par la suite Verlaine dans* Les Poètes maudits, *sombra corps et biens dans un oubli monstrueux, l'auteur ne l'ayant pas « lancée » du tout. » Et pour cause : le ballot de cinq cents exemplaires était resté dans les magasins de l'imprimerie, Rimbaud n'ayant pu payer l'imprimeur. On sait qu'en 1901 un érudit belge, Léon Losseau, devait l'y découvrir (voy. L. Losseau,* La Légende de la destruction par Rimbaud de l'édition princeps d' « Une saison en enfer », *communication faite le 12 juillet 1914 à la* Société des Bibliophiles belges). *Dès lors s'effondrait la légende de la destruction de tous les exemplaires d'*Une saison en enfer, *répandue par Isabelle Rimbaud et son mari Paterne Berrichon : Rimbaud a peut-être brûlé dans la cheminée de Roche, le 1er novembre, tout ce qui subsistait de ses manuscrits, peut-être même le restant de ses exemplaires d'auteur (s'il en avait plus de six), mais de toute façon il ne pouvait brûler plus.*

Cette légende était liée à celle d'un « Adieu » définitif à la littérature, qui perd du même coup sa base la plus solide. Cette hypothèse, qui oblige à admettre que les Illuminations *étaient alors composées et qu'*Une saison en enfer *est la dernière œuvre de Rimbaud, demande à être examinée sans prévention.*

Lorsque nous voyons Marcel Coulon écrire : « En somme, après avoir imprimé *Une Saison*, il ne restait vraiment à son auteur qu'une chose à faire : la détruire. » *(La*

Vie de Rimbaud et de son œuvre, *p. 288), nous avons quelque peine à le suivre : Rimbaud s'est donné la peine d'envoyer un exemplaire à Verlaine, de répandre sa brochure parmi ses amis; si vraiment, comme le dit M. Coulon, il s'était effrayé, en relisant son texte imprimé, d'y trouver des hardiesses pouvant nuire à lui-même autant qu'à Verlaine, l'aurait-il ainsi distribué? Qu'il ait eu un sursaut de fureur le 1er novembre, en rentrant de Paris où, d'après le témoignage du poète Alfred Poussin (que rapporte Berrichon), il avait entendu dans un café des consommateurs parler de lui* « entre haut et bas, sinistrement, et avec une bêtise lâche »*, c'est bien possible; mais ce sursaut de rancœur, après tout explicable (bien que Bouillane de Lacoste se refuse à l'admettre), ne signifiait pas nécessairement, même si Arthur lui-même l'a cru sur le moment, qu'il fallait dire pour toujours* « adieu à la littérature »*. On verra, à propos des* Illuminations, qu'en 1875 encore Rimbaud réclamera à Verlaine des poèmes en prose détenus par celui-ci en lui disant de les envoyer à Nouveau* « pour être imprimés »*.

Plus importante semble la preuve interne apportée par l'examen du texte, et surtout par le texte intitulé Adieu : « J'ai cru acquérir des pouvoirs surnaturels. Eh bien! je dois enterrer mon imagination et mes souvenirs! Une belle gloire d'artiste et de conteur emportée! »

Comme le remarque P. Moreau (Introduction à l'édition de la collection Flambeau), il n'est pas impossible que Rimbaud ait cru qu'il allait abandonner la littérature et qu'il ait donné à cet adieu une forme littéraire : de tels « adieux » *sont fréquents de la part d'écrivains : adieux de Byron à la Muse, adieux à la poésie terminant les* Méditations *de Lamartine, dernière pièce d'España de Gautier.* « Même quand ils sont sincères, ils sont, le plus souvent, trompeurs », *remarque P. Moreau.*

Mais, en réalité, est-ce vraiment à toute idée de littérature que Rimbaud dit adieu, ou seulement à une certaine forme de littérature? Quelle est cette « belle gloire d'artiste et de conteur » *qu'il se propose d'enterrer? On a admis long-temps qu'il faisait allusion aux* Illuminations *déjà écrites : mais le terme de* conteur *ne convient guère à l'auteur des* Illuminations *(où figure un seul* Conte, *le texte qui porte ce titre). En revanche, peut-être le* « conteur » *est-il celui qui, naguère, se proposait de* « conter », *en marge de l'Évangile, la vie de Jésus, peut-être aussi le* « maître en fantasmagories » *qui faisait aux hommes des* « contes » *mensongers.* L'artiste, *c'est celui qui a eu recours à des procédés artificiels,* « magies, parfums faux, musiques puériles » *comme il dit dans* Nuit de l'enfer. *Cet art que Rimbaud renie a un double aspect : d'une part, incontestablement, il est en rapport avec la tentative de* « voyant » *que Rimbaud décrit, du reste, dans* Alchimie du Verbe : « À moi. L'histoire d'une de mes folies », *tentative pour arriver à* « l'inconnu » *par la pratique de l'hallucination; d'autre part, il fait appel à des procédés* « magiques » *et artificiels,* « musiques puériles », *rythmes naïfs, et aussi, dit le brouillon d'*Alchimie du Verbe, « élans mystiques et bizarreries de style » *que Rimbaud considère comme du passé. Ce sont, dit-il dans* Nuit de l'enfer, *des* « erreurs qu'on me souffle ». *Qui est cet* on? *Rimbaud n'en aurait-il pas à* Verlaine *et à ses procédés artistiques, naïveté apparente,* « musique » *puérile, rythmes de chansons — en un mot, tous les procédés dont il a usé lui-même dans ses* Derniers Vers, *sous l'influence probablement de son ami? On peut penser que Rimbaud, estimant à présent que* « l'art est une sottise » *(dit-il dans son brouillon), renonce à ces procédés* « incantatoires » *pour rechercher la* vérité *(le mot revient à plusieurs reprises dans* Une saison) : « la vérité dans une âme et un corps ». *Il cite, avec raillerie et désinvolture, ses* Derniers Vers, *sans même se soucier d'en conserver le rythme exact; et il dit adieu, cette fois définitivement, à la* « vieillerie poétique » : *ce qu'il faut désormais, c'est être* « absolument moderne ». *Il ne sera plus question, après* Une saison en enfer, *de* « voyant » *ni de* « pouvoirs surnaturels ».

La Saison en enfer *pose un autre problème : peut-on, ou non, trouver dans ce texte un témoignage sinon d'une* « conversion » *de Rimbaud, du moins d'inquiétude chrétienne? (Sur le* « christianisme » *de Rimbaud, et ses démêlés avec Verlaine, voy. l'*Introduction, p. *XLIX.) On a voulu tirer dans les sens les plus opposés les déclarations de Rimbaud, et souvent avec une violence partisane qui n'emporte pas la conviction. Disons simplement que deux choses semblent incontestables : d'abord, à la suite du drame de Bruxelles, Rimbaud a été tenté par un retour à la foi de son enfance :* « Sur mon lit d'hôpital, l'odeur de l'encens m'est revenue si puissante », *dit-il dans* L'Éclair; *et dans* Nuit de l'enfer : « J'avais entrevu la conversion au bien et au bonheur, le salut. Puis-je décrire la vision, l'air de l'enfer ne souffre pas les hymnes ! C'était des millions de créatures charmantes, un suave concert spirituel, la force et la paix, les nobles ambitions, que sais-je? » *Mais ce n'était là qu'une* « Fausse Conversion » *(c'est le titre donné dans le brouillon à* Nuit de l'enfer). *Telle est la seconde constatation qu'entraîne une lecture impartiale d'*Une saison en enfer : *Rimbaud revient aux idées païennes qu'il exprimait en mai dans* Mauvais Sang, *et il éprouve même une violente rancune contre le christianisme qui ne lui assure, s'il y croit, que l'enfer pour ses péchés :* « Je suis esclave de mon baptême... L'enfer ne peut attaquer les païens. » (Nuit de l'enfer.) *L'accent saisissant de* Nuit de l'enfer *vient de ce que c'est un damné qui parle, et qui se sait damné (voir l'*Introduction : L'Époux infernal). *Mais cette vision épouvantable de l'enfer semble n'avoir hanté Rimbaud qu'après son retour de Bruxelles; le thème du damné a succédé au thème du* païen innocent, *accusé par le monde bourgeois d'être* « une bête, un nègre », *mais, en réalité, plus pur que ceux qui le condamnent, indemne de souillures et de compromissions. Tel est, ou plutôt tel* voudrait être *Rimbaud; nous le trouvons* *sans cesse balancé entre le mépris du monde occidental corrompu et abêti (« M.* Prudhomme est né avec le Christ », *dit-il dans* L'Impossible*) et le sentiment déchirant de sa propre pureté perdue. Après avoir bafoué et renié l'Occident christianisé, auquel il oppose* « la sagesse de l'Orient, la patrie primitive », *il évoque avec nostalgie, dans* L'Impossible[1], *l'Éden d'avant la faute et lance un appel désespéré à cette pureté qu'il n'a pu qu'entrevoir dans une* « minute d'éveil » : « O pureté! pureté! »... *Et cependant, de cette crise torturante, Rimbaud a fini par sortir presque apaisé, et les deux derniers textes d'*Une saison *sont un adieu à son enfer; quel que soit le sens qu'on leur donne, ils affirment le retour du* « damné » *à la vie réelle, la volonté de réconcilier* « le chant des cieux » *et* « la marche des peuples » (Matin), *et même la foi dans l'avenir :* « Et à l'aurore, armés d'une ardente patience, nous entrerons aux splendides villes. »

Cette confession est saisissante de ton et de style. Dès qu'on l'ouvre, on est frappé par l'accent sauvage, l'allure chaotique de ces phrases brisées, hachées, avec des sursauts brusques, des revirements, des tournures familières ou elliptiques; on a beaucoup plus l'impression d'être en présence, effectivement, d'un damné poussant des cris de fureur et de révolte que d'un artiste en train d'organiser la matière verbale en vue d'effets littéraires. Rimbaud ne dit-il pas lui-même : « On n'est pas poète en enfer »?

Or, nous pouvons constater d'après les brouillons que le texte primitif a été travaillé, repris, raturé : la phrase est devenue, presque toujours, plus brève, plus frappante, mieux rythmée. Déjà Rivière remarquait que dans le texte définitif « il n'y a pas seulement moins de mots que dans l'ébauche », *mais aussi une allure, une rigueur nouvelles;*

---

1. Je ne crois pas, comme Bouillane de Lacoste, que Rimbaud ait pu écrire *L'Impossible* avant le drame de Bruxelles; ce texte paraît postérieur à *Nuit de l'enfer* (voir note 12, p. 476-477).

chose plus curieuse encore, Rimbaud semble parfois aller des mots à l'idée, partir d'expressions ou d'images qui s'organiseront par la suite en phrases rythmées et suggestives (cf. le premier aspect de la phrase : « J'étais mûr pour le trépas, et par une route de dangers... », *et la note 26, p. 475). En somme il ne cherche pas à exprimer une idée de manière plus claire, plus précise, mais surtout à donner à sa phrase la plus grande puissance d'évocation, à suggérer le plus fortement possible des visions ou des sentiments.* Une saison en enfer *est, certes, une confession; mais c'est en même temps une tentative littéraire. Prose lyrique et poétique, peut-être, plutôt que poème en prose; mais œuvre poétique, en tout cas, où certaines phrases nous frappent par leur densité, leur hardiesse étonnante, leur richesse métaphorique, et se gravent à jamais dans notre mémoire.*

Le texte reproduit ici est celui de la plaquette de 1873; il est indispensable, pour saisir la démarche de la pensée de Rimbaud comme le travail de son style, de le comparer à celui des brouillons, que le Mercure de France et H. Matarasso ont bien voulu m'autoriser à reproduire : on trouvera ces brouillons en Appendice.

* * * * *[1]

« JADIS, si je me souviens bien, ma vie était un festin
      où s'ouvraient tous les cœurs, où tous les vins cou-
laient[2].

Un soir, j'ai assis la Beauté sur mes genoux. — Et je
l'ai trouvée amère. — Et je l'ai injuriée[3].

Je me suis armé contre la justice[4].

Je me suis enfui. O sorcières, ô misère, ô haine, c'est
à vous que mon trésor a été confié[5] !

Je parvins à faire s'évanouir dans mon esprit toute
l'espérance humaine. Sur toute joie pour l'étrangler
j'ai fait le bond sourd de la bête féroce.

J'ai appelé les bourreaux pour, en périssant, mordre
la crosse de leurs fusils. J'ai appelé les fléaux, pour
m'étouffer avec le sable, le sang. Le malheur a été mon
dieu. Je me suis allongé dans la boue. Je me suis séché
à l'air du crime. Et j'ai joué de bons tours à la folie[6].

Et le printemps m'a apporté l'affreux rire de l'idiot[7].

Or, tout dernièrement m'étant trouvé sur le point de
faire le dernier *couac* ! j'ai songé à rechercher la clef du
festin ancien, où je reprendrais peut-être appétit[8].

La charité est cette clef. — Cette inspiration prouve
que j'ai rêvé !

« Tu resteras hyène, etc..., » se récrie le démon qui
me couronna de si aimables pavots. « Gagne la mort
avec tous tes appétits, et ton égoïsme et tous les péchés
capitaux[9]. »

Ah ! j'en ai trop pris : — Mais, cher Satan, je vous en

Texte de l'édition originale (Poot et Cie, Bruxelles, 1873).

conjure, une prunelle moins irritée! et en attendant les quelques petites lâchetés en retard, vous qui aimez dans l'écrivain l'absence des facultés descriptives ou instructives, je vous détache ces quelques hideux feuillets de mon carnet de damné[10].

MAUVAIS SANG[1]

J'AI de mes ancêtres gaulois l'œil bleu blanc, la cervelle étroite, et la maladresse dans la lutte. Je trouve mon habillement aussi barbare que le leur. Mais je ne beurre pas ma chevelure[2].

Les Gaulois étaient les écorcheurs de bêtes, les brûleurs d'herbes les plus ineptes de leur temps[3].

D'eux, j'ai : l'idolâtrie et l'amour du sacrilège; — oh! tous les vices, colère, luxure, — magnifique, la luxure; — surtout mensonge et paresse.

J'ai horreur de tous les métiers[4]. Maîtres et ouvriers, tous paysans, ignobles. La main à plume vaut la main à charrue. — Quel siècle à mains! — Je n'aurai jamais ma main. Après, la domesticité même [a] trop loin. L'honnêteté de la mendicité me navre. Les criminels dégoûtent comme des châtrés : moi, je suis intact, et ça m'est égal[5].

Mais! qui a fait ma langue perfide tellement, qu'elle ait guidé et sauvegardé jusqu'ici ma paresse? Sans me servir pour vivre même de mon corps, et plus oisif que le crapaud, j'ai vécu partout. Pas une famille d'Europe que je ne connaisse. — J'entends des familles comme la mienne, qui tiennent tout de la déclaration des Droits de l'Homme. — J'ai connu chaque fils de famille!

Si j'avais des antécédents à un point quelconque de l'histoire de France[6]!

Mais non, rien.

Il m'est bien évident que j'ai toujours été [de][b] race

---

a. *Bouillane de Lacoste proposait de corriger en* mène. *Est-ce nécessaire?* (*A.G.*)

b. *L'édition originale porte :* j'ai toujours été race inférieure; *je crois qu'il convient d'ajouter le* de *omis; cf. plus bas :* Je suis de race inférieure de toute éternité (*A. G.*)

inférieure. Je ne puis comprendre la révolte. Ma race
ne se souleva jamais que pour piller : tels les loups à
la bête qu'ils n'ont pas tuée.

Je me rappelle l'histoire de la France fille aînée de
l'Église. J'aurais fait, manant, le voyage de terre sainte ;
j'ai dans la tête des routes dans les plaines souabes, des
vues de Byzance, des remparts de Solyme[7] ; le culte de
Marie, l'attendrissement sur le crucifié s'éveillent en
moi parmi mille féeries profanes. — Je suis assis,
lépreux, sur les pots cassés et les orties, au pied d'un
mur rongé par le soleil. — Plus tard, reître, j'aurais
bivaqué sous les nuits d'Allemagne[8].

Ah ! encore : je danse le sabbat dans une rouge clairière, avec des vieilles et des enfants.

Je ne me souviens pas plus loin que cette terre-ci et le
christianisme. Je n'en finirais pas de me revoir dans ce
passé. Mais toujours seul ; sans famille ; même, quelle
langue parlais-je ? Je ne me vois jamais dans les conseils
du Christ ; ni dans les conseils des Seigneurs, — représentants du Christ[9].

Qu'étais-je au siècle dernier : je ne me retrouve qu'aujourd'hui. Plus de vagabonds, plus de guerres vagues.
La race inférieure a tout couvert — le peuple, comme
on dit, la raison ; la nation et la science[10].

Oh ! la science ! On a tout repris. Pour le corps et pour
l'âme, — le viatique, — on a la médecine et la philosophie, — les remèdes de bonnes femmes et les chansons
populaires arrangés. Et les divertissements des princes
et les jeux qu'ils interdisaient ! Géographie, cosmographie, mécanique, chimie[11] !...

La science, la nouvelle noblesse ! Le progrès. Le
monde marche ! Pourquoi ne tournerait-il pas[12] ?

C'est la vision des nombres. Nous allons à l'*Esprit*[13].
C'est très-certain, c'est oracle, ce que je dis. Je comprends, et ne sachant m'expliquer sans paroles païennes,
je voudrais me taire.

Le sang païen revient! L'Esprit est proche, pourquoi Christ ne m'aide-t-il pas, en donnant à mon âme noblesse et liberté. Hélas! l'Évangile a passé! l'Évangile! l'Évangile[14].

J'attends Dieu avec gourmandise. Je suis de race inférieure de toute éternité[15].

Me voici sur la plage armoricaine[16]. Que les villes s'allument dans le soir. Ma journée est faite; je quitte l'Europe. L'air marin brûlera mes poumons; les climats perdus me tanneront. Nager, broyer l'herbe, chasser, fumer surtout; boire des liqueurs fortes comme du métal bouillant, — comme faisaient ces chers ancêtres autour des feux.

Je reviendrai, avec des membres de fer, la peau sombre, l'œil furieux : sur mon masque, on me jugera d'une race forte. J'aurai de l'or : je serai oisif et brutal. Les femmes soignent ces féroces infirmes retour des pays chauds. Je serai mêlé aux affaires politiques. Sauvé.

Maintenant je suis maudit, j'ai horreur de la patrie. Le meilleur, c'est un sommeil bien ivre, sur la grève.

On ne part pas[17]. — Reprenons les chemins d'ici, chargé de mon vice, le vice qui a poussé ses racines de souffrance à mon côté, dès l'âge de raison — qui monte au ciel, me bat, me renverse, me traîne[18].

La dernière innocence et la dernière timidité. C'est dit. Ne pas porter au monde mes dégoûts et mes trahisons.

Allons! La marche, le fardeau, le désert, l'ennui et la colère.

A qui me louer? Quelle bête faut-il adorer? Quelle sainte image attaque-t-on? Quels cœurs briserai-je? Quel mensonge dois-je tenir? — Dans quel sang marcher?

Plutôt, se garder de la justice. — La vie dure, l'abrutissement simple, — soulever, le poing desséché, le couvercle du cercueil, s'asseoir, s'étouffer. Ainsi point de vieillesse, ni de dangers : la terreur n'est pas française.

— Ah! je suis tellement délaissé que j'offre à n'importe quelle divine image des élans vers la perfection[19].

O mon abnégation, ô ma charité merveilleuse! ici-bas, pourtant!

De profundis Domine, suis-je bête!

———

Encore tout enfant, j'admirais le forçat intraitable sur qui se referme toujours le bagne[20]; je visitais les auberges et les garnis qu'il aurait sacrés par son séjour; je voyais *avec son idée* le ciel bleu et le travail fleuri de la campagne[21]; je flairais sa fatalité dans les villes. Il avait plus de force qu'un saint, plus de bon sens qu'un voyageur — et lui, lui seul! pour témoin de sa gloire et de sa raison.

Sur les routes, par des nuits d'hiver, sans gîte, sans habits, sans pain, une voix étreignait mon cœur gelé : « Faiblesse ou force : te voilà, c'est la force. Tu ne sais ni où tu vas ni pourquoi tu vas, entre partout, réponds à tout. On ne te tuera pas plus que si tu étais cadavre. » Au matin j'avais le regard si perdu et la contenance si morte, que ceux que j'ai rencontrés *ne m'ont peut-être pas vu.*

Dans les villes la boue m'apparaissait soudainement rouge et noire, comme une glace quand la lampe circule dans la chambre voisine, comme un trésor dans la forêt! Bonne chance, criais-je, et je voyais une mer de flammes et de fumée au ciel; et, à gauche, à droite, toutes les richesses flambant comme un milliard de tonnerres[22].

Mais l'orgie et la camaraderie des femmes m'étaient interdites. Pas même un compagnon. Je me voyais devant une foule exaspérée, en face du peloton d'exécution, pleurant du malheur qu'ils n'aient pu comprendre, et pardonnant! — Comme Jeanne d'Arc! — « Prêtres, professeurs, maîtres, vous vous trompez en me livrant à la justice. Je n'ai jamais été de ce peuple-ci;

je n'ai jamais été chrétien; je suis de la race qui chantait
dans le supplice; je ne comprends pas les lois; je n'ai
pas le sens moral, je suis une brute : vous vous trompez[23]... »

Oui, j'ai les yeux fermés à votre lumière. Je suis une
bête, un nègre. Mais je puis être sauvé[24]. Vous êtes de
faux nègres[25], vous maniaques, féroces, avares. Mar-
chand, tu es nègre; magistrat, tu es nègre; général, tu
es nègre; empereur, vieille démangeaison, tu es nègre[26] :
tu as bu d'une liqueur non taxée, de la fabrique de
Satan. — Ce peuple est inspiré par la fièvre et le cancer.
Infirmes et vieillards sont tellement respectables qu'ils
demandent à être bouillis[27]. — Le plus malin est de
quitter ce continent, où la folie rôde pour pourvoir
d'otages ces misérables[28]. J'entre au vrai royaume des
enfants de Cham[29].

Connais-je encore la nature? me connais-je? — *Plus
de mots.* J'ensevelis les morts dans mon ventre. Cris,
tambour, danse, danse, danse, danse! Je ne vois même
pas l'heure où, les blancs débarquant, je tomberai au
néant[30].

Faim, soif, cris, danse, danse, danse, danse!

———————

Les blancs débarquent[31]. Le canon! Il faut se soumettre au baptême, s'habiller, travailler.

J'ai reçu au cœur le coup de la grâce. Ah! je ne l'avais
pas prévu!

Je n'ai point fait le mal. Les jours vont m'être légers,
le repentir me sera épargné. Je n'aurai pas eu les tour-
ments de l'âme presque morte au bien, où remonte la
lumière sévère comme les cierges funéraires. Le sort du
fils de famille, cercueil prématuré couvert de limpides
larmes. Sans doute la débauche est bête, le vice est bête;
il faut jeter la pourriture à l'écart. Mais l'horloge ne
sera pas arrivée à ne plus sonner que l'heure de la pure
douleur! Vais-je être enlevé comme un enfant, pour
jouer au paradis dans l'oubli de tout le malheur!

Vite! est-il d'autres vies? — Le sommeil dans la richesse est impossible. La richesse a toujours été bien public. L'amour divin seul octroie les clefs de la science. Je vois que la nature n'est qu'un spectacle de bonté. Adieu chimères, idéals, erreurs.

Le chant raisonnable des anges s'élève du navire sauveur : c'est l'amour divin. — Deux amours! je puis mourir de l'amour terrestre, mourir de dévouement. J'ai laissé des âmes dont la peine s'accroîtra de mon départ! Vous me choisissez parmi les naufragés[32], ceux qui restent sont-ils pas mes amis?

Sauvez-les!

La raison m'est née. Le monde est bon. Je bénirai la vie. J'aimerai mes frères. Ce ne sont plus des promesses d'enfance. Ni l'espoir d'échapper à la vieillesse et à la mort. Dieu fait ma force, et je loue Dieu.

L'ennui n'est plus mon amour[33]. Les rages, les débauches, la folie, dont je sais tous les élans et les désastres, — tout mon fardeau est déposé. Apprécions sans vertige l'étendue de mon innocence.

Je ne serais plus capable de demander le réconfort d'une bastonnade. Je ne me crois pas embarqué pour une noce avec Jésus-Christ pour beau-père[34].

Je ne suis pas prisonnier de ma raison. J'ai dit : Dieu. Je veux la liberté dans le salut : comment la poursuivre[35]? Les goûts frivoles m'ont quitté. Plus besoin de dévouement ni d'amour divin[36]. Je ne regrette pas le siècle des cœurs sensibles. Chacun a sa raison, mépris et charité : je retiens ma place au sommet de cette angélique échelle de bon sens.

Quant au bonheur établi, domestique ou non... non, je ne peux pas. Je suis trop dissipé, trop faible. La vie fleurit par le travail, vieille vérité : moi, ma vie n'est pas assez pesante, elle s'envole et flotte loin au-dessus de l'action, ce cher point du monde[37].

Comme je deviens vieille fille, à manquer du courage d'aimer la mort!

Si Dieu m'accordait le calme céleste, aérien, la prière,
— comme les anciens saints. — Les saints! des forts!
les anachorètes, des artistes comme il n'en faut plus[38]!

Farce continuelle! Mon innocence me ferait pleurer.
La vie est la farce à mener par tous.

Assez! voici la punition. — *En marche*[39]!

Ah! les poumons brûlent, les tempes grondent! la
nuit roule dans mes yeux, par ce soleil! le cœur... les
membres...

Où va-t-on? au combat? Je suis faible! les autres
avancent. Les outils, les armes... le temps!...

Feu! feu sur moi! Là! ou je me rends. — Lâches! —
Je me tue! Je me jette aux pieds des chevaux!

Ah!...

— Je m'y habituerai.

Ce serait la vie française, le sentier de l'honneur[40]!

NUIT DE L'ENFER[1]

J'AI avalé une fameuse gorgée de poison[2]. — Trois fois béni soit le conseil qui m'est arrivé! — Les entrailles me brûlent. La violence du venin tord mes membres, me rend difforme, me terrasse. Je meurs de soif, j'étouffe, je ne puis crier. C'est l'enfer, l'éternelle peine! Voyez comme le feu se relève! Je brûle comme il faut. Va, démon!

J'avais entrevu la conversion au bien et au bonheur, le salut. Puis-je décrire la vision, l'air de l'enfer ne souffre pas les hymnes! C'était des millions de créatures charmantes, un suave concert spirituel, la force et la paix, les nobles ambitions, que sais-je[3]?

Les nobles ambitions!

Et c'est encore la vie! — Si la damnation est éternelle! Un homme qui veut se mutiler est bien damné, n'est-ce pas? Je me crois en enfer, donc j'y suis. C'est l'exécution du catéchisme. Je suis esclave de mon baptême. Parents, vous avez fait mon malheur et vous avez fait le vôtre. Pauvre innocent[4]! L'enfer ne peut attaquer les païens. — C'est la vie encore! Plus tard, les délices de la damnation seront plus profondes. Un crime, vite, que je tombe au néant, de par la loi humaine.

Tais-toi, mais tais-toi!... C'est la honte, le reproche, ici: Satan qui dit que le feu est ignoble, que ma colère est affreusement sotte. — Assez!... Des erreurs qu'on me souffle, magies, parfums faux, musiques puériles[5]. — Et dire que je tiens la vérité, que je vois la justice: j'ai un jugement sain et arrêté, je suis prêt pour la perfection... Orgueil. — La peau de ma tête se dessèche. Pitié! Seigneur, j'ai peur. J'ai soif, si soif! Ah! l'enfance, l'herbe, la pluie, le lac sur les pierres, *le clair de lune quand le clocher sonnait douze*[6]... le diable est au clocher, à cette heure. Marie! Sainte-Vierge!... — Horreur de ma bêtise[7].

Là-bas, ne sont-ce pas des âmes honnêtes, qui me veulent du bien... Venez... J'ai un oreiller sur la bouche, elles ne m'entendent pas, ce sont des fantômes. Puis, jamais personne ne pense à autrui. Qu'on n'approche pas. Je sens le roussi, c'est certain.

Les hallucinations sont innombrables. C'est bien ce que j'ai toujours eu : plus de foi en l'histoire, l'oubli des principes. Je m'en tairai : poëtes et visionnaires seraient jaloux. Je suis mille fois le plus riche, soyons avare comme la mer [8].

Ah çà! l'horloge de la vie s'est arrêtée tout à l'heure. Je ne suis plus au monde. — La théologie est sérieuse, l'enfer est certainement *en bas* — et le ciel en haut. — Extase, cauchemar, sommeil dans un nid de flammes.

Que de malices dans l'attention dans la campagne... Satan, Ferdinand[9], court avec les graines sauvages... Jésus marche sur les ronces purpurines, sans les courber... Jésus marchait sur les eaux irritées[10]. La lanterne nous le montra debout, blanc et des tresses brunes, au flanc d'une vague d'émeraude...

Je vais dévoiler tous les mystères : mystères religieux ou naturels, mort, naissance, avenir, passé, cosmogonie, néant. Je suis maître en fantasmagories[11].

Écoutez!......

J'ai tous les talents! — Il n'y a personne ici et il y a quelqu'un : je ne voudrais pas répandre mon trésor. — Veut-on des chants nègres, des danses de houris? Veut-on que je disparaisse, que je plonge à la recherche de l'*anneau*[12]? Veut-on? Je ferai de l'or, des remèdes.

Fiez-vous donc à moi, la foi soulage, guide, guérit. Tous, venez, — même les petits enfants, — que je vous console, qu'on répande pour vous son cœur, — le cœur merveilleux[13]! — Pauvres hommes, travailleurs! Je ne demande pas de prières; avec votre confiance seulement, je serai heureux.

— Et pensons à moi. Ceci me fait peu regretter le monde. J'ai de la chance de ne pas souffrir plus. Ma vie ne fut que folies douces, c'est regrettable.

Bah! faisons toutes les grimaces imaginables.

Décidément, nous sommes hors du monde[14]. Plus aucun son. Mon tact a disparu. Ah! mon château, ma Saxe, mon bois de saules[15]. Les soirs, les matins, les nuits, les jours... Suis-je las!

Je devrais avoir mon enfer pour la colère, mon enfer pour l'orgueil, — et l'enfer de la caresse; un concert d'enfers[16].

Je meurs de lassitude. C'est le tombeau, je m'en vais aux vers, horreur de l'horreur! Satan, farceur, tu veux me dissoudre, avec tes charmes[17]. Je réclame. Je réclame! un coup de fourche, une goutte de feu[18].

Ah! remonter à la vie! Jeter les yeux sur nos difformités. Et ce poison, ce baiser mille fois maudit! Ma faiblesse, la cruauté du monde! Mon Dieu, pitié, cachez-moi, je me tiens trop mal! — Je suis caché et je ne le suis pas.

C'est le feu qui se relève avec son damné [19].

DÉLIRES

I

———

VIERGE FOLLE

—

L'ÉPOUX INFERNAL [1]

ÉCOUTONS la confession d'un compagnon d'enfer :

« O divin Époux, mon Seigneur, ne refusez pas la confession de la plus triste de vos servantes. Je suis perdue. Je suis soûle. Je suis impure[2]. Quelle vie!

« Pardon, divin Seigneur, pardon! Ah! pardon! Que de larmes! Et que de larmes encore plus tard, j'espère[3]!

« Plus tard, je connaîtrai le divin Époux! Je suis née soumise à Lui. — L'autre peut me battre maintenant!

« A présent, je suis au fond du monde! O mes amies!... non, pas mes amies... Jamais délires ni tortures semblables... Est-ce bête!

« Ah! je souffre, je crie. Je souffre vraiment. Tout pourtant m'est permis, chargée du mépris des plus méprisables cœurs.

« Enfin, faisons cette confidence, quitte à la répéter vingt autres fois, — aussi morne, aussi insignifiante!

« Je suis esclave de l'Époux infernal, celui qui a perdu les vierges folles[4]. C'est bien ce démon-là. Ce n'est pas un spectre, ce n'est pas un fantôme. Mais moi qui ai perdu la sagesse, qui suis damnée et morte au monde, — on ne me tuera pas! — Comment vous le décrire! Je ne sais même plus parler. Je suis en deuil, je pleure, j'ai peur. Un peu de fraîcheur, Seigneur, si vous voulez, si vous voulez bien!

« Je suis veuve[5]... — J'étais veuve... — mais oui, j'ai

été bien sérieuse jadis, et je ne suis pas née pour devenir squelette!... — Lui était presque un enfant... Ses délicatesses mystérieuses m'avaient séduite. J'ai oublié tout mon devoir humain pour le suivre[6]. Quelle vie! La vraie vie est absente. Nous ne sommes pas au monde. Je vais où il va, il le faut. Et souvent il s'emporte contre moi, *moi, la pauvre âme*. Le Démon! — C'est un Démon, vous savez, *ce n'est pas un homme*.

« Il dit : « Je n'aime pas les femmes. L'amour est à réinventer, on le sait. Elles ne peuvent plus que vouloir une position assurée[7]. La position gagnée, cœur et beauté sont mis de côté : il ne reste que froid dédain, l'aliment du mariage, aujourd'hui. Ou bien je vois des femmes, avec les signes du bonheur, dont, moi, j'aurais pu faire de bonnes camarades, dévorées tout d'abord par des brutes sensibles comme des bûchers... »

« Je l'écoute faisant de l'infamie une gloire, de la cruauté un charme. « Je suis de race lointaine : mes pères étaient Scandinaves : ils se perçaient les côtes, buvaient leur sang. — Je me ferai des entailles partout le corps, je me tatouerai, je veux devenir hideux comme un Mongol[8] : tu verras, je hurlerai dans les rues. Je veux devenir bien fou de rage. Ne me montre jamais de bijoux, je ramperais et me tordrais sur le tapis. Ma richesse, je la voudrais tachée de sang partout. Jamais je ne travaillerai[9]... » Plusieurs nuits, son démon me saisissant, nous nous roulions, je luttais avec lui[10]! — Les nuits, souvent, ivre, il se poste dans des rues ou dans des maisons, pour m'épouvanter mortellement. — « On me coupera vraiment le cou; ce sera dégoûtant. » Oh! ces jours où il veut marcher avec l'air du crime!

« Parfois il parle, en une façon de patois attendri, de la mort qui fait repentir, des malheureux qui existent certainement, des travaux pénibles, des départs qui déchirent les cœurs. Dans les bouges où nous nous enivrions, il pleurait en considérant ceux qui nous entouraient, bétail de la misère[11]. Il relevait les ivrognes dans les rues noires. Il avait la pitié d'une mère méchante pour les petits enfants. — Il s'en allait avec des gentil-

lesses de petite fille au catéchisme. — Il feignait d'être
éclairé sur tout, commerce, art, médecine. — Je le suivais, il le faut!

« Je voyais tout le décor dont, en esprit, il s'entourait; vêtements, draps, meubles : je lui prêtais des
armes, une autre figure. Je voyais tout ce qui le touchait,
comme il aurait voulu le créer pour lui. Quand il me
semblait avoir l'esprit inerte, je le suivais, moi, dans
des actions étranges et compliquées, loin, bonnes ou
mauvaises : j'étais sûre de ne jamais entrer dans son
monde. A côté de son cher corps endormi, que d'heures
des nuits j'ai veillé, cherchant pourquoi il voulait tant
s'évader de la réalité[12]. Jamais homme n'eut pareil vœu.
Je reconnaissais, — sans craindre pour lui, — qu'il
pouvait être un sérieux danger dans la société. — Il a
peut-être des secrets pour *changer la vie*? Non, il ne fait
qu'en chercher, me répliquais-je. Enfin sa charité est
ensorcelée, et j'en suis la prisonnière. Aucune autre
âme n'aurait assez de force, — force de désespoir! —
— pour la supporter, — pour être protégée et aimée
par lui. D'ailleurs, je ne me le figurais pas avec une
autre âme : on voit son Ange, jamais l'Ange d'un
autre, — je crois. J'étais dans son âme comme dans
un palais qu'on a vidé pour ne pas voir une personne si
peu noble que vous[13] : voilà tout. Hélas! je dépendais
bien de lui. Mais que voulait-il avec mon existence
*terne et lâche? Il ne me rendait pas meilleure, s'il ne me
*ait pas mourir! Tristement dépitée, je lui dis quel-
quefois : « Je te comprends. » Il haussait les épaules.

« Ainsi, mon chagrin se renouvelant sans cesse, et me
trouvant plus égarée à mes yeux, — comme à tous les
yeux qui auraient voulu me fixer, si je n'eusse été
condamnée pour jamais à l'oubli de tous! — j'avais de
plus en plus faim de sa bonté. Avec ses baisers et ses
étreintes amies, c'était bien un ciel, un sombre ciel[14], où
j'entrais, et où j'aurais voulu être laissée, pauvre, sourde,
muette, aveugle. Déjà j'en prenais l'habitude. Je nous
voyais comme deux bons enfants[15], libres de se promener
dans le Paradis de tristesse. Nous nous accordions. Bien

émus, nous travaillions ensemble. Mais, après une pénétrante caresse, il disait : « Comme ça te paraîtra drôle, quand je n'y serai plus, ce par quoi tu as passé. Quand tu n'auras plus mes bras sous ton cou, ni mon cœur pour t'y reposer, ni cette bouche sur tes yeux. Parce qu'il faudra que je m'en aille, très loin, un jour. Puis il faut que j'en aide d'autres : c'est mon devoir[16]. Quoique ce ne soit guère ragoûtant..., chère âme... » Tout de suite je me pressentais, lui parti, en proie au vertige, précipitée dans l'ombre la plus affreuse : la mort. Je lui faisais promettre qu'il ne me lâcherait pas. Il l'a faite vingt fois, cette promesse d'amant. C'était aussi frivole que moi lui disant : « Je te comprends. »

« Ah ! je n'ai jamais été jalouse de lui. Il ne me quittera pas, je crois. Que devenir ? Il n'a pas une connaissance[17]; il ne travaillera jamais. Il veut vivre somnambule. Seules, sa bonté et sa charité lui donneraient-elles droit dans le monde réel ? Par instants, j'oublie la pitié où je suis tombée : lui me rendra forte, nous voyagerons, nous chasserons dans les déserts, nous dormirons sur les pavés des villes inconnues, sans soins, sans peines. Ou je me réveillerai, et les lois et les mœurs auront changé, — grâce à son pouvoir magique, — le monde, en restant le même, me laissera à mes désirs, joies, nonchalances. Oh ! la vie d'aventures qui existe dans les livres des enfants[18], pour me récompenser, j'ai tant souffert, me la donneras-tu ? Il ne peut pas. J'ignore son idéal. Il m'a dit avoir des regrets, des espoirs : cela ne doit pas me regarder. Parle-t-il à Dieu ? Peut-être devrais-je m'adresser à Dieu. Je suis au plus profond de l'abîme, et je ne sais plus prier.

« S'il m'expliquait ses tristesses, les comprendrais-je plus que ses railleries ? Il m'attaque, il passe des heures à me faire honte de tout ce qui m'a pu toucher au monde, et s'indigne si je pleure.

« — Tu vois cet élégant jeune homme, entrant dans la belle et calme maison : il s'appelle Duval, Dufour, Armand, Maurice, que sais-je[19] ? Une femme s'est dévouée à aimer ce méchant idiot : elle est morte, c'est certes une sainte au ciel, à présent. Tu me feras mourir comme il a fait mourir cette femme. C'est notre sort, à nous, cœurs charitables... » Hélas! il avait des jours où tous les hommes agissant lui paraissaient les jouets de délires grotesques : il riait affreusement, longtemps. — Puis, il reprenait ses manières de jeune mère, de sœur aimée. S'il était moins sauvage, nous serions sauvés! Mais sa douceur aussi est mortelle[20]. Je lui suis soumise. — Ah! je suis folle!

« Un jour peut-être il disparaîtra merveilleusement; mais il faut que je sache, s'il doit remonter à un ciel[21], que je voie un peu l'assomption de mon petit ami! »

Drôle de ménage!

DÉLIRES

II

ALCHIMIE DU VERBE [1]

A moi. L'histoire d'une de mes folies.

Depuis longtemps je me vantais de posséder tous les paysages possibles, et trouvais dérisoires les célébrités de la peinture et de la poésie moderne[2].

J'aimais les peintures idiotes, dessus de portes, décors, toiles de saltimbanques, enseignes, enluminures populaires[3]; la littérature démodée, latin d'église, livres érotiques sans orthographe, romans de nos aïeules, contes de fées, petits livres de l'enfance, opéras vieux, refrains niais, rhythmes naïfs[4].

Je rêvais croisades, voyages de découvertes dont on n'a pas de relations, républiques sans histoires, guerres de religion étouffées, révolutions de mœurs, déplacements de races et de continents : je croyais à tous les enchantements[5].

J'inventai la couleur des voyelles! — *A* noir, *E* blanc, *I* rouge, *O* bleu, *U* vert. — Je réglai la forme et le mouvement de chaque consonne[6], et, avec des rhythmes instinctifs, je me flattai d'inventer un verbe poétique accessible, un jour ou l'autre, à tous les sens. Je réservais la traduction.

Ce fut d'abord une étude[7]. J'écrivais des silences, des nuits, je notais l'inexprimable. Je fixais des vertiges.

Loin des oiseaux, des troupeaux, des villageoises[8],
Que buvais-je, à genoux dans cette bruyère

Entourée de tendres bois de noisetiers,
Dans un brouillard d'après-midi tiède et vert?

Que pouvais-je boire dans cette jeune Oise,
— Ormeaux sans voix, gazon sans fleurs, ciel cou-
Boire à ces gourdes jaunes, loin de ma case   [vert! —
Chérie? Quelque liqueur d'or qui fait suer.

Je faisais une louche enseigne d'auberge.
— Un orage vint chasser le ciel. Au soir
L'eau des bois se perdait sur les sables vierges,
Le vent de Dieu jetait des glaçons aux mares;

Pleurant, je voyais de l'or — et ne pus boire. —

———————

A quatre heures du matin, l'été,
Le sommeil d'amour dure encore.
Sous les bocages s'évapore
    L'odeur du soir fêté.

Là-bas, dans leur vaste chantier
Au soleil des Hespérides,
Déjà s'agitent — en bras de chemise —
    Les Charpentiers.

Dans leurs Déserts de mousse, tranquilles,
Ils préparent les lambris précieux
    Où la ville
   Peindra de faux cieux.

O, pour ces Ouvriers charmants
Sujets d'un roi de Babylone,
Vénus! quitte un instant les Amants
   Dont l'âme est en couronne.

    O Reine des Bergers,
Porte aux travailleurs l'eau-de-vie,

Que leurs forces soient en paix
En attendant le bain dans la mer à midi.

La vieillerie poétique[9] avait une bonne part dans mon alchimie du verbe.

Je m'habituai à l'hallucination simple : je voyais très-franchement une mosquée à la place d'une usine, une école de tambours faite par des anges, des calèches sur les routes du ciel, un salon au fond d'un lac[10] ; les monstres, les mystères ; un titre de vaudeville dressait des épouvantes devant moi[11].

Puis j'expliquai mes sophismes magiques avec l'hallucination des mots[12] !

Je finis par trouver sacré le désordre de mon esprit. J'étais oisif, en proie à une lourde fièvre : j'enviais la félicité des bêtes, — les chenilles, qui représentent l'innocence des limbes, les taupes, le sommeil de la virginité[13] !

Mon caractère s'aigrissait. Je disais adieu au monde[14] dans d'espèces de romances :

CHANSON DE LA PLUS HAUTE TOUR.

Qu'il vienne, qu'il vienne,
Le temps dont on s'éprenne.

J'ai tant fait patience
Qu'à jamais j'oublie.
Craintes et souffrances
Aux cieux sont parties.
Et la soif malsaine
Obscurcit mes veines.

Qu'il vienne, qu'il vienne.
Le temps dont on s'éprenne.

Telle la prairie
A l'oubli livrée,
Grandie, et fleurie
D'encens et d'ivraies,
Au bourdon farouche
Des sales mouches [15].

Qu'il vienne, qu'il vienne,
Le temps dont on s'éprenne.

J'aimai le désert, les vergers brûlés, les boutiques fanées, les boissons tiédies. Je me traînais dans les ruelles puantes et, les yeux fermés, je m'offrais au soleil, dieu de feu[16].

« Général, s'il reste un vieux canon sur tes remparts en ruines, bombarde-nous avec des blocs de terre sèche. Aux glaces des magasins splendides! dans les salons! Fais manger sa poussière à la ville. Oxyde les gargouilles. Emplis les boudoirs de poudre de rubis brûlante[17]... »

Oh! le moucheron enivré à la pissotière de l'auberge, amoureux de la bourrache, et que dissout un rayon!

FAIM [18].

Si j'ai du goût, ce n'est guère
Que pour la terre et les pierres.
Je déjeune toujours d'air,
De roc, de charbons, de fer.

Mes faims, tournez. Paissez, faims,
    Le pré des sons.
Attirez le gai venin
    Des liserons.

Mangez les cailloux qu'on brise,
Les vieilles pierres d'églises;
Les galets des vieux déluges,
Pains semés dans les vallées grises.

Le loup criait sous les feuilles
En crachant les belles plumes
De son repas de volailles :
Comme lui je me consume.

Les salades, les fruits
N'attendent que la cueillette;
Mais l'araignée de la haie
Ne mange que des violettes.

Que je dorme! que je bouille
Aux autels de Salomon.
Le bouillon court sur la rouille,
Et se mêle au Cédron.

Enfin, ô bonheur, ô raison, j'écartai du ciel l'azur, qui
est du noir[19], et je vécus, étincelle d'or de la lumière
nature. De joie, je prenais une expression bouffonne et
égarée au possible[20] :

Elle est retrouvée!
Quoi? l'éternité.
C'est la mer mêlée
    Au soleil.

Mon âme éternelle,
Observe ton vœu
Malgré la nuit seule
Et le jour en feu.

Donc tu te dégages
Des humains suffrages,
Des communs élans!
Tu voles selon.....

— Jamais l'espérance.
    Pas d'*orietur*.

Science et patience,
Le supplice est sûr.

Plus de lendemain,
Braises de satin,
    Votre ardeur
    Est le devoir.

Elle est retrouvée!
— Quoi? — l'Éternité.
C'est la mer mêlée
    Au soleil.

———————

Je devins un opéra fabuleux[21] : je vis que tous les êtres ont une fatalité de bonheur[22] : l'action n'est pas la vie, mais une façon de gâcher quelque force, un énervement[23]. La morale est la faiblesse de la cervelle.

A chaque être, plusieurs *autres* vies me semblaient dues. Ce monsieur ne sait ce qu'il fait : il est un ange. Cette famille est une nichée de chiens. Devant plusieurs hommes, je causai tout haut avec un moment d'une de leurs autres vies. — Ainsi, j'ai aimé un porc[24].

Aucun des sophismes de la folie, — la folie qu'on enferme, — n'a été oublié par moi : je pourrais les redire tous, je tiens le système.

Ma santé fut menacée[25]. La terreur venait. Je tombais dans des sommeils de plusieurs jours, et, levé, je continuais les rêves les plus tristes. J'étais mûr pour le trépas, et par une route de dangers ma faiblesse me menait aux confins du monde et de la Cimmérie, patrie de l'ombre et des tourbillons[26].

Je dus voyager, distraire les enchantements assemblés sur mon cerveau. Sur la mer, que j'aimais comme si elle eût dû me laver d'une souillure, je voyais se lever la croix consolatrice. J'avais été damné par l'arc-en-ciel[27]. Le Bonheur était ma fatalité, mon remords, mon ver : ma vie serait toujours trop immense pour être dévouée à la force et à la beauté.

Le Bonheur! Sa dent, douce à la mort, m'avertissait au chant du coq, — *ad matutinum,* au *Christus venit,* — dans les plus sombres villes[28]:

O saisons, ô châteaux!
Quelle âme est sans défauts?

J'ai fait la magique étude
Du bonheur, qu'aucun n'élude.

Salut à lui, chaque fois
Que chante le coq gaulois.

Ah! je n'aurai plus d'envie :
Il s'est chargé de ma vie.

Ce charme a pris âme et corps
Et dispersé les efforts.

O saisons, ô châteaux!

L'heure de sa fuite, hélas!
Sera l'heure du trépas.

O saisons, ô châteaux!

———————

Cela s'est passé. Je sais aujourd'hui saluer la beauté[29].

———————

L'IMPOSSIBLE[1]

A H! cette vie de mon enfance, la grande route par tous les temps, sobre surnaturellement, plus désintéressé que le meilleur des mendiants, fier de n'avoir ni pays, ni amis, quelle sottise c'était[2]. — Et je m'en aperçois seulement!

— J'ai eu raison de mépriser ces bonshommes qui ne perdraient pas l'occasion d'une caresse, parasites de la propreté et de la santé de nos femmes, aujourd'hui qu'elles sont si peu d'accord avec nous.

J'ai eu raison dans tous mes dédains : puisque je m'évade!

Je m'évade!

Je m'explique.

Hier encore, je soupirais : « Ciel! sommes-nous assez de damnés ici-bas! Moi j'ai tant de temps déjà dans leur troupe! Je les connais tous. Nous nous reconnaissons toujours; nous nous dégoûtons. La charité nous est inconnue. Mais nous sommes polis; nos relations avec le monde sont très-convenables. » Est-ce étonnant? Le monde! les marchands, les naïfs! — Nous ne sommes pas déshonorés. — Mais les élus[3], comment nous recevraient-ils? Or il y a des gens hargneux et joyeux, de faux élus, puisqu'il nous faut de l'audace ou de l'humilité pour les aborder. Ce sont les seuls élus. Ce ne sont pas des bénisseurs!

M'étant retrouvé deux sous de raison — ça passe vite! — je vois que mes malaises viennent de ne m'être pas figuré assez tôt que nous sommes à l'Occident[4]. Les marais occidentaux! Non que je croie la lumière altérée, la forme exténuée, le mouvement égaré... Bon! voici que mon esprit veut absolument se charger de tous les développements cruels qu'a subis l'esprit depuis la fin de l'Orient... Il en veut, mon esprit!

... Mes deux sous de raison sont finis! — L'esprit est autorité, il veut que je sois en Occident. Il faudrait le faire taire pour conclure comme je voulais.

J'envoyais au diable les palmes des martyrs, les rayons de l'art, l'orgueil des inventeurs, l'ardeur des pillards[5]; je retournais à l'Orient et à la sagesse première et éternelle. — Il paraît que c'est un rêve de paresse grossière!

Pourtant, je ne songeais guère au plaisir d'échapper aux souffrances modernes. Je n'avais pas en vue la sagesse bâtarde du Coran[6]. — Mais n'y a-t-il pas un supplice réel en ce que, depuis cette déclaration de la science, le christianisme, l'homme *se joue*[7], se prouve les évidences, se gonfle du plaisir de répéter ces preuves, et ne vit que comme cela! Torture subtile, niaise; source de mes divagations spirituelles. La nature pourrait s'ennuyer, peut-être! M. Prudhomme est né avec le Christ[8].

N'est-ce pas parce que nous cultivons la brume[9]! Nous mangeons la fièvre avec nos légumes aqueux. Et l'ivrognerie! et le tabac! et l'ignorance! et les dévouements! — Tout cela est-il assez loin de la pensée de la sagesse de l'Orient, la patrie primitive? Pourquoi un monde moderne, si de pareils poisons s'inventent!

Les gens d'Église diront: C'est compris. Mais vous voulez parler de l'Éden[10]. Rien pour vous dans l'histoire des peuples orientaux. — C'est vrai; c'est à l'Éden que je songeais! Qu'est-ce que c'est pour mon rêve, cette pureté des races antiques!

Les philosophes: Le monde n'a pas d'âge. L'humanité se déplace, simplement. Vous êtes en Occident, mais libre d'habiter dans votre Orient, quelque ancien qu'il vous le faille, — et d'y habiter bien. Ne soyez pas un vaincu. Philosophes, vous êtes de votre Occident[11].

Mon esprit, prends garde. Pas de partis de salut violents. Exerce-toi! — Ah! la science ne va pas assez vite pour nous!

— Mais je m'aperçois que mon esprit dort.

S'il était bien éveillé toujours à partir de ce moment, nous serions bientôt à la vérité, qui peut-être nous entoure avec ses anges pleurant[12]!... — S'il avait été éveillé jusqu'à ce moment-ci, c'est que je n'aurais pas cédé aux instincts délétères, à une époque immémoriale!... — S'il avait toujours été bien éveillé, je voguerais en pleine sagesse!...

O pureté! pureté!

C'est cette minute d'éveil qui m'a donné la vision de la pureté! — Par l'esprit on va à Dieu!

Déchirante infortune!

———————

L'ÉCLAIR[1]

L E travail humain! c'est l'explosion qui éclaire mon abîme de temps en temps[2].

« Rien n'est vanité[3]; à la science, et en avant! » crie l'Ecclésiaste moderne, c'est-à-dire *Tout le monde*. Et pourtant les cadavres des méchants et des fainéants tombent sur le cœur des autres... Ah! vite, vite un peu; là-bas, par delà la nuit, ces récompenses futures, éternelles... les échappons-nous[4]?...

— Qu'y puis-je? Je connais le travail[5]; et la science est trop lente. Que la prière galope et que la lumière gronde... je le vois bien. C'est trop simple, et il fait trop chaud; on se passera de moi. J'ai mon devoir, j'en serai fier à la façon de plusieurs, en le mettant de côté.

Ma vie est usée. Allons! feignons, fainéantons, ô pitié! Et nous existerons en nous amusant, en rêvant amours monstres et univers fantastiques, en nous plaignant et en querellant les apparences du monde, saltimbanque, mendiant, artiste, bandit, — prêtre[6]! Sur mon lit d'hôpital, l'odeur de l'encens m'est revenue si puissante; gardien des aromates sacrés, confesseur, martyr[7]...

Je reconnais là ma sale éducation d'enfance. Puis quoi!... Aller mes vingt ans, si les autres vont vingt ans[8]...

Non! non! à présent je me révolte contre la mort! Le travail paraît trop léger à mon orgueil : ma trahison au monde serait un supplice trop court. Au dernier moment, j'attaquerais à droite, à gauche[9]...

Alors, — oh! — chère pauvre âme, l'éternité serait-elle pas perdue pour nous[10]!

MATIN[1]

N'eus-je pas *une fois* une jeunesse aimable, héroïque, fabuleuse, à écrire sur des feuilles d'or, — trop de chance[2]! Par quel crime, par quelle erreur, ai-je mérité ma faiblesse actuelle? Vous qui prétendez que des bêtes poussent des sanglots de chagrin, que des malades désespèrent, que des morts rêvent mal, tâchez de raconter ma chute et mon sommeil[3]. Moi, je ne puis pas plus m'expliquer que le mendiant avec ses continuels *Pater* et *Ave Maria. Je ne sais plus parler*[4]!

Pourtant, aujourd'hui, je crois avoir fini la relation de mon enfer. C'était bien l'enfer; l'ancien, celui dont le fils de l'homme ouvrit les portes[5].

Du même désert, à la même nuit[6], toujours mes yeux las se réveillent à l'étoile d'argent, toujours, sans que s'émeuvent les Rois de la vie, les trois mages[7], le cœur, l'âme, l'esprit. Quand irons-nous, par-delà les grèves et les monts, saluer la naissance du travail nouveau, la sagesse nouvelle, la fuite des tyrans et des démons, la fin de la superstition, adorer — les premiers! — Noël sur la terre!

Le chant des cieux, la marche des peuples! Esclaves, ne maudissons pas la vie[8].

ADIEU[1]

L'AUTOMNE déjà ! — Mais pourquoi regretter un éternel soleil, si nous sommes engagés à la découverte de la clarté divine, — loin des gens qui meurent sur les saisons[2].

L'automne. Notre barque élevée dans les brumes immobiles tourne vers le port de la misère, la cité énorme au ciel taché de feu et de boue[3]. Ah ! les haillons pourris, le pain trempé de pluie, l'ivresse, les mille amours qui m'ont crucifié ! Elle ne finira donc point cette goule reine de millions d'âmes et de corps morts *et qui seront jugés*[4] ! Je me revois la peau rongée par la boue et la peste, des vers plein les cheveux et les aisselles et encore de plus gros vers dans le cœur, étendu parmi les inconnus sans âge, sans sentiment[5]... J'aurais pu y mourir... L'affreuse évocation ! J'exècre la misère.

Et je redoute l'hiver parce que c'est la saison du comfort[6] !

— Quelquefois je vois au ciel des plages sans fin couvertes de blanches nations en joie. Un grand vaisseau d'or, au-dessus de moi, agite ses pavillons multicolores sous les brises du matin. J'ai créé toutes les fêtes, tous les triomphes, tous les drames. J'ai essayé d'inventer de nouvelles fleurs, de nouveaux astres, de nouvelles chairs, de nouvelles langues[7]. J'ai cru acquérir des pouvoirs surnaturels[8]. Eh bien ! je dois enterrer mon imagination et mes souvenirs ! Une belle gloire d'artiste et de conteur emportée[9] !

Moi ! moi qui me suis dit mage ou ange[10], dispensé de toute morale, je suis rendu au sol, avec un devoir à chercher, et la réalité rugueuse à étreindre[11] ! Paysan !

Suis-je trompé? la charité serait-elle sœur de la mort, pour moi?

Enfin, je demanderai pardon pour m'être nourri de mensonge. Et allons.

Mais pas une main amie! et où puiser le secours?

———

Oui, l'heure nouvelle est au moins très-sévère.

Car je puis dire que la victoire m'est acquise : les grincements de dents, les sifflements de feu, les soupirs empestés se modèrent. Tous les souvenirs immondes s'effacent. Mes derniers regrets détalent, — des jalousies pour les mendiants, les brigands, les amis de la mort, les arriérés de toutes sortes[12]. — Damnés, si je me vengeais!

Il faut être absolument moderne[13].

Point de cantiques : tenir le pas gagné. Dure nuit! le sang séché fume sur ma face, et je n'ai rien derrière moi, que cet horrible arbrisseau[14]!... Le combat spirituel est aussi brutal que la bataille d'hommes; mais la vision de la justice est le plaisir de Dieu seul.

Cependant c'est la veille. Recevons tous les influx de vigueur et de tendresse réelle. Et à l'aurore, armés d'une ardente patience, nous entrerons aux splendides villes[15].

Que parlais-je de main amie! Un bel avantage, c'est que je puis rire des vieilles amours mensongères, et frapper de honte ces couples menteurs, — j'ai vu l'enfer des femmes là-bas[16]; — et il me sera loisible de *posséder la vérité dans une âme et un corps*[17].

avril-août, 1873.

———

ILLUMINATIONS

ILLUSTRATIONS

NOTICE

Ici *nous entrons en pleine énigme. En l'état actuel des choses il est impossible, je l'ai dit dans l'*Introduction, *d'affirmer avec certitude que les* Illuminations *ont été composées à telle date plutôt qu'à telle autre. C'est à Stuttgart, en février 1875, que* « le manuscrit des *Illuminations* fut remis à quelqu'un qui en eut soin », *déclare Verlaine ; lui-même, selon toute probabilité* [1], *puisqu'il se trouvait précisément à Stuttgart à ce moment ; et lorsqu'il parle à Delahaye, le 1er mai, de poèmes en prose qui étaient en sa possession, et que Rimbaud l'a prié d'envoyer à G. Nouveau, alors à Bruxelles,* « pour être imprimés », *nous pouvons penser qu'il s'agit toujours des* Illuminations. *Rimbaud aurait-il été pris subitement d'un regain d'intérêt, en 1875, pour des poèmes vieux de trois ans ? Cela semble bien improbable. On sait qu'en outre, dans sa thèse sur* Rimbaud et le problème des « Illuminations », *H. de Bouillane de Lacoste a démontré que non seulement on retrouvait sur le manuscrit l'écriture de Rimbaud telle qu'elle était en 1874, mais que certains passages étaient copiés de la main de Germain Nouveau (lequel était à Londres en 1874 avec Rimbaud). D'un autre côté, toutefois, les* Illuminations *auraient été écrites, au témoignage de Delahaye, en 1872, et il a même déclaré avoir entendu lire*

---

1. Pourquoi Verlaine ne dit-il pas expressément que le manuscrit lui fut remis, ce qui aurait tranché la question ? Modestie intempestive, pense Bouillane de Lacoste ; on peut penser que cette modestie tient à ce que Verlaine ne voulait pas mettre les lecteurs au courant de son entrevue avec l'ex-compagnon d'enfer à Stuttgart, juste après sa sortie de prison.

quelques-uns de ces textes « *par leur auteur qui les appelait alors — en 1872 — poèmes en prose* ».

Le sens *même du titre* Illuminations *n'est plus le même, suivant qu'on admet ou non les déclarations de Verlaine. Pour Verlaine, le mot* Illuminations *est anglais* « et veut dire gravures colorées — *coloured plates* »; *tel est, ajoute-t-il,* « le sous-titre que M. Rimbaud avait donné à son manuscrit ». *(Préface des* Illuminations *en 1886.) En 1878, il parlait à Ch. de Sivry des* « Illuminations *(painted plates* [1]*) »; c'est ce dernier sous-titre que Bouillane de Lacoste a retenu pour son édition critique, bien qu'il ne subsiste ni titre, ni sous-titre en tête du manuscrit. Il ne serait donc plus question de textes* « *illuminés* », *mais de* « *planches en couleurs* [2] »; *Rimbaud ne ferait nullement allusion à des textes écrits par un voyant, mais présenterait des images.*

Ces *témoignages contradictoires paraissent moins étonnants, quand on examine l'histoire des manuscrits, et surtout les manuscrits eux-mêmes.*

Verlaine *a donc, avant le 1er mai 1875, envoyé à Nouveau un assez gros paquet de poèmes en prose* (« 2 francs 75 de port !!! » *écrit-il). Que devinrent ceux-ci par la suite ? Nouveau, n'ayant sans doute pas réussi à trouver un imprimeur, dut confier le manuscrit de Stuttgart à Ch. de Sivry, beau-frère et ami de Verlaine, puisque Verlaine écrit à ce dernier en 1878 qu'il a relu les* Illuminations, *ainsi que la* Saison

---

1. Lettre citée par J. Mouquet et A. Rolland de Renéville, première édition de la Pléiade, p. 692.

2. Suivant Underwood, *illuminations* désigne en anglais, habituellement, des *enluminures* et *painted plates* ne peut guère désigner autre chose que des « assiettes peintes » (*Revue d'histoire littéraire,* avril-juin 1951). *(S. B.)* Mais sur ce dernier point, Bruce Morrissette contredit Underwood en affirmant que le sens « coloured engravings » (gravures rehaussées) existe (*Modern Philology,* May 1962, p. 305-306). C'est plutôt, comme le rappelle P. Boutang, la traduction d'*Illuminations* en *coloured plates* par Verlaine qui est douteuse. Rappelons enfin que ce n'est pas seulement le sous-titre qui est sujet à caution : on peut s'étonner que Rimbaud n'ait pas écrit le mot *Illuminations* sur l'un ou l'autre de ses manuscrits. *(A. G.)*

en enfer, *et ajoute* : « Te le reporterai vers octobre. » *En tout cas c'est Ch. de Sivry qui était en possession du manuscrit jusqu'en 1886, et il ne s'en dessaisit qu'à cette date, malgré les instances réitérées de Verlaine. L'avait-il égaré dans quelque tiroir ? En 1883, Verlaine parle dans* Les Poètes maudits *d'* « une série de superbes fragments, les *Illuminations,* à jamais perdus, nous le craignons bien ». *Le manuscrit fut finalement confié à* Le Cardonnel, *qui le fit tenir à* Kahn, *alors directeur de* La Vogue : *c'est Kahn qui fit paraître les* Illuminations *en 1886, d'abord dans sa revue, puis en plaquette à la fin de l'année. D'après les souvenirs de Fénéon, qui prépara la publication (pour la revue et pour la plaquette), ce manuscrit se présentait sous forme de* « feuillets », *conservés dans une couverture de cahier,* « mais volants et non paginés »; *il se rappelait les avoir* « classés dans une espèce d'ordre », *persuadé que de toute façon le rang des feuillets qu'on lui confiait avait varié au cours des nombreuses manipulations qu'ils avaient subies* [1]. *Par la suite, Ch. de Sivry fournira (les ayant retrouvées ?) cinq autres proses qui seront publiées à la suite des* Poésies complètes *en 1895 :* Fairy, Guerre, Génie, Jeunesse *et* Solde.

(S. B.)

Parlant de l' « énigme » *des* Illuminations, *Suzanne Bernard faisait surtout allusion à la fameuse, inépuisable question chronologique. J'ai ajouté, dans le chapitre de l'introduction intitulé* « Le problème des Illuminations », *quelques réflexions à ce propos. Il est d'autres énigmes, dont la critique, aujourd'hui, se nourrit volontiers : celle des textes eux-mêmes, l'énigme de leur sens, ce qu'on appelle traditionnellement l'hermétisme des* Illuminations.

On peut distinguer deux courants de lecture des Illuminations. *D'abord un courant interprétatif, qui commence dès le*

---

1. Lettres à H. de Bouillane de Lacoste, citées en appendice dans l'édition critique des *Illuminations.*

*début du siècle. Les plus ingénus (Delahaye) et les plus
intelligents (Rivière) lisent les* Illuminations *pour les
comprendre et les expliquer, pour en dégager le sens. Ils font
de l'exégèse. Dominée souvent par un esprit réaliste (expliquer l'œuvre de Rimbaud par le monde qu'il a connu, les
voyages qu'il a faits), cette approche s'illustre encore aujour-
d'hui avec des auteurs tels qu'Antoine Adam ou Vernon
Underwood. Le second courant a commencé dans les années
soixante, quelque temps après la première publication de
l'édition de Suzanne Bernard. C'est la lecture anti-inter-
prétative, qui commence par une mise en cause de la précédente.
Il faut la situer dans le contexte des travaux de linguistique
et de sémiotique des vingt dernières années, de leur succès et
de leur influence. Elle est, d'abord, une réaction à la lecture
interprétative, et l'on peut craindre parfois qu'elle ne soit rien
de plus qu'une réponse à l'autre critique, comme en dépit de
l'œuvre à lire. Ses premières manifestations furent les plus
convaincantes : un article d'Octave Mannoni, paru dans*
Les Temps modernes *en mars 1962* [1]*, sous le titre « Le
besoin d'interpréter », posait le problème de l'interprétation
et du sens, face aux explications érotiques et anagrammatiques
de Robert Faurisson* [2] *et face au texte le plus interprété et
le plus formellement énigmatique :* H. *Puis dans deux
numéros consécutifs de* Tel Quel, *Jean-Louis Baudry abor-
dait « Le texte de Rimbaud », et en particulier les* Illuminations; *il analysait le « suspens délibéré » du sens, concluant
non pas à la perte de lecture, mais au « gain »* [3]*. C'était
l'époque, en effet, de la nouvelle critique : la lecture rend au
texte un sens et le texte a de sens autant qu'il a de lectures
possibles. Prolongeant le même mouvement, mais dans une*

1. Repris dans la revue *Bizarre*, 2e trim. 1962, et dans O. Mannoni, *Clefs pour l'imaginaire ou l'autre scène*, Le Seuil, 1969.

2. R. Faurisson, « A-t-on lu Rimbaud? », *Bizarre*, 4e trim. 1961, repris dans *La Bibliothèque volante* en juillet 1971.

3. No 35, automne 1968 et no 36, hiver 1969. Ce qui concerne les *Illuminations* est dans le no 36, p. 44-53.

autre direction, des travaux plus récents font place, au contraire, à l' « illisibilité [1] *» de Rimbaud, poète ludique, jouant avec son lecteur comme le chat avec la souris, sans lui donner accès au sens de ce qu'il écrit.*

Comme la question chronologique, celle du sens ne devrait pas aboutir à la rivalité de deux conceptions divergentes de l'hermétisme des Illuminations *et qui, en fait, s'accordent souvent à manquer la lecture. Car il faut bien constater qu'une théorie de « l'illisibilité » de Rimbaud paralyse autant que le souci obsessionnel de dégager des choses dans l'ombre des mots. Dans les deux cas, le principe est abusif.*

Lorsque Vernon Underwood et Antoine Adam veulent voir dans Promontoire *une description de Scarborough sans même avoir la moindre indication d'un voyage de Rimbaud dans cette ville, toutes les autres références à des lieux, dans le texte : l'Arabie, le Japon, le Péloponnèse, et principalement* Brooklyn *(uni à* Scarbro' *par une coordination) sont là pour démentir cette interprétation. Mais il faut reconnaître aussi, quand elle existe, la justesse d'une interprétation : celle de* H *par Étiemble et Yassu Gauclère, par exemple. Car la réduction du sens au non-sens est une autre interprétation, aussi restrictive, aussi partielle et aussi fausse.*

Il ne me semble pas qu'on puisse aborder les textes des Illuminations *comme s'ils ne faisaient qu'un. C'est là l'inconvénient d'une théorie du sens : non seulement les textes n'ont pas le même sens, mais ils n'ont pas le même non-sens, le même degré d'hermétisme. Il suffit de comparer le récit dans* Conte, *la parodie d'une charade dans* H, *et les images effilochées en formes nominales dans* Barbare *pour comprendre qu'on ne peut décider, une fois pour toutes et pour l'ensemble des textes, d'un statut du sens, irrévocable et unique. Je crois que ces questions sont insolubles et que le commentaire est vain si l'on n'aborde pas chaque texte séparément et si l'on ne*

---

1. C'est le mot clef d'une thèse norvégienne, celle d'Atle Kittang, publiée en 1975 sous le titre *Discours et jeu.*

dirige pas le point de vue de l'exégèse ou son contraire vers l'analyse, en la réservant à chaque texte en particulier.

Les Illuminations *se situent à un point d'équilibre entre une force de dispersion — ces titres qui séparent les textes les uns des autres, cette forme fragmentée — et une force de cohésion, beaucoup plus difficile à définir mais qui n'est certainement pas celle d'un défi au sens.*

Le titre lui-même, Illuminations, *qui était sans doute celui auquel Rimbaud avait songé — mais ce n'est pas certain; le mot nous est venu, en tout cas, par Verlaine — exprime certainement mieux la diversité que l'unité. La diversité, en fin de compte, l'emporte largement. C'est celle des thèmes, des titres, des formes : faux « vers libres » mêlés à des sortes de récits; textes au passé alternant avec des textes au présent. Pourtant il apparaît que Rimbaud avait voulu un recueil plus organisé. Les premiers textes rassemblés et recopiés dans le dessein d'une œuvre, le sont dans des sous-ensembles du recueil. C'est d'abord* Enfance, *composé en cinq textes. Et* Vies, *en trois textes recopiés de la même écriture large et calligraphiée que ceux d'*Enfance. *C'est aussi, troisième grande réunion, celle de* Jeunesse, *dont les textes sont d'une tout autre écriture (*Jeunesse I *est même sur papier bleu) mais dont le titre (le mot* Jeunesse*) est de cette même encre et de cette même écriture qui sont celles d'*Enfance *et* Vies. *Les trois* Veillées *peuvent se joindre à ces autres séries : Rimbaud avait recopié un texte,* Veillée; *il en fait ensuite la partie III d'un ensemble appelé* Veillées *au pluriel, et qui contient aussi deux autres textes. Voilà tout, sans doute, de ce que Rimbaud a réussi à grouper.* Fairy *et* Guerre *portent bien, aussi, deux chiffres romains (*I *sous le premier titre;* II *à gauche du second) auxquels on reproche d'être peut-être apocryphes ou de ne pas apparaître sur le même plan. C'est qu'en rassemblant et recopiant les textes, mêlant sans doute ceux qu'il avait écrits auparavant et ceux qu'il venait d'écrire, Rimbaud fait son deuil d'une force unitaire, d'une architecture, et ce deuil est certainement pour quelque chose dans nos* *incertitudes face à ces textes à la fois épars et solidaires.*

Je m'arrête ici, au tournant de la voie unitaire et de l'éparpillement, sur le cas de deux textes qui sont à l'image de cette contradiction. On les trouve dans les éditions, sous deux titres distincts mais identiques : Villes. *Tels qu'ils sont copiés, sur les manuscrits, l'un par Rimbaud, l'autre par Germain Nouveau, avec entre les deux un autre texte :* Vagabonds, *ils ne peuvent guère être réunis. Et comme on adopte en général l'ordre des feuillets, qui en l'occurrence s'impose puisque les textes « chevauchent » les feuillets, et qu'on trouve d'abord un texte commençant par* Ce sont des Villes !, *ensuite un texte dont les premiers mots sont* L'acropole officielle, *la routine de l'édition et les commodités du commentaire en ont fait* Villes I *et* Villes II.

Or il s'est produit ceci : les deux textes devaient être groupés sous un seul titre, Villes, *au pluriel. Au bas de* Vagabonds, *figure ce titre, écrit de la main de Rimbaud, et suivi d'un chiffre* I *biffé. A la suite du titre et du chiffre biffé, vient le texte :* L'acropole officielle, *recopié de la main de Germain Nouveau. L'autre texte, quant à lui,* Ce sont des villes !, *devait venir ensuite : il portait, sans titre, un chiffre* II ; *le mot* Villes *est venu surcharger le chiffre, que pourtant on distingue encore très bien. Le schéma habituel, qui apparaît dans les éditions est donc :*

> Villes   Ce sont des villes !
> Vagabonds
> Villes   L'acropole

Mais la numérotation refoulée contredit cet ordre puisque le chiffre II *surchargé correspond à* Ce sont des villes ! *et le chiffre* I *biffé à* L'acropole ; *le rapport dont la trace subsiste, mais que la succession des feuillets et l'intervention de Nouveau sans doute, ont contredit, était tout autre :*

> Villes [I]   L'acropole
> [II] Ce sont des villes !

Ainsi s'explique le pluriel du titre qui n'intitule plus désor-

mais que le texte L'acropole officielle. *Car si le pluriel convient au texte* Ce sont des villes!, *ou convient aux deux textes réunis, il s'applique mal au texte* L'acropole seul, *qui décrit une ville unique.*

*

La plupart des manuscrits des Illuminations *sont à la Bibliothèque Nationale, en deux volumes (Nouvelles acquisitions françaises 14123 et 14124), achetés en 1957, pour onze millions d'anciens francs, à la vente publique de la collection du Docteur Graux. Pierre Berès possède* Génie, Soir historique, Mouvement, Scènes, Bottom *et* H *(des fac-similés des trois derniers ont été publiés). La Bibliothèque Martin Bodmer, à Cologny, conserve* Jeunesse II *(Sonnet),* III *(Vingt ans) et* IV. *A la Bibliothèque Municipale de Charleville se trouve* Promontoire, *légué par le Docteur Guelliot. Les manuscrits de* Démocratie *et de* Dévotion *n'ont jamais été retrouvés.*

L'ordre suivi pour cette édition est l'ordre traditionnel. En particulier, pour le volume n.a.fr. 14123, c'est l'ordre adopté par Fénéon pour l'édition pré-originale.

(A. G.)

APRÈS LE DÉLUGE [1]

Aussitot après [a] que l'idée du Déluge se fut [b] rassise [2],

Un lièvre s'arrêta dans les sainfoins et les clochettes mouvantes et dit sa prière à l'arc-en-ciel à travers la toile de l'araignée [3].

Oh les pierres précieuses qui se cachaient, — les fleurs qui regardaient déjà [4].

Dans la grande rue sale les étals se dressèrent, et l'on tira les barques vers la mer étagée là-haut comme sur les gravures [5].

Le sang coula, chez Barbe-Bleue, — aux abattoirs, — dans les cirques, où le sceau de Dieu [6] blêmit les fenêtres. Le sang et le lait coulèrent.

Les castors bâtirent [7]. Les « mazagrans [8] » fumèrent dans les estaminets.

Dans la grande maison de [c] vitres encore ruisselante les enfants en deuil regardèrent les merveilleuses images.

Une porte claqua, et sur la place du hameau, l'enfant tourna ses bras [9], compris des girouettes et des coqs des clochers de partout, sous l'éclatante giboulée.

Madame^xxx établit un piano dans les Alpes. La messe et les premières communions se célébrèrent aux cent mille autels de la cathédrale[10].

Les caravanes partirent. Et le Splendide Hôtel fut bâti dans le chaos de glaces et de nuit du pôle.

Depuis lors, la Lune entendit les chacals piaulant par les déserts de thym, — et les églogues en sabots grognant dans le verger[11]. Puis, dans la futaie violette,

---

Ms. de la Bibliothèque Nationale, n. a. fr. 14123, f. 1.

a. après *ajouté, et biffé au crayon*

b. fût, *avec un accent circonflexe*

c. de *surcharge* en

bourgeonnante, Eucharis [12] me dit que c'était le printemps.

— Sourds, étang, — Écume, roule sur le pont, et par-dessus [a] les bois ; — draps noirs et orgues, — éclairs et tonnerre, — montez et roulez ; — Eaux et tristesses, montez et relevez les Déluges [13].

Car depuis qu'ils [b] se sont dissipés, — oh les pierres précieuses s'enfouissant, et les fleurs ouvertes ! — c'est un ennui ! et la Reine, la Sorcière qui allume sa braise dans le pot de terre, ne voudra jamais nous raconter ce qu'elle sait, et que nous ignorons [14].

a. par-dessus *surcharge* sur le
b. il, *sans s*

ENFANCE [1]

I

CETTE idole, yeux noirs et crin jaune, sans parents ni cour, plus noble que la fable, mexicaine et flamande; son domaine, azur et verdure insolents, court sur des plages nommées, par des vagues sans vaisseaux, de noms férocement grecs, slaves, celtiques [a] [2].

A la lisière de la forêt — les fleurs de rêve tintent, éclatent, éclairent, — la fille à lèvre d'orange, les genoux croisés dans le clair déluge qui sourd des prés, nudité qu'ombrent, traversent et habillent les arcs-en-ciel, la flore, la mer [3].

Dames qui tournoient sur les terrasses voisines de la mer; enfantes et géantes, superbes [b] noires dans la mousse vert-de-gris, bijoux debout sur le sol gras des bosquets et des jardinets dégelés — jeunes mères et grandes sœurs aux regards pleins de pèlerinages, sultanes, princesses de démarche et de costume [,] [c] tyranniques petites étrangères et personnes doucement malheureuses [4].

Quel ennui, l'heure du « cher corps » et « cher cœur [5] ».

Ms. de la Bibliothèque Nationale, n.a. fr. 14123, f. 2-5.

a. *Seul cas où nous disposions d'une autre copie, le premier paragraphe figure aussi, biffé, au verso du f. 24, avec quatre variantes :* parent, sans s; *deux points après* flamande; *pas de virgule après* nommées; celtiques, slaves *au lieu de* slaves, celtiques.

b. *Faut-il, comme le font la plupart des éditeurs, ajouter une virgule après* superbes?

c. *Pas de virgule sur le manuscrit : faut-il l'ajouter? avant ou après* tyranniques?

II

C'est elle, la petite morte, derrière les rosiers [6]. — La
jeune maman trépassée descend le perron — La calèche
du cousin crie sur le sable — Le petit frère — (il est aux
Indes!) là, devant le couchant, sur le pré d'œillets. —
Les vieux qu'on a enterrés tout droits dans le rempart
aux giroflées [7].

L'essaim des feuilles d'or entoure la maison du général [8]. Ils sont dans le midi. — On suit la route rouge
pour arriver à l'auberge vide. Le château est à vendre;
les persiennes sont détachées. — Le curé aura emporté
la clef de l'église. — Autour du parc, les loges [a] des
gardes sont inhabitées. Les palissades sont si hautes
qu'on ne voit que les cimes bruissantes. D'ailleurs il n'y
a rien à voir là-dedans.

Les prés remontent aux hameaux sans coqs, sans
enclumes. L'écluse est levée. O les calvaires et les mou-
lins du désert, les îles et les meules [9].

Des fleurs magiques bourdonnaient. Les talus *le* [b] ber-
çaient. Des bêtes d'une élégance fabuleuse circulaient.
Les nuées s'amassaient sur la haute mer faite d'une
éternité de chaudes larmes [10].

III [11]

Au bois il y a un oiseau, son chant vous arrête et vous
fait rougir.

Il y a une horloge qui ne sonne pas.

Il y a une fondrière avec un nid de bêtes blanches.

Il y a une cathédrale qui descend et un lac qui
monte [12].

Il y a une petite voiture abandonnée dans le taillis,
ou qui descend le sentier en courant, enrubannée.

---

a. loges, *dans l'interligne, remplace* maisonnettes, *biffé*
b. le *souligné d'un trait à l'encre et de deux traits au crayon*

Il y a une troupe de petits comédiens en costumes, aperçus sur la route à travers la lisière du bois [13].

Il y a enfin, quand l'on a faim et soif, quelqu'un qui vous chasse.

IV [14]

Je suis le saint, en prière sur la terrasse, — comme les bêtes pacifiques paissent jusqu'à la mer de Palestine.

Je suis le savant au fauteuil sombre. Les branches et la pluie se jettent à la croisée de la bibliothèque.

Je suis le piéton de la grand'route par les bois nains; la rumeur des écluses couvre mes pas. Je vois longtemps la mélancolique lessive d'or du couchant.

Je serais bien l'enfant abandonné sur la jetée partie à la haute mer, le petit valet, suivant l'allée dont le front touche le ciel [15].

Les sentiers sont âpres. Les monticules se couvrent de genêts. L'air est immobile. Que les oiseaux et les sources sont loin! Ce ne peut être que la fin du monde, en avançant [16].

V

Qu'on me loue enfin ce tombeau, blanchi à la chaux avec les lignes du ciment en relief — très loin sous terre [17].

Je m'accoude à la table, la lampe éclaire très vivement ces journaux que je suis idiot de relire, ces livres sans intérêt.

A une distance énorme au-dessus de mon salon souterrain, les maisons s'implantent, les brumes s'assemblent. La boue est rouge ou noire [18]. Ville monstrueuse, nuit sans fin!

Moins haut, sont des égouts [a]. Aux côtés, rien que l'épaisseur du globe. Peut-être les gouffres d'azur, des

---

a. égoûts, *avec un accent circonflexe*

puits de feu. C'est peut-être sur ces plans que se ren-
contrent lunes et comètes, mers et fables.

Aux heures d'amertume je m'imagine des boules de
saphir, de métal. Je suis maître du silence. Pourquoi une
apparence de soupirail blêmirait-elle au coin de la
voûte [19] ?

CONTE[1]

Un Prince était vexé de ne s'être employé jamais qu'à la perfection des générosités vulgaires. Il prévoyait d'étonnantes révolutions de l'amour[2], et soupçonnait ses femmes de pouvoir mieux que cette complaisance agrémentée de ciel et de luxe. Il voulait voir la vérité, l'heure du désir et de la satisfaction essentiels [a]. Que ce fût ou non une aberration de piété, il voulut. Il possédait au moins un assez large pouvoir humain.

Toutes les femmes qui l'avaient connu furent assassinées. Quel saccage du jardin de la beauté[3]! Sous le sabre, elles le bénirent. Il n'en commanda point de nouvelles. — Les femmes réapparurent.

Il tua tous ceux qui le suivaient, après la chasse ou les libations. — Tous le suivaient.

Il s'amusa à égorger les bêtes de luxe. Il fit flamber les palais. Il se ruait sur les gens et les taillait en pièces. — La foule, les toits d'or, les belles bêtes existaient encore[4].

Peut-on s'extasier dans la destruction, se rajeunir par la cruauté! Le peuple ne murmura pas. Personne n'offrit le concours de ses vues.

Un soir il galopait fièrement. Un Génie apparut[5], d'une beauté ineffable, inavouable même. De sa physionomie et de son maintien ressortait la promesse d'un amour multiple et complexe! d'un bonheur indicible, insupportable même! Le Prince et le Génie s'anéantirent probablement dans la santé essentielle. Comment

---

Ms. de la Bibliothèque Nationale, n.a.fr. 14123, f. 5.
a. *le* s *final surcharge un second* l *(hésitation sur l'accord de l'adjectif)*

n'auraient-ils pas pu [a] en mourir? Ensemble donc ils moururent.

Mais ce Prince décéda, dans son palais, à un âge ordinaire. Le prince[b] était le Génie. Le Génie était le Prince.

La musique savante manque à notre désir[6].

a. pus *corrigé en* pu
b. *Les éditeurs font le plus souvent imprimer* Prince, *avec une majuscule appelée par la symétrie.*

PARADE[1]

DES drôles très solides. Plusieurs ont exploité vos mondes[2]. Sans besoins, et peu pressés de mettre en œuvre leurs brillantes facultés et leur expérience de vos consciences. Quels hommes mûrs! Des yeux hébétés à la façon de la nuit d'été, rouges et noirs, tricolores[3], d'acier piqué d'étoiles d'or; des facies déformés, plombés, blêmis, incendiés; des enrouements folâtres! La démarche cruelle des oripeaux! — Il y a quelques jeunes, — comment regarderaient-ils Chérubin? — pourvus de voix effrayantes et de quelques ressources dangereuses. On les envoie prendre du dos en ville, affublés d'un *luxe* dégoûtant[4].

O le plus violent Paradis de la grimace enragée! Pas de comparaison avec vos Fakirs et les autres bouffonneries scéniques. Dans des costumes improvisés avec le goût du mauvais rêve ils jouent des complaintes, des tragédies de malandrins et de demi-dieux spirituels comme l'histoire ou [a] les religions ne l'ont [b] jamais été[5]. Chinois, Hottentots, bohémiens, niais, hyènes, Molochs, vieilles démences, démons sinistres, ils mêlent les tours populaires, maternels, avec les poses et les tendresses bestiales[6]. Ils interpréteraient des pièces nouvelles et des chansons « bonnes filles ». Maîtres jongleurs, ils transforment le lieu et les personnes, et usent de la comédie magnétique. Les yeux flambent, le sang chante, les os s'élargissent, les larmes et des filets rouges ruissellent. Leur raillerie ou leur terreur dure une minute, ou des mois entiers.

J'ai seul la clef de cette parade sauvage[7].

Ms. de la Bibliothèque Nationale, n.a.fr. 14123, f. 6.

a. ou, *dans l'interligne, remplace* ni, *biffé*
b. ne l'ont, *dans l'interligne, remplace* n'ont *biffé*

ANTIQUE[1]

G RACIEUX fils de Pan! Autour de ton front couronné
de fleurettes et de baies tes yeux, des boules précieuses, remuent. Tachées de lies brunes[a2], tes joues se
creusent. Tes crocs luisent. Ta poitrine ressemble à une
cithare, des tintements circulent dans tes bras blonds.
Ton cœur bat dans ce ventre où dort le double sexe.
Promène-toi, la nuit, en mouvant doucement cette
cuisse, cette seconde cuisse et cette jambe de gauche[3].

Ms. de la Bibliothèque Nationale, n.a.fr. 14123, f. 7.
   a. *Rimbaud avait d'abord transcrit :* Autour de ton front (...) les yeux,
des boules précieuses, luisent, *faisant une erreur de copie analogue à un
bourdon ; il a corrigé en biffant* luisent *et en écrivant, dans l'interligne :* remuent.
Tachées de lies brunes, tes joues se creusent. Tes crocs luisent.

BEING BEAUTEOUS[1]

Devant une neige un Être de Beauté de haute taille. Des sifflements de mort et des cercles de musique sourde font monter, s'élargir et trembler comme un spectre ce corps adoré[2]; des blessures écarlates et noires[3] éclatent dans les chairs superbes. Les couleurs propres de la vie se foncent, dansent, et se dégagent autour de la Vision, sur le chantier. Et les frissons s'élèvent et grondent et la saveur forcenée de ces effets se chargeant avec les sifflements mortels et les rauques musiques que le monde, loin derrière nous, lance sur notre mère de beauté, — elle recule, elle se dresse. Oh! nos os sont revêtus d'un nouveau corps amoureux[4].

x x x .

O LA face cendrée, l'écusson de crin, les bras de cristal! le canon sur lequel je dois m'abattre à travers la mêlée des arbres et de l'air léger[1]!

Ms. de la Bibliothèque Nationale, n.a.fr. 14123, f. 7.

Le second texte, portant en guise de titre, trois croix en x suivies d'un point, doit être distingué de Being Beauteous *aussi bien que d'*Antique, *qui figurent sur le même feuillet manuscrit. Il est analogue aux cinq textes du f. 12, traditionnellement rattachés à* Phrases. Voir le fac-similé dans les pages d'iconographie.

VIES[1]

I

O les énormes avenues du pays saint, les terrasses du
temple! Qu'a-t-on fait du brahmane qui m'expli-
qua les Proverbes[2]? D'alors, de là-bas, je vois encore
même les vieilles! Je me souviens des heures d'argent
et de soleil vers les fleuves, la main de la campagne[a] sur
mon épaule[3], et de nos caresses debout dans les plaines
poivrées. — Un envol de pigeons écarlates[4] tonne
autour de ma pensée — Exilé ici j'ai eu une scène[5]
où jouer les chefs-d'œuvre dramatiques de toutes les
littératures. Je vous indiquerais les richesses inouïes[b].
J'observe l'histoire des trésors que vous trouvâtes. Je
vois la suite! Ma sagesse est aussi dédaignée que le
chaos. Qu'est mon néant, auprès de la stupeur qui
vous attend?

II

Je suis un inventeur bien autrement méritant que
tous ceux qui m'ont précédé; un musicien même, qui
ai trouvé quelque chose comme la clef de l'amour[6]. A
présent, gentilhomme d'une campagne aigre au ciel
sobre, j'essaye de m'émouvoir au souvenir de l'enfance
mendiante, de l'apprentissage ou de l'arrivée en sabots,
des polémiques, des cinq ou six veuvages, et quelques

Ms. de la Bibliothèque Nationale, n.a.fr. 14123, f. 8-9.

a. *Le premier* a *est surchargé d'un* o *au crayon, probablement apocryphe*
b. inouies, *sans tréma*

noces où ma forte tête m'empêcha de monter au diapason des camarades [7]. Je ne regrette pas ma vieille part
de gaîté divine : l'air sobre de cette aigre campagne
alimente fort activement mon[a] atroce scepticisme. Mais
comme ce scepticisme ne peut désormais être mis en
œuvre, et que d'ailleurs je suis dévoué à un trouble
nouveau, — j'attends de devenir un très méchant fou [8].

III

Dans un grenier où je fus enfermé à douze [b] ans j'ai
connu le monde, j'ai illustré la comédie humaine [9].
Dans un cellier j'ai appris l'histoire. A quelque fête de
nuit dans une cité du Nord, j'ai rencontré toutes les
femmes des anciens peintres. Dans un vieux passage à
Paris [10] on m'a enseigné les sciences classiques. Dans
une magnifique demeure cernée par l'Orient entier [11]
j'ai accompli mon immense œuvre et passé mon illustre
retraite. J'ai brassé mon sang. Mon devoir m'est remis.
Il ne [c] faut même plus songer à cela. Je suis réellement
d'outre-tombe, et pas de commissions [12].

a. mon *surcharge* cet
b. *le* d *de* douze *surcharge un* v (*début de* vingt?)
c. me *corrigé en* ne *par surcharge du* m

DÉPART[1]

Assez vu. La vision s'est rencontrée à[a] tous les airs.
    Assez eu. Rumeurs des villes, le soir, et au soleil, et toujours.
    Assez connu[2]. Les arrêts de la vie. — O Rumeurs et Visions!
    Départ dans l'affection et le bruit neufs![b]

Ms. de la Bibliothèque Nationale, n.a.fr. 14123, f. 9.

Le texte, de la même écriture que les trois textes de Vies, *leur faisait suite, mais le titre* Départ, *d'une écriture plus petite, est venu s'ajouter.*

a. à *remplace* sous, *biffé, sans doute à cause de la collision vocalique* sous tous

b. *Le signe de ponctuation n'est pas clair : un point d'interrogation ou plutôt, comme à la ligne précédente, d'exclamation.*

ROYAUTÉ[1]

Un beau matin, chez un peuple fort doux, un homme et une femme superbes criaient sur la place publique. « Mes amis, je veux qu'elle soit reine! » « Je veux être reine! » Elle riait et tremblait. Il parlait aux amis de révélation, d'épreuve terminée[2]. Ils se pâmaient l'un contre l'autre.

En effet ils furent rois toute une matinée où les tentures carminées se relevèrent sur les maisons, et toute l'après-midi, où ils s'avancèrent du côté des jardins de palmes[3].

A UNE RAISON [1]

Un coup de ton doigt sur le tambour décharge tous les sons et commence la nouvelle harmonie [2].

Un pas de toi, c'est la levée des nouveaux hommes et leur en-marche [3].

Ta tête se détourne : le nouvel amour ! Ta tête se retourne, — le nouvel amour [4] !

« Change nos lots, crible les fléaux, à commencer par le temps [5] », te chantent ces enfants. « Élève n'importe où la substance de nos fortunes et de nos vœux » on t'en prie.

Arrivée de toujours, qui t'en iras partout [6].

Ms. de la Bibliothèque Nationale, n.a.fr. 14123, f. 10.

MATINÉE D'IVRESSE [1]

O *mon* Bien! O *mon* Beau [2]! Fanfare atroce où je ne trébuche point! chevalet féerique [3]! Hourra pour l'œuvre inouïe [a] et pour le corps merveilleux, pour la première fois [4]! Cela commença sous les rires des enfants, cela finira par eux. Ce poison [5] va rester dans toutes nos veines même quand, la fanfare tournant, nous serons rendu à l'ancienne inharmonie [6]. O maintenant, nous si digne [b] de ces tortures! rassemblons fervemment cette promesse surhumaine faite à notre corps et à notre âme créés : cette promesse, cette démence! L'élégance, la science, la violence! On nous a promis d'enterrer dans l'ombre l'arbre du bien et du mal [7], de déporter les honnêtetés tyranniques, afin que nous amenions notre très pur amour [8]. Cela commença par quelques dégoûts et cela finit, — ne pouvant nous saisir sur-le-champ de cette éternité, — cela finit par une débandade de parfums [9].

Rire des enfants, discrétion des esclaves, austérité des vierges, horreur des figures et des objets d'ici, sacrés soyez-vous par le souvenir de cette veille. Cela commençait par toute la rustrerie, voici que cela finit par des anges de flamme et de glace.

Petite veille d'ivresse, sainte! quand ce ne serait que pour le masque dont tu nous as [c] gratifié. Nous t'affirmons, méthode! Nous n'oublions pas que tu as glorifié hier chacun de nos âges. Nous avons foi au poison. Nous savons donner notre vie tout entière [d] tous les jours.

Voici le temps des *Assassins* [10].

Ms. de la Bibliothèque Nationale, n.a.fr. 14123, f. 10-11.

a. inouie, *sans tréma*
b. dignes *:* s *du pluriel biffé*
c. a, *sans* s
d. tout entière *ajouté dans l'interligne*

PHRASES [1]

Quand le monde sera réduit en un seul bois noir pour nos quatre yeux étonnés, — en une plage pour deux enfants fidèles, — en une maison musicale pour notre claire sympathie, — je vous trouverai.

Qu'il n'y ait ici-bas qu'un vieillard seul [a], calme et beau, entouré d'un « luxe inouï [b] », — et je suis à vos genoux [2].

Que j'aie réalisé tous vos souvenirs, — que je sois celle qui sait vous garrotter, — je vous étoufferai.

⌇⌇⌇⌇⌇⌇⌇⌇⌇

Quand nous sommes très forts, — qui recule? très gais, qui tombe de ridicule? Quand nous sommes très méchants, que ferait-on de nous [3].

Parez-vous, dansez, riez, — Je ne pourrai jamais envoyer l'Amour par la fenêtre.

⌇⌇⌇⌇⌇⌇⌇⌇⌇

— Ma camarade, mendiante, enfant monstre! comme ça t'est égal, ces malheureuses et ces manœuvres, et mes embarras. Attache-toi à nous avec ta voix impossible, ta voix! unique flatteur de ce vil désespoir[4].

Ms. de la Bibliothèque Nationale, n.a.fr. 14123, f. 11.
a. seul, *suivi d'une virgule, ajouté dans l'interligne*
b. inoui, *sans tréma*

[FRAGMENTS DU FEUILLET *12*]

U NE matinée couverte, en Juillet. Un goût de cendres vole dans l'air; — une odeur de bois suant dans l'âtre, — les fleurs rouies, — le saccage des promenades, — la bruine des canaux par les champs — pourquoi pas déjà les joujoux et l'encens[1] ?

x x x

J 'AI tendu des cordes de clocher à clocher; des guirlandes de fenêtre à fenêtre; des chaînes d'or d'étoile à étoile, et je danse[2].

x x x

L E haut étang fume continuellement. Quelle sorcière va se dresser sur le couchant blanc ? Quelles violettes frondaisons vont descendre[3] ?

x x x

P ENDANT que les fonds publics s'écoulent en fêtes de fraternité, il sonne une cloche de feu rose dans les nuages[4].

x x x

A VIVANT un agréable goût d'encre de Chine, une poudre noire pleut doucement sur ma veillée[5]. — Je baisse les feux du lustre, je me jette sur le lit, et, tourné du côté de l'ombre, je vous vois, mes filles! mes reines!

Ms. de la Bibliothèque Nationale, n.a.fr. 14123, f. 12.
   Ces cinq textes, figurant ensemble et seuls sur un feuillet raccourci horizontalement en haut et en bas, sont traditionnellement rattachés à Phrases, *depuis la première édition. Au même titre que le texte qui suit* Antique *et* Being Beauteous, *il vaut mieux les considérer indépendamment. (Voir la note 1 p. 498.)*

OUVRIERS [a] [1]

O cette chaude matinée de février. Le Sud inopportun vint relever nos souvenirs d'indigents absurdes, notre jeune misère.

Henrika avait [b] une jupe de coton à carreau blanc et brun, qui a dû être portée au siècle dernier, un bonnet à rubans, et un foulard de soie. C'était bien plus triste qu'un deuil. Nous faisions un tour dans la banlieue. Le temps était couvert, et ce vent du Sud excitait toutes les vilaines odeurs des jardins ravagés et des prés desséchés.

Cela ne devait pas fatiguer ma femme au même point que moi. Dans une flache [2] laissée par l'inondation du mois précédent à un sentier assez haut elle me fit remarquer de très petits poissons.

La ville, avec sa fumée et ses bruits de métiers [3], nous suivait [c] très loin dans les chemins. O l'autre monde, l'habitation bénie par le ciel et les ombrages ! Le sud me rappelait les misérables incidents de mon enfance, mes désespoirs d'été, l'horrible quantité de force et de science que le sort a toujours éloignée de moi. Non ! nous ne passerons pas l'été dans cet avare pays où nous ne serons jamais que des orphelins fiancés. Je veux que ce bras durci ne traîne plus *une chère image*.

Ms. de la Bibliothèque Nationale, n.a.fr. *14123, f. 13.*

a. *Le titre était* Les Ouvriers *; l'article a été biffé, suivant l'uniformité des titres des autres textes ; c'est donc peut-être par omission que l'article du titre suivant,* Les Ponts, *sur le même feuillet, n'a pas été biffé.*

b. avait *écrit deux fois de suite, biffé la seconde fois*

c. poursuivait *corrigé en* suivait *(préfixe biffé) ; partout biffé, entre* [pour]suivait *et* très loin

LES PONTS [a] [1]

Des ciels gris de cristal. Un bizarre dessin de ponts, ceux-ci droits, ceux-là bombés, d'autres descendant ou obliquant en angles sur les premiers, et ces figures se renouvelant dans les autres circuits éclairés du canal, mais tous tellement longs et légers que les rives chargées de dômes s'abaissent et s'amoindrissent. Quelques-uns de ces ponts sont encore chargés de masures [2]. D'autres soutiennent des mâts, des signaux, de frêles parapets. Des accords mineurs se croisent, et filent, des cordes montent des berges. On distingue une veste rouge, peut-être d'autres costumes et des instruments de musique. Sont-ce des airs populaires, des bouts de concerts seigneuriaux, des restants d'hymnes publics [3]? L'eau est grise et bleue, large comme un bras de mer. — Un rayon blanc, tombant du haut du ciel, anéantit cette comédie [4].

Ms. de la Bibliothèque Nationale, n.a.fr. 14123, f. 13-14.
a. *Seul titre formé d'un article et d'un nom : voyez la note a de la page 272.*

VILLE[1]

JE suis un éphémère et point trop mécontent citoyen
d'une métropole crue moderne parce que tout goût
connu a été éludé dans les ameublements et l'extérieur
des maisons aussi bien que dans le plan de la ville. Ici
vous ne signaleriez les traces d'aucun monument de
superstition. La morale et la langue sont réduites à leur
plus simple expression, enfin! Ces millions de gens qui
n'ont pas besoin de se connaître amènent si pareille-
ment l'éducation, le métier et la vieillesse, que ce cours
de vie doit être plusieurs fois moins long que ce qu'une
statistique folle trouve pour les peuples du continent.
Aussi comme, de ma fenêtre, je vois des spectres nouveaux roulant à travers l'épaisse et éternelle fumée de
charbon, — notre ombre des bois, notre nuit d'été! —
des Érinnyes[a][2] nouvelles, devant mon cottage qui est
ma patrie et tout mon cœur puisque tout ici ressemble
à ceci, — la Mort[b] sans pleurs, notre active fille et servante, et[c] un Amour désespéré, et un joli Crime piaulant dans la boue de la rue[3].

Ms. de la Bibliothèque Nationale, n.a.fr. 14123, f. 14.
a. *Rimbaud a écrit* Erynnies
b. *le* M *surcharge un* m
c. et *biffé au crayon*

ORNIÈRES[1]

A droite l'aube d'été éveille les feuilles et les vapeurs et les bruits de ce coin du parc, et les talus de gauche tiennent dans leur ombre violette les mille rapides ornières de la route humide[2]. Défilé de féeries. En effet : des chars chargés d'animaux de bois doré, de mâts et de toiles bariolées, au grand galop de vingt chevaux de cirque tachetés, et les enfants et les hommes sur leurs bêtes les plus étonnantes ; — vingt véhicules, bossés, pavoisés et fleuris comme des carrosses anciens ou de contes, pleins d'enfants attifés pour une pastorale suburbaine[3]. — Même des cercueils sous leur dais de nuit dressant les panaches d'ébène, filant au trot des grandes juments bleues [a] et noires [4].

Ms. de la Bibliothèque Nationale, n.a.fr. 14123, f. 14.
a. *le* l *de* bleues *surcharge un* r *(début de* brunes?)

VILLES [II] [a] [1]

Ce sont des villes! C'est un peuple pour qui se sont montés ces Alleghanys et ces Libans de rêve! Des chalets de cristal et de bois qui se meuvent sur des rails et des poulies invisibles. Les vieux cratères ceints de colosses et de palmiers de cuivre rugissent mélodieusement dans les feux [2]. Des fêtes amoureuses sonnent sur les canaux pendus derrière les chalets [3]. La chasse des carillons crie dans les gorges. Des corporations de chanteurs géants [4] accourent dans des vêtements et des oriflammes éclatants comme la lumière des cimes. Sur les plates-formes [b] au milieu des gouffres les Rolands sonnent leur bravoure. Sur les passerelles de l'abîme et les toits des auberges l'ardeur du ciel pavoise les mâts. L'écroulement des apothéoses rejoint les champs des hauteurs où les centauresses séraphiques évoluent parmi les avalanches. Au-dessus du niveau des plus hautes crêtes une mer troublée par la naissance éternelle de Vénus [5], chargée de flottes orphéoniques et de la rumeur des perles et des conques précieuses, — la mer s'assombrit parfois avec des éclats mortels. Sur les versants des moissons de fleurs grandes comme nos armes et nos coupes, mugissent [6]. Des cortèges de Mabs en robes rousses, opalines, montent des ravines. Là-haut, les pieds dans la cascade et les ronces, les cerfs tettent Diane [7]. Les Bacchantes des banlieues sanglotent et la lune brûle et hurle. Vénus entre dans les cavernes des forgerons et des ermites [8]. Des groupes de beffrois

---

Ms. de la Bibliothèque Nationale, n.a.fr. 14123, f. 15-16.

a. *Les deux premières lettres du titre surchargent un chiffre romain* II, *biffé. Dans l'ensemble de deux textes prévus sous un seul titre* Villes, *il devait être le second. Mais, précédant l'autre dans la suite des feuillets, il est naturellement devenu un autre* Villes. *Voyez la Notice p. 251 et la note* a *au bas de la p. 279.*

b. *Rimbaud a écrit* plate formes

chantent les idées des peuples. Des châteaux bâtis en os
sort la musique inconnue. Toutes les légendes évoluent
et les élans se ruent dans les bourgs. Le paradis des
orages s'effondre. Les sauvages dansent sans cesse la
fête de la nuit. Et une heure je suis descendu dans le
mouvement d'un boulevard de Bagdad où des compa-
gnies ont chanté la joie du travail nouveau[9], sous une
brise épaisse, circulant sans pouvoir éluder les fabuleux fantômes des monts où l'on a dû se retrouver.

Quels bons bras, quelle belle heure me rendront cette
région d'où viennent mes sommeils et mes moindres
mouvements?

VAGABONDS[1]

Pitoyable frère! Que d'atroces veillées je lui dus! « Je ne me saisissais pas fervemment de cette entreprise[2]. Je m'étais joué de son infirmité[3]. Par ma faute nous retournerions en exil, en esclavage. » Il me supposait un guignon et une innocence très bizarres, et il ajoutait des raisons inquiétantes.

Je répondais en ricanant à ce satanique docteur, et finissais par gagner la fenêtre. Je créais, par delà la campagne traversée par des bandes de musique rare[4], les fantômes du futur luxe nocturne.

Après cette distraction vaguement hygiénique, je m'étendais sur une paillasse. Et, presque chaque nuit, aussitôt endormi, le pauvre frère se levait, la bouche pourrie, les yeux arrachés[5], — tel qu'il se rêvait! — et me tirait dans la salle en hurlant son songe de chagrin idiot.

J'avais en effet, en toute sincérité d'esprit, pris l'engagement de le rendre à son état primitif de fils du soleil[6], — et nous errions, nourris du vin des cavernes[7] et du biscuit de la route, moi pressé de trouver le lieu et la formule.

Ms. de la Bibliothèque Nationale, n.a.fr. 14123, f. 16.

VILLES [I] [a1]

L'ACROPOLE officielle[2] outre les conceptions de la barbarie moderne les plus colossales. Impossible d'exprimer le jour mat produit par le ciel immuablement gris, l'éclat impérial des bâtisses, et la neige éternelle du sol[3]. On a reproduit dans un goût d'énormité singulier toutes les merveilles classiques de l'architecture[4]. J'assiste à des expositions de peinture dans des locaux vingt fois plus vastes qu'Hampton-Court[5]. Quelle[b] peinture ! Un Nabuchodonosor norwégien a fait construire les escaliers des ministères ; les subalternes que j'ai pu voir sont déjà plus fiers que des Brahmas[c6] et j'ai tremblé à l'aspect de colosses[d] des gardiens et officiers de constructions[7]. Par le groupement des bâtiments en squares, cours et terrasses fermées, on a[e] évincé les cochers. Les parcs représentent la nature primitive travaillée par un art superbe. Le haut quartier a des parties inexplicables : un bras de mer, sans

---

Ms. de la Bibliothèque Nationale, n.a.fr. 14123, f. 16-17.

a. *Le titre est de la main de Rimbaud, alors que tout le texte est de celle de Germain Nouveau, qui y a laissé de nombreuses erreurs. Sous le titre figure, biffé, le chiffre romain I, signifiant qu'à l'origine, deux textes devaient s'inscrire sous ce titre unique, le premier, celui-ci, que Nouveau a peut-être recopié là par erreur, et le second, commençant par* Ce sont des Villes ! *copié par Rimbaud aux f. 15-16. Désaccordés, les deux textes en obtiennent chacun un titre, mais le pluriel de celui-ci :* Villes, *ne s'explique que par les deux textes qu'il devait couvrir. Voir la Notice p. 251.*

b. *Nouveau a écrit* Qu'elle

c. Brahmas *surcharge* nababs, *qui apparaît dans le second paragraphe*

d. *Nouveau a interverti par erreur deux groupes de mots ; il a copié :* à l'aspect des gardiens de colosses

e. a *ajouté au crayon*

bateaux, roule sa nappe de grésil bleu entre des quais chargés de candélabres géants. Un pont court conduit à une poterne immédiatement sous le dôme de la Sainte-Chapelle. Ce dôme est une armature d'acier artistique de quinze mille pieds de diamètre environ.

Sur quelques points des passerelles de cuivre, des plates-formes, des escaliers qui contournent les halles et les piliers, j'ai cru pouvoir juger la profondeur de la ville[8]! C'est le prodige dont je n'ai pu me rendre compte : quels sont les niveaux des autres quartiers sur ou sous l'acropole? Pour l'étranger de notre temps la reconnaissance est impossible. Le quartier commerçant est un circus d'un seul style, avec galeries à arcades[9]. On ne voit pas de boutiques. Mais la neige de la chaussée est écrasée; quelques nababs aussi rares que les promeneurs d'un matin de dimanche à Londres, se dirigent vers une diligence de diamants. Quelques divans de velours rouge : on sert des boissons polaires dont le prix varie de huit cents[a] à huit mille roupies[10]. A l'idée de chercher des théâtres sur[b] ce circus, je me réponds que les boutiques doivent contenir des drames assez sombres[c]. Je pense qu'il y a une police, mais la loi doit être tellement étrange, que je renonce à me faire une idée des aventuriers d'ici.

Le faubourg aussi élégant qu'une belle rue de Paris est favorisé d'un air de lumière. L'élément démocratique compte quelque cent[d] âmes. Là encore les maisons ne se suivent pas; le faubourg se perd bizarrement dans la campagne, le «Comté[11]» qui remplit l'occident éternel des forêts et des plantations prodigieuses où les gentilshommes sauvages chassent leurs chroniques sous la lumière qu'on a créée.

---

a. *Nouveau a écrit* huit cent

b. sur *surcharge* dans

c. *après* assez — sombres *(écrit avec un long trait d'union), Nouveau a ajouté un point d'interrogation entre parenthèses, désignant peut-être une incertitude de lecture, ou une contradiction entre cette phrase et, plus haut :* On ne voit pas de boutiques.

d. *Nouveau a écrit* quelques cents.

VEILLÉES [1]

I

C'EST le repos éclairé, ni fièvre ni langueur, sur le lit ou sur le pré.
C'est l'ami ni ardent ni faible. L'ami.
C'est l'aimée ni tourmentante ni tourmentée. L'aimée.
L'air et le monde point cherchés. La vie.
— Était-ce donc ceci [2]?
— Et le rêve fraîchit.

II

L'ÉCLAIRAGE revient à l'arbre de bâtisse [3]. Des deux extrémités de la salle, décors quelconques, des élévations harmoniques se joignent. La muraille en face du veilleur est une succession psychologique de coupes de frises, de bandes atmosphériques [a] et d'accidences géologiques [4]. — Rêve intense et rapide de groupes sentimentaux avec des êtres de tous les caractères parmi toutes les apparences [5].

Ms. de la Bibliothèque Nationale, n.a.fr. 14123, f. 18-19.
a. *Rimbaud a écrit* athmosphériques, *avec un* h *après le* t

III [a]

Les lampes et les tapis de la veillée [6] font le bruit des vagues, la nuit, le long de la coque et autour du steerage [b] [7].

La mer de la veillée, telle que les seins d'Amélie [8].

Les tapisseries, jusqu'à mi-hauteur, des taillis de dentelle, teinte d'émeraude, où se jettent les tourterelles de la veillée.

. . . .

La plaque du foyer noir, de réels soleils des grèves [9] : ah! puits des magies; seule vue d'aurore, cette fois.

---

a. *Le chiffre romain* III *remplace un titre biffé* : Veillée *(au singulier)*
b. autour du *surcharge* sur le *et* steerage *remplace* pont, *biffé*

MYSTIQUE[1]

Sur la pente du talus les anges tournent leurs robes de laine dans les herbages d'acier et d'émeraude[2].

Des prés de flammes bondissent jusqu'au sommet du mamelon. A gauche le terreau de l'arête est piétiné par tous les homicides et toutes les batailles, et tous les bruits désastreux filent leur courbe[3]. Derrière l'arête de droite la ligne des orients[4], des progrès.

Et tandis que la bande en haut du tableau est formée de la rumeur tournante et bondissante des conques des mers et des nuits humaines,

La douceur fleurie des étoiles et du ciel[5] et du reste descend en face du talus, comme un panier, contre notre face, et fait l'abîme fleurant et bleu là-dessous.

AUBE [1]

J'ai embrassé l'aube d'été [2].

Rien ne bougeait encore au front des palais. L'eau était morte. Les camps d'ombres ne quittaient pas la route du bois. J'ai marché, réveillant les haleines vives et tièdes, et les pierreries regardèrent, et les ailes se levèrent sans bruit [3].

La première entreprise fut, dans le sentier déjà empli de frais et blêmes éclats, une fleur qui me dit son nom [4].

Je ris au wasserfall [5] blond qui s'échevela à travers les sapins : à la cime argentée je reconnus la déesse [6].

Alors je levai un à un les voiles. Dans l'allée, en agitant les bras. Par la plaine, où je l'ai dénoncée au coq. A la grand'ville elle fuyait parmi les clochers et les dômes, et courant comme un mendiant sur les quais de marbre, je la chassais [7].

En haut de la route, près d'un bois de lauriers, je l'ai entourée avec ses voiles amassés, et j'ai senti un peu son immense corps. L'aube et l'enfant tombèrent au bas du bois [8].

Au réveil il était midi.

Ms. de la Bibliothèque Nationale, n.a.fr. 14123, f. 19-20.

FLEURS[1]

D'UN gradin d'or, — parmi les cordons de soie, les gazes grises, les velours verts et les disques de cristal qui noircissent comme du bronze au soleil, — je vois la digitale s'ouvrir sur un tapis de filigranes d'argent, d'yeux et de chevelures[2].

Des pièces d'or jaune semées sur l'agate, des piliers d'acajou supportant un dôme d'émeraudes, des bouquets de satin blanc et de fines verges de rubis entourent la rose d'eau[3].

Tels qu'un dieu aux énormes yeux bleus et aux formes de neige[4], la mer et le ciel attirent aux terrasses de marbre la foule des jeunes et fortes roses.

Ms. de la Bibliothèque Nationale, n.a.fr. 14123, f. 20.

NOCTURNE VULGAIRE [1]

Un souffle ouvre des brèches operadiques[2] dans les cloisons, — brouille le pivotement des toits rongés, — disperse[a] les limites des foyers[b3], — éclipse les croisées. — Le long de la vigne, m'étant appuyé du pied à une gargouille, — je suis descendu dans ce carrosse dont l'époque est assez indiquée par les glaces convexes, les panneaux bombés et les sophas contournés — Corbillard de mon sommeil, isolé, maison de berger[4] de ma niaiserie, le véhicule vire sur le gazon de la grande route effacée; et dans un défaut en haut de la glace de droite tournoient les blêmes figures lunaires, feuilles, seins[5].

— Un vert et un bleu très foncés envahissent l'image[6]. Dételage aux environs d'une tache de gravier.

— Ici, va-t-on siffler pour l'orage, et les Sodomes, — et les Solymes[7], — et les bêtes féroces et les armées,

— (Postillon et bêtes de songe reprendront-ils sous[c] les plus suffocantes futaies, pour m'enfoncer jusqu'aux yeux dans la source de soie[8]).

— Et nous envoyer, fouettés à travers les eaux clapotantes et les boissons répandues, rouler sur l'aboi des dogues...

— Un souffle disperse les limites du foyer.

Ms. de la Bibliothèque Nationale, n.a.fr. 14123, f. 21.
a. *le milieu du mot* disperse *surcharge un autre mot :* chasse.
b. du foyer *corrigé en* des foyers.
c. sous *surcharge* dans.

MARINE [1]

Les chars d'argent et de cuivre —
Les proues d'acier[a] et d'argent —
Battent l'écume, —
Soulèvent les souches des ronces.
    Les courants de la lande,
Et les ornières immenses du reflux
Filent circulairement vers l'est,
Vers les piliers de la forêt, —
Vers les fûts[b][2] de la jetée,
Dont l'angle est heurté par des[c]
                    tourbillons de lumière.

Ms. de la Bibliothèque Nationale, n.a.fr. 14123, f. 22 (vº du f. 21).
a. acier *surcharge* azur
b. fûts : *l'accent circonflexe a été ajouté au crayon*
c. des : *le* d *surcharge un* l

FÊTE D'HIVER [1]

L A cascade sonne derrière les huttes d'opéra-comique. Des girandoles [2] prolongent, dans les vergers et les allées voisins du Méandre [3], — les verts [a] et les rouges du couchant. Nymphes d'Horace coiffées au Premier Empire, — Rondes Sibériennes, Chinoises de Boucher [4].

ANGOISSE [1]

S E peut-il qu'Elle [a] me fasse pardonner les ambitions
  continuellement écrasées, — qu'une fin aisée répare
les âges d'indigence [2], — qu'un jour de succès nous
endorme sur la honte de notre inhabileté fatale [3],

(O palmes! diamant [4]! — Amour, force! — plus haut
que toutes joies et gloires! — de toutes façons, partout,
— Démon [b], dieu, — Jeunesse de cet être-ci; moi!)

Que des [c] accidents de féerie scientifique et des mouvements de fraternité sociale soient chéris comme res-
titution progressive de la franchise première [5]?....

Mais la Vampire qui nous rend gentils commande
que nous nous amusions avec ce qu'elle nous laisse, ou
qu'autrement nous soyons plus drôles.

Rouler aux blessures, par l'air lassant et la mer; aux
supplices, par le silence des eaux et de l'air meurtriers;
aux tortures qui rient, dans leur silence atrocement
houleux [6].

Ms. de la Bibliothèque Nationale, n.a.fr. 14123, f. 23.
a. Elle : *le* E *surcharge un* e
b. Démon : *le* D *surcharge un* d
c. des : *le* d *surcharge un* l

MÉTROPOLITAIN [1]

Du détroit d'indigo aux mers d'Ossian [2], sur le sable rose et orange qu'a lavé le ciel vineux viennent de monter et de se croiser des boulevards de cristal habités incontinent par de jeunes familles pauvres qui s'alimentent chez les fruitiers. Rien de riche. — La ville !

Du désert de bitume [3] fuient droit en déroute avec les nappes de brumes échelonnées en bandes affreuses au ciel qui se recourbe, se recule et descend, formé de la plus sinistre fumée noire que puisse faire l'Océan en deuil, les casques, les roues, les barques, les croupes. — La bataille !

Lève la tête : ce pont de bois [a], arqué ; les derniers potagers de Samarie [4] ; ces masques enluminés sous la lanterne fouettée par la nuit froide ; l'ondine niaise à la robe bruyante, au bas de la rivière ; les crânes lumineux dans les plants [b] de pois — et les autres fantasmagories — La campagne.

Des routes bordées de grilles et de murs, contenant à peine leurs bosquets, et les atroces fleurs qu'on appellerait cœurs et sœurs, Damas damnant de longueur [c] [5],

---

Ms. de la Bibliothèque Nationale, n.a.fr. 14123, f. 23-24.

Les deux premiers paragraphes, titre compris, sont de la main de Rimbaud, jusqu'au mot bois ; le reste du texte est de la main de Germain Nouveau, sauf le mot Guaranies, *au quatrième paragraphe.*

a. *à cet endroit précis, Rimbaud passe la plume à Germain Nouveau*

b. *Nouveau a écrit* plans *(en surcharge de* champs)

c. *Nouveau avait d'abord écrit* largeur ; *il a corrigé en* longueur, *rectifiant le* a *en* o, *profitant du* r *typographique pouvant paraître un* n, *mais omettant d'ajouter un* u *après le* g ; *il faut écarter la leçon* langueur, *qu'adoptent plusieurs éditeurs.*

— possessions de féeriques aristocraties ultra-Rhénanes, Japonaises, Guaranies [a][6], propres encore à recevoir la musique des anciens — et il y a des auberges qui pour toujours n'ouvrent déjà plus [7] — il y a des princesses, et si tu n'es pas trop accablé, l'étude des astres — Le ciel.

Le matin où avec Elle[b][8], vous vous débattîtes parmi les éclats de neige, les lèvres vertes, les glaces, les drapeaux noirs et les rayons bleus, et les parfums pourpres du soleil des pôles, — ta force[c][9].

---

a. *Nouveau avait laissé un espace ; Rimbaud a complété en ajoutant le mot* Guaranies.

b. *Le* E *surcharge un* e.

c. *Nouveau, selon son habitude d'omettre la majuscule, transcrit, à la fin des troisième et quatrième paragraphes :* la campagne, le ciel, que j'ai *rectifiés par analogie avec les deux premiers paragraphes, de la main de Rimbaud. La virgule et le possessif empêchent cette analogie de fonctionner au dernier paragraphe.*

BARBARE[1]

Bien après les jours et les saisons, et les êtres et les pays[2],

Le pavillon en viande saignante[3] sur la soie des mers et des fleurs arctiques; (elles n'existent pas[4].)

Remis des vieilles fanfares d'héroïsme — qui nous attaquent encore le cœur et la tête — loin des anciens assassins[5] —

Oh! Le pavillon en viande saignante sur la soie des mers et des fleurs arctiques; (elles n'existent pas)

Douceurs!

Les brasiers[a] pleuvant aux rafales de givre[6], — Douceurs! — les feux à la pluie du vent de diamants[7] jetée par le cœur terrestre éternellement carbonisé pour nous[8]. — O monde! —

(Loin des vieilles retraites et des vieilles flammes, qu'on entend, qu'on sent,)

Les brasiers[b] et les écumes. La musique, virement des gouffres et choc des glaçons aux astres.

O Douceurs, ô monde, ô musique! Et là, les formes, les sueurs, les chevelures et les yeux, flottant. Et les larmes blanches, bouillantes, — ô douceurs! — et la voix féminine arrivée au fond des volcans et des grottes arctiques[9].

Le pavillon.....

Ms. de la Bibliothèque Nationale, n.a.fr. 14123, f. 24.
a. brasiers, *dans l'interligne, remplace* fournaises, *biffé*
b. *Même correction.*

SOLDE [1]

A vendre ce que les Juifs n'ont pas vendu [2], ce que noblesse ni crime n'ont goûté, ce qu'ignorent [a] l'amour maudit et la probité infernale des masses : ce que le temps ni la science n'ont pas à reconnaître :

Les Voix reconstituées; l'éveil fraternel de toutes les énergies chorales et orchestrales et leurs applications instantanées; l'occasion, unique, de dégager nos sens!

A vendre les Corps sans prix, hors de toute race, de tout monde, de tout sexe, de toute descendance! Les richesses jaillissant à chaque démarche! Solde de diamants sans contrôle!

A vendre l'anarchie pour les masses; la satisfaction irrépressible pour les amateurs supérieurs; la mort atroce pour les fidèles et les amants [3]!

A vendre les habitations et les migrations, sports, féeries et conforts parfaits, et le bruit, le mouvement et l'avenir qu'ils font!

A vendre les applications de calcul et les sauts d'harmonie inouïs [b]. Les trouvailles et les termes non soupçonnés, possession immédiate,

Élan insensé et infini aux splendeurs invisibles, aux délices insensibles [4], — et ses secrets affolants pour chaque vice — et sa gaîté effrayante pour la foule [c] —

— A vendre les Corps, les voix, l'immense opulence inquestionable [5], ce qu'on ne vendra jamais. Les vendeurs ne sont pas à bout de solde! Les voyageurs n'ont pas à rendre leur commission de si tôt!

Ms. de la Bibliothèque Nationale, n.a.fr. 14124, f. 1.
a. ignore, *avec* ent *ajouté au crayon*
b. inouis, *sans tréma*
c. *le début de* la foule *surcharge* tous

FAIRY[1]

Pour Hélène se conjurèrent les sèves ornementales[a][2] dans les ombres vierges et les clartés impassibles dans le silence astral. L'ardeur de l'été fut confiée à des oiseaux muets et l'indolence requise à une barque de deuils sans prix par des anses d'amours morts et de parfums affaissés.

— Après le moment de l'air des bûcheronnes à la rumeur du torrent sous la ruine des bois [3], de la sonnerie des bestiaux à l'écho des vals, et des cris [b] des steppes. —

Pour l'enfance d'Hélène frissonnèrent les fourrures[4] et les ombres — et le sein des pauvres, et les légendes du ciel.

Et ses yeux et sa danse supérieurs encore aux éclats précieux, aux influences froides[5], au plaisir du décor et de l'heure uniques.

Ms. de la Bibliothèque Nationale, n.a.fr. 14124, f. 2.

Sous le titre figure en chiffre romain I; *on peut donc songer à faire de ce texte la partie* I *correspondant à la partie* II *titrée* Guerre. *Mais le caractère inattendu de ce groupement dissuade, en général, les éditeurs de l'adopter. Nous nous en tiendrons ici à cette tradition.*

a. ornementales : *le premier* a *est surchargé par un* e *au crayon*
b. du *corrigé en* des; s *omis à la fin du mot* cri

GUERRE[1]

ENFANT, certains ciels ont affiné mon optique[2] : tous les caractères nuancèrent ma physionomie[3]. Les Phénomènes s'émurent[4]. — A présent, l'inflexion éternelle des moments et l'infini des mathématiques me chassent par ce monde où je subis tous les succès civils, respecté de l'enfance étrange et des affections énormes[5]. — Je songe à une Guerre de droit ou de force, de logique bien imprévue.

C'est aussi simple qu'une phrase musicale[6].

Ms. de la Bibliothèque Nationale, n.a.fr. 14124, f. 4.

Un chiffre romain II figure à gauche du titre; ce texte est donc peut-être le deuxième groupé sous le titre Fairy. Voyez la note p. 294.

JEUNESSE [1]

I

DIMANCHE [2]

Les calculs de côté [3], l'inévitable descente du ciel et la
visite des souvenirs et la séance des rythmes [a]
occupent la demeure, la tête et le monde de l'esprit.

— Un cheval détale sur le turf suburbain, et [b] le long
des cultures et des boisements, percé par la peste carbonique [4]. Une misérable femme de drame, quelque
part dans le monde, soupire après des abandons improbables. Les desperadoes [5] languissent après l'orage,
l'ivresse et les blessures. De petits enfants étouffent [c] des
malédictions le long des rivières [6]. —

Reprenons l'étude au bruit de l'œuvre dévorante qui
se rassemble et remonte dans les masses [7].

Ms. de la Bibliothèque Nationale, n.a.fr. 14124, f. 3 (pour le texte I) *et ms.
de la Bibliothèque Bodmer (Cologny, près Genève) pour les textes* II, III, IV,
qui figurent sur un seul feuillet.
a. *Rimbaud a écrit* rhythmes
b. *et* biffé au crayon
c. *les deux premières lettres de* étouffent *en surchargent deux autres* (ma)

II

SONNET[a][8]

Homme de constitution ordinaire, la chair
n'était-elle pas un fruit pendu dans le verger; — o
journées enfantes! — le corps un trésor à prodiguer; — o
aimer, le péril ou la force de Psyché? La terre
avait des versants fertiles en princes et en artistes
et la descendance et la race vous poussaient aux
crimes et aux deuils : le monde votre fortune et votre
péril. Mais à présent, ce labeur comblé, — toi, tes calculs,
— toi, tes impatiences[9] — ne sont plus que votre danse et
votre voix, non fixées et point forcées, quoique d'un double
événement d'invention et de succès [ ][b] une raison[c][10],
— en l'humanité fraternelle et[d] discrète par l'univers,
sans images; — la force[e] et le droit[f] réfléchissent la
danse et la voix à présent seulement appréciées.

---

a. *Le titre* Sonnet *s'explique par la disposition du texte en quatorze lignes,
rappelant les quatorze vers d'un sonnet (voyez le fac-similé dans les pages
d'iconographie) ; le texte imprimé doit donc rester fidèle au ms. et interrompre
les lignes aux mêmes mots ; on peut aussi reconnaître, dans ce qui correspond au
premier quatrain, des apparences de rimes.*
b. *Un signe problématique (un trait vertical coupé d'un trait horizontal
plus court), entre* succès *et* une raison : *appel d'un ajout oublié ensuite?
le jambage biffé d'une lettre? l'abréviation de « plus »?*
c. *les trois premières lettres de* raison *surchargent* logi *(début de* logique)
d. *d'aucuns lisent* est *(avec un* s *ajouté entre le* e *et le* t).
e. *les trois premières lettres de* force *surchargent* dan *(début de* danse)
f. *les* biffé *entre* droit *et* réfléchissent

III

VINGT ANS [11]

Les voix instructives exilées.... L'ingénuité physique amèrement rassise.... — Adagio — Ah! l'égoïsme infini de l'adolescence, l'optimisme studieux : que le monde était plein de fleurs cet été! Les airs et les formes mourant.... — Un chœur, pour calmer l'impuissance et l'absence! Un chœur de verres, de mélodies nocturnes.... En effet les nerfs vont vite chasser [12].

IV [13]

Tu en es encore à la tentation d'Antoine. L'ébat du zèle écourté, les tics d'orgueil puéril, l'affaissement et l'effroi [14].

Mais tu te mettras à ce travail : toutes les possibilités harmoniques [15] et architecturales s'émouvront autour de ton siège. Des êtres parfaits, imprévus, s'offriront à tes expériences. Dans tes environs affluera rêveusement la curiosité d'anciennes foules et de luxes oisifs. Ta mémoire et tes sens ne seront que la nourriture de ton impulsion créatrice [16]. Quant au monde, quand tu sortiras, que sera-t-il devenu? En tout cas, rien des apparences actuelles [17].

PROMONTOIRE[1]

L'AUBE d'or et la soirée frissonnante trouvent notre
brick en large[2] en face de cette villa et de ses dépen-
dances, qui forment un promontoire aussi étendu que
l'Épire et le Péloponnèse, ou que la grande île du
Japon, ou que l'Arabie! Des fanums qu'éclaire la rentrée des théories[3], d'immenses vues de la défense des
côtes modernes; des dunes illustrées de chaudes fleurs
et de bacchanales; de grands canaux de Carthage[4] et
des Embankments[5] d'une Venise louche; de molles
éruptions d'Etnas et des crevasses de fleurs et d'eaux
des glaciers; des lavoirs entourés de peupliers d'Allemagne; des talus de parcs singuliers penchant des têtes
d'Arbre du Japon [a]; les façades circulaires des « Royal »
ou des « Grand » de Scarbro' ou de Brooklyn [6]; et leurs
railways flanquent, creusent, surplombent les dispositions de cet Hôtel [b], choisies dans l'histoire des plus
élégantes et des plus colossales constructions de l'Italie,
de l'Amérique et de l'Asie, dont les fenêtres et les terrasses à présent pleines d'éclairages, de boissons et de
brises riches, sont ouvertes à l'esprit des voyageurs et
des nobles — qui permettent, aux heures du jour, à
toutes les tarentelles des côtes [7], — et même aux ritournelles des vallées illustres de l'art, de décorer merveilleusement les façades du Palais-Promontoire [c].

---

*Ms. de la Bibliothèque Municipale de Charleville, A.R. ʃʃʃ G^de Rés.
De nombreuses corrections à la main; ne sont indiquées ici que les principales.*
a. *Rimbaud avait d'abord omis le membre de phrase* des talus (...) Japon
et à la suite du mot Allemagne, *il avait copié* et les façades (...) surplombent,
qu'il a biffé pour le récrire ensuite le membre de phrase omis.
b. d'un Hôtel *corrigé en* de cet Hôtel
c. *Le ms. porte* Palais.Promontoire. *Le mot* Promontoire *semble
ajouté.*

SCÈNES [1]

L'ANCIENNE Comédie poursuit ses accords et divise ses Idylles :

Des boulevards de tréteaux.

Un long pier [2] en bois d'un bout à l'autre d'un champ rocailleux où la foule barbare [a] évolue sous les arbres dépouillés.

Dans des corridors de gaze noire suivant le pas des promeneurs aux lanternes et aux feuilles.

Des oiseaux des mystères [b] [3] s'abattent sur un ponton de maçonnerie mû par l'archipel couvert des embarcations des spectateurs.

Des scènes lyriques accompagnées de flûte et de tambour s'inclinent dans des réduits ménagés sous les plafonds, autour des salons de clubs modernes ou des salles [c] de l'Orient ancien [4].

La féerie manœuvre au sommet d'un amphithéâtre couronné par les taillis, — Ou s'agite et module pour les Béotiens, dans l'ombre des futaies mouvantes sur l'arête des cultures [5].

L'opéra-comique se divise sur une scène à l'arête d'intersection de dix [d] cloisons dressées de la galerie aux feux [6].

Ms. de la collection Pierre Berès (fac-similé dans l'édition critique des Illuminations *par Bouillane de Lacoste, Mercure de France, 1949; dans* Rimbaud et le problème des Illuminations, *du même Bouillane de Lacoste, Mercure de France, 1949 aussi; et dans l'édition des* Poésies de Rimbaud, *Paris, Le Livre club du libraire, 1958).*

a. barbare *ajouté dans l'interligne*
b. des mystères, *dans l'interligne, remplace* comédiens *biffé*
c. salles, *dans l'interligne, remplace* maisons, *biffé*
d. de dix *corrige sans doute* d'un

SOIR HISTORIQUE [1]

Eₙ quelque soir, par exemple, que se trouve le touriste
naïf, retiré de nos horreurs économiques, la main
d'un maître anime le clavecin des prés [2]; on joue aux
cartes au fond de l'étang [3], miroir évocateur des reines
et des mignonnes, on a les saintes, les voiles, et les fils
d'harmonie, et les chromatismes légendaires, sur le
couchant [4].

Il frissonne au passage des chasses et des hordes. La
comédie goutte[a] sur les tréteaux de gazon. Et l'embarras des pauvres et des faibles sur ces plans stupides[5]!

A sa vision esclave, — l'Allemagne s'échafaude vers
des lunes; les déserts tartares s'éclairent — les révoltes
anciennes grouillent dans le centre du Céleste Empire;
par les escaliers et les fauteuils de rois [b], un petit monde
blême et plat, Afrique et Occidents, va s'édifier [6]. Puis
un ballet de mers et de nuits connues, une chimie sans
valeur [7], et des mélodies impossibles.

La même magie bourgeoise à tous les points où la
malle nous déposera! Le plus élémentaire physicien
sent qu'il n'est plus possible de se soumettre à cette
atmosphère personnelle, brume de remords physiques,
dont la constatation est déjà une affliction.

Non! — Le moment de l'étuve, des mers enlevées,
des embrasements souterrains, de la planète emportée,
et des exterminations conséquentes, certitudes si peu
malignement indiquées dans la Bible et par les Nornes [8]
et qu'il sera donné à l'être sérieux de surveiller. —
Cependant ce ne sera point un effet de légende [9]!

---

*Ms. de la collection Pierre Berès. Texte de l'édition de Paul Hartmann
qui a pu voir le ms. (Mercure de France, 1956 et 1958; Le Club du meilleur
livre, 1957; Brocéliande, 1957).*

a. *Faut-il corriger en* goûte?

b. rois, *d'après l'édition Hartmann; auparavant on imprimait* rocs

BOTTOM [a] [1]

L A réalité étant trop épineuse pour mon grand caractère, — je me trouvai néanmoins chez ma dame, en
gros oiseau gris bleu s'essorant vers les moulures du
plafond et traînant [b] l'aile dans les ombres de la soirée [2].

Je fus, au pied du baldaquin supportant ses bijoux
adorés et ses chefs-d'œuvre physiques, un gros ours aux
gencives violettes [3] et au poil chenu de chagrin, les yeux
aux cristaux et aux argents des consoles.

Tout se fit ombre et aquarium ardent [4].

Au [c] matin, — aube de juin batailleuse, — je courus
aux champs, âne, claironnant et brandissant mon grief,
jusqu'à ce que les Sabines [5] de la banlieue vinrent se
jeter à mon poitrail.

Ms. de la collection Pierre Berès, sur le même feuillet que H *(fac-similé
dans Bouillane de Lacoste,* Rimbaud et le problème des *Illuminations,
Mercure de France, 1949 et dans Yves Bonnefoy,* Rimbaud par lui-même,
Le Seuil, 1961).

a. *Sous le titre* Bottom, *un autre titre, biffé :* Métamorphoses
b. *les trois premières lettres de* traînant *en surchargent trois ou quatre
autres, sans doute* batt, *début de* battant
c. Au *surcharge* Et, au

H[1]

Toutes les monstruosités violent les gestes atroces d'Hortense. Sa solitude est la mécanique érotique, sa lassitude, la dynamique amoureuse. Sous la surveillance d'une enfance elle a été, à des époques nombreuses, l'ardente hygiène des races. Sa porte est ouverte à la misère. Là, la moralité des êtres actuels se décorpore en sa passion ou en son action.— O terrible frisson des amours novices, sur le sol sanglant et par l'hydrogène clarteux! trouvez Hortense.

Ms. de la collection Pierre Berès, sur le même feuillet que Bottom *(voir bas de la p. 302).*

MOUVEMENT[1]

L E mouvement de lacet sur la berge des chutes du
⎿ fleuve,
Le gouffre à l'étambot[2],
La célérité de la rampe,
L'énorme passade du courant
Mènent par les lumières inouïes
Et[a] la nouveauté chimique
Les voyageurs entourés des trombes du val
Et du strom[3].

Ce sont les conquérants du monde
Cherchant la fortune chimique personnelle;
Le sport et le comfort voyagent avec eux[4];
Ils emmènent l'éducation
Des races, des classes et des bêtes, sur ce Vaisseau
Repos et vertige
A la lumière diluvienne,
Aux terribles soirs d'étude.

Car de la causerie parmi les appareils, — le sang, les
fleurs, le feu, les bijoux —
Des comptes agités à ce bord fuyard,
— On voit, roulant comme une digue au delà de la
route hydraulique motrice [5],
Monstrueux, s'éclairant sans fin, — leur stock
                                        [d'études[b]; —
_____

*Ms. de la collection Pierre Berès. Fac-similé conservé dans la William
J. Jones Collection, à Springfield (South West Missouri State College
Library). Le texte est en quatre strophes.*
  a. et *corrigé en* Et
  b. le stock d'études (*corrigé en* leur stock d'études; — *au bout de la
ligne*) Qui est le leur (*biffé au début de la ligne suivante*).

Eux chassés dans l'extase harmonique
Et l'héroïsme de la découverte.

Aux accidents atmosphériques les plus surprenants
Un couple de jeunesse s'isole sur l'arche[6],
— Est-ce ancienne sauvagerie qu'on pardonne? —
Et chante [c] et se poste.

---

c. *le* c *de* chante *surcharge* se

DÉVOTION[1]

A ma sœur Louise Vanaen de Voringhem[2] : — Sa cornette bleue tournée à la mer du Nord. — Pour les naufragés.

A ma sœur Léonie Aubois d'Ashby. Baou[3] — l'herbe d'été bourdonnante et puante. — Pour la fièvre des mères et des enfants.

A Lulu, — démon — qui a conservé un goût pour les oratoires du temps des Amies et de son éducation incomplète. Pour les hommes [4]! A madame××× a[5].

A l'adolescent que je fus. A ce saint vieillard, ermitage ou mission.

A l'esprit des pauvres. Et à un très haut clergé [6].

Aussi bien à tout culte en telle place de culte mémoriale et parmi tels événements qu'il faille se rendre, suivant les aspirations du moment ou bien notre propre vice sérieux,

Ce soir à Circeto des hautes glaces [7], grasse comme le poisson, et enluminée comme les dix mois de la nuit rouge, — (son cœur ambre et spunck [8]), — pour ma seule prière muette comme ces régions de nuit et précédant des bravoures plus violentes que ce chaos polaire [9].

A tout prix et avec tous les airs, même dans des voyages métaphysiques. — Mais plus *alors* [10].

Pas de ms. connu. Texte de La Vogue, *n⁰ 8, 21-27 juin 1886, p. 313.*
a. *Les éditeurs font habituellement imprimer des astérisques, remplacés ici par de petites croix en* x, *suivant le ms. d'*Après le Déluge *(voir p. 253).*

DÉMOCRATIE[1]

« L E drapeau va au paysage immonde, et notre patois
étouffe le tambour[2].

« Aux centres nous alimenterons la plus cynique pros-
titution. Nous massacrerons les révoltes logiques.

« Aux pays poivrés et détrempés! — au service des
plus monstrueuses exploitations industrielles ou militaires.

« Au revoir ici, n'importe où. Conscrits du bon vouloir, nous aurons la philosophie féroce; ignorants pour
la science, roués pour le confort; la crevaison pour le
monde qui va. C'est la vraie marche[3]. En avant, route! »

Pas de ms. connu. Texte de La Vogue, *nº 8, 21-27 juin 1886, p. 314.*

GÉNIE[1]

Il est l'affection et le présent puisqu'il a fait la maison ouverte à l'hiver écumeux et à la rumeur de l'été, lui qui a purifié les boissons et les aliments, lui qui est le charme des lieux fuyants et le délice surhumain des stations[2]. Il est l'affection et l'avenir, la force et l'amour que nous, debout dans les rages et les ennuis, nous voyons passer dans le ciel de tempête et les drapeaux d'extase[3].

Il est l'amour, mesure parfaite et réinventée, raison merveilleuse et imprévue[4], et l'éternité : machine aimée des qualités fatales. Nous avons tous eu l'épouvante de sa concession et de la nôtre : ô jouissance de notre santé, élan de nos facultés, affection égoïste et passion pour lui, lui qui nous aime pour sa vie infinie...

Et nous nous le rappelons et il voyage... Et si l'Adoration s'en va, sonne, sa promesse sonne[5] : « Arrière ces superstitions, ces anciens corps, ces ménages et ces âges. C'est cette époque-ci qui a sombré ! »

Il ne s'en ira pas, il ne redescendra pas d'un ciel, il n'accomplira pas la rédemption des colères de femmes et des gaîtés des hommes et de tout ce péché : car c'est fait, lui étant, et étant aimé.

O ses souffles, ses têtes, ses courses ; la terrible célérité de la perfection des formes et de l'action.

O fécondité de l'esprit et immensité de l'univers !

Son corps ! Le dégagement rêvé, le brisement de la grâce croisée de violence nouvelle !

Sa vue, sa vue ! tous les agenouillages anciens et les peines *relevés* à sa suite.

Manuscrit appartenant à M. Pierre Berès.

Son jour! l'abolition de toutes souffrances sonores et mouvantes dans la musique plus intense[6].

Son pas ! les migrations plus énormes que les anciennes invasions.

O lui et nous! l'orgueil plus bienveillant que les charités perdues.

O monde! et le chant clair des malheurs nouveaux[7]!

Il nous a connus tous et nous a tous aimés[8]. Sachons, cette nuit d'hiver, de cap en cap, du pôle tumultueux au château, de la foule à la plage, de regards en regards, forces et sentiments las, le héler et le voir, et le renvoyer, et sous les marées et au haut des déserts de neige, suivre ses vues, ses souffles, son corps, son jour.

APPENDICE

ALBUM ZUTIQUE

NOTICE

C ET *album de quarante-huit pages est composé de poésies
autographes dues à la plume gouailleuse de poètes amis de
Verlaine, qui se retrouvaient périodiquement pour blaguer,
fumer, boire et réciter des vers.* Ce « club » se réunissait,
*près du boulevard Saint-Michel, en 1871, à l'Hôtel des
Étrangers (à l'angle de la rue Racine et de la rue de l'École-
de-Médecine), où Delahaye trouva un jour Rimbaud en train
de cuver son haschisch :* « Une grande salle de l'entresol,
précise Delahaye, avait été louée par des gens de lettres,
peintres, musiciens, fraction du Tout Paris artiste,
pour y être chez eux, entre eux, et causer des choses
qui les intéressaient. » *Le groupe des* Vilains Bonshommes *(ainsi s'étaient-ils surnommés) avait en guise de
Livre d'or un Album de facéties rimées et de dessins, auquel
Verlaine fait allusion dans une lettre à E. Blémont en
juillet 1871. C'est en octobre, semble-t-il, que, le groupe
ayant décidé de fonder un Cercle dénommé* Zutique *par
Charles Cros, un nouvel Album reçut, lui, le nom d'*Album
Zutique. *Or, Rimbaud a souvent participé, en compagnie
de Verlaine, aux réunions des* Vilains Bonshommes :
*c'est même au cours de l'une d'elles qu'il a menacé le photo-
graphe Carjat d'un coup de canne-épée (voir* Introduction, I).
*Valade, Blémont, Mérat, Silvestre, Cabaner, Richepin,
Ponchon, les ont fréquentées. Tous ces poètes se blaguaient
entre eux et s'amusaient à se parodier les uns les autres,
et à parodier quelques parnassiens notoires : les pièces
de l'*Album Zutique *sont signées F. Coppée, L. Ratisbonne,*

L. Dierx, A. Silvestre, P. Verlaine..., mais à côté de ces pseudo-signatures figurent, presque toujours, les initiales du véritable auteur. Ces pièces sont, pour reprendre une expression de Verlaine dans sa lettre à Blémont, « assez fortes en gueule ». *On se doute que Rimbaud, qui n'en était pas à ses premières armes dans le domaine du pastiche et de la parodie, a tout particulièrement brillé dans ces exercices. Il faut les considérer comme des joyeusetés sans prétention, mais non dénuées souvent d'une verve parodique assez remarquable : certaines même constituent des documents de valeur, que l'on ne saurait négliger quand on étudie les idées et le tempérament de Rimbaud.*

(S. B.)

*L'existence de l'*Album Zutique *a été révélée en 1936 par un catalogue de la librairie Blaizot. Pascal Pia l'a publié une première fois dans* L'Arbalète *en 1943. Puis, en 1961, il en a fait paraître une édition au Cercle du livre précieux, en deux luxueux volumes. Le premier est un fac-similé complet de l'*Album. *Le second est l'édition de chaque poème, avec une annotation en regard du texte. Certains d'entre eux posent en effet des problèmes d'attribution. Presque tous les pastiches de Rimbaud portent ses initiales ou sa signature, souvent en dessous du nom du poète pastiché.*

*Les poèmes ne sont pas publiés ici dans l'ordre des pages de l'*Album. *On a réuni tous les « coppées » (dizains à rimes plates pastichant François Coppée, la cible favorite de Rimbaud) de l'*Album, *et on y a joint celui qui figure dans le cahier de dessins de Félix Régamey :* « L'enfant qui ramassa les balles, le Pubère ».

(A. G.)

ALBUM ZUTIQUE

CONNERIES

I JEUNE GOINFRE

Casquette
De moire,
Quéquette
D'ivoire,

Toilette
Très noire,
Paul guette
L'armoire,

Projette
Languette
Sur poire,

S'apprête,
Baguette,
Et foire.

A. R.

II PARIS [1]

A L. Godillot [2], Gambier,
Galopeau, Volf-Pleyel,
— O Robinets ! — Menier,
— O Christs ! — Leperdriel !

Kinck [3], Jacob, Bonbonnel !
Veuillot, Tropmann, Augier !
Gill, Mendès, Manuel,
Guido Gonin ! — Panier

Des Grâces ! L'Hérissé !
Cirages onctueux !
Pains vieux, spiritueux !

Aveugles ! — puis, qui sait ? —
Sergents de ville, Enghiens
Chez soi [4] ! — Soyons chrétiens !

                                    A. R.

CONNERIES 2e série
I COCHER IVRE [1]

P OUACRE
Boit :
Nacre
Voit :

Acre
Loi,
Fiacre
Choit !

Femme
Tombe,
Lombe

Saigne :
— Clame !
Geigne.

                    A. R.

VIEUX DE LA VIEILLE[1]

Aux paysans de l'empereur!
A l'empereur des paysans!
Au fils de Mars,
Au glorieux 18 mars!
Où le ciel d'Eugénie a béni les entrailles!

LES LÈVRES CLOSES
VU A ROME[1]

Il est, à Rome, à la Sixtine,
Couverte d'emblèmes chrétiens,
Une cassette écarlatine
Où sèchent des nez fort anciens :

Nez d'ascètes de Thébaïde,
Nez de chanoines du Saint Graal
Où se figea la nuit livide,
Et l'ancien plain-chant sépulcral.

Dans leur sécheresse mystique,
Tous les matins, on introduit
De l'immondice schismatique
Qu'en poudre fine on a réduit.

Léon Dierx.
A. R.

FÊTE GALANTE[1]

Rêveur, Scapin
Gratte un lapin
Sous sa capote.

Colombina
— Que l'on pina! —
— Do, mi, — tapote

L'œil du lapin
Qui tôt, tapin,
Est en ribote....

PAUL VERLAINE.
A. R.

L'ANGELOT MAUDIT[1]

Toits bleuâtres et portes blanches
Comme en de nocturnes dimanches,

Au bout de la ville sans bruit
La Rue est blanche, et c'est la nuit.

La Rue a des maisons étranges
Avec des persiennes d'Anges.

Mais, vers une borne, voici
Accourir, mauvais et transi,

Un noir Angelot qui titube,
Ayant trop mangé de jujube.

Il fait caca : puis disparaît :
Mais son caca maudit paraît,

Sous la lune sainte qui vaque,
De sang sale un léger cloaque !

LOUIS RATISBONNE.
A. RIMBAUD.

LYS [1]

O BALANCOIRS! ô lys! clysopompes d'argent!
Dédaigneux des travaux, dédaigneux des famines!
L'Aurore vous emplit d'un amour détergent!
Une douceur de ciel beurre vos étamines!

ARMAND SILVESTRE.
A. R.

L'HUMANITÉ chaussait le vaste enfant Progrès.

LOUIS-XAVIER DE RICARD [1].
A. R.

LES REMEMBRANCES DU VIEILLARD IDIOT [1]

PARDON, mon père!
                    Jeune, aux foires de campagne,
Je cherchais, non le tir banal où tout coup gagne,
Mais l'endroit plein de cris où les ânes, le flanc
Fatigué, déployaient ce long tube sanglant
Que je ne comprends pas encore!...
                                    Et puis ma mère,
Dont la chemise avait une senteur amère
Quoique fripée au bas et jaune comme un fruit,
Ma mère qui montait au lit avec un bruit
— Fils du travail pourtant, — ma mère, avec sa cuisse
De femme mûre, avec ses reins très gros où plisse
Le linge, me donna ces chaleurs que l'on tait!...

Une honte plus crue et plus calme, c'était
Quand ma petite sœur, au retour de la classe,
Ayant usé longtemps ses sabots sur la glace,
Pissait, et regardait s'échapper de sa lèvre
D'en bas, serrée et rose, un fil d'urine mièvre!...

O pardon !

       Je songeais à mon père parfois :
Le soir, le jeu de cartes et les mots plus grivois,
Le voisin, et moi qu'on écartait, choses vues...
— Car un père est troublant ! — et les choses conçues !..
Son genou, câlineur parfois ; son pantalon
Dont mon doigt désirait ouvrir la fente,... — oh ! non ! —
Pour avoir le bout, gros, noir et dur, de mon père,
Dont la pileuse main me berçait !...

               Je veux taire
Le pot, l'assiette à manche, entrevue au grenier,
Les almanachs couverts en rouge, et le panier
De charpie, et la Bible, et les lieux, et la bonne,
La Sainte-Vierge et le crucifix...

                  Oh ! personne
Ne fut si fréquemment troublé, comme étonné !
Et maintenant, que le pardon me soit donné :
Puisque les sens infects m'ont mis de leurs victimes,
Je me confesse de l'aveu des jeunes crimes !...

. . . .

Puis ! — qu'il me soit permis de parler au Seigneur !
Pourquoi la puberté tardive et le malheur
Du gland tenace et trop consulté ? Pourquoi l'ombre
Si lente au bas du ventre ? et ces terreurs sans nombre
Comblant toujours la joie ainsi qu'un gravier noir ?

— Moi j'ai toujours été stupéfait ! Quoi savoir ?

. . . .

Pardonné ?...

         Reprenez la chancelière bleue,
Mon père.

      O cette enfance ! . . . .

. . . .

. . . . — et tirons-nous la queue !.

                   FRANÇOIS COPPÉE.
                   A. R.

VIEUX COPPÉES[1]

Les soirs d'été, sous l'œil ardent des devantures
Quand la sève frémit sous les grilles obscures
Irradiant au pied des grêles marronniers,
Hors de ces groupes noirs, joyeux ou casaniers,
Suceurs du brûle-gueule ou baiseurs du cigare,
Dans le kiosque mi-pierre étroit où je m'égare,
— Tandis qu'en haut rougeoie une annonce d'*Ibled*[2], —
Je songe que l'hiver figera le Tibet[a]
D'eau propre qui bruit, apaisant l'onde humaine,
— Et que l'âpre aquilon n'épargne aucune veine.

FRANÇOIS COPPÉE.
A. RIMBAUD.

Aux livres de chevet, livres de l'art serein,
Obermann et Genlis, *Vert-Vert* et le *Lutrin*[1],
Blasé de nouveauté grisâtre et saugrenue,
J'espère, la vieillesse étant enfin venue,
Ajouter le traité du Docteur Venetti.
Je saurai, revenu du public abêti,
Goûter le charme ancien des dessins nécessaires.
Écrivain et graveur ont doré les misères
Sexuelles, et c'est, n'est-ce pas, cordial :
DR VENETTI, *Traité de l'Amour conjugal.*

F. COPPÉE. A. R.

J'occupais un wagon de troisième : un vieux prêtre
Sortit un brûle-gueule et mit à la fenêtre,
Vers les brises, son front très calme aux poils pâlis.
Puis ce chrétien, bravant les brocarts impolis,
S'étant tourné, me fit la demande énergique
Et triste en même temps d'une petite chique
De caporal, — ayant été l'aumônier-chef

---

a. *D'aucuns lisent* Filet.

D'un rejeton royal condamné derechef[1];—
Pour malaxer l'ennui d'un tunnel, sombre veine
Qui s'offre aux voyageurs, près Soissons, ville d'Aisne.

JE préfère sans doute, au printemps, la guinguette[1]
Où des marronniers nains bourgeonne la baguette,
Vers la prairie étroite et communale, au mois
De mai. Des jeunes chiens rabroués bien des fois
Viennent près des Buveurs triturer des jacinthes
De plate-bande. Et c'est, jusqu'aux soirs d'hyacinthe,
Sur la table d'ardoise où, l'an dix-sept cent vingt,
Un diacre grava son sobriquet latin
Maigre comme une prose à des vitraux d'église,
La toux des flacons noirs qui jamais ne les grise.

FRANÇOIS COPPÉE.
A. R.

ÉTAT DE SIÈGE[1] ?

LE pauvre postillon, sous le dais de fer blanc,
Chauffant une engelure énorme sous son gant,
Suit son lourd omnibus parmi la rive gauche
Et de son aine en flamme écarte la sacoche.
Et tandis que, douce ombre où des gendarmes sont,
L'honnête intérieur regarde au ciel profond
La lune se bercer parmi la verte ouate,
Malgré l'édit et l'heure encore délicate,
Et que l'omnibus rentre à l'Odéon, impur
Le débauché glapit au carrefour obscur !

FRANÇOIS COPPÉE.
A. R.

RESSOUVENIR[1]

CETTE année où naquit le Prince impérial
Me laisse un souvenir largement cordial

D'un Paris limpide où des N d'or et de neige
Aux grilles du palais, aux gradins du manège,
Éclatent, tricolorement enrubannés.
Dans le remous public des grands chapeaux fanés,
Des chauds gilets à fleurs, des vieilles redingotes,
Et des chants d'ouvriers anciens dans les gargotes,
Sur des châles jonchés l'Empereur marche, noir
Et propre, avec la Sainte Espagnole, le soir.

FRANÇOIS COPPÉE.

L'ENFANT[1] qui ramassa les balles, le Pubère
Où circule le sang de l'exil et d'un Père
Illustre, entend germer sa vie avec l'espoir
De sa figure et de sa stature et veut voir
Des rideaux autres que ceux du Trône et des Crèches.
Aussi son buste exquis[2] n'aspire pas aux brèches
De l'Avenir ! — Il a laissé l'ancien jouet. —
O son doux rêve ô son bel Enghien*[3] ! Son œil est
Approfondi par quelque immense solitude ;
«Pauvre jeune homme, il a sans doute l'Habitude![4]»

FRANÇOIS COPPÉE.

* parce que « Enghien chez soi »!

LE BALAI

C'EST un humble balai de chiendent, trop dur
Pour une chambre ou pour la peinture d'un mur.
L'usage en est navrant et ne vaut pas qu'on rie.
Racine prise à quelque ancienne prairie
Son crin inerte sèche : et son manche a blanchi,
Tel qu'un bois d'île à la canicule rougi.
La cordelette semble une tresse gelée.
J'aime de cet objet la saveur désolée
Et j'en voudrais laver tes larges bords de lait,
O Lune où l'esprit de nos Sœurs mortes se plaît.

F. C.

EXIL

Q<small>UE</small> l'on s'intéressa souvent, mon cher Conneau!.....
Plus qu'à l'oncle vainqueur, au Petit Ramponneau!..
Que tout honnête instinct sort du Peuple débile!....
Hélas!! Et qui a fait mal tourner notre bile!....
Et qu'il nous sied déjà de pousser le verrou
Au vent que les enfants nomment Bari-Barou!...

. . . .
Fragment d'une épitre en vers de Napoléon III (1871).

HYPOTYPOSES SATURNIENNES,
EX BELMONTET

Q<small>UEL</small> est donc ce mystère impénétrable et sombre ?
Pourquoi, sans projeter leur voile blanche, sombre
⠀⠀⠀⠀Tout jeune esquif royal gréé ?

Renversons la douleur de nos lacrymatoires -
. . . .
⠀⠀⠀⠀L'amour veut vivre aux dépens de sa sœur,
⠀⠀⠀⠀L'amitié vit aux dépens de son frère.
. . . .
Le sceptre, qu'à peine on révère,
N'est que la croix d'un grand calvaire
Sur le volcan des nations!
. . . .
Oh! l'honneur ruisselait sur ta mâle moustache.

⠀⠀⠀⠀⠀⠀⠀⠀⠀⠀⠀B<small>ELMONTET</small>
⠀⠀⠀⠀⠀⠀⠀⠀⠀⠀archétype Parnassien.

LES STUPRA

NOTICE

A la suite de l'Album Zutique *on peut ranger trois sonnets qui ont été publiés pour la première fois en une plaquette de luxe en 1923. Ils datent probablement de la même époque : le troisième figure, du reste, dans l'*Album Zutique, *sous le titre* L'idole *et le sous-titre* Sonnet du Trou du Cul. *L'obscénité des deux premiers ne tire guère à conséquence, beaucoup moins que les* Remembrances du vieillard idiot. *Verlaine, qui a dû encourager Rimbaud à les perpétrer, leur accordait toutefois assez d'importance pour songer à extraire du premier, comme l'a signalé J. Mouquet, l'épigraphe* « Ange ou Pource » *pour la série* Filles de Parallèlement; *et pour mettre sous le titre* Morale en raccourci, *la dernière pièce de* Femmes, *cette citation du second :* « Nos fesses ne sont pas les leurs »; *le nom de Rimbaud, indiqué sous les deux épigraphes, semble bien prouver que ces sonnets sont authentiques.*

Comme le signale encore J. Mouquet, le Sonnet du Trou du Cul *figure non seulement dans l'*Album Zutique *(dont c'était la pièce liminaire), mais dans* Hombres *de Verlaine, imprimé* « sous le manteau », *avec cette explication :* « Le Sonnet du Trou du Cul, par Arthur Rimbaud et Paul Verlaine. En forme de parodie d'un volume d'Albert Mérat, intitulé *L'Idole,* où sont détaillées toutes les beautés d'une dame : Sonnet du front, Sonnet des yeux,

Sonnet des fesses, Sonnet du..., dernier sonnet. » *En face des deux quatrains, on trouve dans* Hombres : Paul Verlaine fecit, *et en face des deux tercets :* Arthur Rimbaud invenit. *Il est bien évident que le* « Chanaan féminin » *du dernier vers ne saurait nous tromper, du fait même que ce poème figure dans* Hombres (Hommes). *Ce sonnet n'est guère moins révélateur que celui du* Bon disciple, *trouvé sur Verlaine lors du drame de Bruxelles. Il est donné ici dans le texte de l'*Album Zutique.

Les anciens animaux saillissaient, même en course,
Avec des glands bardés de sang et d'excrément.
Nos pères étalaient leur membre fièrement
Par le pli de la gaine et le grain de la bourse.

Au moyen âge pour la femelle, ange ou pource,
Il fallait un gaillard de solide grément;
Même un Kléber, d'après la culotte qui ment
Peut-être un peu, n'a pas dû manquer de ressource.

D'ailleurs l'homme au plus fier mammifère est égal;
L'énormité de leur membre à tort nous étonne;
Mais une heure stérile a sonné : le cheval

Et le bœuf ont bridé leurs ardeurs, et personne
N'osera plus dresser son orgueil génital
Dans les bosquets où grouille une enfance bouffonne.

Nos fesses ne sont pas les leurs. Souvent j'ai vu
Des gens déboutonnés derrière quelque haie,
Et, dans ces bains sans gêne où l'enfance s'égaie,
J'observais le plan et l'effet de notre cul.

Plus ferme, blême en bien des cas, il est pourvu
De méplats évidents que tapisse la claie
Des poils; pour elles, c'est seulement dans la raie
Charmante que fleurit le long satin touffu.

Une ingéniosité touchante et merveilleuse
Comme l'on ne voit qu'aux anges des saints tableaux
Imite la joue où le sourire se creuse.

Oh! de même être nus, chercher joie et repos,
Le front tourné vers sa portion glorieuse,
Et libres tous les deux murmurer des sanglots?

L'IDOLE

SONNET DU TROU DU CUL

Obscur et froncé comme un œillet violet
Il respire, humblement tapi parmi la mousse
Humide encor d'amour qui suit la fuite douce
Des Fesses blanches jusqu'au cœur de son ourlet.

Des filaments pareils à des larmes de lait
Ont pleuré sous le vent cruel qui les repousse,
A travers de petits caillots de marne rousse
Pour s'aller perdre où la pente les appelait.

Mon Rêve s'aboucha souvent à sa ventouse;
Mon âme, du coït matériel jalouse,
En fit son larmier fauve et son nid de sanglots.

C'est l'olive pâmée, et la flûte câline,
C'est le tube où descend la céleste praline :
Chanaan féminin dans les moiteurs enclos!

Albert Mérat.
P.V.-A.R.

BROUILLONS
D' « UNE SAISON EN ENFER »

NOTICE

Par *une chance extraordinaire, il nous reste d'*Une saison en enfer *quelques brouillons, témoignages d'une première rédaction très raturée faite dans le grenier de la maison de Roche. Ces brouillons étaient tombés, on ne sait comment, entre les mains de Verlaine, qui les donna ensuite (vers 1891) à son ami Cazals : on peut y lire, de façon partielle, le texte primitif de* Nuit de l'enfer *(sous le titre* Fausse Conversion*), de l'*Alchimie du Verbe, *et de* Mauvais Sang.

Ces pages couvertes d'une écriture serrée, difficile à lire, avec des ratures, des surcharges, des variantes possibles, sont un document d'autant plus précieux qu'il est unique : il ne nous reste aucun brouillon des Poésies *ni des* Illuminations. *Elles nous apprennent comment Rimbaud pétrissait son texte, construisait sa phrase à partir de l'amas de matériaux qui s'était primitivement déversé sur la page, élaguait et améliorait, visant toujours à plus de force suggestive, à plus de rythme, à plus de concision frappante. On pourra constater, en comparant ces brouillons au texte définitif, combien dans chaque cas la phrase s'organise et prend vigueur à partir d'un magma originel souvent presque informe : ce travail de l'écrivain pour tirer parti des ressources du langage — pour «* trouver une langue *» — est ici d'un grand écrivain.*

Deux de ces brouillons, celui de Nuit de l'enfer *et celui*

*de l'*Alchimie du Verbe, *étaient connus depuis longtemps :*
Paterne Berrichon les avait publiés dans la Nouvelle Revue
Française *du 1ᵉʳ août 1914; mais H. de Bouillane de Lacoste,*
avec une patience et une sagacité admirables, a étudié ces
brouillons chez M. Matarasso qui les possède actuellement,
*et en a donné dans son édition critique d'*Une saison en enfer,
en 1941, un texte beaucoup plus fidèle .

Le troisième brouillon, qui ne figure pas dans l'édition cri-
*tique d'*Une saison en enfer, *a été découvert plus récem-*
ment : H. Matarasso et H. de Bouillane de Lacoste en ont
donné la primeur aux lecteurs du Mercure de France *le*
1ᵉʳ janvier 1948. Il réunit deux fragments de Mauvais Sang
qui sont, dans le texte définitif, séparés par plusieurs autres
morceaux. La première partie : « Oui, c'est un vice que
j'ai... » *correspond au quatrième morceau de* Mauvais Sang :
« On ne part pas. » *La deuxième partie :* « Assez. Voici
la punition! » *correspond au huitième et dernier morceau de*
Mauvais Sang, *qui commence par les mêmes mots. De*
même qu'on lisait le brouillon de Nuit de l'enfer *au dos de*
la prose évangélique Bethsaïda, *de même on lit le brouillon de*
Mauvais Sang *au dos d'un feuillet où figurent deux autres*
proses évangéliques, A Samarie..., *et* L'air léger et charmant
de la Galilée...

H. Matarasso, aussi bien que le Mercure de France, ont
bien voulu me donner l'autorisation de publier le texte de ces
trois brouillons : le lecteur aura ainsi sous les yeux ces docu-
ments inestimables, et qui éclairent (on le verra dans les notes
*d'*Une saison en enfer) *non seulement le travail du style,*
mais la pensée même de Rimbaud.

(S. B.)

Le texte de ces brouillons a été revu sur les manuscrits,
que M. Jacques Guérin m'a permis de consulter et qu'il m'a
aidé à déchiffrer.

(A. G.)

BROUILLONS
D' « UNE SAISON EN ENFER »

MAUVAIS SANG

Oui, c'est un vice que j'ai, qui s'arrête et qui marche[a] avec moi, et, ma poitrine ouverte, je verrais un horrible cœur infirme. Dans mon enfance, j'entends les[b] racines de souffrance jetée à mon flanc; aujourd'hui elle a poussé[c] au ciel, elle est[d] bien plus forte que moi, elle me bat, me traîne, me jette à terre[e].

C'est dit[f]. —

Donc renier la joie, éviter le devoir, ne pas [.....][g] au monde mon dégoût et mes trahisons supérieures [...] la dernière innocence, la dernière timidité.

Allons, la marche! le désert, le fardeau, les coups[h], le malheur, l'ennui, la colère. — l'enfer, la science et les délices de l'esprit et des sens dispersés.

A quel démon me louer[i]? Quelle bête faut-il adorer? Dans quel sang faut-il marcher? Quels cris faut-il pousser? Quel mensonge faut-il soutenir?

Texte du ms. autographe de la collection Jacques Guérin. Les crochets encadrent les lectures conjecturales, les mots ou lettres restitués et les passages qui n'ont pu être déchiffrés.

    a. marche *surcharge* reprend
    b. les, *dans l'interligne, remplace* ses, *biffé*
    c. a poussé *remplace* monte, *biffé*
    d. est *remplace* me, *biffé*
    e. terre *remplace* bas, *biffé*
    f. *ajouté*
    g. *on a lu* porter
    h. les coups *ajouté*
    i. je suis à *dans l'interligne*

Quelle[a] sainte image faut-il attaquer? Quels cœurs faut-il briser?

Plutôt, éviter la [main] bruta[le][b] de la mort, j'entendrais les[c] complaintes chantées[d] dans les marchés. Point de popularité.

la dure vie, l'abrutissement pur, — et puis soulever d'un poing séché le couvercle du cercueil, s'asseoir et s'étouffer. Pas de vieillesse [e]. Point de dangers, la terreur n'est pas française.

Ah! Je suis tellement délaissé, que j'offre à n'importe quelle divine image des élans vers la perfection. Autre marché grotesque.

O mon abnégation [f], ô ma [g] charité inouïes. De [h] profundis, domine! je [i] suis bête ?

Assez. Voici la punition! Plus à parler d'innocence. En marche. Oh! les reins se déplantent, le cœur gronde, la poitrine brûle, la tête est battue, la nuit roule dans les yeux, au Soleil.

Où va-t-on [j]? A la bataille?

Ah! mon ami, ma sale jeunesse! Va..., va, les autres avancent [k] les autels, les armes.

Oh! oh. C'est la faiblesse, c'est la bêtise, moi!

Allons, feu sur moi. Ou je me rends! Qu'on me blesse, je me jette à plat ventre, foulé aux pieds des chevaux.

Ah!

Je m'y habituerai.

Ah ça, je mènerais la vie française, et je suivrais le sentier de l'honneur.

---

a. A *biffé*

b. [...] la stupide justice *dans l'interligne*

c. les *remplace* la, *biffé*

d. [...] *ajouté dans l'interligne après* chantées

e. Je ne vieillirai *biffé avant* Pas

f. A quoi servent *biffé avant* O mon

g. et *biffé avant* ô ma

h. mon la *biffé avant* De

i. que *biffé avant* je

j. Sais-je où je vais *biffé avant* Où

k. remuent *biffé entre* avancent *et* les

FAUSSE CONVERSION

Jour de malheur! J'ai avalé une fameuse gorgée [a] de poison. La rage du désespoir m'emporte contre tout [:] la nature, les objets, moi, que je veux déchirer. Trois fois béni soit le conseil qui m'est arrivé. Mes [b] entrailles me brûlent [,] la violence du venin tord mes membres, me rend difforme, je m[eu]rs de soif. J'étouffe. Je ne puis crier. C'est [c] l'enfer [,] l'éternité de la peine. Voilà comme le [d] feu se relève. Va [dé]mon [e], attise-le. Je brûle comme il faut [f]. C'est [un] bon enfer, un bel et bon [enfer] [g]...

J'avais entrevu la conversion [h], le bien, le bon[heu]r, le salut. Puis-je décrire la vision, on n'est pas poète en [i] enfer. C'était [j] des milliers d'opéras charmants [k], un admirable concert spirituel, la force et la paix, les nobles ambitions, que sais-je!

Ah! les nobles ambitions! ma haine. C'est [l] l'existence enragée : la colère dans le sang, l'abêtissement [m], et c'est encore la vie! Si la damnation est éternelle [n]. C'est l'exécution des lois religieuses, pourquoi a-t-on semé une foi pareille dans mon esprit. Mes [o] parents

---

a. un fameux verre; gorgée *surcharge* verre

b. Mes *surcharge* les

c. C *surcharge* L

d. le *surcharge* la

e. va diable, va Satan, *biffé après* démon

f. comme il faut, *dans l'interligne, remplace* bien, *biffé*

g. un bel et bon [enfer] *ajouté dans l'interligne inférieur*

h. le Salut *biffé entre* entrevu *et* la conversion

i. en *surcharge* dans

j. C'était *surcharge* Dès que; l'apparition de *biffé entre* C'était *et* des

k. d'opéras *surcharge* de femmes; *le* e *de* charmantes *n'est pas biffé*

l. C'est *surcharge le début de* Recommence, *dont la première lettre* R *surcharge un* Je

m. la vie bestiale *biffé entre* sang *et* l'abêtissement; *à la suite de* abêtissement, *une ligne ajoutée et partiellement biffée :* le malheur, mon malheur et le malheur des autres, ce qui m'importe peu

n. *après* éternelle, *une phrase partiellement biffée :* C'est encore la vie, encore

o. Mes *surcharge* On a les *(?)*

ont fait mon malheur, et le leur, ce qui m'importe peu.
On a abusé de mon innocence. Oh! l'idée du baptême.
Il y en a qui ont vécu mal, qui vivent mal, et qui ne
sentent rien! C'est mon [a] baptême et ma [b] faiblesse
dont [c] je suis esclave. C'est la vie encore! Plus tard,
les délices de la damnation seront plus profondes. Je
reconnais [d] la damnation. Un [e] homme qui veut se
mutiler est [f] damné n'est-ce pas. Je me crois en enfer
donc j'y suis [g]. Un crime, vite, que je tombe au néant,
par la loi des [h] hommes.

Tais-toi mais tais-toi! C'est la honte [i] et le reproche
à côté [j] de moi; c'est Satan qui me dit que son feu est
ignoble, idiot; et que ma colère est affreusement laide.
Assez. Tais-toi! ce sont des erreurs qu'on me souffle
à l'oreille[,] les [k] magie[s], les [l] alchimies, les mysticismes, les parfums faux [m], les musiques naïves [n].
C'est Satan qui se charge de cela. Alors les poètes
sont damnés. Non ce n'est pas cela [o].

Et dire que je tiens la vérité. Que j'ai un jugement
sain et arrêté sur toute chose, que je suis tout prêt pour
la perfection. [C'est] [p] l'orgueil! à présent. Je ne suis
qu'un bonhomme en bois, la peau de ma tête se dessèche. Oh [q]! mon Dieu! mon Dieu. J'ai peur, pitié.

---

a. mon *surcharge* le
b. ma *surcharge* la
c. dont *surcharge* qu'on a
d. bien *biffé avant* la damnation
e. Un *surcharge* Quand
f. bien *biffé entre* est *et* damné
g. Je me crois (...) suis *ajouté dans l'interligne*
h. des *surcharge* hu (*début de* humaine)
i. le doute *corrigé en* la honte (*surcharge de* e *par* a *et de* d *par* h)
j. à côté *surcharge* qu'on me
k. la *corrigé en* les; s *de* magie *omis*
l. l' *corrigé en* les
m. faux *surcharge* maudits
n. *un* les *excédant, dans l'interligne, au-dessus du point qui suit* naïves
o. Alors (...) cela *ajouté dans l'interligne, entre les deux paragraphes*
p. Tais-toi : c'est *biffé entre* C'est *(incertain) et* l'orgueil
q. Oh *surcharge* Et Dieu

Ah! j'ai soif, o mon enfance, mon village, les prés [a],
le lac! et la grève[,] le clair de lune quand le clocher
sonnait douze. Satan [b] est au clocher. Que je deviens
bête. O Marie, Sainte vierge, faux sentiment, fausse
prière.

Enfin [c] mon esprit devin [......................]
de [Londres ou de Pékin [d] ou Ber] [..............]
qui disparaisse [..........] [e] sur [f] [..............]
de réjouissance populaire. [Voilà] [..............]
des petit[s] [g] [..........] [h]
    J'aurais voulu le désert orageux [i] de [ma campagne] [j]
    J'adorai les boissons tiédies, les boutiques [k] fanées,
les vergers brûlés [l]. Je restais de longues heures la
langue pendante, comme les bêtes harassées, je me traînais dans les ruelles [m] puantes, et [n], les yeux fermés,
je m'offrais au [o] Dieu de feu, qu'il me renversât [p].
Général, roi, disais-je, s'il reste [q] un vieux canon [r]
sur tes remparts [s] qui dégringolent, bombarde les

---

a. prés *surcharge un autre mot*
b. Satan *surchargé par un ou deux mots, peut-être* le diable
c. *Ici commence le brouillon de ce qui deviendra* Alchimie du verbe; *le feuillet est déchiré, sur l'espace de cinq à six lignes, dans le coin supérieur (droit pour le recto, gauche pour le verso) ; nous n'avons donc, pour ce premier paragraphe, que des bribes de phrases, correspondant à la moitié gauche des lignes.*
d. Par[is] *dans l'interligne, au-dessus de* Pékin
e. *un mot non déchiffré : peut-être* tourne *ou* se tourmente
f. *cette moitié de ligne et la précédente sont biffées*
g. petit[s] *biffé, remplacé dans l'interligne par* fournaise
h. *deux mots en surcharge, non déchiffrés, après* petits
i. *Bouillane de Lacoste lisait* crayeux
j. *la phrase est biffée imparfaitement ; des deux derniers mots seule apparaît la partie inférieure, à cause de la déchirure, incurvée vers le bas.*
k. *les premières lettres surchargent le début d'un autre mot :* op
l. brulées
m. rues *corrigé en* ruelles
n. et *surcharge le début d'un autre mot*
o. m'offrais au *surcharge* priais le soleil
p. *un et biffé entre* renversât *et* Général
q. si tu *surchargé par* s'il; as encore *biffé, et surchargé par* reste
r. canons
s. remparts *surcharge* créneaux

hommes avec des morceaux [a] de terre sèche. Aux [b] glaces des magasins [c] splendides [d]! Dans les salons frais! [e] [......... Fais] [f] manger sa poussière à la ville! Oxyde des gargouilles. À l'heure emplis [les] boudoirs [de] sable brûla[nt] de rubis [g].

[——] je [—] cassais [h] des pierres sur des routes balayées toujours. Le soleil souverain [i] donnait une [j] merde, dans la vallée [k], au centre de la terre, le mou[che]-ron [l] enivré à la pissotière de l'auberge isolée, amoureux de la bourrache, et dissous au Soleil [m].

Faim *

Je [n] réfléchis au bonheur [o] des bêtes; les chenilles étaient les foule[s,] succession [de] petits corps blancs

---

a. morceaux (*Bouillane de Lacoste lisait* monceaux) *surcharge* mottes

b. *le* A *de* Aux *surcharge une autre lettre, peut-être un* V

c. *le* m *initial surcharge* bou (*début de* boutiques)

d. *le* s *initial surcharge une autre lettre, sans doute un* d

e. Que les *(non biffé)* araignées *(biffé), entre les deux phrases*

f. A la *(biffé), suivi d'un ou de deux mots en surcharge, commençant par* s *et se terminant par* ais : *peut-être* Fais, *comme dans le texte imprimé, mais précédé d'une autre surcharge, non déchiffrée*

g. *la phrase deviendra dans le texte imprimé :* Emplis les boudoirs de poudre de rubis brûlante. *Ici, on déchiffre péniblement :* A l'heure lance du sable de rubis les, *où du semble biffé;* emplis *est ajouté dans l'interligne inférieur, entre* heure *et* lance; boudoirs *et* brûla[nt] *sont ajoutés dans l'interligne supérieur*

h. *Au début du paragraphe :* Je portais des vêtements de toile *biffé, suivi de* Je me colorais [*très incertain*] du [........] *(non déchiffré) ; puis* je, *puis un autre mot non déchiffré, terminé par* ais; *enfin* cassais

i. souverain *dans l'interligne*

j. donnait *remplace* descendait vers *biffé;* une *surcharge* la

k. dans la vallée *ajouté dans l'interligne, peut-être pour remplacer* au centre de la terre, *partiellement surchargé par le mot* vallée

l. son *(?) au-dessus du début de* moucheron, *dont la syllabe centrale est cachée par une tache d'encre*

m. et qui va se fondre en un rayon, *partiellement biffé et partiellement surchargé par* et dissous au soleil

n. Je *surcharge* J'ai

o. *le début du mot surcharge* bêtes ; *le* aux *est resté avec* x des limbes [a] : l'araignée faisait [b] l'ombre romantique envahie par l'aube opale [c] ; la punaise[,] brune personne, attendait qu'on passionne. Heureuse [d] la taupe, sommeil de toute la Virginité [e] !

Je m'éloignais du contact [f]. Étonnante virginité, de l'écrire [g] avec une espèce de romance.

        * Chanson de la plus haute tour.

Je crus avoir trouvé [h] raison et bonheur. J'écartais le [i] ciel, l'azur, qui est du noir, et je vivais, étincelle d'or de la lumière *nature*. C'était très sérieux. J'exprimai le plus [j] bêtement

           *Éternité

De [k] joie, je devins un [l] opéra fabuleux [m]. *Age d'or.

C'était [n] ma vie éternelle, non écrite, non chantée, — quelque chose comme la Providence[,] les lois du monde, l'essence [o] à laquelle on croit et qui ne chante pas.

Après ces [p] nobles minutes, stupidité [q] complète.

---

    a. *le ms. porte :* foule succession, corp blancs des limbes; *avec* corp blancs *biffé,* petits *ajouté dans l'interligne et biffé, entre* succession *et* corp ; *en outre :* les *dans l'interligne, après* petits *et* innocents, *dans l'interligne aussi, au-dessus de* des

    b. faisait *dans l'interligne, au-dessus de* romantique, *biffé*

    c. l'araignée (...) opale *biffé*

    d. le sommeil *ajouté dans l'interligne après* Heureuse

    e. *le g surcharge un* l

    f. Je (...) contact *biffé imparfaitement*

    g. de l'écrire *surcharge* que j'essaie

    h. crus avoir trouvé, *dans l'interligne inférieur, remplace deux ou trois mots en surcharge*

    i. le *surcharge* du

    j. plus *biffé*

    k. Et pour comble de *biffé partiellement, en tête du paragraphe*

    l. un *dans l'interligne*

    m. *le début du mot* fabuleux *surcharge d'autres lettres*

    n. A cette période, c'était *biffé partiellement, en tête du paragraphe*

    o. les lois du monde, l'essence *dans l'interligne ; très conjectural*

    p. ces *surchargé par un autre mot*

    q. *le début du mot surcharge* vint

Je vis a une fatalité b de bonheur dans tous les êtres :
l'action n'était qu'une façon c de gâcher une satiété d
de vie e : [un] hasard sinistre et doux, un énervement f,
errement. La morale g était la faiblesse de la cervelle.
[. . . . .] h êtres et toutes choses m'apparaissent
[. . . . .] d'autres vies autour d'elles. Ce monsieur
[. . . . .] un ange. Cette famille n'est pas
[. . . . .] [. . . . .] i. Avec plusieurs hommes
[. . . . .] moment d'une de leurs autres vies
[. . . . .] histoire j plus de principes. Pas un des
sophismes [. . . . .] la folie enfermée. Je pourrais les redire tous, et d'autres k et bien d'autres, et
d'autres. Je sais le système l. Je n'éprouvais m plus
rien n,
Mais maintenant, je n'essaierais o pas de me faire
écouter.
     Un mois de cet exercice p : ma q santé fut menacée r.
J'avais bien autre chose à faire que de vivre. Les hallu-

---

a. mis *corrigé en* vis
b. fatalité *surcharge un autre mot*
c. pas la vie mauvaise *ajouté dans l'interligne, après* façon; instinctive
biffé entre façon *et* de gâcher
d. une *et* le début de satiété *surchargent d'autres lettres*
e. seulement, moi, je laissais en sachant *biffé entre* vie : *et* [un] hasard
f. déviation *biffé entre* énervement *et* errement
g. morale *surcharge un autre mot, commençant par* g
h. *Déchirure au coin inférieur gauche du feuillet. La première moitié des six
dernières lignes a disparu (voyez la note c, p. 335)*
i. *cinq lettres, environ, biffées*
j. *surcharge un autre mot*
k. Je pourrais les redire tous et d'autres *ajouté dans l'interligne supérieur*
i. Je sais le système *dans l'interligne inférieur*
m. éprouvais *surcharge un autre mot*
n. *Ici, une phrase partiellement biffée :* Les hallucinations tourbillon-
naient [*surchargeant* étaient] trop
o. ne voudrais *dans l'interligne, au-dessus de* n'essaierais
p. je crus *dans l'interligne, après* exercice
q. ma *surcharge* la
r. fut menacée *remplace* s'ébranla *biffé*

cinations étant plus vives [a], la terreur venait [b]! Je
faisais des sommeils de plusieurs jours, et, levé [c],
continuais les rêves les plus tristes, égaré [d] partout.
* Mémoire.
Je me trouvais mûr pour le trépas [e] et ma faiblesse me
tirait jusqu'aux confins du monde et de la vie, où le
tourbillon dans la Cimmérie noire; parmi des morts,
où un grand [..........] une route de dangers [f],
laissé presque toute l'âme aux [g] épouvantes [h].
* Confins du monde
Je voyageai un peu. J'allai au nord : je fermai mon [i]
cerveau. Je voulus reconnaître là [j] toutes mes odeurs
féodales, bergères, sources sauvages. J'aimais la mer [k],
[bonhomme de peu], isoler les principes [l], l'anneau
magique dans l'eau lumineuse [m] comme si elle dût me
laver [d'une] souillure [n], je voyais la croix consolante.
J'avais été damné par l'arc-en-ciel et les magies[o] religieu-

---

a. plus épouvantes *biffé entre* plus vives *et* la terreur

b. venait *surcharge* plus

c. levé *dans l'interligne*

d. les plus tristes, égaré *dans l'interligne*

e. le trépas *dans l'interligne remplace* la mort *biffé*

f. *un mot non déchiffré, puis* une, *puis* route de en *surcharge*

g. aux *biffé, remplacé par* après une, *suivi de* emb[arca]tion, *biffé ; sur* une *dans l'interligne, au-dessus de* emb[arca]tion

h. *le début du mot surcharge d'autres lettres*

i. formé mon *dans l'interligne (en surcharge d'un ou deux autres mots) remplace* rappelai au *biffé*

j. Je voulus reconnaître là *ajouté dans l'interligne inférieur. La phrase était donc initialement :* je rappelai au cerveau toutes mes odeurs féodales (...)

k. J'aimais la mer *remplace, dans l'interligne inférieur, deux ou trois mots surchargés et biffés*

l. bonhomme (...) principes *dans l'interligne*

m. éclairée *dans l'interligne, au-dessus de* lumineuse. *Tout ce passage :* anneau (...) lumineuse *est plus ou moins biffé. Le mot* lumineuse *est suivi de* J'aim [*biffé*]

n. comment me laver de ces aberrations *biffé entre* me laver [d'une] *et* souillure

o. magies *surcharge un autre mot*

ses ; et pour le Bonheur, ma fatalité [a], mon ver, et qui [b]

Quoique [c] le monde me parût très nouveau, à moi qui avais levé toutes les impressions possibles [d] : faisant ma vie trop immense [e] pour aimer [bien réellement] [f] la force et la beauté.

Dans les plus grandes villes, à l'aube, ad matutinum [g], au Christus venit [h], quand pour les hommes forts le Christ vient [i], sa dent, douce à la mort, m'avertissait avec le chant du coq. * Bon[heu]r [j].

Si faible, je ne me crus plus supportable dans la société, qu'à force de bienveill[ance] [k]. Quel cloître possible pour ce beau dégoût [l]? Tout cela s'est passé peu à peu.

Je hais maintenant les élans mystiques et les bizarreries de style.

Maintenant je [m] puis dire que l'art est une sottise. [Nos [n] grands [o] poètes] art aussi facile : l'art est une sottise.

Salut à la bont[

---

a. mon remords *dans l'interligne, biffé entre* Bonheur *et* ma fatalité; *le* m *de* ma *surcharge deux autres lettres, sans doute* qu

b. *le* m *de* mon *surcharge un* b; *la phrase reste suspendue à ce* qui

c. *le* Q *surcharge un* Je

d. Quoique (...) possibles *plus ou moins biffé*

e. énervait même après que me devrais *plus ou moins biffé entre* immense *et* pour

f. [bien réellement], *dans l'interligne inférieur, remplace un autre adverbe biffé, peut-être* : seulement

g. matutinum *surcharge* diluculum

h. au Christus venit *ajouté dans l'interligne*

i. hommes (...) vient *biffé*

j. *abrégé* Bonr

k. Si faible (...) bienveill[ance] *ajouté entre les deux paragraphes*

l. Quel [malheur pitié] *ajouté en marge*

m. je *surcharge d'autres lettres*

n. Nos *surcharge un autre mot, peut-être* Les

o. *un autre mot, au-dessus de* grands, *qui est peut-être biffé*

CHOIX DE LETTRES

NOTICE

Les *quelques lettres qu'on trouvera ici jalonnent la vie litté-raire de Rimbaud et nous apportent à son sujet des documents essentiels. Il est impossible, en particulier, de parler aujourd'hui de Rimbaud sans tenir compte de la fameuse lettre du 15 mai 1871 à Demeny (la lettre dite du voyant), qui n'a été publiée qu'en 1912; et l'on ne saurait séparer de la lettre du 15 mai celle que Rimbaud écrivit à son professeur Izambard deux jours plus tôt, car elles se complètent mutuellement.*

Ces lettres nous permettent de suivre le trajet spirituel accompli par Rimbaud en quelques années : en 1870, ce n'est encore qu'un collégien qui encense Banville et trouverait ses ambitions comblées si Credo in unam *(plus tard* Soleil et chair*) trouvait place dans* Le Parnasse contemporain; *en 1871, le jeune poète est devenu un critique sévère qui méprise Musset, met Baudelaire à sa vraie place — la première — parmi les seconds romantiques, et qui ne retient guère parmi les contemporains que Mérat et Verlaine; mais surtout il est, dès lors, en possession de sa fameuse théorie de la « voyance »; il sait où il va et ce qu'il veut; il se grise, aussi, d'idées « pro-gressistes » sur l'avenir de la Poésie dans une société réfor-mée. La lettre de « Jumphe » 1872 nous apportera les échos de la vie menée avec Verlaine à Paris, et des réunions à « l'aca-démie d'Absomphe », mais aussi du travail nocturne dans la mansarde : c'est l'époque où Rimbaud écrit ses derniers* *vers. Et si nous n'avons, malheureusement, pas de lettre de la période anglaise (il faut chercher des échos de celle-ci dans les lettres de Verlaine à Lepelletier), la missive expédiée de* « Laïtou (Roche) » *à Delahaye en mai 1873 nous permet de savoir à quel moment Rimbaud a commencé à composer ce qu'il appelait alors* « Livre païen, ou Livre nègre », *premier projet de ce qui, après le drame de Bruxelles, deviendra* Une saison en enfer. *Cette lettre est la dernière, dans la correspondance de Rimbaud, où il soit question de littérature : nous n'avons aucune trace du second séjour en Angleterre (en 1874) dans sa correspondance, et si, dans une lettre écrite à Delahaye de Stuttgart en mars 1875, il est question d'une visite de Verlaine, il n'est nullement question de travaux littéraires. Cela ne veut pas dire toutefois que Rimbaud avait dès lors renoncé définitivement à la littérature (puisque nous savons par Verlaine qu'il songeait alors à faire imprimer ses poèmes en prose) ; mais les quelques lettres qui subsistent de sa correspondance à cette époque sont muettes sur ce point. Quant aux lettres écrites à sa famille entre 1878 et 1891, ce ne sont plus que des écrits posthumes, car le poète est bien mort (voy. l'*Introduction, VI.)

Les lettres des années 1870-1875, qui avaient été publiées dans diverses revues, furent réunies en 1929 par R. Gilbert-Lecomte sous le titre de Correspondance inédite d'Arthur Rimbaud, *et J.-M. Carré donna la première édition annotée des* Lettres de la vie littéraire d'Arthur Rimbaud *en 1931, chez Gallimard. Perte irréparable : une trentaine de lettres de Rimbaud à Verlaine ont été brûlées par Mathilde Verlaine.*

(S. B.)

Une édition critique des lettres « du voyant » a été fournie en 1975 par Gérald Schaeffer chez Droz-Minard. L'édition d'Antoine Adam, à la Pléiade, publie la correspondance complète. On trouvera, dans l'Introduction du présent volume, p. XVIII-XIX, une autre lettre importante, adressée à Izambard, le 2 novembre 1870.

(A. G.)

CHOIX DE LETTRES

A THÉODORE DE BANVILLE[a1]

Charleville (Ardennes), le 24 mai 1870.

A Monsieur Théodore de Banville.

Cher Maître,

Nous sommes aux mois d'amour; j'ai presque dix-sept ans[2], L'âge des espérances et des chimères, comme on dit. — et voici que je me suis mis, enfant touché par le doigt de la Muse, — pardon si c'est banal, — à dire mes bonnes croyances, mes espérances, mes sensations, toutes ces choses des poètes — moi j'appelle cela du printemps.

Que si je vous envoie quelques-uns de ces vers, — et cela en passant par Alph. Lemerre, le bon éditeur, — c'est que j'aime tous les poètes, tous les bons Parnassiens, — puisque le poète est un Parnassien, — épris de la beauté idéale; c'est que j'aime en vous, bien naïvement, un descendant de Ronsard, un frère de nos maîtres de 1830, un vrai romantique, un vrai poète. Voilà pourquoi. — c'est bête [b], n'est-ce pas, mais enfin?.

Dans deux ans, dans un an peut-être, je serai à Paris. — Anch'io, messieurs du journal, je serai Parnassien[3]! — Je ne sais ce que j'ai là... qui veut monter... — Je jure, cher maître, d'adorer toujours les deux déesses, Muse et Liberté.

---

a. *ms. conservé au Fonds Jacques Doucet*
b. bête *surcharge d'autres lettres :* ass

Ne faites pas trop la moue en lisant ces vers... Vous me rendriez fou de joie et d'espérance, si vous vouliez, cher Maître, *faire faire* à la pièce *Credo in unam*[4] une petite place entre les Parnassiens... Je viendrais à la dernière série du *Parnasse :* cela ferait le Credo des poètes!... — Ambition! ô Folle!

ARTHUR RIMBAUD.

—— * * * ——

Par les beaux soirs d'été, j'irai dans les sentiers; etc. . . . .

20 avril 1870
A. R.

OPHÉLIE

I

Sur l'onde calme et noire où dorment les étoiles etc. . . . .

15 mai 1870
ARTHUR RIMBAUD.

CREDO IN UNAM....

. . . .
Le Soleil, le foyer de tendresse et de vie, etc. . . . .

29 avril 1870
ARTHUR RIMBAUD.

Si ces vers trouvaient place au Parnasse contemporain?

— ne sont-ils pas la foi des poètes?

— Je ne suis pas connu; qu'importe? les poètes sont frères. Ces vers croient; ils aiment; ils espèrent : c'est tout.

— Cher maître, à moi : levez-moi un peu : je suis jeune : tendez-moi la main.....

A GEORGES IZAMBARD [a] [1]

Charleville, [13] mai 1871.

Cher Monsieur !

Vous revoilà professeur. On se doit à la Société,
m'avez-vous dit; vous faites partie des corps enseignants : vous roulez dans la bonne ornière. — Moi
aussi, je suis le principe : je me fais cyniquement *entre-
tenir* ; je déterre d'anciens imbéciles de collège : tout
ce que je puis inventer de bête, de sale, de mauvais,
en action et en parole, je le leur livre : on me paie
en bocks et en filles [2]. Stat mater dolorosa, dum pendet
filius [3]. — Je me dois à la Société, c'est juste, — et
j'ai raison. — Vous aussi, vous avez raison, pour
aujourd'hui. Au fond, vous ne voyez en votre principe que poésie subjective : votre obstination à regagner le râtelier universitaire, — pardon ! — le prouve !
Mais vous finirez toujours comme un satisfait qui n'a
rien fait, n'ayant rien voulu faire. Sans compter que
votre poésie subjective sera toujours horriblement
fadasse. Un jour, j'espère, — bien d'autres espèrent
la même chose, — je verrai dans votre principe la
poésie objective [4], je la verrai plus sincèrement que
vous ne le feriez ! — Je serai un travailleur : c'est
l'idée qui me retient, quand les colères folles me
poussent vers la bataille de Paris — où tant de travailleurs meurent pourtant encore tandis que je vous
écris ! Travailler maintenant, jamais, jamais ; je suis en
grève.

Maintenant, je m'encrapule le plus possible. Pourquoi ? Je veux être poète, et je travaille à me rendre
voyant [5] : vous ne comprendrez pas du tout, et je ne
saurais presque vous expliquer. Il s'agit d'arriver à

---

a. *Lettre publiée par Izambard*, Revue Européenne, *octobre 1928, avec
fac-similé. Datée par les cachets postaux :* Charleville 13 mai *et* Douai
15 mai.

l'inconnu par le dérèglement de *tous les sens*. Les souffrances sont énormes, mais il faut être fort, être né
poète, et je me suis reconnu poète. Ce n'est pas du
tout ma faute. C'est faux de dire : Je pense : on devrait
dire : On me pense. — Pardon du jeu de mots [6]. —

Je est un autre [7]. Tant pis pour le bois qui se trouve
violon, et Nargue aux inconscients, qui ergotent sur
ce qu'ils ignorent tout à fait !

Vous n'êtes pas Enseignant pour moi. Je vous donne
ceci : est-ce de la satire, comme vous diriez? Est-ce
de la poésie? C'est de la fantaisie, toujours. — Mais,
je vous en supplie, ne soulignez ni du crayon, ni
— trop — de la pensée :

LE CŒUR SUPPLICIÉ

Mon triste cœur bave à la poupe
etc.   .   .   .   .

Ça ne veut pas rien dire [8]. — RÉPONDEZ-MOI : chez
M. Deverrière, pour A. R.

Bonjour de cœur,

ART. RIMBAUD.

A PAUL DEMENY [a] [1]
à Douai.

Charleville, 15 mai 1871.

J'ai résolu de vous donner une heure de littérature
nouvelle. Je commence de suite par un psaume d'actualité :

---

a. *Lettre publiée par Berrichon*, Nouvelle Revue Française, *octobre
1912. Je reproduis le texte de l'autographe (ancienne collection Saffrey), publié
en fac-similé par H. Matarasso chez Messein en 1954.*

CHANT DE GUERRE PARISIEN [a]

Le Printemps est évident, car...
etc . . . .

A. RIMBAUD.

— Voici de la prose sur l'avenir de la poésie —
Toute poésie antique aboutit à la poésie grecque;
Vie harmonieuse. — De la Grèce au mouvement romantique, — moyen-âge, — il y a des lettrés, des versificateurs. D'Ennius à Théroldus, de Théroldus à Casimir
Delavigne, tout est prose rimée, un jeu, avachissement
et gloire d'innombrables générations idiotes : Racine
est le pur, le fort, le grand [2]. — On eût soufflé sur ses
rimes, brouillé ses hémistiches, que le Divin Sot serait
aujourd'hui aussi ignoré que le premier venu auteur
d'Origines [3]. — Après Racine, le jeu moisit. Il a duré
deux mille ans !

Ni plaisanterie, ni paradoxe. La raison m'inspire plus
de certitudes sur le sujet que n'aurait jamais eu de
colères un jeune-France [4]. Du reste, libre aux *nouveaux !*
d'exécrer les ancêtres : on est chez soi et l'on a le temps.

On n'a jamais bien jugé le romantisme; qui l'aurait
jugé? les critiques !! Les romantiques, qui prouvent si
bien que la chanson est si peu souvent l'œuvre, c'est-
à-dire la pensée chantée *et comprise* du chanteur?

Car Je est un autre [5]. Si le cuivre s'éveille clairon, il
n'y a rien de sa faute. Cela m'est évident : j'assiste à
l'éclosion de ma pensée : je la regarde, je l'écoute :
je lance un coup d'archet : la symphonie fait son
remuement dans les profondeurs, ou vient d'un bond
sur la scène.

Si les vieux imbéciles n'avaient pas trouvé du Moi
que la signification fausse, nous n'aurions pas à balayer
ces millions de squelettes qui, depuis un temps infini, !
ont accumulé les produits de leur intelligence bor-
gnesse, en s'en clamant les auteurs !

En Grèce, ai-je dit, vers et lyres *rhythment l'Ac-*

---

a. *En marge de ce poème et des deux poèmes qui suivent, Rimbaud a écrit :*
Quelles rimes, o! quelles rimes!

tion [6]. Après, musique et rimes sont jeux, délassements.
L'étude de ce passé charme les curieux : plusieurs
s'éjouissent à renouveler ces antiquités : — c'est pour
eux. L'intelligence universelle a toujours jeté ses idées,
naturellement; les hommes ramassaient une partie de
ces fruits du cerveau : on agissait par, on en écrivait
des livres : telle allait la marche, l'homme ne se travaillant pas, n'étant pas encore éveillé, ou pas encore
dans la plénitude du grand songe. Des fonctionnaires,
des écrivains : auteur, créateur, poète[a], cet homme n'a
jamais existé!

La première étude de l'homme qui veut être poète
est sa propre connaissance, entière; il cherche son âme,
il l'inspecte, il la tente, l'apprend. Dès qu'il la sait,
il doit la cultiver; cela semble simple : en tout cerveau
s'accomplit un développement naturel; tant d'*égoïstes*
se proclament auteurs; il en est bien d'autres qui s'attribuent[b] leur progrès intellectuel! — Mais il s'agit de
faire l'âme monstrueuse : à l'instar des comprachicos[7],
quoi! Imaginez un homme s'implantant et se cultivant des verrues sur le visage.

Je dis qu'il faut être *voyant,* se faire *voyant*[8].

Le Poète se fait *voyant* par un long, immense et raisonné *dérèglement* de *tous les sens.* Toutes les formes
d'amour, de souffrance, de folie[9]; il cherche lui-même,
il épuise en lui tous les poisons, pour n'en garder que
les quintessences. Ineffable torture où il a besoin de
toute la foi, de toute la force surhumaine, où il devient
entre tous le grand malade, le grand criminel, le grand
maudit, — et le suprême Savant[10]! — Car il arrive à
l'*inconnu!* Puisqu'il a cultivé son âme, déjà riche, plus
qu'aucun! Il arrive à l'*inconnu,* et quand, affolé, il
finirait par perdre l'intelligence de ses visions, il les a
vues! Qu'il crève dans son bondissement par les choses
inouïes et innombrables : viendront d'autres horribles
travailleurs; ils commenceront par les horizons où
l'autre s'est affaissé!

---

a. *Rimbaud écrit partout* poete *sans accent ni tréma.*
b. *Rimbaud a souligné l'*s *de* s'attribuent; *le* en *qui précède surcharge un* y.

— la suite à six minutes —

Ici j'intercale un second psaume, *hors du texte :* veuillez tendre une oreille complaisante, — et tout le monde sera charmé. — J'ai l'archet en main, je commence :

Mes petites Amoureuses

Un hydrolat lacrymal lave
etc.. . . . .
A. R.

Voilà. Et remarquez bien que, si je ne craignais de vous faire débourser plus de 60 c. de port, — moi pauvre effaré [11] qui, depuis sept mois, n'ai pas tenu un seul rond de bronze ! — je vous livrerais encore mes Amants de Paris, cent hexamètres, Monsieur, et ma Mort de Paris, deux cents hexamètres [12] ! — Je reprends :

Donc le poète est vraiment voleur de feu [13].

Il est chargé de l'humanité, des *animaux* même; il devra faire sentir, palper, écouter ses inventions; si ce qu'il rapporte *de là-bas* a forme, il donne forme : si c'est informe, il donne de l'informe. Trouver une langue;

— Du reste, toute parole étant idée, le temps d'un langage universel viendra ! Il faut être académicien, — plus mort qu'un fossile, — pour parfaire un dictionnaire, de quelque langue que ce soit. Des faibles se mettraient à *penser* sur la première lettre de l'alphabet, qui pourraient vite ruer dans la folie [14] ! —

Cette langue sera de l'âme pour l'âme, résumant tout, parfums, sons, couleurs, de la pensée accrochant la pensée et tirant [15]. Le poète définirait la quantité d'inconnu s'éveillant [a] en son temps dans l'âme universelle : il donnerait plus — que la formule de sa pensée, que la notation de *sa marche au Progrès !* Énormité devenant norme, absorbée par tous, il serait vraiment *un multiplicateur de progrès !*

---

a. S'éveillant *remplace* dormant *(raturé).*

Cet avenir sera matérialiste, vous le voyez [16]; — Toujours pleins du *Nombre* et de l'*Harmonie* ces poèmes seront faits pour rester. — Au fond, ce serait encore un peu la Poésie grecque. L'art éternel aurait ses fonctions; comme les poètes sont citoyens. La Poésie ne rhythmera plus l'action; elle *sera en avant* [17].

Ces poètes seront! Quand sera brisé l'infini servage de la femme [18], quand elle vivra pour elle et par elle, l'homme, jusqu'ici abominable, — lui ayant donné son renvoi, elle sera poète, elle aussi! La femme trouvera de l'inconnu! Ses mondes d'idées différeront-ils des nôtres? — Elle trouvera des choses étranges, insondables, repoussantes, délicieuses; nous les prendrons, nous les comprendrons.

En attendant, demandons aux *poètes* du *nouveau,* — idées et formes. Tous les habiles croiraient bientôt avoir satisfait à cette demande. — Ce n'est pas cela!

Les premiers romantiques ont été *voyants* sans trop bien s'en rendre compte : la culture de leurs âmes s'est commencée aux accidents : locomotives abandonnées, mais brûlantes, que prennent quelque temps les rails. — Lamartine est quelquefois voyant, mais étranglé par la forme vieille. — Hugo, *trop cabochard,* a bien du *vu* dans les derniers volumes : *Les Misérables* sont un vrai poème. J'ai *Les Châtiments* sous la main; *Stella* donne à peu près la mesure de la *vue* de Hugo [19]. Trop de Belmontet [20] et de Lamennais, de Jéhovahs et de colonnes, vieilles énormités crevées.

Musset est quatorze fois exécrable pour nous, générations douloureuses et prises de visions, — que sa paresse d'ange a insultées! O! les contes et les proverbes fadasses! O les nuits! O *Rolla,* ô *Namouna,* ô *la Coupe !* Tout est français, c'est-à-dire haïssable au suprême degré; français, pas parisien! Encore une œuvre de cet odieux génie qui a inspiré Rabelais, Voltaire, Jean La Fontaine,! commenté par M. Taine [21]! Printanier, l'esprit de Musset! Charmant, son amour! En voilà, de la peinture à l'émail, de la poésie solide! On savourera longtemps la poésie *française,* mais en

France. Tout garçon épicier est en mesure de débobiner une apostrophe Rollaque, tout séminariste[22] en porte les cinq cents rimes dans le secret d'un carnet. À quinze ans, ces élans de passion mettent les jeunes en rut; à seize ans, ils se contentent déjà de les réciter avec *cœur*; à dix-huit ans, à dix-sept même, tout collégien qui a le moyen, fait le Rolla, écrit un Rolla[23]! Quelques-uns en meurent peut-être encore. Musset n'a rien su faire : il y avait des visions derrière la gaze des rideaux : il a fermé les yeux. Français, panadif[24], traîné de l'estaminet au pupitre de collège, le beau mort est mort, et, désormais, ne nous donnons même plus la peine de le réveiller par nos abominations!

Les seconds romantiques sont très *voyants* : Th. Gautier, Lec. de Lisle, Th. de Banville. Mais inspecter l'invisible et entendre l'inouï étant autre chose que reprendre l'esprit des choses mortes, Baudelaire est le premier voyant, roi des poètes, *un vrai Dieu*. Encore a-t-il vécu dans un milieu trop artiste; et la forme si vantée en lui est mesquine : les inventions d'inconnu réclament des formes nouvelles[25].

Rompue aux formes vieilles, parmi les [a] innocents, A. Renaud, — a fait son Rolla, — L. Grandet, — a fait son Rolla; — les gaulois et les Musset, G. Lafenestre, Coran, Cl. Popelin, Soulary, L. Salles; les écoliers, Marc, Aicard, Theuriet; les morts et les imbéciles, Autran, Barbier, L. Pichat, Lemoyne, les Deschamps, les Desessarts; les journalistes, L. Cladel, Robert Luzarches, X. de Ricard; les fantaisistes, C. Mendès; les bohèmes; les femmes; les talents, Léon Dierx, Sully-Prudhomme, Coppée, — la nouvelle école, dite parnassienne, a deux voyants, Albert Mérat et Paul Verlaine, un vrai poète. — Voilà[26]. — Ainsi je travaille à me rendre *voyant*. — Et finissons par un chant pieux.

a. les *surcharge* des, *plutôt que l'inverse, le sens étant ainsi meilleur :* les innocents, *sur le même plan que* les gaulois, les écoliers, *etc.*

ACCROUPISSEMENTS

Bien tard, quand il se sent l'estomac écœuré,
etc.. . . . .

Vous seriez exécrable de ne pas répondre : vite car dans huit jours je serai à Paris, peut-être [27].

Au revoir. A. Rimbaud.

A ERNEST DELAHAYE [a] [1]
à Charleville.

Parmerde, Jumphe [b] [2] 72.

Mon ami,

Oui, surprenante est l'existence dans le cosmorama [3] Arduan. La province, où on se nourrit de farineux et de boue, où l'on boit du vin du cru et de la bière du pays, ce n'est pas ce que je regrette. Aussi tu as raison de la dénoncer sans cesse. Mais ce lieu-ci : distillation, composition, tout étroitesses; et l'été accablant : la chaleur n'est pas très constante, mais de voir que le beau temps est dans les intérêts de chacun, et que chacun est un porc, je hais l'été, qui me tue quand il se manifeste un peu. J'ai une soif à craindre la gangrène : les rivières ardennaises et belges, les cavernes, voilà ce que je regrette [4].

Il y a bien ici un lieu de boisson que je préfère. Vive l'académie d'Absomphe [5], malgré la mauvaise volonté des garçons! C'est le plus délicat et le plus tremblant des habits, que l'ivresse par la vertu de cette sauge des glaciers, l'absomphe! Mais pour, après, se coucher dans la merde!

Toujours même geinte, quoi! Ce qu'il y a de certain, c'est : merde à Perrin [6]. Et au comptoir de l'Univers,

---

a. *Lettre publiée par Berrichon,* Nouvelle Revue Française, *octobre 1912. Je suis le texte de l'édition de la Pléiade, revu sur l'autographe (ancienne collection Alfred Saffrey).*

b. *Il y a bien* Jumphe, *et non* Juinphe, *sur l'autographe (cf. le fac-similé du début de la lettre dans Bouillane de Lacoste,* Rimbaud et le problème des « Illuminations », *p. 72).*

qu'il soit en face du square ou non. Je ne maudis pas l'Univers, pourtant. — Je souhaite très fort que l'Ardenne soit occupée et pressurée de plus en plus immodérément[7]. Mais tout cela est encore ordinaire.

Le sérieux, c'est qu'il faut que tu te tourmentes beaucoup. Peut-être que tu aurais raison de beaucoup marcher et lire. Raison en tout cas de ne pas te confiner dans les bureaux et maisons de famille. Les abrutissements doivent s'exécuter loin de ces lieux-là. Je suis loin de vendre du baume, mais je crois que les habitudes n'offrent pas des consolations, aux pitoyables jours.

Maintenant, c'est la nuit que je travaince. De minuit à cinq heures du matin. Le mois passé, ma chambre, rue Monsieur-le-Prince[8], donnait sur un jardin du lycée Saint-Louis. Il y avait des arbres énormes sous ma fenêtre étroite. A trois heures du matin, la bougie pâlit; tous les oiseaux crient à la fois dans les arbres : c'est fini. Plus de travail. Il me fallait regarder les arbres, le ciel, saisis par cette heure indicible, première du matin[9]. Je voyais les dortoirs du lycée, absolument sourds. Et déjà le bruit saccadé, sonore, délicieux des tombereaux sur les boulevards. — Je fumais ma pipe-marteau, en crachant sur les tuiles, car c'était une mansarde, ma chambre. A cinq heures, je descendais à l'achat de quelque pain; c'est l'heure. Les ouvriers sont en marche partout. C'est l'heure de se soûler chez les marchands de vin, pour moi. Je rentrais manger, et me ͏chais à sept heures du matin, quand le soleil faisait sortir les cloportes de dessous les tuiles. Le premier matin en été, et les soirs de décembre, voilà ce qui m'a ravi toujours ici.

Mais en ce moment, j'ai une chambre jolie, sur une cour sans fond, mais de trois mètres carrés. — La rue Victor-Cousin fait coin sur la place de la Sorbonne par le café du Bas-Rhin et donne sur la rue Soufflot, à l'autre extrémité. — Là, je bois de l'eau toute la nuit, je ne vois pas le matin, je ne dors pas, j'étouffe. Et voilà.

Il sera certes fait droit à ta réclamation! N'oublie pas de chier sur *La Renaissance*[10], journal littéraire et artistique, si tu le rencontres. J'ai évité jusqu'ici les pestes d'émigrés caropolmerdis. Et merde aux saisons et col-rage[11].

Courage.

A. R.

Rue Victor-Cousin, Hôtel de Cluny.

A ERNEST DELAHAYE[1]

à Charleville.

Laïtou (Roches) (canton d'Attigny) mai 73.

Cher ami, tu vois mon existence actuelle dans l'aqua-relle ci-dessous.

O Nature! ô ma mère[2]!

[Dessin[3] *:]*

[un agriculteur :] ô nature ô ma sœur

[un canard :] ô nature ô ma tante

Quelle chierie! et quels monstres d'innocince, ces paysans. Il faut, le soir, faire deux lieues, et plus, pour boire un peu. La *mother* m'a mis là dans un triste trou.

[Dessin :] Laïtou, mon village

Je ne sais comment en sortir : j'en sortirai pourtant. Je regrette cet atroce Charlestown, l'Univers[4], la Biblio-thè[5]., etc... Je travaille pourtant assez régulièrement; je fais de petites histoires en prose, titre général : Livre païen, ou Livre nègre. C'est bête et innocent. O inno-cence! innocence; innocence, innoc... fléau!

Verlaine doit t'avoir donné la malheureuse commis-sion de parlementer avec le sieur Devin, imprimeux du *Nôress*[6]. Je crois que ce Devin pourrait faire le livre de Verlaine[7] à assez bon compte et presque proprement. (S'il n'emploie pas les caractères enmerdés du *Noress*. Il serait capable d'en coller un cliché, une annonce!)

Je n'ai rien de plus à te dire, la contemplostate de la Nature m'absorculant tout entier. Je suis à toi, ô Nature, ô ma mère!

Je te serre les mains, dans l'espoir d'un revoir que j'active autant que je puis.

R.

Je rouvre ma lettre. Verlaine doit t'avoir proposé un rendez-vol au dimanche 18, à Boulion[8]. Moi je ne puis y aller. Si tu y vas, il te chargera probablement de quelques fraguemants en prose de moi ou de lui, à me retourner.

La mère Rimb. retournera à Charlestown dans le courant de juin. C'est sûr, et je tâcherai de rester dans cette jolie ville quelque temps.

Le soleil est accablant et il gèle le matin. J'ai été avant-hier voir les Prussmars à Vouziers, une préfecte de 10.000 âmes, à sept kilom. d'ici. Ça m'a ragaillardi.

Je suis abominablement gêné. Pas un livre, pas un cabaret à portée de moi, pas un incident dans la rue. Quelle horreur que cette campagne française. Mon sort dépend de ce livre, pour lequel une demi-douzaine d'histoires atroces sont encore à inventer. Comment inventer des atrocités ici ! Je ne t'envoie pas d'histoires, quoique j'en aie déjà trois[9], *ça coûte tant !* Enfin voillà !

Au revoir, tu verras ça.

, Rimb.

Prochainement je t'enverrai des timbres pour m'acheter et m'envoyer le *Faust* de *Gœthe,* Biblioth. populaire. Ça doit coûter un sou de transport.

Dis-moi s'il n'y a pas des traduct. de Shakespeare dans les nouveaux livres de cette biblioth.

Si même tu peux m'en envoyer le catalogue le plus nouveau, envoie.

R.

NOTES

NOTES

PREMIÈRES PROSES

[RÉCIT] LE SOLEIL ÉTAIT ENCORE CHAUD...
P. 5.

1. Ce texte a été reproduit par Berrichon dans *La Vie de Jean-Arthur Rimbaud* en 1897. Ce n'est pas, comme l'a cru Berrichon, une « narration » faite sur un « cahier d'écolier » : S. Briet, qui a reproduit le texte d'après l'original, a décrit ce cahier de huit feuillets, qui contient des copies en latin et en français, des maximes, de « faux pensums », des problèmes, et cette curieuse composition — et note que ni Mme Rimbaud, ni les professeurs d'Arthur n'auraient accepté cette écriture négligée, ces nombreux pâtés d'encre, pas plus que l'impertinence d'un tel texte. Cette prose doit dater de 1864 ou 1865. Son intérêt psychologique est évident : transposition des personnages du père et de la mère, le père magnifié en « colonel des Cent-Gardes », la mère transformée en « femme douce, calme, s'effrayant de peu de chose » (tout le contraire de ce qu'était Mme Rimbaud); Arthur lui-même, l'enfant réputé studieux, et dont le *Résumé d'histoire ancienne* fera sensation, en 1865, au collège de Charleville, devenu ici « un autre », qui hait le travail intellectuel, les études, les examens. On voit tout ce qu'un tel texte pourrait offrir à un psychanalyste. Ajoutons qu'on voit déjà s'affirmer ici cette horreur du travail, de toute espèce de travail, qui fera crier à Rimbaud dans *Une saison en enfer* son « horreur de tous les métiers » : « La main à plume vaut la main à charrue. — Quel siècle à mains ! — Je n'aurai jamais ma main. »

CHARLES D'ORLÉANS A LOUIS XI
P. 9.

1. Ce devoir, proposé par Izambard, fut composé par Rimbaud en classe de rhétorique. Izambard a raconté qu'il avait prêté à son élève, pour y faire « provision de couleur locale », *Notre-Dame de Paris* — et qu'il eut à subir, de ce fait, les foudres de Mme Rimbaud, qui trouvait « Victor Hugot » *(sic)* un modèle dangereux, sentant le fagot, et « ennemi du trône et de l'autel ». Mais Arthur a lu aussi, et utilisé, *Gringoire* de Banville (joué en 1866, et qu'Izambard dit lui avoir prêté

également), et Villon, ce qui était normal, puisque le titre complet du
«discours français» donné à faire était *Lettre de Charles d'Orléans pour
solliciter la grâce de Villon, menacé de la potence.*

Ce devoir étant un exercice d'imitation, je ne relèverai pas les
emprunts de Rimbaud (il y en a à chaque ligne) dont le pastiche est fort
réussi. On pourra retrouver les «sources» des expressions qu'il
emploie :

1° Dans *Notre-Dame de Paris,* en particulier au livre X, chapitre 5, où
V. Hugo met en présence Louis XI et Gringoire, personnage qui a
réellement existé et dont Hugo fait un poète philosophe, et Banville,
avec plus d'exactitude, un rimeur de ballades.

2° Dans *Gringoire,* où Banville prête à son poète famélique quelques
traits de François Villon, vagabond génial et poète ingénu. Banville fait
réciter à Gringoire deux ballades inspirées de Villon, la *Ballade des
pendus* et la *Ballade des pauvres gens ;* et son Gringoire dit à Louis XI, pour
implorer sa clémence, le refrain de la *Ballade de la Miséricorde* composée
par le véritable Pierre Gringoire (ou plutôt Gringore), et dont Rimbaud se servira : «Dieu bénit tous les miséricords!»

3° Dans Villon, en particulier dans le *Petit* et dans le *Grand Testament*
(les emprunts de Rimbaud ont été relevés par Gengoux).

P. 13.   UN CŒUR SOUS UNE SOUTANE

1. Ce texte avait été remis à Izambard, en 1870 vraisemblablement :
c'est la date que lui assignent Mouquet et Rolland de Renéville, ainsi
que Bouillane de Lacoste. Verlaine, écrivant à Vanier, le mentionne
parmi les textes de Rimbaud qui appartiennent à Izambard. Mais ni
Verlaine, ni Izambard, ni Delahaye, n'en ont parlé dans leurs écrits sur
Rimbaud, et Berrichon, qui le connaissait, n'eut garde de le publier. Il a
été publié pour la première fois, préfacé par Louis Aragon et André
Breton, chez Ronald Davis en 1924.

On comprend facilement la raison du silence fait sur cette nouvelle :
avec une certaine verve satirique, Rimbaud campe ici un personnage de
séminariste qui est une caricature de ses camarades du collège de
Charleville. On sait que l'enseignement était donné à la fois aux élèves
laïques et aux élèves du séminaire voisin, qui venaient en soutane. Ce
ton anticlérical ne pouvait que déplaire à Verlaine, à Delahaye et à
Berrichon, et effrayer Izambard lui-même.

Ce texte est une gaminerie, sans doute écrite très vite (Rimbaud n'a
fait que quelques corrections insignifiantes), mais assez virulente, et
qui en dit long sur son état d'esprit de l'époque.

POÉSIES

On considère parfois — c'est le cas d'Antoine Adam — que le
premier poème connu de Rimbaud en vers français est une *Invocation à
Vénus,* datée de 1869 et publiée dans le *Bulletin de l'Académie de Douai* le
11 avril 1870. Mais il s'agit d'un passage de la traduction du *De natura
rerum* par Sully-Prudhomme, dont Rimbaud a «arrangé» quelques vers.
(A. G.)

LES ÉTRENNES DES ORPHELINS

P. 35.

1. Ce poème fut adressé par Rimbaud, sans doute vers la fin de 1869, à la *Revue pour tous,* qui le publia dans son numéro du 2 janvier 1870. Rimbaud s'y souvient, comme l'a remarqué Gengoux, du poème de J. Reboul, *L'Ange et l'enfant,* qui lui avait été donné comme matière d'un poème latin (*Ver erat*). Dans le poème latin, l'enfant se rappelait les cadeaux du premier jour de l'année ; ici au contraire, la fin du poème montrera les tristes cadeaux qui rappellent aux orphelins leur mère disparue.

Rimbaud s'est très certainement souvenu aussi des *Enfants trouvés* de Coppée (*Poésies,* 1854-1859). Ce thème de l'enfant orphelin n'a-t-il pas pour lui une résonance particulière ? Il serait surtout intéressant de savoir comment se passait le jour de l'an dans la famille Rimbaud...

2. Pastiche du premier vers des *Pauvres Gens* de Hugo : « Le logis est plein d'ombre... ».

3. Cette fois c'est de Baudelaire que paraît se souvenir Rimbaud : des défuntes années « en robes surannées » (*Recueillement*), et de « L'Aurore grelottante en robe rose et verte » (*Crépuscule du matin*).

4. Toute cette partie rappelle également *Les Pauvres Gens,* où l'on sait que figurent deux orphelins. L'idée du nid est à rapprocher de *Chose vue un jour de printemps,* dans *Les Contemplations* : « Les quatre enfants pleuraient, et la mère était morte », qui se termine par :

> *L'enfant, n'est-ce pas un oiseau ?*
> *Pourquoi le nid a-t-il ce qui manque au berceau ?*

5. M. Coulon a signalé que le 26 décembre la *Revue pour tous* avait inséré un message à l'adresse de Rimbaud, l'invitant notamment à revoir ce vers qui lui avait échappé : « le cinquième du paragraphe III ». Rimbaud a-t-il corrigé, ou bien s'agissait-il de la négligence « pensée — S'éveille » ?

6. Ces quatre vers rappellent, pour le vocabulaire et pour le rythme, la fin d'*Écrit sur la vitre d'une fenêtre flamande* de Hugo (dans *Les Rayons et les ombres*). Nous aurons l'occasion de remarquer souvent combien Rimbaud retient et replace les mots-rimes (ici *sonore-encore*).

Toute la fin de cette partie est inspirée des *Enfants trouvés* de Coppée, où sont évoqués des enfants chéris de leurs parents :

> *La gambade faite en chemise,*
> *Sur le tapis devant le feu,*
> *La gaîté bruyante et permise.*

Comment ne pas songer, en lisant ces vers, à tout ce qui a manqué au petit Arthur ?

7. *Affriander* figure dans Littré au sens de « rendre friand ». *Affrioler* tend aujourd'hui à le remplacer.

8. Toute cette description d'armoire annonce *Le Buffet,* par les mots et les idées : il y a certainement là quelque souvenir personnel.

9. *L'ange des berceaux* rappelle l'ange de Reboul, « penché sur le

bord d'un berceau ». Rimbaud semble rivaliser avec Reboul de banalité et de mièvrerie.

10. Souvenir inattendu d'une fin de vers de Banville (dans *La Voie lactée* des *Cariatides,* poème que Rimbaud semble avoir particulièrement cultivé) :

> *Tout revit et palpite aux baisers du soleil.*

SENSATION
P. 39.

1. Rimbaud envoya ce poème à Banville, ainsi que les deux suivants, le 24 mai 1870. Dans sa lettre, il le date du 20 avril; dans le recueil Demeny, du 20 mars. «...je me suis mis, enfant touché par le doigt de la Muse, — pardon si c'est banal, — à dire mes bonnes croyances, mes espérances, mes sensations, toutes ces choses des poètes, — moi j'appelle cela du printemps », déclare-t-il (voir la lettre en *Appendice*, p. 343). Cette pièce exprime avec bonheur ce désir de partir, d'aller « loin, bien loin » dans la Nature, qui a toujours été si vivace chez Rimbaud.

2. Gengoux cite comme «source» un vers de Mérat dans *Les Chimères:*

> *Par un soir bleu d'avril, elle s'en revenait...*

Mais l'expression convient mieux aux soirs d'été.

3. Correction heureuse pour « Mais un amour immense entrera dans mon âme » de la lettre à Banville : l'amour *monte* dans l'âme comme un vin grisant monte à la tête.

4. Si l'on veut chercher une « source » à *loin, bien loin,* on peut songer à *Bien loin d'ici* de Baudelaire, pièce qui avait paru dans *Le Parnasse* de 1866. Mais l'idée du départ au loin a toujours hanté l'adolescent, qui bientôt chantera sa *bohème* à travers la nature, et en 1871 les voyages du *Bateau ivre.*

SOLEIL ET CHAIR
P. 40.

1. Ce poème fait partie, sous le titre *Credo in unam,* des pièces envoyées à Banville. Rimbaud en avait parlé à Izambard «comme d'un effort qui lui donnait quelque orgueil», dit celui-ci, et il le lui donna à la veille des vacances (voir Bouillane de Lacoste, éd. critique, p. 8). Il le recopiera pour Demeny en octobre sous son nouveau titre : *Soleil et chair,* mais en supprimant toute une partie (voir les variantes). Rimbaud écrivit ce poème, suivant Izambard, après avoir lu *Le Satyre* de Hugo et *L'Exil des dieux* de Banville (qui avait paru dans la première série du *Parnasse*). L'écolier utilise aussi, naturellement, des souvenirs classiques, le poème de Lucrèce, et aussi les *Poèmes antiques* de Leconte de Lisle. Mais il imite également, de façon plus ou moins consciente, le *Rolla* de Musset, Gengoux a raison d'y insister : Musset que par la suite Rimbaud devait haïr précisément à cause de l'influence de *Rolla* sur les adolescents de sa génération (voir la lettre à Demeny du 15 mai 1871). *Rolla* est probablement le point de départ de Rimbaud, qui a voulu écrire un hymne à l'Amour et exprimer le regret du paganisme

grec qui divinisait l'Amour sous la forme d'Aphrodite : thème d'ailleurs banal à l'époque. Il reprend les premiers vers de *Rolla* :

> *Regrettez-vous les temps où le ciel sur la terre*
> *Marchait et respirait dans un peuple de dieux,*

pour répondre : « Je regrette les temps de l'antique jeunesse » (avec le même effet oratoire : Musset pose trois fois la question, et Rimbaud répond à trois reprises : « Je regrette les temps... »), il reprend aussi l'erreur de Musset sur « Vénus Astarté » qui est confondue avec Vénus Anadyomène; il reprend, enfin, les considérations de Musset sur la science qui a chassé la foi. On connaît les vers célèbres :

> *Je suis venu trop tard dans un monde trop vieux;*
> *D'un siècle sans espoir naît un siècle sans crainte;*
> *Les comètes du nôtre ont dépeuplé les cieux.*

C'est le passage sur le doute et la raison : « Notre pâle raison nous cache l'infini », assez confus du reste et dont Rimbaud n'avait probablement pas lieu d'être bien satisfait, puisqu'il l'a supprimé en recopiant le poème pour Demeny.

Dans l'ensemble donc, ce poème manque d'originalité : c'est le brillant exercice d'un bon élève. On peut souligner, toutefois, que la sensualité *païenne*, l'aspiration à un « amour universel » sont déjà caractéristiques de la personnalité de Rimbaud.

2. Ruchon note ici une imitation de l'*Hermès* de Chénier (Becq de Fouquières venait de donner une édition très scrupuleuse des fragments de Chénier) : « Que la terre est nubile et brûle d'être mère. »

3. Ame, au sens latin de « respiration ».

4. On peut comparer tout ce début à la seconde partie du *Satyre* de *La Légende des Siècles*, où le Satyre décrit la terre en travail — et noter que les mêmes rimes se retrouvent dans les vers décrivant la terre où l'homme vit et crée,

> *Géant possible, encor caché dans l'embryon,*
> *La terre où l'animal erre autour du rayon...*

5. Musset, dans le début de *Rolla*, parle de « nymphes lascives » et de « faunes indolents ».

6. Correction pour « L'eau du fleuve jaseur, le sang des arbres verts ». Rimbaud a dû s'apercevoir qu'il abusait de cet adjectif *jaseur*, qui lui vient de Banville et des parnassiens (cf. dans IV : « lotus jaseur »). On peut penser qu'il se souvient ici, non plus seulement de Musset, mais de Ronsard et de l'*Élégie* aux bûcherons de la forêt de Gastine :

> *Ne vois-tu pas le sang, lequel dégoutte à force*
> *Des nymphes qui vivaient dessous la dure écorce?*

7. Souvenir classique : Rimbaud se rappelle ici Lucrèce (Chant II, vers 624) et Virgile, *Énéide*, VI, vers 785 : « Invehitur curru Phrygias turrita per urbes » dit Virgile de Cybèle.

8. Autre image classique : le lait de Cybèle représentant la vie qu'elle donne aux hommes. Baudelaire avait déjà parlé de Cybèle qui « abreuvait l'univers à ses tétines brunes ». Baudry avait consacré un tableau à cette même évocation. Et Leconte de Lisle, consacrant un des *Poèmes antiques* à *Cybèle*, a dit : « Le monde est suspendu, déesse, à tes mamelles. » Mallarmé, en 1864, reprenait la même évocation dans un poème en prose (que Rimbaud ne pouvait connaître), *Le Phénomène futur,* pour montrer la femme primitive, les seins levés, « comme s'ils étaient pleins d'un lait éternel ».

9. Reprise de l'erreur de Musset : c'est Vénus Anadyomène, et non Vénus *Astarté,* qui est « fille de l'onde amère ». Rimbaud parle plus loin d'« Aphrodité marine ».

10. Correction heureuse pour « Mais c'est toi la Vénus ! » (de même pour *l'autre Dieu* remplaçant *un autre dieu*). *C'est en toi que je crois* explique le titre primitif *Credo in unam.* Toute cette partie est dirigée contre le christianisme qui a brimé les instincts naturels de l'homme — lequel était « chaste » parce qu'il ne connaissait pas le péché.

11. Dans *L'Exil des dieux,* Cypris dit à l'homme :

> *Donc subis la laideur et la douleur. Expie.*

12. L'idée est reprise de Baudelaire *(J'aime le souvenir de ces époques nues)* : c'est parce que l'homme est devenu laid et corrompu qu'il a besoin de vêtements. Il ne connaît plus les « natives grandeurs » des premiers âges où l'homme et la femme

> *Jouissaient sans mensonge et sans anxiété.*

13. Gengoux rappelle opportunément ici la pièce d'*Émaux et Camées, Bûchers et Tombeaux,* où Gautier dit :

> *Le squelette était invisible*
> *Aux temps heureux de l'Art païen.*

14. La « première beauté », c'est la Beauté primitive, qui était la beauté physique, seule honorée à l'époque païenne. De même Banville fait dire à Vénus, dans *Les Cariatides (Prosopopée d'une Vénus),* que nul n'entend plus

> *L'harmonie imposante et la sainte musique*
> *Où chantent les accords de la beauté physique!*

15. Allusion aux courtisanes grecques, réputées pour leur beauté et leur esprit, Phryné, Laïs, etc.

16. Banville fait dire à Vénus, dans la *Prosopopée d'une Vénus :*

> *Hélas! qui me rendra ces jours pleins de clarté*
> *Où l'on ne m'appelait que Vénus Astarté?*

17. Rimbaud reprend, semble-t-il, l'idée antique du cycle des âges (cf. Virgile, *4e Bucolique*) : l'ère de l'Amour reviendra.

18. L'Homme, libéré de toutes les religions, pourra « scruter les cieux » pour mieux comprendre le monde : il deviendra un dieu lui-même; réponse, peut-être, à Musset qui regrettait la disparition du sentiment religieux et ajoutait :

> *Qui de nous, qui de nous va devenir un Dieu?*

19. Cf. *L'Exil des dieux* de Banville :

> *Ce doux enivrement des êtres, ce baiser*
> *Des choses, qui toujours voltigeait sur tes lèvres,*
> *Ce grand courant de joie et d'amour, tu t'en sèvres!*

20. Toute cette partie (supprimée par la suite) est un tableau de l'époque où l'Homme, enfin libéré de ses contraintes, cherchera le Pourquoi? des choses : d'une part, les mystères de l'univers, des « mondes cheminant dans l'horreur de l'espace »; d'autre part, l'origine et le sens de la vie, et la place de l'homme dans le monde. Tout le passage est d'inspiration très hugolienne (cf. notamment, dans *Les Contemplations, Magnitudo Parvi*).

21. De Banville vient peut-être l'idée du « troupeau » des astres. Dans le *Chant d'Orphée* (*Parnasse* de 1869), il est question d'Astres pasteurs conduisant leur « troupeau d'étoiles qui flamboient ». On sait que Du Bellay parle aussi, dans le sonnet 83 de *L'Olive*, d'un « grand troupeau d'étoiles vagabondes ». L' « horreur » de l'espace, en revanche, est une expression tout hugolienne.

22. Idée, souvent exprimée, du cycle éternel de la vie. Dans *Cadaver*, par exemple *(Les Contemplations)*, Hugo écrit :

> *La chair se dit : Je vais être terre, et germer,*
> *Et fleurir comme sève, et, comme fleur, aimer!*

Le lecteur moderne pense évidemment au *Cimetière marin* de Valéry, ainsi que l'a remarqué H. Mondor :

> *Le don de vivre a passé dans les fleurs.*

Mais on peut songer aussi à un poème de Mérat, que Rimbaud admirait. Dans *Métamorphoses*, poème des *Chimères* (1866), il écrit :

> *Ce sont les morts qui font la nature superbe,*
> *Salut, moissons! Salut, forêts! Salut, brins d'herbe,*
> *Eaux vives, floraisons roses, beauté des morts!*

23. Bouillane de Lacoste souligne avec raison l'importance de ce vers : le mépris de Rimbaud pour le rationalisme annonce les théories du poète « visionnaire ». Il faut avouer du reste qu'il y a quelque

incohérence dans l'ensemble du passage : après avoir maudit la raison, Rimbaud semble l'exalter en déclarant : « Les mystères sont morts ».

24. Ce vers rappelle *Le Sacre de la Femme* au début de *La Légende des Siècles :*

> *Chair de la femme! argile idéale! ô merveille...*

L'emprunt est d'autant plus probable que dans la deuxième partie Rimbaud parle aussi de l'Idole

> *Où tu divinisas notre argile, la Femme.*

25. *Kallipyge* = Vénus Kallipyge. Rimbaud avait commis une faute d'orthographe et écrit Kallypige. Sur le manuscrit Demeny il a rectifié... en faisant une seconde faute : *Kallipige.*

26. Rimbaud suit la légende d'Ariane consolée à Naxos par Bacchus (et non la légende, suivie par Racine, qui la fait mourir de douleur après avoir été abandonnée par Thésée). Catulle a conté cette légende dans l'*Épithalame de Thétis et de Pélée.* La description de l'arrivée de Bacchus paraît être empruntée par Rimbaud aux *Bucoliques* où Chénier montre Bacchus arrivant « aux déserts de Naxos » :

> *De pampres, de raisins, mollement enchaînés,*
> *Le tigre aux larges flancs de taches sillonnés,*
> *Et le lynx étoilé, la panthère sauvage,*
> *Promenaient avec toi ta cour sur le rivage.*

Mais Banville a aussi représenté dans *Le Triomphe de Bacchos (Stalactites)* l'arrivée du « beau Lysios » entouré par « le tigre indien » et les « panthères tachées ».

27. Ici, Rimbaud suit Ovide, Chénier et Leconte de Lisle.

> *Sur le front du taureau la belle palpitante*
> *S'appuie,*

écrit Chénier *(Bucoliques)*, racontant l'enlèvement d'Europé par Zeus métamorphosé en taureau. La versification de Rimbaud se fait ici très libre, avec coupes irrégulières et enjambements, comme dans Chénier. On notera qu'il écrit *Kallipyge, Ariadné, Europè,* suivant l'orthographe « restituée » de Leconte de Lisle dans ses *Poèmes antiques.* La « joue en fleur » figure dans un autre fragment des *Bucoliques,* celui qui décrit l'Amour.

28. Le thème de Zeus se changeant en cygne pour séduire Léda est lui aussi familier aux parnassiens, comme aux anciens : ces légendes sont bien à leur place ici pour chanter le « renouveau » de l'amour universel. Leconte de Lisle a raconté cette légende dans son poème *Hélène,* où il évoque

> *Le Cygne éblouissant qui flotte sur les eaux.*

29. *Cypris*, c'est Aphrodite (honorée à Chypre). Dans sa description, le collégien fait preuve d'une certaine audace, comme l'a souligné Izambard !

30. Héraklès a lui aussi souvent été décrit par les parnassiens (cf. *Héraklès au taureau*, de Leconte de Lisle). Rimbaud fait de la peau du lion de Némée une *gloire* (par analogie avec le cercle de lumière au centre duquel on représente les saints). Dans *Sculpteur, cherche avec soin* de Banville *(Stalactites)* on trouvait déjà Héraklès, Cypris, Bacchos, Léda : tout le panthéon du Parnasse !

31. *Séléné* est un des noms de la Lune (ou Diane), amoureuse du chasseur Endymion, dont elle vient contempler le sommeil. Un tableau célèbre de Girodet représente ce sommeil d'Endymion. Leconte de Lisle y fait aussi allusion dans *Thyoné* :

> *On dit qu'une déesse aux amours ténébreuses*
> *Du bel Endymion charma les nuits heureuses.*

32. Gengoux explique les *sombres Marbres* au front desquels *le Bouvreuil fait son nid* par un rapprochement avec les *Cariatides* de Banville, qui disent :

> *Hirondelles du ciel, sans peur d'être surprises,*
> *Vous pouvez faire un nid dans notre acanthe en fleur.*

Ce dernier vers élargit le sens du poème et montre les dieux qui revivent pour écouter, bienveillants, la rumeur de la Vie et de l'Amour.

OPHÉLIE

P. 46.

1. Poème également envoyé à Banville en mai 1870. Rimbaud, dit Izambard, « souvent me remettait des vers tout frais pondus, mais toujours recopiés et calligraphiés avec amour, que, sur sa demande, nous épluchions ensemble : cela commença avec la pièce *Ophélie*, sujet de vers latins, qu'il avait traité aussi en vers français ». Gengoux indique comme source *La Voie lactée*, dans les *Cariatides* de Banville (offertes par Rimbaud à Izambard en juillet 1870) : Banville célèbre Shakespeare par une évocation d'Ophélie et de Juliette. Il parle des chansons d'Ophélie et de sa « douce folie », et célèbre aussi

> *Les nénuphars penchés sur les pâles roseaux*
> *Qui disent leur chant sombre au murmure des eaux*

(Rimbaud, comme il lui arrive souvent, a repris les mêmes rimes). Il est possible aussi que Rimbaud ait connu le tableau du peintre préraphaélite anglais Millais, *Ophélie*. Mais Ophélie, magnifiée par son imagination, meurt de ses « grandes visions » plus que de sa « douce folie » — elle devient un véritable symbole.

2. Rimbaud décrit Ophélie noyée d'après *Hamlet*, IV, 7 : « Ses

voiles d'abord s'étalèrent et la soutinrent quelques instants, nouvelle sirène. » On notera la rime « pour l'œil » *lys* et *ballalis*.

3. « Plus de mille ans » donne au tableau une valeur symbolique, qui a été soulignée par Gengoux : Ophélie devient le symbole de l'humanité souffrante et perdue dans son rêve. La *romance* est, elle, un souvenir de Shakespeare : Ophélie chante plusieurs romances dans *Hamlet* (IV, 5).

4. Ophélie, morte en tenant des couronnes de fleurs, ressemble elle-même à une fleur. De même, dans le tableau de Millais, la robe de la jeune fille s'élargit et ressemble à un grand nénuphar.

5. En suspendant ses couronnes de fleurs à une branche de saule, Ophélie est tombée à l'eau, la branche s'étant brisée (*Hamlet,* IV, 7).

6. Avec ce « grand front rêveur » se poursuit la transfiguration d'Ophélie. Elle écoute, comme Rimbaud lui-même, le « chant de la Nature » et poursuit son rêve.

7. On retrouve souvent chez Rimbaud l'idée pythagoricienne de l'harmonie des sphères. Elle n'est pas moins fréquente, du reste, chez Victor Hugo. On trouve un « astre d'or » dans *Monsieur Prudhomme* de Verlaine *(Poèmes saturniens)*.

8. *Norwège* est une licence poétique, Elseneur étant au Danemark. (S. B.) La comparaison suggérée entre la folie et la tempête est dans *Hamlet,* IV, 1, où la reine dit : « il est fou comme la mer et comme la tempête quand elles luttent à qui sera la plus forte. » (A. G.)

9. Ce *cavalier,* ce *pauvre fou,* assis aux genoux d'Ophélie, c'est Hamlet, qui s'étend en effet, la tête sur les genoux d'Ophélie, pour regarder les comédiens (*Hamlet,* III, 2); les deux plans, littéraire et symbolique, se rejoignent ici avec quelque confusion.

10. Avec cette strophe, nous revenons au plan symbolique : Ophélie, c'est une « voyante » qui a entrevu de « grandes visions », le *Ciel,* l'*Amour,* la *Liberté* (comme Rimbaud lui-même); à cela s'ajoute l'idée que la Femme est trop faible pour conquérir ce qu'elle a entrevu. Ophélie est morte de ses visions. *Effara* est un terme hugolien.

11. Il s'agit des fleurs qu'Ophélie avait cueillies et tressées en couronnes pour les suspendre au saule (*Hamlet* IV, 5 et 7).

12. Reprise des vers du début, suivant une formule très « banvillesque » : les rimes sont les mêmes, sauf une. Cette formule s'accorde, du reste, avec l'idée du « retour éternel » d'*Ophélie,* fantôme d'un rêve poétique insensé, mais éternellement présent au cœur des hommes.

BAL DES PENDUS

P. 48.

1. Poème uniquement connu par le recueil Demeny où Rimbaud recopia, en octobre 1870, ses poèmes de l'année, pendant son séjour auprès des demoiselles Gindre : voir l'édition critique de Bouillane de Lacoste, p. 13. Gengoux donne comme sources deux pièces des *Émaux et Camées* : *Bûchers et Tombeaux* et *Le Souper des armures.* Rimbaud s'est, évidemment, souvenu aussi de Villon et de la *Ballade des pendus* inscrée par Banville dans son *Gringoire;* peut-être aussi de

L'Homme qui rit, de Hugo, pour l'intervention des corbeaux. Mais la pièce n'est pas dépourvue d'une certaine verve caustique, renforcée par le choix des rythmes et les recherches d'allitérations.

2. *Saladin* est le nom du sultan adversaire de Frédéric Barberousse, de Richard Cœur de Lion et de Philippe Auguste. Dans le même esprit « moyenâgeux », Rimbaud emploiera *gentes damoiselles, preux, capitans, moustier...*

3. Gengoux voit ici un souvenir de Villon : « Car de la panse vient la danse » (*Grand Testament*, XXV). L'idée de la *danse* macabre est également médiévale; on peut aussi rapprocher de Gautier, *Bûchers et Tombeaux :*

> *L'irrésistible sarabande*
> *Met en branle le genre humain.*

4. Autre souvenir de *Bûchers et Tombeaux*, où l'on voit le mort « se déshabillant de sa chair ».

5. Souvenir, cette fois, des forêts ardennaises et de leurs légendes; Rimbaud emploiera souvent l'adjectif *violet* à propos de ces forêts humides.

6. Choix de couleurs « sataniques » : noir, violet, rouge « d'enfer »...

7. « Chapelet de vertèbres » se trouve également dans *Bûchers et Tombeaux*. Le ton est évidemment sarcastique, chez Rimbaud plus encore que chez Gautier.

8. L'idée de cette parade bouffonne, comparable aux pitreries des « baraques » de foire, l'idée aussi du *squelette fou* qui s'élance et *rebondit* au milieu du bal *au chant des ossements* paraissent, cette fois, plus directement issues de l'imagination fantastique et burlesque de Rimbaud. La pièce se termine, toujours suivant le goût de Banville et du Moyen Age, par une reprise du refrain initial.

LE CHATIMENT DE TARTUFE

P. 50.

1. Cette pièce ne figure que dans le recueil Demeny. Elle est à rapprocher d'autres pièces d'inspiration satirique, *Le Forgeron*, *Vénus Anadyomène*, et surtout *Un cœur sous une soutane*, toutes composées vraisemblablement vers la même époque, et qui toutes ont été données par Rimbaud à Izambard au cours de 1870. L'inspiration anticléricale de Rimbaud devient vigoureuse ici, comme dans *Un cœur sous une soutane*. « L'horreur du poète, son dégoût de la bonté fade, du cœur sentimental, du médiocre en général éclate sans grimaces lénifiantes », dit Gengoux.

2. Bien que Tartufe ne soit pas un prêtre, il est vêtu de noir dans la pièce de Molière.

3. Tartufe est ici assez différent du personnage au teint fleuri que nous présente Molière, « gros et gras, le teint frais et la bouche vermeille ». On songe plutôt aux « sourires verts » et aux « doigts jaunes » des « Dames des quartiers distingués » dans *Les Pauvres à l'église*.

4. *Oremus* (« Prions ») rappelle le vocabulaire religieux de Tartufe dans la pièce, et ses invitations à la prière. De même pour les *Méchants,* par opposition aux Bons, au sens où l'entend Tartufe.

5. L'hypocrisie de Tartufe éclate en même temps que sa sensualité. On se rappelle la scène avec Dorine et la réplique de Dorine :

> *Et je vous verrais nu du haut jusques en bas*
> *Que toute votre peau ne me tenterait pas.*

LE FORGERON

P. 51.

1. Fait également partie du recueil Demeny. Sur le recueil Demeny, Rimbaud a mis par erreur « vers le 10 août 92 »; sur le manuscrit donné par lui à Izambard il avait mis correctement « Tuileries, vers le 20 juin 1792 ». C'est, en effet, le 20 juin que Louis XVI, pressé par la foule qui avait envahi les Tuileries, et pris à partie par le boucher Legendre, se coiffa du bonnet rouge. Rimbaud a remplacé Legendre par un forgeron (s'inspirant probablement, comme le signale Bouillane de Lacoste, de la gravure qui illustre l'*Histoire de la Révolution française* par Thiers : nous savons par Delahaye que Rimbaud lisait les travaux de Thiers et de Mignet). On sait que lors de la journée du 20 juin, Louis XVI, pour satisfaire le peuple, mit sur sa tête un bonnet rouge qui lui fut présenté au bout d'une pique. Ruchon a noté le ton hugolien du poème, les images, les exagérations, la phraséologie qui rappellent souvent Hugo. Il est visible que Rimbaud a lu *La Légende des Siècles* (édition de 1859) et qu'il s'inspire des virulentes apostrophes qu'adressent aux rois le Cid (dans le *Romancero du Cid*), Elciis (*Les Quatre Jours d'Elciis*) ou un voleur (dans *Le Cercle des Tyrans*). Mais il a lu, aussi, *Les Châtiments* (dans l'édition clandestine imprimée en Belgique) et sa colère républicaine atteint par ricochet Napoléon III. Comme Hugo, Rimbaud prend le parti de la « crapule » (c'est bientôt l'époque où il dira à Izambard : « Je m'encrapule le plus possible »), de ceux qui peinent et travaillent et récoltent le mépris des puissants. Son forgeron symbolique exprime le rêve égalitaire et libertaire du peuple — avec, malheureusement, beaucoup de jactance et de rhétorique verbeuse.

2. La richesse des abbayes a souvent été commentée par Voltaire, Hugo, etc. L'aliénation des biens du clergé avait été décrétée en 1789.

3. Le discours du forgeron est émaillé de mots crus et d'expressions réalistes : *nous fouaillaient, hébétés comme des yeux de vache,* etc.

4. Allusion, pense Bouillane de Lacoste, aux faits atroces cités dans les chroniques médiévales. On peut aussi penser au récit que d'Aubigné fait des horreurs des guerres civiles (*Les Tragiques,* I), et aux incendies décrits dans *Le Jour des Rois (La Légende des siècles).*

5. Le forgeron fait peut-être allusion au droit de *veto,* un des privilèges que le peuple venait demander à Louis XVI de résigner.

6. On sait qu'une des raisons de l'irritation du peuple avait été la misère et le manque de pain; déjà en octobre 1789, la foule s'était ameutée en réclamant « du pain et des armes » et avait amené Louis XVI

et Marie-Antoinette à l'Hôtel de Ville en criant : « Nous amenons le boulanger et la boulangère ! » Voir plus loin « Elle croit trouver du pain aux Tuileries ». L'expression *ce que donne Dieu* insiste sur l'injustice sociale, qui prive le pauvre du fruit de son travail.

7. Autre rappel des injustices sociales : la terre n'appartient pas au paysan qui la travaille *(ensemence ma terre)*, et il n'a aucun moyen, étant pauvre, de payer à son fils un remplaçant pour l'empêcher de partir au service.

8. La Bastille était, pour les hommes de 1789, le symbole de la puissance et de l'arbitraire du pouvoir absolu, surtout depuis la longue et injustifiée détention de Latude. De même le Louvre est un symbole du luxe royal.

9. Le peuple de Paris, le 14 juillet, salua dans l'enthousiasme général les libérateurs qui venaient de prendre la Bastille.

10. Le 11 juillet, Camille Desmoulins avait invité le peuple à prendre des cocardes vertes, « couleur de l'espérance » ; ceux qui n'avaient pas de ruban mirent des feuilles vertes à leurs chapeaux. Mais le chêne symbolise aussi la force du peuple. Rimbaud a voulu représenter les révolutionnaires comme à la fois *forts* et *doux;* au début, en effet, le peuple ne manifesta pas de haine contre le roi, l'applaudit même le 17 juillet.

11. Les *mouchards* sont les espions royalistes et la coterie des aristocrates (notamment les princes émigrés, et tous ceux qui complotaient avec l'étranger).

12. A plusieurs reprises, en 1792, on avait repoussé les requêtes des révolutionnaires, ou refusé de recevoir à l'Assemblée les porteurs de pétitions ; d'autre part, Louis XVI avait refusé de sanctionner le décret porté contre les prêtres réfractaires. C'est pourquoi, le 20 juin, la foule irritée, en sortant de l'Assemblée, entra aux Tuileries.

13. L'attitude du roi devant le forgeron rappelle celle des tyrans devant Guillaume Tell dans *Le Régiment du baron Madruce* de *La Légende des Siècles :*

> *...mais par instants, ils deviendront tout pâles,*
> *Feront taire l'orchestre, et, la sueur au front,*
> *Penchés, se parlant bas, tremblant, regarderont*
> *S'il n'est pas quelque part, là, derrière la table,*
> *Calme, et serrant l'écrou de son arc redoutable.*

14. D'après Delahaye, cette expression viendrait d'une « chose vue » racontée par lui à Rimbaud : en pleine rue, « un pauvre diable d'ouvrier tellement ivre qu'il ne pouvait faire trois pas et pleurait à chaudes larmes, en gémissant : « Crapule... je suis crapule !... » et s'administrant pour en témoigner de grands coups de poing dans l'estomac » *(Souvenirs familiers)*. Mais il est évident que Rimbaud donne au mot une valeur symbolique, de même qu'à *gueux* un peu plus loin. Le colonel Godchot a signalé, d'autre part (dans *Arthur Rimbaud ne varietur,* tome II) qu'une chanson politique de Suzanne Lagier, écrite à la suite de l'assassinat de Victor Noir par Pierre Bonaparte, disait :

> *C'est la crapule,*
> *La crapule,*

> *Hier c'était un titre infamant,*
> *Mais sans scrupule*
> *La crapule*
> *En fait son cri*
> *Son cri*
> *De ralliement.*

15. Rimbaud passe de l'idée de misère à celle d'ignorance, et associe le *savoir* au *travail* : comme Hugo, il exprime sa croyance au progrès. L'image du forgeron s'associe assez bizarrement à celle du chasseur : on peut songer ici à la troisième partie du *Satyre*, dans *La Légende des Siècles*, où figure la même comparaison avec un cheval et où l'on voit l'homme

> *Se construire à lui-même une étrange monture*
> *Avec toute la vie et toute la nature.*

Il s'agit toujours, comme dans *Soleil et chair*, de connaître les choses et le pourquoi des choses.

16. Tout ce passage semble meilleur dans la rédaction du recueil Demeny; Rimbaud avait notamment écrit d'abord : « Oh! nous sommes contents, nous aurons bien du mal », qui était très faible.

17. On s'est demandé si Rimbaud n'imitait pas ici *Mon rêve familier*, de Verlaine, qui, avant d'être recueilli dans les *Poèmes saturniens*, avait paru dans *Le Parnasse* de 1866 :

> *Je fais parfois le rêve étrange et pénétrant*
> *D'une femme inconnue et que j'aime et qui m'aime...*

Le vocabulaire et le rythme, sinon les idées, sont assez semblables.

18. Encore un emprunt d'une fin de vers à *La Légende des Siècles* (*Aymerillot*) :

> *Des camps d'où l'on entend mon noir clairon qui sonne.*

19. Le forgeron, qui vient d'exprimer l'amour du travail et du savoir, revient à l'idée (essentielle pour Rimbaud) de la liberté et du refus des contraintes.

20. Parce que l'espace nous manquerait. Comme chez Hugo, la grandeur morale du personnage est ici symbolisée par sa stature gigantesque.

21. Allusion, notamment, aux rois de Prusse et d'Autriche, que l'armée des « gueux » allait écraser à Valmy en 1792 (voir page suivante). On connaît la description que Hugo a donnée de ces « soldats de l'an Deux » dans *Les Châtiments*.

22. Le bonnet phrygien avait été le signe de l'affranchissement chez les Romains, et il était resté l'emblème de la liberté. C'est Brissot qui avait proposé au début de 1792 l'adoption du bonnet rouge comme signe de ralliement des patriotes. Il est exact que le 20 juin le roi se coiffa du bonnet rouge qu'on lui avait présenté (au bout d'une pique, disent certains); mais ici, on voit le sens méprisant que prend le geste du forgeron qui, « terrible », « jette » le bonnet au front du roi.

MORTS DE QUATRE-VINGT-DOUZE...

P. 58.

1. Dans le recueil Demeny, ce sonnet est suivi de la mention : « Fait à Mazas, 3 septembre 1870. » Suivant Izambard, ce poème date de juillet 1870 : « Le lundi 18 (juillet), Rimbaud me remit, après la première classe, le sonnet *Aux morts de Valmy* qu'il avait perpétré la veille, dit-il » (cité par Bouillane de Lacoste, éd. critique, p. 7). Izambard a probablement raison : la date du 3 septembre doit être celle de la transcription du poème. La déclaration de guerre avait eu lieu le 10 juillet. Le texte cité en exergue est résumé du journal bonapartiste *Le Pays,* dont les coryphées étaient les Cassagnac père et fils ; dans l'article en question, publié le 16 juillet, les républicains étaient invités à se souvenir qu'« à pareille époque, en 1792, les Prussiens entraient en Lorraine » ; « Vous fûtes grands et nobles, souvenez-vous ! » proclamait l'article, qui ajoutait : « Que c'est beau la guerre, quand elle plane au-dessus des intérêts particuliers... C'est pour le passé, pour le présent, pour l'avenir que nous allons lutter... » Effusions « verbeuses, plus outrageantes que conciliatrices », dit Gengoux, et qui durent profondément irriter Rimbaud. « Je vois encore son haussement d'épaules devant le grand mouvement chauvin qui accueillit la déclaration de guerre en juillet 1870 », déclare Delahaye. Le 25 août, Rimbaud, dans une lettre à Izambard, couvrira de sarcasmes la « benoîte population » de Charleville, qui gesticule, « prud'hommesquement spadassine » : notaires, vitriers, percepteurs, qui, « chassepot au cœur, font du patrouillotisme aux portes de Mézières ; ma patrie se lève !... Moi, j'aime mieux la voir assise ; ne remuez pas les bottes ! c'est mon principe. » Mais ce qui l'indigne ici, c'est qu'on ait recours aux morts de quatre-vingt-douze pour justifier la guerre de soixante-dix.

Les soldats républicains de 1792 et de 1793 avaient déjà été célébrés par Hugo, qui dans la pièce liminaire des *Châtiments, Nox,* salue le « Titan 93 ».

2. Comme le forgeron, les soldats de la République deviennent des héros symboliques, des libérateurs de l'humanité.

3. Comme Hugo dans *O soldats de l'an Deux,* Rimbaud montre les soldats en haillons et mal chaussés (cf. : « L'âme sans épouvante et les pieds sans souliers »), ce qui est du reste conforme à la vérité historique.

4. Souvenir, mais transformé, de *La Marseillaise* : « Qu'un sang impur abreuve vos sillons. »

5. La bataille de Valmy, le 20 septembre 1792, qui vit les « va-nu-pieds » commandés par Dumouriez enfoncer les rangs des Prussiens commandés par le duc de Brunswick, a fait l'objet d'un récit célèbre de la part de Michelet *(Histoire de la Révolution,* VII, chap. 8). A Fleurus, en 1794, le général Jourdan défit les Impériaux. La campagne d'Italie, enfin, de 1791 à 1796, prépara l'avènement de la République en Italie.

6. On peut trouver l'expression surprenante, appliquée à des soldats. Gengoux la rapproche d'un vers des *Mages* de Hugo :

> *Les esprits conducteurs des êtres*
> *Portent un signe sombre et doux*

et note que les deux plans poétique et social se recoupent ici comme plus d'une fois chez Rimbaud.

7. A la République sont opposés les rois, présentés comme des oppresseurs. Parlant du coup d'État du 2 décembre, Rimbaud disait (à treize ans), suivant Delahaye : « Napoléon III mérite les galères. »

8. Le sens satirique du dernier vers est évident : pour comble de dérision, ceux qui nous invitent à nous faire tuer comme vous l'avez été, mais pour quelle cause cette fois ! ce sont les bonapartistes éhontés, les Cassagnac.

A LA MUSIQUE

P. 59.

1. Pièce apportée par Rimbaud à Izambard en 1870 et qui est une satire des bourgeois de Charleville (écrite probablement peu avant la déclaration de guerre). Gengoux a montré qu'on y trouve un emprunt très net à *Promenades d'hiver* de Glatigny (dont *Les Vignes folles et les Flèches d'or* avaient paru chez Lemerre en 1870), et que Rimbaud, nous dit Delahaye, venait de lire.

Voici le passage de Glatigny cité par Gengoux (p. 18) :

> ... Sur la place, *écoutant les accords*
> D'un orchestre guerrier, *leurs beaux habits dehors,*
> Mille bourgeois *joyeux flânent avec leurs femmes,*
> Dont les vastes chapeaux ont des couleurs infâmes...
> ... Moi, je suis doucement les filles *aux yeux doux,*
> A qui le rire met de jolis petits trous
> Au visage, et qui vont alertes et discrètes,
> Cueillir furtivement la fleur des amourettes.

Baudelaire avait également évoqué dans *Les Petites Vieilles* les musiques militaires « dont les soldats parfois inondent nos jardins » (noter la rime!). Mais si Rimbaud a eu des inspirateurs, il faut remarquer l'originalité grandissante du style, et le pittoresque des expressions utilisées pour décrire avec verve les « bourgeois poussifs ». Cette alerte caricature de Charleville fait pendant à la lettre du 25 août où Rimbaud décrit les « notaires » et les « épiciers retraités » de sa ville, « benoîte population » qui s'agitera « prud'hommesquement » lors de la déclaration de guerre (le Joseph Prudhomme d'Henri Monnier est alors dans toute sa gloire, et Verlaine, dans les *Poèmes saturniens,* a consacré un poème à *Monsieur Prudhomme*).

2. Les *breloques,* accrochées aux chaînes de montre, et portant gravés les chiffres de leurs possesseurs, étaient alors très portées par les bourgeois cossus. A. Adam a retrouvé une notation analogue dans une pièce satirique du « communard » Vermersch.

3. Le mot *bureau,* qui a désigné successivement une étoffe, un meuble, une entité administrative, se trouve ici employé par Rimbaud pour désigner celui qui passe sa vie dans un bureau (nous dirions un « bureaucrate »).

4. Cette expression, pour désigner les dames de compagnie, est une raillerie supplémentaire à l'égard des « grosses dames ».

5. Raillerie à l'égard des stratèges de café (ou de jardin public).

6. Raccourci original pour désigner les tabatières d'argent. Rimbaud avait d'abord écrit « Et prisent en argent mieux que monsieur Prudhomme ». A-t-il voulu dissimuler ce qu'il devait à son illustre modèle ?

7. Joie enfantine du bourgeois à faire « de la contrebande » : Charleville étant à côté de la frontière belge, il était courant de « passer » du tabac belge (cf. *Les Douaniers*). L'*onnaing* était, nous apprend Ch. Bruneau, une pipe en terre réfractaire, très réputée ; elle « faisait plus riche » que la Gambier, qui coûtait un sou (celle que fumait Rimbaud) (cf. Bruneau, *Le Patois de Rimbaud, La Grive*, avril 1947).

Dans la première version, moins pittoresque, Rimbaud faisait savourer au bourgeois « la musique française et la pipe allemande » (en fait, Onnaing est une localité proche de Valenciennes).

8. Cette fin apparente *A la musique* aux autres pièces « frivoles » que Rimbaud va écrire durant l'été *(Trois Baisers* et *Les reparties de Nina)*. Comme l'a noté Bouillane de Lacoste dans son édition critique, Rimbaud « s'émancipe à vue d'œil » sous le triple effet des chaleurs, des vacances, surtout peut-être de la guerre. Il fera sa première « fugue » le 29 août. (S. B.)

Quand Rimbaud vint apporter son poème à Georges Izambard, le dernier vers n'eut pas l'heur de plaire au jeune professeur, qui conseilla de l'adoucir en « Et je sens les baisers qui me viennent aux lèvres », *ad usum delphini*. Le poète obtempéra et depuis ce jour *A la musique* s'achève sur un alexandrin, assez quelconque, d'Izambard. Celui-ci a raconté lui-même l'aventure, et je rétablis ici le vers de Rimbaud. (A. G.)

VÉNUS ANADYOMÈNE

P. 61.

1. Pièce datée sur le manuscrit du 27 juillet 1870. Elle marque une autre sorte d'émancipation que la précédente : l'émancipation dans le sens d'un réalisme impitoyable. Gengoux a également retrouvé la source de ce poème dans les *Vignes folles* de Glatigny : c'est le poème intitulé *Les Antres malsains,* où Glatigny décrit une fille de joie. La description, où l'on retrouve des détails analogues (cheveux « fortement pommadés », « calme idiot », rondeurs énormes, inscription au poinçon), est destinée chez Glatigny comme chez Rimbaud à inspirer un sentiment de répulsion ; Rimbaud l'a souligné en donnant à son poème, par une sardonique antiphrase, le titre *Vénus Anadyomène*. Mais il s'est probablement souvenu aussi, en écrivant ce titre, d'un dizain de Coppée qui avait paru dans le *Parnasse* (2e série) : ce dizain commençait par :

> *Les dieux sont morts. Pourquoi faut-il qu'on les insulte ?*

et se terminait par ces deux vers :

> *Pourquoi faut-il enfin qu'un impur bandagiste*
> *Pose un vésicatoire à Vénus accroupie ?*

Quoi qu'il en soit, cette « poésie de la laideur » inaugure une nouvelle manière dans la poésie de Rimbaud et annonce *Mes petites amoureuses*.

2. Du latin *clarus,* illustre. Le nom de Vénus vient vraisemblablement de Coppée; quant au nom gravé, il a été inspiré par Glatigny dont la prostituée a le bras orné « de ces mots au poinçon gravés : PIERRE et LOLOTTE. »

3. Ces derniers vers sont inspirés par les vers de Coppée cités plus haut. « Belle hideusement » fait apparaître une esthétique de la laideur et une volupté morbide à la savourer, qui pourraient rappeler Baudelaire, s'il n'y manquait le spiritualisme qui donne aux poèmes les plus « réalistes » de Baudelaire *(Une charogne, Le Jeu)* un tout autre accent.

PREMIÈRE SOIRÉE
P. 62.

1. Ce poème a paru d'abord dans le journal satirique *La Charge* le 13 août 1870, sous le titre : *Trois Baisers.* Ni Izambard, ni Demeny, ni Delahaye n'avaient eu connaissance de cette publication : J. Mouquet l'a signalée pour la première fois dans le *Mercure de France* le 1er avril 1934. On peut cependant penser que, dans la lettre du 25 août à Izambard, ce poème faisait partie des vers que l'ex-rhétoricien envoyait à son professeur en lui disant : « Lisez cela un matin, au soleil, comme je les ai faits : vous n'êtes plus professeur, maintenant, j'espère ! » Izambard possédait en effet un manuscrit de ce poème, intitulé *Comédie en trois baisers.* Suivant Gengoux, Rimbaud veut y faire la satire de l'amour mièvre et niais — comme le montre le choix des adjectifs, « joli », « petit », « mièvre »; on voit, en tout cas, Rimbaud s'y essayer dans un genre frivole auquel il n'attachait pas, c'est probable, plus d'importance qu'il ne convenait.

2. *Malinement* est une façon de parler provinciale, de même que *La Maline* qui donnera son titre à un autre poème.

3. Le manuscrit Izambard porte une variante : « Elle eut un long rire *très mal.* »

LES REPARTIES DE NINA
P. 64.

1. Ce poème est daté, sur le manuscrit, du 15 août 1870 : c'est encore un poème de vacances. Sur le manuscrit d'Izambard, le titre est *Ce qui retient Nina* (titre justifié par la réplique finale). Le début est assez mièvre, comme dans le poème précédent; mais la promenade dans la campagne a inspiré Rimbaud plus heureusement que les galanteries dans un boudoir — et la description réaliste d'un intérieur paysan ne manque pas de virtuosité. L'idée et la disposition des rimes peuvent devoir quelque chose à la pièce de Banville, *Chère, voici le mois de mai* (des *Stalactites*). Voir l'analyse de ce poème par Yves Bonnefoy dans *Le Lieu et la formule,* hommage à Marc Eigeldinger, Neuchâtel, A la Baconnière, 1978, p. 88-110. (A. G.)

2. *Noisetier* ayant une majuscule dans l'autographe de Demeny, Bouillane de Lacoste en conclut qu'il s'agit du titre de l' « andante »

filé par l'oiseau — ce qui paraît étrange. La version d'Izambard (l'oiseau « joli portier » du bois) semble plus heureuse.

3. Noter l'effet « impressionniste » produit par l'adjectif *bleue* (l'herbe, qui est verte, paraissant bleue à l'ombre des arbres).

4. Rimbaud décrit ici non sans bonheur un intérieur rustique à la Teniers ou à la Van Ostade; les paysans avancent leurs « lippes » vers le jambon (le célèbre jambon des Ardennes); le feu *claire*, c'est-à-dire éclaire les couchettes, laissant dans l'ombre d'autres parties de la pièce.

5. Rimbaud a supprimé ces quatre vers en recopiant son poème pour Demeny; il trouvait peut-être que cette strophe nuisait à la rustique bonhomie de l'ensemble, et que l'expression *Qui fait du fil* n'était pas heureuse. Bouillane de Lacoste trouve au contraire ce quatrain très réussi.

6. Dans sa naïveté et son gros bon sens, la repartie de Nina produit un effet de contraste frappant. Gengoux a noté qu'il y a chez Rimbaud un véritable « symbolisme du bureau », celui-ci représentant toujours le conformisme et la privation de liberté. On a vu dans *A la musique* de « gros bureaux bouffis »; on verra dans *Les Assis* les employés racornis rêver à des « amours de chaises » et à « de fiers bureaux ».

LES EFFARÉS

P. 69.

1. Copié en octobre 1870 pour Demeny, le poème est suivi de la date : 20 septembre 1870. Il figure en outre sur le cahier de Verlaine (c'est la seule pièce commune). Les autres poèmes de 1870 ont été condamnés par Rimbaud, qui a demandé à Demeny (dans sa lettre du 10 juin 1871) de brûler tous les vers qu'il avait été « assez sot » pour lui donner : c'est donc la seule pièce qu'il a exceptée, la faisant recopier par Delahaye pour l'envoyer à Verlaine — choisissant sans doute, dit E. Noulet, « dans une production déjà abondante, ce qui lui appartient en propre. Et là, dans *Les Effarés*, il y a une part vraie de lui-même. » Il a d'ailleurs apporté des corrections à son manuscrit de 1870, notamment pour accentuer l'aspect réaliste du tableau. En somme, c'est un « tableau de genre », croqué, dira plus tard Verlaine, avec le crayon de Goya ou de Murillo, quelque chose à la fois de « gentiment caricatural et de si cordial » : une scène réaliste, mais où semble passer, aussi, un lointain regret de la chaleur du sein, de la tendresse du foyer que Rimbaud enfant n'a guère connue.

Le mot *effaré* est cher à Rimbaud qui l'emploie continuellement dans cette période (dans *Ophélie*, dans *Accroupissements*, dans *Tête de faune*, etc.). *Effaré*, note E. Noulet, est employé par Banville dans les *Odes funambulesques*. Il faut ajouter que c'est surtout un des maîtres mots de la poésie de Hugo : on trouve dans *Les Voix intérieures (A Eugène Hugo)* « Vives têtes d'enfants par la course effarées », dans *Le Duel d'Olivier et de Roland* « Pâles, effarés, béants », dans *Les Pauvres Gens* « les agrès effarés », et cent autres exemples.

2. Ce nombre, *cinq petits,* peut faire songer, note E. Noulet, aux *Pauvres Gens* où l'on voit « cinq petits enfants ».

3. Bien que cette expression, *chaud comme un sein,* ne soit pas suffisante pour justifier une explication psychanalytique, comme l'a tentée Hackett dans son *Rimbaud l'enfant,* on peut penser qu'il y a là une sorte d'attendrissement de la part du jeune poète qui, lui, est privé *moralement* de cette chaleur maternelle.

4. Rimbaud avait d'abord parlé (voir la note critique) du pain qu'on retire du four *pendant que minuit sonne.* L'idée de *médianoche* (repas pris à minuit, et repas fin), outre qu'elle explique pourquoi on retire le pain du four à cette heure indue, permet un contraste plus net avec la misère des « effarés », et le mot *brioche* accentue ce contraste.

5. Le grillon qui chante près du feu évoque le foyer (cf. Dickens, *Le Grillon du foyer*). Nous avons toujours le même double sens : foyer ardent du four et aussi foyer autour duquel se concentre l'intimité familiale.

6. *Tous* rime avec *trous* : rime pour l'œil, encore parnassienne.

7. Rimbaud a ajouté pour Verlaine quelques notes réalistes : « grognant des choses », « tout bêtes », « ils crèvent leur culotte »; l'idée du *ciel rouvert* est appelée par l'idée de prière, non que Rimbaud soit encore tellement bien pensant, mais plutôt pour ajouter à son texte une note d'ironie apitoyée (car malgré leurs prières, les enfants-parias sont exclus de ce « ciel rouvert »); peut-être aussi Rimbaud se souvient-il du poème de Hugo, *Pour les pauvres* (dans *Les Feuilles d'automne*), qui invite les riches à faire l'aumône afin qu'un jour, dit-il,

> *Contre tous vos péchés vous ayez la prière*
> *D'un mendiant puissant au ciel!*

8. Le trait réaliste fait songer à Murillo, mais peut-être aussi à Coppée.

9. E. Noulet a noté la combinaison strophique particulière aux *Effarés* : « C'est en somme un sixain divisé typographiquement en deux tercets. » Ce rythme se rencontre chez Hugo, chez Gautier, chez Banville, mais avec des rimes disposées différemment; Rimbaud s'en sert ici, note très justement E. Noulet, « pour rendre la confidence enjouée ».

ROMAN

P. 71.

1. Le manuscrit est daté du 23 septembre 1870, il est donc contemporain des *Effarés* si les dates sont exactes. Le 29 août, Rimbaud a pris le train pour Paris (c'est sa première fugue). Le 5 septembre, il est enfermé à la prison de Mazas, d'où il écrit à Izambard pour se faire délivrer. Le 8 septembre, il arrive à Douai, chez les tantes d'Izambard; il fait alors insérer dans *Le Libéral du Nord,* le 25 septembre, un article suprêmement ironique, nous dit Izambard, sous sa « platitude professionnelle ». Il semble bien qu'il ait déployé, ici, la même

ironie pour décrire les « amourettes » du gamin de « dix-sept ans ».
On peut se demander si à cette date Arthur a déjà fait semblable
expérience — à supposer même que la jeune Carolopolitaine dont il
parlera à Delahaye ait réellement existé : c'est en mai 1871 qu'il aurait
écrit à Delahaye pour lui raconter le rendez-vous donné par lui « avec
une adorable candeur, dans le square de la gare, à la petite demoiselle » dont le père avait « l'âme magistrate » et devant laquelle il
serait resté « effaré comme trente-six millions de caniches nouveau-
nés »... (Voir les souvenirs de L. Pierquin rapportés par J.-M. Carré
dans *Les Deux Rimbaud, l'Ardennais, l'Éthiopien*, p. 23.) Il se moque-
rait, en ce cas, agréablement de lui-même, sachant qu'il était (dit
Pierquin) « gauche dans ses allures, timide et sans élégance ».

2. En fait, Arthur a alors seize ans. On sait que déjà, dans sa lettre
de mai à Banville, il se donnait dix-sept ans, « l'âge des espérances
et des chimères, comme on dit... », et on trouve de même, dans *Les
Reparties de Nina* : « Dix-sept ans ! Tu seras heureuse ! »

3. Les *bocks* et la *bière*, très appréciés dans les Ardennes, interviennent souvent dans la poésie de Rimbaud (cf. *Au Cabaret-Vert* et
Oraison du soir).

4. *Mauvaise étoile* a, pense Gengoux, un sens occultiste : c'est l'étoile
noire qui s'oppose à l'étoile blanche dans Lévi. Je vois simplement
ici un sens péjoratif (l'étoile est d'ailleurs *blanche!*) ; de même que
pour le *tout petit chiffon* d'azur sombre : il n'en faut pas davantage
pour émouvoir le jeune sentimental présenté par Rimbaud.

5. Rimbaud semble reprendre ici le vers à lui « donné » par Izambard pour *A la musique*, « Et je sens les baisers qui me viennent aux
lèvres ».

6. *Roman* est à prendre évidemment ici au sens péjoratif, comme
dans le titre. Gengoux pense que Rimbaud se souvient de Musset
qui écrit dans *Mardoche* :

> *Je n'ai dessein, lecteur, de faire aucunement*
> *Ici, ce qu'à Paris on appelle un roman.*

Mais on se rappellera aussi qu'en août 1870 Rimbaud citait à Izambard, avec éloge, un poème de Louise Siefert où figurent ces vers :

> *C'en est fini pour moi du céleste roman*
> *Que toute jeune fille à mon âge imagine...*

7. Mouquet note que ce vers est une réminiscence de Baudelaire
(*Le Vin des chiffonniers*) :

> *Souvent, à la clarté rouge d'un réverbère...*

8. Gengoux rappelle que dans les *Poèmes saturniens* (qui, suivant
Izambard, « transportaient » Rimbaud) Verlaine décrit ainsi *Monsieur
Prudhomme* : « Son faux-col engloutit son oreille... »

9. Par-derrière son père, la jeune fille jette une œillade à l'adoles-

cent — comme la grisette qui, dans *Mardoche* (note Gengoux), jette une « œillade meurtrière » tout en « trottant comme un perdreau ». Une *cavatine* est un air assez court, un air sentimental par exemple; Baudelaire, dans son article sur Berlioz, se plaint des « cavatines, qui arrêtent l'action ».

10. Rimbaud emploie souvent la majuscule pour désigner une femme, et notamment la femme aimée (cf. la dédicace de *Rêvé pour l'hiver : A xxx Elle*). Tous ces excès sentimentaux, de la majuscule aux sonnets, annoncent la conclusion, qui reprend le vers du début : « On n'est pas sérieux, quand on a dix-sept ans... »

LE MAL

P. 73.

1. Ce texte fait partie du recueil copié pour Demeny en octobre 1870. Il semble présenter un double sens et a été du reste différemment compris : pour les uns, Rimbaud veut opposer le dédain de Dieu pour les riches présents, les rites somptuaires, et son affection pour les petits, les pauvres qui n'ont qu'« un gros sou » à lui donner, pour les mères affligées. Pour les autres, l'intention est satirique : ce Dieu qui dort pendant que les hommes s'entretuent, qui « rit » *de satisfaction* devant la somptuosité de son culte, qui s'endort pendant les *hosannah*, ne peut être réveillé que par le bruit de l'argent. Cette dernière interprétation est plus probable, si l'on tient compte de l'attitude assez vivement anticléricale prise par Rimbaud à partir de l'été de 1870.

Le Mal est déjà évoqué dans *Le Forgeron :* « Oh! splendides lueurs des forges! Plus de mal... », et Delahaye rapporte que son ami disait : « Bien connaître les préjugés, les ridicules, les erreurs, enfin le *Mal*, pour en hâter la destruction » *(Souvenirs familiers),* en parlant de la littérature réaliste. Mais ce titre ne se rapporte pas très clairement au texte : s'agit-il seulement de la « folie épouvantable » qu'est la guerre ? ou de la conception fausse de la religion, qui fait que Dieu est indifférent aux massacres? « Dieu, c'est le Mal » avait dit Proudhon.

2. Rimbaud veut montrer que les soldats vêtus de l'uniforme *écarlate* (français) ou *vert* (prussien) suscitent en mourant une égale raillerie de la part de leurs rois qui, pourtant, ont déclenché la guerre; on sait que la République avait été proclamée le 4 septembre.

3. La richesse du culte, le luxe et le calme des églises s'opposent au massacre des pauvres gens. Sur « l'avidité » des gens d'église, cf. la grande apostrophe de Hugo dans *Les Quatre Jours d'Elciis, Gens de guerre et gens d'église.*

RAGES DE CÉSARS

P. 74.

1. Ce poème, qui fait partie du recueil Demeny, est inspiré par l'actualité, de même que *Morts de Quatre-vingt-douze :* Napoléon III était, depuis Sedan, prisonnier des Allemands. Mais le titre au pluriel, « Césars », montre bien qu'il devient symbole. (S. B.)

Il faut comparer à celui-ci un autre sonnet raillant Napoléon III : *L'éclatante victoire de Sarrebruck,* qui devrait, chronologiquement, figurer avant celui-ci, puisque l'un fait écho à la pseudo-victoire de Sarrebruck, l'autre à la défaite de Sedan. (A. G.)

2. *L'Homme pâle* est évidemment Napoléon III; j'ai déjà rappelé que lors d'une conversation où ses camarades évoquaient le coup d'État du 2 décembre, Rimbaud alors âgé de treize ans avait dit de Napoléon III qu'il méritait « les galères ». La pâleur de l'empereur déchu a des causes morales, mais peut-être aussi des causes physiques : il était alors gravement malade de la maladie de la vessie qui devait l'emporter trois ans plus tard. Les *pelouses fleuries* sont celles du château de Wilhelmshohe, en Prusse, où Napoléon avait été interné. Dans *Le Fer rouge, Nouveaux Châtiments,* de Glatigny, que Rimbaud lira à Paris au début de 1871, une pièce est consacrée à *Wilhelmshohe.*

3. Depuis Sedan, comme le note Bouillane de Lacoste, l'empereur déchu avait repris ses vêtements civils.

4. Les *Tuileries,* qui seront incendiées pendant la semaine du 21 au 28 mai par la Commune, deviennent le symbole du pouvoir royal.

5. Gengoux signale que l'œil *terne,* perdu dans le vague, de Napoléon III avait été remarqué par tous les contemporains.

6. Hugo avait des accents analogues dans *Les Châtiments. Éreinté* est à prendre ici au sens étymologique : qui a les reins brisés.

7. Ledit *Compère* est certainement, comme l'a bien vu J. Mouquet, Émile Ollivier, ministre en 1870, et qui avait laissé son gouvernement déclarer la guerre à la Prusse, allant jusqu'à prétendre qu'il acceptait cette guerre « d'un cœur léger ».

8. Saint-Cloud est une des résidences de l'empereur et de l'impératrice Eugénie; Hugo a, lui aussi, évoqué dans *Les Châtiments* les réunions et les parterres de fleurs de Saint-Cloud. Rimbaud, lui, procède ici plutôt par allusions que par grandes apostrophes véhémentes.

RÊVÉ POUR L'HIVER

P. 75.

1. Poème du deuxième cahier Demeny, daté « En wagon, le 7 octobre 70 ». C'est le premier des sept sonnets composés par Rimbaud qui venait de traverser la Belgique : il avait fait au début d'octobre une nouvelle fugue, à la suite de laquelle il s'installera à Douai chez les tantes d'Izambard et recopiera ses poèmes. Avait-il fait une rencontre « en wagon »? la dédicace *A × × × Elle* le laisserait penser; mais cette *Elle* peut très bien être une figure imaginaire, un pur prétexte littéraire. Suivant Gengoux, la source serait à chercher dans les *Cariatides* de Banville : *A une muse folle.* On y retrouve l' « hiver », les « coussins », le lit recouvert d'une « étoffe moelleuse ». « Que me fait cette glace », dit Banville,

> *Et ce vieil ouragan au blasphème hagard?*
> *Au lieu d'user nos voix à chanter des poèmes,*
> *Nous en ferons sous les rideaux.*

Notons que les impressions de chemin de fer avaient encore le charme de la nouveauté. Villiers de l'Isle-Adam avait donné au *Parnasse* de 1866 un poème *Sur le chemin de fer ;* Mérat écrit dans *Les Chimères* un poème sur le même sujet, *En wagon ;* Verlaine en fera figurer un dans les *Romances sans paroles.*

2. Comme Banville, Rimbaud oppose les ombres hostiles de l'extérieur et le petit coin bien abrité, moelleux, de l'intérieur (ici du compartiment) : il imagine, les voyant déformés par la glace, une «populace» de démons et de loups *noirs.*

LE DORMEUR DU VAL

P. 76.

1. Un des textes copiés en octobre pour Demeny, et également daté d'octobre. Comme *Le Mal* et *Rages de Césars,* ce poème est inspiré par la guerre de 1870. Mais, cette fois, plutôt que de l'invective ou de la satire, Rimbaud se sert d'un tableau pour faire sentir l'horreur de la guerre. Comme le dit E. Noulet, l'éloquence naît ici des choses elles-mêmes : «Dans un ruissellement de lumière et de vitalité végétale, l'immobilité d'un corps humain ; au milieu d'un pointillage de vert, de bleu, de jaune, la forme régulière de deux trous rouges.» C'est surtout l'emploi des couleurs qui est frappant : couleurs pures, vives, déjà impressionnistes — mais dont la valeur est, aussi, symbolique : c'est le calme de la nature, c'est la vie jaillissante de l'herbe ; le rouge du sang ne fait pas seulement ici, suivant l'expression de Baudelaire, «chanter la gloire du vert», il donne son sens au poème. (S. B.)

2. Les *haillons d'argent* sont les reflets du soleil qui font briller la rivière. Les mots *chante, follement* suggèrent la vitalité et la joie.

3. Rimbaud accumule les rejets expressifs, *d'argent, luit, dort.*

4. Notation impressionniste, qui nous montre le vert foncé, presque *bleu,* du cresson, par opposition au lit *vert* de l'herbe.

5. Cf. la pâleur d'Ophélie (*Ophélie,* p. 46-47), enveloppée elle aussi dans un cercueil naturel. (A. G.)

6. On a rappelé l'étymologie de *glaïeul : gladiolus,* diminutif de *gladius,* «glaive». (A. G.)

7. Ce vers fait sentir que le soldat ne peut plus prendre part à l'exubérance de vie qui l'entoure, jouir de la chaleur du soleil : son sourire est celui d'un «enfant malade» ; et le froid de la mort l'a déjà envahi.

8. *Tranquille* s'accorde non avec *il,* mais avec *poitrine* (son cœur ne bat plus). Ce mot en rejet traduit beaucoup mieux l'idée d'immobilité (par contraste avec la vie alentour) que le vers de Dierx cité par E. Noulet, et que Rimbaud avait pu lire dans *Le Parnasse contemporain* sous le titre *Dolorosa Mater :*

> *Il gît les bras en croix, dans l'herbe enseveli.*

9. Cette brève indication donne l'explication et le sens du poème, sans que le mot «mort» apparaisse. C'est la brutalité même de la guerre qui s'impose avec cette suite de durs monosyllabes : «Il a deux trous rouges...» (S. B.) Antoine Adam rappelle le vers d'Hugo dans *Souvenir de la nuit du quatre :* «L'enfant avait reçu deux balles dans la tête.» (A. G.)

AU CABARET-VERT

P. 77.

1. Ce poème, daté d'octobre 1870, porte sous le titre *cinq heures du soir*. Ce Cabaret-vert a réellement existé, et Rimbaud a dû s'y arrêter, à Charleroi, au cours de ses pérégrinations à travers la Belgique : R. Goffin a retrouvé sa trace (son nom était en réalité *La Maison verte*); tout y était, en effet, peint en vert, même les meubles. Mais «l'auberge verte» deviendra pour Rimbaud un véritable symbole de bonheur et de liberté (cf. dans les *Derniers Vers*, la fin de *Comédie de la soif*).

2. Les *bottines* sont importantes pour le marcheur qu'était Rimbaud. Cf. dans *Ma bohème* «mes souliers blessés».

3. *Épeure*, ardennisme pour *apeure; cf. épeuré* dans *Tête de faune*. Voir Jean-Pierre Chambon (*Parade sauvage*, n° 5, juillet 1988, p. 20-22). (A. G.) Pour cette description de la servante, Rimbaud se sert sans doute de ses propres souvenirs — mais il a pu se rappeler aussi la *Ballade pour la servante de cabaret* de Banville (publiée dans le second *Parnasse*), où Banville évoque

> *Le cabaret flamboyant de Montrouge*
> *Où la servante a des yeux libertins!*

et parle d' «un doux baiser, pris et donné sans bruit» (voir aussi *La Maline*).

4. Rien d'étonnant si dans des poèmes ardennais ou belges la «chope» tient une grande place. Notons que dans *Le Parnasse* de 1866 figurait un poème de Jules Forni, *Ma chope,* où on lit ces vers :

> *A travers le soleil, je regarde la bière,*
> *L'écume immaculée arrive sur le bord*
> *Comme un flocon de neige au-dessus des flots d'or.*

LA MALINE

P. 78.

1. Ce poème du recueil Demeny, daté «Charleroi, octobre 70», a été écrit à la même époque et dans les mêmes circonstances que le précédent : on y voit un Rimbaud «décontracté», heureux de vivre, de ne penser à rien, d'être libre, *heureux et coi*.

2. *Met*, sans *s*, pour la rime. *Je m'épatais* rappelle le bourgeois de *A la musique*, «épatant sur son banc les rondeurs de ses reins» : c'est l'attitude du bien-être épanoui.

3. *Pour m'aiser,* de même que *une froid*, sont des provincialismes. Gengoux rapproche *m'aiser* d'un vers extrait du *Grand Testament* de Villon : «Pour mieux des corps s'aisier.» Faut-il en conclure avec lui que les descriptions de cabaret faites par Rimbaud évoquent le milieu et les pratiques de Villon? Je ne le pense pas. Rimbaud est bien loin à cette heure de toute réminiscence livresque.

L'ÉCLATANTE VICTOIRE DE SARREBRUCK
P. 79.

1. Comme l'indique Rimbaud lui-même, ce poème a pour origine une gravure « brillamment coloriée » qui « se vend à Charleroi, 35 centimes » : autant dire qu'il s'agit d'une victoire acquise à bon compte... Cette victoire sans envergure (l'ennemi avait perdu en tout 2 officiers et 70 soldats), remportée le 2 août 1870, fut montée en épingle par l'empereur : il adressa de Metz un télégramme ridicule aux Français pour préciser qu'il assistait en personne aux opérations, et que le prince impérial, qui l'accompagnait, avait reçu le baptême du feu et avait été admirable de présence d'esprit et de sang-froid. (S. B.)

La gravure qui est à l'origine de ce sonnet coloré est précisément une image d'Épinal : *Prise de Saarbruck,* Imp. lith. Pinot & Sagaire, « Nouvelle imagerie d'Épinal », no 31, rehaussée de cinq couleurs (vert, jaune, bleu clair, bleu foncé, rouge). Voir la reproduction parmi les pages d'iconographie du présent volume. (A. G.)

2. *Pitou* est le nom symbolique du bon soldat naïf.

3. *Dumanet* est, dit le *Dictionnaire du XIXe siècle* cité par Gengoux, le type du « troupier ridicule », « un bleu à qui l'on fait croire les bourdes les plus invraisemblables ».

4. Le *chassepot,* qui porte le nom de son inventeur, a été utilisé pendant la guerre de 1870; après 1874, il sera détrôné par le mousqueton de cavalerie. Rimbaud a parlé, dans sa lettre du 25 août, de « tous les ventres qui, chassepot au cœur, font du patrouillotisme aux portes de Mézières ».

5. Le *soleil noir* est une expression assez remarquable : Rimbaud a-t-il lu *El Desdichado* de Nerval ? S'agit-il, comme le croit Gengoux, du « soleil noir » des occultistes ? On peut plutôt penser à un souvenir de Hugo qui, dans *Ce que dit la bouche d'ombre* (v. 186) dans *Les Contemplations,* parle d' « un affreux soleil noir d'où rayonne la nuit » (et compare aussi, ailleurs, les tyrans à de « noirs soleils ») ; peut-être Rimbaud fait-il allusion au shako du prince impérial.

6. Rimbaud raffolait, suivant Delahaye, de *La Lanterne de Boquillon,* journal satirique illustré de dessins de Humbert. Le doux ahuri Boquillon est ici revêtu du costume militaire rouge et bleu.

7. *De quoi* est une exclamation populaire, légèrement argotique, placée le plus souvent dans la bouche d'un fanfaron qui veut montrer qu'on ne peut lui en conter ou qu'il ne se laissera pas faire. Rimbaud en use ici de façon parodique pour railler l'air inoffensif de Boquillon (voir la reproduction de la gravure). (A. G.)

LE BUFFET
P. 80.

1. Poème du recueil Demeny, daté d'octobre 1870. Peu de poèmes de Rimbaud ont été plus souvent reproduits, cités, appris par cœur. Ce poème ne me paraît pourtant pas mériter une telle admiration, ni par son sujet peu original, ni par sa technique. En particulier, Rimbaud me paraît se souvenir ici d'un poème de R. Luzarche, paru

dans *Le Parnasse* de 1866, *Bric-à-brac*. Notons cependant que dans *Les Étrennes des orphelins*, le poète débutant parlait déjà de l' « armoire » en termes analogues — souvenir probable d'une impression personnelle ; et qu'il s'est plu surtout à évoquer ici des « vieilleries » : le fouillis de vieilles choses qu'il décrit va assez bien avec les « peintures idiotes, dessus de portes, décors... » dont il racontera dans l'*Alchimie du Verbe* qu'il raffolait depuis longtemps. Quel est, du reste, l'enfant qui n'a pas aimé fouiller dans de vieilles malles ou explorer un grenier riche en souvenirs du passé ?

2. Il faut comprendre, je crois, que le buffet verse des parfums engageants comme en verserait *un flot de vin vieux*. Il est possible que Rimbaud se souvienne des vers de R. Luzarche décrivant ainsi un verre de Venise :

> *Ciselés, ses flancs bleus conservaient les parfums*
> *Qu'y laissèrent les vins de Toscane et les lèvres*
> *Des femmes que chantaient les poètes défunts.*

3. Rimbaud affecte ici un ton volontairement enfantin : *Tout plein, vieilles vieilleries ;* la strophe n'en est pas plus heureuse, d'autant plus qu'on y trouve un abus de génitifs qui risque d'entraîner, pour « De femmes ou d'enfants », un contresens déplorable... Dans *Bric-à-brac*, Luzarche évoque

> *Quelques groupes piteux de lamentables nippes,*
> *Vaniteux oripeaux transformés en chiffons.*

4. On trouve dans *Les Étrennes des orphelins* des détails analogues sur la « porte brune et noire » de l'armoire et sur son bruissement caractéristique :

> *Et l'on croyait ouïr, au fond de la serrure*
> *Béante, un bruit lointain, vague et joyeux murmure...*

MA BOHÈME

P. 81.

1. Sonnet du recueil Demeny. Il porte en sous-titre *Fantaisie* : Rimbaud a voulu souligner, semble-t-il, qu'il y a dans ce sonnet plus de fantaisie que de réalité : les détails sur le délabrement du costume et sur les nuits passées à la belle étoile contiennent sans doute une bonne part d'exagération. Mais le point de départ est certainement à chercher dans le souvenir qu'Arthur conserve de ses « fugues » ; et la manière dont le goût de l'aventure est associé ici au goût de la poésie est aussi remarquable que la façon mi-émue, mi-ironique dont Rimbaud parle du « Petit-Poucet rêveur » qu'il a été. On ne sait pas trop, du reste, dans quelle mesure il s'agit ici d'un Rimbaud enfant et rêvant de façon puérile à des « amours splendides », dans quelle mesure interviennent des souvenirs plus récents :

car enfin, Rimbaud vient précisément de se livrer à une fugue qui lui a fait traverser la Belgique jusqu'à Bruxelles. Cette pièce charmante est, en tout cas, aussi personnelle de forme que d'inspiration.

2. Attitude familière à Rimbaud qui, dans sa lettre à Izambard du 12 novembre, écrira : « Allons, chapeau, capote, les poings dans les poches, et sortons. » Cette manière de « faire le poing » indique une attitude hostile à l'égard de l'entourage, un défi.

3. Cette expression amusante montre que le paletot, comme la veste, n'est plus qu'une « idée » de vêtement tellement il est usé.

4. Le *féal* est celui qui reste fidèle à quelqu'un. C'est un vieux mot qui était usité dans les lettres royales : Bayard, Duguesclin sont appelés de « féaux chevaliers ».

5. C'est-à-dire qu'il couchait à la belle étoile. Mérat, dont Rimbaud parlera admirativement dans sa lettre du 15 mai 1871, avait écrit dans ses *Chimères* (1866) un poème sur *L'Hostellerie de la belle étoile*. On notera la manière originale dont Rimbaud renouvelle l'expression.

6. Autre notation originale, qui assimile le scintillement des étoiles à une sensation auditive. Déjà dans *Ophélie,* Rimbaud parlait du « chant mystérieux » qui « tombe des astres ».

7. La rosée devient un *vin de vigueur* qui fortifie le marcheur (cf. dans *Le Bateau ivre :* « O future Vigueur ! »). L'expression « Ces bons soirs de septembre » semble une allusion assez précise à la première fugue de Rimbaud, parti le 29 août 1870, pour Charleroi puis Paris.

8. Le rapprochement entre les élastiques des souliers et les cordes des lyres est présenté d'une manière amusante, un peu railleuse : Rimbaud se moque de cette exaltation poétique d'un vagabond loqueteux — mais non sans quelque attendrissement sur lui-même.

LES CORBEAUX

P. 82.

1. Ce poème a paru dans *La Renaissance littéraire et artistique* (dirigée par E. Blémont, dont Verlaine avait fait faire la connaissance à Rimbaud à Paris ; voir la lettre de Jumphe 1872) le 14 septembre 1872. Il n'en subsiste aucun manuscrit. J. Mouquet pense que le poème serait de 1872, les « morts d'avant-hier » pouvant désigner les morts de 1870. Mais Bouillane de Lacoste fait remarquer que la versification régulière de ces strophes n'est pas celle des poèmes de 1872 ; et je crois avec lui qu'il est beaucoup plus plausible de dater cette pièce de 1871. Rimbaud s'est peut-être souvenu, pour l'écrire, de la description faite par Hugo, dans *L'Homme qui rit* (de 1869), d'une ruée hivernale de corbeaux sur un cadavre.

2. Les hameaux *abattus* sont pour Bouillane de Lacoste les hameaux « attristés par l'hiver, mornes ». Il semble plus simple de penser à des hameaux détruits, sur lesquels les angelus ne résonnent plus. (S. B.) Quoi qu'il en soit, la collision de *abattus* (en parlant des *hameaux*) et plus loin de *s'abattre* (en parlant des *corbeaux*) ne saurait être fortuite. (A. G.)

3. Le même vers se retrouve dans *La Rivière de Cassis,* pièce datée de mai 1872 : il est très possible que Rimbaud ait repris consciem-

ment le vers de 1871. Suivant Gengoux, ces corbeaux sont les Germains (dans *La Rivière de Cassis*, les corbeaux seront appelés « soldats des forêts ») et il y aurait ici un symbolisme sarcastique : Rimbaud souhaitait, il l'a écrit, que l'Ardenne fût « occupée et pressurée de plus en plus immodérément ». Verlaine, au contraire, présentait ce texte dans *Les Poètes maudits* comme « une chose patriotique bien ». Il semble en effet que Rimbaud a voulu faire du corbeau le « crieur du devoir », qui doit sans cesse rappeler aux Français les morts qui ont été sacrifiés et les raisons de la défaite.

4. L'expression est étrange : pourquoi pas plutôt les morts « d'hier » ? Suivant Gengoux, il s'agirait des morts de *Quatre-vingt-douze;* mais peut-être les morts de la guerre sont-ils *d'avant-hier* par rapport à ceux de la Commune, morts en 1871.

5. Le passant doit « repenser » non seulement aux morts, mais au régime qui a entraîné leur sacrifice, et se sentir fortifié dans le *devoir* républicain.

6. Les *fauvettes de mai* sont, dit Bouillane de Lacoste, des symboles d'espérance et de confiance en l'avenir. Mais comment peut-il arriver à ce sens, alors que Rimbaud parle au contraire de la *défaite sans avenir ?* Il semble au contraire que Rimbaud demande qu'à la fin de l'hiver, comme consolation dernière, les fauvettes de mai reviennent dans les bois où reposent, « enchaînés » par la mort, les soldats victimes d'une défaite dont ils ne sont pas responsables. Tout le poème traduit l'horreur d'une défaite et d'une mort stupides.

LES ASSIS

P. 83.

1. Poème recopié, en août 1871, par Verlaine qui présentera ainsi le poème dans *Les Poètes maudits* : « *Les Assis* ont une petite histoire qu'il faudrait peut-être rapporter pour qu'on les comprît bien. M. Arthur Rimbaud, qui faisait alors sa seconde en qualité d'externe au lycée de*** [Charleville], se livrait aux écoles buissonnières les plus énormes et quand il se sentait — enfin ! — fatigué d'arpenter monts, bois et plaines nuits et jours, car quel marcheur ! il venait à la bibliothèque de ladite ville et y demandait des ouvrages malsonnants aux oreilles du bibliothécaire en chef, dont le nom, peu fait pour la postérité, danse au bout de notre plume, mais qu'importe ce nom d'un bonhomme en ce travail malédictin ? L'excellent bureaucrate, que ses fonctions mêmes obligeaient à délivrer à M. Arthur Rimbaud, sur la requête de ce dernier, force Contes Orientaux et libretti de Favart, le tout entremêlé de vagues bouquins scientifiques très anciens et très rares, maugréait de *se lever* pour ce gamin et le renvoyait volontiers, de bouche, à ses peu chères études, à Cicéron, à Horace, à nous ne savons plus quels Grecs aussi. Le gamin, qui d'ailleurs connaissait et surtout appréciait infiniment mieux ses classiques que ne le faisait le birbe lui-même, finit par « s'irriter », d'où le chef-d'œuvre en question. » Mais le terme d'*assis* devient ici symbolique ici, et désigne tous ceux qui vivent d'une manière routinière, passive, les « bureaucrates » surtout que l'amateur de marche et de plein air a en aversion. La vigueur

de la caricature, les trouvailles de mots et d'images, montrent cette fois avec éclat l'originalité de vision et de langage de Rimbaud, dégagée de la gangue livresque.

2. Rimbaud a donné à ses *assis* des teintes vertes (cf. plus loin « verts pianistes »), qui ne viennent pas, comme dans les *Voyelles*, de la sérénité « que l'alchimie imprime aux grands fronts studieux », mais plutôt d'un excès de bile.

3. *Boulus* est un néologisme, formé, dit E. Noulet, sur *boulures* (excroissances qui naissent à la base des plantes). Delahaye a raconté que Th. Gautier séduisait Rimbaud par son culte de la forme, « son goût pour la fouille des dictionnaires, ses recherches en vue d'enrichir la langue » (*Rimbaud, l'artiste et l'être moral*, p. 28) ; de là tous ces néologismes qu'on verra bientôt se succéder dans ses poèmes, *nitide, séreux, strideurs, pialat, illuné*, etc. Au vers 3, on verra *sinciput*, préféré à *occiput*. Plus tard, suivant Delahaye, Verlaine déconseilla à son ami l'emploi de pareils termes.

4. Autre terme scientifique. Delahaye a conservé une partie d'un poème parodique adressé par Rimbaud au journal républicain *Le Nord-Est*, et où un vieillard monarchiste s'écrie :

> *Mais moi, j'ai deux fémurs bistournés et gravés!*
> *... J'ai mon fémur! J'ai mon fémur! J'ai mon fémur!* (S. B.)

A. Adam cite aussi ces vers de *La Mort de Philippe II*, de Verlaine :
> *Un homme en robe noir, à visage de guivre,*
> *Se penche, en caressant de la main ses fémurs...* (A. G.)

5. *Hargnosités* est encore un néologisme formé sur *hargneux*.

6. De caricaturale, la vision devient monstrueuse : entre le règne des êtres animés et le règne des objets inanimés apparaît le genre intermédiaire, fantastique, des « hommes-chaises » (cf. les visions de Jérôme Bosch). Dans son poème à Banville, *Ce qu'on dit au poète à propos de fleurs*, Rimbaud s'écriera non moins étrangement : « Trouve des Fleurs qui soient des chaises ! » Du coup, les chaises deviennent, elles, susceptibles de vie et même de maladie : barreaux *rachitiques*.

7. L'expression « faire tresse », beaucoup plus frappante que « faire corps », est justifiée par le verbe *s'entrelacent*.

8. *Percaliser* est encore un néologisme formé sur *percale* : la peau des assis est mince et fine comme de la percale. (S. B.) Le mot ne se rapporte-t-il pas, plutôt, à la *percaline*, d'usage dans les bibliothèques et ateliers de reliure, pour évoquer l'aspect lustré, recouvert, de la peau? (A. G.)

9. Ici intervient (peut-être en raison d'une rancune personnelle) l'idée de la « hargne », de la stupidité mauvaise des « assis ». Le mot *entonnoir*, accompagné de l'adjectif *atroce*, suggère l'impression de resserrement, de contrainte que l'on éprouve devant ces êtres à la fois méchants et pitoyables.

10. Les « assis » s'endorment les *bras* sur la table, ayant baissé leurs visières vertes, et rêvent de « sièges fécondés ».

11. *Fécondés* reprend l'idée des amours monstrueuses entre les assis et leurs chaises; le fruit de ces unions tératologiques, ce seront des

« petits amours de chaises en lisière » : les enfants qui ne savent pas encore marcher sont tenus « en lisière » — mais aussi les chaises « bordent » les *fiers bureaux,* comme la lisière borde un tissu; et il est évident en outre que les bureaucrates, eux aussi, n'ayant aucune initiative, passent leur vie « en lisière ».

12. Comme il le fera dans *Ce qu'on dit au poète...,* Rimbaud rêve à des fleurs étranges : des *fleurs d'encre!* elles surgissent dans le rêve des « assis » toujours penchés sur leurs « écritures ». Le mot *virgule* sera repris par Verlaine, quand il évoquera la chambre où il rencontrait Rimbaud *(Le Poète et la Muse,* dans *Jadis et Naguère) :*

> *La chambre, as-tu gardé leurs formes désignées*
> *Par ces crasses au mur et par quelles virgules?*

13. Ces *barbes d'épis* reprennent les *tresses d'épis* de la quatrième strophe : il s'agit évidemment de chaises recouvertes en paille.

TÊTE DE FAUNE

P. 85.

1. Ce texte a été publié pour la première fois par Verlaine dans *La Vogue* en juin 1886 (avec de nombreuses fautes, dues sans doute à ce que Verlaine l'avait reconstitué de mémoire). Il figure sur le cahier où Verlaine a recopié les poèmes écrits par son ami en 1871 — et l'on peut comprendre qu'il ait recopié celui-ci avec dilection, car la versification très souple présente beaucoup d'analogies avec les « vers vagues » de Verlaine, tels qu'on en lit déjà dans les *Poèmes saturniens :* le 25 août 1870, Rimbaud, écrivant à Izambard, admirait déjà les « fortes licences » de versification des *Fêtes galantes.* La source de ce poème, indiquée par Mouquet, paraît bien être *Le Faune* de V. de Laprade, paru dans *Le Parnasse* en 1870, ces vers en particulier :

> *Et sur le seuil de l'antre, inondé de soleil,*
> *Un faune adolescent s'assied, brun et vermeil,*
> *Non tel qu'un dieu d'airain dans sa niche de marbre,*
> *Mais vif, riant, bercé comme une fleur sur l'arbre.*

Mais le poème de Rimbaud est d'une originalité remarquable, comme l'a très bien vu Bouillane de Lacoste, par son impressionnisme : des taches de couleurs, des vibrations de lumière, des mouvements, des impressions mêlées (« son rire tremble », « le Baiser d'or du Bois ») — tout cela est d'une étonnante virtuosité. (S. B.)

Cf. aussi, surtout pour la seconde strophe, *Antique,* dans les *Illuminations : yeux, crocs,* et joues tachées de *lies brunes.* (A. G.)

2. L'adjectif fait songer à Ronsard décrivant la forêt « dont l'ombrage incertain lentement se remue » (*Élégie* aux bûcherons de la forêt de Gastine), mais aussi aux *Paysages tristes* de Verlaine (cf. par exemple *L'Heure du berger*). Cet adjectif « verlainien » fait contraste avec les contours bien tracés des paysages parnassiens.

3. On notera la liberté dansante des vers : enjambement, et coupe « vague » (tombant sur un *e* muet). Même liberté aux vers 4, 6, 8, 10, 11.

4. Gengoux rapproche ces vers d'*Une femme de Rubens,* dans *Les Exilés* de Banville :

> *Ta tête de faunesse*
> *Est fille de jeunesse*
> *Et de rires ardents*
> *Aux blanches dents.*

5. Ce *Baiser d'or* est rapproché par Gengoux d'un vers des *Glaneuses* de Demeny (volume que Rimbaud dit avoir « relu » dans sa lettre du 25 août) :

> *Un baiser plus plein de prières*
> *Que le baiser d'or de l'absent.*

Ce seul rapprochement nous montre qu'à présent Rimbaud ne se met plus à l'école des Parnassiens ; c'est de façon originale qu'il utilise ses emprunts. Comme dans *Soleil et chair,* Rimbaud évoque ici le « frémissement d'un immense baiser » qui circule dans la nature sous l'action du soleil : le bois, un instant *épeuré* (= apeuré) par l'apparition du faune, puis par le chant d'un bouvreuil, revient à ses calmes amours.

LES DOUANIERS
P. 86.

1. Ce poème, envoyé à Verlaine en 1871, fut également copié par celui-ci sur son cahier. Suivant Delahaye, il aurait été inspiré par le souvenir des escapades que les deux amis faisaient en Belgique pour s'approvisionner de tabac à trois sous les cent grammes, subissant au retour, bien entendu, la fouille des douaniers — qui ne pouvaient rien leur reprocher puisqu'ils rapportaient leurs paquets déjà entamés (*Souvenirs familiers,* p. 150-152). Dans *A la musique,* Rimbaud avait déjà fait allusion à ce tabac de « contrebande ». Mais il faut ajouter qu'ici les Douaniers deviennent les symboles de la Loi et de ses rigueurs appliquées avec plus ou moins de discernement. Par nature, Rimbaud est rebelle à toutes les formes de contrôle et de contrainte.

2. Le poème oppose d'abord, d'une manière ironique, les soldats véritables, qui ont vieilli sous le harnais et ont conservé un langage militaire : *Cré nom, Macache* (on s'attendrait à voir ce dernier mot écrit avec une majuscule), aux « Soldats des Traités » que sont les douaniers.

3. Les *Soldats des Traités* sont ceux que les traités ont placés, à la fin de la guerre, aux nouvelles frontières ; *Qui tailladent l'azur frontière* montre railleusement à la fois l'attitude belliqueuse de ces prétendus soldats, et l'inanité de ces frontières établies par le pur jeu des conventions humaines : il n'y a aucune frontière naturelle entre les Ardennes françaises et belges. Le langage des douaniers est parodié par l'incorrection *à grands coups d'hache.*

4. Il s'agit des femmes de mauvaise vie, qui profitent de la nuit pour se livrer à des ébats interdits par les *lois modernes.*

5. *Fausts* et *Diavolos* sont des expressions difficilement explicables : quel rapport ont avec la contrebande le Faust de Gounod et le Fra Diavolo de Scribe et Auber qui est un brigand de grand chemin ? Je pense que Rimbaud désigne peut-être ainsi, métaphoriquement, les

deux sortes de *Délinquants* : les *Fausts* qui s'approchent indûment des *jeunesses* (tel est le cas de Faust) et méritent par là l'*Enfer;* et les *Diavolos,* qui cherchent à faire fortune de façon illicite.

6. Delahaye interprète à tort, je crois, ce dernier vers en supposant que Rimbaud se rappelle « l'auscultation manuelle » à laquelle les douaniers les soumettaient, lui et son ami, quand ils repassaient la frontière et qu'on les « palpait » pour s'assurer qu'ils ne « passaient » pas de tabac, ce qui lui causait de l'agacement. Rimbaud oppose la façon dont les douaniers *empoignent* les *anciens* et celle dont ils *s'approchent* des *jeunesses,* s'en tenant *aux appas contrôlés* — ou peut-être peut-on penser que le douanier contrôle les « appas » féminins, s'assurant que rien n'est transporté indûment dans les corsages...

ORAISON DU SOIR

P. 87.

1. Ce sonnet, qui fait également partie du cahier de Verlaine, est le premier des poèmes stercoraires de Rimbaud. C'est l'époque (de fin octobre 1870 à son départ pour Paris) où il adopte, nous dit Delahaye, des allures provocantes, se plaît à choquer les populations (notamment en exhibant une coiffure de « mérovingien »), affirme sa haine pour l'ordre établi, et recherche les sujets de poèmes qui ont des chances de scandaliser. Ici et dans *Accroupissements,* le procédé consiste à décrire d'une manière volontairement « poétique » l'assouvissement de besoins naturels dont la littérature, ordinairement, se détourne. On notera aussi, notamment dans le titre, la parodie religieuse.

2. *Je vis assis* reprend le symbolisme des *assis,* que méprise l'homme d'action.

3. Manet a popularisé dans *Le Bon Bock* le type du fumeur de pipe attablé devant sa chope de bière; Rimbaud fumait, nous dit Delahaye dans ses *Souvenirs familiers,* une Gambier, c'est-à-dire le modèle courant (voir *A la musique*) : un dessin de Verlaine le représente devant une table de café et fumant la pipe.

4. La copie de Verlaine porte : « sous les cieux gros d'impalpables voilures », ce qui semble indiquer qu'il s'agit de nuages. Le mot *voilures* est très baudelairien (cf. *Un hémisphère dans une chevelure*). (S. B.) Il s'agit plutôt des fumées du tabac : c'est par ironie que les *cieux* en paraissent *gonflés* ou, suivant l'autre version, plus réaliste, que *l'air* en semble *gonflé.* (A. G.)

5. Mélange volontaire de tournures poétiques et d'éléments stercoraires. Les colombes figuraient souvent dans les poèmes parnassiens.

6. Rimbaud reprend ici une expression biblique consacrée pour désigner Dieu, qui gouverne tous les êtres, du plus grand au plus petit (voir notamment dans le *Livre des Rois*).

7. Ces derniers vers produisent un effet de contraste volontairement risible, après la solennité de l'expression biblique qui précède. Les *héliotropes* paraissent figurer ici une fleur imposante et hiératique, qui honore le Soleil, Seigneur des plantes, en se tournant vers lui. Dans le *Chant de guerre parisien,* Thiers et Picard seront baptisés « enleveurs d'héliotropes ».

CHANT DE GUERRE PARISIEN

P. 88.

1. Ce poème a été envoyé à Demeny dans la lettre du 15 mai 1871 en même temps que *Mes petites amoureuses* et *Accroupissements*. « Psaume d'actualité », dit Rimbaud. Il s'agit en effet d'un poème « printanier » où il est même fait allusion au mois de mai. Mais quel printemps ! Le 18 mars, Thiers s'est enfui affolé à Versailles et la Commune a pris le pouvoir ; les bourgeois, les troupes régulières, les parlementaires de Bordeaux se sont installés à Versailles ; et depuis le 2 avril Versailles fait pleuvoir des bombes sur la banlieue. Que Rimbaud ait, ou non, fait une fugue à Paris pendant la Commune (voir p. 399, *Le Cœur volé*, note 1), il est en tout cas « communard » de cœur ; il se tient au courant des événements (Delahaye a décrit la joie triomphante de son ami le 20 mars) et lance, ici, un vigoureux pamphlet contre les Versaillais. Gengoux a noté que ce *Chant de guerre parisien* comporte huit quatrains de huit pieds, exactement comme le *Chant de guerre circassien* de F. Coppée : il semble que Rimbaud parodie le titre.

2. Thiers et Picard, qui dirigeaient l'armée régulière, s'étaient installés à Versailles avec leurs troupes. Picard avait été appelé par Thiers au premier cabinet qu'il constitua, le 19 février 1871 ; la Commune confisqua ses biens.

3. Les *choses printanières* ainsi semées sont les bombes, que l'armée versaillaise déversait sur la banlieue parisienne ; le 3, le tir du mont Valérien avait décimé la troupe qui avait fait une sortie de Paris ; par la suite, Thiers avait écrasé sous les bombes la Porte Maillot, Neuilly, les Ternes, Asnières, Levallois, etc.

4. Que désigne *la vieille boîte à bougies ?* L'antique lanterne, récemment remplacée par la lampe à pétrole ?

Qui n'ont jam... jam... est évidemment une allusion à la chanson enfantine du *Petit Navire* « qui n'avait ja... ja... jamais navigué » mais à quel *lac* fait allusion cette phrase ? Faut-il songer au bois de Boulogne, dont les troupes versaillaises s'étaient emparées le 15 mai ?

5. *Nous bambochons* est employé par antiphrase (Rimbaud parlant au nom des communards) : les *jaunes cabochons* et les *aubes particulières* semblent faire allusion, en effet, aux bombes qui viennent *crouler* sur les habitations à l'aube.

6. Jeu de mots évident sur « Éros » et sur « zéros », continué par l'expression d'*enleveurs* — mais pourquoi d'*héliotropes ?* S'agit-il des jardins versaillais dont ils se sont emparés, ou des fleurs de la banlieue détruites sous les bombes ? L'allusion aux *Corots* est plus claire : le paysage illuminé par les bombes au pétrole prend les rougeurs d'un tableau de Corot (cf. dans *L'Orgie parisienne ;* « Et qu'un soir la rougeur des bombes étoila »).

7. Le sens de *hannetonner,* selon Enid Rhodes Peschel (*Studi francesi,* gennaio-aprile 1976, p. 87-88 ; repris dans *Flux et Reflux,* p. 29-30) est non pas faire comme des hannetons, mais chasser les hannetons pour les tuer ; *tropes* est une déformation, favorable à la rime, de *troupes,* comme *enleveurs* jouait sur *éleveurs*. (A. G.)

8. *Familiers du Grand Truc* est probablement, comme l'a indiqué

Gengoux, un jeu de mots parodiant le *Chant de guerre circassien* de Coppée où il est question des Circassiens en révolte contre les Turcs.

9. Jules Favre avait été chargé, en tant que ministre des Affaires étrangères, de négocier la capitulation avec Bismarck et avait signé le traité de Francfort le 10 mai 1871. Il était devenu extrêmement impopulaire et s'était vu attaquer par tous les partis.

10. *Aqueduc,* adjectif : « qui amène l'eau des larmes » : Favre pleurniche et renifle. *Le Cri du peuple,* journal communard, raille à plusieurs reprises les larmes de crocodile que versaient Thiers et Favre sur les malheurs de la nation.

11. La Ville de Paris reste « brûlante » d'énergie (jeu de mots sur *pavé chaud* et *douches* de pétrole). Les communards venaient de prouver leur fureur en rasant, le 10 mai, la maison de Thiers. Pendant la Semaine sanglante, ils allaient incendier de nombreux édifices publics.

12. Les *Ruraux* représentaient, à l'Assemblée nationale élue au début de 1871, le parti des gros propriétaires antirépublicains. Rimbaud, qui dit avoir lu *Le Cri du peuple* à Paris, du 25 février au 10 mars, avait dû lire le 25 février la violente apostrophe de J. Vallès contre les *ruraux* qui, « sur les ailes de bronze de la guerre », avaient apporté la ruine au peuple de Paris. Ces ruraux sont en tout cas opposés avec dérision aux énergiques troupes communardes — et Rimbaud leur adresse une menace non voilée.

13. Comme « assis », le terme « accroupi » est toujours employé par Rimbaud dans un sens péjoratif (cf. le poème *Accroupissements*).

P. 90.   MES PETITES AMOUREUSES

1. Ce poème vient également de la lettre du 15 mai à Demeny. « J'ai l'archet en main, je commence », écrit sardoniquement Rimbaud. Par opposition aux pièces mièvres, un peu malicieuses mais enjouées de l'année précédente (*Trois Baisers, A la musique, Rêvé pour l'hiver, Roman),* nous avons ici un sursaut d'antisentimentalisme qui se traduit par une explosion de fureur et de grossièreté ; les expressions mêmes, les tournures de phrases ont quelque chose de violent et de grotesque ; le poète « dégueule », pour reprendre l'expression énergique de Rimbaud, il traîne dans la boue, avec rancune, toutes ses « petites amoureuses » de l'an dernier. Faut-il voir dans cette invective le résultat de sa déconvenue de mai, racontée par Pierquin, auprès d'une brune aux yeux bleus qui avait dû railler sa gaucherie (cf. *supra,* note 1, p. 378) ? Ou simplement Arthur a-t-il pris en horreur la bêtise, la fadeur des jeunes filles de province et plus généralement de la Femme ? Il écrira bientôt *Les Sœurs de charité ;* et la seule femme qui trouve grâce devant lui, c'est Jeanne-Marie, la pétroleuse, personnification de la Commune. On pourrait, du reste, penser que cette irritation contre les femmes est à l'origine de l'expérience homosexuelle de Rimbaud.

2. *Hydrolat* montre le goût toujours vif de Rimbaud pour les termes scientifiques : en pharmacie, ce terme désigne un liquide obtenu en distillant de l'eau sur des fleurs odorantes ou d'autres substances aromatiques. Ici, il s'agit de la pluie (ce qui expliquerait *caoutchoucs*) (S. B.) ou de larmes (A. G.)

3. L'allure agressive de cette épithète semble plaire à Rimbaud, qui l'appliquera à la Bible dans *Les Poètes de sept ans* (« Il lisait une Bible à la tranche vert-chou »). On s'attendrait plutôt qu'un ciel pluvieux fût gris, ou noir.

4. L'arbre *tendronnier* est l'arbre qui bourgeonne au printemps, mais il y a peut-être ici une allusion aux *tendrons,* aux jeunes filles.

5. *Pialats,* qui pose le problème le plus aigu de la lexicologie rimbaldienne, semble être un hapax, formé d'après A. Adam, sur *se pialer* « peler de froid ». (A. G.)

6. Rimbaud va évoquer, avec une suite d'adjectifs : *bleu, blond, noir, roux,* tous les « laiderons » qu'il a aimés — parodiant peut-être malicieusement, comme l'a noté Gengoux, cette strophe de Glatigny :

> *Je me souviens d'une époque*
> *Où nous nous aimions au mieux;*
> *Chaque fois que je l'évoque,*
> *Des pleurs me viennent aux yeux.*

(De même que son titre parodie le titre d'une pièce des *Flèches d'or, Les Petites Amoureuses.*) *Bleu laideron* peut paraître surprenant; Rimbaud fait-il allusion au conte de *L'Oiseau bleu,* ce qui expliquerait le *mouron?*

7. *Tu me sacras poète* fait peut-être allusion à *Roman :* « Vos sonnets La font rire... Puis l'adorée, un soir, a daigné vous écrire ! »

8. La *bandoline* est une dissolution visqueuse et aromatisée analogue à la *brillantine* actuelle : les femmes s'en servaient pour rendre leur chevelure lisse et brillante.

9. *Fouffes,* morceaux d'étoffes inutilisables qu'on donne aux enfants; régionalisme attesté dans le département des Ardennes (*F.E.W.* 3, p. 835, a et b, *fuf*). (A. G.)

10. Rimbaud imagine pour finir une sorte de danse grotesque, qui n'est pas sans rapport avec le ballet macabre des pendus (cf. *Bal des pendus*). La danse est boiteuse, les omoplates se déboîtent : l'imagination du poète est à la fois fantastique et burlesque.

11. L'*éclanche* désigne l'épaule du mouton : Rimbaud reprend l'idée des « omoplates qui se déboîtent », et s'en veut d'avoir écrit des vers pour de tels laiderons.

12. Dernière apostrophe, encore plus virulente, contre ces fades danseuses, *étoiles ratées,* qu'il renvoie dans leur *coin* (cf. « les petits coins du bois » dans le poème de Glatigny). Devenues dévotes, elles « crèveront » *d'ignobles soins,* jugulées par un conformisme qu'il abomine.

P. 93. ACCROUPISSEMENTS

1. C'est le dernier des trois poèmes envoyés à Demeny le 15 mai 1871. Rimbaud devait également, au cours de l'été, envoyer copie de ces trois poèmes (et de quelques autres) à Verlaine. On le voit ici mêler aux mots réalistes des expressions tantôt poétiques, tantôt fantastiques; après avoir raillé, dans *Oraison du soir,* celui qui vit « assis », il va décrire l' « accroupi » avec la même valeur symbolique : le « bonhomme » Milotus vit de façon végétative, il mange, boit et pisse, son cerveau « est bourré de chiffons »; il est le type de la stagnation satisfaite. Cf. dans le *Chant de guerre parisien* les ruraux qui

> *se prélassent*
> *Dans de longs accroupissements*

Pour ce poème, comme pour *Oraison du soir,* Rimbaud a employé l'alexandrin, dont la noble démarche crée un effet plaisant de contraste avec le réalisme du sujet.

2. La correction de Vanier : *Calotus* pour *Milotus,* indique, suivant Bouillane de Lacoste, que Vanier suivait un autre manuscrit, celui sans doute de Verlaine (mais depuis longtemps égaré, et reconstitué de mémoire). *Calotus* est-il en rapport avec *calotin?* et *Milotus* est-il une allusion à Ernest Millot, ami de Rimbaud et de Delahaye?

3. *Darne* se retrouve dans *Les Poètes de sept ans;* c'est un ardennisme (voir la note 11, p. 396).

4. Le nez du vieillard bourgeonne, parce qu'il aime boire (d'où aussi la *laque* rubiconde de son nez).

5. Le *bonhomme* est décrit dans un état de passivité abrutie, il *mijote* au feu, mais les meubles qui l'entourent sont animés d'une vie étrange, répugnante et fantastique. Le plus curieux, c'est que Rimbaud reprend des termes du *Buffet (fouillis, coins noirs, buffets, qu'entr'ouvre...),* comme s'il voulait se parodier lui-même dans le sens du crasseux, de l'inquiétant, de l'écœurant.

6. Pour finir, Rimbaud reprend le procédé d'*Oraison du soir :* des expressions « poétiques » (« Un fond de neige rose ainsi qu'une rose trémière ») appliquées à un sujet sans poésie. De plus, par une bizarrerie significative, on retrouve de nouveau le bonhomme accroupi dans la même attitude : Rimbaud veut nous imposer sa vision comme une attitude habituelle, celle de l' « assis », de l' « accroupi ».

LES POÈTES DE SEPT ANS

P. 95.

1. Ce poème fait partie d'un nouveau groupe de poèmes envoyés à Demeny le 10 juin 1871 (dans la lettre où il lui demande de brûler tous les vers du recueil d'octobre). La pièce est datée du 26 mai 1871. Cependant, Izambard a affirmé qu'elle avait été écrite à Douai en septembre ou en octobre 1870, pas plus tard; Rimbaud l'aurait composée après avoir lu sa lettre où sa mère, le 24 octobre, le traitait de « petit drôle » (*Rimbaud tel que je l'ai connu,* p. 61). Il est vrai, nous apprend Delahaye, que Rimbaud datait facilement ses poèmes du jour où il les recopiait. Toutefois, Bouillane de Lacoste incline à penser que le poème est de 1871, d'abord pour des raisons graphologiques, ensuite parce que le style est d'une plus grande maturité, d'une tout autre trempe que ceux du recueil Demeny. En tout cas il s'agit bien évidemment d'un poème autobiographique — et aussi, pour la première fois, d'une œuvre majeure. Ce poème fait bien sentir comment l'incompréhension de sa mère a attisé la révolte d'Arthur, en même temps qu'elle le forçait à l hypocrisie; elle ne l'a jamais compris, et dès sept ans, il se retranchait dans son isolement. Quatre aspects surtout apparaissent ici : le goût pour la compagnie d'enfants « chétifs » et « vieillots » qui lui inspirent « des pitiés immondes »; l'éveil de l'instinct sexuel; la

haine de Dieu et l'amour du peuple, des hommes « en blouse » (Arthur, ici, ne prête-t-il pas à l'enfant de sept ans les tendances anarchistes du révolté de seize ?); l'imagination poétique, enfin, éveillée par les lectures, revues ou romans (nous savons que Rimbaud enfant lisait beaucoup de livres d'aventures), et qui le fait rêver aux départs vers les « lourds ciels ocreux » et les « forêts noyées » : c'est le poète de 1871, cette fois, qui prête la magnificence de son style aux rêves du poète de sept ans : comme le remarque E. Noulet, « entre quatre et sept ans, tous les enfants n'ont-ils pas plus ou moins de génie » ? D'après sa sœur Isabelle, Rimbaud, à sept ans, déjà, sous une forme plus ou moins enfantine, « faisait » des romans; et il est regrettable que nous n'ayons rien conservé de ces premiers essais littéraires, s'ils ont existé.

2. Après vérification, E. Noulet confirme qu'il y a bien une majuscule : le mot prend une valeur symbolique; la Mère concentre en elle toutes les puissances qui mènent un enfant.

3. Le *livre du devoir* paraît être la Bible dont il sera question plus loin, plutôt qu'un livre scolaire; c'est à huit ans seulement que Rimbaud est entré à l'Institution Rossat.

4. Les *yeux bleus* sont ceux de Rimbaud lui-même dont tous les contemporains ont décrit les yeux « de myosotis et de pervenche » (dit Delahaye).

5. D'après Delahaye, c'est le front de Frédéric, toujours grondé, qui était « plein d'éminences »; mais pourquoi Rimbaud parlerait-il du front de son frère? Je crois plutôt, avec Bouillane de Lacoste, qu'il faut penser à la phrénologie; ce front bossué annonce des dons exceptionnels, voilà ce que veut dire Rimbaud.

6. Répugnance pour le travail scolaire (voir la prose de jeunesse reproduite p. 6), ou répugnance pour la lecture de la Bible — plus généralement pour toutes les obligations.

7. Des *tics noirs* au sens moral. Rimbaud va en faire la description dans les vers qui suivent (et il est exact que sous l'effet de la contrainte, un enfant qui ne peut se laisser aller à l'exubérance naturelle à son âge prend des tics nerveux, des manies) : soit enfantines manifestations de révolte (il tire la langue, fait des grimaces), soit tentatives pour s'isoler dans des endroits insolites, sous le toit ou dans les latrines.

8. Belle expression pour désigner le reste de lumière tout entouré par l'ombre (cf. dans *Voyelle* « golfes d'ombre »).

9. Rimbaud a toujours craint la chaleur, « l'été accablant », l'été « qui me tue quand il se manifeste un peu », dira-t-il dans sa lettre de juin 1872. Mais en outre les latrines sont l'endroit solitaire par excellence, où l'enfant peut se réfugier et « penser ».

10. Terme latin, rare du reste (il n'est attesté que chez Pline et Apulée), mais qui veut dire « non baigné par la lune », alors que Rimbaud le prend au sens contraire de « baigné par la lune », ici et dans *Les Premières Communions*.

11. *Darne* est un ardennisme qui est déjà apparu dans *Accroupissements*. Wartburg cite de nombreuses références prises en région wallonne; le sens est « étourdi, pris de vertige, d'éblouissements »; Bruneau précise que ce mot, très courant dans les Ardennes, s'applique aux mou-

tons atteints de « tournis ». Y. Pougnard, dans un article sur *Darne et la théorie de la voyance* paru dans les *Mélanges Michaëlsson*, 1952, rapproche ce vers de Rimbaud du « dérèglement de tous les sens » dont Rimbaud faisait le 15 mai la théorie à Demeny. Émilie Noulet exprime le même point de vue : « Hors de doute que, dès cet âge tendre, l'inhumain « dérèglement de tous les sens » a, sinon systématiquement, du moins occasionnellement et par jeu, commencé. » Je crois surtout que si Rimbaud, peut-être, donne en 1871 un sens particulier à « visions » et interprète le geste de l'enfant, il ne faut pas oublier non plus que c'est un jeu auquel la plupart des enfants se sont livrés, émerveillés de voir danser des points et des taches colorées quand ils appuyaient sur leur paupière fermée. Faire du poète de sept ans un « voyant » me paraît un peu excessif...

12. *Galeux espaliers* est étrange. On comprend mieux en observant que Rimbaud parle quatre vers plus haut d'un *jardinet*. Il faut penser que ces arbustes sont envahis par des parasites... Delahaye a rapporté que Rimbaud, pendant l'été de 1870, récitait la *Ballade pour trois sœurs qui sont ses amies*, de Banville (parue dans *Le Parnasse*), où se trouve ce vers : « Le soleil rit sur les blancs espaliers. »

13. Le démonstratif *Ces* [enfants] sert à annoncer le relatif *qui*.

14. Leurs yeux « déteignent » sur leur joue, sans doute parce qu'ils larmoient, qu'ils ont les yeux chassieux. Rimbaud enfant a-t-il réellement eu de telles fréquentations ? En tout cas, elles n'ont jamais dû être bien prolongées : sa mère y veillait...

15. Les enfants sont « foireux », ils font dans leur culotte.

16. *Des pitiés immondes* exprime la pensée de la Mère.

17. Pour ces trois vers, deux interprétations sont possibles : on comprend, en général, que l'enfant, dans son besoin de tendresse, se jetait sur l'étonnement de sa mère, voulant y voir une inquiétude de mère aimante : « c'était bon » — et cherchant à lire cet amour dans les yeux de Mme Rimbaud, bleus comme les siens. Pour Bouillane de Lacoste, au contraire, *se jetaient* est à prendre ironiquement, et « marque la joie secrète qu'éprouvait le jeune Arthur à se sentir blâmé par sa mère pour un noble sentiment qu'elle ne pouvait comprendre » — et c'est l'enfant qui levait sur sa mère le regard limpide de ses yeux bleus, « où elle croyait lire de la docilité alors que l'enfant y mettait un défi ». « Il ne peut être question du regard de la mère », ajoute Bouillane de Lacoste. Explication ingénieuse — trop peut-être.

18. *Faisait*, selon E. Noulet, indique que l'enfant se livrait à des essais littéraires ; le verbe *il s'aidait* (de journaux illustrés) appuie cette interprétation. « Cette simple allusion, ajoute E. Noulet, a autorisé et dirigé les recherches dans *Le Journal des Voyages*, *Le Tour du Monde*, et *Le Magasin pittoresque*, où l'on a voulu retrouver les sources du *Bateau ivre*. » (S. B.) On peut croire aussi à un sens plus banal : bâtir en rêve de véritables romans (voir la note 26). (A. G.)

19. Il est normal que l'enfant, qui est privé de liberté dans sa famille, rêve d'évasion, de libération : et M. Coulon n'a pas tort de voir là le premier appel des continents lointains et des contrées inconnues. Peut-être aussi Rimbaud, comme le note E. Noulet, se souvient-il au

moment où il écrit ce poème de *Costal l'Indien* de G. Ferry, roman qu'il
lisait en 1870, épisode de la guerre d'Indépendance du Mexique, qui
se déroule dans les « forêts », les « rives » et les « savanes ».

20. Les *journaux illustrés* amorcent un autre thème, celui de la
femme; il paraît inutile de voir dans ce vers, comme Gengoux, une
allusion aux *Contes d'Espagne et d'Italie* de Musset.

21. L'éveil de l'instinct sexuel, évoqué par cet épisode, paraît avoir
été précoce chez Arthur, et prend, comme il arrive à cet âge, la double
forme du sadisme et du masochisme.

22. Izambard a évoqué l'ennui de ces *blafards dimanches* où toute la
famille Rimbaud se rendait en grande pompe à la messe. Les enfants
étaient « pommadés ». Comme le remarque S. Briet dans *Rimbaud notre
prochain,* il est inhabituel chez les catholiques de lire la Bible et surtout
de la faire lire à de jeunes enfants; elle suppose une sorte d'osmose
avec la tradition janséniste encore vivace dans la région. (S. B.) La
« Bible à la tranche vert-chou » est sans doute la traduction de la Vulgate par Le Maistre de Sacy, de 1841 (voir P. Brunel, « Rimbaud récrit
l'Évangile »). (A. G.)

23. *Il n'aimait pas Dieu* traduit la réaction de l'enfant contre cette
contrainte religieuse. Cependant Delahaye a raconté l'épisode de Rimbaud, « sale petit cagot », se battant avec de grands élèves qui profa-
naient l'eau bénite. Les sentiments de l'adolescent révolté n'auraient-ils
pas déteint sur ce portrait — et de même quand Rimbaud montre
l'enfant attiré par le peuple, par les « hommes en blouse », comme
ceux qu'il a pu connaître pendant la Commune?

24. La *prairie amoureuse* rappelle, note Bouillane de Lacoste, le début
de *Soleil et chair.* Ce thème si rimbaldien de la Nature-Femme, frémis-
sante et voluptueuse, reparaîtra plus loin avec les *fleurs de chair.* On se
rappelle que déjà dans *Sensation* l'adolescent se montrait errant par la
Nature, « heureux comme avec une femme. »

25. *Pubescences* est le substantif de *pubescent* (« garni de poils fins et
courts »); le mot n'a pas seulement une valeur descriptive, il s'accorde
avec la prairie « amoureuse » et rappelle, au début de *Soleil et chair,* la
terre « nubile ».

26. Rimbaud paraît, ici, évoquer avec magnificence les épisodes
extraordinaires du roman qu'il écrivait, ou du moins qu'il *méditait.*

27. *Ocreux* a fait place aujourd'hui à l'adjectif *ocre,* mais c'est la
forme donnée par Littré. Ces trois vers font déjà penser au *Bateau ivre.*

28. Rimbaud hésite entre le pluriel *sidérals* et le pluriel correct *sidéraux,* qu'il emploiera dans *Le Bateau ivre* (« archipels sidéraux »). Faut-il
comprendre ici qu'il s'agit de bois (d'arbres) montant jusqu'aux étoiles?

29. Ce vers fait probablement allusion à des débâcles de la nature,
peut-être aussi à des guerres et à des *déroutes* comme on en voit dans
Costal l'Indien.

30. *Seul* se rapporte à *il* de « il lisait », et insiste sur la manière dont
l'enfant s'isolait pour rêver ces voyages merveilleux. Une odeur de
toile écrue suffisait pour faire pressentir à son imagination (il n'avait
encore jamais vu la mer) les voyages maritimes.

LES PAUVRES A L'ÉGLISE

P. 98.

1. Poème également envoyé à Demeny le 10 juin 1871 ; comme les deux autres, il date de la période où Rimbaud déclare sa haine au conformisme et à la religion : il va ici attaquer, aussi bien que les dames patronnesses, les *pauvres* décrits avec réalisme, avec hargne, car ils s'abaissent devant Dieu et devant les puissants de ce monde : leur foi est une foi « mendiante et stupide ».

2. *Orrie,* « bijoux, ornements en or », régionalisme observé au N.-E. de la France (*F.E.W.* 1, 182 b, *aurum*). Voir l'article de Jean-Pierre Chambon, dans *Parade sauvage, revue d'études rimbaldiennes, bulletin,* n° 2, janvier 1986. (A. G.)

3. Rimbaud n'a pas encore abandonné ce procédé un peu facile des suites de termes construits sur un même radical, « vieilles vieilleries », « Tremblant du tremblement douloureux du crapaud » ; notons aussi que dans *Accroupissements* il avait parlé des buffets aux « gueules de chantres ».

4. De même que les *effarés* humaient le parfum du pain, ici les pauvres hument *l'odeur de cire* qui représente pour eux le même paradis défendu.

5. *Oremus* est un mot péjoratif pour désigner les prières : Tartufe lui aussi disait « Oremus » *(Le Châtiment de Tartufe) ;* les *oremus* des pauvres sont risibles, puisque leurs prières ne sont pas exaucées ; mais ils n'en sont pas moins têtus, d'un entêtement imbécile.

6. Les *mangeuses de soupe* (par opposition à des mets plus fins) ont une attitude recueillie, mais elles sont là, en réalité, uniquement pour se reposer et être assises au chaud : « Encore une heure ; après, les maux sans noms ! »

7. Le mot *collection* est expressif, plus encore le mot *fanons* (il s'emploie pour les vaches) ; il s'agit vraiment d'un troupeau, passif et stupide.

8. Le néologisme *fringaler* est d'autant plus expressif qu'en fait les aveugles ne peuvent rien lire dans leurs missels, et pour cause...

9. Le verbe *baver* est souvent employé par Rimbaud (dans *Mes petites amoureuses,* dans *Le Cœur volé*) et il signera *Alcide Bava* le poème *Ce qu'on dit au poète...* qu'il adressera à Banville : il traduit soit son propre écœurement, soit, ici, le gâtisme et la foi abrutie des pauvres.

10. Dernier détail ; les « Dames des quartiers distingués », atteintes aussi d'une maladie de riches ; et Rimbaud d'en appeler à *Jésus,* protecteur des petits et des simples.

LE CŒUR VOLÉ

P. 100.

1. Ce poème a été envoyé le 13 mai 1871 à Izambard sous le titre *Le Cœur supplicié* avec la lettre où Rimbaud annonce son intention de devenir voyant ; et il ajoute cette remarque à la suite du poème : « Ça ne veut pas rien dire. » Rimbaud a ensuite adressé, le 10 juin, ce texte à Demeny (avec les deux poèmes précédents) sous le titre

Le Cœur du pitre. C'est la pièce en triolets à laquelle il fait allusion en disant : « Voici, — ne vous fâchez pas, — un motif à dessins drôles : c'est une antithèse aux douces vignettes pérennelles où batifolent les cupidons », etc. Le poème en *triolets* est une forme fixe, comportant un couplet de huit vers, dont le premier se répète après le troisième et les deux premiers après le sixième. Ce texte, que l'on peut considérer comme une véritable confession, pose le problème de la participation de Rimbaud à la Commune. Suivant Delahaye, Rimbaud est arrivé à Paris, « dans le courant d'avril, en six journées de marche » et a été enrôlé « dans les « Francs-Tireurs » de la Révolution », logé à la caserne de Babylone où régnait le plus beau désordre. Il se serait échappé de Paris « vers la fin de mai » pour revenir à pied (*Rimbaud, l'artiste et l'être moral,* Messein, 1923, p. 32-34). Ce texte ne résiste pas à l'examen, puisque Rimbaud a écrit de Charleville à Izambard le 13 mai, et à Demeny le 15. La répression versaillaise a du reste commencé le 21 (Semaine sanglante du 21 au 28). Étiemble insiste sur l'impossibilité de ce « mythe ». E. Noulet, elle, (et A. Adam est du même avis) pense que Rimbaud a pu aller à Paris entre le 18 avril et le début de mai (et cette date, ajouterai-je, est d'autant plus vraisemblable que le collège de Charleville devait rouvrir le 23 avril, et que Rimbaud ne se souciait guère d'y rentrer); elle s'appuie d'une part sur l'argumentation de D. De Graaf qui rappelle que dans une lettre de V. Pica à Verlaine, le critique italien remercie ce dernier de ses renseignements sur Rimbaud, sur son arrivée à Paris et « sa vie aventureuse sous la Commune »; que dans un rapport de la police secrète sur Verlaine on cite aussi Rimbaud, l'appelant « un ancien franc-tireur », et que Forain se rappelait avoir « vadrouillé avec lui pendant la Commune » (D. De Graaf, *Rimbaud et la Commune, Revue belge de Philologie et d'Histoire,* 1952, t. XXX, n° 12); d'autre part, elle s'appuie sur l'interprétation des textes : si Rimbaud écrit à Izambard qu'à Paris « tant de travailleurs meurent encore », cela ne signifie-t-il pas qu'ils continuent à mourir, lui parti (il est vrai que d'autres interprétations sont possibles)?; et en outre, Arthur a fait dans *Le Cœur volé* une véritable confession de ses amertumes. « C'est trop peu de dire, ajoute E. Noulet, qu'il vit « de ses yeux de chair » des scènes de soûlerie. Il les vécut. Peut-on vraiment ne pas croire qu'il ne subît pas alors une terrible initiation? Qu'il n'ait point participé, de gré ou de force, à des excès tels qu'il en eut physiquement la nausée? » (*Le Premier Visage de Rimbaud,* p. 260.) (S. B.)

Rimbaud a revu et corrigé au moins deux fois son poème, dont il existe ainsi trois versions. Il est bien embarrassant de choisir. Suzanne Bernard avait adopté la version de la copie de Verlaine, qui est la dernière. L'embarras du choix est manifeste devant les trois titres, qui ont tous les trois leur sens et sont tous très beaux : *Le cœur supplicié* dans la lettre du 13 mai à Izambard, devenu *Le cœur du pitre* dans la lettre du 10 juin, devenu enfin *Le cœur volé* dans la copie de Verlaine. Il faudrait ne pas choisir et imprimer les trois versions. Cela montre en tout cas que les éditions devraient, en publiant les lettres de Rimbaud, y inclure les poèmes qu'il y joint, en leur entier. (A. G.)

2. Ce sont les termes de *poupe,* de *gouvernail,* de *flots* qui ont amené Izambard à penser que Rimbaud décrivait non une caserne, mais un bateau et une brimade infligée au mousse qui « passe la ligne », ainsi qu'une « dionysiaque orgie de « frères de la côte » voguant au large » : *Le Cœur supplicié* serait alors « la maquette initiale qui prépare *Le Bateau ivre* » (mais quel rapport entre les deux?). Toutefois il reconnaît que la description peut aussi bien « correspondre à une triviale soûlographie en vase clos de pioupious consignés dans leur caserne ». Ce qui est important, c'est l'écœurement manifesté par Arthur, et qui n'est pas seulement physique, mais surtout moral. Lui qui se sentait « peuple », qui a participé au moins moralement à la Commune, il paraît bouleversé, dégoûté par l'attitude des soldats, leurs « quolibets », leurs « hoquets bachiques ». C'est la confession d'un adolescent (il a seize ans et demi) qui se sent dégradé, écœuré par les orgies auxquelles il a dû participer.

3. Allusion à des débauches priapiques (verbales ou autres). L'ithyphalle (amulette en forme de phallus en érection) figurait dans les fêtes antiques de Bacchus.

4. Le mot *abracadabrantesques* peut étonner. S. Briet a rapporté que Rimbaud avait glissé, enfant, dans son livre de grammaire, un signet de papier recouvert du triangle magique *Abracadabra,* en notant sur le papier : « pour préserver de la fièvre ». Veut-il ici suggérer un effet magique, purifiant des flots? (Cf. dans *Le Bateau ivre :* « L'eau verte... me lava », et dans *Une saison en enfer :* « La mer, que j'aimais comme si elle eût dû me laver d'une souillure... »)

5. Dans *L'Orgie parisienne* il sera question, de même, de « stupides hoquets »; mais les hoquets n'impliquent pas l'écœurement comme les « sursauts stomachiques ».

6. *Ravalé* montre (comme plus haut *dépravé*) que tout le texte est symbolique : le cœur de l'enfant est abaissé, avili; c'est le sens donné par Littré qui cite *Pertharite :*

Va, porte cette crainte à des cœurs ravalés.

7. La conclusion est dans l'impossibilité d'*agir.* Dans la lettre du 15 mai, Arthur écrit : « La Poésie ne rhythmera plus l'action; elle sera en avant. » On peut penser qu'il se sent devenu incapable, du fait de son indignité, d'exercer son action de poète et de voyant. En adressant le poème à Demeny, Rimbaud le lui désignait comme « une antithèse aux douces vignettes pérennelles où batifolent les cupidons, où s'essorent les cœurs panachés de flammes... » : et, en effet, en face de la poésie galante et précieuse, ce texte est frappant par son réalisme, mais aussi par la sincérité tragique de la confession qu'il renferme.

L'ORGIE PARISIENNE OU PARIS SE REPEUPLE

P. 102.

1. Poème expédié à Verlaine en août 1871. Il ne reste plus de manuscrit de ce texte, qui paraît avoir été reconstitué de mémoire par Verlaine, et progressivement amélioré (mais non sans doute entièrement débarrassé de ses fautes. Voir l'édition critique de Bouillane de Lacoste,

p. 38-41). Tout ce texte est à comparer avec le poème de Leconte de Lisle, que Rimbaud citait parmi les « quelques nouveautés » qu'il avait vues chez Lemerre lors de son passage à Paris (lettre du 17 avril 1871), *Le Sacre de Paris.* Mais Leconte de Lisle, qui a daté ce poème de janvier 1871, parlait du siège de Paris par les Allemands à la fin de 1870 — alors que Rimbaud décrit le retour des Ruraux après la Commune. Les souvenirs de Hugo, dont Rimbaud écrit à Demeny le 15 mai qu'il a « *les Châtiments* sous main », ne sont pas moins évidents. Ce poème un peu grandiloquent montre cependant une vigueur, une violence toutes rimbaldiennes. Rimbaud y affirme sa foi de « communard ». (S. B.)

Marcel Ruff et Antoine Adam pensent que le poème est dirigé contre les Allemands plutôt que contre les Versaillais, qu'il fait écho non à l'écrasement de la Commune mais à la victoire allemande. Ce n'est pas évident. Et dans l'histoire, les deux événements n'ont-ils pas eu, pour Rimbaud par exemple, la même signification? (A. G.)

2. Évocation de la prise de Paris par les Allemands; Leconte de Lisle fait de même allusion aux « balles du Barbare ». Mais *Dégorgez dans les gares* ne peut faire allusion qu'au retour des bourgeois « versaillais » revenant après le rétablissement de l'ordre.

3. Cette personnification fait songer à celle qu'emploie la Bible pour Jérusalem (à l'orient) assise dans les ruines. Leconte de Lisle, s'adressant à Paris, « ville auguste », lui disait :

> *Est-ce toi qui gémis ainsi dans les ténèbres,*
> *Et ta face sur tes genoux?*

4. Comme Leconte de Lisle, Rimbaud évoque « l'averse des bombes » déversée sur Paris; mais il s'agit cette fois, de même que dans le *Chant de guerre parisien,* des bombes lancées par les Versaillais.

5. Description violemment satirique des Versaillais : *vieillards* gâteux (Thiers était âgé de 74 ans), ou *pantins* sans personnalité, ils ne songent qu'à jouir des *luxes* retrouvés, qu'à se vautrer dans l'orgie. Hugo écrivait de même dans *Les Châtiments (Joyeuse Vie) :*

> *Bien! pillards, intrigants, fourbes, crétins, puissances :*
> *Attablez-vous en hâte autour des jouissances...*

6. Rimbaud emploie sarcastiquement le terme de *Vainqueurs* pour désigner les fusilleurs de la Semaine sanglante, à présent livrés à la ripaille et à la débauche. Il reprend, pour les leur appliquer, certaines des invectives de Leconte de Lisle contre les Allemands :

> *Vil troupeau de sang altéré,*
> *De la sainte Patrie ils mangent les entrailles,*
> *Et bavent sur le sol sacré!*

7. Même procédé, mais avec moins de grandiloquence, à la fin d'*Ophélie* (« Et le Poète dit... »); ici, Rimbaud lance aux « Vainqueurs » une apostrophe hugolienne. « O lâches, soyez fous » est peut-être un souvenir de *L'Énéide* (« Jupiter rend fous ceux qu'il veut perdre »).

8. Belle apostrophe, qui rappelle Leconte de Lisle :

> *O Paris, qu'attends-tu? La famine ou la honte?*
> *Furieuse et cheveux épars,*

> *Sous l'aiguillon du sang qui dans ton cœur remonte,*
> *Va! Bondis hors de tes remparts!*

mais qui prend plus de force d'être adressée à la « putain Paris », avilie et dépravée par les bourgeois du parti de Thiers.

9. Affirmation d'espérance malgré tout. Bien que presque morte, la cité reste tournée vers l'Avenir. Les *Stryx* (sortes de vampires nocturnes) ne peuvent éteindre le regard des Cariatides, symboles de la splendeur des antiques civilisations; Gengoux explique cette allusion par les *Cariatides* de Banville, où il est dit que rien ne peut faire courber la tête des Cariatides. Quant à l'*or astral,* Gengoux en donne également une explication, cette fois par l'occultisme : il a « son centre dans le soleil qui le communique par ses rayons, en même temps que sa lumière, à tous les êtres qui lui sont inférieurs » (O. Wirth, *Le Symbolisme hermétique...*). La splendeur des expressions fait un contraste voulu avec le réalisme des strophes précédentes.

10. De même que dans le sonnet des *Voyelles,* Rimbaud associe *strideurs* (son strident) et *clairon.* Clairon *sourd* semble meilleur que *clairon lourd,* adopté par Bouillane de Lacoste : pour l'instant, le clairon est *sourd* encore, mais les *strideurs* s'amassent en lui et bientôt il sera strident.

11. L'expression semble reprise de Hugo, qui a donné aux *Châtiments* des sous-titres satiriques tels que : *La société est sauvée, L'ordre est rétabli,* etc. Il semble, bien que le sens ne soit pas clair, que Rimbaud, ici, parle également par antiphrase : les anciennes orgies ont repris. Mais Verlaine et Vanier n'auraient-ils pas déplacé cette strophe par erreur? Elle ne semble guère à sa place en conclusion.

LES MAINS DE JEANNE-MARIE

P. 105.

1. Ce poème, auquel Verlaine faisait allusion dans *Les Poètes maudits,* était considéré comme perdu, lorsqu'en 1919 un chercheur mit la main sur l'autographe (de la main de Rimbaud, sauf trois strophes ajoutées après coup par Verlaine. Voir l'édition critique de Bouillane de Lacoste, p. 30). Ici encore, Rimbaud célèbre la lutte des communards contre les Versaillais et rappelle l'action des femmes de la classe ouvrière qui se battirent dans les rues pendant la Semaine sanglante (21-28 mai 1871) et défendirent des barricades, place Blanche, place Pigalle, aux Batignolles (voir le récit de Louise Michel). Il veut en outre écrire un poème sur ces mains guerrières, par opposition aux divers poèmes parnassiens qui chantaient des mains belles et délicates : à *Études de mains* de Gautier, cité par J. Mouquet :

> *A-t-elle joué dans les boucles*
> *Des cheveux lustrés de don Juan,*
> *Ou sur son caftan d'escarboucles*
> *Peigné la barbe du Sultan?*

on peut ajouter le poème de Mérat intitulé *Tes mains,* dans *Les Chimères :*

> *Bien qu'elles soient d'un marbre pâle*
> *Tes mains fines que j'adorai,*
> *Et que jamais la dent du hâle*
> *N'ait pu mordre leur grain nacré...*

Verlaine écrira lui aussi, et toujours en strophes octosyllabiques, *Mains,* dans *Parallèlement.*

2. *Juana* est-il destiné à rappeler le *don Juan* du poème de Gautier? se demande J. Mouquet. Gengoux croit qu'il s'agit plutôt d'une allusion au poème de Musset *A Juana* où Rimbaud trouve le type d'une « petite amoureuse ». Je me demande si ce nom espagnol ne ferait pas penser plutôt à une Carmen cigarière (cf. plus loin : « Ont-elles roulé des cigares? »).

3. Suivant Étiemble (éd. des Classiques Larousse), la *belladone* (de l'italien *bella,* belle, et *donna,* femme) était employée par les Italiens pour faire leurs fards : « l'image, dès lors, s'éclaire », ajoute-t-il; je crois plutôt que Rimbaud, par l'évocation du *sang* et de la belladone, dont le suc est un poison violent, veut suggérer que ces mains sont porteuses de mort (cf. plus loin « mains décanteuses de poisons »).

4. Le goût de Rimbaud pour les termes scientifiques apparaît dans les mots *diptères* (tous les insectes à deux ailes, mouches, taons, cousins) et *nectaires* (c'est un organe de la fleur sécrétant le suc ou *nectar* dont se nourrissent lesdits insectes). (S. B.) Quant à *bombiner,* qu'on retrouve dans le sonnet des *Voyelles* et que l'on a pu faire remonter au latin de Rabelais (*Pantagruel,* chap. VII), Jean-Pierre Chambon me signale chez Paul Arène un contexte entomologique proche de celui de Rimbaud : « Ce moustique, vampire minuscule, s'annonce tout d'abord (...) par un bruyant bombinement de trompettes mimallo-niques » (*Vers la calanque,* 1896). Voir p. 410, note 5. (A. G.)

5. *Pandiculations* désigne en médecine, dit Littré, un « mouvement automatique des bras en haut, avec renversement de la tête et du tronc en arrière, et extension des membres abdominaux ».

6. Il ne s'agit pas, comme le dit Gengoux, du rêve qui est « celui de la brutalité asiatique ou mongole (les *Khenghavars*) », ou du rêve juif (les *Sions*), mais au contraire d'un rêve qui leur est inconnu, *inouï. Khenghavar* ne figure pas sur les atlas, mais on peut présumer qu'il s'agit de Kengawer, ville de Perse (voir Stielers, *Hand-Atlas*). On peut penser que Rimbaud reprend au quatrain suivant ces évocations orientales, notamment quand il parle des « lourds petits enfants sans yeux » — les nouveau-nés étant fréquemment rendus aveugles par le trachome dans ces contrées sans hygiène.

7. Sur *mains de cousine,* voir Jean-Pierre Chambon (*Circeto,* n° 1, octobre 1983, p. 48) et Albert Henry (*Lecture de quelques Illuminations,* Bruxelles, Académie royale de Belgique, 1989, p. 150-151). (A. G.)

8. Par opposition aux chants religieux, Rimbaud évoque les chants républicains : on sait que pendant la Commune, le 18 mai, il y eut un violent mouvement anticlérical provoqué par la découverte d'ossements dans le monastère de Picpus.

9. L'opposition entre les mains brunes de la femme « communarde »

et les mains délicates des femmes *nobles,* pleines *de blancs et de carmins,* se précise.

10. Vers étranges : faut-il comprendre que l'éclat de ces mains tourne la tête aux faibles, aux gens moutonniers?

11. Ces trois dernières strophes font allusion avec plus de précision à la Commune et aux répressions qui ont suivi la Semaine sanglante. Il y eut environ 20 000 morts parmi les communards. Des convois de prisonniers furent dirigés sur Versailles : 150 à 200 par jour, liés main à main par rangs de quatre (cf. « Crie une chaîne aux clairs anneaux »). Ils étaient insultés et frappés par la foule des snobs et des élégants (d'où « En vous faisant saigner les doigts »).

LES SŒURS DE CHARITÉ
P. 108.

1. Ce poème fait partie du recueil envoyé à Verlaine en août 1871, avec une lettre où Rimbaud disait « son idéal, ses rages, ses enthousiasmes, son ennui, tout ce qu'il était » (voir Delahaye, *Souvenirs familiers,* p. 150). Nous avons ici une véritable profession de misogynie, par laquelle Rimbaud crie à la femme sa déception, son dégoût, son mépris. Pièce plus « romantique » et plus recherchée comme expression que les précédentes; mais elle témoigne d'une âme également désabusée. Faut-il rattacher ce poème à la même veine que *Mes petites amoureuses* (daté de mai, alors que ce texte-ci est daté de juin) et à la mésaventure de Rimbaud (voir note 1, p. 393)? Mais le ton est ici beaucoup plus littéraire, et des réminiscences de Vigny et de Baudelaire se font jour : le thème n'est pas neuf, du reste, mais il est rare de le voir traiter par un adolescent, dont les expériences amoureuses ne paraissent avoir été ni bien nombreuses ni bien étendues.

2. Souvenir de *J'aime le souvenir de ces époques nues,* de Baudelaire, où il est question également de « l'homme, élégant, robuste et fort... ». Ce jeune homme aussi beau physiquement que moralement est à l'image de Rimbaud, dont Verlaine a décrit le beau visage « d'ange en exil »; il l'est aussi par son caractère « impétueux avec des douceurs virginales » (voir la description faite par la Vierge folle dans *Délires I,* d'*Une saison en enfer*).

3. « Voilà deux vers où l'image n'est plus apprise, comme dans les poèmes précédents, mais inventée, semble-t-il », écrit Étiemble (Classiques Larousse) à propos de cette comparaison. On peut toutefois rappeler que Banville écrivait, dans le *Chant d'Orphée* publié par *Le Parnasse* en 1870 :

> *Et des Astres pasteurs, près des fleuves de blancs*
> *Diamants, dont les flots sont des rayons tremblants,*
> *Conduisent leur troupeau d'étoiles qui flamboient.*

4. La *blessure éternelle et profonde* est celle qu'inflige le spectacle de l'humanité à toute âme noble et sensible. Vigny, parlant au poète de son cœur, lui dit au début de *La Maison du berger* :

> *S'il ne bat qu'en saignant par sa plaie immortelle...*

5. Le 17 avril, Rimbaud écrivait à Demeny : « Il est des misérables qui, femme ou idée, ne trouveront pas la Sœur de charité. » Il s'agit de la charité au meilleur sens (« La charité nous est inconnue », dira Rimbaud dans *Une saison en enfer, L'Impossible*). La Femme consolatrice vers laquelle l'homme pourrait se retourner est celle qu'appelle Vigny dans *La Maison du berger* : « Sur mon cœur déchiré viens poser ta main pure. » Mais si Vigny trouve un secours en Éva, Rimbaud, lui, pas plus que Baudelaire, ne trouve auprès de la femme cette charité apaisante : seulement un « monceau d'entrailles », une « pitié douce ». Même sa beauté n'apporte finalement au poète que déception. On peut se demander si Rimbaud avait lu le poème de Baudelaire, *Les Promesses d'un visage*, publié en 1866 dans le *Nouveau Parnasse satyrique*.

6. *L'aveugle irréveillée aux immenses prunelles* paraît bien être une réminiscence de Baudelaire, qui parle dans *Les Fleurs du mal* (« Une nuit que j'étais... ») de « la splendeur de tes froides prunelles », et écrit aussi dans *Semper eadem* :

> *Laissez, laissez mon cœur s'enivrer d'un* mensonge,
> *Plonger dans vos beaux yeux comme dans un beau songe...*

La *question* que l'homme pourrait poser sur le sens de la vie, sur le sens de l'amour, la Femme est bien incapable d'y répondre. Alors que l'enfant *pend* aux mamelles de sa mère, ici c'est la femme-enfant qui, au lieu de soutenir l'homme, lui est un fardeau et se laisse « bercer ».

7. Ruchon rapproche cette strophe des *Destinées* de Vigny :

> *Car la Femme est un être impur de corps et d'âme*
> *... La femme, enfant malade et douze fois impur...*

8. A partir de cette strophe, Rimbaud va opposer à la femme, dont la faiblesse et l'ignorance « épouvantent » le poète, les grands idéals : *Amour, appel de vie et chanson d'action*. Cependant, on pourrait comprendre aussi ces mots comme mis en apposition à *la femme*, en donnant alors à *chanson* un sens péjoratif.

9. La *Muse verte* est la Muse de la Naturte ; la *Justice* est le fondement de l'anarchie proudhonienne (Rimbaud lisait et admirait Proudhon). (S. B.) A moins que, comme le pense A. Adam, la *Muse verte* soit l'absinthe et la *Justice ardente*, la révolution. (A. G.)

10. *Alme*, formé sur *alma (alma mater)* est, comme le note Étiemble, « un peu ridicule, ici, et maladroit ». A partir d'ici, le poème est du reste assez faible, et pas très clair. Qui sont les *deux Sœurs implacables* ? Science et nature ? Mais ces deux mots sont-ils repris par *la noire alchimie* et *les saintes études* ? Suivant Gengoux les deux Sœurs sont les deux déesses « Muse et Liberté » que Rimbaud a juré d'adorer toujours (voir la lettre du 24 mai 1870 à Banville).

11. L'appel à la mort est une idée très romantique ; le désir du cercueil est particulièrement baudelairien (cf., dans *Les Fleurs du mal, Le Mort joyeux*).

12. Toute cette fin, très littéraire, contient des réminiscences baudelairiennes, notamment de *Semper eadem* et de *La Mort des pauvres*. Si Baudelaire ne prononce pas le mot de *charité*, l'idée se trouve toutefois dans *La Mort des pauvres*.

VOYELLES

P. 110.

1. Ce sonnet fut probablement écrit à Paris dans les premiers mois de 1872. Rimbaud en donnera un autographe à E. Blémont, futur directeur de la *Renaissance littéraire et artistique,* qui le laissera à la Maison de Poésie. Ce texte célèbre, qui a plus fait à lui seul que tous les autres pour la gloire de Rimbaud, a suscité toute une littérature : on en trouvera la bibliographie dans le livre d'Étiemble, *Le Sonnet des Voyelles,* Gallimard, coll. «Les Essais», 1968 (ainsi que dans *Le Mythe de Rimbaud,* t. II, 3ᵉ éd., 1970, p. 75-88) et dans É. Noulet, *Le Premier Visage de Rimbaud,* Bruxelles, 1953, p. 111-187. Ajoutons-y deux articles importants : J.-B. Barrère, *En rêvant aux «Voyelles», Revue d'Histoire littéraire,* janvier-mars 1956, et C. Chadwick, *Rimbaud le poète, Revue d'Histoire littéraire,* avril-juin 1957. On a trouvé tellement de «sources» à ce poème qu'il faut se contenter d'en donner un résumé succinct : sources scientifiques, sources littéraires — le miracle, dit É. Noulet, c'est que le sonnet, «de dessous ce poids multiplié, jaillit intact, parfait, éclatant». Parmi les premières, É. Noulet (voir aussi Martino, *Contribution à l'étude du sonnet des «Voyelles», Mélanges M. Roques,* t. 3, 1952) a relevé les nombreux ouvrages traitant de «l'audition colorée». Retenons surtout les relations couleurs-musique indiquées déjà par Voltaire (*Éléments de la philosophie de Newton,* 1738), par le Père Castel, le fameux inventeur du «clavecin oculaire» (*L'Optique des couleurs,* 1740) et, dans *L'Artiste,* un article datant du 15 janvier 1853 : *Les Couleurs et les sons,* que Rimbaud a pu connaître. A toutes ces références savantes, il conviendrait peut-être d'ajouter (comme antidote) la réflexion de Verlaine rapportée par P. Louÿs, et dont il est fait mention dans l'édition Mouquet-Rolland de Renéville : «Moi qui ai connu Rimbaud, je sais qu'il se foutait pas mal si A était rouge ou vert. Il le voyait comme ça, mais c'est tout.»

Plus importants paraissent les antécédents littéraires, et surtout Baudelaire, qui dès 1846 parle de l'analogie «entre les couleurs, les sons et les parfums» (*Salon de 1846*). Le sonnet des *Correspondances* reprend et applique la même idée. Mais de telles associations restent très éloignées de l'association voyelles-couleurs ; et on n'aperçoit chez Rimbaud aucune intention de symboliser, comme Baudelaire, l'unité essentielle de l'Univers. Le mouvement de Rimbaud, comme le note justement É. Noulet, est «centrifuge» : au lieu de tout ramener à l'unité, il défait une unité (celle du mot) en ses éléments ; et c'est à partir de ces éléments redevenus autonomes qu'il va voir apparaître les «naissances latentes». H. Guillemin a, d'autre part, révélé un

document d'après lequel il apparaît que Hugo « voyait les voyelles » :
« Ne penserait-on pas que les voyelles existent pour le regard presque
autant que pour l'oreille, et qu'elles peignent des couleurs? On les
voit. A et I sont des voyelles blanches et brillantes. O est une voyelle
rouge. E et EU sont des voyelles bleues. U est la voyelle noire »
(*Le Figaro littéraire,* 26 août 1950). On peut seulement se demander
si ce texte, que Rimbaud n'a pas connu, n'est pas postérieur à la publication des *Voyelles* — et noter les discordances entre la vision des deux
poètes.

Un point de départ possible pour l'idée de ce poème, c'est l'abécédaire colorié que Rimbaud a dû, comme tout enfant, avoir entre les
mains quand il apprenait à lire : cette « source » a été indiquée tout
d'abord par E. Gaubert dans le *Mercure de France* en novembre 1904;
l'idée lui en vint après avoir vu un alphabet de ce genre où chaque
lettre était illustrée par quatre dessins représentant :

    pour A (lettre noire) : Abeille, Araignée, Astre, Arc-en-ciel;
    pour E, jaune : Émir, Étendard, Esclave, Enclume;
    pour I, rouge : Indienne, Injure, Inquisition, Institut;
    pour O, azur : Oliphant, Onagre, Ordonnance, Ours;
    pour U, vert : Ure (sorte de bœuf), Uniforme, Urne, Uranie;
    pour Y, orange : Yeux, Yole, Yeuse, Yatagan.

Cette idée, qui a été reprise par Héraut en 1934, est assez séduisante,
et les concordances entre l'alphabet et le sonnet sont frappantes (à
condition d'admettre ou que le jaune de l'abécédaire a pâli, ou que
Rimbaud a délibérément préféré le blanc au jaune, peut-être pour
opposer le blanc au noir). Certains pourtant objectent que Rimbaud
déclare avoir « inventé » la couleur des voyelles (*Alchimie du Verbe,*
dans *Une saison en enfer); et* Delahaye rapporte dans ses *Souvenirs*
cette déclaration de Rimbaud : « J'ai cru voir, parfois j'ai cru sentir
de cette façon, et je le dis, je le raconte, parce que je trouve cela aussi
intéressant qu'autre chose » (*Rimbaud,* p. 80, note). Chadwick pense,
lui, que ce choix de couleurs s'imposait en quelque sorte à Rimbaud
qui affectionnait d'une part le contraste blanc-noir, d'autre part les
couleurs éclatantes; quant à J.-F. Barrère, il admet, à partir de l'abécédaire, que Rimbaud s'est intéressé, en poète qu'il était, non pas aux
couleurs, mais aux lettres et aux principales sortes de mots qu'elles
peuvent former (le A évoquant par exemple, non seulement l'Abeille
et l'Araignée, mais l'Abdomen des Arthropodes).

On sait enfin que Gengoux (précédé par miss Starkie) a donné des
Voyelles une explication occultiste, qui a pour base une valeur symbolique des couleurs. Citant Eliphas Levi, suivant qui « la vie rayon-
nante va toujours du noir au rouge, en passant par le blanc; et la vie
absorbée redescend du rouge au noir, en traversant le même milieu »,
il en tire une « dialectique des couleurs » symbolique : de A à I (donc
du noir au rouge) c'est la « vie ascendante »; puis on redescend jusqu'au noir (ou plutôt au bleu violet) en passant par le vert (au lieu du
blanc), chaque étape présentant une valeur symbolique (voir *La Pensée
poétique de Rimbaud,* p. 103). Ainsi le système de Rimbaud « ne présente pas de failles. Toutes les couleurs ont une valeur à la fois évo-

catrice et intellectuelle. » (p. 431) *Voyelles* devient dès lors pour Gengoux la « clef » de tout le système de Rimbaud, et la « dialectique des cinq étapes » s'applique non seulement à tous les poèmes du *voyant,* mais à la vie même de celui-ci... Il est bien difficile d'admettre que Rimbaud ait systématiquement écrit (et vécu !) suivant un tel « système »; mais en outre, la démonstration de Gengoux est loin d'être probante, puisque Lévi ne lui fournit que *trois* termes, noir, blanc, rouge, qui reviennent dans l'ordre inverse pour la « vie absorbée »); il faudrait donc admettre que chez Rimbaud le noir devient du bleu, et le blanc, du vert. Nadal, Étiemble et d'autres ont démonté le « mythe » occultiste. Je renvoie, notamment, au compte rendu d'O. Nadal dans la *Revue d'Histoire littéraire,* avril-juin 1951.

Ce qui me paraît probable, c'est que Rimbaud, comme beaucoup de gens, donne aux couleurs une valeur symbolique, que le noir éveille en lui des idées de mort, le blanc des idées de pureté, le vert des idées de sérénité... De même Baudelaire, à la suite de Fourier, regrettait-il que personne n'eût encore dressé une gamme analogique complète des couleurs et des sentiments *(Salon de 1846);* de même Balzac, dans *La Fille aux yeux d'or,* déclare-t-il que « l'âme a je ne sais quel attachement pour le blanc, l'amour se plaît dans le rouge, et l'or flatte les passions ». Mais cette valeur symbolique donnée aux couleurs (et qui est notée par Chadwick également) n'a qu'un rapport fortuit avec les voyelles : comme Étiemble l'a fait observer, Rimbaud, par exemple, dans le tercet qui illustre le « U vert », n'emploie nullement des mots commençant par un U, ou des mots contenant des U; son disciple René Ghil, beaucoup plus systématique, essaiera de mettre en rapport voyelle-couleur-son d'instrument-sentiment dans ses essais d' « orchestration verbale » mais les mêmes lettres n'évoquent pas les mêmes couleurs pour tout le monde; c'est en *visuel,* bien plus qu'en *auditif,* que Rimbaud écrit son sonnet; il voit les voyelles d'où l'évocation de tableaux colorés et d'images en mouvement. (S. B.)

Robert Faurisson a proposé une lecture du sonnet d'après le dessin des lettres, recomposant un blason du corps féminin (« A-t-on lu Rimbaud ? », publié dans *Bizarre,* 4ᵉ trimestre 1961.) (A. G.)

2. Pourquoi les voyelles dans cet ordre, et non pas l'ordre habituel ? On a signalé que Rimbaud voulait éviter le hiatus : O bleu, U vert — ce qui entraîne le même ordre dans la suite du poème. Dans *Alchimie du Verbe,* Rimbaud reprend l'ordre normal pour citer sa tentative. Il est évident du reste que l'Oméga «ferme» mieux le poème.

3. *Je dirai quelque jour* n'est probablement qu'une cheville; le mot *latentes,* en revanche, est essentiel : il s'agit, comme dit Barrère, «des réalités en puissance que portent, pour ainsi dire, en elles les voyelles ».

4. Ce *noir corset* ne paraît guère pouvoir convenir à l'Abeille de l'alphabet cité par Gaubert (bien qu'on parle de «mouches à miel»). Il s'agit bien de mouches, et même des mouches (bleues ou vertes) qui bourdonnent autour des pourritures. Le corset, l'Abdomen de la mouche, est en effet noir et velu, alors que les ailes sont souvent d'un vert ou d'un bleu «éclatant». Il est curieux de noter que, dans un cahier d'enfant, Rimbaud avait recopié un texte de Bernardin de Saint-

Pierre décrivant les mouches et leurs diverses couleurs (texte reproduit par S. Briet dans *Rimbaud notre prochain*).

5. On a déjà vu *bombiner* dans *Les Mains de Jeanne-Marie*. (S. B.)
Le mot semble s'appliquer au vol (au bourdonnement?) des insectes.
Jean-Pierre Chambon, qui me signalait une occurrence chez Paul Arène,
relève aussi *bombilare*, au sens de « to rumble » (gronder), dans le latin
médiéval d'Angleterre en 1370 (d'après le *Dictionary of Medieval Latin
from British Sources* de Latham). (A. G.)

6. *Cruelles* pourrait être amené par la rime, mais il semble aussi que
Rimbaud associe à la couleur noire, non seulement l'idée de mort, de
puanteur, mais celle de cruauté (cf. dans *Les Mains de Jeanne-Marie*
« le sang noir des belladones »).

7. Le mot *candeurs* est pris au sens étymologique (blancheurs). *Candeurs* et *vapeurs* par leur prononciation évoquent la voyelle E (EU)
qu'ils représentent, ce qui est assez rare dans le sonnet. Rimbaud pouvait songer pour *vapeurs* à la pièce de Baudelaire, *A une Madone :*

> *Et sans cesse vers toi, sommet blanc et neigeux,*
> *En Vapeurs montera mon Esprit orageux.*

8. « Visiblement, écrit Barrère, Rimbaud a pensé à quelque stalag-
mite de *glaçons*, comme l'indique une variante. » Ou bien Rimbaud,
respectant l'euphonie du vers, a voulu éviter *glaçons* à côté de *frissons*,
ou bien il a pensé que des *lances* évoquaient des pointes dressées vers
le haut, et non tombantes comme celles des stalagmites.

9. Par une brillante trouvaille, L. Sausy avait donné en 1933 une
interprétation de ce vers : il voyait l'E présentant ses trois barres non
plus horizontalement mais verticalement : « Elles semblaient ainsi
dresser dans la lumière des lances de glaçons fiers, et des rais blancs ».
Cette interprétation était fondée malheureusement sur la lecture *rais*
et non *rois*, lecture que détruit le manuscrit de la Maison de Poésie...
Quels sont ces *rois blancs*? L'Émir proposé par H. Gaubert paraît très
vraisemblable. On voit qu'ici Rimbaud associe à la blancheur un double
sens moral : à la fois pureté et fierté.

10. Comme le rappelle Barrère, on trouve au bord des chemins des
euphorbes lactescentes, mais leurs « ombelles » seraient plutôt ver-
dâtres. Les ombelles des carottes sauvages sont plus blanches. Dans
Mémoire, Madame est représentée « foulant l'ombelle ».

11. Pourquoi ce pluriel? Suivant E. Noulet, « c'est la synthèse de
l'énumération des passions qui vont suivre ». Je croirais plutôt que
Rimbaud a gardé de ses études classiques le souvenir de la pourpre
tyrienne qui servait couramment à teindre des étoffes : il s'agirait donc
d'étoffes pourpres — mais on sait, en outre, que « l'or et la pourpre »
symbolisent la richesse et la gloire.

12. Suivant Godchot, si Rimbaud parle de *sang craché* et de *lèvres
belles,* c'est parce qu'il se rappelle Gautier évoquant des femmes avec
« leurs bouches teintées de rouge et semblables à des blessures sanglantes ». Mais si l'on peut rire avec colère, on ne voit pas bien quel
rôle jouent ici les *ivresses pénitentes* — ou plutôt on peut les expliquer
soit par le I qui commence ivresses, soit par le désir de Rimbaud

d'évoquer la passion, la violence : on peut être ivre de pénitence comme de colère.

13. On a justifié de diverses façons le *U vert,* et notamment par un jeu de mots plus ou moins conscient sur *Univers* (si au contraire Rimbaud avait parlé d'I vert, cela eût fait un calembour). Je pense pour ma part que Rimbaud, comme dit Verlaine, « le voyait comme ça, mais c'est tout ». Étiemble fait remarquer que ces vers évoquant la voyelle U sont pleins de sonorités en I : vibrements *divins, virides, pâtis, rides,* alch*i*mie... Et pourquoi des *cycles?* A cause du jeu de mots implicite sur l'univers? Ou parce que le U évoque un diapason par sa forme, et que l'idée d'ondes qui se propagent entraîne l'idée du *vibrement* des *mers virides* (c'est-à-dire des vagues, *Undae*)?

14. On voit bien le rapport de l'U vert avec les mers « virides » et avec les « pâtis », mais non avec les *rides* des *fronts studieux,* même par l'intermédiaire du mot *paix.* Faut-il songer (avec Gaubert et Barrère) à Uranie, qui figure dans l'alphabet colorié, et qui est la muse de l'Astronomie, et admettre que Rimbaud confond ces deux sciences sous le signe de l'occultisme? Il est évident, en tout cas, qu'on peut difficilement penser que les *fronts* des alchimistes sont verts, même dans la pénombre de leurs cabinets de travail... Il paraît certain que le mot important, ici, c'est le mot *paix :* la couleur verte (très fréquente dans les premiers poèmes de Rimbaud) a toujours évoqué pour lui non seulement la nature, mais la sérénité. C'est en ce sens qu'il dira dans *Comédie de la soif,* en 1872 :

> *Jamais l'auberge verte*
> *Ne peut bien m'être ouverte.*

15. Le O est, dit Barrère, « le rendez-vous de la musique » (avec Orchestre, Orphéon, Ocarina, Orgue, Ophicléide — et, dans Gaubert, Oliphant). Mais la plupart de ces instruments, qui sont en cuivre, et le *Clairon* en tout cas, évoqueraient une teinte jaune (cuivré) et non du *bleu!* Et l'explication de T. Derème suivant lequel O est bleu et non jaune pour éviter dans le premier vers la cacophonie « I rouge O jaune » est un peu faible. Faut-il songer au ciel bleu où résonne le clairon? Le *suprême Clairon* est rapproché par Barrère de celui de Hugo dans *La Trompette du Jugement :*

> *Et ce clairon semblait, au seuil profond des cieux,*
> *Calme, attendre le souffle immense de l'archange.*

On peut penser aussi que si Rimbaud se rappelle, dans *La Chevelure* de Baudelaire, « l'*azur* du ciel immense et *rond* », il a pu associer le O (rond) avec l'azur... Mais il n'en reste pas moins qu'il illustre le O bleu par un *clairon.* Étiemble, qui insiste sur les associations purement visuelles du sonnet (pour le U des choses vertes, pour le I des choses rouges), ne parle pas de ce tercet. Il est pourtant évident que Rimbaud a donné à ce O une valeur surtout symbolique, en rapport aussi avec l'Oméga par lequel il termine son sonnet : le « suprême Clairon » nous fait aller au-delà de la simple description — et le vers suivant ne fera qu'accroître cette impression.

16. *Strideur* (qualité d'un bruit perçant et vibrant, dit Littré) se

retrouve dans *Paris se repeuple* — et les deux fois, chose curieuse, il s'agit d'un clairon silencieux, dont la musique est « latente », ou à venir.

17. A propos de ce vers, Gengoux fait un rapprochement assez remarquable entre Rimbaud et E. Levi : « Le secret des sciences occultes, écrit ce dernier, c'est celui de la nature elle-même, c'est le secret de la génération des anges et des mondes, c'est celui de la toute-puissance de Dieu » (voir *La Pensée poétique de Rimbaud*, p. 43). Plus curieux encore, le rapprochement fait par J. Bousquet entre Rimbaud et Swedenborg dans *Critique* en avril 1949 : dans *Les Merveilles du Ciel et de l'Enfer*, Swedenborg déclare : « Le langage des anges célestes sonne beaucoup en voyelles U et O; et le langage des anges spirituels en voyelles E et I. » Mais Rimbaud, même par son ami occultiste Bretagne, a-t-il pu connaître ce livre d'accès difficile? En tout cas il semble bien qu'il songe ici au Créateur, *alpha* et *oméga* de toutes choses, suivant l'expression consacrée. D'où O l'Oméga.

18. En même temps qu'il passe de l'*o* à l'*oméga* (O long en grec), Rimbaud passe du bleu au violet, qui est la dernière couleur du prisme. *Ses Yeux* pose un problème : pour J.-B. Barrère, pas de doute : il ne peut s'agir que de Dieu (dont l'œil apparaît dans le triangle de la symbolique chrétienne) : « Les majuscules, réservées à ce dernier tercet, sont témoin de la puissance divine », dit-il. Mais pour les amis de Rimbaud, Delahaye et Pierquin, il s'agit de la mystérieuse « jeune fille aux yeux de violette » qui aurait suivi Rimbaud à Paris en février 1871. On peut se demander si Rimbaud n'a pas cherché une certaine ambiguïté, car il est difficile de voir dans les deux premiers vers du tercet autre chose qu'une évocation de la puissance divine, et difficile de ne pas voir dans le dernier vers une évocation féminine (Rimbaud emploie souvent des majuscules en parlant d'*Elle*, pour désigner une femme). Bouillane de Lacoste suggère ingénieusement que Rimbaud a pu se rappeler *Péristéris*, des *Poèmes antiques*, où Leconte de Lisle écrit :

> *Dites son rire frais, plus doux que l'aubergine,*
> *Le rayon d'or qui nage en ses yeux violets.*

Dans ce cas, il serait parti d'une « source » littéraire pour évoquer conjointement le mystère de la Création et le mystère de l'Amour... Est-ce bien plausible?

P. 111.   L'ÉTOILE A PLEURÉ ROSE...

1. Dans la copie de Verlaine, ce quatrain se trouve sur la même feuille que le sonnet des *Voyelles :* il doit donc dater de la même époque. E. Noulet signale que le quatrain paraît compléter le sonnet : il manifeste en tout cas le même colorisme. C'est un « blason » du corps féminin, où chaque vers, construit toujours de la même façon, met en relief à la césure un adjectif de couleur. J'avoue ne pas partager à l'égard de ce poème l'émerveillement de Mme Noulet et d'Étiemble : il vaut surtout par la virtuosité de l'auteur, et par l'utilisation d'un procédé stylistique qui sera repris par les décadents : « pleurer rose », « rouler blanc », l'apposition faisant corps avec le verbe.

2. Ce vers est à rapprocher du *Bateau ivre* où Rimbaud parle de la mer où

> *Fermentent les rousseurs amères de l'amour!*

Non seulement il évite ici l'expression un peu ridicule d'une « mer... rouge », mais il semble accorder à l'adjectif *roux* une valeur symbolique : sensualité et âcreté.

L'HOMME JUSTE

P. 112.

1. Ce poème important (bien que nous ne le possédions pas complet) est un témoignage de la révolte antichrétienne de Rimbaud poussée au blasphème le plus violent. On reste saisi devant ce poème furieux où le Christ en croix est appelé « pleureur des Oliviers », « plus bête et plus dégoûtant que les lices », et où les apostrophes virulentes se succèdent avec une luxuriance verbale qui n'est pas sans rappeler l'autre ennemi de Dieu, Lautréamont. (S. B.)

Dans un article publié dans *Parade sauvage* (n° 2, avril 1985, p. 44-54), Yves Reboul a montré que l'interprétation qu'adopte ici Suzanne Bernard (*l'homme juste* désigne le Christ), n'est guère plausible, et qu'il faut voir plutôt dans cet *homme juste* une caricature de Victor Hugo, dont l'œcuménisme politique, au printemps 1871, avait agacé Rimbaud. Un poème d'Hugo, publié dans *Le Rappel* le 21 avril, disait en effet « Sois juste », mettait en garde contre le ressentiment politique et plaidait pour le pacifisme et la réconciliation entre Communards et Versaillais. Rimbaud raille et parodie, en particulier par quelques repiquages lexicaux dans la neuvième strophe, le prophétisme hugolien et la poésie des *Contemplations*. Il faut donc prendre les notes qui suivent (2 à 22) avec la circonspection qu'implique leur anachronisme critique. Je les maintiens comme témoignage d'une interprétation qui, aux yeux de critiques plus récents (C.A. Hackett par exemple), n'est pas résolument démentie. (A. G.)

2. Le poème est apparemment très incomplet, puisque nous avons 55 vers et que la copie de Verlaine portait en marge la mention : 75 vers. Rimbaud, qui admirait beaucoup le *Qaïn* de Leconte de Lisle, s'en est certainement souvenu; il est à remarquer qu'il dispose, lui aussi, son poème en couplets de 5 alexandrins. Mais le thème est assez différent, malgré le sentiment de révolte qui anime les deux poèmes : Qaïn reproche à l'avance à Dieu sa cruauté, et le règne du mal sur la terre (« Dieu qui mentais, disant que le monde était bon »); Qaïn est le Juste (« Surgissant devant eux de la cendre des Justes ») et c'est lui qui crie : « Je resterai debout! »; Rimbaud, lui, comme le note Gengoux, est « le vrai juste » qui interpelle « le faux juste » (on sait que dans le récit de la Passion le Christ est appelé à plusieurs reprises « le Juste »). Il y a certainement aussi dans ce poème un souvenir du *Reniement de saint Pierre* de Baudelaire, et des autres pièces groupées dans *Les Fleurs du mal* sous le titre commun *Révolte*.

3. Dans l'Évangile, c'est le Christ qui a des « sueurs de sang » sur la croix.

4. Ces vers sont-ils une allusion aux phénomènes qui marquèrent la mort du Christ (le soleil s'obscurcit, le voile du Temple se déchire)? Mais ces phénomènes deviennent le point de départ d'une vision d'Apocalypse, où i.. ~viennent astres et comètes (= *bolides*). Le vocabulaire est très rimbaldien : *bourdonner les flueurs, astres lactés* (cf. dans *Le Bateau ivre*, le «Poème» de la Mer, «infusé d'astres, et lactescent».

5. *Ostiaire*, «porte», sens déduit de *gueux de l'hostiaire* (*hostiaire* chez Rabelais), «gueux qui va de porte en porte», signalé dans le *F.E.W.* et les dictionnaires de Godefroy et Huguet. (A. G.)

6. *Le soleil mort* est une allusion à l'Évangile où il est dit que «le soleil s'obscurcit» à la mort du Christ.

7. Le Christ, d'abord assimilé à Ossian, le *barde d'Armor* (à cause des «thrènes», c'est-à-dire des chants pieux, qu'il «dégoise», dit Rimbaud plus loin) est ensuite appelé satiriquement *pleureur des Oliviers :* on sait que dans l'Évangile le Christ, sur le mont des Oliviers, est «triste jusqu'à la mort». Rimbaud se souvient aussi du poème de Vigny, *Le Mont des Oliviers*, publié en 1843, qui manifeste à l'égard de Dieu un sentiment de révolte et d'amertume.

8. Série d'épithètes ironiques à l'égard du dieu «de la famille» (avec jeu de mots sur *barbe*) et «de la cité». La «douceur» passive du Christ s'oppose ici à la révolte rimbaldienne (de même Rimbaud reprochait à la femme, dans *Les Sœurs de charité*, sa pitié *douce*). Baudelaire, lui aussi, dans *Le Reniement de saint Pierre*, reproche au Christ sa passivité, et déclare qu'il sortirait satisfait

D'un monde où l'action n'est pas la sœur du rêve.

9. Jeu de mots sur les *calices* servant à boire (sur le mont des Oliviers le Christ dit à son Père : «Éloignez de moi ce calice») et les calices doux et suaves des fleurs.

10. La *lice* est la femelle d'un chien de chasse; le mot est ici injurieux, à peu près comme l'épithète «chienne» (cf. l'avant-dernière strophe).

11. Ici apparaît le «caïnisme» du révolté, qui refuse le pardon et se dresse contre Dieu (cf. Baudelaire, *Abel et Caïn*). Le terme de *maudit*, qui s'applique habituellement à Satan, est ici appliqué à ce révolté qui est *soûl, fou, livide*, de même que le *Qaïn* de Leconte de Lisle était

Flagellé de fureur, ivre, sourd, éperdu.

12. Explosion de fureur contre la «torpeur» chrétienne : le christianisme endort l'homme, l'empêche de lutter. De même, chez Leconte de Lisle, Qaïn s'irrite contre Iahveh qui dit : «Va prier, va dormir.»

13. Le *thrène* est un chant de regret funéraire — mais pourquoi des *becs de canne fracassés?* Il est probable que Rimbaud fait allusion aux litanies et aux chants religieux de la Passion — mais cela n'explique pas la comparaison.

14. À propos de *becs de canne*, voir Jean-Pierre Chambon (*Parade sauvage, Bulletin*, n° 2, janvier 1986, p. 41-44). (A. G.)

15. Souvenir de la Bible. Cette expression qui rappelle que Dieu voit tout rappelle aussi le Caïn de Victor Hugo :

L'œil était dans la tombe et regardait Caïn.

Il y a ici opposition entre la « lâcheté » du Christ et la toute-puissance divine.

Puissé-je user du glaive et périr par le glaive!

écrit de son côté Baudelaire, rappelant la formule biblique, et s'irritant contre la « douceur » évangélique.

16. Les *pieds divins* passeraient sur le *cou* du réprouvé pour lui faire baisser la tête (peut-être après l'avoir jeté à terre, humilié). Qaïn chez Leconte de Lisle raille la « multitude à genoux » de la race de Seth.

17. Élargissement de l'anathème qui atteint les Saints et les Justes, *Socrates* (au pluriel) désignant tous les sages conformistes et passifs, qui préfèrent, comme Socrate, périr injustement plutôt que braver les lois. En face d'eux, *le Maudit suprême* est à la fois Satan, Caïn et Rimbaud lui-même.

18. L'anathème apparaît cette fois comme crié au cours d'une vision nocturne à un *fantôme* qui a disparu (ce qu'expliquait sans doute le début du poème) ; c'est aux *vents nocturnes* que le poète s'adresse à présent, Dieu ne lui ayant répondu que par le silence (comme dans *Le Mont des Oliviers* de Vigny).

19. Cette strophe évoque, non pas, comme le prétend Gengoux, « le calme et la vérité du monde restituée », mais l'Ordre éternel et impassible, qui n'est pas troublé par la révolte du Maudit. La belle image des « pilastres d'azur » est peut-être amenée par la rime... On trouve dans *Plein Ciel* de *La Légende des Siècles* la même rime, et le même genre d'évocation : « les bleus pilastres... plafond des astres ».

20. Toute cette strophe, avec l'image du navire, peut être comparée aux dernières pièces de *La Légende des Siècles* : « Où va-t-il ce navire ? » (il s'agit de l'« aéroscaphe »), dans *Plein Ciel,* et la pièce *Abîme,* où Hugo fait parler les Constellations : « Clarté, je veille », dit Septentrion, et le Zodiaque déclare :

Et je suis le rouage énorme d'où descend
L'ordre invisible au fond du gouffre éblouissant.

Mais l'accent de Rimbaud n'est que faussement apaisé : il veut surtout évoquer l'ordre *silencieux* qui n'a rien répondu aux cris du Maudit.

21. Cette strophe, que l'on plaçait habituellement en premier lieu, devient l'avant-dernière dans le manuscrit de la collection Barthou. Elle reprend l'idée de la « lice » lascive, mais aussi passive. Le « Juste » n'a rien trouvé à répondre devant l'« assaut » du révolté.

22. Le sens péjoratif du mot *charités,* précisé par l'adjectif *crasseuses,* suggère sensiblement les mêmes sentiments que la vision des *Pauvres à l'église.* Le mot *progrès* est à prendre également dans un sens satirique.

23. Vers relâchés de style et peu clairs, mais qui font visiblement allusion aux chants d'église (cf. les marmots des *Premières Communions,* « grasseyant les divins babillages »). Quant au dernier vers, il paraît contenir une allusion au passage de la Bible (*Lamentations* de Jérémie, IV, 2) qui est lu à Ténèbres le Samedi saint : « Comment les nobles fils de Sion, couverts de l'or le plus pur, sont-ils traités comme des vases de terre, ouvrage des mains du potier ? »

CE QU'ON DIT AU POÈTE
A PROPOS DE FLEURS

P. 115.

1. Ce texte a été envoyé par Rimbaud à Banville le 15 août 1871; il est daté du 14 juillet 1871, et signé Alcide Bava. Il était accompagné d'un billet où Rimbaud demandait à Banville : « Ai-je progressé? » et donnait son adresse chez Bretagne; on ignore quelle fut la réaction de Banville! C'est Marcel Coulon qui fit la découverte de ce poème parmi un lot d'autographes appartenant à Louis Barthou, et qui le fit connaître au public dans son livre *Au cœur de Verlaine et de Rimbaud.* On a naturellement insisté sur l'aspect satirique et parodique de ce poème : Rimbaud y raille les thèmes parnassiens (et banvillesques) et invite les poètes à renouveler leurs sujets d'inspiration. N'oublions pas cependant que Banville lui-même avait montré la voie au jeune poète dans ses *Odes funambulesques* qui sont, comme le titre l'indique, des parodies, et que Rimbaud ne fait qu'aller plus loin : s'il se moque de Banville, c'est donc de façon moins ouverte qu'on ne pourrait croire. Ne les croirait-on pas de Rimbaud, par exemple, ces deux vers de Banville, dans *Bonjour, monsieur Courbet* :

> *Les fleurs de la prairie, espoir des herboristes!*
> *Arboraient des tons crus de pains à cacheter.*

Rimbaud emprunte du reste aux *Odes funambulesques* (dont Delahaye nous apprend qu'il chérissait la lecture) de nombreuses expressions, qui ont été relevées par Gengoux. Mais il faut surtout souligner, je crois, que sous la forme « funambulesque » de ce poème se cache une idée très sérieuse : Rimbaud demande au poète, comme il l'a dit dans sa lettre à Demeny, « du *nouveau* — idées et visions ». Il ne s'agit plus de chanter les lys et les roses, ou d'évoquer un exotisme de commande en vers réguliers (« des constrictors d'un hexamètre! »). (S. B.) Sur ce poème, voir l'étude d'Yves Bonnefoy (dans *Denis de Rougemont (...), études et témoignages (...)*, Neuchâtel, A la Baconnière, 1976, p. 231-241).

2. Le *Lys* est le symbole de la poésie classique et éthérée : Coppée avait publié *Le Lys* dans la première série du *Parnasse*, et Mallarmé avait évoqué, dans *Les Fleurs*, « la blancheur sanglotante des lys ». La parodie consiste à ajouter en apposition « ces clystères d'extases ». On pourra lire dans l'*Album zutique* (ci-dessous p. 319) un quatrain de Rimbaud parodiant A. Silvestre et qui commence par ce vers :

> *O balançoirs! O Lys! Clysopompes d'argent!*

3. Le mot *sagou* est commenté par l'allusion aux « Plantes travailleuses » : il s'agit de certaines espèces de palmiers (notamment le *sagus arenacea*) qui croissent aux Philippines notamment, et dont la moelle fournit une substance amylacée (il existe aussi du « sagou blanc » ou tapioca, qui est de la fécule de racine de manioc).

4. *Monsieur de Kerdrel* étant un défenseur de la cause royaliste, le lys prend ici la valeur de l'emblème royaliste (fleur de lys).

5. Comme le rappelle J. Mouquet, lys, œillet et amarante sont les principales récompenses décernées aux Jeux floraux de Toulouse. Il n'est du reste pas impossible que Rimbaud y ait concouru. De là l'allusion au *Ménestrel*.

6. Gengoux rapproche ce couplet parodique des lignes lyriques de Th. Gautier, qui dit de Banville qu' « il voltige au-dessus des fleurs de la prairie, enlevé par des souffles qui gonflent sa draperie aux couleurs changeantes ». En tout cas Rimbaud oppose les lys des poètes (mais dans la réalité « on n'en voit pas ») et les *myosotis immondes* sur lesquels passe la brise du matin.

7. Comme les lys, lilas et violettes remplissent les vers parnassiens (Mérat a donné *Les Violettes* au premier *Parnasse* et il est souvent question, dans les *Poèmes antiques,* des « violettes d'Ionie »). Le dernier vers est peu clair; suivant Gengoux, il s'agit de larves ou « nymphes » d'insectes.

8. Cette fois c'est aux *Roses* que s'en prend Rimbaud — les roses, évoquées par tous les poètes, entre autres par Mallarmé dans *Les Fleurs* (la rose rouge, « celle qu'un sang farouche et radieux arrose »), et par Banville qui évoque, dans *La Symphonie de la neige (Stalactites),* la rose blanche. *De mille octaves enflées* fait sans doute allusion aux vers octosyllabes.

9. Gengoux a relevé la même rime plaisante « bouchon de carafe — photographe » dans les *Odes funambulesques.*

10. Image cocasse pour montrer que les *végétaux Français* restent bas, *phtisiques.*

11. *Lotos, Hélianthes* et, plus loin, *Açokas* (arbre des Indes) font allusion aux poèmes des parnassiens qui affectionnaient les noms de fleurs et de plantes exotiques; on trouve ces noms chez Leconte de Lisle notamment (cf. *Çunacepa* et *Bhagavat*), et aussi chez Catulle Mendès qui avait donné au *Parnasse* de 1866 *Le Mystère du Lotus,* ainsi que *L'Enfant Krichna* où il est question d'un

Faîte rocheux verdi d'açokas et d'yeuses.

12. En même temps, Rimbaud condamne les formes périmées, odes ou strophes; la raillerie est dans la forme plus encore que dans le sens : *Ode Açoka* ne veut pas dire grand-chose, mais permet une cacophonie plaisante *(Açoka cadre)* et un enjambement qui fait ressortir le ridicule de la rime, « bijou d'un sou » dira Verlaine.

13. Variante, signale J. Mouquet, du cri des fripiers, « Vieux habits, vieux galons ».

14. Allusion, signalée par Gengoux, aux *Fleurs animées,* ouvrage de Grandville. « Dites-moi un peu s'il y a jamais eu quelque chose de plus idiot que les dessins de Grandville? » écrit Rimbaud à Izambard le 25 août 1870 à propos du *Diable à Paris.* Toutes ces fleurs trop connues doivent aller « aux hannetons, pas aux crotales », car elles n'évoquent pas un exotisme véritable.

15. Dans les *Voyelles,* Rimbaud avait évoqué les « pâtis semés d'animaux »; ici le *Chasseur,* qui est le poète parnassien, décrivant comme

Leconte de Lisle des animaux de toutes les parties du monde (d'où *panique*), connaît mal la botanique.

16. *Grillons, Rhins* et *Norwèges* évoquent les pays du Nord, opposés aux *Cantharides* (coléoptères dont on trouve de nombreuses variétés au Brésil), aux *Rios* et aux *Florides.* Peut-être faut-il voir là une allusion à Leconte de Lisle, qui après avoir déjà, dans ses *Poèmes et Poésies* de 1858, écrit des poèmes nordiques et des poèmes tropicaux, avait donné au *Parnasse* de 1866 d'une part *Les Larmes de l'ours* et *Le Cœur d'Hialmar,* d'autre part *Le Rêve du jaguar* et *La Vérandah?* Ce qui rend cette supposition assez vraisemblable, c'est que le nom de la *cantharide* figure dans *Les Jungles (Poèmes et Poésies)* de Leconte de Lisle :

> *La cantharide vibre autour du roi rayé.*

17. Allusion plaisante à la fois aux serpents exotiques décrits par les parnassiens et au vers de douze pieds, considéré lui aussi comme une forme périmée (voir la note 3, p. 546).

18. Allusion possible au *Rêve du jaguar :*

> *Sous les noirs acajous, les lianes en fleurs,*
> *Dans l'air lourd...*

écrit Leconte de Lisle, qui parle plus loin de « singes farouches ».

19. Cf. dans *Le Bateau ivre* les « fientes d'oiseaux clabaudeurs». C'est ici le règne animal qui est opposé au règne végétal, la vie et la mobilité qui sont préférés à la beauté des fleurs. De même l'évocation du poète « assis » dans une cabane aux « volets clos » oppose le voyageur en chambre au véritable aventurier, qui connaît ce dont il parle.

20. *Pampa* est normalement du féminin. Gengoux se demande si l'on ne pourrait lire *pampres :* mais le vers suivant deviendrait incompréhensible, alors qu'on peut penser ici aux révoltes du Mexique par exemple. La suite des idées n'est du reste pas trop claire : il semble que cette partie invite le poète à chanter d'une part « les exotiques récoltes », le travail productif des hommes, d'autre part des fleurs inédites, étranges, sur lesquelles l'imagination de Rimbaud va s'exercer jusqu'au délire.

21. *Phébus* Apollon est le dieu des Arts, mais aussi le Soleil; le rapprochement avec le verbe réaliste *tanna* produit un effet parodique.

22. *Incaguer* est un verbe ancien (de *incacare*) des XVIe et XVIIe siècles. Le poète doit incaguer, mépriser la mer de Sorrente qui symbolise la poésie sentimentale, élégiaque d'un Maynard ou d'un Lamartine. Banville avait, lui aussi, parlé de « Sorrente aux blondes grèves » dans un poème des *Stalactites, A une petite chanteuse des rues.*

23. *Manglier* est un autre nom du palétuvier, qu'on trouve sur les plages de l'Amérique intertropicale et du Malabar. Rimbaud en employant le terme d'*abatis* cherche donc à créer une équivoque et à faire penser à des animaux (sangliers?); mais il détruit aussitôt l'ambiguïté en parlant d'*hydres* (animaux aquatiques) et de *lames* (marines).

24. Banville a parlé, signale Gengoux, de la *gomme* et du *sucre* dans

les *Odes funambulesques*. Il s'agit toujours, ici, d'une exploitation pratique de la poésie; la raillerie est accentuée par l'emploi du mot *sujets*, qui fait attendre une expression telle que *sujets d'inspiration, sujets de poèmes*.

25. Cette allusion bizarre est sans doute due, comme l'a signalé Gengoux, à un article de la *Revue pour tous* (où Rimbaud avait fait paraître *Les Étrennes des orphelins*), qui explique la teinte rosée de la neige, là où commencent à fleurir les mousses et les lichens, par la présence « d'un petit végétal élémentaire de la famille des algues, nommé le *Protocacius nivalis* » (*La Pensée poétique de Rimbaud*, p. 298).

26. La *garance* est une plante d'où l'on extrait la teinture rouge. Les pantalons de l'armée étaient alors rouge garance : l'ironie est sensible.

27. A partir de cette strophe, Rimbaud se laisse aller à un véritable délire de métamorphose qui va mêler tous les règnes (animal, végétal, minéral) pour arriver, comme dans *Les Assis*, à des effets à la fois burlesques et fantastiques. Partant du mot *mufles* (par association d'idées avec muflier?), Rimbaud passe au verbe *bavent*, puis (pour la rime?) aux *Buffles*. Strophe à rapprocher du vers des *Douaniers :*

> *Quand l'ombre bave aux bois comme un mufle de vache.*

28. Hérédia avait publié dans *Le Parnasse* de 1866 un poème sur *Les Fleurs de feu* (les cactus). Est-ce une raillerie à son égard? Mais Rimbaud connaissait aussi, semble-t-il, le pastiche de Leconte de Lisle dans les *Binettes rimées* de Vermersch où est évoqué

> *Le grand Toaroa, l'œuf où Pô mit son feu*

29. Peut-être inspiré par le souvenir des *Assis,* Rimbaud, dans son délire inventif, imagine d'abord des fleurs-chaises, avant d'imaginer *des fleurs presque pierres :* peut-être a-t-il lu des descriptions de grottes (cf. *filons)* où l'on trouve des concrétions étranges, de véritables « fleurs de pierres »; ou bien se souvient-il de Lucrèce qui dit (V, 912) que dans l'âge d'or, « au lieu de fleurs, les arbres se couvraient de pierres précieuses ». Mais la singularité du ton, des détails qu'il donne, reste extraordinaire.

30. Les *cuillers Alfénide* existent encore; l'alfénide est une composition chimique inventée par Halphen en 1850. Que veut dire Rimbaud par cette plaisanterie? Sans doute que les poètes peuvent faire de « splendides » trouvailles verbales (pourtant un peu « sirupeuses » s'ils s'en tiennent aux Lys de la poésie classique) qu'il oppose à l'ordinaire vie moderne, où l'on se sert non de « vermeil » mais de « cuillers Alfénide ».

31. *Le grand Amour* nous amène à des railleries sur la poésie mystique, et entraîne l'idée des *Indulgences,* puis l'allusion à Renan dont il semble bien que Rimbaud a connu les ouvrages (voir au moins *La Vie de Jésus,* la note 1, p. 454). Quant au *chat Murr* (sorti d'un conte d'Hoffmann), il paraît bien être là uniquement pour reprendre les rimes plaisantes de Banville « amour — chat Murr » dans les *Odes funambulesques*. L'adjectif *bleus* donne aux *thyrses* (qui font penser à Bacchus et aux cultes antiques) une nuance céleste.

Le quatrain suivant est à rapprocher des *Premières Communions* où l'on trouve la même rime *hystéries — Maries*.

32. Sur un ton assez sardonique, Rimbaud associe la Rime à la fois au commerce exotique et à une sorte de charlatanisme *(médium)*. Il va cependant faire allusion, dans cette strophe et dans la suivante, aux curieux phénomènes de la physique moderne — sorte de magie contemporaine.

33. *Dioptriques* s'applique aux phénomènes de la lumière réfractée et à leurs effets sur la vision. Les *fleurs* et les *papillons électriques* (l'adjectif se rapporte aux deux) font allusion aux féeries colorées de l'électricité, alors dans toute leur nouveauté. Il n'est pas impossible que Rimbaud, en énumérant ces couleurs, songe à lui-même et au sonnet des *Voyelles*.

34. Plaisante évocation des « chants de fer » de l'époque moderne (parodie de Hugo qui disait : « Et j'ajoute à ma lyre une corde d'airain »?); les *poteaux* (ou plutôt les fils) *télégraphiques* deviennent les cordes de la lyre et ornent ses *omoplates*.

35. Faut-il songer, comme le fait Gengoux, aux *Fleurs du mal* de Baudelaire, la pomme de terre étant une plante souterraine, « infernale »? Cela me paraît presque trop ingénieux. J'imagine que Rimbaud pense plutôt à cette poésie « moderne » et « scientifique » qu'il prône et songe à une maladie de l'espèce (comme aujourd'hui le doryphore).

36. *Tréguier,* ville natale de Renan, et *Paramaribo,* ville de Guyane, résument les attaques du poème contre la poésie française conventionnelle et contre la poésie exotique non moins conventionnelle. Quant à Figuier, il avait écrit une *Histoire du merveilleux dans les temps modernes,* en 1866, mais il est plus probable que Rimbaud songe plutôt aux tomes des *Tableaux de la nature,* titre collectif de nombreux ouvrages, parmi lesquels *Les Merveilles de la science,* et surtout l'*Histoire des plantes.* Il est évident qu'il y a ici une raillerie à l'égard des écrivains qui composent à coups de lectures; mais Rimbaud n'en invite pas moins les poètes à faire se lever « d'étranges fleurs » devant l'imagination des lecteurs, et à chercher autour d'eux dans les merveilles de la science moderne les éléments de mystère et de féerie qui manquent à la poésie des parnassiens.

LES PREMIÈRES COMMUNIONS

P. 121.

1. Ce poème, envoyé à Verlaine au cours de l'été de 1871, figure également sur le cahier autographe de ce dernier. « Troubles des sens, pathologie féminine et religion se mêleront, dans *Les Premières Communions,* de façon inextricable », écrit Bouillane de Lacoste dans son édition critique. Le mépris de la femme, exprimé dans *Les Sœurs de charité,* est ici commenté et expliqué par les méfaits de la religion. Suivant Verlaine, ce poème dérive d'une « rencontre malheureuse avec le Michelet sénile et impie »; mais on y retrouve, aussi, le paganisme exprimé dans *Soleil et chair* : si l'Amour est sali, abîmé, c'est que la religion chrétienne en a fait un objet de péché et de honte — pis encore,

a vicié les instincts normaux en les égarant vers l'Amour mystique. Fait assez significatif, Isabelle Rimbaud avait fait sa première communion en mai cette année-là. (S. B.) Sur *Les Premières Communions*, voir l'article de Jean-Pierre Chambon (*Parade sauvage*, n° 3, avril 1986, p. 43-49). (A. G.)

2. Les *églises de village* paraissent représenter pour Rimbaud un souvenir personnel : peut-être l'église de Roche. Il existe un dessin de Rimbaud, reproduisant un dessin de Humbert paru dans *La Lanterne de Boquillon* (voir *Le Bateau ivre*, n° 14, novembre 1955), et intitulé *Le Dimanche au village à l'heure de la messe*. Toute cette strophe est à comparer avec *Les Pauvres à l'église* pour son mélange de réalisme et de poésie.

3. *Noir* est un substantif, et désigne le prêtre ; l'évocation des *souliers* qui *fermentent* fait songer à *Un cœur sous une soutane* : « Thimothina regarda mes souliers : j'avais chaud, mes pieds brûlaient sous son regard, et nageaient dans la sueur. »

4. *Rosier fuireux*, « églantier », régionalisme (*F.E.W.*, 10, 479 a) élucidé par Antoine Adam (son éd., tirage de 1979, p. 911, note 4). (A. G.)

5. Toujours l'opposition, avec le même adjectif, entre le « grotesque » de la religion, et la beauté que verse le soleil, symbole d'une nature païenne. De même on verra dans la strophe suivante le prêtre auquel on *paie* une place à l'ombre

Pour qu'il laisse au soleil tous ces fronts brunissants.

6. Rimbaud décrit les diverses gravures, ou « enluminures » qui ornent les murs d'une maison de campagnards. Les *deux cartes* ne me paraissent pas, comme à Gengoux, être « celles de leur mariage », mais des cartes de géographie, comme l'indique *jour de science*.

7. Si les filles songent surtout à s'amuser avec les garçons, le curé, lui, est entraîné par les airs de danse ; du mollet, il *marque* les pas.

8. On peut se demander, avec Bouillane de Lacoste, si Rimbaud a vraiment répété la même rime, ou s'il s'agit d'une étourderie du copiste (c'est-à-dire Verlaine). En tout cas, l'enfant n'est pas une *catéchiste*, mais une *catéchumène*.

9. L'enfant *vole* l'amour de Jésus à ses sœurs stupides, les petites campagnardes. Elle se sent l'élue du Seigneur.

10. *Nitides* est un latinisme (*nitidus* = brillant, resplendissant) et une imitation du latin d'église. La strophe suivante fera allusion aux « terminaisons latines ».

11. Les *Fronts*, avec une majuscule, sont ceux des « Jésus » ; la vision, souvenir peut-être d'« enluminures » religieuses, est très colorée, avec des cieux « verts » comme il arrive souvent chez Rimbaud.

12. *Reine de Sion* est une des appellations de la Vierge dans les litanies. Arthur a été lui-même, à l'époque de sa communion, un enfant très pieux. C'est alors qu'il était, suivant Delahaye, premier en catéchisme et se faisait traiter de « sale petit cagot » par des élèves plus grands (*Rimbaud*, p. 175). On peut donc lui appliquer le vers de la strophe suivante : « Les mystiques élans se cassent quelquefois... »

13. *Les vieux bois* paraissent désigner des gravures sur bois ; on

revient ici à l'idée des « dessins » pieux choisis par le curé. Aux chastes mysticités succède ici l'inquiétude sexuelle : la nuit tombante ne calme pas le trouble de l'enfant.

14. L'adjectif *bleu* revient avec insistance comme un symbole de la mysticité (cf. *chastes bleuités*); mais il y a peut-être aussi une intention railleuse dans le rapprochement des rideaux *bleus*, de la fenêtre *blanche* et du rêve *rouge* de l'enfant (suivi du détail réaliste : *elle saigna du nez*). *Illuné*, mot forgé par Rimbaud, se trouve déjà dans *Les Poètes de sept ans* (voir la note 10).

15. Le calme, la chasteté et la faiblesse succèdent au délire des sens, en même temps que revient l'idée de la *Vierge-Mère*.

16. Parodie du terme consacré d' « épouse du Seigneur ». Gengoux cite plusieurs passages de *Madame Bovary* où se trouvent des notations du même genre, soit pour l'enfance d'Emma (« Les comparaisons de fiancé, d'époux, d'amant céleste et de mariage éternel... lui soulevaient au fond de l'âme des douceurs inattendues »), soit pour le mélange d'amour mystique et d'amour profane qui règne dans l'âme d'Emma adultère (voir *La Pensée poétique de Rimbaud,* p. 314-315).

17. De même, dans *Les Poètes de sept ans,* l'enfant se renferme dans « la fraîcheur des latrines ». Ici aussi, l'enfant recherche la fraîcheur de la nuit : Rimbaud utilise sans doute les deux fois un souvenir personnel. Ces deux strophes sont surtout descriptives; mais on ne comprend pas très bien, puisque c'est la nuit, les « ors vermeils » des cieux. La correction *soufraient* pour *souffraient,* sans donner un sens très satisfaisant, paraît toutefois plus acceptable, les pavés pouvant refléter ces « ors » en teintes de soufre.

18. *O sales fous* s'adresse vraisemblablement aux prêtres. On peut se demander si Rimbaud ne comptait pas compléter cette partie VII, ou si la copie de Verlaine est incomplète... Que signifie cette ligne de points? et pourquoi la transition entre la nuit de la première communion et le matin de la nuit de noces (partie VIII) n'est-elle pas mieux ménagée?

19. Rimbaud imagine à présent la jeune fille après son union avec l'homme, « l'amant », attristé *au matin de la nuit d'amour;* il semble que c'est elle qui parle *avec douleur.* Elle se dit *malade,* et se compare aux *Morts des eaux nocturnes abreuvés,* ce que Gengoux rapproche de l' « eau de Mort » de *Bethsaïda.* Mais on peut penser simplement qu'elle exprime là un désir de fraîcheur, les Morts étant « abreuvés » dans les cimetières par les pluies nocturnes.

20. Nous retrouvons ici le thème de l'incompréhension entre l'Homme et la Femme, déjà traité dans *Les Sœurs de charité.* Mais ce n'est plus l'homme qui appelle la mort « en son âme et ses membres malades »; c'est la femme, victime de Jésus. Le *baiser putride* de Jésus est opposé, avec un réalisme violent, aux baisers normaux, généreux, de l'amour. La religion aura vicié les élans normaux, les justes passions entre homme et femme : elle fera peser ses malédictions sur la femme, « âme pourrie », et sur l'homme, « âme désolée ».

21. L'apostrophe finale nous montre, comme dans *L'Homme juste,* l'irritation de Rimbaud contre les mièvreries sentimentales, l'attitude

passive et équivoque développées par le christianisme. Mais ce n'est plus tant le manque d'énergie du Christ lui-même qu'il incrimine que son influence sur les femmes auxquelles il « vole » leur énergie, qu'il rend souffrantes et maladives. L'inspiration de Rimbaud, ici, vient peut-être en partie de Michelet.

LES CHERCHEUSES DE POUX

P. 127.

1. De quand peut dater ce poème, dont il ne reste pas de manuscrit? D'après P. Petitfils, cette pièce serait un souvenir de l'arrivée de Rimbaud à Douai, en septembre 1870, chez les deux tantes d'Izambard, les demoiselles Gindre. Conjecture d'autant plus plausible, ajoute J. Mouquet, que Rimbaud sortait de Mazas où il avait purgé huit jours de prison pour avoir voyagé sans billet de Charleroi à Paris : il a donc pu débarquer couvert de vermine (éd. Mouquet-Rolland de Renéville). Une confirmation a été apportée récemment à cette hypothèse par le fait qu'Izambard avait indiqué, sur une chemise groupant des lettres à ses tantes Gindre : « CAROLINE. La chercheuse de poux » (voir *Le Bateau ivre,* septembre 1950). Rimbaud a dû se plaire en tout cas à traiter un sujet qui paraissait réaliste de la façon la plus poétique, en insistant sur les effets musicaux. (S. B.)

D'autres (E. Delahaye, M. Ruff, A. Adam) croient plutôt que ce poème date de 1872. D'après M. Ruff, une rime *paresse-caresses* (singulier-pluriel) ne peut apparaître avant la fin 71. Il ne semble pas, du moins, qu'il y en ait d'autre exemple. (A. G.)

2. *Le front* de l'enfant est *rouge* parce qu'il s'est gratté. Il ne paraît pas utile de penser avec Delahaye au front « plein d'éminences » de Frédéric Rimbaud (*Souvenirs familiers,* p. 29).

3. *L'air bleu* évoque à la fois une impression colorée et une impression de plein air (cf. dans *Les Premières Communions, l'air blanc*).

4. Il peut paraître bizarre que la rosée tombe dans les cheveux de l'enfant. Mais Rimbaud semble se soucier surtout de trouver des sonorités douces *(croisée, rosée, baisers...).*

5. Strophe étonnante, qui réussit à suggérer à la fois les impressions olfactives et auditives, et des sentiments vagues *(craintives, désirs de baisers).* Rimbaud cherche à créer une musique chuchotante, et il y réussit par le rythme comme par les sonorités (noter la valeur expressive du rejet *salives — Reprises).*

6. Toujours des sonorités sifflantes, mais douces, et le rejet qui allonge le vers. Les associations de sensations sont maniées avec virtuosité.

7. L'adjectif *gris* évoque l'état d'inertie de l'enfant, qui n'est pas encore livré à l'essaim *blanc* des rêves.

8. Cf. dans *Ma bohème* le *vin de vigueur; vin, soupir* et *harmonica* évoquent des sensations diverses, qui se fondent en une griserie délicieuse.

9. Notation à la fois d'une sensation physique et d'une impression morale (provoquée par les *caresses* des deux « grandes sœurs charmantes »). Les attentions maternelles des demoiselles Gindre ont très bien pu avoir cet effet sur Arthur, qui ne devait guère avoir l'habitude de cette douceur.

LE BATEAU IVRE

P. 128.

1. Nous avons ici le dernier poème écrit à Charleville, avant le départ de Rimbaud pour Paris, où il le porta lui-même à Verlaine à la fin de septembre 1871. « Voilà ce que j'ai fait pour leur présenter en arrivant », aurait dit Rimbaud à Delahaye. Il n'en subsiste que la copie faite par Verlaine sur un feuillet double (et non sur son cahier). Verlaine a parlé avec enthousiasme de ce poème, qui est vite devenu célèbre. Fait remarquable : Rimbaud n'avait jamais vu la mer, et s'est servi de ses souvenirs de navigations enfantines sur la Meuse, et de ses lectures, pour composer ce poème. Delahaye a rappelé dans ses *Souvenirs* comment les frères Rimbaud, avant d'aller au collège, manœuvraient souvent une petite barque attachée au bord de la Meuse, pas très loin du Vieux Moulin. Ils s'amusaient à faire ballotter celle-ci en lui imprimant un mouvement de balancement, puis Arthur regardait « s'aplanir les flots calmés peu à peu ». De cette rêverie sur l'eau, de cette navigation puérile, le poème n'a-t-il pu sortir aussi bien que des sources livresques qu'on s'est plu à découvrir? De ces nombreuses sources possibles, on trouvera la liste dans l'ouvrage de Mme Noulet. Certaines paraissent très probables, comme *Les Aventures d'Arthur Gordon Pym* de Poe, *Vingt mille lieues sous les mers* de J. Verne, *Le Voyage* de Baudelaire, *Les Natchez* de Chateaubriand, les voyages du capitaine Cook, surtout peut-être les œuvres de Hugo (*Les Travailleurs de la mer, Pleine Mer* et *Plein Ciel* de *La Légende des Siècles*) — et peut-être aussi des articles du *Magasin pittoresque* et du *Tour du Monde,* revues que Rimbaud a pu feuilleter soit chez lui, soit chez les demoiselles Gindre. Mais E. Noulet a raison de souligner qu'il serait trop facile de multiplier les rapprochements, « certaines choses se nommant fatalement par certains mots », et le vocabulaire de la marine et de la géographie étant tout compte fait relativement restreint. Rimbaud a pris son bien où il l'a trouvé, ce qui ne l'a empêché d'écrire une œuvre qui rend un son unique, à la fois par la valeur du symbole et par la beauté et la nouveauté des images et des rythmes. « Ah! oui, on n'a rien écrit encore de semblable, je le sais bien », disait-il, s'il faut en croire Delahaye, après avoir lu à son ami son *Bateau ivre.*

Le Bateau ivre est-il, comme le dit E. Noulet, un écho des désenchantements de Rimbaud, à quoi s'ajoute la fatigue venue de ses essais de « voyant »? N'est-il pas surprenant de le voir aussi désillusionné au moment où, au contraire de son bateau, il va lui-même quitter les horizons connus et s'embarquer pour l'aventure littéraire? Pour certains, le poème « prophétise » le destin de Rimbaud, ses voyages à travers le monde et son retour final dans l'Europe « aux anciens parapets ». Étiemble au contraire estime que *Le Bateau ivre,* « écrit en 1871 par un virtuose du pastiche et qui voulait se voir imprimé au *Parnasse contemporain,* développe tout uniment l'un des symboles favoris des parnassiens » (*Le Mythe de Rimbaud,* t. 2, éd. de 1952, p. 81). Il est exact que le symbole du bateau revient souvent dans les poèmes du *Parnasse* : Mallarmé *(Brise marine)*, Dierx *(Le Vieux Solitaire)*, l'ont notamment développé. Récemment encore, R. Caillois insistait sur les ressemblances entre *Le Vieux Solitaire* et *Le Bateau ivre* (*Nouvelle Revue Française,* 1er juin 1959). Que conclure de tels rapprochements, sinon que Rimbaud a repris un thème pas tellement original, sans doute, mais qu'il l'a nourri de ses propres expériences de « voyant » (cf. « Et j'ai vu quelquefois ce que l'homme a cru voir ! »), de ses amertumes aussi, à une époque où il éprouvait peut-être la lassitude de la lutte : il n'est peut-être pas facile tous les jours de s' « encrapuler » et de rechercher « toutes les formes d'amour, de souffrance, de folie », et il est permis, au cours de cette « ineffable torture » d'envier parfois le sort modeste, mais tranquille, de ceux qui ont borné leur horizon à la « flache » quotidienne... Ce poème nous émeut comme une confession à demi-mot, en même temps qu'il nous éblouit par ses perpétuelles trouvailles, par sa puissance de choc. Si l'originalité de Rimbaud n'est pas dans le thème, elle est, à chaque vers, dans une manière nouvelle de voir le monde et de renouveler la forme poétique.

2. M. Mespoulet voit dans cette strophe un souvenir des *Natchez,* et cite un passage où l'on voit les Peaux-Rouges faire des jeux rituels pour les funérailles de Chactas, auprès d'un « poteau peint de diverses couleurs ». En fait, ce détail me paraît d'un exotisme assez banal...

3. Idée romantique de l'isolement du poète, qui fuit les hommes vulgaires uniquement occupés de commerce et d'affaires : le bateau va maintenant descendre là où il veut. On voit apparaître ici le symbole de la Liberté au sein de la Nature, et il n'y a pas besoin de souligner combien Rimbaud le sent profondément.

4. Expression significative : cette allusion à la « surdité » des enfants qui s'isolent dans un monde à eux, refusant d'écouter les raisonnements des grandes personnes, a évidemment un caractère autobiographique.

5. Les anciens parlaient déjà d' « îles flottantes » (Délos est la plus célèbre); mais Rimbaud peut aussi se souvenir de Chateaubriand *(Voyage en Amérique),* ou d'un article du *Magasin pittoresque,* intitulé *Promontoire flottant,* et qui est cité par Izambard et Bouillane de Lacoste.

6. Allusion probable à *Oceano Nox* de Hugo : « Vous roulez à travers les sombres étendues... »

Les *falots* sont les lanternes des quais sur les ports, que Rimbaud oppose à la libre agitation du navire dansant sur les flots.

7. Le navire est devenu, et avec joie, le jouet des flots, qui l'ont « lavé » des traces humaines. Dans *Le Vieux Solitaire,* Dierx disait, mais dans un sens très différent :

> *Je suis tel un ponton sans vergues et sans mâts*
> *... Il flotte épave inerte au gré des flots houleurs.*

8. *Infusé d'astres* est peut-être une allusion aux infusoires qui rendent la mer lumineuse? Mais l'expression est admirablement suggestive.

9. *Lactescent,* « qui commence à devenir laiteux », est un latinisme que reprendront les Symbolistes. Dans *Vingt mille lieues sous les mers,*

J. Verne parle d'une « mer de lait », d'un aspect « lactifié » de l'océan (cf. G. Mellano, cité par E. Noulet, et Bornecque, *Le Sous-Marin ivre de Rimbaud, Revue des Sciences humaines,* 1954).

10. On peut comprendre que le Poème de la Mer *dévore* les azurs verts, en ce sens qu'au lieu de les refléter il prend une couleur lactescente ; il est donc probable que *où* doit être, comme le pense E. Noulet, rattaché à *Poème* plutôt qu'à *azurs verts,* d'autant plus qu'il est précédé d'un point et virgule.

11. Il semble y avoir ici un double souvenir de Hugo : les « morts pensifs » de la *Tristesse d'Olympio,* et les morts qui dorment « dans les goémons verts » d'*Oceano Nox.*

12. *Bleuités* est un mot forgé par Rimbaud, et qu'il a déjà employé dans *Les Premières Communions;* il avait auparavant employé *bleuisons* (dans *Les Mains de Jeanne-Marie*).

13. Cette strophe et ce dernier vers « obscurément érotique », dit Schlumberger (Étiemble, *Le Mythe de Rimbaud,* t. 2, éd. de 1952, p. 79), assimilent les délires et les rythmes des vagues à ceux de l'amour, la mer devenant source de vie et de fécondité.

14. On remarquera le rythme de ce début de strophe, qui emporte la phrase au-delà de la césure et au-delà du vers (alors qu'après « je sais le soir », le repos s'établit). L'*Aube* revient après la nuit et s'élève (s'*exalte*) dans le ciel qu'elle blanchit comme ferait un *peuple de colombes.* Cf. dans *Plein Ciel,* à propos de la « magie » céleste qui environne l'aéroscaphe :

> *Le nuage, l'aurore aux candides fraîcheurs,*
> *L'aile de la colombe, et toutes les blancheurs,*
> *Composent là-haut sa magie.*

15. On a signalé dans *Vingt mille lieues sous les mers* des expressions analogues : « Des choses que Dieu a voulu interdire aux regards de l'homme », « Je voudrais avoir vu ce que nul homme n'a vu encore ! », et, dans la conclusion : « Je n'ai point rêvé. J'ai vu et senti ! » Mais l'expression « ce que l'homme *a cru* voir » paraît surtout faire allusion, non sans un demi-scepticisme, aux expériences de « voyant » de Rimbaud. L'expression *J'ai vu* annonce la description des « visions » du Bateau dans les strophes suivantes, commençant toutes de la même façon : « J'ai vu... J'ai rêvé... J'ai suivi... J'ai heurté... J'ai vu... »

16. Ces deux vers sont rapprochés par Étiemble d'*Harmonie du soir* de Baudelaire :

> *Le soleil s'est noyé dans son sang qui se fige.*

On peut aussi signaler que Baudelaire, dans *Le Voyage,* parle de

> *La gloire du soleil sur la mer violette,*

mais l'expression de *figements violets* n'en est pas moins étrange. Et à quoi se rapporte *Pareils à des acteurs de drames très antiques* (souvenir, d'après Izambard, du *Prométhée enchaîné* d'Eschyle, sur lequel son élève avait « trimé » en 1870) ? aux figements ou aux flots ? plutôt, je pense, aux premiers. Le fait qu'il n'y ait pas de virgule après *antiques* ne me paraît pas décisif (Rimbaud omet souvent la ponctuation), car on ne voit guère pourquoi les *flots* seraient comparés à des acteurs; on peut au contraire penser que soit sous la mer, soit à l'horizon, le Bateau a vu des récifs de teintes violacées, dont l'immobilité et l'aspect pouvaient rappeler les attitudes hiératiques des acteurs antiques. Quant aux *frissons de volets,* ils rappellent, comme l'a noté Bornecque, une phrase de *Vingt mille lieues sous les mers* qui décrit un coucher de soleil : « La mer... revêtait une admirable teinte d'indigo... Une moire, à larges raies, se dessinait régulièrement sur les flots onduleux. »

17. Les *phosphores chanteurs* sont des animalcules nommés *noctiluques,* qui rendent la mer phosphorescente. Hugo décrivait déjà les « phosphorescences » qui font flamboyer la mer (*Les Travailleurs de la mer,* II, 2, 10), et l'on connaît le vers de Hérédia, dans *Les Conquérants,* sur

> *L'azur phosphorescent de la mer des Tropiques.*

Enfin Louisa Siefert, qu'admirait Rimbaud, a donné au *Parnasse* une pièce intitulée *Au large,* citée par E. Noulet, et où l'on trouve des

> *Flamboiements et phosphorescences*
> *A nos ciels d'Europe étrangers.*

Mais si le fait est banal, l'expression de Rimbaud est originale, car il a su faire *chanter* à nos yeux ces couleurs phosphorescentes.

18. Cette strophe a été ingénieusement expliquée par E. Starkie : dans *Une descente dans le Maelstrom,* E. Poe compare le bruit de la tempête à celui d'un troupeau de buffles sauvages. Ce point de départ aurait amené Rimbaud à penser aux troupeaux de combat élevés en Camargue, non loin des Saintes-Maries-de-la-Mer. D'où probablement aussi l'allusion aux *Maries* (les trois Marie qui, suivant la tradition, ont débarqué en ce point de Camargue après avoir traversé une tempête sur mer).

19. Il faut couper : « Mêlant aux fleurs / des yeux de panthères / à peaux d'hommes ». Le vers prend ainsi un sens (malgré l'étrangeté de l'expression « à peaux d'hommes »), alors qu'il n'en avait pas quand on lisait, dans les anciennes éditions : *panthères, aux peaux...*

20. Faut-il comprendre, comme E. Noulet, « mêlant des arcs-en-ciel à de glauques troupeaux comme les yeux de panthères sont mêlés aux fleurs », ou plutôt (je crois) « j'ai heurté des arcs-en-ciel tendus à de glauques troupeaux comme des brides »? En tout cas, l'idée des troupeaux sous-marins continue celle des « vacheries ». Bornecque cite, dans *Vingt mille lieues sous les mers,* la phrase où le capitaine Nemo dit : « Mes troupeaux... paissent sans crainte les immenses prairies de l'océan. » Et Hugo a parlé, dans *Les Travailleurs de la mer,* de « fragments d'arc-en-ciel noyés » (II, 1, 13). De ces deux images, Rimbaud semble avoir fait une seule image originale.

21. Le *Léviathan,* monstre biblique, figure dans *Pleine Mer* de *La*

Légende des Siècles, ainsi que l'a fait remarquer le colonel Godchot, et H. Béraud a signalé, d'autre part, que dans *La Comédie de la mort* de Th. Gautier se trouvent quatre courtes poésies, dont les deux premières sont intitulées *Béhémot* et *Léviathan.* Je signale qu'on voit aussi, dans *La Première Journée* de l'*Ahasvérus* de Quinet (qui décrit la Création), « Léviathan descendre en rampant vers les marais ». Mais Rimbaud a pu penser aussi aux récits de voyages où l'on voit un caïman pris pour un tronc d'arbre — ou l'inverse !

22. *Nacreux* est formé par Rimbaud sur *nacre.* Mais plus que l'originalité du mot, c'est celle de la vision colorée qui est frappante.

23. Bouillane de Lacoste rapporte l'explication donnée de ces deux vers par « un savant voyageur », Louis Merlet : les infiniment petits, en Guyane et sous les Tropiques, s'attaquent même aux animaux vivants, serpents inclus. Ceux-ci « plongent dans la vase ou les rivières » pour s'en débarrasser. *Choient* vient naturellement du verbe *choir.*

24. Les *poissons chantants* produisent-ils vraiment un son, ou leurs couleurs *chantent*-elles comme celles des phosphores ? Les couleurs sont ici les mêmes que plus haut pour les phosphores, bleu et jaune (or).

25. *Dérade* est forgé par Rimbaud sur *dérader* (sortir de la rade). *Ailé* n'est pas moins hardi : les vents donnent des ailes au bateau.

26. Il faut bien lire *presque île,* et non *presqu'île,* qui n'aurait pas de sens pour un bateau : le bateau est devenu « presque une île » (une île flottante) et se couvre d'oiseaux.

27. Les *oiseaux clabaudeurs* sont rapprochés par M. Mespoulet de « l'oiseau moqueur » qui figure dans *Les Natchez* (le *mock-bird* anglais). E. Noulet cite également dans la revue *Le Tour du Monde* une description de « sternes » ou hirondelles de mer qui « poussent des cris discordants ». Mais il ne semble pas qu'on ait trouvé nulle part des oiseaux *aux yeux blonds...*

28. Les *liens frêles* sont ce qui reste des cordages du bateau, traînant dans la mer — ou peut-être les algues marines pendant à ses flancs, et qu'il évoquera deux vers plus loin.

29. Dans *Les Travailleurs de la mer,* Hugo décrit les goémons et leur « balancement de cheveux au vent ». (S. B.) *Anses,* chez les Gots, désignait les « héros vainqueurs dans les batailles avec les Romains et considérés alors comme des demi-dieux » (René Guichard, *De la Mythologie scandinave,* p. 22) (A. G.)

30. Ici commence un nouveau développement qui va opposer la liberté du Bateau vagabond (en loques, mais libre et inlassable, comme Rimbaud lui-même lors de ses fugues) au regret, pour finir, de « l'Europe aux anciens parapets ». Pourquoi Rimbaud, qui vient de parler d'*oiseaux clabaudeurs,* imagine-t-il maintenant le bateau « jeté dans l'éther sans oiseau » ? N'y aurait-il pas ici un souvenir de *Plein Ciel* où Hugo décrit l'aéroscaphe comme un « navire », « par le vent emporté » et qui plonge « dans l'éther sans tache et sans ride » ?

31. Les *Monitors* sont des navires cuirassés servant de garde-côtes ; de même les *Hanses,* qui étaient des ligues commerciales de villes maritimes, pouvaient se servir de *voiliers* pour protéger la navigation.

32. Suivant Chisholm, qui a écrit un article portant en titre *Moi qui*

trouais le ciel (*Revue d'Histoire littéraire,* avril-juin 1930), il y a chez Rimbaud une « fusion » de la mer et du ciel dans une sorte d'atmosphère liquide. Notons cependant qu'ici le ciel est considéré comme *un mur.*

33. *Lichens de soleil* est une expression bizarre, et non moins *morves d'azur. Qui porte,* en tout cas, n'a pas *Moi* pour sujet, mais le *mur* du ciel (des lichens peuvent pousser sur un mur). Quant à la *confiture,* E. Noulet rappelle que Baudelaire a parlé de « confitures célestes » dans son *Salon de 1859.* Faut-il penser qu'il y a ici une raillerie à l'égard des « bons poètes » (cf. dans la lettre à Banville les « *bons* parnassiens »), qui ont abondamment parlé de l'azur et du soleil?

34. Les *lunules électriques* peuvent s'expliquer, suivant Bornecque, par le souvenir du Nautilus, qui répand un éclat « de nature essentiellement électrique ». Les lunules sont, paraît-il, visibles sur les gravures illustrant *Vingt mille lieues sous les mers.*

35. Dans *La Bouteille à la mer,* Vigny a évoqué des « chevaux noirs » qui ne sont autres que des hippocampes; et dans *Vingt mille lieues sous les mers* on trouve « une nuée d'hippocampes semblables aux cavaliers du jeu d'échecs ».

36. Ces deux vers évoquent, dit Bouillane de Lacoste, « les terribles orages des régions tropicales ». Le pluriel *les juillets,* l'adjectif *ultramarin* et surtout l'expression inattendue *à coups de triques* composent une vision forte et originale. Quant au mot *entonnoir,* il vient de Poe, traduit par Baudelaire : *Une descente dans le Maelstrom,* où le Maelstrom est décrit comme un « terrible entonnoir ».

37. Cette description paraît s'inspirer des *Travailleurs de la mer :* Hugo évoque le « chuchotement préalable des ouragans » qu'on entend derrière l'horizon, en disant : « La lionne en rut fuit devant le lion. La mer, elle aussi, est en chaleur » (II, 3, 3); et le nom de *Béhémoth* se trouve dans la description de la caverne (II, 1, 13). Ce nom biblique désigne l'hippopotame.

38. Il s'agit, semble-t-il, des archipels d'étoiles que le navire voit dans le ciel. A la fin de *La Légende des Siècles* (dans *Abîme*), la voie lactée parle de son

Vaste archipel de splendeurs immobiles.

39. On a pu trouver beaucoup de sources pour ce vers admirable; et le professeur Mondor a signalé qu'on trouve chez Leconte de Lisle des « millions d'oiseaux » (*Les Clairs de lune,* dans les *Poèmes barbares*), et que chez Hugo « un oiseau d'or scintille déjà » (dans *Plein Ciel :* « Arcturus, oiseau d'or, scintille dans son nid »). J'ajoute que dans l'*Ahasvérus* de Quinet, l'oiseau Vinateyna dit, dans la Première journée : « Déjà les étoiles s'envolent comme une couvée d'oiseaux aux ailes d'or qui se mettent à partir pour les pays lointains. » Mais comment expliquer la *future Vigueur?* Suivant Bouillane de Lacoste, « à mesure que les visions se font de plus en plus merveilleuses, la vie du Bateau s'épuise; de là cette invocation à la *future Vigueur* ». Mais il me semble qu'il faut donner un sens plus large, philosophique et peut-être social, à cette expression. Si l'on songe à *Plein Ciel* et à l'évocation de

Cette ère qu'à travers les temps, épaisse nue,

Thalès et Platon apercevaient déjà prophétiquement, et dont Hugo dit :

> *C'est le destin de l'homme à la fin évadé,*
> *Qui lève l'ancre et sort de l'ombre,*

on est fondé à penser que Rimbaud fait allusion à la force conquérante de l'homme, et à ses destins futurs.

40. Le Bateau, qui se confond de plus en plus avec Rimbaud (« Mais, vrai, j'ai trop pleuré ! »), se sent à la fois fatigué, désillusionné, ivre de solitude et de torpeur ; il voudrait voir finir cette vie d'aventures et souhaite s'engloutir dans les flots. L'interprétation de Chadwick, suivant lequel le Bateau souhaite retourner à la mer, reprendre ses navigations, me paraît tout à fait impossible, puisque le Bateau souhaite que sa *quille éclate : aller à la mer,* c'est s'anéantir dans les flots (et du reste sa *carcasse,* nous le savons, fait eau de toutes parts).

41. *Flache* est un mot employé dans les Ardennes pour désigner une mare (une flaque). C'est peut-être Verlaine qui a mis un accent circonflexe. On trouve *flache* dans les *Illuminations (Ouvriers)*.

42. Le Bateau répond à une objection que l'on pourrait faire à son désir d'anéantissement : n'a-t-il pas dit qu'il regrettait « l'Europe aux anciens parapets » ? Mais il précise : la seule eau d'Europe qu'il pourrait désirer, c'est la plus petite mare, l'horizon le plus borné : la *flache* où ne peut naviguer qu'un petit bateau en papier. Une *flache* est, dit Littré, « une mare d'eau dans un bois dont le sol est argileux » : le mot est courant dans le Nord de la France et en Belgique. Peut-être y a-t-il là un souvenir personnel de Rimbaud ; on voit, en tout cas, l'effet de contraste entre les voyages aventureux du Bateau sur les océans et la fragilité, mais aussi la sécurité du bateau d'enfant naviguant sur sa mare. Amertume des voyages lointains (Rimbaud songe-t-il au *Voyage de Baudelaire* ?), tristesse résignée de ceux qui ne sont jamais partis (car la *tristesse* de l'enfant se reporte sur le bateau) : il est certain que le poème se termine sur ce dilemme presque pathétique.

43. *Enlever le sillage* d'un navire, c'est, note Bouillane de Lacoste, le suivre de tout près : on revient aux évocations du début. Le Bateau ne veut plus accepter d'être asservi à des fins purement commerciales, ni suivre des itinéraires routiniers.

44. Il s'agit des banderoles ou *flammes* qui pavoisent les mâts. Le mot se trouve dans *La Chevelure* de Baudelaire.

45. Dans *Le Magasin pittoresque,* Bouillane de Lacoste et Izambard ont trouvé des articles parus à l'époque sur les *pontons,* bâtiments carrés, à fond plat (parfois aussi vieux bâtiments de guerre, rasés souvent jusqu'au premier pont), et notamment sur les pontons anglais, où l'on gardait les soldats français prisonniers pendant les guerres de l'Empire. Mais nous savons aussi que Rimbaud lisait à Paris, en 1871, *Le Cri du peuple,* où J. Vallès, parlant au nom des communards, écrit le 9 mars : « Nous sommes toujours à la veille de partir pour les pontons ou d'être fusillés à Vincennes. » *Les yeux horribles des pontons* répondent à *l'œil niais des falots :* il s'agit toujours, par l'évocation d'un port, de faire allusion à l'existence captive et routinière que le Bateau repousse avec horreur, lui qui non seulement a mené une vie errante et

libre, mais qui a connu les *torpeurs enivrantes* de l'amour, qui est *baigné* par les *langueurs* des lames. Ces dernières expressions font-elles allusion à une expérience précise du jeune poète, ou manifestent-elles seulement cette fatigue, cette somnolence, ce désir d'anéantissement qui ont si souvent saisi Rimbaud? Il est curieux, en tout cas, de comparer cette fin au *Port* de Baudelaire : « Il y a une sorte de plaisir mystérieux et aristocratique pour celui qui n'a plus ni curiosité ni ambition, à contempler, couché dans le belvédère ou accoudé sur le môle, tous ces mouvements de ceux qui partent et de ceux qui reviennent, de ceux qui ont encore la force de vouloir, le désir de voyager et de s'enrichir. »

DERNIERS VERS

LARME

P. 149.

1. Ce poème, daté de mai 1872, a été reproduit par Rimbaud dans *Alchimie du Verbe*. On pourra constater en comparant les deux textes les sérieuses différences qui les séparent. *Larme,* le premier poème cité dans *Alchimie du Verbe,* fait suite à la phrase : « J'écrivais des silences, des nuits, je notais l'inexprimable. Je fixais des vertiges. » On conçoit qu'un tel texte soit extrêmement difficile à élucider. En tout cas, sa puissance poétique est indéniable, et elle est d'autant plus forte que dans cette évocation de paysage nous voyons s'associer des souvenirs réels, sans doute, mais aussi des sentiments qui, pour être exprimés de façon symbolique, n'en montrent pas moins (le cri final en témoigne) une recherche de tout autre chose que de simples artifices rythmiques. On remarquera tout de suite, néanmoins, en rapprochant ces vers de ceux que Rimbaud écrivait avant son départ pour Paris, combien il s'est efforcé d'assouplir le rythme, de libérer le vers de tous les impératifs parnassiens : comme Verlaine, il « préfère l'impair » et utilise l'hendécasyllabe; il préfère les rimes approximatives (bruyère-vert, Oise-colocase, auberge-perches), use de coupes très variées et de multiples enjambements qui donnent presque au vers un rythme de prose (voir les vers 3 et 5).

2. Ce poème a-t-il été écrit à Roche? Le premier vers nous présente, en même temps que le thème de l'isolement, un tableau campagnard; et le *brouillard* ardennais est souvent évoqué dans les poèmes de Rimbaud.

3. L'Oise, rivière du Nord de la France, prend sa source en Belgique. La « jeune Oise » peut désigner la petite rivière, telle qu'elle coule en Thiérache belge et française, comme le suggère Albert Henry, qui m'indique aussi le rapprochement avec les « Oises extravagantes » de *Ce qu'on dit au poète* (ci-dessus, p. 118). (A. G.)

4. La *colocase* est une plante voisine de l'arum. Étiemble considère la *gourde de colocase* comme une fumisterie ou une erreur; Bouillane de Lacoste l'explique par la fleur « qui a la forme d'un entonnoir ». Rim-

baud, qui a emprunté *colocasia* à Virgile *(Bucoliques IV)*, sans doute charmé par sa sonorité, a dû ensuite rejeter ce mot pédant avec les autres artifices de style qu'il réprouve dans *Alchimie du Verbe :* il a remplacé *colocase* par *loin de ma case.*

5. L'idée inattendue (et peut-être symbolique) d'une *liqueur d'or,* qui amènera à la fin le *pêcheur d'or,* s'accompagne d'une transformation hallucinatoire du paysage, qui d'ardennais devient exotique.

6. Ces deux derniers vers sont inspirés, semble-t-il, par l'aspect changeant d'un ciel orageux, aux teintes *noires* et *bleues :* dans l'esprit halluciné du voyant, qui est aussi l'éternel voyageur, apparaissent des pays étranges et des gares. Tout ce quatrain sera transformé et raccourci dans *Alchimie du Verbe :* « Un orage vint chasser le ciel », dira simplement Rimbaud.

7. Delahaye a rapporté dans ses *Souvenirs familiers* un épisode qui a pu inspirer à Rimbaud l'idée des *glaçons* jetés aux *mares :* des roseaux envoyant, sur la couche de glace qui bordait le rivage d'un étang, leurs « tiares » de cristal, formées par le verglas.

8. Ce dernier vers changera non seulement de forme, mais de sens, dans *Alchimie du Verbe* où il devient : « Pleurant, je voyais de l'or — et ne pus boire. » Cet *or* a évidemment une valeur symbolique. Faut-il voir ici la désolation du voyant qui n'a pas pu — ou pas voulu — aller jusqu'au bout de sa recherche ? Miss Starkie a fait à ce sujet un rapprochement avec l'*aurum potabile* des alchimistes qui doit, dit-elle, provoquer une abondante transpiration (cf. *qui fait suer*). La contradiction même des termes dont use Rimbaud *(Je buvais... je n'ai pas eu souci de boire),* et qu'il a corrigée dans *Alchimie du Verbe (Que buvais-je ?),* indique un effort, une tentative que le voyant a pu, un temps, croire couronnée de succès, mais qui semble l'avoir laissé « sur sa soif », au bord de l'inconnu.

LA RIVIÈRE DE CASSIS
P. 150.

1. Quelle peut être cette rivière mystérieuse ? Suivant Delahaye, il s'agirait de la Semois, qui se jette dans la Meuse au nord de Charleville, et qui a « des eaux transparentes, qui paraissent noires quand leur lit est profond », ou d'un noir violet, « cassis » au crépuscule (le texte donné par *La Vogue* ne porte pas de majuscule). Verlaine parlera dans ses *Croquis de Belgique* de la Semois « noire sur son lit de cailloux bavards ». Et Rimbaud, nous dit Delahaye, a souvent parcouru cette vallée qui va de Monthermé à Bouillon. Si j'accorde une certaine créance à cette suggestion, c'est parce qu'à Bouillon on voit, dominant la Semois, le château de Godefroy, et que ce *donjon* moyenâgeux, aussi bien que la légendaire forêt des Ardennes au cœur de laquelle il se trouve, ont bien pu inspirer, comme le fait observer Delahaye, la tonalité médiévale et légendaire du poème.

Sur le plan technique, le poème est remarquable par la liberté des rimes, souvent transformées en assonances (la seconde strophe est une véritable « laisse assonancée ») : par l'emploi de l'impair (vers de 11 syllabes alternant avec des vers de 5 ou de 7), enfin par la volonté de briser le vers et de rompre avec les préceptes de la versification classique : on notera en particulier la coupe après l'*e* muet, vers 3, 11, 18.

2. Rimbaud paraît ici se souvenir de son poème *Les Corbeaux,* certainement antérieur, et rechercher un effet imprévu qu'il avait déjà utilisé : « crieur du devoir », disait-il dans *Les Corbeaux,* et ici : « vraie et bonne voix d'anges ».

3. *Sapinaie* est forgé par Rimbaud sur le modèle de *saulaie, populaie,* etc. Les forêts de sapins sont particulièrement belles (aujourd'hui encore) dans la région de Bouillon.

4. Les *campagnes* sont des guerres, dit Bouillane de Lacoste. Est-ce bien certain ? Rimbaud, qui évoquera plus loin « le paysan matois », avait en horreur la « campagne française », comme il l'écrivait à Delahaye ; il semble mêler ici son aversion pour les paysans rusés et rétrogrades de Roche et sa haine pour l'époque féodale (*mystères révoltants* est complété à la fois par *campagnes,* par *donjons* et par *parcs*).

5. Rimbaud pense probablement, comme le note Bouillane de Lacoste, aux chevaliers fameux des légendes ardennaises, les quatre fils Aymon. On remarquera le dernier vers de la strophe, qui oppose à cette féodalité « révoltante » le souffle salubre du vent.

6. Rimbaud a parlé de lui-même comme d'un *piéton :* « Je suis un piéton et rien de plus », dit-il à Demeny dans une lettre du 28 août 1871 où il parle de ses projets parisiens. Mais le sens de ce vers n'apparaît pas clairement, bien qu'on sente que Rimbaud songe à lui-même quand il invite le piéton à regarder à ces *claires-voies :* « Rimbaud songe-t-il aux murs en ruine des vieux châteaux croulants ? » se demande Bouillane de Lacoste ; ou s'agit-il de la rivière, vue à claire-voie à travers les arbres, comme le suggère Delahaye ? cela semble plus probable, puisque Rimbaud va s'adresser ensuite aux *soldats des forêts,* aux corbeaux, pour leur demander de libérer ces campagnes.

7. Reprise d'un vers des *Corbeaux,* avec le même effet de contraste.

8. Ces deux vers peuvent être éclairés par la lettre à Delahaye, écrite de Roche en mai 1873 : « Quelle chierie ! et quels monstres d'innocince *(sic),* ces paysans. Il faut, le soir, faire deux lieux *(sic)* et plus, pour boire un peu. »

COMÉDIE DE LA SOIF

P. 151.

1. Cette pièce est, comme les précédentes, datée de mai 1872. Le ton personnel et les allusions autobiographiques y sont beaucoup plus nets : à ses parents, qui l'invitent à boire les boissons conformistes et à vivre bourgeoisement, à ses amis de Paris qui l'invitent à boire le bitter et l'absinthe, le jeune poète oppose sa soif spirituelle, soif d'aventures, soif d'inconnu ; mais la fin désolée du poème nous le montre déçu, ne songeant plus qu'à la tranquillité « en quelque vieille Ville », songeant plus encore à s'anéantir, comme le Bateau ivre souhaitait « aller à la mer ». On peut ajouter que *L'Enfer de la soif* (c'est le titre du poème dans un autre manuscrit) a toute sa vie torturé Rimbaud, non seulement moralement mais aussi physiquement : ce

thème de la soif remplit ses lettres : « J'ai une soif à craindre la gangrène », écrit-il en juin 1872 ; il fait des lieues « pour boire un peu » (lettre de mai 1873) ; et dans *La Chanson de la plus haute tour,* il s'écrie :

> *Et la soif malsaine*
> *Obscurcit mes veines.*

« J'ai soif, si soif ! » s'écriera-t-il dans *Nuit de l'enfer.* Le docteur Fretet a parlé de cette soif desséchante, que rien ne pouvait désaltérer ; et M. Blanchot associe à cette soif « l'âpreté sans exemple » de Rimbaud, qui a toujours eu soif d'abord de travail, de recherche, puis simplement d'argent — dans les déserts sans eau d'Aden et de l'Abyssinie.

Techniquement, la pièce contient des rythmes très variés (visiblement, Rimbaud cherche un rythme de *chanson*) et continue à montrer l'emploi des assonances plutôt que des rimes. On notera, dans la première partie, les réponses *non rimées* aux couplets des Grands-Parents : cette révolte contre la rime ne s'associe-t-elle pas à la révolte ici exprimée contre toutes les conventions ?

2. Allusion aux parents de Mme Rimbaud, les Cuif, importants propriétaires ruraux en Ardenne ; famille de « têtes brûlées et de buveurs », déclare le colonel Godchot : ceci peut expliquer leur invite. Ce sont, semble-t-il, les Grands-Parents défunts qui parlent (ce qui explique les vers 3 et 4, et l'imparfait *avaient du cœur*). On dit d'un vin, ordinairement, qu'il a *du corps,* mais non *du cœur.*

3. Delahaye a raconté que son ami, parfois, descendait à la cave et rapportait un plein broc de bière (bière coupée d'eau par les soins de Mme Rimbaud), « et coup sur coup s'en versait quatre ou cinq grands verres » (*Les Illuminations...,* p. 62). Si l'on adopte le texte du manuscrit Davis, il faut comprendre « descendre après le cidre », ce qui est, suivant Bruneau, un ardennisme (= aller chercher le cidre) ; mais est-ce bien nécessaire ? Il arrivait souvent à Rimbaud d'omettre la ponctuation. On peut comprendre aussi que les Grands-Parents offrent d'aller chercher d'abord dans les celliers les « vins secs » ; ensuite, on y ajoutera le cidre et le lait, boissons rustiques. Cette question de point et virgule a provoqué une vive controverse entre Étiemble et le poète René Char. Voir René Char, *« Le Dernier Couac » : documents, GLM,* mai 1958.

4. On voit le symbolisme des liqueurs, du thé, du café : tout ce que les gens de la campagne trouvent « bien » de boire et d'offrir. Les deux derniers vers ne sont plus dits par les Grands-Parents, mais par les parents rentrant du cimetière : les *images* pieuses, les bouquets de *fleurs* évoquent, eux aussi, une autre forme de convention, celle du culte rendu aux morts — et aussi l'asservissement au passé.

5. Le mot d'*urne* semble amené par jeu de mots (peut-être inconscient) avec l'idée d'*urne funéraire,* en accord avec le vers précédent. L'adolescent, en même temps qu'il crie sa soif, exprime sa révolte contre les conceptions bourgeoises de sa famille.

6. *Émeus* est un impératif qui invite Vénus (Anadyomène) à sortir de l'eau. Nous avons ici une sorte de dialogue entre le Rimbaud qui

recourt à la « vieillerie poétique » (cf. *Alchimie du Verbe*), aux légendes anciennes *(Ondines, Vénus, Juif errant)*, et le Rimbaud qui refuse ces *figures* graciles, ces chansons (cf. l'apostrophe au *chansonnier*) qui ne peuvent suffire à désaltérer sa soif d'inconnu.

7. Rimbaud fait allusion dans *Mémoire* aux *fleurs d'eau* qui s'ouvrent sur les étangs; il semble qu'ici il parle de fleurs d'eau *pour verres* (pour mettre dans des verres afin d'orner la maison), pour opposer à l'aventure et à la libre poésie ce qui n'en est que la contrefaçon.

8. Allusion aux têtes de l'hydre de Lerne qui renaissaient à mesure qu'on les coupait. Étymologiquement, l'hydre est un animal qui vit dans l'eau. Ici, l'hydre « sans gueules » qui *mine et désole* l'adolescent est un monstre tout intérieur *(intime)*, c'est sa soif, soif d'inconnu et de liberté.

9. Ces *Amis* sont visiblement les amis que Rimbaud a connus à Paris (Verlaine, Cros, Forain et autres) qui passaient en effet une grande partie de leur temps au café : d'où leurs offres; la strophe dessine une sorte de *paysage* fantastique où vont rouler des *flots* de vins et d'alcools.

10. Le *Bitter* est un apéritif bien connu du groupe des amis de Rimbaud. Forain a raconté que Rimbaud et lui-même attendaient souvent Verlaine à la sortie de son bureau en buvant force bitter-curaçao.

11. Faut-il voir là une association d'idées avec l'expression « pilier de cabaret »? Dans sa lettre de juin 1872 Rimbaud parlera de l' « absomphe », cette « sauge des glaciers » — dont on sait quel abus faisait Verlaine.

12. *L'affreuse crème* est-elle le dépôt qui se forme à la surface des eaux stagnantes? On voit ici combien l'adolescent se détache du groupe des « Amis » et de l'ivresse fausse, décevante, que lui ont procurée les alcools. Faut-il l'en croire quand il nous dit dans *Une saison en enfer (L'Impossible)* avoir été « sobre surnaturellement » dans son enfance, quand il prenait « la grande route par tous les temps »? C'est très probable.

13. Cette fois, le *pauvre* (pauvre d'argent et d'illusions) va *songer* à une *vieille Ville*, un peu comme le Bateau ivre rêvant à l'*Europe aux anciens parapets* : c'est de tranquillité (morale et physique) qu'il a soif, en cette période troublée de sa vie.

14. A quoi Rimbaud fait-il allusion? A la pauvreté, à la soif d'inconnu qui le dévore — ou à l'homosexualité, mal qui l'a fait particulièrement souffrir à Paris?

15. On sait que Rimbaud a toujours été privé d'argent par sa mère : « Ma mère est veuve et extrêmement dévote. Elle ne me donne que dix centimes tous les dimanches pour payer ma chaise à l'église », écrivait-il à Verlaine en 1871.

16. *Le Pays des Vignes* pour y boire à satiété; c'est le Sud, par opposition au *Nord* qui évoque la *neige* et les *Juifs errants de Norwège* : en Norwège on a moins chaud, donc moins soif.

17. Vers émouvants, qui expriment une sorte de regret déchirant de l'enfance perdue et du « vert paradis des amours enfantines ». *L'auberge verte,* qui rappelle le *Cabaret-Vert* de Charleroi (où Rimbaud

décrivait son repos béat après un de ses longs vagabondages), prend ici une valeur symbolique. On se rappelle que dans *Voyelles* le vert évoquait la paix, la sérénité.

18. Rimbaud énumère des animaux en fuite, craintifs, ou *asservis*, auxquels il s'assimile.

19. En conclusion, Rimbaud exprime son désir de s'anéantir dans la fraîcheur de l'aube et des bois : le mot *fondre* traduit bien cette sensation physique d'anéantissement, mais *expirer* précise qu'il s'agit bien de mourir. Les *violettes humides* évoquent la teinte aurorale des forêts en même temps que leur fraîcheur : ces deux suggestions (liées à des souvenirs ardennais) sont souvent associées par Rimbaud. Cf. dans les *Illuminations, Après le Déluge* : « la futaie violette, bourgeonnante », et *Ornières* : « les talus de gauche tiennent dans leur ombre violette les mille rapides ornières de la route humide ».

BONNE PENSÉE DU MATIN

P. 155.

1. Ce poème également daté de mai 1872 paraît avoir été écrit à Paris, ou en tout cas évoquer le matin à Paris. Dans sa lettre de Jumphe à Delahaye, Rimbaud consacre à l'aube, « cette heure indicible, première du matin », un paragraphe qui est le meilleur commentaire de ce poème. J. Mouquet a fait remarquer, d'autre part, que dans *Alchimie du Verbe*, où il cite ce poème, Rimbaud a dit qu'il était à l'époque particulièrement attiré par la « littérature démodée ». Peut-être, propose J. Mouquet, Rimbaud, qui aimait les libretti de Favart, a-t-il voulu faire « une tentative pour exprimer une vision moderne dans la forme qu'affectionnaient les poètes du XVIIIᵉ siècle » (éd. de la Pléiade, p. 703). Il a pu aussi se souvenir d'un poème de Demeny dans *Les Glaneuses* sur *Ceux qui bâtissent Paris*. Au point de vue du rythme, la construction est en tout cas extrêmement libre ; la plupart des octosyllabes réclament les « élisions naturelles » à la manière de Paul Fort : « A quatre heur(es) du matin, l'été », « En bras d(e) chemis(e), les charpentiers ». On comparera cette version avec celle qui est donnée dans *Alchimie du Verbe*. (S. B.) Sur ce poème voir le commentaire de Mario Richter (*Rimbaud à la loupe*, actes du colloque de Cambridge (10-12 septembre 1987), 1990, p. 38-51). (A. G.)

2. Le soir *fêté* par opposition aux travailleurs du matin.

3. Expression étrange, puisque étymologiquement les *Hespérides* se trouvent à l'ouest. Il faut plutôt songer, comme le propose Decaudin, à une allusion symbolique aux pommes d'or des Hespérides.

4. Les *faux cieux* sont les riches plafonds des appartements luxueux. Rimbaud songe peut-être au vers de La Fontaine :

Je ne dormirai pas sous de riches lambris.

Dans *Alchimie du Verbe*, Rimbaud a écrit : « Où la ville — Peindra de faux cieux », ce qui rend le vers bizarre et faux.

5. Si l'apostrophe à Vénus est claire, celle à la *Reine des Bergers* l'est moins. Il semble y avoir allusion d'une part aux épithètes qu'on trouve dans les Litanies de la Vierge (Reine des prophètes, Reine

des Vierges, etc.), d'autre part à ces Bergers dont Rimbaud parle dans *Bannières de mai*, qui « meurent à peu près par le monde » : les amants de « l'heure du berger » probablement. (S. B.) Comme me l'indique Albert Henry, *Vénus* et *Reine des bergers* désignent la même chose : Rimbaud joue sur la déesse Vénus et la planète du même nom, « étoile du berger ». (A. G.)

BANNIÈRES DE MAI

P. 156.

1. Groupe de quatre poèmes datés, les trois premiers de mai 1872, le dernier de juin. Ils représentent la « somme » de l'art de Rimbaud dans les *Derniers vers*, par leur écriture savamment naïve, par leur lyrisme, par leur musique. (S. B.) Sur *Bannières de mai*, voir l'analyse de Marc Eigeldinger (*Le Point vélique*, actes du colloque de Neuchâtel, 27-29 mai 1983, Neuchâtel, A la Baconnière, 1986, p. 65-75). (A. G.)

2. Le titre du manuscrit reproduit par Vanier est *Patience;* c'est aussi le titre que donne Delahaye : on sait que Rimbaud changeait souvent le titre de ses poèmes. La première strophe évoque la joie du printemps : Rimbaud a pu songer à ces « mais », ces arbres auxquels on attache des rubans *(bannières).*

Le rythme est plus classique que dans les poèmes précédents : les vers sont de huit pieds; en revanche les rimes sont remplacées par des assonances ou par des « rimes de consonnes » : blesse-mousse, Nature-meure; ou bien elles disparaissent (dernier couplet).

3. Cf. *Ophélie :* « On entend dans les bois lointains des hallalis »; Rimbaud paraît surtout chercher une allitération *(maladif hallali),* et un jeu de voyelles.

4. Thème de la fusion de la mer et du ciel (voir la note 32, p. 428). Mais le mot *communient* continue en outre la suggestion donnée par *comme un ange :* tout dans ce début est clair, riant, fervent.

5. Par opposition à ce riant début va apparaître le thème de la « mort au soleil », par et dans la Nature — lié à un sentiment d'amertume, de refus de soi *(Fi de mes peines)* et à un désir d'anéantissement que nous avons déjà vu dans les poèmes précédents.

6. Par opposition à la fraîcheur du printemps, le *char* de *l'été* (le char du soleil) va apporter la souffrance, la soif, auxquelles le poète se livre volontairement cette fois (cf. dans *Alchimie du Verbe :* « les yeux fermés, je m'offrais au soleil, dieu de feu », etc.).

7. Il semble bien que le terme de *Bergers* désigne ici les Amants, comme dans le poème précédent : Rimbaud, lui, cherche à être *moins seul* non pas grâce à l'amour, mais grâce à la Nature à laquelle il *se rend.* Les Bergers, eux, meurent *par le monde,* à cause du monde : c'est « le monde », ne l'oublions pas, qui a obligé Rimbaud à se séparer de Verlaine et à regagner Charleville.

8. *Nourris, abreuve* reprennent le vers précédent (« Et ma faim et toute ma soif »). En août, Rimbaud écrira *Fêtes de la faim.*

9. Opposition entre le « rire au soleil » et la façon désespérée dont

Rimbaud s'offre au soleil dont les rayons le « blessent ». Il évoque son *infortune,* pour terminer, en deux vers déchirants : qu'on le laisse au moins libre de souffrir et d'être seul. Ce sont les « parents » qui avaient séparé Rimbaud et Verlaine.

CHANSON DE LA PLUS HAUTE TOUR
P. 158.

1. Daté de mai 1872. Izambard a raconté dans ses souvenirs *(Rimbaud tel que je l'ai connu)* comment Rimbaud a peut-être été amené à reprendre un vieux refrain qu'il avait entendu fredonner par son professeur lors d'une promenade :

> *Avène, avène,*
> *Que le beau temps t'amène*

devenu

> *Ah! Que le temps vienne*
> *Où les cœurs s'éprennent.*

Dans *Alchimie du Verbe,* Rimbaud citera ce poème comme une des « espèces de romances » où il disait « adieu au monde », et il intercalera comme un refrain, entre les couplets, ces deux vers (sous une forme légèrement modifiée). Mais cette réminiscence intéresse le rythme plus que l'inspiration même du poème. Il est probable, comme le dit Delahaye, que Rimbaud fait ici un retour sur lui-même, sur son « oisive jeunesse », sur l'échec de son expérience parisienne, sur sa *patience* douloureuse et sa solitude. Est-ce à cet isolement dans sa « tour » que fait allusion le titre?

2. Cf. ce que dit Rimbaud de lui-même dans *Alchimie du Verbe* en reproduisant deux couplets de cette « chanson » : « J'étais oisif, en proie à une lourde fièvre », etc. Notons aussi, dans tout ce couplet, la savante recherche d'allitérations susurrantes : *oisive jeunesse, asservie, délicatesse...*

3. Delahaye fait remarquer que Rimbaud a compromis sa carrière littéraire en revenant à Charleville pour permettre une réconciliation entre Verlaine et sa femme. La famille Mauté était très « montée » contre Arthur, qui avait joué le rôle d'un mauvais génie au foyer de Verlaine, à l'époque où Mathilde venait d'avoir un enfant.

4. L'idée d'*oubli* amène Rimbaud à l'évocation de la *Prairie,* celle sans doute qu'il a sous les yeux en ce moment, odorante et prête à être fauchée (on est au mois de mai). Mais l'évocation, lumineuse dans *Les Poètes de sept ans,* devient ici sombre et déplaisante à cause des *ivraies* et des *sales mouches.*

5. Le *bourdon,* c'est le bourdonnement des *mouches* (à comparer aux mouches des *Voyelles*). La prairie a grandi et fleuri *au bourdon* des mouches (complément de manière). On remarquera les assonances en *i* et les sonorités claires des voyelles (en *i* et en *é*), auxquelles s'opposent les sonorités « sombres » des deux derniers vers, et les assonances en *a* du couplet suivant.

6. Rimbaud se considère-t-il comme *veuf* (au sens étymologique : privé de) de Verlaine? Mais les consolations de la religion sont pour lui d'un faible secours.

7. Delahaye note que Rimbaud a repris les vers de Verlaine :

> La *mer sur qui prie*
> La *Vierge Marie*

et avec le même rythme. Y a-t-il là une sorte de réponse à demi-mot à son ami?

L'ÉTERNITÉ

P. 160.

1. Rimbaud écrit, avant de citer ces vers dans *Alchimie du Verbe* : « Enfin, ô bonheur, ô raison, j'écartai du ciel l'azur, qui est du noir, et je vécus, étincelle d'or de la lumière *nature*. De joie, je prenais une expression bouffonne et égarée au possible. » Que penser, dit à ce propos Étiemble, « de ceux qui commentent avec piété, ou gravité, le poème suivant et, sous prétexte d'*éternité,* y introduisent une pensée chrétienne? Le thème, donné à la première et repris à la dernière strophe, est pourtant clair. L'éternité, c'est la joie de l'instant, pour celui qui retrouve l'esprit païen, la mer, le soleil, la nature » (édition des Classiques Larousse). Mais il affaiblit la portée de cette remarque en déclarant que les strophes 2, 3, 4 et 5 sont en effet « bouffonnes » et « égarées au possible » : l'obscurité des termes justifie en effet les nombreuses tentatives d'interprétation qui ont été faites de ce poème. Il semble que Rimbaud, dans son exaltation, ait voulu exprimer à la fois toutes sortes de sentiments qui se mêlaient en lui, et qui prennent, sous sa plume de poète, une forme imagée et souvent sibylline. Joie d'être libre dans la nature, sans doute, de s'évader de la vie sociale (des *humains* suffrages) et des croyances religieuses; mais aussi certitude de souffrir et de se consumer : « Le supplice est sûr. »

2. *Allée* est préférable au *mêlée au soleil* d'*Alchimie du Verbe* en ce sens, dit J.-P. Richard, que « l'union des termes sensibles, eau et feu, ne se sépare pas du mouvement qui les attire l'un *vers* l'autre, et qui les pousse en même temps, l'un *avec* l'autre, vers un autre espace et un autre temps, vers une nouvelle substance, une et ambiguë, l'eau de feu ». Mais, ajoute le critique, ce mouvement est purement intérieur : « Tout se passe ici dans l'esprit » (*Poésie et profondeur,* p. 217).

3. Ce terme précise qu'il s'agit avant tout d'une expérience intérieure. La *nuit* a disparu (l'azur, « qui est du noir », a été écarté du ciel), rien ne subsiste que l'éclat solaire du *jour en feu.*

4. *Selon* semble signifier ici : à ton gré, selon ton élan propre.

5. Delahaye rappelle, à propos de cette strophe, le mot de l'anarchiste Stirner : « Use ta vie en la consumant. » Dans *Alchimie du Verbe,* la strophe commence par « Plus de lendemain ». Qu'exprime ici Rimbaud? La joie de vivre dans l'instant, dans l'embrasement du jour? Ou une volupté désespérée à n'avoir plus d'espérance humaine?

6. *Espérance* s'entend des espérances humaines ou religieuses; *orietur* peut venir de *Malachie,* IV, 20 : « Et orietur vobis timentibus nomen meum sol justitiae, et sanitas in pennis ejus ». (S. B.) ou de Virgile : « Orietur aliquis nostris ex ossibus ultor » (*Enéide,* IV, v. 625). (A. G.)

7. On pourrait penser que Rimbaud condamne, en bloc, *science* et *patience.* Mais je crois plutôt qu'il accepte joyeusement ce *supplice* dont il a trouvé la science, et dont le *Devoir* lui vient des braises de satin : se consumer dans la lumière. N'oublions pas que le titre d'ensemble est *Fêtes de la patience* (le mot étant sans doute pris dans son sens fort : Rimbaud souffre, comme un *patient*). La rime intérieure : *science-patience,* accentue l'impression de « chanson ».

AGE D'OR

P. 162.

1. Pièce plus tardive, si l'on en croit la date : juin 1872. Dans ce cas, la pièce aurait été écrite à Paris, où Rimbaud était retourné sur les instances de Verlaine, et où il travaillait la nuit. Voir la lettre à Delahaye de la même époque. Le ton de ce poème, le dernier des quatre, est assez différent : c'est une sorte de conclusion allègre, presque insouciante. Les vers :

> *Vis et laisse au feu*
> *L'obscure infortune*

sont comme une reprise railleuse de la fin de *Bannières de mai :*

> *Et libre soit cette infortune.*

Il est possible que Rimbaud, ainsi que le propose Gengoux, se soit rappelé le double chant que chantent la luxure et la mort dans *Le Songe d'hiver* des *Cariatides* de Banville (où le chant de la luxure est lui aussi écrit en vers de cinq pieds). En même temps qu'une ritournelle (les couplets sont souvent repris), Rimbaud semble avoir voulu faire une sorte de « chant » à plusieurs « voix ». (S. B.) Sur *Age d'or,* voir l'article de Pierre Brunel dans *Lectures de Rimbaud, Revue de l'Université de Bruxelles,* 1982, n°s 1-2, p. 77-91. (A. G.)

2. L'expression *vertement* est justifiée par ce qui suit : à quoi bon se poser mille *questions,* qui se compliquent, *se ramifient* sans cesse, et n'amènent qu'*ivresse et folie?* Le ton est celui d'une réprimande.

3. Rimbaud dit au début d'*Alchimie du Verbe* : « A moi. L'histoire d'une de mes folies. » Faut-il penser que ce poème coïncide avec l'abandon (définitif ou momentané) de sa tentative de voyant?

4. Par opposition aux questions obscures, aux recherches douloureuses, la chanson a un tour *gai* et *facile.*

5. On peut se demander si *onde* et *flore* sont une allusion caustique aux mots « poétiques » des parnassiens (et de même *ta famille* serait celle des « bons Parnassiens », avec lesquels Rimbaud n'a sans doute plus guère envie de frayer...).

6. Vers volontairement faux, comme rime et comme rythme —

et volontairement prosaïque : c'est un cliché de la conversation courante. Rimbaud se moque peut-être, ici, du « tic » verbal d'un de ses amis.

7. Ici encore, il y a sans doute une allusion qui nous échappe. Nous savons, par exemple, que Verlaine se moquait du ton traînant et de l'accent ardennais de Rimbaud. Un de leurs amis avait peut-être un « ton Allemand »...

8. *Si cela t'étonne!* a le sens de « Tu es bien naïf! » L'idée est donc : au lieu de t'étonner, accepte donc le monde comme il est, *vis* et cesse de te complaire dans ton *obscure infortune.*

9. On s'est souvent demandé quel sens Rimbaud donnait à ce mot de *château,* qu'on retrouvera dans O *saisons, ô châteaux...* Certains ont proposé de comprendre « châteaux de l'âme », au sens mystique. Je verrais plutôt, ici, une évocation de l'époque féodale, de l'*Âge* des seigneurs (cf. *Nature princière*). Mais le sens n'est pas clair : Rimbaud se moque-t-il de lui-même? (il dira dans *Une saison en enfer* qu'il s'est toujours vu comme un *manant*). Le *grand frère,* en effet, c'est lui-même, à qui s'adresse une des voix.

10. Serait-ce une allusion aux *Voix intérieures* de Hugo? Cf. la pièce XXIV, *Une nuit qu'on entendait la mer sans la voir :*

> *Quels sont ces bruits sourds?*
> *Écoutez vers l'onde*
> *Cette voix profonde*
> *Qui pleure toujours.*

Le rythme est le même.

JEUNE MÉNAGE

P. 164.

1. Datée, avec précision, du 27 juin 1872, cette pièce fait évidemment allusion au « drôle de ménage » Verlaine-Rimbaud. Suivant Gengoux, le « ménage » est celui formé par Verlaine et Mathilde, et Rimbaud est le « lutin » qui vient le déranger, le « malin rat » qui ronge le bonheur conjugal. Je crois que c'est plutôt le contraire, et que Mathilde est déjà considérée par son mari comme la « princesse souris » (c'est l'appellation qu'il lui décernera de Londres), comme l'esprit malfaisant qui veut les séparer les deux amis. Comment expliquer autrement, du reste, que le ménage « s'absente peu sérieusement » et que « rien ne se fait »? A cette date, Verlaine avait installé Rimbaud rue Victor-Cousin (Voir la lettre à Delahaye); le poème peut faire allusion à cette chambre ou à la précédente, rue Monsieur-le-Prince, d'où l'on voyait mieux le ciel « bleu-turquin ». Verlaine, lui, évoquera la chambre de la rue Campagne-Première dans *Jadis et Naguère* sous le titre : *Le Poète et la Muse,* mais d'une manière plus réaliste :

> *La chambre, as-tu gardé leurs spectres ridicules,*
> *O pleine de jour sale et de bruits d'araignées?*
> *La chambre, as-tu gardé leurs formes désignées*
> *Par ces crasses au mur et par quelles virgules!*

2. *Bleu-turquin,* « bleu tirant sur l'ardoise », dit Littré. Ne serait-ce pas plutôt la teinte correspondant à ce que nous appelons « bleu-turquoise », c'est-à-dire tirant sur le vert? Rimbaud a parlé aussi de cieux « moirés de vert » (dans *Les Premières Communions*).

3. *Vibrent les gencives* paraît un effet d'harmonie imitative.

4. Plutôt qu'à des *génies* littéraires, il faut penser à de mauvais génies, lutins ou esprits malfaisants. Une mauvaise influence semble s'exercer sur le jeune ménage et entraîner ces *désordres vains.*

5. Ces *résilles dans les coins* paraissent désigner les toiles d'araignée, évoquées aussi plus tard par Verlaine. J'avoue ne comprendre ni la *fée africaine,* ni la *mûre...* Ce sont également des fées (souvent *marraines* d'un enfant dans les contes) qui entrent dans les buffets. Il est possible, comme le suggère Gengoux, que Rimbaud se soit rappelé *La Sorcière* de Michelet, où il est question des superstitions féminines et du « monde singulier, délicat, des fées, des lutins, fait pour une âme de femme ».

6. *Flouer,* terme d'argot, veut dire tromper. Le *marié* est le jouet non seulement des esprits des airs (le *vent*), mais même des *esprits des eaux.*

7. *L'amie,* c'est la lune, qui est également au sens figuré la « lune de miel » des jeunes mariés; c'est elle aussi qui est cuivrée.

8. Association de couleurs *(spectres blancs,* ciel *bleu)* comme dans *Les Premières Communions.* Mais quel est le sens de cette invocation aux spectres saints *de Bethléem?* La raillerie de Rimbaud vise-t-elle la religion, vise-t-elle la tendance de Verlaine au mysticisme?

PLATES-BANDES D'AMARANTES...

P. 166.

1. Ce poème est daté de juillet : on admet généralement qu'il a été écrit en juillet 1872 sur le boulevard du Régent, à Bruxelles, par où passaient Verlaine et Rimbaud alors en route pour l'Angleterre. Suivant Goffin, il serait mieux daté de 1873, *après* le drame de Bruxelles : en juillet, Rimbaud fut convoqué à la Sûreté publique, à sa sortie de l'hôpital, et celle-ci se trouvait alors rue Ducale, à côté du boulevard du Régent. La « cage de la petite veuve » serait une allusion à l'emprisonnement de Verlaine. L'hypothèse est assez séduisante, mais obligerait à admettre que Rimbaud est revenu à la forme de versification libre qu'il avait abandonnée, pense-t-on généralement, pour écrire les *Illuminations;* et surtout, n'est-il pas difficile de croire que Rimbaud, si peu de temps après le drame, avait le cœur à écrire un poème calme et même enjoué? A vrai dire, nous avons plutôt là une suite d'impressions et de coq-à-l'âne qu'un poème vraiment pensé. « Rimbaud est tout à la joie de découvrir la « liberté libre » avec Verlaine. »

2. Suivant Goffin, le *palais de Jupiter* serait le palais des Académies, avec ses colonnades, et les *plates-bandes d'amarantes* celles du Parc de Bruxelles, qui est situé au coin de la rue Ducale. Delahaye pense au contraire que le palais est le palais royal.

3. Ce *Toi* désigne-t-il Jupiter? ou l'Être évoqué dans les *Voyelles* en même temps que le *O bleu?* ou la Femme, selon Gengoux?

4. On sait que dans *Délires I* Rimbaud fera dire à Verlaine (la vierge folle) : « Je suis veuve. » De même, plus loin, la *Folle par affection* pourrait encore désigner Verlaine, qui a parlé dans *Le Bon Alchimiste* de la « Folle par amour ».

5. *Fesse* ou *flesse,* ardennisme désignant selon Charles Bruneau, une branche flexible, souvent de coudrier, servant à renforcer une haie, ou ici, à maintenir des rosiers grimpants (« Le patois de Rimbaud », *La Grive,* n° 53, avril 1947, p. 4). Jean-Pierre Chambon y voit une transcription du champenois *faisse,* bande de terre longue et étroite (« Quelques problèmes de vocabulaire », *A. Rimbaud 4, La Revue des lettres modernes,* 1980, p. 95-96). (A. G.)

6. Gengoux a pensé trouver la clef de ces expressions obscures : la *Juliette,* l'*Henriette,* dans *La Voie lactée* des *Cariatides* de Banville, où Banville évoque Shakespeare et Molière avec pour l'un la mention de « Juliette », pour l'autre la mention de l' « Henriette » des *Femmes savantes* (ce qui expliquerait aussi plus loin *tout drame et toute comédie*). Sans être impossible, cette « source » ingénieuse est rendue assez douteuse par le vers suivant qui mentionne l'Henriette comme une station de chemin de fer (que je n'ai du reste trouvée dans aucun indicateur).

7. Gengoux (p. 497) rappelle que *Blue-devils (Diables-bleus)* signifie en anglais cauchemars (comme l'explique Vigny au chap. 2 de *Stello*).

8. Cf. dans *Villes :* « Le paradis des orages s'effondre » (dans les *Illuminations*). Dans *Le Thyrse* du 1er avril 1953, M. Deflandre a signalé qu'au 21 du boulevard du Régent existait alors un pensionnat (d'où « bavardage des enfants »?) et qu'au 35 était située la demeure fastueuse du duc et prince Charles d'Aremberg, d'où au quatrain suivant l'allusion à la *fenêtre du duc* et l'exclamation : *C'est trop beau! trop!*

9. Rimbaud voit dans ce boulevard silencieux le lieu de réunion des *scènes* qu'il imagine déjà peut-être s'il songe à écrire des poèmes sur les « villes ». Cette fin est toutefois extrêmement obscure.

EST-ELLE ALMÉE?...

P. 168

1. Poème daté de juillet 1872. Souvenir, peut-être, du voyage en mer et de l'arrivée en Angleterre (la « splendide étendue » où l'on sent « souffler la ville énormément florissante »); la Pêcheuse et le Corsaire évoquent également la mer. Mais qui est *elle?* Au xixe siècle, *almée* désigne une danseuse ou une diseuse dans le monde arabe (en Égypte) et aux Indes. On notera le même « C'est trop beau ! » que dans le poème précédent.

2. Allusion à l'apparition du jour, s'opposant aux « fêtes de nuit ».

3. Cette allusion aux derniers masques peut faire penser qu'il y a là le souvenir d'une fête de nuit costumée, et cessant au matin.

FÊTES DE LA FAIM

P. 169.

1. Ce poème est daté d'août 1872 : il a donc été composé en Angle-

terre (à moins que la date, écrite d'une autre encre, ne soit un peu postérieure au poème lui-même, comme le suggère Matucci). Tout ce texte est un développement à partir du symbolisme de la *faim* et de la *dureté* de la vie : n'oublions pas que d'une part, comme l'a écrit Verlaine, Rimbaud et lui-même n'ont pas eu toujours de quoi manger à Londres (cf. *Læti et errabundi*); et que d'autre part le jeune Ardennais est peut-être fasciné par le paysage minéral qu'il a sous les yeux à Londres, et où dominent « les charbons, le fer » : il rêve de printemps et de végétaux.

2. Souvenir, évidemment, de Perrault : « Anne, ma sœur Anne... »; mais Rimbaud se souvient peut-être aussi du refrain de chanson auquel La Fontaine fait allusion dans *Le Meunier, son fils et l'âne :* quand « Nicolas va voir Jeanne », il « monte sur son âne ».

3. A propos des *galets, fils des déluges,* Hackett rappelle la légende de Deucalion jetant des pierres qui deviennent des hommes, racontée dans le livre I des *Métamorphoses* d'Ovide.

4. Rimbaud explique lui-même ce que symbolisent ces *faims :* « c'est le malheur », et il est représenté par l'*azur* noir qu'il a voulu écarter pour devenir une « étincelle d'or de la lumière *nature* ». Rappelons aussi que *Le Sonneur* de Mallarmé avait paru dans *Le Parnasse.*

5. Delahaye rappelle qu'à la fin de l'hiver on peut manger des fruits gelés à la chair *blette,* prunelles, cornouilles... Rimbaud évoque en effet le printemps, où apparaissent les premières plantes vertes, où l'on mange des doucettes. La fécondité végétale succède à la dureté minérale.

QU'EST-CE POUR NOUS, MON CŒUR...
P. 171.

1. Ce poème sans titre (et sans date) avait été intitulé par Berrichon *Vertige,* par référence à la phrase de l'*Alchimie du Verbe :* « Je fixais des vertiges. » Il attribuait ces vers destructeurs « à l'influence de l'absinthe » et supposait qu'ils avaient été écrits à la fin de 1871, ou dans le courant de 1872. Je ne crois pas du tout, pour ma part, que ces vers soient contemporains des précédents : d'une part, leur versification est relativement régulière, malgré les enjambements et les brisures de rythme, et nous n'avons nullement affaire à une « chanson »; d'autre part, le ton exalté de ce poème violemment révolutionnaire ne semble pas dû à une ivresse provoquée par l'absinthe, mais bien plutôt à l'enivrement « communard » de Rimbaud, qui commence comme ses « frères » communards par souhaiter la destruction des forces régnantes, « princes » et « sénats », mais qui étend bientôt sa fureur et ses souhaits de destruction à toutes les formes de société (« des régiments, des colons, des peuples, assez ! »), à tous les continents, à la terre entière : c'est le poème de l'anarchisme complet, de la révolte totale contre *ce qui est* — avec, au bout, le réveil : « Ce n'est rien ! j'y suis ! j'y suis toujours. »

2. Souvenir probable des meurtres qui ont marqué la « semaine sanglante » de la Commune, du 21 au 28 mai 1871 : on a avancé le chiffre de vingt mille morts chez les communards et de plusieurs centaines chez les Versaillais.

3. L'anarchisme de Rimbaud est une révolte contre l'ordre, contre *tout* ordre; on se rappelle l'anecdote racontée par Delahaye et qui

montre Rimbaud bravant les « bourgeois » après l'installation à Paris de la Commune et criant : « L'ordre... est vaincu ! » On notera comment les enjambements et les rejets manifestent, eux aussi, la destruction de « l'ordre » classique du vers.

4. Nous *la* voulons, c'est-à-dire *nous voulons toute vengeance;* et cette vengeance sera d'abord dirigée contre ceux qui ont écrasé la Commune, l'entourage de Napoléon, le Sénat, les bourgeois et *industriels,* tout ce qui représente « l'ordre ». Au vers suivant les mots abstraits, *puissance, justice, histoire,* rendront l'idée plus générale.

5. On sait que les « pétroleurs » communards mirent le feu à un grand nombre de monuments : Hôtel de Ville, Quai d'Orsay, Légion d'honneur, Cour des Comptes, Palais de Justice, Tuileries. Dans *Les Incendiaires,* poème daté d'août-septembre 1871, le communard Vermersch a décrit tous ces incendies.

6. *Que nous,* c'est-à-dire *sinon* nous. Dans ce quatrain perce un certain scepticisme ironique, comme un retour à la lucidité : « ceux que nous nous imaginons frères », « romanesques amis » : la liberté totale ne peut être qu'un rêve, et encore ce rêve n'est-il pas le même pour tous. Vermersch parle de « tourbillons de flamme »; Rimbaud, avec une belle allitération, de « tourbillons de feu furieux ».

7. C'est le refus opposé par Rimbaud à la Société, et qu'on retrouve dans ses lettres de 1871 : « Travailler maintenant, jamais, jamais » (lettre à Izambard, 13 mai 1871), et aussi dans *Une saison en enfer :* « J'ai horreur de tous les métiers. »

8. Le vertige de destruction reprend et s'étend, cette fois, à tout l'univers. Qu'importe si les destructeurs doivent être eux-mêmes *écrasés.* Dans une vision apocalyptique, Rimbaud imagine les volcans en train de sauter, l'océan atteint à son tour par une catastrophe cosmique.

9. Le dernier quatrain marque le paroxysme du délire, les apostrophes aux *noirs inconnus* qui (Rimbaud à présent ne doute plus) *sont des frères,* les impératifs haletants, et l'anéantissement de la *vieille terre* qui s'écroule et qui *fond.* Mais la ligne ajoutée en bas du poème marque le retour à la réalité, le réveil dégrisé après le cauchemar grandiose.

ENTENDS COMME BRAME...

P. 173.

1. Ce poème-ci semble bien un de ceux où Rimbaud « notait l'inexprimable », et l'on se demande s'il faut vraiment y chercher un sens, bien qu'on y trouve des articulations de raisonnement logique *(or, néanmoins).* Il n'est pas daté; les mots *avril, rame viride* font songer au printemps (mais on peut être étonné de voir des rames de pois en avril), et l'on peut penser que cette pièce date aussi de mai 1872. Des recherches de rythme et sonorités apparaissent dans ces vers de cinq syllabes très désarticulés et dans les assonances en *a* et en *e.*

2. Dans les *Illuminations (Métropolitain)* Rimbaud parlera de *plans de pois* — souvenir de cultures vues dans la région ardennaise ? *Brame* peut-il s'entendre d'un effet de contraste coloré et « criard » ?

3. *Vapeur* sera repris plus loin par *brume.* C'est un *effet nocturne,* comme

l'indique le nom de *Phœbé* (la lune). Mais comment une vapeur peut-elle être *nette*?

4. Quel est ce *philtre sournois* qui s'oppose aux *claires meules* et aux *beaux toits*? Est-ce la religion des *Anciens* (cf. *saints d'autrefois*)? ou la brume est-elle ce philtre? Les adjectifs *fériale* (de fête) et *astrale* (en rapport avec l'influence des astres) font songer à des pratiques religieuses ou magiques.

5. La *Sicile* peut faire penser aux *anciens* Grecs (cf. les pratiques magiques nocturnes décrites par Théocrite) et l'*Allemagne* aux légendes germaniques et aux *philtres* — mais peut-être n'y a-t-il là aucune allusion précise.

6. Les assonances comme le rythme sont de plus en plus libres : le dernier vers est faux et *justement* ne rime que pour l'œil avec *restent*.

MICHEL ET CHRISTINE
P. 174.

1. Encore un poème sans date. Rimbaud ayant dit dans *Alchimie du Verbe* : « Un titre de vaudeville dressait des épouvantes devant moi », Étiemble et Y. Gauclère ont essayé d'élucider ce texte obscur à partir du vaudeville de Scribe qui porte le même titre. Malheureusement, ce vaudeville n'a aucun rapport avec le texte de Rimbaud ; seuls les mots « fin de l'Idylle » dans le poème pourraient autoriser un rapprochement, qui reste stérile. Étiemble et Y. Gauclère sont obligés de conclure à une sorte de « recette alchimique » et d'admettre que la vision de Rimbaud « ne s'insère pas dans nos concepts » (*Cahiers du Sud,* décembre 1936). En fait, ce poème paraît surtout à base d'images hallucinatoires et d'associations d'idées : l'imagination de Rimbaud, mise en branle par un ciel d'orage, fait apparaître des visions étranges, qui se fondent et se succèdent. La versification est très libre, et tend à un « rythme de prose ». (S. B.) Voir, sur ce poème, Pierre Brunel, « La fin de l'idylle », *Revue d'histoire littéraire de la France,* janvier-février 1987. (A. G.)

2. L'orage est le point de départ de l'hallucination. Le *clair déluge* (cf. dans *Enfance I* : « le clair déluge qui sourd des prés ») est le déluge de clarté qui baignait *ces bords.*

3. Les *agneaux* font songer, dit Étiemble, au vieux refrain « Il pleut, bergère » ; ils vont entraîner *chien noir, brun pasteur* et *blond troupeau,* puis les *loups* et enfin l'*Agneau Pascal.* Mais par quoi les agneaux eux-mêmes sont-ils amenés ? On peut penser aux nuages évoquent pour Rimbaud des toisons de moutons, ils « moutonnent » (la même image a inspiré à J. Renard un poème en prose : *Les Moutons*).

4. Les agneaux sont un blond troupeau, mais aussi des *soldats blonds.*

5. Goffin prétend éclaircir ce vers de la même façon que pour *Larme,* où *la jeune Oise* représentait, dit-il, le ruisseau de Roche, l'Alloire ; étant donné que la Sologne longe la vraie Loire, les *cent Solognes* doivent être les « champs énormes de Roche qui longent le ruisseau » ; il est beaucoup plus probable que Rimbaud prend la Sologne comme un pays étendu et plat, et que la sonorité lui convient.

6. L'orage amène Rimbaud à évoquer des visions de guerre, des *hordes* sauvages comme les *graines* — peut-être les invasions barbares qui ont déferlé sur *l'Europe ancienne*.

7. Évocation vivement colorée des guerriers *rougis* (de sang?) chevauchant sous les *cieux noirs;* si on adopte la leçon *rougissant leurs fronts*, on peut comprendre aussi que les cieux *glacés de rouge* de la quatrième strophe teintent le front des guerriers. Chez Rimbaud, rouge et noir s'associent sans cesse et parfois même se fondent en une seule couleur.

8. Ce dernier quatrain semble grouper les mots : 1° par association de couleurs (bleu, blanc, rouge); 2° par association d'idées : Michel, l'homme au front rouge, le Gaulois (saint Michel, protecteur des Francs?); Christine, l'Épouse, dont le nom amène l'idée du Christ, d'où *le blanc Agneau Pascal.* Dans *Une saison en enfer,* c'est le Gaulois qui a «l'œil bleu blanc». On peut se demander s'il n'y a pas ici un souvenir du couple Verlaine-Rimbaud que l'on a séparé *(fin de l'Idylle),* l'Épouse étant Verlaine, et *l'Agneau* désignant sarcastiquement Mathilde. On sait qu'à Londres Verlaine comparera, dans *Child Wife,* Mathilde à un «triste agnelet» bêlant vers sa mère... (S. B.) Sur la fin de *Michel et Christine,* voir Pierre Brunel, «La fin de l'idylle», *Revue d'histoire littéraire de la France,* mars-avril 1987, p. 101-112. (A. G.)

HONTE

P. 176.

1. Pour Bouillane de Lacoste, ce poème est une parodie des plaintes de Mme Rimbaud sur son enfant terrible de fils, et il le date du séjour d'avril-mai 1872 à Charleville; Ruchon, au contraire, y voit un reflet des querelles de Londres entre Verlaine et Rimbaud et le date de 1873. I. Massey, qui a consacré un article à ce poème *(Form and content in a Rimbaud poem, Romanic Review,* février 1957), opte pour la seconde interprétation — et, en effet, le ton violent et volontairement cruel rend cette pièce très différente des «chansons» de 1872. Il paraît pourtant étonnant que Rimbaud soit revenu en 1873 à la versification régulière; et, d'autre part, on l'imagine bien s'appliquant à lui-même le terme d'«enfant gêneur» en mai 1872, lorsqu'il a été obligé de quitter Paris pour ne pas «gêner» le ménage de Verlaine. De toute façon, c'est évidemment de lui-même que Rimbaud parle ici, imaginant avec violence et sarcasme tous les supplices qu'on peut souhaiter pour lui, et aussi la prière hypocrite qu'on peut adresser au ciel pour son âme. (S. B.) Sur *Honte,* voir Albert Henry, *Lecture de quelques Illuminations,* Bruxelles, Académie royale de Belgique, 1989, p. 65-76. (A. G.)

2. Vocabulaire à la fois chirurgical (la *lame*) et réaliste : Rimbaud se délecte dans l'horreur de cette dissection.

3. *Vapeur* signifie-t-il «idée», comme le propose Massey? Gengoux, citant l'étude consacrée par Büchner au «crétin des Alpes», note qu'il compare la pensée issue du cerveau à une vapeur, le cerveau étant la «machine à vapeur». Pour Gengoux, c'est de Verlaine que se moque Rimbaud dans cette strophe, ce qui semble moins satisfaisant.

4. Il semble que dans cette parenthèse c'est, cette fois, de Verlaine

(Lui) qu'il est question avec raillerie. Massey rappelle à ce sujet les *Vers pour être calomnié* de Verlaine :

> *Qu'on vive, ô quelle délicate merveille!*

5. Triple allusion, semble-t-il, au couperet du bourreau, à la lapidation et au poison (qui *brûle* les boyaux).

6. *L'enfant gêneur* ne peut être que Rimbaud, qui a troublé la bonne entente entre Verlaine et sa femme. *Ruser* et *être traître* lui conviennent assez bien aussi. *Ne doit* paraît non pas être un conseil de Rimbaud à soi-même, mais exprimer une inéluctabilité.

7. Les *Monts-Rocheux* (comme les « montagnes Rocheuses ») désignent Roche, la propriété de la famille Rimbaud. Cf. la lettre de Delahaye à Verlaine du 31 décembre 1881 (publiée dans le *Mercure de France,* 1954, p. 240) : « Sur ton renseignement touchant le « monstre » hypothétiquement rocheux [Rimbaud, hypothétiquement à Roche], je lui ai écrit chez sa mère ». (A. G.)

8. Cette prière paraît bien être une raillerie soit contre la « bigoterie » de Mme Rimbaud, soit (si le poème date de 1873) contre celui que Rimbaud appellera le « Loyola », Verlaine. Le ton de ces deux derniers vers forme un contraste voulu avec les précédents.

MÉMOIRE

P. 177.

1. C'est un des poèmes de Rimbaud les plus célèbres et les plus controversés. On a voulu y voir un souvenir de la « fuite » de Rimbaud vers Paris, avec l'évocation de sa mère et de ses sœurs ; suivant d'autres, « le départ de l'homme » ferait allusion au départ du père, qui s'était séparé de sa femme. Dans leur *Rimbaud,* Étiemble et Y. Gauclère ont fait une intéressante analyse des procédés poétiques de Rimbaud dans ce poème, dont le titre indique que Rimbaud *se rappelle* les impressions éprouvées près de la rivière, ou sur l'eau. (S. B.) Sur *Mémoire,* voir les interprétations de Ross Chambers (*Essays in French Literature* (Nedlands, Australie), November 1968, p. 22-37), de Jean-Pierre Giusto (*Études rimbaldiennes 3,* 1972, p. 43-52) et de Jean-Luc Steinmetz (*Lectures de Rimbaud, Revue de l'Université de Bruxelles,* 1982, n°s 1-2, p. 47-60). (A. G.)

2. Tout ce quatrain est une suite d'images formant, a dit Ruchon, une sorte de « symphonie en blanc majeur » ; je croirais volontiers, en effet, qu'il y a ici quelque intention de parodier le célèbre poème de Gautier ; et, après avoir évoqué toutes ces blancheurs, Rimbaud répond : *Non,* ce n'est pas là une eau claire et blanche, mais un *courant d'or en marche* (à cause des reflets du soleil), et ses bras sont *noirs* d'herbe.

3. *Elle* désigne-t-il l'herbe, ou la rivière? Pour Étiemble, c'est la rivière personnifiée, de même que plus loin *elle* courra noire et froide. Il faut alors penser que le « courant d'or » devient *sombre* au moment où la rivière reçoit l'ombre de la colline et de l'arche. Bouillane de Lacoste préfère y voir l'herbe.

4. Le manuscrit porte *avant,* qui semble un lapsus. Cependant, Bouillane de Lacoste pense qu'on peut comprendre : elle appelle l'ombre pour rideaux avant (d'appeler) le ciel bleu pour ciel de lit.

5. Comparaison, semble-t-il, avec le « carreau » d'une chambre, de même que l'eau *meuble* d'or *les couches prêtes* (sans doute par un jeu de mots avec le « lit » de la rivière, comme plus haut pour *ciel-de-lit*).

6. Difficulté due à ce qu'on attendrait l'inverse : ce sont les saules qui devraient paraître des robes; cependant les teintes pâles des saules conviennent bien à *vertes et déteintes.*

7. Par *souci d'eau,* il faut entendre, suivant Delahaye, le nénuphar; ce nénuphar jaune est comparé à un louis, et il *jalouse* le soleil; il symbolise d'autre part la *foi conjugale* (le jaune étant la couleur du mariage).

8. La *Sphère rose et chère* est le soleil, qui se reflète dans le *terne miroir* de l'eau.

9. Ici, il semble bien qu'il s'agit effectivement de promeneurs installés dans la prairie voisine de l'eau; il y a sans doute des images qui interfèrent, mais aussi probablement une association d'idées qui rapproche la rivière, *Épouse* du soleil, et *Madame,* pour laquelle il faut peut-être penser à Mme Rimbaud.

10. *Lui* et *Elle* ont été interprétés de manières diverses : *Lui* est-il Rimbaud, est-il le père de Rimbaud, et *Elle,* Mme Rimbaud? ou bien *Lui* désigne-t-il le soleil qui, « lorsqu'il disparaît derrière la montagne, laisse derrière lui un faisceau de rayons qui se divisent dans le ciel comme « mille anges blancs qui se séparent sur la route »? Cette interprétation proposée par Étiemble est plus simple et plus séduisante, bien que *l'homme* soit un peu étrange; en revanche, *froide et noire* convient très bien à la rivière, alors qu'il serait difficile de l'employer pour une femme.

11. Ce quatrain-ci évoque cette fois nettement la rivière. Delahaye explique qu'à Mézières il y avait autrefois un *chantier* où l'on tamisait le sable extrait du fleuve.

12. D'après Delahaye, une des baraques d'ouvriers restées sur les chantiers était habitée par une pauvre folle surnommée « la reine des remparts », qui lançait des injures, puis fondait en pleurs. Mais il paraît plus simple de supposer qu'il s'agit toujours de la rivière et du bruit qu'elle fait en passant sous les remparts. On remarquera l'impression d'ensilement et d'effort que produit la multiplication des coupes dans les deux derniers vers du quatrain.

13. Dans les deux derniers quatrains, Rimbaud se met en scène personnellement : souvenir, peut-être, de ses jeux avec son frère sur une petite barque attachée au bord de la Meuse, et que Delahaye a racontés dans ses *Souvenirs familiers.*

14. On peut comprendre que la fleur bleue est *amie à l'eau* dont la *couleur de cendre* (après le départ du soleil) s'harmonise avec la sienne.

15. Suivant Delahaye, les *roses des roseaux* sont les fleurs des joncs. On peut penser aussi aux teintes roses données aux roseaux par le coucher du soleil, mais qui disparaissent ensuite, *dévorées* par le crépuscule.

16. Les derniers vers donnent au passage un sens symbolique :

au contraire du Bateau ivre, le canot *toujours fixe* ne peut s'évader;
davantage, il se sent tiré par sa chaîne — *à quelle boue?* boue de la
réalité, qui s'oppose aux fleurs inaccessibles et aux roses des roseaux,
ce monde de rêve, que l'enfant ne saurait atteindre.

[BONHEUR]

P. 179.

1. Poème obscur, dont il existe une autre version dans *Alchimie du
Verbe*, et un brouillon autographe qui a été étudié par Bouillane de
Lacoste et J. Mouquet. Ce brouillon est précédé de deux lignes de prose
ainsi déchiffrées par J. Mouquet : « C'est pour dire que ce n'est rien, la
vie; voilà donc les *Saisons*. » On sait que dans *Alchimie du Verbe* ce
poème sert de conclusion à l' « histoire d'une de mes folies » et à
un développement sur le Bonheur. Étiemble a montré comment un
véritable délire d'interprétation s'était abattu sur les deux premiers
vers : on a fait de la *saison* la vie terrestre, des *châteaux* les « châteaux
de l'âme » (d'après sainte Thérèse d'Avila); ou bien on a compris
saison comme « temps de retraite ou de cure spirituelle ». Il semble
plus simplement que les *saisons* sont (d'après le commentaire de
Rimbaud lui-même) les *âges* de la vie (ou simplement des périodes,
des durées, comme dans *Une saison en enfer*) : Rimbaud a certainement pour ce mot une prédilection étrange. Pour *châteaux*, on ne sait
s'il faut penser à la « plus haute tour », à des visions féodales, à des
châteaux en Espagne... Il semble que Rimbaud a choisi un mot riche
en suggestions sans lui donner un sens précis, et que du reste cette
ritournelle ne réclame pas tellement une « explication » rationnelle.

2. C'est soit l'*étude,* que nul ne peut éluder (c'est l'avis d'Étiemble),
soit le *Bonheur* (« Je ne puis m'empêcher de croire que cette fatale
attraction vers le bonheur dont parlait Rimbaud signifie la joie de
trouver Dieu » écrit Henry Miller). (A.G.). Le mot *magique* est important : Rimbaud a espéré se rendre maître du Bonheur grâce à des
« charmes » magiques (cf. *Charme* plus bas). (S. B.).

3. Rimbaud écrit dans *Alchimie du Verbe* : « Le Bonheur! Sa dent,
douce à la mort, m'avertissait au chant du coq, — *ad matutinum.* »

4. On peut se demander si ce *Charme* n'a pas pris *âme et corps* dans
Verlaine, dont Rimbaud dénoncerait ici l'influence néfaste : car il est
difficile de rapporter le mot *dédain* du dernier distique autrement qu'à
une personne.

5. Les deux derniers distiques sont barrés sur le manuscrit Berès, et
remplacés dans *Alchimie du Verbe* par :

> *L'heure de sa fuite, hélas!*
> *Sera l'heure du trépas.*

« J'étais mûr pour le *trépas* », dit Rimbaud à la fin d'*Alchimie du Verbe* :
peut-être, racontant « l'histoire d'une de ses folies », a-t-il voulu élimi-
ner toute allusion à Verlaine, car on peut rapporter *sa fuite* à *Charme,*
alors qu'on ne peut le faire pour *dédain.*

LA CHAMBRÉE DE NUIT

P. 181.

1. Le dernier poème de Rimbaud figurant dans la plupart des éditions est « Le loup criait sous les feuilles », dont nous n'avons pas de version indépendante d'*Une saison en enfer*, où il figure, associé à « Si j'ai du goût, ce n'est guère », sous le titre *Faim*. Il n'est bien sûr pas exclu que la version indépendante ait existé et soit perdue, mais quoi qu'il en soit, il n'y a pas de raison de faire figurer deux fois le même poème, sans variante, dans la même édition : on le trouvera p. 232.

En revanche, le petit poème que contient la lettre à Delahaye du 14 octobre 1875 est peut-être le dernier qu'ait écrit Rimbaud. C'est en tout cas le dernier que nous connaissions, et un des rares dans l'œuvre de Rimbaud, que nous puissions dater avec une telle précision.

Cette lettre, qu'on trouvera p. 298-300 de l'édition Adam, fut écrite de Charleville à un moment où Rimbaud songeait à préparer le « bachot ès sciences » et s'informait du programme de l'épreuve. Après une allusion aux « dernières grossièretés de Loyola » (Verlaine, qu'il a revu au printemps à Stuttgart et qu'il ne reverra plus), il envisage l'appel prochain de « la 2ᵉ portion » du « contingent » de la « classe 74 ». Il ajoute alors : « la chambrée de nuit : » puis, sous le titre *Rêve*, ce poème en douze vers parodiques, suivi du début d'une *Valse*. La dérision très apparente n'a pas tant pour objet ladite « chambrée », promise et rêvée, ou la bêtise éventuelle de ce Lefèbvre dont Berrichon nous dit qu'il était le fils des propriétaires des Rimbaud, et habitait comme eux à ce moment, 13, rue Saint-Barthélemy, mais plutôt la rime, cet affleurement de l'essence poétique, dont jouent comme d'un ballon dégonflé les pauvres d'esprit d'une « chambrée de nuit ». Ce poème, considéré par André Breton comme « le testament poétique et spirituel de Rimbaud » (*Anthologie de l'humour noir*, Éditions du Sagittaire, 1940, p. 128), a été étudié par Mario Richter (*Les Deux « Cimes » de Rimbaud : « Dévotion » et « Rêve »*, Slatkine, 1986) et par Steve Murphy (*Parade sauvage*, nᵒ 6, juin 1989, p. 14-54). (A. G.)

LES DÉSERTS DE L'AMOUR

AVERTISSEMENT

P. 187.

1. Si l'on admet que ces textes datent de 1872, Rimbaud avait alors dix-huit ans. Est-ce à dessein que parlant d'un « tout jeune *homme* » il souligne le mot *homme* (et qu'il écrira plus loin *jeunes hommes* plutôt que *jeunes gens*) ? Faut-il voir là une allusion, comme dans le titre que Verlaine donnera plus tard à son recueil vendu sous le manteau, *Hombres* ? (S. B.) Au début de *Sonnet* (*Jeunesse II*), dans les *Illuminations*, Rimbaud souligne à nouveau le mot *Homme*. (A. G.)

2. Rimbaud se reconnaît une part de responsabilité dans sa vie désordonnée et immorale ; mais les expressions *sans mère, sans pays*, apportent aussi une explication et une justification de son attitude.

3. Delahaye voit dans cette fin de phrase une allusion à Rousseau.

4. Cf. dans le brouillon d'*Alchimie du Verbe* : « Je me trouvais mûr pour le trépas... »

5. Il est difficile de ne pas voir là une allusion de Rimbaud à son homosexualité. La question se pose de savoir s'il a pratiqué ce « dérèglement » avant de venir à Paris. Dans un texte récemment exhumé, un ancien condisciple de Rimbaud parle des mœurs de certains internes de Charleville (voir le *Mercure de France,* 1er janvier 1955), mais ne donne aucune précision concernant Rimbaud. Delahaye, de son côté, ne parle de rien, mais a pu n'être au courant de rien.

6. La phrase ne paraît pas ironique. Elle est à mettre en rapport avec la fin d'*Alchimie du Verbe :* « Je voyais se lever la croix consolatrice... » On voit d'après cette phrase qu'il s'agit non seulement de rêves faits en dormant, mais de rêves éveillés, véritables hallucinations (cf. *Alchimie du Verbe*).

7. Allusion à la légende des Sept Dormants, *Coran,* sourate XVIII (« La grotte »), 9-22. Voir Louis Massignon, *Les Sept Dormants d'Éphèse (Ahl-Al-Kahf) en Islam et en chrétienté,* Paris, Librairie orientaliste Paul Geuthner, 1956. (A. G.)

[I] C'EST, CERTES, LA MÊME CAMPAGNE...

P. 188.

1. Ce début abrupt paraît indiquer que ce texte fait suite à d'autres « rêves ». (S. B.) Mais cela n'est pas sûr. Le début de textes des *Illuminations* est parfois, aussi, « abrupt ». Ainsi *Villes :* « Ce sont des villes ! » Et n'est-ce pas le propre d'un rêve dont la mémoire nous revient que de nous paraître en une image entière, abrupte, isolée? (A. G.)

2. Ces *bergeries* sont vraisemblablement des scènes pastorales alternant avec des *armes* et des *lions,* et *roussies* par le temps. Cf. dans *Alchimie du Verbe :* « J'aimais les peintures idiotes, dessus de portes, décors... ».

3. Il sera question plus loin de « toiles de navire ». Cette obsession maritime nous rappelle le *poète de sept ans* qui rêvait de voyages, couché

> *...sur des pièces de toile*
> *Écrue, et pressentant violemment la voile!*

D'après Delahaye, l'*ami* ancien serait un ex-condisciple séminariste, et la *chambre de pourpre* aurait, elle aussi, réellement existé.

4. L'étrangeté du texte, ici, va jusqu'à l'incohérence. *Aux conversations* peut se comprendre au sens de « dans les conversations »; le *murmure du lait du matin* est facilement compréhensible aussi, mais qu'est-ce que *le murmure de la nuit du siècle dernier?* une allusion à l'atmosphère « surannée » de ce rêve?

5. Cf. dans *Alchimie du Verbe :* « A chaque être, plusieurs *autres* vies me semblaient dues... Cette famille est une nichée de chiens. » Un tel délire de métamorphose témoigne d'un état qui n'est pas celui du simple rêve. Notons que la servante est *à la fois* femme et chien : un chien ne pourrait « pincer le bras ».

6. On retrouve ici une obsession sexuelle analogue à celle indiquée dans *Les Poètes de sept ans*.

7. On peut voir, peut-être, dans cette phrase un souvenir du *Balcon* de Baudelaire : « La nuit s'épaississait ainsi qu'une cloison », mais nous avons ici une métamorphose onirique, et ce caractère est accentué par *vaguement*.

[II] CETTE FOIS, C'EST LA FEMME...

P. 189.

1. Ce second rêve est « urbain », alors que le premier était « rustique ». Faut-il y chercher un souvenir précis d'une femme vue dans la Ville (Paris?) ou un personnage symbolique? *Femme* est écrit avec une majuscule, de même que plus loin *Elle* et *Adorable*. Ce rêve paraît être une transposition de l'échec : la possession souhaitée n'a pas eu lieu, et la raison qu'on entrevoit ici paraît en être un complexe d'infériorité de l'adolescent maladroit, mal habillé (« en haillons ») en face de la *mondaine*. Rimbaud semble avoir souffert, à Paris, de sa gaucherie et de son manque d'usages, qu'il finissait du reste, par une sorte de fierté butée, par exagérer volontairement : son attitude maussade et ses manières presque grossières chez les Mauté de Fleurville, paraissent significatives de cet état d'esprit.

2. Même évocation dans *Une saison en enfer* (*Mauvais Sang*) : « la boue m'apparaissait soudainement rouge et noire, comme une glace quand la lampe circule dans la chambre voisine... »; rappel, vraisemblablement, d'un souvenir d'enfance.

3. La *ville sans fin* est à mettre en parallèle avec la « maison de campagne sans fin » du « rêve » précédent : impression que l'on ressent fréquemment en rêve, en effet, quand on erre interminablement dans des rues ou dans des corridors; peut-être y a-t-il là aussi une impression ressentie par Rimbaud à son arrivée dans la capitale.

4. Tout ce paragraphe décrit une poursuite épuisante, comme on en fait dans les rêves; mais l'impression dominante est de tristesse plutôt que d'angoisse, d'*épuisement* aussi. Si l'on admet que ce texte a été écrit à l'époque où Rimbaud se trouvait séparé de Verlaine, on peut penser aussi que ses rancœurs y prennent une forme symbolique.

5. La simplicité même du langage : « Vrai, cette fois j'ai pleuré... » (cf. dans *Le Bateau ivre* : « Mais, vrai, j'ai trop pleuré ») a quelque chose de naïf et d'enfantin.

PROSES « ÉVANGÉLIQUES »

[I] A SAMARIE...

P. 197.

1. Cette première phrase laisse croire, comme le remarque Bouillane de Lacoste, que le début du poème (où devait figurer le nom de

Jésus) nous manque. Jésus a traversé la Samarie pour retourner de
Judée en Galilée. Tout ce passage utilise l'Évangile selon saint Jean,
chapitre IV. Beaucoup de Samaritains (de la ville de Sychar) crurent
en Jésus, dit saint Jean, sur le témoignage de la « femme à la fontaine » (dont Rimbaud va parler plus loin), et « ils furent encore bien
plus nombreux à croire, à cause de sa parole à lui » (IV, 41).

2. Toute la Bible est remplie d'allusions à la sottise et au mauvais
esprit des Samaritains. Ils sont des étrangers, des hérétiques (formés
par la réunion de cinq peuplades païennes); au début ils refusaient
d'obéir à Yahvé et rendaient un culte aux idoles; par la suite un prêtre
alla leur enseigner le vrai culte (cf. II *Livre des Rois*, XVII, 24-41). Luc
raconte le mauvais accueil fait à Jésus par un village samaritain (IX,
52-55). Jésus recommande à ses disciples de ne pas entrer dans une
ville samaritaine, mais d'aller plutôt « vers les brebis perdues de la
maison d'Israël » (*Matthieu*, X, 5-6). Le « bon Samaritain » est une
exception. D'où Rimbaud tient-il les détails qu'il donne sur la richesse
de Samarie *la parvenue?* Pas de Renan en tout cas.

3. Cf. l'Évangile selon saint Jean, IV, 15-19. Jésus a proposé à une
femme qu'il avait rencontrée à la fontaine de lui donner « l'eau vive »
qui deviendrait source d'eau jaillissante et vie éternelle, et il lui a
dit : « Va, appelle ton mari et reviens ici. » La femme ayant répondu
« Je n'ai point de mari », Jésus lui dit : « Tu as raison de dire : Je
n'ai point de mari; car tu as eu cinq maris et l'homme que tu as maintenant n'est pas ton mari; en cela tu as dit vrai. » La femme dit : « Seigneur, je vois que tu es un prophète. » (Les cinq maris symbolisent
les cinq peuplades païennes qui ont formé la population de Samarie.)
La femme s'en alla ensuite dire aux habitants de la ville : « Venez
voir un homme qui m'a dit tout ce que j'ai fait. Ne serait-ce pas le
Christ? » Le mot de la femme est *sinistre,* au sens étymologique *(de
mauvais augure),* puisque les Samaritains égorgeaient les prophètes.
D'une manière sarcastique, Rimbaud assimile le ton et l'influence
des prophètes à ceux des hommes d'État.

4. Jésus a rencontré la femme près du puits de Jacob, à côté de
Sichem.

5. Rimbaud prétend donc démontrer que Jésus n'a pas pu prononcer à Samarie les discours que rapporte Jean : il risquait d'être pris et
mis à mort comme « prophète » par ce peuple esclave « de la routine ».

[II] L'AIR LÉGER ET CHARMANT DE LA GALILÉE...

P. 197.

1. Rimbaud a-t-il lu la *Vie de Jésus* de Renan, publiée en 1863?
On le croirait à lire le début et la fin de cette prose : Renan parle de
« la vie simple et douce » de Galilée, où la campagne est un tapis de
fleurs, d'une « franchise de couleurs incomparable »; il décrit la région
du lac de Tibériade, « où les vagues viennent s'éteindre en des mas-
sifs de gazon et de fleurs », l'horizon « éblouissant de lumière », les
« vertes collines » et les « claires fontaines ».

2. Dans le chapitre II de saint Jean, Jésus monte à Jérusalem. « Il

trouva dans le Temple les marchands de bœufs, de brebis et de pigeons et les changeurs, assis à leurs comptoirs. Se faisant un fouet de corde, il les chassa tous du Temple avec leurs brebis et leurs bœufs; il dispersa la monnaie des changeurs, renversa leurs tables et dit aux vendeurs de pigeons : « Otez cela d'ici. Ne faites plus de la maison de mon père une maison de commerce. » (14-17.)

Ce n'est pas un « miracle », suivant Rimbaud, mais une réaction de jeune homme qui a secoué Jésus : comme Renan, Rimbaud ramène le Christ à des proportions humaines.

3. C'est un fonctionnaire royal, un « officier » du roi. Jésus va guérir son fils, miracle raconté par Jean (IV, 43-54). Rimbaud « romance » cet épisode et imagine des détails (la tête *à demi chauve* de l'officier). *Poudre,* mot archaïque pour *poussière.*

4. Rimbaud ne discute pas la réalité du miracle, mais montre Jésus puérilement orgueilleux de l'accomplir. Il est exact qu'on demandait aux « prophètes » d'accomplir des prodiges en signe de leur mission.

5. La suite du paragraphe nous montre ce que Rimbaud entend par là : point de miracles pour les gens de Capharnaüm, qui n'avaient pas entendu parler « du vin de Cana » (le premier des « signes » donnés par Jésus).

6. Il lui a dit : « Que veux-tu, femme? Mon heure n'est pas encore venue. » (*Jean,* II, 4.)

7. Capharnaüm semble avoir été une « bourgade à l'ancienne manière », par opposition aux grandes villes bâties selon le mode romain », dit Renan. Elle était située au bord du lac de Génésareth (d'où les *quais*).

8. C'est le second « signe » donné par Jésus : la guérison du fils de l'officier, malade à Capharnaüm. « Jésus lui dit : « Va, ton fils vit. » L'homme crut en la parole que Jésus lui avait dite et se mit en route. Déjà il descendait la côte, quand ses serviteurs, venus à sa rencontre, dirent que son fils était vivant. » (*Jean,* IV, 43-53.)

9. Les fleurs *demandent grâce* à cause de la chaleur excessive. Renan a décrit l'intensité de la lumière en Galilée, et parlé de la campagne fleurie; mais Rimbaud laisse son imagination évoquer ces fleurs et ces vives couleurs *(lueur magique),* et il cite des fleurs communes en France : *liserons, bourraches, boutons d'or, marguerites.*

[III] BETHSAIDA...

P. 198.

1. Voici le texte de saint Jean (V, 1-18) qui a fourni à Rimbaud son point de départ : « Il existe à Jérusalem, à la piscine des Brebis, le bâtiment qu'on appelle en hébreu Bézatha (ou Bethsaïda). Il a cinq portiques. Sous ces portiques gisaient une foule d'infirmes, aveugles, boiteux, impotents, qui attendaient le bouillonnement de l'eau. Car l'ange du Seigneur descendait par intervalles dans la piscine; l'eau s'agitait et le premier qui y entrait, après que l'eau avait bouillonné, se trouvait guéri, quel que fût son mal. Il y avait là un homme qui depuis trente-huit ans était infirme. Jésus, le voyant étendu et sachant qu'il était dans cet état depuis longtemps déjà, lui dit :

« Veux-tu guérir?» — «Seigneur, lui répondit l'infirme, je n'ai personne
pour me plonger dans la piscine, quand l'eau se met à bouillonner;
et, le temps que j'y aille, un autre descend avant moi.» Jésus lui dit :
« Lève-toi, prends ton grabat et marche.» A l'instant l'homme fut
guéri; il prit son grabat; il marchait. » (1-9.) Plus tard, « Jésus le
rencontra dans le Temple et lui dit : « Te voilà guéri; ne pêche plus
désormais : il t'arriverait pis encore.» L'homme s'en alla dire aux
Juifs que c'était Jésus qui l'avait guéri. C'est pourquoi les Juifs
harcelaient Jésus, parce qu'il faisait cela le jour du sabbat.» (14-16.)
(Traduction par l'École biblique de Jérusalem.)

Cette prose a suscité des interprétations chrétiennes de la part de
Berrichon, suivant lequel elle ne peut signifier autre chose que le
retour de Rimbaud à l'Évangile, et de Delahaye, qui y voit « une
conversion ébauchée». Avec non moins d'assurance, Étiemble y voit
un texte foncièrement antichrétien : il fait remarquer que le Christ
ne fait pas de miracle (plus exactement, il n'est pas dit expressément
qu'il en fait un), et que l'accent est surtout mis sur la première partie,
sur la description. On ne voit pas le paralytique dialoguer avec Jésus,
et aucune conclusion n'est tirée soit en faveur du pouvoir du Christ,
soit en vue d'une idée morale (comme dans saint Jean). On peut se
demander toutefois s'il faut aller jusqu'à penser que le paralytique
refuse le Christ, et qu'il représente Rimbaud qui s'évade du christianisme pour entrer « aux splendides villes». Est-ce volontairement que
Rimbaud a donné à cette prose une fin aussi ambiguë?

Ce texte, qui a été connu longtemps avant les précédents, présente
avec eux beaucoup de similitudes d'inspiration et de ton; la rédaction
paraît cependant plus achevée.

2. Dans saint Jean il n'est pas question de *mendiants,* mais seulement d'infirmes; les mendiants prennent un rôle important ici, ils
restent « aux lieux où l'aumône est sûre» et sont poussés par le démon;
ils profitent de leurs infirmités, ils sont « plus effrayants que les
monstres ».

3. On voit la transformation symbolique du texte : cette piscine
c'est l'enfer, l'endroit où gisent les damnés, accablés par leurs péchés
En même temps qu'il en tire un symbole, Rimbaud tire du texte
johannique une vision colorée, pittoresque et sinistre : *lueurs d'orages,*
yeux *bleus,* eau *noire,* linges *blancs ou bleus...*

4. *Bain* allitère avec *buanderie* (qui reprend le mot *lavoir),* *populaire*
avec *militaire.* Cette piscine paraît avoir rappelé à Rimbaud des souvenirs de caserne...

5. Comme le remarque Étiemble, le texte de saint Jean explique
que Jésus a agi contre la Loi de Moïse en guérissant un homme le
jour du sabbat. Mais il me semble que Rimbaud ne fait pas seulement
allusion à ce mépris de la loi juive, et que la *première action grave* reprend
le texte précédent : jusqu'alors Jésus n'avait accompli aucun miracle
important et de conséquence. Notons en outre que cette expression
« faire une action» va contre l'argument d'Étiemble, suivant lequel
Jésus n'a rien fait.

6. Dans saint Jean les infirmes attendent le bouillonnement de

l'eau, que provoque un « ange du Seigneur ». Mais chez Rimbaud, note Étiemble, il n'y a aucune intervention surnaturelle : « un rayon de soleil joue sur l'eau et crée, pour celui qui sait voir, une figure fantastique »; en somme, « l'ange naît de la lumière qui s'éveille » (*Rimbaud*, p. 48).

7. La guérison physique décrite par saint Jean devient chez Rimbaud une guérison morale, une purification; mais les *infirmes* (et ici Rimbaud s'écarte de l'Évangile) ne l'obtiennent pas, cette guérison : les « damnés » restent esclaves de leurs péchés (suivant Étiemble, « c'est l'universelle corruption qu'il faudrait guérir, et le miracle ne se produit pas »).

8. C'est là, suivant Étiemble, l' « action grave » commise par Jésus : venir « frayer avec les fils du Péché »; dès lors « tant pis pour lui si ceux-ci rient et lui tirent la langue »! Ceci paraît une interprétation abusive; c'est le démon qui fait agir les damnés, et ce qu'on peut reprocher à Jésus, c'est surtout de rester passif, de se contenter de regarder : mais on peut penser, bien que Rimbaud ait supprimé le dialogue avec le paralytique, qu'il y a bien eu finalement miracle et que Jésus remporte la victoire. Cf. les variantes (phrase raturée).

9. Suivant Étiemble, « la présence d'un Dieu dans ce bain populaire met le comble à l'écœurement. Et le Paralytique s'en va! » Interprétation singulièrement tendancieuse. Il n'est pas tellement opposé aux habitudes de Rimbaud d'user d'allusions et d'ellipses, et il est fort possible qu'il ait sous-entendu le miracle. Si Dieu agit par la seule présence, ce miracle est peut-être même plus frappant. Le paralytique est sauvé, il échappe au mal moral dont souffrent les *Damnés;* on peut penser du reste qu'il ne faisait pas partie des « fils du Péché », qu'il était resté à l'écart, *couché sur le flanc,* sans essayer de *se jeter à cette eau.* Sans doute était-il simplement passif, atteint d'une sorte de paralysie morale?

Il faut reconnaître du reste que ce texte reste difficile à interpréter : bien que plus achevé que les précédents, ce n'est là qu'une ébauche. Rimbaud, qui avait peut-être pensé au début à faire une série de proses en marge de la vie de Jésus, s'est sans doute désintéressé d'une tentative pourtant très proche d'*Une saison en enfer.*

UNE SAISON EN ENFER

JADIS, SI JE ME SOUVIENS BIEN...

P. 211.

1. Ce texte a, de toute évidence, été composé après le drame de Bruxelles pour servir d'introduction à *Une saison en enfer :* « M'étant trouvé sur le point de faire le dernier *couac!* » fait allusion au coup de revolver et au danger couru alors par Rimbaud. Dans ce texte capital, Rimbaud retrace les étapes essentielles de son passé moral et littéraire, avant de faire allusion à sa récente crise intérieure et à sa « fausse conversion » : c'est bien d'un « carnet de damné » que seront extraits les feuillets d'*Une saison en enfer.*

2. Évocation de la première jeunesse, pleine d'insouciance et d'es-

poir. Cf. dans *Matin* : « N'eus-je pas *une fois* une jeunesse aimable, héroïque, fabuleuse, à écrire sur des feuilles d'or, — trop de chance ! » H. Miller parle du « paganisme de l'innocence », d'une « époque de communion avec lui-même » (*Rimbaud*, p. 92-93).

3. Il semble bien s'agir de la révolte à la fois contre la beauté plastique cherchée par *Le Parnasse* et contre l'art classique en général. Les « injures » pullulent, en effet, dans la lettre du voyant : « innombrables générations idiotes... vieux imbéciles », etc.

4. C'est-à-dire contre la pseudo-justice de la société telle qu'elle est. Cf. *Qu'est-ce pour nous, mon cœur...* : « Périssez ! puissance, justice, histoire : à bas ! »

5. Le mot *sorcière* revient deux fois dans les *Illuminations* : dans un petit texte sans titre et à la fin de *Après le Déluge*. Il est très possible, comme le pense Gengoux, que Rimbaud se soit souvenu de *La Sorcière* de Michelet : « D'où date la Sorcière ? Je dis sans hésiter : « Des temps du désespoir. » (Voir Gengoux, p. 15.) La Sorcière est la *voyante* des temps nouveaux (l'expression est de Michelet), elle a « déjà les traits du Prométhée moderne ».

6. Rimbaud parle ici d'un état de fureur et de révolte qui est décrit de manière analogue dans *Mauvais Sang*. Cette étape coïncide-t-elle avec la tentative de voyant décrite dans *Alchimie du Verbe* ? Elle me paraît plutôt la précéder : le ton est celui de *Qu'est-ce pour nous, mon cœur...* qui date visiblement de la période « anarchiste » et « communarde » de Rimbaud : révolte contre la Société, appel au crime, cris de fureur et de violence.

7. Cette phrase en revanche, ainsi que la précédente, rappelle la tentative décrite dans *Alchimie du Verbe*, l'état d'égarement et de demi-folie qu'a dû connaître Rimbaud au *printemps* de 1872 (cf. « expression bouffonne et égarée », « la folie qu'on enferme »).

8. Il semble impossible d'interpréter cette phrase comme un retour de Rimbaud à la foi chrétienne, car elle est contredite par la suivante. Rimbaud, certes, a entrevu la possibilité de se convertir, de reprendre, comme dit Étiemble, « place à la sainte table » ; mais, ou bien il a estimé impossible de trouver dans la *charité* (chrétienne) le moyen de revenir à la foi, et cela parce que la charité, trop douce et trop passive, ne saurait lui convenir (cf. *Adieu* : « La charité serait-elle sœur de la mort, pour moi ? ») ; ou bien il se juge « damné », définitivement perdu et condamné à rester « hyène », interprétation que semble confirmer le paragraphe suivant.

9. Ce « rêve » chrétien était donc lui-même envoyé par le démon (*de si aimables pavots*); même si Rimbaud retrouvait l'*appétit* chrétien, il ne ferait qu'en souffrir davantage, puisqu'il est damné. Cf. *Nuit de l'enfer* : « L'enfer ne peut attaquer les païens. » Des trois vertus théologales, la foi, l'espérance et la charité, Rimbaud, ne pouvant avoir que la première sans les deux autres, est par là même condamné à la damnation.

10. Ce *démon*, ce *Satan* serait-il Verlaine, le « satanique docteur » de *Vagabonds* (dans les *Illuminations*) ? Gengoux le pense. Cela donnerait un sens satirique à tout ce dernier paragraphe. L'allusion « vous qui aimez

dans l'écrivain l'absence des facultés descriptives ou instructives »
s'expliquerait alors par le fait que Verlaine a fulminé contre le roman
descriptif. (S. B.) Cependant le rôle de Verlaine, qui parle lui-même,
dans une lettre, de sa « pauvre existence damnée », est celui non de
Satan mais d'un *compagnon d'enfer*. L'hypothèse de Gengoux,
qu'A. Adam qualifie d'absurde, n'est en effet pas très vraisemblable.
(A. G.)

Que sont les *petites lâchetés en retard?* S'agit-il (puisque ces *feuillets*
doivent venir *en attendant*) de poèmes promis par Rimbaud à Verlaine?
(S. B.) Il n'est pas exclu, en tout cas, qu'il s'agisse de textes des
Illuminations, ce qui signifierait qu'au moment où Rimbaud écrit la
Saison, les *Illuminations* restent en souffrance. (A. G.)

P. 213.   MAUVAIS SANG

1. On est d'accord, en général, pour admettre que *Mauvais Sang* a
été écrit avant le drame de Bruxelles, et que les premiers titres adoptés
par Rimbaud en mai, *Livre païen* ou *Livre nègre,* lui conviennent, aussi
bien que l'expression d' « histoires atroces » qu'il emploie dans sa
lettre à Delahaye. Mais Rimbaud disait, en mai, avoir déjà écrit *trois*
histoires : quelles sont ces trois histoires? Selon Bouillane de Lacoste,
ne peuvent avoir été écrites avant le drame que les proses qui ne
« sentent pas le roussi » : il range dans celles-ci *Mauvais Sang, Délires II*
et *L'Impossible* (et aussi *L'Éclair*). Classement bien simpliste, peut-on
penser. Pour ma part, je serais plutôt portée à croire que *Mauvais Sang*
était primitivement formé de trois « histoires », car à aucun autre texte
de la *Saison* ne convient la dénomination de « Livre nègre ». Si l'on
observe que le texte actuel (en huit parties) a été très remanié par
Rimbaud (comme le prouve le brouillon récemment découvert qu'on
lira dans l'*Appendice* et où se trouvent joints deux morceaux qui seront
séparés par d'autres parties dans la version définitive), on peut très
bien admettre que Rimbaud avait écrit trois textes, qu'il complétera
et remaniera par la suite : le brouillon qui a été publié par Bouillane
de Lacoste et H. Matarasso serait l'un d'eux. (S. B.)

Une autre hypothèse consiste à identifier ces « petites histoires »
dont parle Rimbaud dans la lettre de mai 1873 aux *Proses « évangéliques »,*
qui sont trois précisément et reflètent un athéisme corrosif. Le projet
de ces « histoires » est devenu *Une saison en enfer.* En tout cas, l'adjectif
païen convient aussi mal aux *Proses « évangéliques »* qu'à la *Saison,* où le
paganisme s'est affirmé comme son contraire : une obsession religieuse
ou antireligieuse. (A. G.)

Ce texte chaotique traduit un état de crise. A travers les phrases
hachées et les images saisissantes, nous voyons se poursuivre la lutte
entre les aspirations de Rimbaud au « calme céleste, aérien », à la prière,
et sa haine du christianisme tel que le pratiquent les Occidentaux : il se
proclame nègre et païen pour mieux crier son innocence. Et, sans
doute, au terme de la lutte il refuse l' « amour divin » dont l'idée l'obsède pourtant : mais nous ne serons pas étonnés de le voir, à Bruxelles,
quelques mois plus tard, être près de revenir à la foi de son enfance,

2. Bouillane de Lacoste rappelle que Chateaubriand fait allusion à deux reprises à cette coutume de « beurrer sa chevelure », dans le *Voyage en Amérique* et dans les *Mémoires d'outre-tombe*.

3. Allusions aux coutumes et aux sacrifices gaulois, mais sous une forme volontairement injurieuse. C'est le thème du « mauvais sang », qu'on retrouvera dans *Délires I* — sorte de « caïnisme » de la part de Rimbaud.

4. Est-il besoin de rappeler avec quelle violence Rimbaud s'est toujours refusé à avoir un travail, une situation sociale? Ce serait pour lui une forme de *domesticité*. Cf. sa lettre à Izambard du 13 mai 1871.

5. Deux aspects dans cette dernière remarque : d'une part *l'innocence* de Rimbaud qui se déclare, comme dit Rivière, « exempt du péché originel »; d'autre part, l'orgueil de celui qui a voulu se mettre au-delà du Bien et du Mal (voir *Introduction, L'Époux infernal*).

6. C'est le thème de la « race inférieure » (amorcé, au paragraphe précédent, par la phrase sur la déclaration des Droits de l'Homme), ne pensons même pas au Rimbaud communard : Arthur se replace par la pensée à l'époque médiévale : celle des serfs, des manants qui ne pouvaient « comprendre la révolte ». Il va évoquer quelques-unes de ces visions du Moyen Age, et tout particulièrement des croisades.

7. Rimbaud décrit le trajet de la première croisade, celle des manants sous la conduite de Pierre l'Ermite; *Solyme* est le nom biblique de Jérusalem (cf. *Nocturne vulgaire* : « et les Sodomes, — et les Solymes »).

8. Rimbaud évoque sans ordre des visions d'époques différentes : le lien entre elles est toutefois qu'il se voit toujours comme un homme de « race inférieure » : *manant, lépreux, reître*.

9. Alors que les seigneurs sont les *représentants du Christ*, les manants, eux, sont très loin de la vraie religion : ils mêlent au *culte de Marie* et du *crucifié* mille *féeries profanes;* ils dansent le sabbat.

10. Souvenir probable de Michelet montrant comment l'idée de *race* a disparu devant celle de *nation*. Rimbaud va reprendre « l'hymne à la Science » chanté avant lui par Michelet et Renan — et, plus récemment, par les écrivains communards.

11. Le peuple, jusqu'alors tenu dans l'ignorance, *a tout repris* aux princes : à savoir les bienfaits de la science pour le corps et pour l'âme : *médecine* et *philosophie* ne sont autres que les« remèdes de bonnes femmes» et « les chansons populaires », mais *arrangés*. Et le peuple a droit maintenant aux *divertissements* des princes, *géographie, cosmographie,* etc.

12. Allusion au mot de Galilée : « Et pourtant elle tourne. » (S. B.) La révolution du monde le reconduirait au point de départ. (A. G.)

13. *A l'Esprit*, c'est-à-dire au règne de l'esprit sur la matière, au triomphe de la science (cf. *vision des nombres*). Toutes ces idées sur la science et le progrès sont de celles qui avaient pu être agitées à Londres dans le petit groupe « communard » fréquenté par Verlaine et Rimbaud (Vermersch, Andrieu, etc.). Vermersch ne disait-il pas dans la Préface de son *Grand Testament* qu'il était « atomiste et anarchiste »?

14. Faut-il comprendre *l'Évangile a passé* comme Étiemble : « Nous ne sommes plus au temps de l'Évangile, il est trop tard pour un dieu chrétien »? C'est très probable, et l'on ne sait trop jusqu'à quel

point l'accent de Rimbaud est ici parodique, ou sincère. Souvenons-nous en tout cas de l'intérêt manifesté alors par Rimbaud pour Jésus : les *Proses* « *évangéliques* » sont de cette époque, elles figurent au dos des brouillons d'*Une saison en enfer*.

15. *J'attends Dieu avec gourmandise* est parfois cité comme prouvant le retour de Rimbaud au christianisme. Mais la phrase suivante montre qu'il n'en est rien : cette attente de Dieu ne peut être le fait que d'une *race inférieure*.

16. Brusque changement de thème : Rimbaud développe ses rêves de départ loin de l'Europe « aux anciens parapets ». On a souvent admiré la manière prophétique dont il décrit (à peu près !) l'avenir qui devait être le sien, et surtout la phrase sur les « féroces infirmes retour des pays chauds ».

17. Les mots *On ne part pas,* qui nous ramènent brutalement à la réalité, ont sans doute été ajoutés par Rimbaud (ils ne figurent pas sur le brouillon) pour lier ce morceau au précédent.

18. Tout ce passage a été très amélioré par Rimbaud (cf. le brouillon); en particulier, il a supprimé les mots : « Ma poitrine ouverte, je verrais un horrible cœur infirme » qui, ainsi que le remarque Bouillane de Lacoste, frisaient le ridicule. Il faut lire dans ce morceau une véritable confession de Rimbaud : le *vice* dont il parle ne peut être que celui auquel il faisait allusion plus nettement encore dans l'*Avertissement* des *Déserts de l'amour* : « N'ayant pas aimé de femmes, — quoique plein de sang... »

19. Dans tout ce texte se mêlent le thème du crime (« Dans quel sang marcher? ») et l'aspiration à une foi chrétienne, expliquée par « je suis tellement délaissé »; non que Verlaine ait abandonné Rimbaud, c'est au contraire Rimbaud qui a certainement voulu partir, mais il se sent, en compagnie du « pitoyable frère », en proie à une véritable solitude morale. Le brouillon portait, toutefois : *Autre marché grotesque* (comprenons : il serait grotesque de donner un sens religieux à mes élans vers la perfection, de les « offrir » à une divinité). De même, quand Rimbaud sent lui monter aux lèvres un *De profundis Domine,* qui convient bien à sa situation, il se rétracte aussitôt : « Suis-je bête! » En présence des contradictions du texte, on pourrait croire — à tort — qu'il n'a pas été repris et travaillé.

20. Rimbaud va maintenant rappeler ses idées et ses fugues d'enfant, pas tellement lointaines du reste. Le *forçat intraitable* devient un symbole (Étiemble rappelle que ce « thème du forçat » est déjà illustré par Jean Valjean), c'est déjà un « damné », et un solitaire : cf. *lui, lui seul!*

21. Même association dans *Mystique* : « La douceur fleurie des étoiles et du ciel... l'abîme fleurant et bleu »; il y a là un souvenir personnel de vagabondages par la campagne.

22. Je ne crois pas nécessaire de penser, comme Bouillane de Lacoste, aux incendies allumés dans Paris par les communards en mai 1871 : c'est plutôt une sorte d'hallucination qui fait voir à Rimbaud un « flamboiement » de richesses tout autour de lui : la vision est à la fois symbolique et impressionniste. On peut se demander s'il

n'y a pas ici un souvenir de Londres, cette « ville de la Bible » dont Verlaine a parlé avec des images analogues :

> *Londres fume et crie. O quelle ville de la Bible!*
> *Le gaz flambe et nage et les enseignes sont vermeilles.*
> *(...) O le feu du ciel sur cette ville de la Bible!*
>
> *(Sonnet boiteux, dans Jadis et Naguère).*

Dans *Adieu* également, on verra une « cité énorme au ciel taché de feu et de boue », et dans les *Illuminations* : « La boue est rouge ou noire » *(Enfance V)*. C'est une des métaphores obsédantes de Rimbaud.

23. Thème essentiel du païen qui *ne peut être damné* parce qu'il n'est pas soumis aux lois chrétiennes ni aux lois de la société : il est en dehors, les notions de Bien et de Mal n'existent pas pour lui (on verra le verso de cette idée dans *Nuit de l'enfer,* où Rimbaud se montre « esclave de (son) baptême »). Rimbaud refuse aussi bien la civilisation occidentale que la religion chrétienne. « J'ai les yeux fermés à votre lumière », poursuit-il : lumière de la foi, et lumière de la raison.

24. *Je puis être sauvé,* non pas en embrassant la religion chrétienne, mais en quittant ce continent pour rentrer au « royaume des enfants de Cham » et retrouver la vie primitive.

25. *De faux nègres,* c'est-à-dire des nègres déguisés en blancs, plus nègres, plus méchants que les véritables. En 1890 encore (lettre du 25 février), Rimbaud parlera à sa famille des « nègres blancs des pays dits civilisés ». Suit une violente diatribe contre les corps de métiers qui représentent la « civilisation » occidentale. Le sarcasme de Rimbaud rejoint ici le scepticisme exprimé par Montaigne dans son chapitre sur les *Cannibales...*

26. Alors qu'on ridiculisait, comme insolite et extravagante, l'expression « empereur, vieille démangeaison » devant Thibaudet, il se trouva quelqu'un pour citer la « source » de cette expression : il s'agit du vers d'*Eviradnus,* dans *La Légende des Siècles,* où le paladin, s'adressant au peuple, lui demande :

> *Est-ce que tu n'as pas des ongles, vil troupeau,*
> *Pour ces démangeaisons d'empereurs sur ta peau!*

27. L'idée de *nègre* entraîne celle de cannibalisme. On notera l'ironie du ton.

28. Le sens de cette phrase n'est pas très clair. On peut penser que Rimbaud, fort d'une expérience récente, voit dans les convertis des faibles, des *otages* victimes de la *folie. Misérables* a certainement un sens péjoratif.

29. Cham, fils de Noé, est l'ancêtre de la race noire, suivant la tradition. En quittant les « faux nègres » d'Occident, on retrouve une vie primitive et sans hypocrisie.

30. Le retour à la vie primitive s'accompagne de cannibalisme *(J'ensevelis les morts dans mon ventre)* et de l'adieu aux formes du raisonnement occidental *(Plus de mots).* En place de phrases, une fré-

nésie de danse et de cris est traduite admirablement par une suite de monosyllabes, d'exclamations : véritable délire rythmique, qui évoque les danses épileptiques de tribus sauvages.

31. L'arrivée de la civilisation est marquée conjointement par l'introduction de la guerre, du baptême, du travail : les trois choses que Rimbaud hait et voudrait fuir. Dans tout le reste du passage, Rimbaud, dit Étiemble, « entre dans son rôle d'anthropophage colonisé ». Il est le « bon nègre » qui peut dire : « Je n'ai point fait le mal. » Ce nègre tient le langage du néophyte : il appelle d'autres vies, entend « le chant raisonnable des anges », et conclut en disant : « Dieu fait ma force, et je loue Dieu. » On voit toutefois l'ambiguïté d'un tel passage. Si le dernier paragraphe, avec ses phrases courtes et naïves, est nettement parodique, on se demande si, quand il dit : « J'ai reçu au cœur le coup de la grâce », Rimbaud ne traduit pas un état d'esprit qui a été le sien, un moment au moins.

32. Les mots *naufragés* et *navire sauveur* évoquent l'arrivée des blancs, auxquels le nègre demande de « sauver » ses frères aussi bien que lui. C'est aussi le thème de l'élection, choix des élus... et des damnés.

33. Ici, incontestablement, c'est Rimbaud qui reprend la parole, comme le prouve le mot *ennui* : cet ennui qui a toujours pesé sur l'enfant et sur l'homme, que l'on retrouve dans sa correspondance avec ses amis (à Izambard, en juillet 1871 : « Je m'embête ineffablement ») et plus tard dans toutes ses lettres aux siens (voir *Introduction*, VI).

C'est bien Rimbaud aussi (et non le nègre qui n'a « point fait le mal ») qui veut déposer son *fardeau* de *rages* et de *débauches* et se laver de tous ses péchés. Mais la dernière expression : « Apprécions sans vertige l'étendue de mon innocence », paraît bien ironique (cf. dans la lettre de 1873 à Delahaye : « O innocence! innocence; innocence, innoc... fléau! »).

34. Refus définitif du christianisme dans les termes les plus sarcastiques. Rimbaud fait-il allusion à la parabole du Festin des Noces, et à l'union du Christ avec son Église?

35. Le dilemme de Rimbaud, c'est de vouloir *à la fois* la liberté et le salut; or, il lui apparaît que s'il veut faire son salut la morale chrétienne l'empêchera d'être libre.

36. Allusion au passage précédent : « C'est l'amour divin. (...) Je puis mourir de l'amour terrestre, mourir de dévouement. » Le raisonnement de Rimbaud est ici assez concis et sibyllin : la raison justifie aussi bien la *charité* des *cœurs sensibles* (souvenir rousseauiste?) que le mépris des cyniques — c'est *une angélique échelle de bon sens*, cela dit non sans raillerie bien entendu.

37. Cf. *Alchimie du Verbe* : « L'action n'est pas la vie, mais une façon de gâcher quelque force, un énervement. » Il est possible que Rimbaud se rappelle Baudelaire :

> *Certes, je sortirai, quant à moi, satisfait*
> *D'un monde où l'action n'est pas la sœur du rêve.*
>
> (*Le Reniement de saint Pierre.*)

mais surtout il réagit contre la morale occidentale du *travail* et de l'*action* (cf. *L'Impossible*).

38. La fin de phrase *comme il n'en faut plus* se rapporte aussi bien aux saints qu'aux anachorètes : encore une fois, c'est un sursaut de révolte qui succède à la « tentation » chrétienne. La conclusion est pessimiste : la vie n'est qu'une *farce*.

39. Ce texte faisait suite, dans le brouillon, au texte qui commence par « On ne part pas ». Il a les mêmes accents et le même rythme haletant. La punition (où Étiemble voyait la punition du nègre pour avoir écouté les prédicateurs), c'est donc surtout la punition du *vice* dont Rimbaud a parlé. Elle consiste à devoir « marcher » et suivre « la vie française » dont Rimbaud évoque symboliquement les *combats* et l'*honneur*. Plutôt que d'accepter cette existence, mieux vaut mourir : « Je me tue ! Je me jette aux pieds des chevaux ! »

40. Expressions caustiques. Rimbaud emploie toujours péjorativement l'adjectif *français* (« tout est français, c'est-à-dire haïssable au suprême degré », dit-il dans sa lettre à Demeny en 1871 en parlant des œuvres de Musset); et à cette vie française il associe le sentiment patriotique, qu'il a en horreur, et l'idée d' « honneur », dont il se raille.

NUIT DE L'ENFER

P. 220.

1. Un brouillon de ce texte a été conservé; il porte le titre *Fausse Conversion* et se trouve au dos de *Bethsaïda* (voir ce texte en appendice). Selon toute apparence, ce texte a été écrit au retour de Bruxelles, après les jours d'hôpital où Rimbaud a failli revenir à la foi; il relate le « combat avec l'ange » de Rimbaud, ses visions paradisiaques, — et sa retombée au plus profond de l'enfer. Il y a un fossé entre ce texte et le précédent : alors que le païen, le nègre, ne pouvait être damné, puisque « l'enfer ne peut attaquer les païens », Rimbaud ici est hanté par l'idée qu'il est damné, voué à l'enfer de par son baptême; et il *se voit* déjà en enfer : « Je me crois en enfer, donc j'y suis. »

Ce texte saisissant, où alternent les élans d'orgueil et les cris de désespoir, rappelle la tentative luciférienne du « mauvais ange » pour rivaliser avec Dieu, pour devenir « maître en fantasmagories », pour *être Dieu*; mais Rimbaud n'a pas pu supprimer la notion de Bien et de Mal (voir *Introduction*, IV), pas plus que celle du paradis et de l'enfer : il sait qu'il a mérité l'enfer, et même « un concert d'enfers »; et il voue à une même exécration, semble-t-il, Satan et Verlaine.

2. Quel est ce *poison?* Pour Delahaye, il s'agirait d' « un grand verre d'alcool » que Rimbaud a bu après le drame (!); selon E. Starkie, Rimbaud, qui a cru retourner à l'état d'innocence (dans *Mauvais Sang*), s'est aperçu que c'était une conversion manquée, et s'abreuve à nouveau, avec Verlaine, à la coupe d'ignominie. Matucci croit que le poison est le poison du doute, qui empêche toute possibilité de conversion. La difficulté tient à ce que la « fausse conversion » de Rimbaud ne peut se placer qu'à Bruxelles, et l'absorption du *poison* paraît être plus récente. Il n'est cependant pas impossible de

penser que Rimbaud fait allusion au *poison* de la foi chrétienne, et (à la fin) au *baiser* de Jésus (cf. *Les Premières Communions :* le « baiser putride de Jésus »). Il a cru en se convertissant (sur quel *conseil?*) entrevoir le salut — et tout au contraire il s'aperçoit que depuis lors il brûle comme un damné. (S. B.) La phrase rappelle, en tout cas, celle du prologue : *Ah! j'en ai trop pris.* (A. G.)

3. Il faut bien admettre que ce texte rappelle une espérance de conversion, et les « visions » qui l'ont accompagnée. A quelle époque devons-nous placer cette conversion avortée? Très certainement au moment où Rimbaud était sur son « lit d'hôpital » à Bruxelles — et où il songeait à « rechercher la clef de l'ancien festin ».

4. *Innocent* est ironique, mais rappelle aussi le lien établi par Rimbaud entre innocence et paganisme. Maintenant, il est devenu « esclave » de son baptême : du moment qu'il a accepté l'idée de la punition et de l'enfer, l'idée du Bien et du Mal, il est damné. Le brouillon était encore plus explicite : « Il y en a qui ont vécu mal, qui vivent mal, et qui ne sentent rien ! »

5. Ces erreurs qu'*on* lui souffle, il semble bien que Rimbaud en charge Verlaine. Le brouillon dit : « les magies, les alchimies, les mysticismes, les parfums faux, les musiques naïves » : nous reconnaissons là à la fois la tentative du voyant, l'alchimie du Verbe, les procédés « musicaux » venus de Verlaine et que Rimbaud a appliqués dans ses derniers vers. La tentative de *magie* poétique n'est-elle pas impie dans son essence? Rimbaud semble se le demander, comme le prouve la phrase du brouillon : « Alors les poètes sont damnés. »

6. Verlaine reprendra textuellement cette phrase dans *Parallèlement,* comme l'a noté Le Dantec :

> *... après le bal sur la pelouse,*
> *Le clair de lune quand le clocher sonnait douze.*

J. Mouquet note que dans l'*Élie Mariaker* de Boulay-Paty, publié en 1834, on lisait : *Et quand au lent beffroi l'oreille a compté douze...* (S. B.)

Et dans les *Illuminations, Aube* se termine sur ces mots : « Au réveil il était midi. » (A. G.)

7. Dans le brouillon : « Faux sentiment, fausse prière » — donc « fausse conversion »; malgré sa peur et sa souffrance, Rimbaud reste lucide.

8. Souvenir peut-être de « l'avare Achéron » qui « ne lâche point sa proie »; mais Rimbaud le prend au sens de « parcimonieux », entraîné par *riche* (et non au sens d'*avide*). Nous avons ici un rappel de la méthode hallucinatoire du voyant.

9. *Ferdinand* est, dit Delahaye, le nom donné au diable par les paysans vouzinois.

10. Comme dans ses *Proses « évangéliques »,* Rimbaud se souvient ici de l'Évangile selon saint Jean (VI, 16-21). Les disciples virent soudain Jésus s'approcher de leur barque en marchant sur la mer; ils prirent

peur, mais Lui leur dit : « C'est moi. Ne craignez point. » « Il faisait nuit », dit saint Jean : ce qui explique la *lanterne*.

11. *Fantasmagories* nous indique que cette science du surnaturel n'est qu'une fausse science : magies et charlatanisme. Rimbaud renie sa tentative « magique ».

12. Allusion possible à l'*anneau* des Nibelungen : à la fin de la *Tétralogie* de Wagner, Hagen se précipite dans les flots du Rhin pour tenter de le rechercher.

13. On est ici au sommet de la tentative luciférienne : le « mauvais ange » s'est voulu Dieu — il s'est assimilé à Jésus de telle façon qu'il emploie pour parler de lui les expressions évangéliques, et notamment « Laissez venir à moi les petits enfants » et l'idée du cœur répandu pour les hommes. On a rapproché ce texte de *Génie,* dans les *Illuminations :* « Il nous a connus tous et nous a tous aimés. »

14. Reprise de l'idée énoncée plus haut : « Je ne suis plus au monde » (*Nous sommes hors du monde* reprendrait, suivant Underwood, une expression d'un poème de Th. Hood, et que Baudelaire avait déjà utilisé : « Anywhere out of the world », N'importe où hors du monde). Bien que Rimbaud soit souvent obsédé par l'idée que « la vraie vie est absente », que « nous ne sommes pas au monde » *(Délires I),* ici il faut donner à ces phrases un sens plus précis : le damné est mort à la vie, ses sens n'existent plus (l'ouïe, le *tact*), il est dans l'attente de cette autre vie infernale qui lui est promise; une lassitude incroyable l'envahit : toutes ces impressions d'anéantissement ont probablement été ressenties réellement par Rimbaud en juillet, à l'hôpital, où il semble bien qu'il a senti la proximité de la mort (non tant sans doute en raison de la gravité de sa blessure que de son état d'épuisement moral).

15. *Château, Saxe* et *bois de saules* ne renvoient pour nous à rien de précis : il semble que Rimbaud, de même qu'un mourant revoit le cadre de sa vie passée, jette, lui, un dernier regard sur cette patrie intérieure qu'il s'était créée dans ses visions.

16. Rimbaud a toujours été un « enfant de colère » (Verlaine, en 1875, fera allusion dans une lettre à sa « perpétuelle colère contre chaque chose »); son *orgueil* a été évoqué plus haut; quant à *l'enfer de la caresse,* c'est la luxure qui les a entraînés à l'abîme, Verlaine et lui. Nous avons ici une analyse lucide de ce qui le sépare du Dieu des humbles et des cœurs purs.

17. On peut se demander si ici encore Rimbaud ne confond pas dans une même exécration Satan et Verlaine, le « satanique docteur » de *Vagabonds* (voir la note 10, p. 458-459). Plus haut, dans le brouillon, quand il parlait de « mysticisme », de « musiques naïves », il ajoutait : « C'est Satan qui se charge de cela. » Dans un sursaut, le damné refuse de se laisser *dissoudre;* la souffrance, c'est encore la vie.

18. Selon Margaret Davies, la *goutte de feu* est l'image d'une sorte de baptême infernal, d'une parodie sacrilège du baptême. (A. G.)

19. A partir de là, Rimbaud n'est plus livré à Satan, il participe de l'enfer (cf. le *Crimen Amoris* de Verlaine). (A. G.)

DÉLIRES I

P. 223.

1. Il ne fait de doute pour personne à l'heure actuelle que la « vierge folle » est Verlaine, et que l' « époux infernal » n'est autre que Rimbaud, qui est ainsi présenté par lui-même tel qu'il apparaissait à Verlaine. Ce serait nier l'évidence que de ne pas reconnaître le faible époux de Mathilde dans des phrases aussi claires que : « Je suis veuve... J'étais veuve... Lui était presque un enfant... J'ai oublié tout mon devoir humain pour le suivre. » (S. B.) Delahaye n'était pas de cet avis et plus récemment, M. A. Ruff a voulu voir ici un dédoublement de Rimbaud. (A. G.)

La faiblesse de Verlaine, que ses lettres attestent d'autre part (« Aime-moi, protège et donne confiance. Étant très faible, j'ai très besoin de bontés », écrit-il à Rimbaud en avril), le mépris de Rimbaud pour son *compagnon d'enfer,* ses alternatives de rudoiement et de tendresse, et aussi l'existence épuisante du *drôle de ménage,* coupée de luttes violentes et de « reprises » attendries, tout cela est mis en lumière dans cette confession. C'est un document de première importance, même si l'on tient compte du fait que cette « confession » de Verlaine est en réalité rédigée par Rimbaud. Il est frappant de voir en particulier combien Rimbaud s'estime incompris par Verlaine, combien il s'isole dans sa tentative forcenée pour se créer un monde à lui, pour essayer de *changer la vie* (voir *Introduction, L'époux infernal*). Ce texte a, bien évidemment, été écrit après la rupture.

2. *Soûle* fait allusion, dit Ruchon, à l'ivrognerie bien connue de Verlaine. Il n'est pas certain que l'expression soit à prendre littéralement : la vierge folle paraît surtout ici soûle de passion et de larmes; l'adjectif est à compléter par *impure.* Plus loin, en revanche, il sera question des bouges et de l'ivrognerie.

3. La vierge folle, qui pleure à présent à cause de son ami, espère après sa conversion pleurer de remords et de regret : c'est ce qu'elle laisse entendre en parlant du *divin Époux.* On sait que Verlaine s'est converti à la prison de Mons, d'où il envoya à Rimbaud *Crimen Amoris.*

4. Allusion à la parabole des vierges sages et des vierges folles dans l'Évangile : « Les vierges folles se sont endormies, et n'ayant plus d'huile dans leur lampe à l'arrivée de « l'époux », elles n'ont pu entrer au festin de noces » (*Matthieu,* XXV, 1-13). Il n'est pas dit toutefois que c'est « l'époux infernal » qui les a perdues, mais simplement leur manque de vigilance.

5. Verlaine écrira plus tard les *Mémoires d'un veuf.* Déjà à Londres, malgré ses tentatives, il savait que Mathilde était « perdue » pour lui. On sent ici la rancune de Rimbaud qui a dû entendre trop souvent à son goût les regrets et les plaintes de son ami.

6. Allusions précises à Rimbaud lui-même, dont l'arrivée a détruit le ménage de Verlaine et fait oublier à celui-ci (déjà père de famille) tout son « devoir humain ».

7. Cette misogynie était probablement commune, à l'époque, à

Rimbaud et à Verlaine : le premier disait déjà à la femme, dans *Les Sœurs de charité,* « Tu n'es jamais la Sœur de charité », le second écrira dans *Læti et errabundi :*

> *Pardonnâtes-vous aux femelles?*
> *Moi, j'ai peu revu ces compagnes...*

8. Rimbaud, qui a parlé dans *Mauvais Sang* de ses barbares ancêtres gaulois, songe maintenant aux Scandinaves comme à un autre peuple barbare. Se souvient-il du célèbre chant nordique de Regner Lodbrog, que Chateaubriand a imité dans le Bardit des Francs des *Martyrs?* On y voit les guerriers boire le sang humain... On peut se demander d'autre part si *Mongol* est une allusion satirique au faciès « mongoloïde » de Verlaine.

9. Nous reconnaissons ici cette horreur du travail manifestée à maintes reprises par Rimbaud : dans sa lettre à Izambard par exemple (13 mai 1871) et dans *Mauvais Sang :* « J'ai horreur de tous les métiers... Je n'aurai jamais ma main. » (S. B.) L'allusion précédente aux bijoux rappelle ce passage de *Bottom :* « Je fus, au pied du baldaquin supportant ses bijoux adorés, un gros ours aux gencives violettes (...). » (A. G.)

10. Verlaine, en quittant Rimbaud, fera allusion lui aussi à cette vie « violente et toute de scènes » : ce sera même le motif de son départ. Rimbaud se représente ici comme un véritable « possédé ».

11. Allusion aux soûleries des deux amis :

> *Entre autres blâmables excès,*
> *Je crois que nous bûmes de tout*

écrit Verlaine dans *Læti et errabundi;* allusion aussi à la misère qui régnait alors en Angleterre, de pair avec l'ivrognerie.

12. Alors que Rimbaud devait avoir encore le sommeil profond de l'enfance, il faut croire que Verlaine ne dormait guère, à en juger par ce passage et par les vers de *Jadis et Naguère (Vers pour être calomnié) :*

> *Ce soir, je m'étais penché sur ton sommeil.*
> *Tout ton corps dormait chaste sur l'humble lit...*

S'évader de la réalité et *changer la vie,* tel paraît avoir été le double but de Rimbaud alors qu'il poursuivait à Londres sa tentative de voyant. Ces deux formules vont dans le sens indiqué par la lettre du 15 mai 1871 : recherche d'un inconnu, rendue plus ardente peut-être par le sentiment aiguisé d'insatisfaction que provoquait en Rimbaud une existence médiocre et déchue — et tentative pour faire progresser l'humanité vers un avenir meilleur. Se créer un monde, et recréer le monde. L'*illuminisme* de Rimbaud est à la fois poétique et social. Il serait ridicule de faire de Rimbaud un « marxiste »; mais il faut bien relever la similitude entre son *changer la vie* et le célèbre *transformer le monde* de Marx. La misère du prolétariat anglais pouvait du reste avoir frappé Rimbaud, aussi bien que Marx à la même époque.

Mais à la question : « Il a peut-être des secrets pour *changer la vie?* », la vierge folle répond : « Non, il ne fait qu'en chercher », ce qui juge la tentative : socialement, sinon poétiquement, la volonté de *magie* de Rimbaud est restée inopérante.

13. Il est possible que Rimbaud se soit souvenu des vers de Baudelaire *(Causerie)* :

> *Mon cœur est un palais flétri par la cohue;*
> *On s'y soûle, on s'y tue, on s'y prend aux cheveux!*

dont le second évoque assez bien ce que la Vierge folle a dit précédemment.

14. Ici encore, suivant Matucci, on peut penser à Baudelaire, qui a décrit dans *Les Paradis artificiels* « le ciel morne et l'horizon imperméable qui enveloppent le cerveau asservi par l'opium ». Mais je crois plutôt que l'image si expressive du « sombre ciel », du « Paradis de tristesse » est amenée par opposition à l'idée d'*enfer*. Cette vie étrange — qui n'est pas la vraie vie, car « la vraie vie est absente » — est double, ambivalente, à la fois enfer et paradis.

15. Souvenir probable d'une *Ariette oubliée* (dans les *Romances sans paroles*) :

> *Soyons deux enfants, soyons deux jeunes filles*
> *Éprises de rien et de tout étonnées.*

Le rêve de l'*innocence* perdue a poursuivi Rimbaud comme Verlaine.

16. Rivière commente ce passage en parlant de la « mission » désorientatrice de Rimbaud : il a été envoyé « pour nous faire sentir notre abjection et nous la reprocher sans paroles, par sa seule présence » (*Rimbaud*, p. 95). Il semble que Rimbaud songe, ici, à une mission plus précise : soit dans le sens de la transformation du monde (illuminisme social); soit dans le sens de la charité chrétienne, si on lui suppose déjà des inquiétudes religieuses : le mot de *charité*, déjà prononcé plus haut, reviendra un peu plus loin.

17. Comment faut-il comprendre *connaissance?* soit : il ne connaît personne dans cette ville étrangère; soit : il n'a aucune connaissance pratique lui permettant de travailler (connaissance de l'anglais notamment; Rimbaud connaissait assez mal cette langue).

18. On songe aux lectures de Rimbaud enfant : livres de prix (*L'Habitation du désert*, par Mayne Reid; *Les Robinsons français*, etc.) ou récits d'aventures du *Magasin pittoresque;* mais Verlaine dira lui aussi dans *Læti et errabundi* :

> *Nos belles curiosités*
> *Eussent mangé tous les atlas...*

19. On a noté que Rimbaud se souvient probablement de *La Dame aux camélias* et de son amant *Armand Duval :* on sait que Marguerite, qui « s'est dévouée » à aimer Armand, meurt phtisique, abandonnée par lui; or, P. Arnoult signale que *La Dame aux camélias* (pièce tirée

du livre de Dumas) fut jouée à Londres en juin 1873 : les deux amis ont peut-être été la voir.

20. « Une sorte de douceur luisait et souriait dans ces cruels yeux bleu clair et dans cette forte bouche rouge au rire amer », écrira Verlaine dans *Les Hommes d'aujourd'hui* en 1888.

21. *Remonter à un ciel* peut paraître un sort étrange pour un « compagnon d'enfer ». Mais on sait que Verlaine, dans sa *Dédicace* de 1889, définira ainsi son ami :

> *Mortel, ange et démon, autant dire Rimbaud...*

En un sens, l'entreprise luciférienne de Rimbaud l'a conduit à rivaliser avec Dieu, à *se faire Dieu,* comme Verlaine encore l'a très bien vu :

> *O je serai celui-là qui sera Dieu!*

Voir la note 13, p. 466.

DÉLIRES II

ALCHIMIE DU VERBE

P. 228.

1. Dans ce texte capital, Rimbaud rappelle et condamne sa tentative de « voyant ». La critique traditionnelle a longtemps admis que c'était une condamnation de la tentative des *Illuminations* (que l'on pensait avoir été écrites avant *Une saison en enfer*), en dépit du fait que Rimbaud ne cite *aucune prose,* mais uniquement des vers écrits en 1872. Il est pourtant difficile de croire avec Marcel Coulon que si Rimbaud ne cite que des vers, c'est parce que leur musique « le charmait encore » en 1873, alors que ses proses l'avaient finalement déçu... (*La Vie de Rimbaud et de son œuvre,* p. 201-202.) On peut au contraire trouver significatif le fait que Rimbaud cite ses vers avec une telle dérision qu'il se soucie peu d'en altérer la « musique » en donnant un texte déformé :

> *Au bourdon farouche*
> *Des sales mouches*

dans la *Chanson de la plus haute tour* (au lieu du vers : « De cent sales mouches »), ou :

> *Votre ardeur*
> *Est le devoir*

remplaçant les vers réguliers d'*Éternité.*

Il semble, du reste, que la phrase du brouillon : « Je hais maintenant les élans mystiques et les bizarreries de style » ne puisse guère viser que les derniers vers. On pourrait admettre, comme le veulent certains, que les « calèches sur les routes du ciel » évoquent, dans les *Illuminations, Nocturne vulgaire* (est-ce tellement évident?), et le

« salon au fond d'un lac », *Soir historique*. Mais la période que décrit Rimbaud sous ce nom : « l'histoire d'une de mes folies », est plus probablement la période qu'ouvre la lettre du 15 mai 1871 à Demeny où il indique sa méthode de « voyant », la période au cours de laquelle il a « inventé la couleur des voyelles », et surtout la période au cours de laquelle il a écrit ses derniers vers. Or, comme les vers qu'il cite sont en grande majorité datés de mai 1872 (un seul, *Fêtes de la faim,* est daté d'août 1872), comme d'autre part Rimbaud écrit dans son brouillon : « Un mois de cet exercice. Ma santé s'ébranla », on peut penser qu'il fait surtout allusion aux semaines de crise qu'il a dû traverser en mai, dans les Ardennes et à Paris. Après cette période de crise, Rimbaud abandonnera assez vite sans doute à la fois ses tentatives « mystiques » et la poésie versifiée ; et il écrira (dans le brouillon d'*Alchimie du Verbe*) : « Maintenant je puis dire que l'art est une sottise. » L'art : c'est-à-dire, toujours, les « bizarreries de style », les recherches musicales, toute cette étude pour « noter l'inexprimable » et « fixer des vertiges ».

Il est difficile de savoir si ce texte a été écrit avant ou après la rupture avec Verlaine. Deux choses pourtant portent à croire qu'il est postérieur au drame de Bruxelles : d'abord, l'affirmation, qui paraît bien une allusion et un sarcasme : « J'ai aimé un porc » ; ensuite, le fait que Rimbaud supprime (et n'est-ce pas significatif ?) l'idée d'amour qu'appelait la première version de sa *Chanson de la plus haute tour* :

> *Ah! Que le temps vienne*
> *Où les cœurs s'éprennent*

devient, dans *Alchimie du Verbe* :

> *Qu'il vienne, qu'il vienne,*
> *Le temps dont on s'éprenne.* (S. B.)

Le texte enchaîne avec le précédent : *A moi,* ce qui signifie que Rimbaud reprend la parole. (A. G.)

2. Pour la poésie, on peut se reporter aux jugements portés par Rimbaud en 1871 dans sa lettre à Demeny. En ce qui concerne la peinture, on sait que Rimbaud et Verlaine ont connu Fantin-Latour (qui a peint son fameux *Coin de table* en janvier 1872) et vu, à Londres, un certain nombre de tableaux des futurs impressionnistes : Verlaine cite pêle-mêle Monet, Manet, Harpignies, Renoir dans une lettre à Lepelletier, en décembre 1872. Il est vrai que ce n'étaient pas alors des « célébrités » !

3. Nous avons vu que Rimbaud évoque, dans *Les Déserts de l'amour,* des *dessus de portes* qui comportent « des armes et des lions ». Quant aux *enluminures populaires,* je ne crois pas qu'il y ait à les rapprocher du sens anglais du mot *illuminations;* Rimbaud pense vraisemblablement à des images d'Épinal, telles que *L'Éclatante Victoire de Sarrebrück.*

4. On ne peut qu'être frappé de voir Rimbaud citer des types de « littérature » étrangement parents de ceux que présente Éluard dans sa *Poésie involontaire :* Rimbaud, ici, annonce le Surréalisme et sa volonté

de remonter aux sources populaires ou anciennes de poésie. Les *refrains niais* et les *rhythmes naïfs*, d'autre part (*rhythme* au sens alors courant de *rythme de vers*), s'appliquent assez bien aux refrains apparemment dénués de sens des chansons citées plus loin par Rimbaud (on connaît aussi le goût de Verlaine et de Rimbaud pour les *Ariettes oubliées*, de Favart entre autres).

5. *Enchantements* est à prendre ici au sens fort. Certains termes de ce paragraphe rappellent *Mauvais Sang :* Rimbaud cherche le dépaysement dans l'espace et dans le temps (cf. *Le Bateau ivre*), mais plus encore, ainsi que le Baudelaire du *Voyage*, « l'inconnu ».

6. Rimbaud complète ici la théorie des *Voyelles* par une théorie des *consonnes :* « Il veut dire ici, non pas qu'il leur a assigné arbitrairement une signification, mais qu'il a su s'en servir, exploiter leurs dispositions naturelles comme moyens d'expression », commente Rivière (*Rimbaud*, p. 192). Les termes employés par Rimbaud font penser qu'il parle à la fois de la *forme* (visuelle) des consonnes, dans la poésie écrite, et du *mouvement* qu'elles impriment aux lèvres (ou à la phrase) dans la poésie parlée. La rêverie de Rimbaud paraît rejoindre ici celle des occultistes, ce qui s'accorde avec le titre : *Alchimie du Verbe* (cf. le « toute parole étant idée » de la lettre du 15 mai 1871). Ajoutons que l'expression : « inventer un verbe poétique accessible, un jour ou l'autre, à tous les sens » rappelle curieusement les théories initiatiques exprimées, entre autres, dans l'*Orphée* de Ballanche, de façon étonnamment similaire : « La parole de Dieu, lorsqu'elle se transforme en la parole de l'homme, doit se rendre accessible à nos sens, à nos facultés, s'incarner en nous, devenir nous-mêmes » (livre VII). Rien ne prouve que Rimbaud ait lu Ballanche, mais rien ne prouve qu'il ne l'ait pas lu.

7. Pourquoi *d'abord ?* Nous aurons ensuite d'autres étapes : *Puis... Enfin...* La tentative de Rimbaud a été, au début, un dérèglement « raisonné » et une tentative à la fois *littéraire* et *métaphysique*. Après avoir fait allusion aux *Voyelles*, poème écrit sans doute dans les débuts de son séjour à Paris, Rimbaud cite différents poèmes de 1872. Sa tentative s'est-elle poursuivie durant toute la fin de 1871, puis tout le début de 1872? L'a-t-il interrompue un temps à Paris, pour la reprendre ensuite dans les Ardennes et la poursuivre jusqu'en Juillet? Il faut admettre un certain temps d'évolution menant des vers réguliers des *Voyelles* aux vers assonancés, puis aux « chansons ». Et il semble que l'état de délire où il s'est trouvé pour finir ait précédé le départ pour l'Angleterre; mais Rimbaud laisse subsister une certaine ambiguïté dans ses allusions.

8. Ce texte, comme les suivants, présente d'assez nombreuses variantes. Rimbaud cite-t-il de mémoire? Ce n'est pas impossible. Il apporte, à ce premier texte, quelques améliorations : supprimant la bizarre « colocase », préférant *à genoux* (plus vraisemblable) à *accroupi*. Mais il laisse de côté une partie de la fin du texte, et transforme le dernier vers, qui change curieusement de sens et devient plus dramatique :

> *Pleurant, je voyais de l'or — et ne pus boire*

au lieu de

Dire que je n'ai pas eu souci de boire!

Le texte suivant présente, comparé à *Bonne Pensée du matin*, des variantes sans grande importance.

9. La *vieillerie poétique* paraît faire allusion aux expressions surannées du poème précédent, plutôt qu'au paragraphe qui suit.

10. On a expliqué par des allusions aux *Illuminations* les *calèches* et le *salon* (voir note 1), mais non la *mosquée* et l'*école de tambours*. Cette méthode « hallucinatoire », en tout cas, il semble bien que Rimbaud la pratiquait encore à Londres, pendant sa vie commune avec Verlaine, puisque dans *Délires I* il décrit « tout le décor dont, en esprit, il s'entourait ».

11. On a pensé que ce vaudeville pouvait être *Michel et Christine,* de Scribe : en effet, un des poèmes écrits en 1872 porte ce titre (voir la note 1, p. 446).

12. Sens peu clair : qu'est-ce que *l'hallucination des mots?* Est-ce les mots eux-mêmes qui prennent une force hallucinatoire (comme *Christ, Christine,* dans le poème *Michel et Christine*), d'où les *sophismes magiques?*

13. La façon dont Rimbaud parle de ces animaux (les chenilles, qui *représentent* l'innocence des limbes...) donne à penser qu'il a dû lire des Bestiaires symboliques du Moyen Age, ou des œuvres occultistes parlant de la symbolique animale. Dans le brouillon, il était aussi question de *l'araignée romantique* et de *la punaise, brune personne...*

14. Chose curieuse, Rimbaud va citer la *Chanson de la plus haute tour* en supprimant, précisément, la strophe qui fait allusion à son « adieu au monde » et à son « auguste retraite ». Si le caractère de Rimbaud était *aigri,* c'était probablement parce qu'on l'avait séparé de Verlaine. Sur la transformation du refrain, voir la note 1.

15. Je l'ai dit plus haut, *Des sales mouches* fait un vers faux : même si Rimbaud citait ses vers de mémoire, il ne devait pas lui être bien difficile, s'il l'avait voulu, d'écrire un vers juste! Sa négligence, ici, paraît surtout de la désinvolture.

16. Rimbaud est l'adorateur du soleil ici; cf. *fils du soleil* dans *Vagabonds.*

17. Bouillane de Lacoste pense que ce texte est « le seul poème en prose cité dans *Alchimie du Verbe* » parce que ces lignes sont entre guillemets (*Rimbaud et le problème des « Illuminations »,* p. 200). A quoi Matucci riposte avec raison que, puisque le brouillon offre un texte différent, et raturé, ce travail d'élaboration fait bien voir que Rimbaud a composé ce texte en même temps que le reste de la *Saison en enfer :* il en fait partie, et son ton lyrique est destiné à mettre en évidence le délire du poète. L'évocation du *général,* des *canons* et du bombardement avec des *blocs de terre sèche* est-elle un souvenir de la guerre de 1870, comme le propose Delahaye? Ce n'est pas impossible. Mais Rimbaud l'a alors utilisé pour représenter l'action du soleil, la sécheresse et la poussière : au lieu d'être un « archer » lançant des « traits », le soleil devient un artilleur... Pourquoi oxydera-t-il les gargouilles? parce que l'eau n'y circulera plus, tout étant à sec. Pour ce paragraphe et pour le suivant, on pourra suivre sur

le brouillon le travail de resserrement grâce auquel Rimbaud parvient au texte définitif.

18. Texte assez différent de celui de 1872 : notamment le « refrain niais » du début et de la fin n'est pas repris. Rimbaud ne cite qu'une partie du texte, et une fois encore déforme un vers : *Pains semés dans les vallées grises*, au lieu de *Pains couchés aux vallées grises*.

19. Ce rapprochement étrange entre l'*azur* et le *noir* n'est cependant inexact ni du point de vue des alchimistes, ni du point de vue scientifique (les premiers hommes quittant la terre pour la lune se trouvent non plus dans le bleu, mais dans le noir). Chose plus curieuse encore, Balzac, dans *La Fille aux yeux d'or*, comparant l'effet d'une violente crise passionnelle à celui que produit « l'ardeur d'un ciel pur », écrit que la nature « semble au premier aspect couverte d'un voile de gaze, l'azur du firmament paraît noir, l'extrême lumière ressemble aux ténèbres ». Rimbaud avait-il lu la nouvelle de Balzac ? ou plutôt n'éprouvait-il pas, en cette période de crise, précisément les symptômes décrits par Balzac ? Le ciel d'été du *Champ de blé aux corbeaux* de Van Gogh est lui aussi d'un bleu noir, profond, insoutenable.

20. La dérision de Rimbaud est vivement marquée par les termes d'*expression bouffonne et égarée* (voir la note 1, p. 439). Les variantes, ici, altèrent peu le sens du texte.

21. Rimbaud s'était proposé d'intercaler ici *Age d'or*, peut-être à cause des différentes voix chantant successivement.

22. Rimbaud dira plus loin : « Le Bonheur était ma fatalité, mon remords, mon ver. » Il paraît défendre ici une théorie épicurienne du bonheur contre ceux qui cherchent la pénitence (chrétienne notamment) ou l'austérité du devoir et de la morale : l'homme (l'homme Rimbaud en tout cas) est fait pour être heureux. Mais nous sentons bien qu'au fond de cette revendication perce déjà un secret désespoir : Rimbaud (le Rimbaud du moins qui écrit *Une saison en enfer*) se sait promis à la damnation : « J'avais été damné par l'arc-en-ciel. »

23. Texte du brouillon : « qu'une façon instinctive de gâcher une insatiété de vie ». Rimbaud défend une position hédoniste, opposée au travail et à l'observance de la morale : à Londres, il a cru s'élever au-dessus du Bien et du Mal. (S. B.) La phrase qui suit rappelle d'ailleurs ce passage de l'*Ecce homo* de Nietzsche : « la morale chrétienne fut jusqu'à présent la Circé de tous les penseurs ». (A. G.)

24. L'allusion finale à Verlaine est très vraisemblable, et bien entendu insultante. Mais Rimbaud expose aussi une théorie curieuse, qui rappelle la métempsycose. Déjà, dans *Les Déserts de l'amour*, nous avons vu une servante qui était « un petit chien ». Dans les *Illuminations*, *Bottom* évoquera d'autres « métamorphoses » animales. N'oublions pas toutefois que Rimbaud met cette idée, semble-t-il, au nombre des « sophismes de la folie ».

25. Dans le brouillon, Rimbaud parle d' « un mois de cet exercice », ce qui souligne le caractère *volontaire* de ce dérèglement méthodique. Notons qu'il avait également l'intention de citer *Mémoire* à propos des « rêves les plus tristes » (ou « égarés »).

26. La comparaison du brouillon et du texte définitif permet de bien voir comment Rimbaud, pour écrire cette phrase fameuse, *part des mots*, nébuleuse encore informe, et en tire à la fois un sens et un rythme. La *Cimmérie* (évoquée par Renan dans une autre phrase fameuse, au début de *La Prière sur l'Acropole...*) désignait chez les anciens un pays toujours couvert de brumes et de nuées, situé au bout de la terre; ce pays, près duquel se trouvait le séjour des morts, est placé par Homère à l'occident : c'est là que se rend Ulysse au chant XI de *L'Odyssée*, pour évoquer les ombres des morts. On voit le parti que Rimbaud a tiré des suggestions d'un tel mot — et l'on connaît l'admiration manifestée par Claudel pour cette phrase : « C'est fini ! C'est en l'air ! Cela ne tient à rien ! Ce n'est plus porté que par la musique, c'est comme un beau cygne qui vole les ailes étendues dans un milieu élyséen ! » (*Positions et Propositions*, t. I, p. 75.) (S. B.) Dans *Cimmérie*, on peut reconnaître aussi le mot *chimère*, très rimbaldien. (A. G.)

27. Ici encore, la comparaison avec le brouillon montre le travail opéré sur le premier texte; *consolatrice* est notamment beaucoup plus euphonique que *consolante*. La *croix* et l'*arc-en-ciel* symbolisent la religion (cf. brouillon : « magies religieuses »). Comme dans *Nuit de l'enfer*, Rimbaud se considère comme damné, *parce que* chrétien.

28. Allusion à la fois à l'office du matin, à l'heure matutinale où le coq chante (dans le brouillon : *diluculum*, le point du jour) et vraisemblablement au reniement de saint Pierre. Ce texte commente, dans la chanson qui suit, le « salut à lui » (au bonheur) (voir note 3, p. 450). Doit-on comprendre que le culte rendu au bonheur s'accompagnait chaque fois, pour Rimbaud, d'un reniement de sa religion? La phrase est à rapprocher d'autre part, de la lettre de juin 1872 où Rimbaud dit son ravissement à contempler « cette heure indicible, première du matin ».

29. Le brouillon permet de préciser le sens de cette phrase : « Je hais maintenant les élans mystiques et les bizarreries de style. Maintenant je puis dire que l'art est une sottise », écrit Rimbaud. Ce n'est donc pas à la littérature qu'il dit adieu, mais à *une certaine forme de littérature*, celle dont ses derniers vers nous donnent des exemples.

L'IMPOSSIBLE

P. 235.

1. Ce texte peut paraître justifier les allégations de Rolland de Renéville d'après lesquelles Rimbaud serait un « initié », instruit de la Kabbale et des livres sacrés de l'Orient. A dire vrai, la bibliothèque de Charleville ne paraît guère avoir pu fournir à Rimbaud de livres traitant des sciences hermétiques de l'Inde (d'après les déclarations du bibliothécaire, consulté par plusieurs biographes). C'est plutôt à travers les poèmes hindous de Leconte de Lisle que Rimbaud aura pris connaissance du *Bhagavadgîtâ*. Les thèmes figurant dans *L'Impossible* sont du reste peu précisés : il est surtout question de la « sagesse première et éternelle » de l'Orient, la « patrie primitive »,

par opposition à la dégradation occidentale. Il n'en est pas moins vrai que cette nostalgie de l'Orient a été assez ancrée en Rimbaud pour le conduire, finalement, jusqu'aux rivages d'Arabie.

2. Allusion évidente aux fugues de Rimbaud adolescent. Le ton indique un regret de cette enfance fière et solitaire (cf. le début de *Matin*); c'est pourquoi il faut prendre, semble-t-il, l'exclamation inattendue, « quelle sottise c'était », dans un sens ironique : aux yeux des *bonshommes* tarés de la société, sobriété et désintéressement ne sont que sottise. On sait que Rimbaud a assisté, à Paris, à plusieurs dîners « des Vilains Bonshommes », ces amis de Verlaine qui s'étaient ainsi plaisamment baptisés; c'est peut-être pourquoi le terme vient sous sa plume.

3. Rimbaud oppose les *élus* aux damnés dont il vient de parler; mais on voit aussitôt qu'il s'agit de *faux élus, de gens hargneux et joyeux :* riches et puissants de ce monde, dont Rimbaud parle avec le ressentiment de quelqu'un qui a été humilié : souvenir de ses impressions parisiennes.

4. Reprise d'un thème déjà abordé dans *Mauvais Sang :* c'est la civilisation occidentale, avec ses « faux élus », sa niaiserie, ses « marais », que Rimbaud abhorre.

5. Ces quatre expressions symbolisent tout ce que Rimbaud hait dans l'Occident : les martyrs chrétiens (et la religion chrétienne); l'art occidental; les progrès de la science et de l'industrie; enfin, l'*ardeur* des pillards, opposée à la sérénité orientale.

6. La *sagesse bâtarde du Coran* reprend l'idée de *paresse :* il s'agit évidemment du fatalisme oriental.

7. Phrase peu claire : est-ce le christianisme qui est une *déclaration de la science?* ne faut-il pas plutôt comprendre que la science a déclaré que le rêve oriental était « un rêve de paresse grossière », et donner à *se joue* (c'est-à-dire : se joue de lui-même, se trompe) deux sujets : *le christianisme,* et *l'homme?*

8. On sait que les *Mémoires de Joseph Prudhomme,* d'H. Monnier, avaient paru en 1857; Rimbaud avait déjà songé au personnage pour *A la musique.*

9. La *brume* (de même que les *marais*) s'oppose au soleil d'Orient. Rimbaud, au contraire, est un « fils du soleil » *(Vagabonds).*

10. En fait, c'est bien d'un paradis perdu que Rimbaud est en quête; c'est-à-dire, pense Rivière, de *l'innocence* première, et il commente ainsi cette phrase : « Tout de suite il s'aperçoit que sa vision est quelque chose de plus ancien que l'histoire, de plus profond que l'Orient, de plus éternel que le passé » (*Rimbaud,* p. 103). *Qu'est-ce que c'est pour mon rêve* est évidemment péjoratif : c'est encore bien trop peu au regard de mon rêve.

11. Riposte ironique à la proposition pragmatiste et par trop simpliste des philosophes. Il serait trop facile de se « fabriquer » un Orient portatif...

12. Dans cette fin émouvante, c'est lui-même que Rimbaud accuse cette fois — parce qu'il s'est refusé à voir la vérité, qu'il a *dormi,* et aussi parce qu'il a cédé aux *instincts délétères,* à une époque *immé-*

moriale qui est évidemment celle de sa vie avec Verlaine : il a maintenant perdu sans espoir la pureté édénique de sa jeunesse. Il est difficile de contester qu'ici Rimbaud lance un appel angoissé vers Dieu. Ces dernières phrases ne peuvent avoir été écrites qu'après le drame de Bruxelles.

L'ÉCLAIR

P. 238.

1. Ce texte paraît faire assez nettement allusion au drame de Bruxelles et à la tentation chrétienne connue sur le « lit d'hôpital » par Rimbaud. Le ton forcené se rapproche de *Mauvais Sang* plus que du texte précédent. Rimbaud a eu, semble-t-il, la velléité de participer au « travail humain » (pour expier, suggère Matucci) : mais il renonce vite à cette solution ; ni la science, ni le travail ne peuvent satisfaire son impatience. Tout le texte est fait d'élans brusquement interrompus, de revirements, de cris de révolte et de soupirs de lassitude : il a peut-être été écrit peu après le retour à Roche.

2. Cette foi dans le *travail humain* (qu'il a eue, notamment, au temps de la Commune, lorsqu'il se sentait le frère des *travailleurs*) a pu lui apparaître comme un espoir de salut : mais il se détrompe vite.

3. Allusion au fameux « Tout est vanité » de *L'Ecclésiaste*. Cet élan vers l'action ne peut résoudre, pourtant, le problème essentiel : celui de la mort et de la damnation ; « les cadavres des méchants et des fainéants tombent sur le cœur des autres ».

4. *Les échappons-nous*, autrement dit *les manquons-nous?* Ce Royaume de Dieu qu'on lui fait espérer, c'est tout de suite que Rimbaud le veut... *Violenti rapiunt.*

5. Brusque revirement, et réponse railleuse aux arguments qui précèdent : Rimbaud perd patience à l'idée de lents et pénibles efforts. On admirera les images saisissantes *(que la prière galope et que la lumière gronde...)* qui viennent sous la plume impatiente du poète.

6. Phrase doublement sarcastique : d'abord à l'égard du *prêtre,* qui est assimilé au saltimbanque, au mendiant, au bandit..., ensuite à l'égard de Rimbaud lui-même, qui rêve « amours monstres » et « univers fantastiques ». (S. B.) Rimbaud, selon Delahaye, avait envisagé d'entrer dans les ordres pour aller en Orient. (A. G.)

7. L'énumération reprend, après une sorte de parenthèse. On sait que l'Église associe dans ses litanies les saints, les confesseurs et les martyrs.

8. À l'époque où il achève *Une saison en enfer,* en août 1873, Rimbaud n'est pas encore entré dans sa vingtième année. (A. G.)

9. Paragraphe peu clair, mais qui exprime en tout cas un mouvement de révolte contre la mort et contre l'acceptation de « vingt ans » d'existence ratée : mais cette révolte risque de lui faire perdre *l'éternité.*

10. Rimbaud s'adresse-t-il à lui-même, ou faut-il voir ici une allusion sardonique à Verlaine, qu'il associe à sa recherche de l'éternité par le pronom *nous?* La vierge folle est appelée *pauvre âme, chère âme* par l'époux infernal.

MATIN

P. 239.

1. Rimbaud avait peut-être primitivement songé à clore par ce texte sa relation d'*Une saison en enfer* : « aujourd'hui, je crois avoir fini la relation de mon enfer », dit-il. Ce texte se termine sur une note relativement optimiste, et le ton en est las, mais plus calme que dans le précédent.

2. Rimbaud, ou bien se sent si éloigné de son enfance qu'il ne sait plus si les souvenirs qu'il en garde sont réels, ou bien se revoit dans le passé, dans *une autre vie* (comme propose Bouillane de Lacoste : cf. dans *Alchimie du Verbe* : « Devant plusieurs hommes, je causai tout haut avec un moment d'une de leurs autres vies. ») La première interprétation paraît plus plausible, car elle oppose mieux les instants privilégiés dont Rimbaud a bénéficié *une fois* à sa *faiblesse actuelle*.

3. L'idée est la même que dans *L'Impossible* : « Mais je m'aperçois que mon esprit dort », mais la phrase suggère en outre l'impression d'un mauvais rêve.

4. Rimbaud semble avoir été hanté par cette idée de l'*incommunicabilité* des sentiments ou des pensées : déjà, en 1871, il disait à Izambard qu'il ne « saurait presque » lui expliquer sa tentative de voyance ; et la vierge folle, dans *Délires I*, dit, elle aussi : « Je ne sais même plus parler. » Idée naturelle chez celui qu'isole le sentiment d'un destin singulier et d'une solitude irrémédiable, aggravé ici par le crise qu'il traverse.

5. Le *fils de l'homme*, c'est, dans la Bible, Jésus-Christ, qui a délivré les hommes de la malédiction du péché originel. (S. B.) Mais le Christ, au contraire, ouvre les portes du paradis, et non celles de l'enfer. (A. G.)

6. Tout ce paragraphe est fondé sur le symbolisme de Noël : le *désert* et la *nuit* sont ceux où les bergers ont vu apparaître *l'étoile* qui devait les guider vers la crèche ; les *trois mages* deviennent les forces qui guident notre vie, *le cœur*, *l'âme*, *l'esprit*. Comme les bergers suivant l'étoile, il s'agit d'aller saluer l'aube d'une ère nouvelle, mais non pas chrétienne comme on l'a cru souvent (cf. « la fin de la superstition »). Aussi, comme dit Étiemble, « lorsque dans son commentaire de *Matin* : « Le chant des cieux, la marche des peuples ! Esclaves, ne maudissons pas la vie », J. Rivière déclare « parfaite » l'opinion de Rimbaud, lorsqu'il déclare que Rimbaud désormais sait reconnaître dans « l'image qui le hantait » celle « d'une réalité future », pouvons-nous légitimement nous demander si cette « réalité future », si cet *Age d'or* ne ressemblerait pas au Socialisme plutôt qu'à l'Évangile » (*Rimbaud*, p. 78). Les termes de *travail nouveau*, de *sagesse nouvelle* semblent bien, en effet, faire allusion à cet âge d'or espéré par les travailleurs de 1870 d'une réorganisation sociale.

7. « Où est le roi des Juifs qui est nouvellement né ? car nous avons vu son étoile en Orient » demandent les Mages (*Matt.* II, 2). (A. G.)

8. Il faut comprendre ainsi la dernière phrase, d'après ce qui précède : bien que nous soyons encore esclaves des conditions sociales actuelles, ne perdons pas espoir en cet avenir radieux où nous mène *la marche des peuples*.

ADIEU

P. 240.

1. Cet *Adieu* a longtemps été considéré comme l'adieu final à la littérature; nous avons déjà vu que Rimbaud semble plutôt, ici, dire adieu à sa tentative magique, aux formes versifiées qu'il a citées dans *Alchimie du Verbe*, peut-être aussi à certaines proses écrites pendant la période du «voyant». Ce texte est en même temps un adieu à Verlaine, qui paraît désigné sous le couvert d'une allusion prudente à *l'enfer des femmes*. (S. B.) Olivier Bivort a étudié les catégories verbales dans le texte d'*Adieu* (*Poesia e avventura*, Pisa, Pacini, 1987, p. 199-208).

2. Le choix même du mot *saison* montre que Rimbaud a terminé sa *saison* en enfer; la clarté qu'il espère découvrir n'est plus saisonnière, mais éternelle, *divine*.

3. Nous avons déjà vu, dans *Les Déserts de l'amour* et dans *Mauvais Sang*, cette notation double de couleur rouge et noire : Rimbaud se souvient de Londres, comme l'indiquent les mots *brûmes* et *misère*.

4. Quelle est cette *goule*? S'agit-il de la «cité énorme»? ou de la religion, qui règne sur les millions de cadavres qui *seront jugés* (lors du jugement dernier)? Je me demande s'il ne s'agit pas, plus simplement, de la mort, les deux mots étant souvent associés : une goule est un vampire qui dévore les cadavres dans les cimetières. Hugo parle, dans les *Odes et Ballades,* de la

> *Goule dont la lèvre*
> *Jamais ne se sèvre*
> *Du sang noir des morts.*

Rimbaud se rebelle contre sa condition de mortel, il aspire à l'éternité; d'où son horreur à s'imaginer gisant au milieu de cadavres.

5. Vision hallucinatoire d'une *autre vie*, à laquelle se mêle peut-être le souvenir de ces gisants du Moyen Age rongés par les vers, vision que Rimbaud présente comme une réminiscence.

6. On voit la suite des idées : de la mort à la misère, puis par réaction au *confort*, qui est son contraire mais que Rimbaud ne déteste pas moins. Il écrit *comfort* à l'anglaise, comme Baudelaire quand il parle de l'hiver comme de la saison du bonheur : «tout le comfort exige une température rigoureuse...» (*Les Paradis artificiels, Un mangeur d'opium,* IV, cité par Matucci.)

7. On a voulu rapporter ces phrases aux *Illuminations*. En fait, la première est assez vague et l'expression de *drame* ne convient guère aux poèmes des *Illuminations;* pour la seconde, on peut commenter les *nouvelles fleurs* par *Ce qu'on dit au poète à propos de fleurs,* mais l'ensemble de la phrase paraît plutôt évoquer de façon générale les «univers fantastiques» dont parle Rimbaud dans *L'Éclair.*

8. Allusion à l'expérience de voyant : «On voit que cette expérience n'était pas, aux yeux de Rimbaud, uniquement d'ordre littéraire», note à ce sujet Bouillane de Lacoste (*Pages choisies* de Rimbaud).

Cette phrase est à rapprocher de *Délires I,* où l'on voit l'époux infernal chercher des secrets *pour changer la vie,* et où la vierge folle parle de son « pouvoir magique », grâce auquel il pourra, peut-être, changer « les lois et les mœurs ».

9. *L'artiste* est probablement l'auteur des derniers vers; le *conteur,* peut-être l'auteur des *Proses « évangéliques ».* Voir la *Notice.*

10. Le mot *mage* est peut-être amené par le souvenir des conceptions exposées à Demeny en 1871 au sujet du rôle du poète, à rapprocher des idées de Hugo dans *Les Mages* des *Contemplations. Ange* est en rapport avec l'attitude de Rimbaud, qui s'est cru d'essence supérieure, et dispensé de toute morale — au-dessus du Bien et du Mal — comme le mauvais ange de *Crimen Amoris.*

11. Cette phrase, qui a suscité de nombreux commentaires, montre bien combien l'aventure spirituelle de Rimbaud se conclut par un échec et une lourde retombée dans la réalité. On ne peut pas échapper à la morale et au *devoir,* c'est-à-dire à la condition humaine. Ce devoir serait-il la *charité* dont Rimbaud parle ensuite? En ce cas, on voit qu'il ne l'accepte pas sans réticences...

12. On est un peu surpris, après le passage précédent, de voir Rimbaud parler de *victoire.* Comprenons qu'il s'est libéré de son « enfer », et (je crois) qu'il est délivré de la tentation chrétienne : qui sont, en effet, ces *mendiants,* ces *brigands,* ces *amis de la mort,* sinon des *arriérés* qui entretiennent la croyance de la damnation? C'est de la même façon que dans *L'Éclair* il associe au nom de *prêtre* ceux de *mendiant* et de *bandit.*

13. Nous arrivons ici à une conclusion laïque et « progressiste » de la *Saison en enfer :* « Point de cantiques », ajoute Rimbaud : son devoir, c'est de regarder en avant et de croire aux destinées de l'humanité, non de se laisser enchaîner par d'anciennes superstitions.

14. S'agit-il de l'arbre du Bien et du Mal, dont Rimbaud parle dans *Matinée d'ivresse?* C'est plus probable que le « buisson ardent » de Moïse, dont certains ont parlé.

15. Quelles sont ces *splendides villes?* Miss Starkie pense que Rimbaud peut se souvenir d'une expression de Michelet parlant de la grande cité de l'avenir, « la République de l'univers » (*Rimbaud,* p. 324). Mais le rapport paraît assez lointain. Rimbaud transpose-t-il sur terre les descriptions de la Jérusalem céleste? Je crois plutôt qu'il envisage, de manière encore vague, ces villes de l'avenir, villes qu'il oppose aux « ports de la misère » et dont il décrira les splendeurs dans les *Illuminations.*

16. Allusion plus que probable à la liaison avec Verlaine, la vierge folle. Rimbaud est dorénavant délivré des *vieilles amours mensongères.*

17. Pour Coulon : *une* âme et *un* corps — le mien; Rimbaud affirmerait sa volonté de rupture et de solitude. C'est possible, mais l'essentiel de la phrase, c'est tout de même *posséder la vérité* — et il faut remarquer ici combien Rimbaud, malgré les tentatives qu'il a faites pour s'évader de la réalité, a toujours attaché d'importance à cette poursuite de la *vérité :* le damné de *Nuit de l'enfer* s'écrie : « Dire que je tiens la vérité » — et dans ce texte-ci, un peu plus haut, Rimbaud se repent

de s'être « nourri de mensonges ». Et ne trouve-t-on pas aussi dans *Conte* (qui date peut-être de la même époque) un Prince qui « voulait voir la vérité »? Il est difficile de préciser de quelle manière Rimbaud, délivré maintenant des amours « mensongères », comptait parvenir à cette vérité; en tout cas cette dernière phrase clôt la *Saison en enfer* sur une affirmation d'espoir et d'optimisme.

ILLUMINATIONS

APRÈS LE DÉLUGE

P. 253.

1. Est-ce Rimbaud, est-ce Fénéon qui a placé cette prose en tête du recueil? Nous l'ignorons. Certes, il est permis de penser, comme l'ont souvent fait les critiques, que cette pièce liminaire annonce certains thèmes du recueil, et que la fraîcheur édénique présage la vision neuve et « désencrassée » qui est celle de Rimbaud dans les *Illuminations,* la fraîcheur d'un monde où pierreries et fleurs vont retrouver vie; de même que l'ironie et la révolte finales préfigurent la violence anarchique de certains des textes suivants. Il est difficile pourtant d'être tout à fait affirmatif.

Ce poème a suscité un véritable *déluge* d'interprétations. Certes, Delahaye paraît forcer beaucoup le texte quand il déclare que le sens du poème, précisé au dénouement, est que « la douleur est pour l'esprit un stimulant nécessaire »; mais que penser de la prétention de Goffin à y voir les « visions édéniques » d'un monde embelli par l'amour de Verlaine? ou de l'interprétation psychanalytique de Hackett qui voit par exemple dans l'arc-en-ciel le symbole du cordon ombilical (dans *Rimbaud l'enfant*)? Beaucoup plus justement, me semble-t-il, Étiemble (ainsi que miss Starkie) voit ici un refus de tout ce qui souille le monde dit civilisé : « le commerce, les crimes, les religions », et un appel à un nouveau Déluge. Pour ma part, je suis surtout frappée par la cristallisation des images autour d'un mot-clef, *Déluge,* pris ici dans toute sa complexité d'acception : au sens matériel, il inspire le thème de l'eau, du ruissellement (la mer, le sang et le lait qui coulent, les castors qui bâtissent, comme Rimbaud ne l'ignore pas, au bord de l'eau, les estaminets, la maison « encore ruisselante »...); quant au sens moral et biblique, on le voit se développer progressivement à mesure que la société et la civilisation se propagent jusque dans la nuit du pôle, jusqu'à ce qu'éclate la grande apostrophe où l'apprenti sorcier, dit Étiemble, « essaie des incantations pour un nouveau « grand nettoyage » : « Sourds, étang... » Texte étonnant, en tout cas, tant par la nouveauté de l'expression et des images que par la quantité des suggestions qu'il nous offre.

2. Comprenons que le premier Déluge a eu lieu; puis, l'*idée* (sans doute au sens étymologique : le spectre, la vision) du Déluge s'étant *rassise,* tout va recommencer : d'abord la vie de la nature, puis la civilisation sous tous ses aspects.

3. Pour montrer le renouveau de la nature après le « Déluge », Rimbaud a cette trouvaille de l'arc-en-ciel qu'on voit « à travers la toile de l'araignée » (peut-être même les gouttes de pluie s'irisent-elles aux couleurs du prisme, sur la toile) : souvenir de la campagne après la pluie. L'arc-en-ciel prend ici une signification particulière, si on se rappelle que Rimbaud dit dans *Une saison en enfer* : « J'avais été damné par l'arc-en-ciel. » En effet, l'arc-en-ciel est dans la Bible (*Genèse,* IX, 9-17) le signe de l'alliance de Dieu avec la terre. L'arc-en-ciel devient donc le symbole de la foi religieuse. Mais la réconciliation avec Dieu n'empêchera pas les hommes de reprendre leurs activités.

4. On comprend que les fleurs « regardent », puisque le monde végétal se ranime après la pluie; mais pourquoi les pierres précieuses se cachent-elles? Rimbaud veut-il dire que dans notre société ce qui est précieux est caché, enfoui (c'est vrai du reste pour les gisements de pierreries)? En tout cas, nous avons ici la première manifestation de l'animisme de Rimbaud, qui donne vie à tous les éléments de la nature (cf. *Aube,* où les pierreries regardent, et où une fleur « dit son nom »). Nerval déjà disait qu'

> *Un pur esprit s'accroît sous l'écorce des pierres*

(*Vers dorés*). On peut signaler aussi que dans *Merlin l'Enchanteur* de Quinet, on lit au livre 24, chapitre 4 : « Les fleurs, du haut de leurs tiges, semblaient attendre un visiteur », et chapitre 6 : « La terre aussi sortit de sa torpeur; les fleurs auraient eu honte de paraître assoupies... » (S. B.) Le mariage contrasté des pierres et des fleurs apparaît aussi dans *Fleurs*. (A. G.)

5. Exemple remarquable de la vision originale de Rimbaud : il « voit » la mer s'étageant en hauteur suivant une perspective de gravure. (S. B.) On retrouvera dans *Mystique* cette verticalité qui semble privée de la troisième dimension. (A. G.)

6. Le *sceau de Dieu* est le soleil, suivant Bouillane de Lacoste; c'est plausible, mais le verbe *blêmir* semble alors assez impropre. Pourquoi ne s'agirait-il pas plutôt de l'arc-en-ciel, qui marque la fin de la pluie et le retour d'une certaine luminosité, et qui *scelle* l'alliance de Dieu avec son peuple? (S. B.) C'est, en tout cas, une lumière mais qui, paradoxalement, est plutôt pâle et mate que brillante. (A. G.)

7. Rimbaud ne pouvait ignorer que les castors bâtissent *au bord de l'eau.*

8. Le *mazagran* est un café servi dans un verre avec de l'eau ou de l'eau-de-vie; son usage date de la défense de Mazagran pendant la campagne d'Algérie.

9. Cet *enfant* peut-il être Rimbaud lui-même? Il est loisible de penser que Rimbaud se souvient ici de ses départs et de ses fugues. Cette attitude de *girouette* est celle de quelqu'un qui « prend le vent... »

10. Phrase surprenante, même si l'on admet que Rimbaud veut tracer un tableau de la civilisation envahissante. Pour Adam, Rimbaud « s'en va vers l'aventure. Vers les Alpes où Mme *** l'accueillit, vers Milan où les premières communions se célébrèrent aux autels de la cathédrale » : le texte aurait donc été écrit après le voyage de

Rimbaud en Italie, où il aurait été, à en croire Verlaine, reçu et soigné par une *vedova molto civile* (en 1875). Allusion personnelle, de même, au paragraphe suivant, que le départ vers « le chaos de glaces et de nuit du pôle ». Et A. Adam conclut avec décision : ce poème « n'est concevable ni en 1873, ni en 1875. Il n'a de sens qu'après le voyage dans le grand Nord » (en 1877 !). C'est tirer, je crois, une conclusion un peu rapide de détails que peut expliquer le seul souci d'opposer la sauvagerie des lieux (les Alpes, le pôle) et les symboles de civilisation que sont le piano et le Splendide-Hôtel... Je me demande, d'autre part, si l'idée du *piano* n'a pu être suggérée à Rimbaud par la lecture de *Madame Bovary* (II, 2), où Léon parle à Emma Bovary de « ce musicien célèbre qui, pour exciter mieux son imagination, avait coutume d'aller jouer du piano devant quelque site imposant ».

11. Rimbaud cultive les expressions insolites : *déserts de thym, églogues (...) grognant dans le verger*. Faut-il vraiment leur chercher un sens précis ? les *chacals* accompagnent les caravanes, les *églogues en sabots* paraissent symboliser la vie rustique, peut-être de rustiques amours : le silence des nuits n'est même plus respecté.

12. *Eucharis* est le nom d'une nymphe, compagne de Calypso dans le *Télémaque* de Fénelon ; l'étymologie nous suggère une idée de *grâce*.

13. A la description succède la grande apostrophe lyrique, admirablement rythmée, avec des effets de symétrie accentués par les tirets et ce que Ruchon appelle un « mouvement par deux ». (S. B.) C'est le thème du déluge ascensionnel, auquel Jean-Pierre Richard donne une importance décisive, dans son essai, « Rimbaud ou la poésie du devenir » (not. p. 209). (A. G.)

14. Ce dernier paragraphe est particulièrement obscur. La phrase sur les pierres précieuses et les fleurs est reprise pour « boucler » le texte sur lui-même — procédé fréquent dans le poème en prose, et du reste justifié ici par le rappel de l'idée initiale : les Déluges se sont *dissipés*. Mais que symbolise la *Sorcière ?* Certains ont voulu y voir la mère de Rimbaud (?); pour Gengoux, c'est *La Sorcière* de Michelet (où il voit l'une des grandes « sources » de Rimbaud) qui a fourni l'idée principale du poème et l'évocation finale. Mais faut-il vraiment croire que Rimbaud, comme Michelet, pense que la sorcière du Moyen Age a « déjà des traits du Prométhée moderne », et que « de l'incendie allumé par la Sorcière sortira la rédemption finale » ? (Cf. *La Pensée poétique de Rimbaud*, p. 510.) Je me demande si Rimbaud ne se contente pas d'évoquer assez vaguement des pratiques magiques (il a pu lire des histoires de « sorcières » chez Andersen et ailleurs), qui permettraient à l'homme de retrouver le bonheur et de déterrer les pierres précieuses enfouies — mais ces secrets ne sont pas révélés aux hommes.

ENFANCE

P. 255.

1. Les cinq proses de ce bel ensemble forment-elles vraiment un tout ? et le titre *Enfance* nous en donne-t-il la clef ? Si vraiment *Enfance II* contient, comme dit Delahaye, des réminiscences de paysages

vus par Rimbaud lors de ses promenades aux environs de Charleville, peut-on en conclure que les autres textes (*III* et *IV* surtout) contiennent aussi des impressions de paysages, transposés par l'imagination du poète ? Rimbaud, dit miss Starkie, cherche à retrouver l'émerveillement de l'enfance. (S. B.) Voir l'analyse d'Albert Henry, dans *Méthodes de la grammaire : tradition et nouveauté* (actes du colloque de Liège, 18-20 novembre 1964), Les Belles Lettres, 1966, p. 105-120 ; reprise dans *Lecture de quelques Illuminations,* Bruxelles, Académie royale de Belgique, 1989, p. 13-35. (A. G.)

Le premier texte a peut-être été écrit à un moment où Rimbaud était las de Verlaine : l'heure du «cher corps» et «cher cœur» ferait alors allusion à ce dernier. Le second s'explique bien plus facilement, suivant A. Adam, si l'on admet que Rimbaud s'y montre lui-même, *le petit frère,* comme étant aux Indes : il n'aurait alors pu être écrit avant 1876. Cela n'est qu'une présomption, et qui fait difficulté : l'écriture, le papier de ce poème ne présentent dans le manuscrit aucun trait qui ne différencie des suivants.

2. Nous avons ici un bon exemple de l'imagination «synthétique» de Rimbaud qui mêle toutes les suggestions, toutes les évocations géographiques, dans un tableau richement coloré. Suivant Hautecœur, «*Enfance* annonce déjà Gauguin» (*Littérature et Peinture en France du XVIIe au XXe siècle,* Colin, 1942). On voit également ici comment les impressions sensorielles (visuelles ou auditives) prennent chez Rimbaud des résonances morales : *azur et verdure insolents, noms férocement grecs...*

3. On notera la clausule des deux premiers paragraphes, formée de trois adjectifs juxtaposés : «grecs, slaves, celtiques», ou de trois substantifs, «les arcs-en-ciel, la flore, la mer». Le *clair déluge qui sourd des prés* fait songer aux «peintures claires» des Impressionnistes.

4. Nous avons ici, comme le note Étiemble, des «personnages de contes», des héroïnes «de légendes», dont l'étrangeté est encore accentuée par les termes insolites de Rimbaud. Bien que les images proprement dites soient très rares dans les *Illuminations,* nous trouvons ici des «regards pleins de pèlerinages» que ne désavoueraient pas les Symbolistes.

5. Cette dernière ligne marque une brusque rupture, un retour à la réalité, à l'*ennui* des rites quotidiens. Déjà dans *Après le Déluge* l'idée d'ennui apparaît : c'est un des leitmotive de la poésie de Rimbaud et plus encore de sa correspondance (voir l'*Introduction,* VI).

6. «On demande quelle explication les autres exégètes peuvent donner de ces phrases d'*Enfance* : «C'est elle la petite morte, derrière les rosiers... le petit frère (il est aux Indes !)» d'un sens si facile dès qu'on se souvient que Vitalie vient de mourir le 18 décembre 1875, et qu'Arthur, le frère cadet de la famille, est en 1876 aux Indes Néerlandaises», écrit A. Adam dans son Introduction aux *Œuvres* de Rimbaud (Club du meilleur Livre, 1957). L'explication est assurément séduisante ; je dois dire pourtant que l'examen des manuscrits pousse peu à l'accepter, car *Enfance* présente le même aspect (papier, écriture) que la série des textes suivants qui datent, eux, de 1874. Et d'autre part, si l'on admet que Rimbaud songe à sa propre famille, comment

expliquer *la jeune maman trépassée?* même en ce cas, du reste, il n'est pas sûr que *la petite morte* soit Vitalie : Rimbaud pouvait dès avant 1875 parler d'une petite sœur morte, Victoire-Pauline-Vitalie, née le 4 juin 1857 (un an avant l'autre Vitalie) et morte en nourrice. Le cas le plus troublant est celui du *petit frère* qui *est aux Indes* — mais il n'est pas absolument interdit de penser qu'Arthur, qui sans doute songe dès 1874 à quitter « l'Europe aux anciens parapets », rêve aux Indes, se voit aux Indes. Tout ce texte en tout cas (quelle que soit son interprétation) nous montre des gens qui sont à la fois présents et disparus, partis et restés : de là vient sa force hallucinatoire.

7. Ces giroflées, suivant Delahaye, poussaient effectivement sur un vieux *rempart* croulant, et il s'est souvent amusé à en cueillir en compagnie de Rimbaud.

8. Il s'agit, explique Delahaye, dans ses *Souvenirs familiers,* de la villa « dite du général Noiset, située sur la route de Flandre, près de Charleville ». Cela n'a rien que de plausible. Rimbaud semble en tout cas avoir été frappé par l'impression d'absence et d'abandon : alors que le paragraphe précédent évoquait la *présence* de divers absents, le reste d'*Enfance II* est consacré à l'absence et à la solitude.

9. Paragraphe étrangement évocateur, qu'il s'agisse d'impressions réelles ou de symboles. A. Balakian y trouve une association visuelle entre la croix d'un *calvaire* et la croix que forment les ailes d'un moulin (*Literary Origins of Surrealism,* New York, 1947, p. 82). Pour Rivière, ce passage exprime le silence « à la fois pesant et vide » qui frappe ce monde, pris « de malaise et comme de pauvreté », dit-il, « sous l'appel de l'autre ». Notons comme tout suggère le silence et l'isolement, y compris les monosyllabes de la fin.

10. Dans *L'Éternité* Rimbaud a dit de « l'éternité » :

> *C'est la mer allée*
> *Avec le soleil.*

Il y a ici moins d'éclat et plus de mélancolie *(nuées, larmes),* surtout si l'on note que Rimbaud associe la *mer* et les *chaudes larmes* (cf. « pleurer à chaudes larmes ») : les larmes sont, bien entendu, salées, ce qui justifie l'image.

11. De ces phrases détachées, Ruchon a dit que c'était de la poésie « sans fil ». Quel commentaire en donner? sinon que Rimbaud rassemble ici des évocations insolites et présentées sans lien — et que la phrase terminale évoque, peut-être, son « enfance mendiante » et ses vagabondages dans les Ardennes (cf. dans *L'Impossible :* « Ah! cette vie de mon enfance, la grande route par tous les temps, sobre surnaturellement, plus désintéressé que le meilleur des mendiants. »)

12. Étiemble et Yassu Gauclère notent que des *comédiens en costumes* « ne sont pas déplacés dans ce décor qui reproduit jusqu'aux effets de perspective figurant sur les toiles *(un lac qui monte)* » (*Rimbaud,* p. 181). On sait en effet l'importance du théâtre dans les *Illuminations :* non seulement les évocations de « scènes », de « féeries », d'opéras sont fré-

quentes, mais le paysage lui-même est souvent présenté comme un décor : le monde théâtral se superpose à la réalité.

13. Dans *Sous-bois* (des *Cariatides*), Banville a décrit une troupe de comédiens allant

A travers le bois fauve et radieux.

L'irruption de *comédiens* (ou d'une *voiture enrubannée*) dans un paysage est évidemment un moyen privilégié de créer un décalage, une faille dans la réalité, par où apparaît une réalité seconde. Que l'on songe aux *Fêtes galantes* de Verlaine !

14. Faut-il mettre ce texte en rapport avec cette phrase d'*Alchimie du Verbe* : « A chaque être, plusieurs *autres* vies me semblaient dues. »? Ici c'est Rimbaud qui se multiplie et sent s'émouvoir en lui toutes ces possibilités d'autres existences, depuis celle du saint ou du savant jusqu'à celle du « petit valet ». Mais faut-il parler de faculté propre à un « voyant », ou simplement de faculté poétique ?

Mon cœur multiplié jouit de tous vos vices !
Mon âme resplendit de toutes vos vertus !

disait déjà Baudelaire aux *Petites Vieilles*. Notons que dans les deux premiers paragraphes se trouve une constellation d'images qui rappelle beaucoup le sonnet des *Voyelles* : le calme, la paix, la science associés aux pâturages, à la mer.

15. Remarquons l'originalité de l'angle de vision : pourquoi est-ce que le *front* du petit valet *touche le ciel,* sinon parce qu'il est vu, comme on dit au cinéma, « en contre-plongée »? Ce qui n'exclut pas, bien entendu, la valeur symbolique de cet éloignement de la terre.

16. *La fin du monde, en avançant :* tel est, dit Rivière, l'objet sur lequel portent les observations de Rimbaud, le spectacle que nous représentent sous mille formes les *Illuminations* (pour Étiemble, l'idée de Rimbaud est qu'à force d'avancer on doit atteindre vraiment *le bout du monde*). Quelle que soit l'interprétation qu'on donne à ce passage, on ne saurait nier que l'on y sent tout autre chose qu'un jeu gratuit de l'imagination : sinon un tableau symbolique, du moins la suggestion extraordinairement forte de quelque chose qui finit, dans un air raréfié.

17. Rimbaud a-t-il été inspiré par le souvenir du Caïn de Hugo, dans *La Légende des Siècles,* descendant seul dans un tombeau pour ne plus rien voir (et pour n'être pas vu)? Faut-il se rappeler le désir, qu'il avait manifesté à Delahaye, de s'isoler pour vivre en ermite dans une grotte voisine de Charleville? A-t-il pu lire, dans le *Voyage en Orient* de Nerval, le chapitre sur *Le Monde souterrain*? (S. B.) Se souvient-il, en évoquant un *tombeau, blanchi à la chaux* des « sépulchres blanchis » de l'Évangile (*Matthieu*, 23-27)?

18. Cette boue *rouge et noire* obsède l'imagination de Rimbaud, toutes les fois qu'il parle des grandes villes (cf. *Mauvais Sang* dans *Une saison en enfer*). La *ville monstrueuse* ressemble à Londres, avec ses *brumes.*

19. Rivière a relevé, chez Rimbaud, un thème qu'il appelle motif de « la lézarde » ou de « la brèche » (*Rimbaud,* p. 131) : dans un coin du tableau s'ouvre une déchirure, qui attente à sa solidité, s'agrandit et se propage. « C'est toujours par en haut que l'image est envahie », ajoute-t-il, citant en exemple cette dernière phrase d'*Enfance V*. Il voit dans cette « désagrégation » quelque chose d'essentiel aux *Illuminations :* « la crise de notre monde », qui chancelle et s'évanouit « sous l'appel de l'autre », du monde surnaturel. A quoi Étiemble et Yassu Gauclère répondent que si Rimbaud dit : « Pourquoi une apparence de soupirail blêmirait-elle... », c'est qu'elle ne blêmit pas le souterrain, qu'elle n'a aucune raison de le faire (*Rimbaud,* p. 78-81). Si logique que paraisse la position d'Étiemble, je crois que, *poétiquement,* l' « apparence de soupirail » existe de manière incontestable, du seul fait qu'elle est nommée : et l'on voit très bien que cette question finale manifeste une inquiétude, une possibilité d'anéantissement que ne peut s'empêcher d'envisager le « maître du silence », si parfait qu'il ait voulu son isolement.

CONTE

P. 259.

1. De ce texte narratif, le seul dans les *Illuminations* qui se présente sous forme d'un apologue, on a donné des interprétations très diverses. Pour Goffin, le Prince est Verlaine, qui n'a pu supporter le « bonheur indicible » que lui apportait le Génie, Rimbaud. Cette interprétation ne rend malheureusement pas compte des difficultés essentielles. Gengoux pense la compléter en rappelant un texte de *L'Histoire de la magie* où Christian relate l'histoire de Julien l'Apostat (que Rimbaud aurait « assimilé à Verlaine ») : Julien en effet aurait vu lui apparaître le *Génie* de l'Empire, sous l'inspiration duquel il massacra les chrétiens, entre autres les femmes (cf. : « Quel saccage du jardin de la beauté ! »). Mais finalement ses armées furent vaincues et le Génie réapparut pour lui demander de mourir avec dignité (il avait trente-trois ans à peine) : avec lui périssaient les dieux de l'Antiquité. Mais alors pourquoi le Prince, dans *Conte,* décède-t-il « à un âge ordinaire »? L'interprétation la plus satisfaisante paraît celle qu'ont adoptée Étiemble et Y. Gauclère *(Rimbaud,* p. 248-251) ainsi qu'A. Adam. Rimbaud raconte dans *Conte* sa propre expérience, et l'échec de celle-ci. S'étant révolté contre la vie et la beauté, s'étant ingénié à détruire, Rimbaud a enfin cru rencontrer le « Génie » qui le mènerait à « l'inconnu » (comme dit le voyant); mais il s'est aperçu qu'il n'avait fait que rêver son aventure : son Génie n'était autre que lui-même, plus exactement la partie idéale, « géniale » de lui-même, vouée à l'anéantissement. On ne peut pas « changer la vie ». Ce poème a donc probablement été écrit, soit tout de suite avant *Une saison en enfer,* soit peu après.

2. Cette phrase rappelle le désir, plusieurs fois exprimé par Rimbaud, de transformer l'amour (« L'amour est à réinventer », dit l'époux infernal dans *Délires I*). Ce désir doit peut-être être mis en liaison avec les idées de Michelet d'une part, qui croit lui aussi que les femmes peuvent plus et mieux que *cette complaisance agrémentée de ciel et de luxe*

(la satire de la religion semble évidente); des communards, d'autre part, qui réclamaient à la fois l'émancipation de la femme, la disparition du luxe et l'amour libre.

3. A rapprocher de la phrase du début d'*Une saison en enfer* : « Un soir, j'ai assis la Beauté sur mes genoux. — Et je l'ai injuriée. » Violence, évidemment, à la fois contre les femmes et contre un certain type de beauté, à base de luxe et d'élégance.

4. Voici comment A. Adam commente ces phrases mystérieuses, et assurément symboliques : « Les femmes réapparurent. Le Prince alors tua les gens de sa suite. Mais ils continuaient à le suivre. Il a voulu tout détruire autour de lui, et tout a continué d'exister. L'effort de liberté et d'absolu est voué à l'échec. La réalité ne s'élude pas. » *(L'Énigme des « Illuminations ».)* Ajoutons que toutes ces violences conviennent assez bien à Rimbaud, « l'enfant de colère », et à la frénésie de destruction que manifeste par exemple le poème : « Qu'est-ce pour nous, mon cœur... » Toutefois, cette destruction est ici *despotique,* et peut faire songer aux vers de Baudelaire dans *Spleen :*

> *Rien ne peut l'égayer, ni gibier, ni faucon,*
> *Ni son peuple mourant en face du balcon.*

5. Ce *Génie,* c'est le « double » de Rimbaud, mais son double idéalisé, d'une beauté « ineffable » et qui fait penser, note A. Adam, au Satan de *Crimen Amoris :*

> *Or, le plus beau d'entre tous ces mauvais anges*
> *Avait seize ans sous sa couronne de fleurs.*

Justement parce que sa beauté est trop grande pour cette terre, parce qu'elle promet un bonheur « indicible, insupportable même », elle porte en soi un germe de mort : le Prince et le Génie s'anéantiront « dans la santé essentielle ». Mais si le Génie du poète s'est « anéanti » (cf. la lettre du voyant : « Qu'il crève dans son bondissement par les choses inouïes et innommables », phrase où les adjectifs *négatifs* rappellent étrangement les adjectifs qui, dans *Conte,* s'appliquent au Génie), l'homme Rimbaud, le Prince, lui, survit. Il va poursuivre son existence *ordinaire* et mourir de mort naturelle dans son palais. Il « était » le Génie, mais il a cessé de l'être.

6. Cette conclusion est sibylline. « Le Prince n'avait d'autre ressource, contre l'imperfection et la monotonie, que celle d'un rêve impuissant », commente Étiemble. On peut rapprocher cette phrase de celle où, dans *Vies II,* Rimbaud se représente comme « un musicien » qui a trouvé « quelque chose comme la clef de l'amour ».

PARADE

P. 261.

1. Autre texte énigmatique, et qui a suscité des interprétations très diverses. Delahaye admettait, d'après le titre, qu'il est effectivement question d'une « parade » devant une baraque de foire, et que

Rimbaud évoque des paillasses, têtes grimées et costumes saugrenus. Underwood et P. Arnoult, eux, pensent plutôt à des attractions de music-hall vues à Londres dans le quartier de Soho. Pour Bouillane de Lacoste, Rimbaud exprimerait « son agacement devant quelque défilé de soldats ou d'étudiants allemands, à Stuttgart ou ailleurs » (*Rimbaud et le problème des « Illuminations »*, p. 227). Mais, comme le remarque M. Matucci, ces diverses hypothèses, loin de rendre plus claire la dernière phrase : « J'ai seul la clef de cette parade sauvage », la privent complètement de sens.

De son côté, A. Adam croit avoir trouvé la clef de l'énigme : *Parade* ne serait autre chose qu'une violente diatribe contre le catholicisme, inspirée à Rimbaud par une cérémonie catholique vue par Rimbaud à Milan en 1875. Rimbaud, s'adressant aux Orientaux (« Pas de comparaison avec vos Fakirs »), raillerait la religion catholique de l'Occident, la manière dont les prêtres « ont exploité vos mondes », usant de « leur expérience de vos consciences »; il décrirait en particulier la Crucifixion, évoquée pendant la Semaine sainte, à laquelle feraient allusion « des tragédies de malandrins et de demi-dieux spirituels » (on voit l'allusion aux deux larrons!), et « Les yeux flambent, le sang chante, les os s'élargissent, les larmes et des filets rouges ruissellent ». La dernière phrase signifie alors, soit que Rimbaud a « la clef » de ces pompes religieuses, soit qu'il est seul à comprendre le sens (volontairement caché) de son poème. Il semble difficile de rendre compte de *tous* les éléments rassemblés par Rimbaud dans ce poème, quelle que soit l'interprétation que l'on adopte. Il faut admettre que Rimbaud, même s'il est parti d'un spectacle réel, opère une prodigieuse transposition; et la multiplicité des éléments qu'il rassemble, la diversité des allusions (il n'y a guère entre elles qu'un lien, c'est la sauvagerie qui règne d'un bout à l'autre du poème), me font douter si Rimbaud n'a pas voulu faire une sorte de synthèse utilisant, plus particulièrement, les deux éléments qui suscitent le plus sa haine pour la civilisation occidentale contre laquelle est dirigé ce texte : la religion et le militarisme. (S. B.) Louis Forestier voit dans *Parade* le spectacle d'une homosexualité extravertie (son édition, coll. « Poésie/Gallimard », 1973, p. 274-275, et son article dans *Berenice*, n. 2, marzo 1981, p. 72-76). (A. G.)

2. Cf. « au service des plus monstrueuses exploitations industrielles ou militaires » dans *Démocratie*.

3. *Tricolores*, qui ne peut guère s'appliquer aux yeux au sens propre du terme, se comprend en revanche s'il s'agit de décrire des militaires — de même que *la démarche cruelle des oripeaux*.

4. Suivant A. Adam, ces « voix effrayantes » seraient celles des castrats italiens qui chantaient dans les cérémonies religieuses. (S. B.) Chérubin, type de l'adolescent charmeur, mais aussi du travesti de théâtre ou d'opéra, est en quelque sorte le miroir déformant des *drôles,* leur semblable contraire. (A. G.)

5. *Ne l'ont jamais été* renvoie à *spirituels ;* comme je l'ai dit plus haut, il y a peut-être ici une allusion à la Crucifixion.

6. Cette phrase où se mêlent les races, les animaux, les tournures

abstraites, est la plus insolite et la moins explicable du texte. Rimbaud semble vouloir associer des idées de barbarie, de superstition (on sait qu'on sacrifiait à Moloch des victimes humaines), de folie stupide. Les phrases suivantes nous montrent des procédés dignes des tréteaux de foire. Qu'est-ce que la *comédie magnétique ?* Un procédé de charlatan, apparenté à l'hypnotisme vraisemblablement : il s'agit soit de faire croire à quelque chose qui n'existe pas, soit de « transformer » ce qui existe en autre chose.

7. L'adjectif final prend une valeur ironique si l'on admet que Rimbaud présente ici des aspects de ce qu'on appelle la « civilisation ». Cette phrase nous prouve d'autre part la volonté d'hermétisme de Rimbaud, qui s'isole dans le sentiment orgueilleux de sa révolte et de sa supériorité.

ANTIQUE

P. 262.

1. Suivant Delahaye, Rimbaud aurait « découvert dans un parc, la nuit probablement, et s'animant sous les clartés lunaires, une statue ancienne » et aurait cru voir les yeux qui remuent, les joues creusées, la poitrine ressemblant à une cithare (*Les Illuminations et Une saison en enfer*, p. 66-67). P. Arnoult pense avec plus de précision à un Centaure que Rimbaud aurait vu en traversant la Galerie du Louvre, où nous savons qu'il est parfois allé en compagnie de Forain. D'où le *double sexe :* mais Rimbaud n'aurait-il pas en ce cas parlé plutôt de *double nature* (Ovide parle de centaure *biformis*) ? D'où, aussi, la lyre idéale formée par les bras dressés du Centaure. On pourrait penser aussi à un faune ou à un satyre : l'expression *Gracieux fils de Pan*, les taches de vin, les crocs. Mais le *double sexe* est sans doute décisif, indiquant que la créature invoquée est un hermaphrodite. Non seulement les statues, mais la littérature antique fournissaient à Rimbaud suffisamment de modèles. (S. B.) Sur *Antique* et le thème de l'Hermaphrodite au xixᵉ siècle, voir André Guyaux (*Duplicités de Rimbaud,* Neuchâtel, A la Baconnière, 1991). (A. G.)

2. Les taches *de lies brunes* sont des taches de lie de vin. De même, dans *Tête de faune,* la lèvre du faune est

Brunie et sanglante ainsi qu'un vin vieux.

C'est l'aspect du faune classique, barbouillé par les grappes.

3. La fin de la phrase est étrange, malgré l'explication qu'en donne Delahaye : « L'attention de l'observateur s'est arrêtée sur une seule partie de la première jambe, sur les deux parties de la seconde. »

BEING BEAUTEOUS

P. 263.

1. Voici encore un poème extrêmement hermétique et qui a suscité toutes sortes d'interprétations. A. Adam y voit l'évocation d'une danseuse asiatique, exécutant sa danse à la fois rituelle et sensuelle au

son des «rauques musiques» de l'orchestre. Pour miss Starkie, il y aurait ici une réminiscence de l'apparition surnaturelle, d'une blancheur neigeuse, qu'aperçoivent les marins à la fin des *Aventures d'Arthur Gordon Pym* de Poe ; rapprochement en effet particulièrement séduisant, d'autant plus que le titre anglais en serait justifié (il est vrai que ces titres anglais sont fréquents chez Rimbaud comme chez Verlaine). Signalons aussi que dans *L'Artiste,* que Rimbaud lisait chez Charles Cros lors de son séjour à Paris, a paru en octobre 1871 un «croquis de siège» de Th. Gautier, décrivant les colossales statues de neige que s'étaient divertis à faire, pendant le siège de Paris, Falguière et Moulin, un jour où ils étaient de garde (*Le Musée de neige*). Mais quel qu'ait été le point de départ de Rimbaud, il faut reconnaître que le poète a opéré une telle métamorphose que cet Être de Beauté devient sa création propre. Lui a-t-il donné une valeur symbolique ? Selon Matucci il est évident que l'Être de Beauté, la Vision et «notre mère de beauté» ne font qu'un : faut-il penser que Rimbaud, ici encore, évoque la Beauté inconnue que le poète voyant aperçoit comme une *vision* lorsqu'il laisse *loin derrière* lui le *monde* et ses rumeurs ? Mais l'idée de *mort,* de guerre, de destruction est plus frappante encore dans ce texte : *sifflements de mort, blessures, sifflements mortels, canon...* mêlent sans cesse leurs suggestions de violences et de massacre à celles qui émanent des mots évoquant musique et couleurs. En définitive, Étiemble et Y. Gauclère n'ont pas tort de dire à propos de ce texte qu'aucune interprétation ne peut expliquer de façon cohérente *toutes* les images (que ce soit la guerre, ou la Beauté, ou l'Art...), et que nous devons abandonner, devant les *Illuminations,* toutes nos habitudes d'esprit, et nous laisser guider par Rimbaud lui-même : «Cet «Être de Beauté» est une *Vision* qui peu à peu se précise, un «corps merveilleux» que le poète aperçoit à mesure qu'il le crée», et c'est finalement, devenu vivant, se dresse devant le poète qui est saisi d'amour et d'admiration : «Oh ! nos os sont revêtus d'un nouveau corps amoureux» (*Rimbaud,* p. 200). (S. B.) Le titre *Being Beauteous* est emprunté à Longfellow (voir C. A. Hackett, *Autour de Rimbaud,* Klincksieck, 1967, p. 81-86). (A. G.)

2. De même qu'on parle d' « ondes » de musique, on peut aussi voir celle-ci s'élargir en *cercles* (comme autour d'un caillou jeté dans l'eau) et c'est à travers ces ondes, ces cercles que l'on voit s'élargir et *trembler* la *Vision.*

3. Ces *blessures écarlates et noires* sont-elles, comme le suggère Matucci, la bouche et les yeux qu'on voit apparaître à mesure que la *Vision* se précise ? Je crois plutôt que dès le début, Rimbaud veut associer aux « couleurs propres de la vie » les teintes violentes et sombres de la mort : le rouge, qui est la couleur de la vie exaspérée, mais aussi la couleur du sang, se fonce et devient noir; les deux couleurs sont souvent associées par Rimbaud (cf. dans *Parade* des yeux *rouges et noirs* et dans *Enfance V* la boue *rouge ou noire*).

4. Rimbaud semble s'être souvenu, pour cette dernière phrase, de la vision des ossements desséchés qui s'animent, dans *Ézéchiel,* XXXVII, 8 : « Les os se rapprochèrent l'un de l'autre. Je regardai : ils étaient recouverts de nerfs, la chair poussait et la peau se tendait par-dessus. »

P. 263.

x x x .

1. Une tradition arbitraire fait de ces trois lignes un paragraphe, le deuxième et dernier, de *Being Beauteous*. Mais c'est plutôt d'un texte qu'il s'agit, à part entière, isolé, faisant suite à *Antique* et *Being Beauteous* et séparé d'eux par ce signe qui peut aussi bien faire l'office d'un titre ou, du moins, en signifier l'absence. Voyez la *Revue d'histoire littéraire de la France,* sept.-oct. 1977. (A. G.)

VIES

P. 264.

1. Ces trois textes décrivent quelques-unes des « vies » que Rimbaud a voulu assumer. Une fois encore, il faut rappeler *Alchimie du Verbe :* « A chaque être, plusieurs *autres* vies me semblaient dues. » Mais dans quelle mesure s'agit-il ici d'existences imaginaires, dans quelle mesure Rimbaud transpose-t-il des souvenirs personnels et revoit-il ses différentes « vies » passées? Le second poème, en tout cas, paraît bien contenir des allusions assez directes à l' « enfance » du poète. Les trois fins de ces textes dressent avec une sorte de sombre amertume le bilan d'un passé plus ou moins éloigné; elles sont saisissantes, par les idées comme par le rythme.

2. Ces *Proverbes* représentent naturellement non le livre célèbre de Salomon, mais les livres sacrés de l'Inde, les *Védas,* dont les brahmanes avaient charge de transmettre la doctrine. Rimbaud a réalisé par l'imagination son vieux rêve d'Orient.

3. C'est bien *la campagne* qu'il faut lire; comme l'observe Bouillane de Lacoste dans son édition critique, *la compagne* serait étrange (on dit ordinairement, avec le possessif, *ma* compagne). A qui doit-on le *o* qui, au crayon, surcharge le *a* dans le manuscrit? A Fénéon?

4. Underwood signale que dans une de ses listes de mots anglais, en 1874, Rimbaud a noté l'expression *red turbits*.

5. Quelle est cette *scène?* un théâtre mental, vraisemblablement, comme celui dont il est question dans *Alchimie du Verbe :* « Je devins un opéra fabuleux. » Dès lors Rimbaud, est devenu, par les trésors de son imagination, « mille fois le plus riche », comme il le dit dans *Nuit de l'enfer.*

6. Jeu sur le double sens de *clef.*

7. Toute cette phrase paraît un résumé de l'expérience de Rimbaud, et peut-être ce texte a-t-il été écrit à Roche *(campagne aigre au ciel sobre)* avant d'être recopié en 1874. Rimbaud se rappelle ses vagabondages, son *enfance mendiante,* son *apprentissage* à Paris où sa gaucherie lui donnait l'impression d'être « en sabots » (dans *Les Hommes d'aujourd'hui,* Verlaine a parlé de l'enfance « un peu paysanne » de son ami); *polémiques* et *noces* font allusion à la vie menée à Paris en compagnie de Verlaine et de ses amis, mais il semble bien que Rimbaud se vante en prétendant qu'il ne montait pas *au diapason des camarades :* rappelons-nous le fameux incident du coup de canne-épée (voir *Introduction,* I).

Veuvages est du vocabulaire de Verlaine et prend à peu près le sens d'*abandon;* il est déjà question de *mille veuvages* dans la *Chanson de la plus haute tour.*

8. Quand Rimbaud a-t-il pu écrire cette phrase finale, et parler de son *atroce scepticisme?* En 1872 pendant son séjour à Charleville? ou beaucoup plus tard, à l'époque d'*Une saison en enfer?* c'est à *Nuit de l'enfer* que fait surtout songer ce texte amer, mais le *trouble nouveau* dont parle Rimbaud fait penser que le texte est encore postérieur : sans aller jusqu'à penser que Rimbaud fait un jeu de mots sur le « trouble Nouveau » avec qui il est parti en Angleterre, en 1874, on peut se demander s'il n'est pas question ici de cette nouvelle aventure.

9. Faut-il voir ici une allusion à la *Comédie humaine* de Balzac, et serait-ce en la lisant que Rimbaud a *connu le monde?* Rimbaud insiste ici sur la manière insolite dont il a connu l'univers : dans un grenier, dans un cellier, dans une fête de nuit... Mais les détails du texte sont beaucoup plus fantaisistes que dans le texte précédent, et peut-être symboliques, bien que pouvant rappeler certaines données biographiques : Rimbaud a beaucoup vécu dans un « grenier », mais à Roche, et il avait alors beaucoup plus de douze ans; il n'est pas exclu qu'il ait pu lire des livres d'histoire dans le cellier; et il a pu, note A. Adam, contempler à Anvers les tableaux où Rubens a représenté ses femmes Isabelle et Hélène.

10. Il est assez probable que Rimbaud donne à *passage* le sens local, et on peut songer, bien que ce ne soit qu'une hypothèse, au passage de Choiseul, où les poètes hantaient Lemerre, le « bon éditeur » des Parnassiens.

11. Il n'est pas possible cette fois de donner un sens autre que métaphorique à cette *demeure cernée par l'Orient entier :* rappelons-nous le « rêve d'Orient » exprimé dans *L'Impossible.*

12. Le « bilan » qu'établit en phrases brèves, la fin de ce texte, rappelle étrangement certaines phrases d'*Une saison en enfer :* ce devoir auquel Rimbaud fait allusion, est-ce celui dont parlait l'époux infernal : « Puis il faut que j'en aide d'autres : c'est mon devoir »? Et le *Je suis réellement d'outre-tombe,* en sus de l'allusion à Chateaubriand, ne rappelle-t-il pas les phrases de *Nuit de l'enfer :* « Décidément, nous sommes hors du monde... C'est le tombeau »? Rimbaud, ici, « enterre » vraiment sa vie passée, et tourne résolument le dos aux « défuntes années ».

DÉPART

P. 266.

1. Écrit sur la même feuille et de la même écriture que la troisième partie de *Vies,* ce texte, comme l'a observé A. Adam, développe le même thème et probablement date de la même époque : adieu à tout un passé mort, liquidation des souvenirs encombrants — mais il se termine par un salut à une vie nouvelle. Pour ma part, je verrais volontiers ici l'annonce du départ avec Germain Nouveau, à cause de l'optimisme de la phrase finale : « Départ dans l'affection et le bruit neufs ! »

2. A. Fontaine (dans son *Génie de Rimbaud*) a admiré la virtuosité dont fait montre Rimbaud dans ce court poème, la reprise des mots

rumeurs et *vision,* la manière de rythmer chaque paragraphe en le commençant par la même tournure syntaxique et le même participe en -*u*. Mais il faut aussi souligner la hardiesse et la concision de ces tournures elliptiques, en particulier de *assez eu*. Remarquons aussi la vigueur rythmique de la dernière phrase, terminée par des monosyllabes, sans une seule finale féminine. Tout ceci donne au texte une énergie et un « allant » qui s'associent avec l'idée de *départ.*

ROYAUTÉ

P. 267.

1. Encore un poème d'allure franchement symbolique, et qui a suscité des interprétations diverses. Pour Delahaye, il s'agit du « poète » et de « son âme », qui veut être reine; interprétation que suivent, en gros, Rolland de Renéville et M. Matucci : cette royauté, c'est celle que le poète conquiert par les pouvoirs de son esprit — royauté rêvée, du reste, et fictive plutôt que réelle. M. Matucci cite en outre un passage des *Paradis artificiels* de Baudelaire, qui figure précisément dans le chapitre intitulé *L'Homme-Dieu :* « Tu as maintenant le droit de te considérer comme supérieur à tous les hommes... Tu es un roi que les passants méconnaissent. » Il faut bien avouer toutefois que cette évocation d'un couple reste difficile à expliquer. Gengoux, quant à lui, préfère penser qu'il s'agit de Rimbaud et de Verlaine, et de l'état de « fils du soleil » auquel Rimbaud voulait amener son compagnon; mais là encore, des difficultés se présentent : Verlaine, « vierge folle » ou « pitoyable frère », peut-il être figuré comme « une femme superbe »? et de quelle *révélation* s'agirait-il? Le texte reste obscur : il faut ajouter que la transposition poétique est probablement telle que nous ne devons pas chercher à l'expliquer dans tous ses détails.

2. Les termes de *révélation* et d'*épreuve terminée* évoquent les épreuves initiatiques; on peut comprendre ceci comme une allusion aux épreuves que le voyant doit subir avant d'arriver à l'inconnu. Mais le paragraphe suivant montre qu'il ne s'agit là que d'un triomphe illusoire et éphémère.

3. Les *tentures carminées* et les *jardins de palmes* suggèrent des idées de gloire et de triomphe : cf. dans *Angoisse :* « O palmes! diamant! — Amour, force! — plus haut que toutes joies et gloires! » (S. B.) Mais cette royauté est éphémère, elle n'a duré qu'un jour : une *matinée* et une *après-midi.* Le second paragraphe manifeste une déception. Le temps de *furent,* comme le *royauté* (et non le « règne ») est foncièrement ambigu : à la fois « prétérit de réalisation » et « prétérit d'abolition » observe P. Brunel (*Le mythe et la structure du texte,* dans la *Revue des langues vivantes,* 1977, p. 519). (A. G.)

A UNE RAISON

P. 268.

1. Il ne me semble pas que la *Raison* ici chantée par Rimbaud soit la raison platonicienne (comme le propose Rolland de Renéville), pas

davantage le « logos » des alchimistes qui s'identifie avec Dieu (comme le propose miss Starkie), mais la Raison qui donnera à l'humanité des lois nouvelles, et engendrera bonheur et progrès : des expressions comme *la nouvelle harmonie, la levée des nouveaux hommes et leur en marche* rappellent, comme l'a montré A. Adam, les auteurs que lisait Rimbaud à Charleville : Fourier, le Père Enfantin, Quinet, Michelet, Louis Blanc, ces prophètes illuminés d'un nouvel ordre social. On peut penser que Rimbaud mêle à ces souvenirs ceux des illuminés « progressistes » qu'il a connus pendant la Commune, et qui chantaient, eux aussi, la disparition des *fléaux* sociaux, l'avenir humain et le *nouvel amour*. Il semble donc qu'on doive rattacher ce poème, de même que *Génie,* à ce qu'on peut appeler « l'illuminisme social » de Rimbaud. Par suite, on peut penser que ces textes ont été écrits en 1872 ou 1873, avant *Une saison en enfer,* à l'époque où Rimbaud croyait encore à la transformation de la société et à la rénovation des mœurs : n'oublions pas du reste qu'en 1873, à Londres, il a fréquenté les exilés de la Commune : Vermersch, Andrieu, Lissagaray, et qu'il a certainement entendu remuer ces idées socialistes. Notons aussi que dans *Crimen Amoris,* en août 1873, Verlaine fera dire à ce « mauvais ange » :

> *Par moi l'Enfer dont c'est ici le repaire*
> *Se sacrifie à l'Amour universel.*

En face des vieilles haines, en face de l'ancien état social fondé sur le malheur et l'oppression, Rimbaud exprime, ici comme dans *Génie,* sa foi en un nouvel ordre de choses qui fera régner l'amour et l'harmonie : c'est qu'il croit encore, à cette époque, qu'il existe des secrets « pour *changer la vie* », selon la formule de *Délires I.*

2. Rimbaud a recours à des images musicales *(tambour, tous les sons)* pour exprimer l'idée de la *nouvelle harmonie* qui va régner dans le monde. Rappelons que Fourier a écrit *L'Harmonie universelle* en 1804.

3. Il s'agit de la *marche* de l'humanité vers le progrès, sous la conduite des *nouveaux hommes :* ceux de la Révolution. De même dans *Une saison en enfer (Matin),* Rimbaud évoquera « la marche des peuples ».

4. Il s'agit du *nouvel amour* qui doit renouveler la face de la terre, et dont Rimbaud dit dans *Génie :* « l'amour, mesure parfaite et réinventée, raison merveilleuse et imprévue ». Cet amour, fondé sur la Justice et la Raison, a été chanté par tous les prophètes d'une nouvelle ère sociale : Michelet termine sa *Bible de l'humanité* en célébrant « l'impartial et immuable Amour », reflet de « l'âme universelle des mondes »; Vermersch, dans *Le Grand Testament* (1868) chante les « génies » de l'humanité :

> *Emportés par l'immense amour,*
> *Ils entreprendront quelque jour*
> *Le voyage vers la lumière!*

et associe à cette idée celle de l'amour libre, dégagé des lois et des contrats :

> *Nous partons pour la grande guerre,*
> *La grande guerre de l'amour!*

s'écrie-t-il. Rimbaud personnifie, ou plutôt divinise, la *Raison* qui fera naître ce *nouvel amour;* comme l'a signalé Rolland de Renéville, il y a ici un souvenir classique : en latin *numen,* la divinité, dérive de *nuo,* « faire un signe de tête ».

5. Voici comment Étiemble et Y. Gauclère commentent cette phrase : « l'homme (...) sera heureux, pense-t-il, si les « lots » sont changés non point arbitrairement, mais en vertu de quelque raison supérieure qui justifie le partage nouveau ; l'état de choses le satisfera parce que rationnellement motivé et cette fois inchangeable (car la vérité est intemporelle : « crible les fléaux, à commencer par le temps ») » (*Rimbaud,* p. 34). Mais Étiemble s'appuie sur le *n'importe où* de la phrase suivante, et sur le titre, pour estimer que Rimbaud s'adresse à *une* raison, n'importe laquelle, « cette raison suffisante qui légitime tout événement ». Or, un « prétexte » (comme dit Étiemble) suffirait-il à faire naître la *nouvelle harmonie* et le *nouvel amour?* Comment le penser? Et ne peut-on comprendre ainsi le vœu de la seconde phrase : « Élève, *où que ce soit,* la substance de nos fortunes »? Tout dans ce texte justifie un sens non pas satirique, mais exaltant. (S. B.) Cf. *Démocratie,* où, à propos d'un thème peut-être voisin, la satire se fait jour. (A. G.)

6. La dernière phrase insiste sur l'intemporalité et l'universalité de cette Raison : elle a toujours été nécessaire, et elle se propagera *partout,* en tous lieux.

MATINÉE D'IVRESSE

P. 269.

1. Ce poème paraît lui aussi avoir été écrit antérieurement à *Une saison en enfer :* d'une part les expressions de Rimbaud concernant « l'arbre du bien et du mal », les « honnêtetés tyranniques » et le « très pur amour » semblent bien faire allusion à la volonté qui a été la sienne durant son compagnonnage avec Verlaine de se placer au-delà du Bien et du Mal — volonté à laquelle Verlaine fait allusion dans *Crimen Amoris* (première version) où son Satan de seize ans s'écrie :

> *Vous le saviez qu'il n'est point de différence*
> *Entre ce que vous dénommez Bien et Mal;*

d'autre part, Rimbaud s'inspire visiblement, comme le remarque A. Adam, de sa première séance de haschisch, et il est fort probable qu'il a écrit ce poème peu après cette première expérience, à une époque où il poursuivait sa tentative de « voyant » et voulait épuiser « tous les poisons ». Comme le note aussi A. Adam, « l'impression complexe qui se dégage de ce poème vient de la confusion que Rimbaud entretient volontairement entre l'aspect matériel et physiologique de l'épisode, et son aspect d'aventure spirituelle ». Il se présente, en tout cas, comme un chant de triomphe : Rimbaud est en pleine possession de sa « méthode », il se sent sûr d'arriver à « l'inconnu »; il a surmonté les *dégoûts* du fumeur en même temps que l'incompréhension d'autrui, et il se sent libéré non seulement des « tabous » de la vie ordinaire (le Bien et le Mal), mais de tout ce qui s'opposait à son extase, à son

« bondissement » par « les choses inouïes et innommables » (cf. la lettre à Demeny du 15 mai 1871).

2. On peut songer ici à Baudelaire disant dans *Fusées* : « J'ai trouvé la définition du Beau, — de *mon* Beau ». (S. B.) Mais Rimbaud n'a pu connaître le texte de Baudelaire, publié en 1887.

3. Le *chevalet* est un instrument de torture : cf. l' « ineffable torture » de la lettre du voyant.

4. Rimbaud semble bien faire allusion à sa première séance de haschisch, du moins à sa première séance réussie : on sait que Delahaye a raconté l'avoir rencontré une fois à l'hôtel des Étrangers, à Paris, en novembre 1871, qui voyait sous l'effet de la drogue « des lunes blanches, des lunes noires » (*Souvenirs familiers*, p. 162), mais il ne semble pas être arrivé tout de suite à l'extase supérieure qu'il décrit ici. Matucci rapproche *les rires des enfants* de la phrase suivante de la « première phase de gaieté enfantine » que Baudelaire décrit dans *Les Paradis artificiels* (*Le Poème du haschisch*, III).

5. Delahaye attribue à Rimbaud une phrase où, parlant de son expérience de « voyant », il aurait fait allusion, dès 1870, aux « excitants », évoquant « les parfums, les poisons aspirés par la Sibylle » ! (Cf. plus loin *débandade de parfums*.) Mais ce *poison* n'est pas seulement le haschisch, dont l'effet est éphémère : il désigne aussi cette *promesse surhumaine*, ce sentiment exaltant de beauté et d'harmonie découvert par « l'Homme-Dieu ».

6. L'*ancienne inharmonie* est celle du monde ordinaire (auquel Rimbaud a opposé, dans *A une Raison*, l'harmonie du monde à venir dont il rêve). Baudelaire parle dans *Les Paradis artificiels* du « monde d'harmonie et de beauté » improvisé par l'imagination du fumeur de haschisch (*Le Poème du haschisch*, IV).

7. L'arbre de la science du bien et du mal portait le fruit défendu au milieu du Paradis. (A. G.)

8. Le contexte montre que ce *très pur amour* désigne ici, non plus le *nouvel amour* évoqué dans *A une Raison*, mais l'amour libéré des lois « tyranniques » de l'honnêteté en usage dans la civilisation occidentale : c'est-à-dire « l'amour maudit » (*Solde*) entre Rimbaud et Verlaine. C'est cet amour que réclame le Satan de *Crimen Amoris* en demandant la suppression du Bien et du Mal, sources de souffrance :

> *Il faut l'Amour : meure Dieu, meure le Diable !*
> *Il faut que le Bonheur soit seul, je vous dis !*

9. Cette phrase semble bien faire allusion aux premiers *dégoûts* du fumeurs, et aux impressions qui suivent. Notons, à propos de *cette éternité*, que Baudelaire a insisté sur la dilatation de l'idée de *temps* pour le fumeur : « On dirait qu'on vit plusieurs vies d'homme en l'espace d'une heure » ; chaque minute devient « une autre éternité » (*Le Poème du haschisch*, III).

10. Miss Starkie a noté (la première, je crois) que Rimbaud semble bien se rappeler ici le sens étymologique du mot *Assassins*, qui vient de *Haschischins*. Michelet a parlé au tome 2 de son *Histoire de France* de cette secte, fondée dans l'ancienne Perse au XIe siècle, et dont les

membres devaient accomplir des assassinats : « On assure que, pour leur inspirer ce courage furieux, le chef les fascinait par des breuvages enivrants, les portait endormis dans des lieux de délices, et leur persuadait ensuite qu'ils avaient goûté les prémices du paradis promis aux hommes dévoués » (t. II, livre IV, chap. 3). On comprend mieux ainsi la phrase qui précède : *Nous savons donner notre vie tout entière tous les jours,* car Michelet déclare que ces *Assassins* avaient un complet mépris de la mort. (S. B.) Baudelaire explique lui-même dans *Le Poème du haschisch,* II, l'étymologie du mot. (A. G.)

PHRASES

P. 270.

1. Dans un important article publié par le *Bulletin des Amis de Rimbaud* en mars 1951, A. Adam a montré que ce texte paraît bien formé non d'*un* poème, mais de deux : le second commençant à « Une matinée couverte, en Juillet ». En effet, dans le manuscrit, la première partie s'achève au bas du feuillet 11, avec les mots « vil désespoir »; on pourrait donc penser qu'un second poème commence en haut du feuillet 12 : d'autant plus que les trois premiers paragraphes (ceux du feuillet 11) sont séparés non par des étoiles, mais par une ligne ondulée, à la différence des suivants. Et il faut bien reconnaître que les deux textes rendent un son très différent : le premier plus lyrique, plus passionné; le second, plus descriptif. Dans ce cas, on pourrait penser avec A. Adam que le premier poème reprend d'une manière parodique des thèmes verlainiens : c'est Verlaine qui a parlé d'un « bois noir » dans *La Bonne Chanson,* c'est lui aussi qui a dit dans une des *Ariettes oubliées* « Soyons deux enfants... » (S. B.)

Mais il faut sans doute aller plus loin et faire des morceaux du feuillet 12 une suite de cinq textes que rien, sauf la numérotation des feuillets due à Fénéon, n'oblige à rattacher au feuillet 11. Le cas de ces cinq textes, qui n'ont pas de rapports évidents les uns avec les autres sinon qu'ils sont très courts et copiés sur le même feuillet, est analogue à celui du texte de trois lignes qui fait suite à *Antique* et à *Being Beauteous* sur le feuillet. (Voir ci-dessus, p. 492.) Comme lui, ils sont séparés par des séries de trois petites croix en forme d'x. J'ai développé la proposition de détacher ces textes de *Being Beauteous* d'une part, de *Phrases* d'autre part, dans un article de la *Revue d'histoire littéraire de la France* (sept.-oct. 1977). A la question annexe de savoir s'il convient de réunir ou de laisser en deux séries (un + cinq) ces textes très courts sans autres titres que ces petites croix, Antoine Fongaro a répondu, dans les *Studi francesi* (maggio-dicembre 1978, p. 533-534) qu'étant donné l'espace anormal laissé au bas du feuillet 7, après le texte isolé, il n'était pas question de faire de tout cela un seul ensemble. Voyez le fac-similé, dans les pages d'iconographie. (A. G.)

2. Ce vieillard et son « luxe inouï » paraissent bien être une citation, ou une allusion.

3. Ici encore Rimbaud parodie un texte de *La Bonne Chanson* :
> *Quant au monde, qu'il soit envers nous irascible*
> *Ou doux, que nous feront ses gestes? Il peut bien,*
> *S'il veut, nous caresser ou nous prendre pour cibles.*

Il semble que Rimbaud *inverse* l'idée : c'est le monde qui se moque de la *force* ou de la *gaieté* des deux amis (*Qui recule*? équivalant à « personne ne recule », *Qui tombe* à « personne ne tombe »). L'emploi des rimes *recule, ridicule,* ajoute à l'ironie.

4. Qui est cette *camarade*? Suivant Gengoux, il s'agit de Verlaine, ce qui paraît peu probable (bien que Rimbaud paraisse, ici encore, parodier Verlaine et opposer à la voix « lointaine, et calme, et grave » de la femme de *Mon rêve familier* la *voix impossible* de l'*enfant monstre*). Pour Matucci, Rimbaud penserait plutôt à lui-même et à son « enfance mendiante ». Pour A. Adam, il s'agirait d'une « pauvre fille » réelle devenue l'amie de Rimbaud. J'avoue qu'aucune de ces interprétations ne me paraît parfaitement satisfaisante. Du fait qu'il dit « Attache-toi *à nous* », Rimbaud paraît faire allusion à une amie (ou un ami) qui les a connus, lui et Verlaine : les *manœuvres,* aussi bien que le *vil désespoir* ne seraient-ils pas ceux de Verlaine essayant en vain de renouer avec sa femme Mathilde? Et Verlaine n'a-t-il pu être détourné quelque temps de ses soucis par une misérable fille rencontrée dans les mauvais quartiers de Londres? en ce cas elle n'aurait été pour Rimbaud qu'une *camarade*. Verlaine est allé, à la fin de 1872, jusqu'à souhaiter fonder un ménage en Angleterre (*Correspondance,* t. I, p. 85).

[FRAGMENTS DU FEUILLET 12]

P. 271.

1. *Les joujoux et l'encens* paraissent évoquer Noël. Rimbaud veut probablement dire qu'il fait si froid, si brumeux dans cette *matinée couverte* (où il a fallu allumer du feu) qu'on se croit presque en décembre.

2. Phrase admirable par la sensation d'espace qu'elle donne, par le rythme aussi. On a rappelé, à propos de la dernière partie, Shakespeare et Nietzsche (« Il faut avoir encore du chaos en soi pour enfanter une étoile dansante », dit Zarathoustra dans *Ainsi parlait Zarathoustra,* I, 5); on lit aussi dans *La Lampe du ciel* de Leconte de Lisle :

> *Par la chaîne d'or des étoiles vives*
> *La Lampe du ciel pend des sombres cieux.*

Mais c'est un élan tout personnel qui anime cette phrase où l'on voit Rimbaud *danser* dans le ciel de la poésie, libéré de la pesante réalité.

3. Vision inspirée probablement par des vapeurs blanchâtres traînant sur un étang. Cf. la « Sorcière », à la fin d'*Après le Déluge*.

4. On a voulu reconnaître dans cette évocation les fêtes du 14 juillet : la *cloche de feu* serait le feu d'artifice. Sur l'absurdité de cette hypothèse, voir M. A. Ruff, *Rimbaud,* p. 204-205. Notons en tout cas la synthèse des impressions visuelles et auditives : à propos de cette *cloche de feu rose,* Matucci cite la phrase de Baudelaire dans son article

sur Wagner : « Ce qui serait vraiment surprenant, c'est que le son *ne pût pas* suggérer la couleur, que les couleurs *ne pussent pas* donner l'idée d'une mélodie. »

5. Ici c'est la sensation du goût qui est associée à une sensation visuelle *(noire* et *encre de Chine)*. L'ombre de la nuit favorise les visions.

OUVRIERS
P. 272.

1. La femme ici décrite est Verlaine, pour les uns ; une femme réelle, et peut-être connue plus tardivement, pour les autres. Suivant A. Adam, ce poème nous transporte dans le Nord de l'Europe : le prénom Henrika est scandinave — mais il faudrait alors reculer la date du poème jusqu'en 1878, année où Rimbaud est probablement allé à Hambourg, et où la température était particulièrement clémente en février *(O cette chaude matinée de février)*. Suivant Chadwick au contraire *(La Date des «Illuminations», Revue d'Histoire littéraire,* janvier-mars 1959, p. 56) ce poème daterait de février 1873, car le *Times* mentionne des inondations survenues à Londres en janvier, d'où l'allusion à une flache *laissée par l'inondation du mois précédent.* En revanche, il n'est pas question d'inondation en 1874. D'autre part, note Chadwick, la phrase «Nous ne passerons pas l'été dans cet avare pays» convient mieux à l'état d'esprit de Rimbaud en 1873 qu'en 1874 : il est parti de Londres au début d'avril (alors qu'en 1874 il ira en Angleterre pour y rester jusqu'en décembre). Les indications du texte restent toutefois trop vagues pour qu'on puisse en tirer une certitude. Le réalisme de ce texte est, en tout cas, curieux, et tranche sur l'allure habituelle des *Illuminations.* (S. B.) Sur *Ouvriers,* voir l'étude de James Lawler *(L'Esprit nouveau dans tous ses états,* en hommage à Michel Décaudin, Minard, 1986, p. 121-130). (A. G.)

2. *Flache* est un terme ardennais, déjà employé dans *Le Bateau ivre.*

3. Les *bruits de métiers* (de métiers à tisser ?) peuvent faire songer soit à une région du Nord de la France, soit à une région d'Angleterre où l'industrie textile est florissante. A cette région, Rimbaud oppose un *autre monde* (qu'il se rappelle ou qu'il imagine) : des pays moins industriels, où le ciel est pur, où «la ville» ne poursuit pas le promeneur dans la banlieue.

LES PONTS
P. 273.

1. Poème «impressionniste» s'il en est, et qui paraît bien inspiré par une vision de Londres, mais qui prend la forme, dans la brume, d'une fantasmagorie à laquelle un rayon de jour cru mettra fin. Le terme de *canal* évoque Londres et aussi la dimension de ces ponts *tellement longs et légers* : «Ils n'en finissent pas, les ponts», écrira Nouveau en 1874. (S. B.) J.-P. Richard a parlé de ceux de Rimbaud comme des «seuls possibles arcs-en-ciel du paysage humain» *(Poésie et profondeur,* p. 244). Voir aussi l'analyse linguistique que Marc Dominici a proposée de *Les Ponts (Lectures de Rimbaud, Revue de l'Université de Bruxelles,* 1982, n°s 1-2, p. 153-173). (A. G.)

2. Rimbaud s'est-il inspiré d'une ancienne gravure ? Underwood signale que les dernières maisons bâties sur le Pont de Londres furent démolies au XVIIIᵉ siècle ; on les voit représentées sur des gravures où figurent aussi les *dômes* de la cathédrale Saint Paul (*Rimbaud et l'Angleterre, Revue de Littérature comparée,* janvier-mars 1955).

3. On peut penser que Rimbaud a vu, peut-être, défiler des musiciens en *veste rouge,* et entendu jouer en plein air des *hymnes publics :* ce spectacle d'allure archaïque évoque assez Londres. « Vu, écrit par exemple Verlaine le 10 novembre 1872, l'intronisation plus que royale du Lord-Maire : du *dor* partout, trompettes, troubades, bannières, huées et vivats... » Mais on voit ici l'effet poétique que Rimbaud tire de l'imprécision.

4. L'eau *large comme un bras de mer* est sans doute la Tamise. Mais quel est le sens de la dernière phrase ? Rivière voit là une des apparitions, entre autres, du fameux « thème de la brèche » qui « envahit l'image par en haut » et « attente à sa solidité » (voir note 19, p. 487). On ne saurait nier que les « visions » décrites par Rimbaud ont presque toujours une sorte d'instabilité ; on a l'impression que les éléments de la féerie, toujours prêts à se dissoudre, ne sont tenus ensemble que par la volonté du poète : « Rêve intense et rapide », écrit-il lui-même dans *Veillées.* Notons qu'ici du reste le poète a pu voir disparaître, sous un brusque *rayon* de jour *blanc,* la féerie qui était née dans la grisaille indécise des brumes londoniennes.

VILLE

P. 274.

1. La série des *Ville(s)* a donné lieu à toutes sortes d'interprétations, les unes métaphysiques, les autres biographiques. Il est probable que Rimbaud, d'une part, se souvient de villes réelles et d'autre part se laisse aller à son goût pour de fantastiques architectures (dont Matucci voit l'origine possible dans le haschisch, citant à ce sujet les phrases de Baudelaire à propos du *mangeur d'opium :* « d'étonnantes et monstrueuses architectures se dressaient dans son cerveau... rêves de terrasses, de tours, de remparts, montant à des hauteurs inconnues et s'enfonçant dans d'immenses profondeurs... » *(Un mangeur d'opium,* IV : *Les Tortures de l'opium.)* A. Adam repousse l'idée que *Ville* serait une peinture (transposée) de Londres : la Ville décrite par Rimbaud, dit-il, « éclate de luxe et de mauvais goût » ; elle ne possède aucune église (aucun *monument de superstition*) ; enfin *la morale et la langue* y sont *réduites à leur plus simple expression :* ceci pourrait faire penser à une ville trop vite grandie et peuplée d'aventuriers réduits, pour se faire entendre, « à un sabir élémentaire » — ville où Rimbaud aurait fait escale au cours de ses voyages lointains, après 1874 par conséquent. Ces arguments ne me paraissent pas décisifs, surtout quand on note que Verlaine accusait Londres d'être dépourvue de monuments anciens, mis à part « ses interminables docks » (24 septembre 1872). Des *millions de gens* évoquent une ville immense, et Rimbaud oppose cette population, chose significative, aux *peuples du continent.* Enfin l'*éternelle fumée de charbon* fait irrésistiblement penser à Londres

(Nouveau, en 1874, notera « l'odeur de musc et de charbon dans les rues »), aussi bien que le terme de *cottage*. Ajoutons que Rimbaud, comme Verlaine, semble avoir été frappé par l'immoralisme régnant dans Londres (« O le feu du ciel sur cette ville de la Bible ! » dira Verlaine dans son *Sonnet boiteux*) : Verlaine a décrit dans ses lettres cette population de miséreux, d'ivrognes et de prostituées des bas quartiers. Si l'on fait la part de la transposition, il ne paraît pas douteux que Rimbaud traduit ici des impressions londoniennes. L'allusion le confirme aux *peuples du continent*. Les autres *Villes* seront bien davantage des créations de son imagination.

2. Les *Érinnyes* sont les déesses de la vengeance, qui poursuivent les criminels; notons que Leconte de Lisle avait fait jouer en janvier 1873 *Les Érinnyes*, adaptation d'Eschyle.

3. Le même terme, *piaulant*, apparaît dans *Après le Déluge*. (A. G.) Verlaine emploie le verbe *piauler* dans son *Sonnet boiteux,* envoyé à Lepelletier en décembre 1873, repris dans *Jadis et naguère* (1884), et qui présente des similitudes avec ce texte :

> *Tout l'affreux passé saute, piaule, miaule et glapit*
> *Dans le brouillard rose et jaune et sale des* sohos... (S. B.)

ORNIÈRES

P. 275.

1. D'après Delahaye, le point de départ de ce poème aurait été fourni à Rimbaud par un cirque américain «fourvoyé à Charleville», et dont le jeune poète aurait admiré la cavalcade (*Souvenirs familiers,* p. 49) ; mais il peut aussi bien lui avoir été fourni par le cirque qu'il avait vu, étant alors en compagnie de Verlaine, se diriger vers Saint-Gilles en 1872 (cf. *Les Chevaux de bois,* dans les *Romances sans paroles*). En tout cas, le thème essentiel est ici, comme souvent, fourni part le titre : ces *ornières* n'évoquent pas ici l'enlisement, mais au contraire la rapidité (*mille rapides ornières),* la trace des roues de voitures lancées à toute allure, d'où l'idée d'un *défilé de féeries* dont la rapidité accentue l'effet fantastique.

2. Rimbaud a souvent évoqué la campagne ardennaise et ses ombres violettes ; cet adjectif de couleur (l'*ombre* est colorée et non noire) se retrouve dans *Après le Déluge* (*la futaie violette*).

3. On reconnaît ici le thème, cher à Rimbaud, des petits comédiens, des enfants déguisés, *attifés* (thème que reprendra Alain-Fournier dans *Le Grand Meaulnes*). Des carrosses *bossés* sont des carrosses travaillés en bosse, avec des effets de relief, comme dans le sonnet des *Femmes savantes* le carrosse

> *Où tant d'or se relève en bosse.*

4. Ces *cercueils* filant à toute allure accentuent l'impression d'insolite : Verlaine avait évoqué, de même, une vision de cauchemar sous le titre *Corbillard au galop* (publié en 1867). L'adjectif *bleu,* lui, évoque les reflets du pelage lustré des juments (cf. *cheveux bleus,* dans *La Chevelure* de Baudelaire).

VILLES [II]

P. 276.

1. De nombreuses hypothèses ont été faites pour expliquer ce texte surprenant. Pour Ruchon, « c'est dans les marges du *Rêve parisien* que Rimbaud a écrit ces visions colossales de villes, de promontoires, de ponts, qui s'échafaudent et se dressent vers l'infini ». Mais s'il est exact que Rimbaud, dans son dernier paragraphe, parle de *sommeils*, de sorte qu'on peut admettre que toute cette description a un caractère onirique, l'animation grouillante des *Villes* rend ces textes (celui-ci et l'autre : *L'acropole officielle*) très différents du *Rêve parisien* de Baudelaire, pétrifié dans une splendeur minérale. Pour Étiemble et Y. Gauclère, c'est dans le futur que Rimbaud situe ces *Villes* dont les progrès de la science pouvaient lui donner l'idée (alors que *Ville*, que nous avons vu précédemment, montrerait au contraire la société plus corrompue que jamais par la civilisation industrielle). Mais de quels éléments Rimbaud s'est-il servi pour échafauder ces villes à venir ? A. Adam croit trouver la « clef » de ce poème-ci dans la phrase où il est question de *chalets de cristal et de bois qui se meuvent sur des rails et des poulies invisibles :* il s'agirait d'un funiculaire, vu en Suisse (pays des chalets) ; précisément « la ligne à crémaillère de Vitznau venait d'être inaugurée en 1871 » : or, Rimbaud a traversé deux fois les Alpes suisses, en 1875 et en 1878. Il a paru aussi prendre le funiculaire de Righi — ou bien il a pu voir des gravures ou des reproductions de ces nouveaux modes de transport. Si intéressante que soit cette suggestion, je crois que nous devons admettre, en tout cas, que l'imagination du poète « agglomère » différentes visions, souvenirs de voyages ou souvenirs de lectures ou de gravures. Je ne sais si Rimbaud avait pu voir décrits quelque part des *palmiers de cuivre* (ou de zinc) tels que celui qui, de nos jours, figure à Djibouti la végétation absente ; mais il pouvait s'être déjà intéressé (longtemps avant d'y mettre les pieds !) aux déserts de l'Arabie et de la côte somalie, et aux *cratères* de cette région volcanique... Plus loin, je crois discerner un souvenir de Michelet et de la description qu'il fait de l'ancienne Allemagne (voir note 4). Mais, en outre, Rimbaud convoque toute la mythologie, les légendes, les souvenirs, non seulement de tous les pays, mais de toutes les époques : et, mettant tous les éléments sur le même plan, il les brasse en une extraordinaire synthèse, non pas figée, mais animée d'un dynamisme, d'un fourmillement étonnant. (S. B.)

Gustave Kahn a donné une intéressante paraphrase des *Villes* des *Illuminations* dans *L'Esthétique de la rue,* Fasquelle, 1901, p. 196-199. (A. G.)

2. Ces *cratères* qui *rugissent* dans les *feux* paraissent une allusion à des éruptions volcaniques, ce qui est plausible si l'on admet que Rimbaud songe à un bord de mer volcanique, comme Aden. Aden « est un fond de volcan, sans une herbe », écrira-t-il bien plus tard aux siens (le 15 janvier 1883).

3. Nous avons ici le type d'une vision impressionniste, qui étage *en hauteur* les éléments du tableau, respectant (comme dira Proust) « ces illusions d'optique dont notre vision première est faite » (*A*

l'ombre des jeunes filles en fleurs, t. III, p. 103) : on sait que dans les tableaux d'Elstir (Proust, *eod. loc.*) on voit une église « sortant des eaux » et, « sur l'étendue haute et inégale du plateau solide, des bateaux titubants ». Elstir est une synthèse de divers peintres impressionnistes, Monet surtout, dont la technique n'a vraiment été formée qu'après 1874; mais on peut signaler que des tableaux organisés suivant une perspective analogue avaient été peints par Turner, dont nous savons que Rimbaud a vu des tableaux à Londres, soit en compagnie de Verlaine, soit aussi sans doute avec Nouveau qui était peintre. De même, la mer située *au-dessus du niveau des plus hautes crêtes* rappelle la phrase d'*Après le Déluge* sur la mer *étagée là-haut comme sur les gravures.*

4. Ces *corporations* font évidemment songer aux *Minnesinger* de l'ancienne Allemagne (*Les Maîtres chanteurs* de Wagner) : Rimbaud avait pu trouver sur eux des détails dans l'*Introduction* à l'*Histoire universelle* de Michelet. Il est curieux de voir qu'à propos de l'ancienne Allemagne et de ses « bizarres contrastes », Michelet oppose à des villes « alignées » et « tirées à angles droits » comme de « maussades petites Londres » d'autres cités telles que Nuremberg, où l'on voit une union de tous les contrastes, « de savantes bibliothèques au milieu des forêts; et les cerfs venant boire sous le balcon des Électeurs » (*Introduction* à l'*Histoire universelle, Œuvres,* Flammarion, t. XXXV, p. 430-431).

5. Déjà dans *Soleil et chair,* Rimbaud avait évoqué la naissance de Vénus Anadyomène — mais il fait ici la fusion de toutes sortes d'éléments poétiques se rapportant à la mer : *flottes orphéoniques, perles* et *conques.*

6. Exemple remarquable de l'*animisme* de Rimbaud, qui fait parler et *mugir* les fleurs (cf. *Aube*) — et, un peu plus loin, *hurler* la lune.

7. Rimbaud semble se complaire à associer toutes les formes de mythologie et de féerie : *Mab* (souvenir de la tirade de Mercutio dans *Roméo et Juliette, I, IV*), *Diane, les Bacchantes des banlieues (cf. les Sabines de la banlieue de Bottom).* Diane étant la déesse de la chasse, dire que *les cerfs tettent Diane,* c'est évoquer une sorte d'âge d'or comme l'ont fait les poètes montrant, par exemple, les moutons en amitié avec les loups.

8. On peut penser à la tentation de saint Antoine *(ermites)* et se rappeler (pour les *forgerons*) que Vénus est la femme de Vulcain. Noter, dans la phrase précédente, la synesthésie et l'assonance. (A. G.)

9. Cf. *Matin,* dans *Une saison en enfer* : « Quand irons-nous, par-delà les grèves et les monts, saluer la naissance du travail nouveau (...)? » Il paraît difficile de donner un sens idéologique précis à ces visions mouvantes, où se mêlent si étrangement le concret et l'abstrait. Quel sens donner, d'autre part, à *cette région* dont parle Rimbaud pour terminer? Il semble difficile de penser qu'il s'agit du pays de féerie qu'il vient de décrire; plutôt, de cette région mentale où il a puisé longtemps des « rêves » fabuleux, de ce royaume dont il se dit dépossédé.

VAGABONDS

P. 278.

1. Ce texte fait allusion, manifestement, à Verlaine, qui s'était d'ailleurs reconnu dans le *satanique docteur* du second paragraphe (voir sa lettre d'août 1878 à Charles de Sivry, publiée par Jean Richer (*Mercure de France*, 1er juin 1954, p. 269) où il confond d'ailleurs ce texte avec *Une saison en enfer*). Il ne peut guère avoir été écrit qu'après la rupture entre les deux amis ; une expression comme : « Que d'atroces veillées je lui *dus !* » (au passé simple) ne se conçoit que si la liaison est terminée ; même le ton de détachement que l'on sent dans tout ce texte montre bien, comme le remarque Bouillane de Lacoste, qu'il s'agit du passé (*Rimbaud et le problème des « Illuminations »*, p. 227, note 1). Nous avons ici un témoignage significatif sur ce qu'ont été les relations entre les deux compagnons, sur la faiblesse de l'un, l'impatience de l'autre, et sur leur incompréhension mutuelle. (S. B.) Sur *Vagabonds,* voir Albert Henry, *Lecture de quelques Illuminations*, Bruxelles, Académie royale de Belgique, 1989, p. 37-46. (A. G.)

2. Nous avons ici un écho des querelles qui ont très vite séparé Verlaine et Rimbaud.

3. L'*infirmité* de Verlaine (au sens étymologique), c'est sa faiblesse bien connue : on se rappelle qu'il n'eut pas la force de résister à Rimbaud quand celui-ci l'entraîna vers la Belgique et l'Angleterre en juillet 1872.

4. On peut penser que l'expression *bande de musique* vient de l'anglais, où *band* désigne un orchestre.

5. On peut se demander si Rimbaud n'applique pas ici sarcastiquement à Verlaine lui-même les détails par lesquels celui-ci caractérisait *L'Hystérique* (prose publiée dans *La Parodie* en 1870) : « les yeux hideusement écarquillés, la bouche ouverte par d'effrayantes faims... » (Éd. Borel, Pléiade, p. 94.)

6. L'expression *fils du soleil* a fait couler beaucoup d'encre. Pour Rolland de Renéville, il y a là un sens profond, car « le Soleil représente pour la plupart des religions primitives le symbole de l'Unité, et par conséquent de l'Amour » : Rimbaud essaierait de faire « prendre conscience à Verlaine de sa nature divine » (*Rimbaud le Voyant*, p. 114). Cocteau, lui, découvrant sur les ruines de Louqsor une signature, *Rimbaud,* identifie le poète au Pharaon, fils de Râ, c'est-à-dire du Soleil. Pour Coulon, un fils du soleil est un enfant de la nature, un primitif. Quant à Étiemble, qui rapporte toutes ces gloses et quelques autres, il préfère évoquer Jack London et son *Fils du Soleil,* un Blanc qui, sous le climat des mers du Sud, brunit et déborde de « pure joie de vivre » (*Le Mythe de Rimbaud*, t. 2, p. 355). On ne sera pas peu étonné d'apprendre que Rimbaud aurait conduit son ami dans les brumes de l'Angleterre pour lui donner hâle et joie de vivre... En revanche, il me paraît fort probable, bien que personne n'en ait parlé, que Rimbaud s'inspire de récits d'aventures se passant chez des peuples du Mexique, et notamment chez les Incas où le souverain est rituellement appelé « fils du soleil ». Dans *Les Gambucinos* de Gustave Aimard, don José

Moreno, qui descend en ligne directe des anciens souverains du Mexique, est appelé à plusieurs reprises « descendant des fils du soleil ». Il s'agit ici, comme dans *Royauté*, d'une « royauté » symbolique : rendre Verlaine à son état de fils du soleil, c'est lui restituer la supériorité qui devrait être la sienne (sur le plan poétique et spirituel, s'entend), le faire participer à la puissance magique du poète voyant.

7. Il y a bien *cavernes* et non *tavernes*, sur le manuscrit : comme souvent chez Rimbaud, c'est la *lectio difficilior* qui est la bonne, et les premiers éditeurs ont eu tort de corriger. Suivant Bruneau, il s'agit de petites fontaines comme on en trouve dans les forêts ardennaises : le *vin des cavernes* serait donc l'eau de ces fontaines (*La Grive*, oct. 1954).

VILLES [I]

P. 279.

1. On admet généralement que cette vision, dont l'architecture est beaucoup mieux précisée que celle de l'autre *Villes*, doit d'assez nombreux détails aux souvenirs de Londres. L'élément légendaire, important dans l'autre texte, ne tient plus guère de place : l'hallucination est tournée vers l'avenir plutôt que vers le passé. Suivant Étiemble et Yassu Gauclère, les essais de construction urbaine déjà entrepris dans les capitales « devaient figurer pour Rimbaud une marche à la féerie : la face du monde est transformée quand se bâtissent d'énormes palais; tout, dans les villes, est inventé; quel décor artificiel suspendent au-dessus de nos têtes les étages, les terrasses et les dômes! » (*Rimbaud*, p. 207). On peut signaler aussi la vogue récente du style *babylonien* à Londres : « Le principal témoin de cette vogue fut le peintre-graveur-urbaniste John Martin, qui se plut à reconstruire Ninive ou Babylone et à imaginer sur ce modèle le Londres moderne », écrit H. Lemaître dans une note sur le *Voyage en Orient* de Nerval (Nerval, *Œuvres*, éd. Garnier, t. 2, p. 102). Rimbaud n'aurait-il pu être impressionné par la vue des gravures « babyloniennes » de Martin?

2. Suivant Underwood (*Rimbaud et l'Angleterre*, *Revue de littérature comparée*, janvier-mars 1955 et *Rimbaud et l'Angleterre*, Nizet, 1976, p. 68 *sqq.*), Rimbaud s'inspire du Crystal Palace de l'Exposition Universelle de 1851, dont le dôme avait été construit en verre avec armature d'acier (plus loin l'allusion à une *armature d'acier artistique*).

3. Volontairement, semble-t-il, Rimbaud a « dépaysé » le lecteur en transportant la vision dans le Nord (plus loin *Un Nabuchodonosor norvégien*).

4. Les galeries du Crystal Palace étaient ornées, dit Underwood, de reproductions des chefs-d'œuvre de la peinture et de l'architecture. Tout s'y faisait, comme ici, *dans un goût d'énormité singulier*.

5. *Hampton-Court* est une résidence royale du XVIᵉ siècle, à dix-huit kilomètres de Londres.

6. Les éditeurs ont proposé ou adopté, pour ce mot difficile à déchiffrer, toutes sortes de lectures : *brahmanes* (comme dans *Vies I*), *bravi, bravaches*, etc. La bonne lecture est *Brahmas*, surchargeant *nababs*. G. Nouveau, dont c'est ici l'écriture, a tendance à corriger par sur-

charge alors que Rimbaud corrige plutôt en biffant. Le mot *nababs* a été remplacé parce qu'il revient plus loin dans un usage incompatible avec celui-ci. *Brahmas,* avec le *s* du pluriel et la majuscule, n'est pas surprenant : cf. «les Rolands» et les «cortèges de Mabs» dans l'autre *Villes.* Voir la *Revue d'histoire littéraire de la France,* sept.-oct. 1977, p. 795-804. (A. G.)

7. Sur la correction apportée à la copie de Germain Nouveau dans cette phrase, voir André Guyaux (*Poétique du fragment,* Neuchâtel, A la Baconnière, 1985, p. 122) et Albert Henry (*Lecture de quelques Illuminations,* Bruxelles, Académie royale de Belgique, 1981, p. 138-142). (A. G.)

8. Cette seconde partie a un caractère beaucoup plus fantastique, et on y retrouve le thème des différences de *niveaux* qui hante Rimbaud (cf. *Enfance V*). Il est à noter qu'il imagine ces architectures «babyloniennes» non seulement en hauteur, mais en *profondeur.*

9. Underwood suggère qu'il peut y avoir ici une allusion au Piccadilly Circus, avec la Burlington Arcade.

10. Rimbaud semble vouloir créer ici un effet insolite en mêlant des éléments empruntés à des pays géographiquement très éloignés, Londres, le pôle (*boissons polaires*), les Indes (*roupies*).

11. Faut-il voir ici un souvenir de promenades faites en compagnie de Verlaine dans les faubourgs et la campagne autour de Londres ? *Comté* semble traduire l'anglais *County,* terme qui, dit Underwood (*Verlaine et l'Angleterre,* p. 105), désigne les «gentilshommes sauvages» qui tuent le temps et le renard avec la barbarie traditionnelle de la vieille Angleterre. L'expression *chassent leurs chroniques* n'en est pas moins insolite, aussi bien que *la lumière qu'on a créée* (S. B.), désignant, selon A. Py, l'éclairage artificiel. (A. G.)

VEILLÉES

P. 281.

1. *Veillées I* et *II* figurent ensemble sur un seul feuillet, *Veillées III* sur un autre, où se trouvent, à la suite, *Mystique* et les deux premiers paragraphes de *Aube.* Le troisième texte porte un titre biffé : *Veillée,* au singulier, sous le chiffre romain *III* ce qui montre qu'il avait été recopié indépendamment des deux autres, auxquels il s'est joint ensuite. Les trois textes ont pourtant le même thème : la veillée, ce rêve de l'éveillé, état de disponibilité essentiellement poétique et qui, dans le texte *III,* paraît très proche de l'hallucination, transformant et déplaçant les objets de la vue vers ceux de la vision. L'écriture des trois textes est différente, comme si à l'origine ils étaient la notation de trois «veillées» distinctes, qu'un désir de cohésion thématique a réunies après coup. Si l'inspiration et la composition les séparent dans le temps, un mot ou un prétexte les rassemble, la «veillée». L'idée de lumière ou d'éclairage revient d'ailleurs au début de chacun d'entre eux. L'analogie ou l'intervention du rêve à la fin des deux premiers. Sur le cas de ces trois textes, révélateur quant à la composition des textes et l'organisation du recueil, voyez mon article dans les *Studi francesi* (maggio-dicembre 1978, p. 311-321). (A. G.)

Veillées I est formé de véritables «versets», avec des effets d'assonances en *-é* ou *-i* : *éclairé, sur le lit ou sur le pré, ami, aimé, ceci, fraîchit...* On pourrait donc penser que ce texte, de même que *Marine* (qui figure au dos de *Nocturne vulgaire*) date, comme le dit A. Adam, d'une époque où Rimbaud «s'efforçait de trouver une forme intermédiaire entre le vers et la prose» : on sait quelles recherches d'assonances présentent ses derniers vers, et il est probable que c'est peu après que Rimbaud, cherchant à assouplir davantage encore la forme, a cherché dans le sens du verset. Ce premier poème paraît à Chadwick (*La Date des «Illuminations»*, II, *Revue d'Histoire littéraire*, mars 1959) évoquer sans conteste la liaison de Rimbaud avec Verlaine, avec à la fin une nuance de déception, ce qui conduit également à le dater de 1872-1873. L'interprétation de Bouillane de Lacoste, «le soupir heureux d'un convalescent qui reprend goût à la vie», lui paraît, à juste titre, inadmissible. Alors que le début du texte traduit une sorte d'extase amoureuse, la fin marque un «fraîchissement», une déception.

2. Alors que les premiers versets nous conduisaient vers un absolu, qui excluait tout qualificatif et tout problème : *l'ami* «ni ardent ni faible», *l'aimée* «ni tourmentante ni tourmentée», la question : *Était-ce donc ceci?* paraît bien traduire une retombée. A. Coléno estime que cette question «ne suspend pas l'émerveillement une seconde», et la rapproche de l'exclamation éblouie de Nerval dans *Aurélia :* «Cela est donc vrai!» (*Les Portes d'ivoire*, Plon, 1948, p. 65); mais il semble bien qu'en fait il y a ici une nuance de déception : «N'était-ce donc que ceci?», comme le confirme la phrase suivante : *Le rêve fraîchit*, ce qui indique un refroidissement, une baisse de tension. Le poète revient à la réalité.

3. Qu'est-ce qu'un *arbre de bâtisse?* L'expression est-elle composée sur le modèle de «arbre de meistre», «arbre de trinquet», qui désignent des mâts? Matucci pense que l'image peut être suggérée par le fait que la salle où se trouve le «veilleur» se présente avec une double voûte, reconnaissable dans les *élévations harmoniques* qui *se joignent*, et à la jonction desquelles naît un imaginaire arbre central. (S. B.) Un *arbre de bâtisse* désigne en architecture le tronc formant l'axe central et vertical d'une construction. (A. G.)

4. *Accidences* a été corrigé à tort en *accidents*. Bouillane de Lacoste note que le terme figure dans Littré, mais «avec un sens purement abstrait (qualité, état, possibilité d'être de l'accident) difficile à admettre chez Rimbaud qui n'avait, semble-t-il, aucune culture philosophique» (*Rimbaud et le problème des «Illuminations»*, p. 237). On voit mal quelle valeur Rimbaud peut donner à ce terme en y joignant l'adjectif *géologiques...* En tout cas, il unit ici curieusement les éléments matériels (*frises, bandes*) et les adjectifs abstraits (*psychologiques, atmosphériques*) : il paraît bien être dans l'état causé par le haschisch, et décrit par Baudelaire qui déclare que «les peintures du plafond... prennent une vie effrayante» et que «les transpositions d'idées les plus inexplicables ont lieu» (*Du vin et du haschisch*, IV).

5. Ce *rêve intense et rapide* paraît assez bien définir l'*illumination*, avec son double caractère de fulguration et d'instantanéité : éclair

qui, suivant la formule de Valéry, « donne des lueurs d'un autre système ou « monde » *que ne peut éclairer une clarté durable* » (*Mélange*, N. R. F., 1941, p. 192). On remarquera en même temps la vitalité conquérante de Rimbaud, qui appelle à l'existence poétique *tous* les caractères, *toutes* les apparences.

6. Il n'est pas impossible que Rimbaud ait composé ce troisième texte plus tardivement, peut-être à la suite de ses traversées sur mer. On peut se demander d'autre part s'il avait lu, dans *Les Paradis artificiels* de Baudelaire (au chapitre sur *L'Homme-Dieu*), la citation de Poe où un personnage donne comme exemple d'une de ses aberrations mentales le fait de s' « oublier une nuit entière à surveiller la flamme droite d'une lampe ou les braises du foyer » : c'est en effet à partir d'éléments réels vus dans une pièce : lampes, tapisseries, foyer, que l'hallucination s'installe, hallucination qui va faire de la chambre une véritable cabine de navire.

7. Le *steerage* est l'entrepont, où prennent place les passagers de troisième classe. Rimbaud avait d'abord écrit « sur le pont » : il a peut-être corrigé son texte après avoir entendu prononcer le mot anglais dans la traversée Ostende-Douvres.

8. *Amélie*, où l'on a vu un anagramme de *l'aimée* de *Veillées I,* n'est peut-être là que pour permettre la comparaison proportionnelle : la *mer* a rejoint les *veillées,* et lui appartient, comme des *seins* à une femme. (A. G.)

9. Rimbaud songe peut-être aux *Soleils couchants* de Verlaine, dans les *Poèmes saturniens* :
Et d'étranges rêves, Comme des soleils Couchants sur les grèves...
Les lueurs du foyer (mais pourquoi parle-t-il du foyer *noir?*) suggèrent vraisemblablement l'image des *soleils,* puis celle de *l'aurore.* Toute une fantasmagorie apparaît au rêveur dans la flamme, et justifie l'expression de *puits des magies.* (S. B.)

Les derniers mots : *La plaque* (...) *cette fois* sont détachés du texte par une ligne de points de suspension. Rimbaud a usé de ces lignes de silence dans ses premières poésies *(Le Forgeron, Soleil et Chair, ...)*. On peut observer que le mot *veillée* est présent dans chacun des trois premiers paragraphes et ne revient pas dans cette fin, qui est comme au-delà du temps de la veillée. (A. G.)

MYSTIQUE

P. 283.

1. L'allure descriptive de ce poème, les indications : *A gauche... Derrière l'arête de droite... la bande en haut du tableau,* ont amené les commentateurs à se demander s'il y avait dans ce texte un souvenir plus ou moins précis de tableaux : c'est ainsi que J. Tielrooy pense que Rimbaud pourrait avoir songé au célèbre triptyque de Van Eyck, que l'on peut voir à Gand, *L'Agneau mystique (Rimbaud et les frères Van Eyck, Neophilologus,* XX, 1934-1935). Si Rimbaud a vu le triptyque, il n'est pas impossible qu'il y ait trouvé un point de départ, mais on ne peut pousser l'analogie dans le détail. En sens inverse, du

reste, Hatzfeld s'est demandé si Gauguin, lorsqu'il a composé en 1889 *La Vision après le sermon* (ou *Combat de Jacob avec l'ange*), avait lu le poème de Rimbaud, ce qui paraît peu probable, d'autant que l'édition faite par *La Vogue* n'a été tirée en 1886 qu'à 200 exemplaires. Delahaye voit dans *Mystique* un paysage nocturne vu au clair de lune. De son côté, Thibaudet (*Réflexions sur la littérature*, N. R. F., 1938, p. 162) estime qu'on comprend mieux le texte si on le considère comme l'ivresse mystique d'un vagabond, d'un marcheur (comme Rimbaud lors de ses fugues) qui s'est couché épuisé à terre et regarde le ciel « en renversant la tête » : ce qui expliquerait surtout le dernier paragraphe. L'interprétation de Dhôtel n'est pas moins ingénieuse : il voit dans ce texte, et notamment dans le début, la transposition poétique d'un... talus de chemin de fer (*Rimbaud et la révolte moderne*, p. 62). Ces diverses explications se complètent plus ou moins : il semble bien que Rimbaud a voulu faire à sa manière un tableau « mystique »; mais il a utilisé et transposé des impressions et des souvenirs réels; il a, surtout, doué le « tableau » d'une vie extraordinaire : rien n'y est immobile ou statique; les sensations les plus diverses, les termes les plus différents (concrets et abstraits notamment) se mêlent, s'associent ou se heurtent dans un mouvement « tournant et bondissant ». Plusieurs plans apparaissent toutefois, qui donnent au tableau une valeur symbolique : d'un côté, tous les désastres humains, *tous les homicides et toutes les batailles;* de l'autre, *la ligne des orients, des progrès;* en hauteur, la rumeur de la nature (les *mers* et les *nuits*) — et pour finir, la descente du ciel serein vers l'homme qui contemple, et cède à l'extase mystique.

2. Pour Dhôtel, les *herbages d'acier et d'émeraude* évoquent les rails du chemin de fer, et les gazons du talus. Suivant Hatzfeld (*Literature through Art*, New York, 1954, p. 198), il faudrait comprendre « robes de laine d'acier » et « robes de laine d'émeraude », comme si Rimbaud avait mis une virgule après *herbages,* ce qui paraît plus que discutable. Il fait observer qu'en effet *prés de flammes* surprend à côté d'*herbages... d'émeraude :* mais il faut admettre que les anges sont *sur la pente,* donc plus bas que les *prés de flammes* qui, eux, arrivent au *sommet du mamelon.*

3. Les *bruits* qui *filent leur courbe* représentent une perception *visuelle* des sonorités, de même que dans *Being Beauteous* quand Rimbaud parle de « cercles de musique sourde ». C'est un des caractères de l'art rimbaldien que cette correspondance entre les sensations auditives et visuelles; nous en avons l'exemple inverse dans *Veillées III* où les *lampes* et les *tapis... font le bruit des vagues.*

4. L'orient prend ici une valeur symbolique : il s'agit de ce qui « se lève », des progrès qui apparaissent (par opposition aux batailles, aux *bruits désastreux* de destruction).

5. Il est intéressant de voir Rimbaud associer le ciel *bleu* et l'adjectif *fleuri* (et plus loin, sans doute par analogie de terme, l'adjectif *fleurant* qui suggère une sensation olfactive) : dans *Mauvais Sang,* de même, Rimbaud dit qu'il admirait le forçat errant et voyait « avec son idée le ciel bleu et le travail fleuri de la campagne »; mais ici, ce sont les étoiles dont il évoque en une belle métaphore la *douceur*

fleurie — ce qui prépare l'image du *panier* (plein de fleurs) à la ligne suivante. Il est difficile de mieux suggérer la douceur, l'enivrement d'un beau soir d'été.

AUBE

P. 284.

1. Ce texte célèbre est considéré comme un des plus beaux, des plus accessibles aussi des *Illuminations*. Et pourtant, il n'est pas facile de percer son véritable sens. Faut-il y voir simplement l'évocation d'un paysage endormi qui peu à peu s'éveille dans le matin? Faut-il y chercher un sens allégorique, comme A. Dhôtel? Suivant lui, Rimbaud, révolté contre le Temps, ce « fléau » (cf. *A une Raison*), écrit l'allégorie de l'Aube : « L'enfant d'une terre déchue la poursuit en vain (la déesse); sans pouvoir saisir l'instant merveilleux que lui offre la réalité, puisqu'il ne sait pas supprimer en lui la conscience de la succession des heures » (*Rimbaud et la révolte moderne*, p. 50). Il y a certainement quelque chose dans ce poème qui dépasse la simple description, et cette poursuite d'un « objet sans nom dont le poète tâche de s'emparer » (comme dit Rivière) et qui s'achève par une demi-réussite » nous laisse, comme si souvent chez Rimbaud, l'impression d'une transposition poétique, mais en même temps symbolique. L'amour de la Nature s'accompagne chez lui à la fois d'un désir de conquête, qui prend un aspect passionné, presque sensuel, et d'une immense interrogation : il voudrait lever tous les voiles, mais il ne peut y arriver, il ne peut embrasser la « déesse » qu'avec « ses voiles amassés ». La poursuite de l'*inconnu* reste décevante.

2. *L'aube d'été*, c'est cette « heure indicible » que Rimbaud a toujours aimée (cf. la lettre de juin 1872 à Delahaye : « Il me fallait regarder les arbres, le ciel, saisis par cette heure indicible, première du matin »). C'est l'heure où, en été, on part dans la campagne pour de longues randonnées, avant la chaleur du milieu du jour : bien des fois Rimbaud a dû partir ainsi pour de longues marches.

3. Que ces *pierreries* soient ou non les *frais éclats* de la rosée éparse sur les plantes du sous-bois, il faut noter en tout cas l'*animisme* de Rimbaud (de même que dans *Après le Déluge* : « les pierres précieuses qui se cachaient », « les fleurs qui regardaient déjà »).

4. Matucci rappelle opportunément ici les vers de Baudelaire dans *Élévation* :

> *Heureux*
> *... Qui plane sur la vie, et comprend sans effort*
> *Le langage des fleurs et des choses muettes!*

Ce grand courant animiste qui va de Hugo (« Tout vit, tout est plein d'âmes ») à Nerval et à Baudelaire, il n'est pas étonnant qu'il ait touché aussi Rimbaud; mais je pense que sans parler d'influences littéraires, il n'est pas étonnant non plus pour un enfant de voir une fleur parler, comme dans les contes.

5. *Wasserfall* signifie *chute d'eau*, en allemand. Bouillane de Lacoste a tiré argument de ce mot pour dire que cette prose a dû être écrite

en Allemagne : on s'expliquerait mal la présence d'un tel mot dans ce texte, pense-t-il, s'il avait été écrit à Londres en 1872, alors que Rimbaud apprenait l'anglais et ne savait pas encore un mot d'allemand. (S. B.) André Breton a cruellement raillé, dans *Flagrant Délit* (rééd. Pauvert, 1964, p. 87) ce type d'argument. (A. G.)

6. La *déesse* est l'aube, d'après la première phrase : « J'ai embrassé l'aube d'été. »

7. *Je la chassais,* c'est-à-dire « J'étais en chasse derrière elle, je la poursuivais. » Quels sont ces *dômes?* il n'est pas sûr que Rimbaud évoque ici un souvenir précis; ici encore, en tout cas, la clarté de l'aube touche d'abord les points les plus élevés.

8. Rimbaud parle à présent à la troisième personne, et se désigne comme *l'enfant.* Faut-il donner à cette phrase un sens symbolique? Dans ce cas, la phrase suivante signifierait qu'il s'est « réveillé » homme — que son enfance féerique, et peut-être aussi ses tentatives pour « lever les voiles» de la nature sont déjà loin de lui.

FLEURS

P. 285.

1. Autre pièce célèbre et très commentée. L'interprétation alchimiste de miss Starkie (en alchimie, *fleurs* désigne la pure substance contenue dans le métal, l'esprit dans la matière) paraît bien... alambiquée, et celle de Gengoux, qui a le mérite de chercher à rendre compte du « dieu aux énormes yeux bleus » (par un texte tiré de *La Mère de Dieu,* d'Éliphas Levi), n'est guère plus convaincante. Mais dire comme Étiemble que ce texte « évoque des *fleurs,* tout simplement, mais tout poétiquement », ne rend pas compte des difficultés qui subsistent (même si l'on suppose comme Delahaye que Rimbaud est couché dans l'herbe sur un bord d'étang, et regarde les plantes de tout près). Il y a dans ce texte à la fois une transposition très « rimbaldienne » et une suggestion d'un monde féerique, éclatant, plus beau que l'univers réel. M. Matucci voit dans *Fleurs* une symphonie de couleurs en pleine lumière, toute ombre étant enlevée aux objets; la vision, d'abord horizontale, se construit ensuite verticalement, et s'agrandit immensément par l'évocation de la mer et du ciel, dont la couleur évoque les « énormes yeux bleus » d'un dieu. Mais Rimbaud est-il allé d'une vision réelle de fleurs à ces évocations de « cordons de soie », de « gazes grises », de « velours verts », et à cet étrange « tapis de filigrances d'argent, d'yeux et de chevelures »? Je signale, à toutes fins utiles, que sur son cahier d'écolier le petit Arthur avait copié un passage des *Études de la nature* de Bernardin de Saint-Pierre, qui montre dans les anthères des fleurs des « solives d'or en équilibre sur des colonnes plus belles que l'ivoire poli », dans les corolles « des voûtes de rubis et de topaze », etc. (voir *La Grive,* avril 1956) (S. B.)

Jean-Pierre Richard évoque, à propos de cette « apothéose florale » de Rimbaud, un mouvement de découverte et de dépassement des *Fleurs (Poésie et profondeur,* p. 205-206). Chacun des deux premiers paragraphes fait une fleur unique : *la digitale* et *la rose d'eau;* le troisième au contraire, *une foule de jeunes et fortes roses*. Le regard détache d'un contexte de matières et de pierres précieuses, un objet singulier, une fleur, *digitale* ou *rose d'eau,* émergeant d'un écrin soyeux, doré, lumineux, translucide, ensoleillé; puis il semble se déverser et se multiplier de celui qui regarde vers l'univers et les fleurs. Du *je vois* du début au *dieu aux énormes yeux bleus et aux formes de neige* que forment ensemble *la mer et le ciel,* la fleur s'est multipliée et s'est animée comme si le pouvoir visuel s'était transmis du sujet à l'objet. (A. G.)

2. *Argent, yeux* et *chevelures* forment les « grains » du *filigrane* décrit par Rimbaud : il s'agit d'un ouvrage d'orfèvrerie formé de petits filets entrelacés et portant des grains. Mallarmé, au contraire, quand il parle dans *Las de l'amer repos* de la *fleur* que le peintre chinois

> *a sentie, enfant,*
> *Au filigrane bleu de l'âme se greffant*

prend ce mot dans son autre sens (le filigrane apparaît par transparence sur les billets de banque par exemple). Rimbaud avait pu lire cette pièce en 1866 dans *Le Parnasse contemporain.*

3. Qu'est-ce que la *rose d'eau?* S'agit-il d'un *nénuphar?* ou bien Rimbaud, continuant les comparaisons empruntées à l'orfèvrerie, compare-t-il ici une pièce d'eau à une *rose* de diamants par exemple (soit diamants montés en forme de rose, soit diamant taillé à facettes sur le dessus)? Le sens de *nénuphar* est assez probable. (S. B.)

Dans *Mémoire* apparaît « le souci d'eau », comparé à une paupière, « plus pure qu'un louis ». Mais comme l'a montré W. Frohock *(Modern Language Notes,* Febr. 1961), Rimbaud cultive, dans le nom des fleurs, un certain arbitraire poétique. (A. G.)

4. Il semble que les yeux *bleus* du dieu représentent la couleur de *la mer* et du *ciel,* et les *formes de neige* le marbre des terrasses. Ce dieu aux formes de neige fait songer à l'Être qui apparaît dans *Being Beauteous* « devant une neige », mais il n'est autre ici que le paysage transfiguré : nous trouverions d'autres exemples de ces transfigurations accompagnées d'un grandissement surnaturel dans *Le Satyre* de Hugo et dans *Aurélia* de Nerval : « La dame que je suivais... se mit à grandir sous un clair rayon de lumière, de telle sorte que peu à peu le jardin prenait sa forme, et les parterres et les arbres devenaient les rosaces et les festons de ses vêtements, tandis que sa figure et ses bras imprimaient leurs contours aux nuages pourprés du ciel » *(Première partie,* VI).

NOCTURNE VULGAIRE

P. 286.

1. Pour A. Adam, *Nocturne vulgaire* et *Veillées* présentent les mêmes caractères hallucinatoires : le poète se trouve au centre d'un univers en mouvement, il est « cerné, submergé, emporté ». Tandis qu'autour de lui tout disparaît ou se métamorphose, que des *brèches s'ouvrent dans les cloisons,* que les *toits* pivotent (et cet univers ressemble singu-

lièrement à celui du rêve), il se sent emporté comme par un carrosse ou un corbillard. Texte composé, vraisemblablement, à l'époque hallucinatoire dont Rimbaud dit dans *Alchimie du Verbe* : «Je voyais très-franchement une mosquée à la place d'une usine, une école de tambours faite par des anges, des calèches sur les routes du ciel, un salon au fond d'un lac.» Hallucination provoquée ? C'est possible (d'où le titre de Nocturne *vulgaire ?*) ; cet univers instable, mouvant, évanescent, peut être celui du haschisch. Mais il semble aussi que la fantasmagorie a commencé en regardant le feu, et que le rêveur a vu se disperser sous ses yeux *les limites des foyers*. (S. B.)

Le poème procède d'images et de sons, comme l'observe Jacques Rivière (voir la note 8) : l'allitération en *s* (à partir du mot *siffler* et surtout dans le paragraphe entre parenthèses) donne à la vision une présence obsédante. Sur *Nocturne vulgaire,* voir Albert Henry, *Lecture de quelques Illuminations,* Bruxelles, Académie royale de Belgique, 1989, p. 47-58. (A. G.)

2. Rimbaud semble transposer ici, comme il l'a fait ailleurs, un mot anglais : l'adjectif *operatic,* lequel signifie «qui a rapport à l'opéra». Comme le suggère Delahaye, il semble donc y avoir là comparaison avec «une scène où le décor se modifie instantanément» (*Les Illuminations et Une Saison en Enfer,* p. 106) : les cloisons, les toits, les croisées, tout ce qui compose le décor habituellement stable et familier de notre vie quotidienne, se trouve saisi de vertige, frappé de mystérieuses métamorphoses, brouillé, *rongé.*

3. Je crois avec Matucci qu'il s'agit de *foyers* réels, ceux des cheminées, comme dans *Veillées* où il est question de la «plaque du foyer», et où ce foyer est appelé «puits des magies» : c'est en regardant le feu du foyer que le poète voit naître la fantasmagorie.

4. Allusion évidente à Vigny et à *La Maison du berger :* le jeu des métamorphoses nous fait passer d'un *carrosse* à un *corbillard,* puis à une *maison de berger* (cabane sur roues), *corbillard* étant appelé par *sommeil* et *maison de berger* par *niaiserie.*

5. Dans la mesure où l'on peut «expliquer» une hallucination, on peut dire que les *glaces* du carrosse étant *convexes,* les objets y paraissent déformés et y *tournoient;* tout prend forme arrondie, *figures lunaires, feuilles, seins.*

6. Nous avons ici un bon exemple du *colorisme* de Rimbaud : la vision se colore de tons très foncés, vert et bleu. La *tache de gravier* est probablement une tache de couleur plus claire : Rimbaud «voit» son rêve comme une *image.*

7. La sonorité du nom *Solyme* plaît sans doute à Rimbaud, qui l'emploie également dans *Mauvais Sang* (la n. 7, p. 460). Il y a évidemment une association auditive entre *Solyme* et *Sodome* — l'évocation de Sodome n'étant pourtant pas ici purement gratuite, puisqu'elle est liée à l'idée de *l'orage* et du feu du ciel destructeur : *postillon et bêtes de songe* vont entraîner le rêveur dans un suffocant cauchemar.

8. Rivière cite les trois derniers paragraphes comme exemples de la «musicalité» de Rimbaud («il connaît la vibration propre de chaque voyelle; il prend chacune comme une note et il écrit des accords»,

dit-il), et il les commente ainsi : « Il est impossible de ne pas remarquer ici l'emploi de la lettre *o*, prise tour à tour dans toutes ses variations de sonorités, depuis l'*o* bref et ouvert jusqu'à l'*o* assourdi et prolongé de la diphtongue *oi*. En même temps on voit passer, comme un dessin secondaire, traversant discrètement la chaîne des accords principaux, les sonorités : *s* ou *c*, *f* et *d* ou *t* » (*Rimbaud*, p. 190).

P. 287.

MARINE

1. Cette pièce, comme *Fête d'hiver*, figure de l'autre côté du feuillet de *Nocturne vulgaire*. Elle date vraisemblablement d'une époque où Rimbaud n'était pas encore entièrement libéré du préjugé de la versification, et se livrait, pour assouplir la forme, au même ordre de recherches que celui qui conduira les Symbolistes au vers libre. Dujardin a du reste souligné l'influence qu'a pu avoir sur les Symbolistes une pièce comme *Marine* : suivant lui, *Marine* et *Mouvement*, publiés en 1886 dans *La Vogue*, furent « le déclic grâce auquel quelques-uns des jeunes gens qui cherchaient leur formule la trouvèrent ou du moins purent la parfaire » (*Les Premiers Poètes du vers libre, Mercure de France*, 15 mars 1921). La technique de ce poème est assez apparente : les deux ordres de vision, terrestre et maritime (le champ avec ses charrues et la mer avec ses bateaux) se mêlent de telle sorte que sans cesse les expressions qui conviendraient à l'un sont transposées à l'autre. Semblable au peintre impressionniste Elstir qui, pour représenter le port de Carquethuit, n'emploiera « pour la petite ville que des termes marins, et que des termes urbains pour la mer » (*A l'ombre des jeunes filles en fleur*, t. III, p. 99), Rimbaud parle des *courants* de la lande et des *ornières* du reflux, des *piliers* de la forêt et des *fûts* de la jetée. On sait que Chateaubriand, dans le livre II des *Mémoires d'outre-tombe*, faisait allusion à des échanges de vocabulaire analogues à propos des « campagnes pélagiennes » où « la charrue et la barque, à un jet de pierre l'une de l'autre, sillonnent la terre et l'eau » : « le matelot dit *des vagues moutonnent*, le pâtre dit *des flottes de moutons* ». J'ai étudié ces effets impressionnistes dans un article sur *Rimbaud, Proust et les Impressionnistes* (*Revue des Sciences humaines*, avril-juin 1955) : ce que notre raison disjoint, l'artiste en refait la synthèse pour recréer notre impression première. Il faut ajouter que l'artiste, en substituant ainsi à la réalité « objective » une réalité impressionniste qui est une simple illusion créée par notre vision, substitue à cette réalité matérielle quelque chose de purement mental; qu'il recrée, en quelque sorte, l'univers. Matucci note non sans raison l'unité, la cohérence qu'acquiert l'univers du voyant : « Toute contradiction, toute comparaison est éliminée et tous les éléments, dans une unité de lumière et de vision, tendent dynamiquement à former cet univers poétique des correspondances, au cœur duquel le poète semble se tenir magiquement. » Mais ici, le procédé « impressionniste » qui fait de la vision un tout est assez facile à saisir.

2. *Fûts* se dit d'arbres droits et élancés. On parle du reste, en architecture, de « fûts » de colonnes ou de piliers :

Aqueducs, escaliers, piliers aux larges fûts

écrit Victor Hugo dans les *Orientales* (*Le Feu du ciel*, VII).

FÊTE D'HIVER

P. 288.

1. C'est un «quadro», une rapide évocation de fête : fête réellement vue par Rimbaud ou souvenir d'un spectacle d'opéra-comique ? Il est difficile de le savoir. (S. B.) Sur *Fête d'hiver*, voir l'analyse de Pierre Brunel dans *Le Point vélique* (actes du colloque de Neuchâtel, 27-28 mai 1983), Neuchâtel, A la Baconnière, 1986, p. 105-118. (A. G.)

2. Les *girandoles* sont des gerbes de fusées volantes employées dans les feux d'artifice, d'où l'allusion aux *verts* et aux *rouges* du couchant. Aloysius Bertrand a employé l'expression dans sa *Chanson des masques,* dans *Gaspard de la Nuit* : «La splendeur magique des girandoles de cette nuit rieuse comme le jour.»

3. Le *Méandre* étant un fleuve de Phrygie très sinueux, le nom est devenu ensuite un nom commun ; employé ici avec une majuscule (incertaine, d'après le manuscrit), il peut désigner un «lieu dit», ou simplement un canal sinueux dans un parc.

4. Les cartons de tapisseries de Boucher, représentant des chinoiseries, sont très connus ; Rimbaud avait pu en voir reproduits dans *L'Artiste,* où Boucher est appelé «le plus chinois des peintres français».

ANGOISSE

P. 289.

1. Cette pièce est une des plus troublantes des *Illuminations :* on y sent un élan, puis une retombée, un sentiment d'*angoisse* succédant à de folles espérances ; mais ces confidences restent voilées, allusives, difficiles à interpréter. Suivant la signification qu'on donnera à *Elle,* à *la Vampire,* le poème peut être compris de manières très différentes. Pour Gengoux, Elle (avec une majuscule), c'est la Femme, et Rimbaud emploie souvent ce pronom de façon péjorative (comme dans les poèmes en vers : *Rêvé pour l'hiver* dédié à *Elle,* ou dans *Roman* où on lit «Vos sonnets La font rire»). Mais on voit mal pourquoi la femme tiendrait une telle place, à l'époque des *Illuminations,* dans l'univers poétique et mental de Rimbaud ; et l'interprétation que Gengoux donne d'*Angoisse* («La Femme va-t-elle revenir, dans le principe d'équilibre, Vierge-Mère ? », p. 546) s'accorde beaucoup mieux avec son système «dialectique» qu'avec l'inquiétude *personnelle* exprimée par Rimbaud. Étiemble et Y. Gauclère laissent entendre que la *Vampire,* c'est la Sorcière d'*Après le Déluge,* la reine des mystères de cet *inconnu* auquel Rimbaud aspire : et, «pour arriver ainsi à «l'inconnu», il endurera toutes les souffrances possibles, acceptant jusqu'au bout son rôle de Prométhée» (*Rimbaud,* p. 197). Mais pourquoi alors *la Vampire qui nous rend gentils ?* En omettant de citer cette relative, Étiemble avoue l'embarras qu'elle lui cause : en effet, la

poursuite de « l'inconnu » se fait plutôt dans la violence et la sauvagerie, et le poète devient, dit la lettre du voyant, « le grand criminel ». L'interprétation de Matucci, beaucoup plus intéressante, identifie cette mystérieuse *Vampire* à la *goule* dont parle *Adieu*, dans *Une saison en enfer* : « Elle ne finira donc point cette goule reine de millions d'âmes et de corps morts *et qui seront jugés !* » — c'est-à-dire, suivant lui, à « cette déclaration de la science, le christianisme ». C'est le christianisme qui a créé cette conception conventionnelle de la réalité et de la morale, c'est lui dont les « honnêtetés tyranniques » s'opposent au « très pur amour » dont rêve Rimbaud (cf. *Matinée d'ivresse*). A vrai dire je ne suis pas tellement sûre que cette *goule* soit le christianisme : le féminin est étrange, et j'ai déjà indiqué qu'à mon sens c'est plutôt *la mort* que Rimbaud désigne ainsi (voir n. 4, p. 479). Si la Vampire doit être identifiée à cette goule, et les deux mots ont, en effet, un sens analogue, on peut se dire, alors, que l'idée de la mort chrétienne (cf. dans *Délires I* l'allusion à « la mort qui fait repentir ») explique pourquoi la Vampire *nous rend gentils*. On comprendrait dans ce cas la *fin aisée* du premier paragraphe comme une allusion à la fin de la vie ; il se peut qu'une mort chrétienne *fasse pardonner* au poète ses *ambitions* démesurées ; et au quatrième paragraphe ce que la Vampire *nous laisse*, c'est le restant de vie qui nous est accordé (Rimbaud songe-t-il au drame de Bruxelles, et au danger de mort qu'il a couru ? ou pense-t-il plus généralement au court laps de vie que la mort laisse aux humains ?). J'avoue que cette interprétation laisse subsister des difficultés, notamment au troisième paragraphe. On peut comprendre pourtant qu'à l'idée de son échec et de son *inhabileté fatale* (dont on ne peut trouver l'oubli que dans la mort qui nous *endort*), Rimbaud oppose sa *jeunesse* triomphante, qui lui donne le sentiment de vaincre le temps, d'être *démon, dieu,* et oppose aussi les progrès de son époque (*féerie scientifique, mouvements de fraternité sociale*) ou d'un avenir dont il rêve et qui, ramenant la *franchise première*, représente une autre manière de vaincre la mort, associée par lui aux misères de l'existence.

Je croirais volontiers ce poème contemporain d'*Une saison en enfer,* soit des premiers textes, à l'époque où Rimbaud commence à éprouver durement le sentiment de son *inhabileté fatale* à « changer la vie », et à être torturé par le problème moral ; soit au contraire des derniers, et surtout d'*Adieu*. (S. B.)

Sur *Angoisse,* voir Albert Henry, *Lecture de quelques Illuminations,* Bruxelles, Académie royale de Belgique, 1989, p. 59-61. (A. G.)

2. Les *âges d'indigence* sont les époques d'indigence que Rimbaud a souvent connues, mais particulièrement en Angleterre ; à quoi Rimbaud oppose l'idée d'une *fin* de vie *aisée,* fortunée.

3. *Inhabileté fatale,* de même que plus haut *ambitions continuellement écrasées,* traduit, très probablement, l'amertume devant l'échec des ambitions du « voyant », peut-être aussi devant l'échec subi par Rimbaud dans sa tentative de vie commune avec Verlaine. Mais le paragraphe suivant va, au contraire, dans un sursaut d'orgueil, reprendre les thèmes exaltés de *Matinée d'ivresse* : de telles alternances, Rimbaud a dû en connaître souvent pendant son séjour en Angleterre.

4. Le mot *palmes* est également employé dans *Royauté* avec sa valeur symbolique (gloire, victoire); le *diamant* s'associe à cette suggestion par l'éclat qu'il fait imaginer. « Les mots craquent, s'espacent et se séparent sous l'effort de l'éclatante chrysalide », dit Rivière (*Rimbaud,* p. 76) de cette phrase où l'on voit s'opérer la transformation du poète en *démon* ou en *dieu*. On ne peut manquer, ici encore, de songer au *Crimen Amoris* de Verlaine.

5. On sait que le thème de la *féerie scientifique* (nous sommes à l'époque où l'électricité, notamment, produit ses premiers miracles) apparaît à plusieurs reprises dans les proses de Rimbaud : voir *Mouvement, Solde,* et aussi *Mauvais Sang* dans *Une saison en enfer :* « La science, la nouvelle noblesse! Le progrès. » Quant aux mouvements de *fraternité sociale,* ils sont conformes à l'évangile du « nouvel amour » prêché par Michelet, et par les révolutionnaires de 1848 et de 1870 (cf. *A une Raison*).

6. Ainsi que l'observe M. Matucci, l'idée de destruction est fréquemment associée par Rimbaud à l'élément liquide : cf. la fin de *Nocturne vulgaire.* Cet élément liquide est ici rappelé par trois fois, à la fin des trois membres de phrases symétriques qui concluent la pièce : la *mer!* le silence *des eaux;* le silence *houleux.*

MÉTROPOLITAIN

P. 290.

1. Rimbaud fait-il vraiment allusion, comme on l'a dit, au Tower Subway (le « Tube ») de Londres, précurseur des chemins de fer souterrains qui ne seront construits que plus tard dans les autres capitales, et que Verlaine a décrit dans une lettre de 1872? « C'est *littéralement* un tube en fonte avec des becs de gaz à hauteur d'homme... Ça pue, ça est chaud, et ça tremble comme un pont suspendu, avec la rumeur de l'eau énorme, ambiante. » Plutôt au *Railway,* qui était, remarque Underwood, « partiellement à ciel ouvert » et passait souvent « sous des tunnels, sous des ponts » ainsi que Vitalie le note dans son *Journal.* En tout cas, le poème ne décrit nullement des impressions souterraines : le titre paraît justifié par la fin du premier paragraphe: *La ville!* La structure du texte est assez curieuse, chaque paragraphe se terminant par un nom : *la ville — la bataille — la campagne — le ciel — ta force,* qui fait la synthèse de toute une série d'évocations. Chaque paragraphe forme une seule phrase, parfois sans verbe, qui est essentiellement composée d'une énumération d'éléments surtout visuels. Mais le poème s'oriente vers un sens plus subjectif au quatrième et surtout au cinquième paragraphe, où revient la mystérieuse *Elle,* peut-être celle du texte précédent.

2. Une lettre de Delahaye, publiée en 1953 dans la *Revue des Sciences humaines,* nous a fait connaître que Rimbaud était revenu de Java en Europe, en 1876, par les villes de Cork et de Queenstown, « étonnant commentaire » de cette première phrase « jusqu'alors impossible à expliquer », dit A. Adam dans son introduction aux *Œuvres* de Rimbaud (Club du meilleur Livre, 1957). Cette explication me paraît

inacceptable : non seulement elle ne rend pas compte des *boulevards de cristal* qui viennent de *monter* et de *se croiser,* évoquant la construction d'une grande métropole moderne, mais elle ne peut se concilier avec le fait que le texte est en partie copié *de la main de Germain Nouveau,* lequel a vécu en compagnie de Rimbaud à Londres en 1874, et non plus tard. Ce qui est sûr, en revanche, c'est que Rimbaud se livre à sa passion pour les couleurs, ici et dans le reste du texte : ce sable « rose et orange » annonce irrésistiblement le célèbre tableau de Van Gogh, *Les Barques aux Saintes-Maries.* Rimbaud évoque, avec éclat et couleur, des *Villes* modernes, bien tracées, à la fois immenses et peuplées par des *familles pauvres.*

3. Dans ce second paragraphe vont dominer, au contraire, les teintes sombres ou noires : *nappes de brumes, fumée noire, Océan en deuil.* Le resserrement des membres de phrase à la fin de l'énumération est très caractéristique du rythme dynamique de la phrase rimbaldienne. Il est difficile, quand on connaît le tableau d'Aldorfer, *La Bataille d'Alexandre,* ample et mouvante vision aux teintes foncées et tragiques, avec des barques rangées contre des rochers presque noirs, un ciel d'orage où des nuages s'élèvent en sombres volutes, de ne pas faire le rapprochement entre les deux visions. Il est vrai que Delahaye, lui, rapproche ce paragraphe du tableau de Decamps, *La Bataille.*

4. Le nom de *Samarie* figure dans l'une des *Proses « évangéliques » ;* ici il ne fait qu'ajouter à l'effet d'étrangeté et de *fantasmagorie* que ce paragraphe veut produire. Nous avons là un effet de nuit : c'est la campagne à la clarté de la lune — les *masques enluminés,* de même, sans doute, que les *crânes lumineux,* traduisant des effets de lumière produits par *la lanterne ;* la *robe bruyante* de l'ondine (et l'ondine elle-même) paraît imaginée à partir du bruit de la rivière.

5. Certains éditeurs font imprimer *langueur ;* en fait, le mot *largeur* a été corrigé en *longueur* par surcharge, mais le *u* a été omis après le *g.* C'est donc d'une hésitation *largeur-longueur* qu'il s'agit et non *langueur-longueur.* C'est la copie de Germain Nouveau, maladroite, incertaine : plus haut, a-t-il écrit *plans* pour *plants ?* Cf. dans *Villes* le cas de *Brahmas* (la note 6 p. 507) et les autres imperfections du texte qu'il a, dans cet autre cas, recopié en entier. (A. G.)

6. Les *Guaranis* sont des Indiens de l'Amérique du Sud, dont Rimbaud a pu lire le nom dans des récits de voyages ou des romans d'aventures. Chez les Guaranis, les tombes des personnages de distinction étaient (dit le *Larousse du XIXᵉ siècle*) plantées de fleurs. En joignant les aristocraties d'outre-Rhin, du Japon et d'Amérique, Rimbaud mêle les données géographiques les plus éloignées. (S. B.)

Le mot *Guaranies* est écrit de la main de Rimbaud. (A. G.)

7. Faut-il voir dans ces *auberges* qui *n'ouvrent déjà plus* une réminiscence de l'*auberge verte* de Charleroi, à laquelle Rimbaud donnait déjà une valeur symbolique dans *Comédie de la soif* (voy. n. 17, p. 435)?

8. *Elle* pose ici le même problème que dans le texte précédent. Pour Matucci, il s'agit toujours de *la Vampire,* mais il en fait cette fois le symbole de la « réalité contingente », *ta force* montrant, à la fin du texte, que le poète a surmonté l'état d'angoisse qui était décrit dans

Angoisse, et qu'il a conscience à présent de sa force. Si l'on croit, au contraire, qu'*Elle* peut désigner les forces de la mort, *vous vous débattîtes* signifie : « Elle et toi, vous avez lutté », et cette sorte de « combat avec l'ange » pourrait faire allusion aux impressions éprouvées par Rimbaud à Bruxelles, sur son lit d'hôpital — mais cette lutte se situe dans une débauche de visions colorées et d'extraordinaires correspondances.

9. Les commentateurs ont souvent remarqué, dans ce paragraphe, d'abord une application des *correspondances* baudelairiennes (*parfums pourpres* fait songer aux parfums « verts comme les prairies » du sonnet des *Correspondances*), ensuite une succession de couleurs qui ramène exactement les cinq couleurs du sonnet des *Voyelles : neige* et *glaces* pour le *blanc*, lèvres *vertes*, drapeaux *noirs*, rayons *bleus*, parfums *proupres* (mais on peut remarquer que les lèvres sont ici, non pas rouges comme dans le sonnet : *I, pourpres, sang craché, rire des lèvres belles,* mais *vertes,* ce qui est plus singulier et accentue le tragique de la vision, de même que les *drapeaux noirs*).

BARBARE

P. 292.

1. *Barbare* est, suivant l'expression de Ruchon, une « fugue en rouge et blanc » (*Rimbaud,* p. 127). On trouve en effet dans cette pièce, plus que le désir d'exprimer ou de décrire, un effort pour créer une structure « musicale » très sensible, avec pour double thème le *rouge* et le *blanc,* je dirais plutôt le feu et la glace : *brasier* et *givre, feux* et *diamants, brasiers* et *écumes,* il y a ici un contrepoint d'éléments contraires. Des effets de refrains (*Le pavillon...*), des reprises d'expressions (*Douceurs!*), et, pour finir, le regroupement de tous les thèmes : *O Douceur, ô monde, ô musique!* accentuent cette impression d'architecture musicale.

On peut considérer comme une « source » possible un poème en prose peu connu d'A. Beghin, publié dans *L'Artiste* en 1873, *L'Orage,* où l'on trouve des expressions telles que « choc des gouffres contre les gouffres », « torrents de lueurs », et, après l'orage, « un souffle doux, expressif, tendre, dont les légères symphonies vibraient à travers les espaces ». D'autre part, des *rafales de givre* figurent dans un passage de *La Tentation de saint Antoine* de Flaubert que Rimbaud n'a pu lire qu'en 1874 — ce qui fournit un argument à ceux qui veulent assigner aux *Illuminations* la date de 1874. (S. B.) Le début de *jeunesse IV : «* Tu en es encore à la tentation d'Antoine » pourrait avoir été suggéré par la même lecture. Sur *Barbare,* voir Jacques Garelli (*Le Temps des signes,* Klincksieck, 1983, p. 143-164). (A. G.)

2. Pour A. Adam, ce poème ferait allusion au voyage à Java, en 1876, et au retour par Le Cap et Sainte-Hélène. Mais on peut aussi bien penser que Rimbaud évoque une vision hors de tout espace, de tout temps réels, bien après *les êtres et les pays,* ce qui expliquerait la mystérieuse parenthèse : *elles n'existent pas,* à propos des fleurs arctiques.

3. Image souvent considérée comme très hermétique, judicieusement analysée par Olivier Bivort : le *pavillon,* métaphore du ciel,

attestée par Bescherelle ; *en viande saignante,* métaphore du soleil dont on trouve d'autres occurrences dans la poésie de l'époque, notamment chez Verlaine, Léon Dierx, Armand Silvestre. (A. G.)

4. Rimbaud veut-il dire qu'il *n'existe pas* de *fleurs arctiques,* ou simplement qu'il évoque une vision irréelle ? Cf. *Le Meuble,* poème en prose de Charles Cros décrivant une fête « extra-terrestre » sous un plafond « qui n'existe pas », paru en mai 1872 dans *La Renaissance littéraire et artistique.*

5. Dans l'hypothèse d'A. Adam, les *vieilles fanfares d'héroïsme,* de même que les *assassins,* feraient allusion au corps expéditionnaire de Java. Mais Rimbaud pense bien plutôt aux *anciens* ASSASSINS de *Matinée d'ivresse,* et aux séances de haschisch, à propos desquelles il parlait justement de *fanfare.*

6. Le passage où il est question de *rafales de givre* dans *La Tentation de saint Antoine* (éd. des Textes français, p. 168) ne se trouve que dans l'édition définitive du livre de Flaubert, qui a paru en avril 1874.

7. Expression étrange, bizarrement construite, et dont certains ont admiré l'incompréhensible beauté. A. Adam pense qu'elle est due à une erreur de transcription : Rimbaud a pu écrire : *les feux à la pluie de diamants,* et les mots *du vent,* ancienne rédaction de la ligne précédente (*rafales de vent* est plus courant que *rafales de givre*) auraient glissé d'une ligne à l'autre. (S. B.) Mais une telle conjecture aurait besoin d'un argument philologique précis. Elle reste invérifiable. (A. G.)

8. Il semble certain, déclare A. Adam à propos de cette *pluie de diamants* jetée par le *cœur terrestre,* « que Rimbaud évoque l'image des geysers d'Islande » ; hypothèse séduisante en effet, mais qui donne peut-être un commentaire exagérément précis des expressions de Rimbaud — plus encore lorsque dans *la musique, virement des gouffres et choc des glaçons aux astres,* il croit retrouver « le maelstrom, entrevu sur les côtes de Norvège », et le fracas que les voyageurs d'hiver entendent au voisinage des îles Lofoten. Matucci, quant à lui, repousse formellement cette hypothèse : pour lui, cette pièce marque un effort d'évasion hors du réel et de poursuite de l'inconnu, une rébellion contre les limites qui déterminent les choses et les empêchent de communiquer ; le poète a recours au Chaos, il nous fait sentir le pullulement des forces universelles à travers une splendeur de mouvements, de sons, de couleurs ; rien ne peut résister à sa force tout à la fois destructrice et créatrice. Il est très difficile de prendre parti entre ces deux attitudes opposées ; je crois, en tout cas, que Rimbaud a très bien pu partir de souvenirs réels (qui peuvent du reste être des souvenirs de lectures !), mais qu'il opère, dans ce texte plus encore que dans les autres, un extraordinaire effort de transposition.

9. Cette phrase s'oppose en tout cas à une interprétation trop précise, car Rimbaud n'a pas pu voir en Islande de « volcans arctiques » ; elle est surtout destinée, semble-t-il, à suggérer des impressions très mêlées, et qui font appel à différents ordres de sensations : visions de *formes,* larmes *bouillantes,* musique de *la voix féminine.* Dans le monde « barbare » de Rimbaud, commentent Étiemble et Y. Gauclère, « *les formes, les sueurs, les chevelures et les yeux,* sans corps auxquels ils puissent s'intégrer, sans fonction, sans place dans et par rapport à autre

chose, sans subordination à quoi que ce soit, existeront chacun en soi ;
leur existence ne dépendra d'aucune condition qui soit extérieure à leur
essence ». Même *la voix* existera « sans que rien d'autre la doive
produire » (*Rimbaud,* p. 140).

SOLDE

P. 293.

1. Le titre de cette pièce semble bien indiquer une volonté de
liquidation du passé, un passé qui est celui du voyant : « Après les vastes
espoirs, après les ambitions surhumaines, il ne reste plus qu'à solder »,
écrit A. Adam. Certains font toutefois remarquer l'optimisme de la
conclusion : *Les vendeurs ne sont pas à bout de solde ! Les voyageurs n'ont pas à
rendre leur commission de si tôt !* Étiemble et Y. Gauclère considèrent ce
texte comme un commentaire direct de la lettre du « voyant », Rimbaud
exposant aux hommes « ce qu'il rapporte de *là-bas* ». Il semble qu'on
trouve ici, unis de façon caractéristique, l'orgueil qui subsiste en
Rimbaud de cette entreprise exceptionnelle, et des richesses qu'il en a
rapportées, mais aussi la volonté de mettre fin à une tentative qui n'a
plus de sens à présent pour lui. Une certaine ironie perce, du reste, dans
cette façon de vanter *l'occasion, unique, de dégager nos sens,* ou de proposer la
possession immédiate des *trouvailles* et des *termes non soupçonnés.* Cette parodie
du boniment d'un *voyageur*... de commerce, ou plutôt d'un camelot des
boulevards, est tout de même assez éloignée du ton exalté de la lettre à
Demeny. (S. B.) Voir l'explication de *Solde* par Albert Henry (*Lecture de
quelques Illuminations,* Bruxelles, Académie royale de Belgique, 1989,
p. 77-93. (A. G.)

2. *Ce que les Juifs n'ont pas vendu,* eux qui vendent tant de choses, c'est
cela qui n'a pas de prix, car il s'agit de richesses jusqu'alors ignorées,
que *noblesse ni crime* n'ont goûtées. L'attitude de Rimbaud est à rapprocher ici de l'attitude orgueilleuse du damné de *Nuit de l'enfer,* qui parle
aussi de ses *richesses :* « Je suis mille fois le plus riche... »

3. Allusion à *La Mort des amants* de Baudelaire.

4. Les termes de Rimbaud rappellent ici ceux de la lettre du voyant :
« Qu'il crève dans son bondissement par les choses inouïes et innommables », disait-il de l'autre « poète ; seuls des termes *négatifs* peuvent désigner
ces richesses « innommables ». Les splendeurs de « l'inconnu » sont
accessibles à l'esprit, non aux sens.

5. *Inquestionable* paraît un anglicisme (en anglais *unquestionable* signifie
incontestable, Rimbaud a-t-il fait un lapsus ?) ; l'orthographe *comfort* qu'il
emploie plus haut lui est habituelle (cf. dans *Mouvement : le sport et le
comfort*), et c'est l'orthographe donnée à l'époque à ce mot anglais, par
Baudelaire par exemple : « Tout le *comfort* exige une température rigoureuse » (*Un mangeur d'opium,* IV).

FAIRY

P. 294.

1. Encore un texte qui a reçu les interprétations les plus diverses :

Pour A. Adam, il s'agirait, comme dans *Being Beauteous,* d'une danseuse. Pour Rolland de Renéville, c'est la Femme qui serait ici symbolisée «dans cette glorieuse Hélène, personnification gnostique de la force amoureuse» (*Rimbaud le Voyant,* p. 104). Pour Gengoux, Hélène représenterait l'évolution subie par la Poésie grecque renaissant après avoir disparu dans un monde barbare (cf. la lettre du 15 mai), et redevenue «enfante». Matucci, lui, note que le climat d'enchantement où se meut l'enfance d'Hélène ressemble étrangement à celui de l'univers rimbaldien; faut-il en elle, se demande-t-il, reconnaître le poète? Du moins, pense-t-il, tout semble vivre en fonction d'elle, jusqu'au moment où elle se détache dans un mouvement de danse de «ce monde enchanté qui semble jusqu'alors avoir célébré sa créature». Dans le même esprit, Dhôtel dit que Rimbaud célèbre l'avènement de son Ame, «qui hier encore était une enfant qu'il fallait amuser avec des légendes» (*Rimbaud et la révolte moderne,* p. 91). J'ai, pour moi, le sentiment que Rimbaud, partant d'impressions visuelles et auditives (éprouvées, peut-être, devant un spectacle de danse), y associe des souvenirs de lectures — et s'efforce, surtout, de susciter une atmosphère de splendeur et de surnaturelle beauté. Le nom d'Hélène peut bien représenter toute la beauté du monde cristallisant autour de la beauté d'une femme (puisque *Hélène* de Troie était le symbole de la beauté féminine). En 1872 Mallarmé avait traduit dans *La Renaissance littéraire et artistique* les . *Stances à Hélène* où Poe disait : «Hélène, ta beauté est pour moi comme ces barques nicéennes d'autrefois qui, sur une mer parfumée, portaient doucement le défait et las voyageur à son rivage natal»; et pourquoi le poème de Rimbaud ne devrait-il pas aussi quelque chose à l'*Hérodiade* du même Mallarmé (publié en 1869 dans *Le Parnasse contemporain*), où la beauté hiératique et glacée d'Hérodiade était également évoquée par des éclats précieux et des influences froides? *Fairy,* le premier des cinq poèmes publiés en 1895 par Vanier, peut du reste être un poème assez ancien : l'écriture est différente de celle de tous les textes précédents. (S. B.)

Voir l'analyse de *Fairy* par Albert Henry (*Lecture de quelques Illuminations,* Bruxelles, Académie royale de Belgique, 1989, p. 95-106. (A. G.)

2. *Ornamentales* est un anglicisme, comme on en trouve assez fréquemment chez Rimbaud.

3. Matucci propose, pour rendre cette phrase compréhensible, de mettre une virgule après le premier mot : *Après,* le moment... A. Adam, lui, suppose que Rimbaud, ayant d'abord écrit *Après le moment,* s'est arrêté et a commencé un nouveau mouvement : *De* (from) *l'air des bûcheronnes à* (to) *la rumeur des torrents,* oubliant de raturer les trois premiers mots. Le sens est peut-être meilleur en gardant *Après,* suivi d'une virgule : «Après (cela, vient) le moment de l'air des bûcheronnes à la rumeur du torrent (accompagné par la rumeur du torrent : *à* surcharge *avec*)» (S. B.) En vérité rien n'autorise ces sortes de modifications du texte. (A. G.)

4. Il faut bien lire *fourrures,* et non *fourrés,* comme avait corrigé Vanier, ce qui était évidemment plus compréhensible... Mais de toute façon les expressions abstraites et concrètes se mêlent curieusement, les

fourrures et les *ombres*, le *sein des pauvres* et les *légendes du ciel;* les fourrures peuvent, pour une femme, symboliser le luxe, et s'opposer au sein des pauvres. Charles Cros avait évoqué, dans sa *Chanson de route Arya*, publiée dans *La Renaissance littéraire et artistique* le 6 juillet 1873, « le bruit des fleuves et le frisson des futaies » : l'allitération est la même.

5. Les *éclats précieux* et les *influences froides* rappellent Hérodiade, « au clair regard de diamant ». A la fin du poème de Mallarmé, il est question, comme ici, d'une *enfance :*

> *D'une enfance sentant parmi les rêveries*
> *Se séparer enfin les froides pierreries.*

Et l'on sait qu'Hérodiade *dansa* devant Hérode. Le poème de Rimbaud est, si l'on ose dire, très « mallarméen » : la noblesse et l'impassibilité y remplacent le dynamisme habituel des *Illuminations*.

GUERRE

P. 295.

1. *Guerre* est écrit sur un autre papier, et d'une écriture plus petite, que *Fairy* et les textes précédents. De quand peut-on dater ce texte, qui fait partie des cinq poèmes publiés par Vanier postérieurement aux autres, en 1895 ? Ne pourrait-on penser que Rimbaud l'a écrit pendant l'été 1875, lorsqu'il faillit s'enrôler dans l'armée carliste ? L'allusion aux mathématiques appuierait cette idée, puisque Rimbaud songera en octobre à passer un « bachot » ès sciences (cf. la lettre à Delahaye, 14 octobre 1875, éd. Adam, p. 298-300). Rimbaud fait ici, en quelque sorte, un « bilan » de ses expériences passées, bilan plus ou moins transposé. (S. B.)

Sur *Guerre,* voir l'article de Pierre Brunel dans *Berenice,* n. 2, marzo 1981, p. 28-43. (A. G.)

2. Rimbaud remonte jusqu'à son enfance pour retracer la formation de sa « vision » artistique — formation qui s'est accompli non pas de façon livresque, mais en regardant le ciel dans ses courses vagabondes. On notera le vocabulaire d'allure scientifique (*mon optique,* alors qu'on dit couramment « ma vue »). On a souvent signalé le « colorisme » de Rimbaud, en particulier dans la description des teintes du ciel : ciels *ocreux,* cieux *moirés de vert, azurs verts,* et même cieux *vert-chou,* dans les Poésies.

3. Cette deuxième phrase paraît peu en rapport avec la première (sinon par l'idée de *nuance*). Rimbaud parle-t-il de sa propre *physionomie,* à laquelle il aurait été capable de donner les expressions les plus nuancées correspondant à des *caractères* différents ? Il a évoqué dans *Les Poètes de sept ans* les « âcres hypocrisies » de l'enfant qui « suait d'obéissance ».

4. Est-ce une allusion aux premières applications de la méthode poétique du voyant? *S'émurent* veut dire ici « se mirent en mouvement ». Rimbaud prend-il le mot *Phénomènes* au sens de phénomènes physiques normaux, ou veut-il dire que des choses anormales, extraordinaires, commencèrent à se manifester devant les yeux du voyant? Il semble bien en tout cas que Rimbaud oppose son expérience « magique » à son existence actuelle, qu'il nous présente comme celle d'un homme d'action.

5. *L'enfance étrange* et les *affections énormes*, c'est précisément tout ce que Rimbaud a quitté : *énormes* ayant ici son sens étymologique, « hors de la norme, anormales ». L'expression *succès civils* peut paraître étrange : on ne voit pas bien de quels succès, en effet, Rimbaud pourrait se targuer. C'est seulement en octobre 1875 qu'il s'occupe, dans l'intention de passer son « bachot » ès sciences, de se procurer des livres de mathématiques, physique, chimie; et, en 1876, il partira pour Java avec le corps expéditionnaire néerlandais. Mais je crois qu'il faut se garder de chercher des données biographiques trop précises dans ce texte, qui traduit plutôt un état d'esprit de Rimbaud : il se peint non tel qu'il est, mais tel qu'il voudrait être, tel qu'il espère devenir. Il croit à son avenir d'ingénieur.

6. Rimbaud, simplifiant la courbe de son existence, la « voit » comme une ligne mélodique, d'abord calme, à peine sinueuse, puis s'infléchissant, se dessinant sous la pression des cironstances (noter le terme d'*inflexion*), et s'élançant pour finir, après les *succès civils!* vers les succès militaires, suivant une *logique bien imprévue*. En fait, Rimbaud ne devait pas donner suite à son engagement dans l'armée carliste, la fin de l'insurrection de don Carlos l'ayant rendu sans objet.

JEUNESSE

P. 296.

1. Comme *Fairy, Guerre, Génie* et *Solde,* les quatre textes de *Jeunesse* ont été publiés pour la première fois par Vanier, en 1895, dans les *Poésies complètes* de Rimbaud. L'autographe de *Jeunesse I (Dimanche),* un des deux textes avec *Génie,* à être copié sur papier bleu, est passé dans la collection Graux et fut donc acheté, en 1957, par la Bibliothèque Nationale. Quant au feuillet portant *Jeunesse II (Sonnet), III (Vingt ans)* et *IV,* le successeur de Vanier, Albert Messein, en hérita. En échange de l'autorisation de reproduire pour la collection « Les Manuscrits des maîtres » des autographes de Verlaine appartenant à Stephan Zweig, Messein offrit à ce dernier le manuscrit de ces trois textes. Racheté par Martin Bodmer avant la dernière guerre, à la dispersion de la collection Zweig, il est aujourd'hui conservé dans la Bibliothèque Bodmer, à Cologny, près Genève. (A. G.)

Berrichon, en 1912, avait placé *Jeunesse IV* à la fin de *Veillées.* En

effet, alors que le premier texte paraît se rattacher à une période d'étude
(*Reprenons l'étude*), que le second représente un retour vers un passé plus
ou moins récent, et une mise au point de la situation présente (*Mais à
présent*), que le troisième, *Vingt ans* (qui daterait, si le titre est exact, de
1874), semble résumer d'amères constatations sur la vie sentimentale et
créatrice du poète, le quatrième texte rend un son très différent : il
envisage l'avenir. Je crois toutefois que les deux premières phrases
permettent de rattacher ce texte au précédent : après un moment de
défaillance, le poète se reprend, semble-t-il, se tance lui-même et décide
de surmonter la *tentation* et de se mettre à un nouveau travail qui ne sera
plus tant, cette fois, fondé sur la « voyance » que sur la « création ». Ce
quatrième texte doit avoir été écrit, comme le précédent, en 1874 :
hypothèse que renforce non seulement l'examen de l'écriture du
manuscrit, mais l'allusion, assez probable, à *La Tentation de saint Antoine*
de Flaubert, qui n'a paru en librairie qu'en avril 1874 ; mais il est vrai
que Rimbaud aurait pu en lire des fragments dans *L'Artiste*, chez
Charles Cros, dès 1871 (voir les notes 1 et 6, p. 520-521).

2. Ce premier texte nous montre le poète au travail, plus exactement
décrit une halte dans le travail, halte consacrée à la *visite des souvenirs* et à
la *séance des rhythmes*. Les visions évoquées ici sont-elles d'ordre hallucinatoire, sont-elles des transpositions de souvenirs ? Il semble que nous
nous trouvions en présence, en quelque sorte, d'un stade intermédiaire : celui où alternent des périodes de visions (qui, nées de
souvenirs, prennent forme hallucinatoire), et des périodes d'*études* et de
calculs. (S. B.) Voir l'étude de *Jeunesse I* par Albert Henry (*Lecture de
quelques Illuminations*, Académie royale de Belgique, 1989).

3. Comprenons : les *calculs* étant mis *de côté* (pour céder la place aux
visions). Les *calculs* représentent le travail créateur actif ; *l'inévitable
descente du ciel*, la passivité du visionnaire (cf. la fin de *Mystique*).

4. Le *turf suburbain* est une allusion à l'Angleterre, le turf désignant le
gazon ; il est possible que l'expression de *peste carbonique* fasse allusion à
cette « fumée de charbon » dont Rimbaud parle aussi dans *Ville*
(« épaisse et éternelle fumée de charbon »).

5. Le mot *desperado* est d'origine espagnole, mais Underwood fait
remarquer qu'il est employé couramment en anglais : il s'agit de « têtes
brûlées », d'hommes prêts à tout.

6. Ces diverses visions ont en commun leur pessimisme et leur
caractère dramatique. Y a-t-il lieu de leur chercher une origine précise,
notamment pour *une misérable femme de drame,* qui pourrait être Mathilde
Verlaine soupirant après des *abandons improbables,* et qui a dû représenter
pour Verlaine, sinon pour Rimbaud, un remords et une hantise
perpétuels durant leur séjour commun en Angleterre ? On sait que
Verlaine se plaignait que c'était *lui* l'abandonné... Mais il est difficile de
chercher des allusions précises, car les jeux de l'inconscient ne se
laissent pas percer facilement.

7. Phrase sibylline, très rimbaldienne par l'union de l'abstrait et du
concret *(au bruit de l'œuvre dévorante)* et par le dynamisme des verbes *se
rassemble* et *remonte*.

8. Le début au moins de ce texte semble faire allusion de façon

assez nette à la liaison entre Rimbaud et Verlaine : passé récent, et désormais défunt. Underwood a noté en effet une similitude assez frappante entre cette première phrase et le premier vers d'un *sonnet* de Verlaine, envoyé à Lepelletier le 16 mai 1873, et qui prendra place, sous le titre *Luxures*, dans *Jadis et Naguère* : « Chair ! ô seul fruit mordu des jardins d'ici-bas. » On conçoit alors que Rimbaud ait pu se demander si *aimer* était *le péril ou la force de Psyché* — « Psyché, mon âme », comme dit Poe dans *Ulalume*. (S. B.)

Le titre du texte, *Sonnet,* peut paraître injustifié : comment ce texte en prose peut-il s'intituler *Sonnet ?* Et l'on a imaginé des explications parfois fantaisistes. En vérité, le titre, ajouté après la copie du texte, reflète l'apparence que le hasard sans doute lui a donné : quatorze lignes qui semblent, à vue d'œil, les quatorze vers d'un sonnet (voyez le fac-similé dans les pages d'iconographie, et mon article dans *Le Mythe d'Étiemble, Hommages (...),* Didier Érudition, 1979, p. 98-101.) (A. G.)

9. Les deux mots *toi... toi,* repris ensuite par *votre danse et votre voix,* font-ils allusion aux deux amis? On le croirait volontiers. *Impatiences* convient particulièrement bien à Rimbaud, mais on voit moins quels pouvaient être les *calculs* de Verlaine (sinon, peut-être, ceux par lesquels il essayait de retenir son ami); il faut dans ce cas rapporter également la *danse* à Rimbaud (cf. dans *Phrases :* « et je danse »), et la *voix* à Verlaine (dans la poésie duquel ce mot revient si fréquemment).

10. Quelques éditions impriment *saison* au lieu de *raison.* Longtemps en effet, le texte fut établi d'après un fac-similé, conservé à la Bibliothèque municipale de Charleville. L'examen du manuscrit montre que le mot est bien *raison,* qui surcharge le début de *logique.* Ce qui est plus problématique c'est le signe ressemblant à un $+$ (« plus ») situé entre *succès* et *une raison.* On peut penser qu'il s'agit d'un simple jambage de lettre biffé horizontalement, ou d'un appel correspondant à un ajout oublié ou perdu, ou un signe qui signifierait « plus ». (A. G.)

11. Ce troisième texte est, lui, nettement pessimiste : par des images, des exclamations entrecoupées, il traduit l'amertume d'un jeune homme qui se trouve, à vingt ans, détaché de son adolescence et jette un regard de regret vers les bonheurs anciens définitivement perdus : il a perdu ses illusions, son ingénuité s'est *rassise* (cf. dans *Après le Déluge :* « Aussitôt après que l'idée du Déluge se fut rassise »), il souffre à la fois de son *impuissance* créatrice et d'une *absence* qu'il ne précise pas. Peut-être Rimbaud a-t-il réellement éprouvé ce « spleen » pour l'anniversaire de ses vingt ans : le texte daterait en ce cas de 1874.

12. On peut penser que Rimbaud emploie ce verbe *chasser* intransitivement par analogie avec le terme de marine : un navire « chasse » sur les ancres lorsqu'il ne reste pas stable, mais qu'il entraîne ses ancres, emmené par le courant.

13. Les deux premières phrases de ce texte permettent, me semble-t-il, de les rattacher aux précédents : *la tentation d'Antoine,* ce sont les visions qui sont venues « tenter » le poète, comme le défilé de chimères qui venaient tenter l'ermite de Flaubert; les *tics d'orgueil puéril, l'affaissement et l'effroi,* ce sont les sentiments mêlés d'orgueil et de

découragement qu'expriment les trois parties précédentes. On peut donc considérer ce texte comme une sorte de conclusion, de retour à *l'optimisme studieux* évoqué dans *Vingt Ans* : « Tu te mettras à ce travail », se dit Rimbaud : il s'agit d'utiliser *toutes les possibilités harmoniques et architecturales* pour faire œuvre de création à partir des données offertes par la *mémoire* et par les *sens*. Non pas tant, donc, recherche de visions, d'hallucinations, que volonté démiurgique de créer, par la magie de la poésie, un univers neuf : et l'expression d'*impulsion créatrice* est significative. Rimbaud passe, ici, du plan *passif* de la Voyance au plan *actif* de la Poésie; et ποιεῖν, c'est « faire ».

14. Tous les symptômes que Rimbaud décrit dans cette seconde phrase, on les retrouvera dans le premier chapitre de *La Tentation de saint Antoine*, de Flaubert, à la fin duquel on voit l'ermite qui s'affaisse, « comme si le lien général de son être se dissolvait ».

15. Cette phrase nous montre l'importance accordée à la structure poétique et « musicale » par Rimbaud, dont Valéry a dit qu'il avait découvert la puissance de « l'incohérence harmonique » (lettre à J.-M. Carré, publiée dans *Autour de Verlaine et de Rimbaud* en 1949). Il ne s'agit nullement pour lui d'écrire en prose « harmonieuse » et coulante, mais de rechercher des effets « harmoniques » par des rapports établis entre les termes, par des combinaisons de thèmes.

16. Cette phrase remarquable définit assez bien la manière dont Rimbaud compose, non pas, comme on l'a dit, en juxtaposant arbitrairement des fragments du monde réel pour donner l'impression d'inconnu, mais en faisant « cristalliser » les éléments fournis par la *mémoire* et les *sens* autour d'une intuition première : le point de départ est l'*impulsion créatrice*.

17. On peut penser que ces phrases se placent soit avant la remarque désabusée de *Délires I* : « Il a peut-être des secrets pour *changer la vie*? Non, il ne fait qu'en chercher », soit au contraire nettement plus tard, en 1874, alors que Rimbaud voit dans la poésie une activité créatrice plutôt qu'une culture d'hallucinations.

PROMONTOIRE

P. 299.

1. De même que, dans les *Villes,* Rimbaud avait groupé des impressions diverses pouvant être suscitées par une métropole, il fait dans *Promontoire,* pense M. Matucci, la synthèse de toutes les péninsules et de tous les promontoires imaginables en une vision merveilleuse. On remarque en effet dans ce poème des termes qui évoquent toutes les parties du monde : l'Épire, le Japon, l'Arabie, l'Italie, l'Allemagne, l'Asie... Toutefois, on peut penser que « l'impulsion créatrice » a été donnée à Rimbaud par un souvenir récent et précis : celui de Scarborough (*Scarbro'*, écrit Rimbaud), que Rimbaud a pu visiter, et dont Underwood nous apprend que c'était une ville d'eaux très « fashionable » alors, et dominée par un beau promontoire surmonté d'une forteresse en ruines d'origine romaine (d'où l'évocation des *fanums*). Un Grand Hôtel gigantesque s'y était ouvert en 1867,

et suivait la forme d'un petit promontoire de la falaise (forme donc demi-circulaire) ; la falaise de l'hôtel était aménagée en *parcs,* en *terrasses,* avec des *talus;* on y voyait, enfin, un petit port (de pêche). Quand Rimbaud a-t-il pu faire un tel voyage, assez long et coûteux (Scarborough est à 380 km de Londres) ? Suivant Underwood, ce voyage ne peut guère se placer en 1872-1873, car il n'y a pas de lacune suffisante dans la correspondance de Verlaine, qui aurait certainement accompagné son ami ; mais Chadwick est de l'avis contraire. On peut s'étonner en tout cas que Verlaine, s'il a fait ce voyage, n'en ait pas parlé ensuite dans sa correspondance. (S. B.) Faut-il ajouter que ce voyage de Rimbaud à Scarborough est une pure hypothèse, qui n'est autorisée par rien que nous sachions de sa vie en Angleterre ? Le texte fait allusion à des hôtels « de Scarbro' ou de Brooklyn » sans qu'on juge nécessaire d'envisager un voyage de Rimbaud à Brooklyn. Le problème est en effet celui de la nécessité de telles hypothèes par rapport au texte et à l'imagination poétique. Sur *Promontoire,* voir le commentaire de Michael Riffaterre dans *The French Review,* April 1982, p. 625-632. (A. G.)

2. *En large* est étrange et peut être une erreur pour *au large.*

3. *Fanum* est un mot latin désignant un temple, un lieu consacré, et *théorie* est à prendre au sens grec de procession (comme les théories envoyées chaque année par les Athéniens à Délos) ; Rimbaud oppose donc les fanums antiques et les côtes *modernes.*

4. Verlaine dit, dans une lettre envoyée de Londres à Lepelletier : « Les docks sont inouïs : Carthage, Tyr et tout réuni, quoi ! »

5. Rimbaud a pu voir à Londres les *embankments* ou chaussées bordant la Tamise, notamment l'Albert Embankment, inauguré en 1869, et le Victoria Embankment, inauguré en 1870.

6. Il s'agit évidemment de *Royal Hôtel* et de *Grand Hôtel.* L'un et l'autre existent à Scarborough aujourd'hui encore. *Brooklyn* évoque l'Amérique, ainsi rapprochée de l'Angleterre (Scarborough).

7. La *tarentelle,* dont le nom évoque une danse spécifiquement italienne (de Tarente), accentue l'aspect cosmopolite de l'évocation. Comment des *tarentelles* et des *ritournelles* peuvent-elles *décorer* les façades du Palais ? Faut-il comprendre qu'on voit les *voyageurs* danser sur les terrasses ?

SCÈNES

P. 300.

1. On a déjà vu la place importante que tenait le théâtre dans les *Illuminations.* Ici nous avons une évocation de *scènes,* mais l'imagination de Rimbaud a volontairement accentué l'aspect de féerie, de merveilleux, *corridors de gaze noire, oiseaux comédiens* (dans la première version), mélange étrange du théâtre et du paysage : *boulevards de tréteaux, amphithéâtre couronné par les taillis...* on ne sait plus si c'est le paysage réel qui devient un décor, ou l'inverse. Ainsi, par une double ambiguïté, Rimbaud nous donne-t-il l'impression que le monde n'est qu'un théâtre, peut être vu comme un décor factice, et inversement que le théâtre représente un autre monde où notre imagination peut

jouer plus librement. Ajoutons que Rimbaud est allé plusieurs fois voir *l'opéra-comique* à Londres, en compagnie de Verlaine; et il est fort probable qu'il a dû y aller de même en 1874, en compagnie de Nouveau.

2. *Pier* est un mot anglais désignant une jetée (Berrichon, ne comprenant pas ce mot, avait corrigé en *pilier*). Comme l'a remarqué Gengoux, Rimbaud use ici du même procédé que dans *Marine,* en employant des termes marins pour ce qui a rapport à la campagne, et inversement : un long *pier* au bout d'un *champ rocailleux;* un *ponton de maçonnerie* mû par un *archipel.*

3. Rimbaud avait d'abord écrit *oiseaux comédiens;* ceci permet de penser qu'il prend *mystère* dans son sens médiéval de *représentation.*

4. On peut se demander, et notamment en lisant ce paragraphe, si Rimbaud n'a pas voulu représenter toute l'existence dite « civilisée » (cf. *salons de clubs modernes*) comme une sorte de vaste « comédie humaine », où l'on pourrait trouver, aussi bien qu'au théâtre, *mystères, scènes lyriques* et *féeries.* Cela pourrait peut-être permettre d'interpréter le dernier paragraphe (voir la note 6).

5. *Taillis, futaies, cultures* évoquent cette fois une fête rustique, mais est-elle réelle ou représentée? et que signifie *l'arête des cultures?* le terme d'*arête,* que Rimbaud affectionne (cf. *Mystique*), a un sens clair au paragraphe suivant (*l'arête d'intersection*), mais non ici. On en vient à se demander s'il ne faudrait pas lui donner un sens figuré, amené par les *Béotiens* (= gens non cultivés).

6. Les critiques renoncent en général à comprendre cette dernière phrase : faut-il penser que Rimbaud a voulu évoquer la multiplicité de décors d'un opéra-comique? faut-il admettre que les cloisons sont étagées depuis les *feux* de la rampe jusqu'aux plus hautes *galeries?* Cette dernière interprétation permettrait de comprendre que, pour Rimbaud, le spectacle est dans la salle : les *cloisons* qui séparent les groupes de spectateurs (dans les loges, en particulier) permettent à la comédie de *diviser ses idylles,* comme il est dit au début : des scènes de toutes sortes se jouent parmi les spectateurs, des propos galants s'échangent, des idylles se nouent.

SOIR HISTORIQUE

P. 301.

1. Ce texte est caractéristique de la manière dont Rimbaud mêle, à des évocations historiques et cosmiques, un mouvement de révolte qui aboutit à une vision d'apocalypse. Le *touriste naïf,* retiré de nos *horreurs économiques,* qui s'évade dans des visions d'abord féeriques, puis historiques, et voit s'édifier sous sa *vision esclave* un monde blême et plat, ne serait-ce pas le Rimbaud visionnaire de 1872, cultivant les hallucinations? et ne peut-on voir dans l'amère dérision de Rimbaud à l'égard de cette *magie bourgeoise* un appel à une révolution plus concrète — à un nouveau Déluge, qui cette fois *ne sera point un effet de légende?* Matucci rapproche ce texte non seulement de *Après le Déluge,* mais du poème *Qu'est-ce pour nous, mon cœur...,* où Rimbaud

appelle en effet de manière analogue les grandes catastrophes et la destruction de la planète.

2. Les commentateurs ont fait remarquer à plusieurs reprises que l'expression *clavecin des prés* était sans doute une manière de désigner (non sans quelque préciosité) le bruit sec et grêle que font souvent les grillons, le soir, dans les prairies.

3. On a souvent rapproché cette phrase de l'*Alchimie du Verbe :* « Je voyais... un salon au fond du lac», pour en conclure à l'antériorité des *Illuminations* par rapport à *Une saison en enfer.* On peut se demander si ce n'est pas, au contraire, Rimbaud, évoquant (en 1874 par exemple) le passé du *voyant,* ce « touriste naïf », qui reprend sarcastiquement des éléments de « magie bourgeoise » pour en dénoncer le caractère factice. Notons que s'il voit jouer aux cartes *au fond de l'étang,* c'est par une hallucination qui lui fait imaginer les *reines* et les *mignonnes* (féminin de « mignons »?) des temps passés, apparues en fait, non pas au fond, mais à la surface de l'étang devenu un *miroir;* la phrase crée donc une sorte de « surimpression ».

4. Toute une fantasmagorie se dessine sur le coucher du soleil (cf. Hugo, *Soleils couchants*), mais les expressions de *fils d'harmonie* et de *chromatismes légendaires* sont bien rimbaldiennes.

5. L'expression *ces plans stupides* évoque, tout d'abord, les *pauvres* et les *faibles* des époques médiévales, opprimés par les seigneurs (cf. les *chasses* et les *hordes*) et incapables de se révolter : de même la « race inférieure » à laquelle fait allusion le début de *Mauvais Sang* dans *Une saison en enfer.* Il faut comprendre en même temps, je crois, que le « touriste naïf » voit devant sa « vision esclave » se dessiner des plans, des scènes stupides, toute une évocation du passé qui n'a pas le moindre intérêt.

6. Cette vision architecturale et raccourcie de l'histoire, avec l'allusion aux *lunes* et à un *petit monde blême et plat* doit peut-être quelque chose à un texte de Th. Gautier paru dans *L'Artiste* en mai 1872 et intitulé *La Lune :* « Un nouveau monde se révèle subitement... Quand on contemple l'astre en son plein, les reliefs s'aplatissent.» Mais il est évident que c'est à notre monde que Rimbaud applique ces expressions, en leur donnant du reste une valeur particulière, d'où ce paradoxe d'un monde *plat* qui va *s'édifier :* il s'édifie *illusoirement,* sous les yeux du voyant, mais n'a pas plus de réalité qu'une image privée de la troisième dimension. On voit avec quel mépris Rimbaud parle de ses visions !

7. Faut-il rapprocher cette *chimie sans valeur* de l'*alchimie* du Verbe?

8. Les *Nornes* sont les trois Parques de la mythologie scandinave. Bouillane de Lacoste a fait observer que Rimbaud connaissait certainement *La Légende des Nornes,* de Leconte de Lisle, poème évoquant la naissance aux temps jadis, et la destruction à venir de l'univers. On y trouve des vers tels que ceux-ci :

> *Pleurez, lamentez-vous, Nornes désespérées!*
> *Ils sont venus, les jours des épreuves sacrées,*
> *Les suprêmes soleils dont le ciel flamboiera,*
> *Le siècle d'épouvante où le Juste mourra!*

et ceux-ci, qui évoquent la grande catastrophe cosmique et dont Rimbaud s'est probablement inspiré :

> *Tels qu'une grêle d'or, au fond du ciel mouvant,*
> *Les astres flagellés tourbillonnent au vent,*
> *Se heurtent en éclats, tombent et disparaissent;*
> *Veuves de leurs piliers les neuf sphères s'affaissent;*
> *Et dans l'océan noir, silencieux, fumant,*
> *La Terre avec horreur s'enfonce pesamment!*

Ajoutons que dans deux autres pièces des *Poèmes barbares*, *Solvet seclum* et *La Fin du monde*, Leconte de Lisle a évoqué l'anéantissement du globe. Inutile d'ajouter que Rimbaud se souvient aussi de l'Apocalypse de saint Jean dans la Bible.

9. *Effet de légende* ne fait pas seulement allusion à *La Légende des Nornes :* cette dernière phrase oppose la destruction du monde à la *magie bourgeoise* qui, elle, « construisait » des mondes de légende — de même que *l'être sérieux* de la fin du poème s'oppose au *touriste naïf* qui se contentait d'une *atmosphère personnelle* de rêve et d'hallucinations.

BOTTOM

P. 302.

1. Le titre primitif, *Métamorphoses,* a été barré sur l'autographe et remplacé par *Bottom,* allusion évidente au Bottom du *Songe d'une nuit d'été,* qui se trouve changé en *âne.* Mais nous avons effectivement, dans ces trois paragraphes, une suite de métamorphoses, qui paraissent bien, du reste, symboliques. Rimbaud semble faire allusion à un épisode amoureux, dont il est bien difficile de retrouver une trace précise dans sa biographie. Pour tout fil conducteur, nous avons une allusion assez vague de Verlaine, en 1886, dans *Le Symboliste* où il résume ainsi la vie sentimentale de son ami : « Peut-être quelque *vedova molto civile* dans quelque Milan, une Londonienne rare, sinon unique — et c'est tout. » Cela paraît insuffisant pour avancer, comme l'a fait Mme Méléra, une hypothèse concernant les amours de Rimbaud avec une jeune fille du West End habitant une superbe maison, hypothèse toute gratuite. A. Adam propose avec plus de vraisemblance de songer à la *vedova molto civile* de Milan : on sait qu'en mai 1875 Rimbaud était à Milan, où la tradition rapporte qu'il tomba malade et qu'il fut hébergé (dit Delahaye) par une « dame charitable » qui habitait « 2, piazza del Duomo ». On pourrait admettre que Rimbaud, fatigué par la *réalité épineuse* (il arrivait de Stuttgart à pied), se soit laissé dorloter par sa *dame,* captif de l'amour comme l'*oiseau bleu* de la légende. Sa métamorphose en ours couché au pied du lit suggère peut-être (pense A. Adam) la servitude à laquelle il a été réduit. Enfin, échappant à cet abaissement, il se serait enfui un matin de juin, *aube de juin batailleuse :* or, précisément, c'est au début de juin 1875 que Rimbaud a quitté Milan (puisque le 15 juin le consulat lui a fourni les moyens de revenir en France). On sent, en tout cas, que Rimbaud raille et sa *dame* et lui-

même, et que sa transformation en *âne* au troisième paragraphe est pleine d'intention : s'il est devenu âne, c'est qu'il l'a bien voulu, c'est qu'il s'est laissé séduire par Dalila, oubliant ses invectives passées contre *les sœurs de charité* : que l'histoire se soit passée à Londres ou à Milan, la moralité reste la même. Il faut ajouter que c'est du reste une attitude familière à Rimbaud que de douer les hommes de caractères animaux (cf. dans *Alchimie du Verbe* : « Cette famille est une nichée de chiens... j'ai aimé un porc. »).

2. Miss Starkie rappelle que le conte de *L'Oiseau bleu* a précisément été tiré d'une légende ardennaise, *Fleurine et Truitonne* : le prince charmant, devenu un oiseau bleu « couleur du temps » *(gris bleu)* vole vers sa bien-aimée qui est enfermée en haut d'une tour. *S'essorer* est le terme propre qu'on applique à un oiseau qui prend son essor : mais ici l'envol de l'oiseau ne va pas plus loin que les *moulures du plafond* : il est domestiqué, enfermé.

3. A propos de la métamorphose en *ours*, Étiemble et Y. Gauclère évoquent un autre conte, celui de *La Belle et la Bête* (où l'ours, qui adore les *chefs-d'œuvre physiques* de la Belle, est dévoré de *chagrin* de n'être pas aimé); miss Starkie rappelle que dans *L'ours et le pacha*, vaudeville de Scribe, le héros se déguise en ours et commet finalement l'erreur de mettre une tête blanche sur un corps noir. Plus intéressante est l'interprétation proposée par A. Adam : les ours empaillés ont, paraît-il, les *gencives violettes*, et Rimbaud se verrait donc, de façon symbolique, métamorphosé en descente de lit (d'où *au pied du baldaquin*).

4. Cette seconde métamorphose nous conduit donc du soir à la nuit. *Aquarium* évoque l'élément liquide, l' « eau » des ténèbres, et suggère peut-être une nouvelle métamorphose. (S. B.) Alan R. Chisholm a rapproché cette phrase-intermède de celle d'Hugo dans *Les Travailleurs de la mer* (I, I, VII) : « Le rêve est l'aquarium de la nuit. » (A. G.)

5. Par cette expression plaisante (qui rappelle les *Sabines* de Tite-Live se jetant entre leurs pères et leurs époux pour arrêter la *bataille*), il n'est guère douteux que Rimbaud évoque les prostituées de la *banlieue* d'une grande ville, Londres ou Milan.

H

P. 303.

1. Ce poème se présente comme une véritable devinette, qui se termine par *trouvez Hortense*. Des expressions telles que *l'ardente hygiène des races* ont incité des commentateurs (Rolland de Renéville par exemple) à penser qu'*Hortense* désigne la courtisane, dont le rôle remonte à une haute antiquité. L'interprétation d'Étiemble et Y. Gauclère, plus satisfaisante, fait de ce texte une allusion à la masturbation *(Sa solitude est la mécanique érotique)*. A. Adam pense, lui, qu'il s'agit plutôt de la pédérastie : son meilleur argument est qu'aux expressions *sa passion ou son action* répondent deux vers de *Ces passions qu'eux seuls nomment encore amour*, de Verlaine (paru dans *Parallèlement*, 1889) :

> *Et pour combler leurs vœux, chacun d'eux tour à tour*
> *Fait l'action suprême, a la parfaite extase.*

Pourquoi ce nom d'*Hortense*? Il ne saurait s'agir de la reine Hortense. Faut-il chercher dans ce prénom une anagramme? Dans Hortense on trouve *Eros*, plus HNET (le mot anglais, *then*, «alors»?. cf. p. 537, note 10). (S. B.)

De la lettre *H*, traduite en «hasch», de là en «haschich», on a pu faire le mot de l'énigme, et Yves Bonnefoy a proposé une explication par la drogue (*Rimbaud par lui-même*, p. 157) tandis que Maria Luisa Premuda Perosa pense que le dessin de la lettre *H* désigne une guillotine et le son une «hache», le poème témoignant de la hantise de la peine de mort (*Une écriture de l'énigme: «H» de Rimbaud,* Naples, Edizioni scientifiche italiane, 1988). Mais *H* est surtout la première lettre de *Habitude* et si l'on compare la rime *solitude-lassitude* de la deuxième phrase à la rime *solitude-Habitude,* sur laquelle s'achève le dizain où Rimbaud raille le Prince impérial à propos du plaisir solitaire (voyez p. 323 et la note 1, p. 545), l'interprétation d'Étiemble et de Yassu Gauclère ne laisse plus de doute et le mot de l'énigme de *H* est *Habitude,* euphémisme désignant, à la point du dizain, ce qu'on appelle malencontreusement l'onanisme. (A. G.)

MOUVEMENT

P. 304.

1. Ce texte, de même que *Marine,* est écrit en vers «libres», et doit dater de la même époque : il est fort possible que Rimbaud ait été influencé par les poèmes en «versets» de Whitman, dont la *Renaissance littéraire* publiait la traduction en 1872, et qui chantaient l'ère nouvelle, les découvertes modernes et le progrès. Peut-être l'impulsion initiale vient-elle d'un trajet effectué en bateau avec Verlaine : plutôt qu'à la traversée Ostende-Douvres, je songerais à celle qu'ils ont faite en 1873, lorsqu'ils se sont embarqués à Anvers pour regagner Londres, le 26 mai, passant toute la nuit en mer («18 heures de mer, sans compter l'Escaut et la Thames *river* », annonçait Verlaine à Lepelletier).

Mais le thème essentiel du poème est le progrès, la *nouveauté chimique,* l'évocation des *conquérants du monde* avec leur richesse, leur luxe et leur *comfort.* L'admiration de Rimbaud pour ces nouveaux conquistadores qui emmènent avec eux *l'éducation des races, des classes et des bêtes* n'est-elle pas traversée de quelque ironie? Plutôt que des « voyants » d'un âge nouveau (voir note 4), on peut voir ici des hommes d'affaires, songeant surtout à leur *fortune personnelle,* peut-être aussi des ingénieurs et leur *stock d'études;* mais il semble bien en tout cas que le *couple de jeunesse* qui s'isole sur *l'arche* est opposé à cette bourgeoisie enrichie, et que l'arche est ici un symbole, appelant l'idée d'un déluge tel que celui qui est évoqué dans le premier poème des *Illuminations.* Ce poème me paraît représentatif du double et contradictoire mouvement qui anime Rimbaud, le poussant tantôt vers la célébration d'un âge moderne et scientifique, tantôt vers le retour à la féerie merveilleuse et irrationnelle des ères primitives (de même que dans les villes il voit tantôt les merveilles architecturales de l'avenir, tantôt une réalité sordide qui lui fait regretter la nature sauvage). Faut-il reconnaître dans ce *couple* Verlaine et Rimbaud? C'est assez plausible, si l'on imagine les deux aventuriers, *læti et errabundi,* s'isolant, par *sauvagerie* et mépris de la société, *Dans l'orgueil d'être plus libres Que les plus libres de ce monde* comme l'écrira Verlaine. Rimbaud, s'il a vraiment écrit ce poème après son séjour à Roche en 1873, est alors dans toute l'exaltation de son livre « nègre » et des revendications « sauvages » de *Mauvais Sang.* (S. B.)

Michel Charolles a étudié le rapport souvent contradictoire entre le texte de *Mouvement* et ses différentes interprétations (*Europe,* mai-juin 1973). C. A. Hackett, dans son édition de l'Imprimerie Nationale, détache des *Illuminations* et place à la fin des *Derniers vers* ce poème composé en quatre strophes (voir le fac-similé publié dans *Circeto, revue d'études rimbaldiennes,* n° 1, octobre 1983). (A. G.)

2. *L'étambot* se trouve à l'arrière d'un navire (à l'opposé de l'étrave, qui est à l'avant). Le *gouffre* apparaît donc aux voyageurs qui regardent, penchés à l'arrière du bateau.

3. Il est possible qu'ici encore (comme dans *Marine*) Rimbaud cherche à mêler des impressions terrestres (les *trombes du val,* ce sont les *chutes du fleuve*) et maritimes (le *strom,* mot germanique, désigne un violent courant marin, comme dans *Maelstrom :* on sait qu'E. Poe a écrit *Une descente dans le Maelstrom*).

4. Il y a de curieuses analogies, comme l'a remarqué M. Matucci, entre ce passage et *Solde :* « A vendre les habitations et les migrations, sports, féeries et comforts parfaits, et le bruit, le mouvement et l'avenir qu'ils font ! » Il sera question plus loin également d'*extase harmonique,* répondant aux *sauts d'harmonie inouïs* de *Solde.* Si on rapproche, d'autre part, les mots *vertige* et *étude* de la phrase d'*Alchimie du Verbe* où ils figurent aussi : « Ce fut d'abord une étude... Je fixais des vertiges », on est tenté de se demander si Rimbaud n'assimile pas ces *conquérants du monde* à des « voyants ». On a toutefois quelque peine à admettre que le privilège du « voyant » puisse s'étendre ainsi à tout un groupe social ! Pour ma part, je ne suis pas loin de penser que Rimbaud parle avec une certaine raillerie de ces « héros » de la science et de leur *extase.* Comme je l'ai dit plus haut, on voit ici se superposer, à l'enthousiasme pour les découvertes de la science, une hostilité de primitif à la civilisation occidentale.

5. Rimbaud a bien écrit *route* hydraulique et non *roue :* il s'agit donc du « chemin d'eau » qui fait avancer le bateau suivant *l'énorme passade du courant.* La parenthèse n'en est d'ailleurs pas plus claire : faut-il comprendre que le *stock d'études* évoqué ici, c'est l'eau et la force hydraulique? Rimbaud ferait alors bien curieusement figure de précurseur...

6. Il faut, très probablement, donner à *arche* un sens symbolique (et non comprendre, comme Gengoux, le pont du navire) : le *couple de jeunesse* s'isole, appelle un nouveau Déluge, et *se poste* pour l'attendre.

DÉVOTION

P. 306.

1. Voici une des proses les plus mystérieuses des *Illuminations.* Sous forme de litanies, Rimbaud s'adresse à des personnages énigmatiques,

à lui-même aussi (*A l'adolescent que je fus*), et évoque des événements et des personnes dont il nous est impossible, en l'état actuel de nos connaissances, de percer le secret. Il est difficile d'affirmer, comme A. Adam, que «c'est dans la grande nuit polaire que Rimbaud a écrit *Dévotion*» : seul le paragraphe où il est question de *Circeto des hautes glaces* pourrait permettre de le penser, mais ce n'est là qu'une hypothèse. Le ton est en tout cas remarquable par une sorte de ferveur : Rimbaud l'antireligieux dresse ici sa litanie à *tout culte* et parle de sa *prière muette* avec un sérieux que n'entachent, semble-t-il, que de rares traces d'ironie. Justement parce que cette pièce, dans sa parfaite obscurité, offre un charme étrange, André Breton l'a aimée avec dilection et il a, nous dit-il dans *Flagrant Délit*, élevé un «autel» à «l'une des plus mystérieuses passantes qui traversent *Les Illuminations*, Léonie Aubois d'Ashby». (S. B.) Sur *Dévotion*, voir les interprétations de Mario Richter (*Les Deux «Cimes» de Rimbaud : «Dévotion» et «Rêve»*, Slatkine, 1986) et d'Albert Henry (*Lecture de quelques Illuminations*, Bruxelles, Académie royale de Belgique, 1989, p. 117-135). (A. G.)

2. S'il est exact, comme le fait remarquer A. Adam, que le nom de Louise Vanaen paraît flamand, c'est plus douteux pour *Voringhem* (qui semble être un nom de localité) : Underwood a rapproché ce nom de celui du village de Vöhringen, dans le Wurtemberg, dont la capitale est Stuttgart : comme Rimbaud a séjourné à Stuttgart en 1875, il y aurait donc là un élément de datation possible; Chadwick, en revanche, déclare que la terminaison *-inghem* est beaucoup plus caractéristique de la Flandre que de l'Allemagne (de même que le nom de Vanaen), ce qui rapporterait la composition de cette pièce aux voyages faits en Belgique par Rimbaud en 1872 et en 1873. *Ma sœur*, puisqu'il est question de *cornette*, désigne une religieuse.

3. M. de Jong, lecteur à l'Université d'Amsterdam, qui a séjourné à Batavia, me signale que le verbe *bau* (prononcer *baou*) signifie, en malais, *puer*. Rimbaud aurait-il appris ce terme lors de son voyage aux îles néerlandaises en 1876? Ceci ferait penser que le poème n'a été écrit qu'après son retour. *Abou* suggérerait les effluves malsains qu'exhale, là-bas, *l'herbe d'été bourdonnante et puante*. On se rappelle qu'il évoquait déjà, dans la *Chanson de la plus haute tour*, la *Prairie* brûlant au soleil d'été

> *Au bourdon farouche*
> *De cent sales mouches.*

4. L'allusion aux *Amies* et aux mœurs lesbiennes est évidente et la phrase montre une intention satirique. Rimbaud songe au recueil de Verlaine, *les Amies*, imprimé en 1868 à Bruxelles.

5. Qui est cette *madame ****? est-ce la même personne que la *Madame **** d'*Après le Déluge*?

6. Toutes ces invocations accentuent le ton religieux du passage (bien que toute ironie ne soit pas absente, semble-t-il, du rapprochement fait par Rimbaud entre *l'esprit des pauvres* et un *très haut clergé*).

7. Que désigne l'énigmatique *Circeto des hautes glaces*? S'agit-il,

comme on le pense généralement, d'une femme (*grasse* comme le sont les femmes des pays esquimaux, qui s'enduisent de graisse de phoque), ou s'agit-il d'une localité, comme le propose Matucci? L'adjectif *grasse* ne paraît guère pouvoir convenir qu'à une femme; il faut alors voir là une litanie de plus, composée comme les précédentes de deux parties : *à Circeto... pour ma seule prière* (ces *pour* introduisant des invocations en faveur de quelqu'un ou quelque chose).

8. Bouillane de Lacoste rapporte dans son édition critique cette remarque faite par Fénéon au sujet de *spunk* : ce mot, en anglais, « signifie *amadou* et, en langage populaire, fig. *cœur, feu, fougue* » (p. 175, en note).

9. Ce *chaos polaire* rappelle à la fois *Barbare* et la fin de *Métropolitain*. S'agit-il d'impressions réelles, ou de la façon dont Rimbaud s'imaginait les régions du Pôle? Il est difficile d'en décider.

10. Ce dernier paragraphe est particulièrement mystérieux. Ces *voyages métaphysiques* semblent en tout cas s'opposer aux voyages réels : ce sont des voyages dans l'inconnu, comme celui que Baudelaire réclame à la fin du *Voyage,* et qu'il demande à la Mort :

> *Plonger au fond du gouffre, Enfer ou Ciel, qu'importe?*
> *Au fond de l'Inconnu pour trouver du* nouveau!

Mais quel est le sens des derniers mots, « mais plus *alors* »? On comprendrait que Rimbaud dise « mais plus maintenant »; sans aller, comme Bouillane de Lacoste, jusqu'à penser que ce mot souligné « sent la mystification d'une lieue », il faut avouer qu'il n'est guère explicable, même si l'on admet (ce qui est probable) que Rimbaud fait allusion à ses voyages d'autrefois en compagnie de Verlaine.

DÉMOCRATIE

P. 307.

1. La première idée qui se présente en lisant ce texte est que Rimbaud y lance, sous une forme satirique, une vigoureuse diatribe contre ce que les pays occidentaux appellent la démocratie : les termes qu'il emploie, *Nous massacrerons les révoltes logiques, les plus monstrueuses exploitations industrielles et militaires,* définissent bien les formes les plus odieuses du colonialisme — et les hommes qu'il dépeint, *ignorants pour la science, roués pour le confort,* ne sont-ils pas justement ces colons abusifs, égoïstes forcenés, caricature infâme du monde civilisé, qui rendent les révoltes *logiques?* Le texte prend une vigueur d'autant plus grande qu'il est écrit en phrases courtes et comme martelées, formant de brefs paragraphes. Mais quelles circonstances ont pu inspirer Rimbaud? Delahaye pense à un « départ de conscrits » qu'il aurait vus au « chef-lieu du canton ». Pour A. Adam, *Conscrits du bon vouloir* paraît faire allusion aux engagés volontaires qui (ainsi que Rimbaud lui-même) composaient le corps d'infanterie coloniale néerlandais envoyé à Java. On sait que Rimbaud s'est engagé en mai 1876, a débarqué à Batavia le 27 juillet, puis a déserté en août

et a regagné la France. L'expression de pays *poivrés et détrempés* convient assez bien, en effet, aux basses terres de Java et à un pays producteur d'épices, et rend la démonstration fort séduisante. Cela oblige évidemment à admettre que Rimbaud a écrit des poèmes jusqu'à une date tardive; notons toutefois que, le manuscrit de *Démocratie* ayant disparu, on peut supposer qu'il ne faisait pas partie du même recueil que le ˙reste des *Illuminations,* et qu'il y a été joint après coup. On pourra, évidemment, toujours soutenir qu'il n'est besoin que d'avoir lu des récits de voyages, ou de guerres coloniales, et non d'être allé à Java, pour évoquer des « pays poivrés et détrempés ». (S. B.) *Démocratie* a une particularité digne d'observation et de réflexion : le texte entier est encadré de guillemets et celui qui parle dit *nous,* comme s'il reproduisait un discours qui ne serait donc pas nécessairement ni exactement le sien. Le style est d'ailleurs très oral. (A. G.)

2. Le *tambour* paraît symboliser pour Rimbaud tous les instruments de musique exotique : on a vu dans *Scènes* des « scènes lyriques accompagnées de flûte et de tambour », et probablement orientales, et dans *Mauvais Sang* le « nègre » criant : « Cris, tambour, danse, danse, danse, danse ! »

3. Il semble qu'ici Rimbaud oppose cette *vraie marche* (la marche militaire) à la « marche au progrès » qu'il a évoquée ailleurs (cf. *A une Raison :* « la levée des nouveaux hommes et leur en marche »). Ne voulant pas répéter le mot *marche,* Rimbaud remplace ensuite l'injonction militaire « En avant, marche ! » par « En avant, *route !* »

GÉNIE

P. 308.

1. Ce texte (qui fait partie de ceux qui furent publiés séparément en 1895) est encore un texte « messianique », qui est à rapprocher de *A une Raison* et de *Conte,* et qui a reçu les interprétations les plus diverses. Loin de croire, comme Delahaye, que ce Génie est un « souvenir évident du Christ », A. Adam y voit le « nouvel amour » tel que l'annonçaient Michelet, Quinet et le Père Enfantin. Il faut reconnaître en effet que des formules telles que *il ne redescendra pas d'un ciel, il n'accomplira pas la rédemption,* opposent cet être surnaturel au Christ : ce n'est pas en se sacrifiant, comme le Christ, mais c'est par l'amour universel qu'il donne et qu'il réclame, que ce Génie fera le bonheur des hommes et les libérera des *agenouillages anciens.* Cette interprétation se rapprocherait de celle de Dhôtel, qui pense que ce Génie n'est rien d'autre que la vie universelle, laquelle « possède des vertus merveilleuses par le seul fait qu'elle est la vie ».

Dans un autre groupe se rangent ceux qui estiment que Rimbaud, en écrivant ce poème, songe à lui-même : W. Fowlie, qui pense que *Génie* est un document sur la carrière et l'ambition du poète (*Rimbaud,* New York, p. 151); Rolland de Renéville, qui estime que Rimbaud, au terme de son effort métaphysique, se sent prêt à évangéliser le monde, et se présente lui-même comme un envoyé surnaturel; Matucci, qui rapproche la description de ce Génie qui est *l'affection et l'avenir* de la description que Rimbaud donne du poète dans sa lettre à Demeny : « Énormité devenant norme, absorbée par tous » et « multiplicateur de progrès ». On peut ajouter que la *promesse* faite par le Génie : *Arrière ces superstitions, ces anciens corps, ces ménages et ces âges. C'est cette époque-ci qui a sombré !* rappelle singulièrement certaines expressions de *Délires I :* « Drôle de ménage », « les lois et les mœurs auront changé ». Il semble toutefois assez difficile d'admettre que Rimbaud parle de lui-même, de son *corps* et de son *pas,* comme s'ils étaient à ce point surnaturels.

Je me rapprocherais plutôt, en définitive, de la première interprétation : ce que Rimbaud chante avec tant d'enthousiasme, c'est le « génie » des temps nouveaux, qui est à la fois *la force et l'amour;* ce que Rimbaud célèbre en lui, c'est la *fécondité de l'esprit* et l'*immensité de l'univers,* autrement dit toute l'ère moderne qui voit (ou verra) l'abolition des *superstitions,* les *migrations* de peuples (car la *célérité* de *l'action* et le dynamisme des hommes futurs font partie de cette vie moderne et du progrès), l'*amour* universel enfin, *mesure parfaite et réinventée,* dont Rimbaud a puisé la notion aussi bien chez les illuminés « progressistes » de 1870 que dans les livres de Michelet (cf. *A une Raison).* Mais tout cela est incarné de manière symbolique dans un personnage aux dimensions cosmiques, que Rimbaud appelle *Génie,* et pour lequel il trouve un jaillissement d'expressions étonnantes, dont la beauté est souvent liée à l'éclatante obscurité. On peut signaler que Quinet, en 1842, terminait *Le Génie des religions* par un chapitre qui n'est pas sans analogie avec ce poème. De son côté Vermersch, dans son *Grand Testament,* en 1868, avait décrit les *génies* de l'époque moderne, poètes et penseurs, comme « emportés par l'immense amour » qui les ferait voler « vers la lumière » et libérer l'homme enfin « dégagé de sa misère » et de l'oppression religieuse. Ce texte doit dater, très certainement, de la même époque « messianique » que *A une Raison :* 1872-1873. (S. B.) Sur *Génie,* voir Jacques Garelli, *La Gravitation poétique,* Mercure de France, 1966, p. 113-129. (A. G.)

2. A. Adam a donné pour « source » à *Génie, La Femme* de Michelet, plus précisément les chapitres 13 et 14 intitulés *La communion de l'amour* et *Les offices de la nature.* Michelet y parle de l'Amour, dit Adam, comme de l'aimante Unité du monde, amour « qui lie les être entre eux et fait de toute la nature une grande communion de vie » (*Le Bateau ivre,* juillet 1957). Il est tentant, en effet, de penser que Rimbaud a pu trouver chez Michelet, appliquées à la Femme, un certain nombre d'expressions frappantes, qu'il a reprises pour les appliquer à son Génie : la Femme s'occupe des enfants, dit Michelet, « elle les a bénis tous... Elle seule fait toutes les saisons » (chap. 13); « ce climat, ces heures, ces saisons, cela chante à sa manière », « elle scande le temps, en suit le progrès, la marche sacrée » (chap. 14), et surtout : « Le Dieu de la femme, Amour, ne serait pas Amour, s'il n'était l'Amour pour tous, incapable de caprice, de préférence arbitraire, s'il n'aimait selon la Loi, la Raison et la Justice. »

3. *Ciel de tempête* et *drapeaux d'extase* sont des expressions que Rim-

baud emploie peut-être en songeant à la Commune, peut-être même en évoquant le « drapeau rouge » des révolutionnaires, « langue de feu, symbole de flamme ! », écrivait Vallès le 9 mars 1871 dans un article intitulé *Le Drapeau rouge* (dans *Le Cri du peuple*).

4. Rimbaud évoque ici, comme dans *A une Raison,* l'ère de la *raison,* qui viendra forcément (parce qu'elle est la « machine », l'engrenage *des qualités fatales*), et restera pour *l'éternité.*

5. Le verbe *sonne* figure bien deux fois, de part et d'autre du sujet : négligence peut-être, ou effet voulu de répétition ?

6. Ici encore, comme dans *A une Raison,* Rimbaud rend concrète l'idée d'harmonie en parlant de *musique* (cf. « Un coup de ton doigt sur le tambour... commence la nouvelle harmonie »).

7. Cette étonnante exclamation laisse entendre que l'avenir ne sera pas idyllique ni purement heureux (comme le ferait croire, plus haut, *l'abolition de toutes souffrances*), mais que ces *malheurs nouveaux* sonneront plus clair, seront préférables aux misères engendrées par les superstitions et les *charités* chrétiennes actuelles : cette phrase se lie à la précédente, où l'on voit que *l'orgueil* (qui exalte l'homme) est plus *bienveillant* que les *charités* anciennes (désormais *perdues*), qui l'abaissent.

8. L'expression, et surtout l'emploi du temps passé, rendent cette phrase difficile à interpréter : l'idée essentielle, en tout cas, est que l'ère nouvelle doit luire pour *tous* — idée que renforce la longue phrase qui suit, où l'on voit sous une forme imagée que le nouvel amour sera universel. Par cette longue cascade de compléments on voit se répercuter, pour ainsi dire, d'un bout de l'univers à l'autre cet appel des peuples à l'esprit nouveau, au Génie qui les unira s'ils savent le suivre. Notons que Quinet écrit dans sa conclusion : « Une même âme, une même vie, un même souffle parcourent aujourd'hui la France entière. Un même sang circule dans cet immense corps. »

ALBUM ZUTIQUE

CONNERIES

PARIS

P. 315.

1. Ce sonnet est, dit J. Mouquet, « une évocation du Paris de 1871, constitué par la nomenclature de commerçants en vogue, d'assassins célèbres et de littérateurs à la mode ». En 1880, dans un de ses *Croquis parisiens, L'Obsession,* Huysmans prendra lui aussi pour thème les « réclames » de journaux, qui finissent par remplir l'esprit du Parisien d'un tourbillon de noms de marques partout rencontrés.

2. *Godillot,* devenu aujourd'hui un nom commun, est le nom d'un fabricant de chaussures fournisseur de l'armée. Les pipes *Gambier,* et, dans le second quatrain, *Jacob,* étaient familières à Rimbaud : Delahaye a rappelé dans ses *Souvenirs familiers* que son ami et lui

fumaient en 1870 « Rimbaud une Gambier, moi une Jacob » (cf. le poème *Oraison du soir*). Galopeau, d'après Pascal Pia, soignait les cors et durillons; l'*Hérissé* semble avoir vendu des chapeaux, d'après le poème de G. Nouveau, écrit en 1876, et que cite J. Mouquet :

> *J'ai du goût pour la flâne, et j'aime, par les rues,*
> *Les réclames des murs fardés de couleurs crues,*
> *La Redingote grise et Monsieur Gallopeau,*
> *L'Hérissé qui rayonne au-dessous d'un chapeau...*

On connaît la marque de pianos *Pleyel* et le chocolat *Menier; Leperdriel* vendait des bas contre les varices, et Coppée l'a cité, lui aussi, dans un dizain publié en 1869 dans *Le Parnasse contemporain. Robinets,* qui fait pendant à *Christs,* n'est peut-être pas un nom de marque.

3. Dans ce second quatrain, Rimbaud mêle de façon assez sarcastique des noms d'assassins, de littérateurs, de commerçants. Tropmann avait, en septembre 1869, exterminé pour des raisons d'intérêt les huit membres de la famille *Kinck,* et avait été guillotiné le 19 janvier 1870. Le *Bulletin des Amis de Rimbaud* a publié, en mars 1951, des vers inédits de Rimbaud, transcrits par Verlaine, *Vers pour les lieux;* on y lit :

> *Quand le fameux Troppmann détruisit Henri Kinck,*
> *Cet assassin avait dû s'asseoir sur ce siège,*
> *Car le con de Badingue et le con d'Henri V*
> *Sont bien dignes vraiment de cet état de siège.*

Bonbonnel est le célèbre tueur de panthères dont parle Daudet dans *Tartarin de Tarascon* et qui avait publié le récit de ses chasses en **1860.** *Veuillot,* le littérateur catholique, et *Augier,* l'auteur du *Gendre de Monsieur Poirier,* encadrent plaisamment l'assassin Tropmann. Le dessinateur *André Gill* était bien connu de Rimbaud puisqu'il l'avait hébergé lorsque celui-ci quitta la rue Nicolet; le parnassien *Mendès* est classé parmi les *fantaisistes* dans la lettre à Demeny; *E. Manuel,* aujourd'hui tout à fait oublié, avait publié en 1871 des *Poésies populaires;* mais qui est *Guido Gonin?* En réalité, me signale M. P. Petitfils, c'est *Guide Gonin* qu'il faut lire, comme nous parlerions aujourd'hui, par exemple, de « Guide Michelin ».

4. L'allusion *Enghien chez soi* est reprise en marge du dizain consacré au Prince impérial (voyez p. 323 et la note p. 545). Cette expression reproduit celle qu'employait à titre de réclame un fabricant de flacons vaporisateurs à l'eau d'Enghien, dont le but prétendu était de permettre aux acheteurs de faire à domicile une cure à l'eau d'Enghien.

COCHER IVRE

P. 316.

1. Sous le titre général *Conneries* se trouvent groupées quelques fantaisies en vers et des pastiches de poètes variés. On peut penser

que *Cocher ivre,* fantaisie en vers monosyllabiques, s'inspire du célèbre sonnet monosyllabique de Jules de Rességuier *(Fort-Belle-Elle-Dort...)* que Verlaine connaissait bien aussi et citera dans *Cellulairement.* Charles Cros, qui a hébergé Rimbaud quelque temps en 1872, et qui a lui aussi pris part aux réunions des Vilains Bonshommes, publiera également en 1874 un sonnet, *Le Suicide du soupeur blasé,* lui aussi en vers monosyllabiques :

> *Titres*
> *Lus!*
> *Pitres*
> *Vus! etc.*

et dans l'*Album Zutique* figure un autre sonnet monosyllabique, celui de Cabaner sur *Mérat et sa muse.*

VIEUX DE LA VIEILLE

P. 317.

1. Cette proclamation, à la parodique grandiloquence, fait allusion à la naissance du fils de Napoléon III et d'*Eugénie* de Montijo, qui est né, en réalité, non pas le 18, mais le 16 mars 1856 (d'où la plaisanterie sur le *fils de Mars*).

LES LÈVRES CLOSES. VU A ROME

P. 317.

1. Dierx, que Rimbaud parodie ici, est cité dans la lettre à Demeny parmi les *talents;* il avait publié en 1867 un recueil intitulé *Les Lèvres closes.* Mais je me demande si Rimbaud ne se souvient pas d'un poème de Nina de Callias, *La Jalousie du jeune dieu,* qui avait paru dans *Le Parnasse contemporain* en 1869, et qui montrait un savant découvrant un pied de femme conservé dans une antique chambre mortuaire d'Égypte; le savant, ayant baisé ce pied, meurt fou le lendemain.

FÊTE GALANTE

P. 317.

1. Pastiche des *Fêtes galantes* de Verlaine, publiées en 1869, plus particulièrement de *Colombine,* où Verlaine évoque les sons d'une guitare par le vers « Do, mi, sol, mi, fa ». Plusieurs pièces des *Fêtes galantes* sont écrites en *terza rima.*

L'ANGELOT MAUDIT

P. 318.

1. Rimbaud parodie ici Louis Ratisbonne, auteur de nombreuses pièces enfantines fort mièvres et « bien pensantes », entre autres *Les Petits Hommes* (1868) et *Les Petites Femmes* (1871).

LYS

1. Parodie d'Armand Silvestre, qui faisait dans ses vers grand abus de « lys » et de « roses » : ainsi dans ses *Rimes neuves et vieilles* (1866), V :

> *Voici que les grands lis ont vêtu leur blancheur*

et XX :

> *Dans l'air plein de fils de soie*
> *Montaient les lis palpitants,*
> *Les lis que l'aube déploie...*

Rimbaud accentue le ton parodique en parlant de *balançoirs* et de *clysopompes* (instrument pour administrer les clystères) : on retrouve ici le ton et l'inspiration du poème envoyé à Banville, *Ce qu'on dit au poète à propos de fleurs* (voir la note 2, p. 416).

L'HUMANITÉ CHAUSSAIT...

1. Cet alexandrin emphatique fait allusion, semble-t-il, à la *Revue du Progrès moral,* que L.-X. de Ricard dirigea en 1863-1864, et où il blâmait les poètes qui n'ont souci que de l'Art. L.-X. de Ricard fut du reste condamné pour « outrage à la morale religieuse ». On sait qu'il édita, par ailleurs, *Le Parnasse contemporain* en compagnie de Mendès, et qu'il y publia d'assez nombreuses pièces de vers.

LES REMEMBRANCES DU VIEILLARD IDIOT

1. Ce poème, le plus long de l'*Album Zutique,* se présente comme une parodie de Coppée, mais il constitue aussi un document important sur Rimbaud lui-même et sur sa formation sexuelle. Il prend, du reste, un intérêt particulier du fait que Rimbaud a cessé tout enfant les relations avec son père, dès sa sixième ou septième année semble-t-il. Et l'on peut, même en tenant compte du parti pris de réalisme qui règne dans cette pièce, noter les profondes différences entre le texte où Stendhal parle de sa mère dans *Henry Brulard* et l'évocation de Vitalie Rimbaud par son fils, car c'est bien d'elle qu'il s'agit. Tout le texte a une allure autobiographique indéniable, et l'on retrouve ailleurs, dans les poésies de Rimbaud, le *grenier,* la *Bible,* les *lieux,* la *Sainte-Vierge* et *le crucifix.* Les troubles, les inquiétudes, les effrois d'un enfant qui fut certainement tenu dans une profonde ignorance des choses sexuelles jusqu'au moment où des camarades se chargèrent de faire son éducation ; les inconvénients aussi d'une *puberté tardive* chez un enfant par ailleurs anormalement précoce, tout cela doit être versé au dossier physiologique, et psychologique, de Rimbaud.

VIEUX COPPÉES

1. Ici commence la série des *Vieux Coppées,* parodie des dizains de *Promenades et Intérieurs,* dont dix-huit avaient paru dans *Le Parnasse*

contemporains en 1869. Verlaine, aussi bien que Rimbaud, se sont com-
plu à parodier le réalisme familier, « gentil » et souvent horriblement
prosaïque de Coppée : le nom de « coppée » était devenu habituel
entre Verlaine et Rimbaud, comme on peut le voir dans un dizain
écrit en 1877 par Verlaine et où il fait parler Rimbaud revenant de
Java :

> *Nom de Dieu !... J'ai rien voillagé d'puis mon dernier*
> *Coppée !*

On verra ce dizain dans *Rimbaud raconté par Paul Verlaine* de J. Mouquet,
p. 237. On peut lire, d'autre part, les quinze dizains exécutés (d'après
Coppée toujours) par Charles Cros, dans *Le Coffret de santal.* Cros se tient
plus près du Coppée peintre des petites gens ; Rimbaud a plus de mal à
éteindre son originalité propre.

2. *Ibled* est une marque toulousaine de chocolat ; Rimbaud utilise ici,
comme dans *Paris,* une affiche publicitaire.

AUX LIVRES DE CHEVET...
P. 321.

1. Évocations de lectures érudites et un peu vieillottes : *Obermann* de
Senancour, les romans de Mme de Genlis, *Vert-Vert* de Gresset (qui
raconte en spirituels décasyllabes les aventures d'un perroquet), le
Lutrin de Boileau. Nicolas Venette (et non Venetti) a vécu au
XVIIᵉ siècle et a donné un traité fort répandu, *De la génération de l'homme ou
tableau de l'amour conjugal.*

J'OCCUPAIS UN WAGON DE TROISIÈME...
P. 321.

1. Quel est ce *rejeton royal ?* Il semble probable que Rimbaud songe à
Napoléon III, de souche royale (il était fils de Louis Bonaparte, roi de
Hollande), et qui condamné une première fois à être emprisonné au
fort de Ham en 1840, fut condamné *derechef* à la réclusion par les
Allemands après les défaites de 1870. Le prêtre en question aurait pu
être aumônier-chef au fort de Ham...

JE PRÉFÈRE SANS DOUTE...
P. 322.

1. Comme le signale J. Mouquet, Coppée avait fait rimer *baguette*
avec *guinguette* dans un dizain publié par *Le Parnasse contemporain.*

ÉTAT DE SIÈGE ?
P. 322.

1. Le titre de ce dizain comporte une plaisanterie sur l'*état de siège*
(qui était encore présent à la mémoire de tous les Parisiens) (cf. les vers
de Rimbaud cités p. 541, note 3). Notons que le « thème de l'omnibus », vers la même époque, inspirait à Lautréamont une page célèbre

dans le deuxième des *Chants de Maldoror,* et à E. Lefébure, ami de Mallarmé, une rêverie sur *La Lune,* vue de l'impériale d'un omnibus ; et plus tard, inspirera des vers à Laforgue. L'édit dont il est question au vers 8 concerne vraisemblablement le tapage nocturne.

RESSOUVENIR

1. *Ressouvenir* est encore un poème inspiré par la naissance du Prince impérial, en 1856. Tout Paris fut pavoisé ; dans les églises, on offrit des actions de grâces. La *Sainte espagnole* est évidemment l'impératrice Eugénie. (S. B.)

« Est-il besoin d'observer que Rimbaud, né en 1854, ne pouvait se souvenir de la naissance du Prince impérial en 1857 », écrit Antoine Adam (son éd., p. 1058). Non, bien sûr, d'autant que le Prince est né en 1856 et que Rimbaud est son aîné d'à peine un an et demi. Mais il faut comprendre que dans ces parodies de Coppée, on joue le jeu et sa signature figure au bas du poème, comme si c'était lui qui l'avait écrit. Coppée, né en 1842, pouvait très bien se *ressouvenir* de la naissance du Prince. (A. G.)

L'ENFANT QUI RAMASSA LES BALLES...
P. 323.

1. Comme le font la plupart des autres éditeurs, je reproduis, à la suite des « coppées » de l'*Album Zutique,* un autre dizain qui, lui, ne figure pas dans l'*Album,* mais se trouve reproduit en fac-similé dans *Verlaine dessinateur* par Félix Régamey, qui l'attribue du reste à Verlaine. En réalité, l'écriture aussi bien que le style de ce dizain montrent qu'il faut en restituer la paternité à Rimbaud, comme l'a montré M. Coulon dans *La Vie de Rimbaud et de son œuvre.* Rimbaud rappelle ici, comme il l'avait déjà fait dans son poème de 1870, *L'Éclatante Victoire de Sarre-brück,* où le Prince avait reçu le baptême du feu et ramassé une balle qui était tombée à côté de lui, haut fait que l'empereur avait aussitôt télégraphié à Paris. Rimbaud, quand il était en 3ᵉ, avait adressé au Prince impérial, à l'occasion de sa première communion (le 8 mai 1868), une lettre en soixante vers latins ! L'anti-impérialisme est venu ensuite. Le « coppée » de Verlaine que reproduit Régamey (sans doute écrit le même jour de 1872) s'en prend railleusement à l'empereur, *César* découronné.

2. *Buste exquis :* il s'était répandu en France des bustes du prince, en biscuit de Sèvres, d'après la célèbre statue de Carpeaux. Rimbaud, au-dessus du poème, a croqué à la plume le « buste exquis » du prince, pourvu d'ailes d'ange. (A. G.)

3. La glose ajoutée par appel d'astérisques : *Parce que « Enghien chez soi »* (voir la n. 4, p. 541) fait une première allusion à « l'Habitude » (cf. *H,* dans les *Illuminations,* et la note p. 534). (A. G.)

4. Le dernier vers est une citation du *Passant* de François Coppée (1869), scène II : « Pauvre petit ! il a sans doute l'habitude » [de dormir], détournée de son sens. (A. G.)

CHOIX DE LETTRES

A THÉODORE DE BANVILLE, 24 MAI 1870
P. 343.

1. Izambard avait prêté *Gringoire,* de Banville, à son élève, pour son discours français *(Lettre de Charles d'Orléans à Louis XI).* Il ne s'en tint pas là, mais lui fit connaître les vers de Banville et des Parnassiens. Le premier *Parnasse contemporain* avait été publié en 1866; le second *Parnasse* paraissait chez Lemerre par livraisons mensuelles de 32 pages depuis le 1er novembre 1869 : c'est dans cette série que Rimbaud aurait voulu voir ses vers insérés. Cet espoir ne put être réalisé : comme le note J. Mouquet, la réception des manuscrits était définitivement close depuis plusieurs mois, les envois ayant dépassé de beaucoup les prévisions de l'éditeur. Mais Banville répondit au jeune poète, si l'on en croit la lettre que Rimbaud lui adressa le 15 août 1871, en lui envoyant *Ce qu'on dit au poète à propos de fleurs,* et où il lui dit : « Vous rappelez-vous avoir reçu de province, en juin 1870, cent ou cent cinquante hexamètres mythologiques intitulés *Credo in unam?* Vous fûtes assez bon pour répondre! »

2. Rimbaud n'a en réalité que quinze ans et demi à cette date, puisqu'il est né le 20 octobre 1854. De même, lorsqu'il écrira *Roman,* daté du 23 septembre 1870, son premier vers sera : « On n'est pas sérieux, quand on a dix-sept ans... »

3. Rimbaud reprend l'exclamation célèbre : « Anch'io son pittore » poussée, dit-on, par le Corrège devant la sainte Cécile de Raphaël, et l'emploie pour déclarer sa vocation de « parnassien ». Il est assez plaisant de constater qu'en août 1871 l'auteur de *Credo in unam* parlera de manière railleuse, dans *Ce qu'on dit au poète...,* de « constrictors d'un hexamètre », et que son premier mot en arrivant à Paris, si l'on en croit Banville lui-même, sera pour demander à ce dernier s'il ne va pas « être bientôt temps de supprimer l'alexandrin » (sur l'article de Banville dans *Le National,* à propos du *Coin de table* de Fantin-Latour, (voir *Le Bateau ivre,* juillet 1957, p. 12).

4. Premier titre de *Soleil et chair* (voir la note 1, p. 362).

A GEORGES IZAMBARD, [13] MAI 1871

P. 345.

1. Cette lettre a été envoyée à Izambard deux jours avant la lettre à Paul Demeny, dite du voyant. Izambard, qui en a parlé comme de la « profession de foi littératuricide d'un rhétoricien émancipé », l'a retrouvée en 1911 et publiée en 1928 (sur cette publication, voir l'article d'O. Nadal : *A propos d'une lettre « égarée » de Rimbaud à G. Izambard, Revue d'histoire littéraire,* avril-juin 1951). On a dit, à tort, que cette lettre n'était que l'ébauche de la lettre à Demeny : en fait, elle la complète en posant un problème différent, celui de « l'encrapulement » nécessité par la méthode du « voyant ». Cet encrapulement systématique met Rimbaud, tout d'abord, en état de *grève* : il se refuse à être *un travailleur* — et, en second lieu, en état de rupture avec la Société et ses conventions : à l'inverse de son professeur qui, dit-il

sardoniquement, *roule dans la bonne ornière,* Arthur mène une vie volontairement déréglée et scandaleuse. Nous sommes à l'époque décrite
par Delahaye, où l'adolescent affecte des allures provocantes, la pipe
au bec, les cheveux dans le cou, se refuse à travailler, passe des heures
au café. Et cependant, quand son ancien maître objecte qu'il « se doit
à la Société », Arthur répond que *c'est juste,* tout en déclarant que
néanmoins il a *raison.* Pourquoi ? parce qu'il applique sa méthode personnelle pour se « réaliser » en tant que poète, et pour arriver à *faire*
œuvre valable : en ce sens il est donc, paradoxalement, plus attaché à
son devoir qu'Izambard qui, fixé au *râtelier universitaire,* se refuse à
faire aucun travail personnel : *vous finirez toujours comme un satisfait
qui n'a rien fait, n'ayant rien voulu faire.* Les considérations proprement
littéraires qui suivent sur la poésie *subjective* et *objective* sont à compléter
par la lettre à Demeny, Rimbaud se bornant ici à quelques allusions.

Cette lettre pose un autre problème : celui de la participation de
Rimbaud à la Commune. Nous le voyons se refuser, ici, à partir pour
Paris, retenu qu'il est par une idée : c'est qu'il s'intégrerait alors au
jeu social, qu'il serait un *travailleur* — et cela, malgré la tendance
« communarde » qui le pousse à aller au secours des *travailleurs* qui
meurent encore dans la bataille de Paris. Si Rimbaud est allé à Paris,
il n'a pu y aller qu'antérieurement à cette lettre (ce qui expliquerait le
encore de sa phrase : *où tant de travailleurs meurent pourtant encore,* au
sens de : « depuis que j'en suis revenu »). Voir à ce sujet la note 1, *Le
Wœur volé,* p. 399-400.

2. Étiemble (*Structure du mythe,* 1970, p. 45-46), Suzanne Bernard et
Antoine Adam (son édition de la Pléiade, p. 1074) indiquent que *filles*
(ou *fillettes*) désigne, dans les Ardennes, des chopes de vin. Mais comme
le fait observer Gérald Schaeffer (éd. des *Lettres du voyant,* p. 121-122),
c'est très incertain, et le sens « filles » n'a rien que de très normal. (A. G.)

3. Utilisation sarcastique du thème, qui a si souvent inspiré peintres
et sculpteurs, de la *mater dolorosa,* Marie au pied de la croix : c'est à sa
mère que Rimbaud, bien entendu, fait allusion. Il est à cette époque
en pleine rébellion contre cette mère qui prétendait, et prétendra,
l'obliger à travailler, parlant tantôt de le mettre pensionnaire, tantôt
de lui imposer « une place » (comme il le dira en août à Demeny).

4. La poésie *objective* est opposée ici par Rimbaud au lyrisme impéni-
tent de la poésie *subjective,* celle des romantiques ou de leurs émules.
Mais Rimbaud, qui parle à trois reprises du *principe* d'Izambard (à
savoir : « On se doit à la Société »), accuse celui-ci de ne pas voir clairement et *sincèrement* ce que peut être une poésie *objective* : Izambard
(c'est du moins ainsi que je comprends les déclarations de Rimbaud)
ne songe qu'à la poésie faussement objective des parnassiens, qui au
fond n'est encore que de la poésie subjective : Rimbaud, lui, la lettre
du 15 mai le confirme, veut sortir de lui-même pour arriver à *l'inconnu.*
On sait que Verlaine, qui est le type même du poète « subjectif », a
caressé un moment, à Londres, l'idée d'écrire des poèmes descriptifs
d'où « l'Homme » serait complètement banni (*Correspondance,* t. I,
p. 98) : faut-il voir là l'influence de Rimbaud ? En un sens, on peut dire
qu'un certain nombre de poèmes des *Illuminations* sont « objectifs »...

5. Première apparition du vocable célèbre. Rimbaud n'a évidemment pas inventé ce terme de *voyant,* qui figure non seulement dans la Bible, mais chez quelques auteurs du XIXᵉ siècle que le jeune poète connaissait bien : chez Victor Hugo, ou chez Leconte de Lisle, qui l'emploie au début de ce *Qaïn* paru dans *Le Parnasse contemporain,* et que Rimbaud avait couvert, nous dit Delahaye, de points d'exclamation multipliés à proportion de son admiration : Thogorma, le « Voyant », y fait un rêve prophétique. Il est donc à peine utile de rappeler que Michelet emploie également le terme à plusieurs reprises dans ses œuvres historiques (et plus particulièrement dans l'introduction à l'*Histoire universelle :* « Les voyants, les prophètes, s'élèvent du peuple, et communiquent avec Dieu sans passer par le temple »), ni que Ballanche fait toute une théorie de la « voyance » poétique dans son *Orphée.* Il semble d'autre part, que Rimbaud ne doit qu'à lui-même sa théorie de l'entraînement à être *voyant* par le *dérèglement de tous les sens* (même s'il a réfléchi, après Leconte de Lisle, à l'entraînement auquel se livraient les sages de l'Inde pour se dégager des apparences). On peut toutefois relever dans l'*Orphée* de Ballanche (livre 7) cette curieuse phrase adressée à Thanyris par le prêtre égyptien qui se charge de son initiation : « Tu trouveras ici une école de voyants, car voir malgré le voile des objets extérieurs, voir au travers de l'illusion des sens, voir par-delà l'horizon des faits actuels, soit dans le passé, soit dans l'avenir, c'est une faculté qui se développe dans l'homme par l'étude, l'éducation, l'habitude de méditer ; elle se développe, comme toutes les autres facultés, lorsque d'ailleurs on en est doué. » Mais le prêtre ajoute : « Pour voir il faut surtout avoir un cœur droit », alors qu'on pourrait dire que pour Rimbaud c'est, au contraire, une « perversion » systématiquement cultivée qui permettra au poète de se faire « l'âme monstrueuse » et d'arriver à l'inconnu (voir la lettre du 15 mai). Il n'est pas prouvé, du reste, que Rimbaud ait lu Ballanche à Charleville, Delahaye ne l'ayant pas cité.

Quant à la phrase de Gautier où le seul « adepte sobre » du *Club des Haschischins,* celui qui ne touche pas à la drogue, est appelé *voyant,* il semble peu probable qu'elle ait pu influencer Rimbaud, qui était décidé, au contraire, à faire l'expérience de tous les « poisons » pour se « dérégler » davantage.

6. Rimbaud ne recule pas devant le « jeu de mots » et de sens (sur *penser* et *panser*) pour essayer de se faire comprendre, de souligner cette sorte de passivité qui fait qu'il n'est pour rien dans le jaillissement de sa pensée, qu'il ne la contrôle pas. En somme, il retrouve (bien avant les Surréalistes) la vieille conception de *l'inspiration* qui s'empare du *vates.*

7. On a vu mille choses dans cette phrase qui, en fait, décrit une constatation psychologique assez simple. Rimbaud s'aperçoit qu'il est doué du génie poétique, qu'il est *un autre* que celui qu'il croyait être, ou que celui qu'Izambard connaît : un être possédé par le dieu, métamorphosé par le mystérieux travail de l'inspiration. *Anch'io son poeta...* C'est comme une brusque illumination qui l'a frappé : il se *trouve violon* — et il commentera de nouveau cette idée dans la lettre du 15 mai. De même, en effet, que le *violon* est fait de *bois,* comme une table

ou une chaise, le poète est formé de la même chair que le commun des hommes, mais il a reçu la faculté d'exhaler un son harmonieux.

8. On avait imprimé par erreur, en 1931 : « Ça ne veut rien dire », alors que Rimbaud indique, au contraire, que ces triolets du *Cœur supplicié* (plus tard *Le Cœur volé*), où l'on pourrait voir une fantaisie sans conséquence, *ça ne veut pas rien dire;* et, en effet, ce texte achève d'éclairer la lettre, en nous faisant deviner à la suite de quelles expériences Rimbaud est devenu *cynique* (voir note 1, p. 399-400).

A PAUL DEMENY, 15 MAI 1871

P. 346.

1. Demeny, jeune poète ami d'Izambard, avait publié en 1870 *Les Glaneuses,* recueil auquel Rimbaud fait allusion dans une lettre de 1870 à son professeur; en septembre, Rimbaud fit à Douai la connaissance du poète; il devait lui adresser, outre la lettre du 15 mai, deux autres lettres importantes, l'une en juin 1871, l'autre en août. Mais la lettre du 15 mai, souvent dite lettre du Voyant, est un document essentiel, le plus important de la correspondance de Rimbaud : elle précise d'une part, la « méthode » de « voyant » à laquelle faisait allusion la lettre précédente; d'autre part, elle contient des affirmations péremptoires sur la poésie du passé, du présent, de l'avenir. Peut-être a-t-on un peu trop admiré l'originalité de ces théories qui contiennent beaucoup de réminiscences de lectures; elles montrent toutefois chez le rhétoricien de seize ans une maturité et une personnalité qui frappent, et aussi un don des formules vigoureuses, au service d'une imagination éclatante.

Assurément, il y a une outrance juvénile dans la condamnation totale des poètes qui vont « de la Grèce au mouvement romantique » — mais les attendus de ce jugement sont intéressants : la poésie s'est sclérosée, les poètes sont devenus *des lettrés, des versificateurs,* des *fonctionnaires.* Rimbaud veut rendre au nom de *poète* son plein sens, son sens antique : créateur, mage, voyant, le poète doit être tout cela. Il devra non seulement tout comprendre et tout dévoiler, mais entraîner ses contemporains : la poésie sera *en avant.* Comment ne pas reconnaître les idées exprimées dans *Les Mages* de Hugo et *Les Destinées de la poésie* de Lamartine? Du reste, notre jeune critique accorde aux premiers romantiques d'être des *voyants,* notamment à Lamartine et plus encore à Hugo — alors qu'il lance contre Musset, type de poète doué mais cédant à la facilité, un brillant couplet satirique.

Parmi les seconds romantiques, Baudelaire est considéré comme « le premier voyant, roi des poètes, *un vrai Dieu* ». Est-ce si mal jugé, si l'on songe aux ricanements qui accueillaient encore (surtout en province!) le nom du poète des *Fleurs du mal,* mort quatre ans plus tôt? et l'énumération qui suit contient des exécutions sommaires mais justes, un jugement étonnant (Mérat mis au même rang que Verlaine...), mais aussi une appréciation sur Verlaine : « un vrai poète », qui sera ratifiée par la postérité. Et Verlaine n'a encore publié que les *Poèmes saturniens, Les Fêtes galantes* et *La Bonne Chanson!*

Mais le véritable intérêt de la lettre, il est dans les précisions qu'elle donne sur la « méthode » de « voyant » adoptée par Rimbaud et que résume l'expression fameuse : « Le Poète se fait *voyant* par un long, immense et raisonné *dérèglement* de *tous les sens*. » Sans reprendre les termes de sa lettre à Izambard, Rimbaud nous fait comprendre que le poète, en cultivant en lui toutes les folies, tous les dérèglements, se met au ban de la Société : *le grand malade, le grand criminel, le grand maudit,* voilà ce qu'il est — mais aussi *le suprême Savant :* puisqu'il arrive à *l'inconnu.* On ne peut refuser à ce passage de la lettre à Demeny un sens mystique, qui justifie les interprétations des Surréalistes entre autres : la poésie devient un moyen de connaissance, une manière de dépasser le monde des réalités quotidiennes, un effort de tout l'être pour arracher à l'inconnu ses secrets : le poète est *voleur de feu.* Et comment ne pas songer aux réflexions de Hugo dans *William Shakespeare :* « La contemplation du phénomène (la vie universelle), laquelle ne se laisse entrevoir, au-delà de nos sens, qu'à la contemplation et à l'extase, donne le vertige à l'esprit. Le penseur qui va jusque-là n'est plus pour les autres hommes qu'un visionnaire. »

Mais Rimbaud n'est pas tant, peut-être, un mystique qu'un *mage* (il emploiera le mot dans *Une saison en enfer*), c'est-à-dire que son but n'est pas le silence, mais le verbe. Même si des lectures occultistes ont pu les lui inspirer, ses considérations sur le langage poétique sont remarquables : il est essentiel, en effet, pour un poète de *trouver une langue,* c'est-à-dire non pas simplement de chercher l'originalité à tout prix, mais de trouver un langage en rapport avec la nature des choses, un langage doué, aussi, de ce pouvoir magique que les anciens assignaient aux mots; et capable, enfin, de parler directement à l'âme, d'être « de l'âme pour l'âme ». Rimbaud s'inspire, dans tout ce passage de sa lettre, à la fois de Baudelaire, des théories occultistes et de révolutionnaires illuminés tels que Quinet et Michelet. Et parce qu'il faut bien trouver *forme* pour ce que le poète rapporte de *là-bas,* il proclame la nécessité de formes neuves, remplaçant les *formes vieilles* qui ne correspondent plus aux exigences de cette poésie nouvelle : car le poète doit apporter « du *nouveau,*— idées et formes » — et cette exigence explique les tentatives que va bientôt faire Rimbaud dans ses *Derniers Vers,* puis dans les *Illuminations.*

2. Cette raillerie à l'égard de Racine peut surprendre; mais c'est que, précisément, Racine représente ici ce type de poésie classique, fondé sur la raison et sur la lucidité, que Rimbaud abomine.

3. Ce titre d'*Origines* était alors à la mode : Michelet avait écrit des *Origines du droit français,* Renan terminera en 1883 son *Histoire des origines du christianisme,* Quinet avait écrit *L'Origine des dieux,* Taine allait écrire *Les Origines de la France contemporaine.* Il traduit un état d'esprit « rationaliste » que Rimbaud repousse.

4. Allusion à la bataille d'*Hernani,* et au livre que Th. Gautier a consacré aux « Jeune-France », les soutiens du romantisme. On voit la marche du raisonnement de Rimbaud : les *colères* des Jeune-France ne leur permettait ni de juger équitablement les classiques qu'ils « exécraient », ni du reste les romantiques : il est si rare, en effet, de bien se juger soi-même!

5. Le *car* nous montre que cette phrase est liée à la précédente : on ne se comprend pas soi-même, et il est vain de la part du poète de chercher à rendre compte de la transformation qui s'opère en lui pour en faire un génie. Rimbaud passe de l'image du *violon* (lettre du 13 mai) à celle du *clairon*, mais il revient au violon par l'image du *coup d'archet*. Ce pouvoir visionnaire que se découvre le poète, cette pensée qui est au-dessus de la pensée humaine moyenne, et qui est génératrice d'art *(la symphonie)*, c'est ce qu'on appelle aussi l'inspiration, et on ne peut en expliquer l'éclosion à partir de données rationnelles (est-ce une allusion à la critique tainienne?). Pas d' « origines » ici !

6. Rimbaud oppose ici à la grande poésie, celle des Grecs (qu'il songe à Homère ou à Pindare), la poésie passe-temps, qui n'est que jeu de rimes. Le poète inspiré, le mage a été chanté, non seulement par Hugo (dans *Les Mages*), mais par Ronsard, qui distingue dans l'Avertissement de sa *Franciade* poètes et versificateurs.

7. Le mot *comprachicos* est une allusion évidente à *L'Homme qui rit,* de Hugo (publié en 1869) : le mot s'applique chez Hugo à des voleurs d'enfants qui mutilaient leurs victimes pour en faire des monstres et pouvoir gagner de l'argent à les exhiber.

8. Ce terme, sur lequel Rimbaud insiste avec une prédilection évidente, a été commenté à propos de la lettre précédente (p. 548, note 5).

9. Déclaration significative, et qui peut expliquer en grande partie l'attitude de Rimbaud au cours de son séjour à Paris. Rimbaud emploiera le mot de *folie* dans *Alchimie du Verbe :* « A moi. L'histoire d'une de mes folies. » Il semble que dès l'été de 1871 il commencera à mettre ses théories en pratique, non seulement en « s'encrapulant », mais en se recueillant dans un travail « infâme, inepte, obstiné, mystérieux » (lettre à Demeny, [28] août 1871, éd. Adam, p. 258-260).

10. Il faut noter l'opposition caractéristique entre la volonté anarchique et « désordonnante » qui fait du poète un réprouvé, un *malade,* un *criminel,* et l'aspect systématique de la tentative, que caractérisent les mots *raisonné* et *Savant* : il y aura toujours chez Rimbaud ce double aspect : l'anarchiste, et le démiurge méthodique (ce qui explique pourquoi certains critiques ont mis l'aspect sur le « chaos » de Rimbaud et d'autres, au contraire, sur son « système »). Cette dualité est propre à Rimbaud, et elle caractérise aussi bien son art (dans les *Illuminations,* par exemple) que la tournure de son esprit.

11. En ce qui concerne l'accès à *l'inconnu,* il faut rappeler le *William Shakespeare* de Hugo, et aussi *Les Mages* (dans *Les Contemplations*) : ces mages sont les artistes, les savants, les chercheurs, qui ramassent « dans les ténèbres » les faits, les chiffres,

> *Et tous les morceaux noirs qui tombent*
> *Du grand fronton de l'inconnu.*

Rimbaud s'applique à lui-même le qualificatif hugolien dont il usait dans *Les Effarés,* pour faire allusion à la manière dont sa mère le tient serré financièrement. Il écrira bientôt à Verlaine (en septembre) que sa mère ne lui donne « que dix centimes tous les dimanches » pour payer sa chaise à l'église (voir l'éd. Adam, p. 260).

12. On ne sait rien d'autre sur ces poèmes — à supposer qu'ils aient réellement existé. (S. B.) D'après Gérald Schaeffer, le second poème, *Mort de Paris,* pourrait être *L'orgie parisienne ou Paris se repeuple;* mais l'hypothèse est invérifiable. (A. G.)

13. Allusion à la légende de Prométhée, qui déroba le feu aux dieux pour le donner à l'homme. Le *Prométhée* de Quinet est de 1838. Michelet avait également, dans la *Bible de l'humanité* (I, 3), dégagé le symbolisme de ce mythe traité par Eschyle : « Jusque-là, lourde argile, l'homme traînait, troupeau raillé des dieux. Prométhée (c'est son crime) met en lui l'étincelle. « Et voilà qu'il commence à regarder les astres, à noter les saisons, à diviser le temps. Il assemble les lettres et fixe la mémoire. Il trouve la haute science, les nombres. Il fouille la terre et la parcourt, fait des chars, des vaisseaux. Il comprend, il prévoit, il perce l'avenir. » Prométhée ouvre à l'homme la voie de l'affranchissement », écrit Michelet, citant Eschyle. On comprend alors pourquoi, selon Rimbaud, le Poète-Prométhée *est chargé de l'humanité.*

14. Les idées exprimées dans ce paragraphe sont assez proches de celles des Kabbalistes. Rimbaud a-t-il eu connaissance du livre de Franck sur *La Kabbale,* publié en 1843? L'idée essentielle de la Kabbale est qu'il y a une correspondance magique entre les choses et les noms qui les désignent, que les lettres de l'alphabet sont les intermédiaires entre le monde spirituel et le monde matériel — et que par conséquent le pouvoir sur les noms donne en même temps le pouvoir sur les choses. Le *Sepher Ietzirah* déclare que Dieu a formé le monde « avec les vingt-deux lettres, et en leur donnant une forme et une figure » (chap. 2, proposition 2, cité par Franck p. 113); et Eliphas Levi, dont J. Gengoux est persuadé que Rimbaud a connu les écrits, déclare dans *Dogmes et Rituel de haute magie* (1861, p. 213) que « la parole crée sa forme », de sorte qu'en donnant un nom à une chose on la transforme réellement « en la substance » signifiée par ce nom. Mais plus simplement Rimbaud avait aussi pu lire dans le *Cratyle* de Platon la discussion relative à la question de savoir s'il y a des noms « naturels » aux choses.

15. Il est facile de reconnaître dans cette phrase une application de la théorie des *Correspondances,* exposée dans le fameux sonnet de Baudelaire :

> *Les parfums, les couleurs et les sons se répondent*

et qui n'est sans doute pas sans rapport avec l'idée des *Voyelles* Cette idée, chère aux « analogistes » tels que Fourier et Swedenborg (cf. J. Pommier, *La Mystique de Baudelaire*), Rimbaud pouvait la retrouver chez divers écrivains plus ou moins illuminés de son temps — et peut-être tout simplement chez son ami occultiste Bretagne. Elle se juxtapose, sans se fondre, à l'idée hugolienne d'une poésie conductrice de peuples. Tout cet amalgame est, il faut bien le dire, assez peu cohérent.

16. Rimbaud, étant passé de l'idée d'*inconnu* à l'idée de *progrès,* se trouve maintenant à l'aise pour lancer cette affirmation inattendue :

« Cet avenir sera matérialiste », et nous avons cette fois l'impression qu'il reprend des idées « progressistes » puisées dans ses lectures ou peut-être dans les idées avancées des « communards ».

17. Sur ce rôle social du poète, voir l'*Introduction,* p. XXXVI, où se trouve cité notamment l'article de Lamartine sur *Les Destinées de la poésie.* Il faut reconnaître que les idées de Rimbaud (qui accusait au début de sa lettre les poètes d'être des « fonctionnaires ») manquent un peu de cohérence; il n'en est pas moins vrai que le rôle actif, vital, de la poésie se trouve ici marqué avec force. La poésie de l'avenir fera mieux encore que la poésie grecque, qui se contentait de « rythmer l'action » : elle entraînera les peuples, « elle *sera en avant* ».

18. A. Adam a fait observer que l'idée de l'émancipation de la femme est un lieu commun de la littérature révolutionnaire et plus ou moins « illuministe » contemporaine : Michelet, le Père Enfantin, etc. On peut ajouter que, d'une part, Rimbaud, qui songe à la Grèce, se souvient peut-être des déclarations de Platon qui, au livre V de *La République,* met l'homme et la femme sur un pied d'égalité; d'autre part, et plus probablement, qu'il a présentes à l'esprit les déclarations « communardes » concernant l'émancipation des femmes, celles notamment de Vermersch qui déclare dans son *Grand Testament :*

> *Quand le jour de l'égalité*
> *Pourra luire enfin pour la femme,*
> *On n'étouffera plus son âme*
> *En lui ravissant sa beauté.*

En ce qui concerne la femme, on peut rappeler que Michelet écrivait, dans l'Introduction de *La Sorcière* (1862), que dans les pays primitifs la femme « est *voyante* à certain jour ».

19. L'allusion à *Stella* (au livre VI des *Châtiments*) montre assez quelles fonctions Rimbaud, comme Hugo, assigne à la poésie; je cite les derniers vers :

> *O nations! je suis la Poésie ardente.*
> *J'ai brillé sur Moïse, et j'ai brillé sur Dante.*
> *Le lion Océan est amoureux de moi.*
> *J'arrive. Levez-vous, vertu, courage, foi!*
> *Penseurs, esprits, montez sur la tour, sentinelles;*
> *Paupières, ouvrez-vous; allumez-vous, prunelles;*
> *Terre, émeus le sillon; vie, éveille le bruit;*
> *Debout, vous qui dormez; — car celui qui me suit,*
> *Car celui qui m'envoie en avant la première,*
> *C'est l'ange Liberté, c'est le géant Lumière!*

20. *Belmontet,* poète aujourd'hui bien oublié qui par un caprice du sort collabora à *La Muse française* des frères Hugo en 1824 avant de chanter l'Empire en vers pompeux, symbolise pour Rimbaud le pseudo-classicisme qui encombre encore, en effet, la poésie de Lamartine et même de Hugo. Il est intéressant de signaler que Baudelaire écrivait à Sainte-Beuve en 1866 qu'il trouvait dans *Joseph Delorme*

« un peu trop de *luths*, de *lyres*, de *harpes* et de *Jéhovahs* », qui faisaient tache dans des poèmes parisiens. C'est la notion du modernisme qui est ici en cause : le poète doit apporter « du *nouveau*, idées et formes ».

21. Cet *odieux génie* est le génie dit « français » et « gaulois », à base de bon sens vulgaire, de grivoiserie, de persiflage superficiel. Taine avait fait paraître son étude sur *La Fontaine et ses fables* en 1860.

22. L'allusion au séminariste poète est probablement inspirée à Rimbaud par le souvenir des élèves du séminaire qui venaient suivre des cours au collège (cf. *Un cœur sous une soutane*).

23. J. Gengoux fait observer que ce jugement sur la postérité de Musset est sans doute inspiré de *L'Histoire du romantisme* de Gautier : « *Namouna* engendra une nombreuse famille... Tout jeune homme fit son volume de vers, empreint de l'imitation du maître préféré... » Mais Rimbaud n'avait, c'est probable, qu'à regarder autour de lui — ou en lui : n'avait-il pas imité certaines apostrophes de Musset dans *Soleil et chair?*

24. L'expression *panadif* est obscure : « mangeur de panade », propose J. Mouquet; qui « se panade », se pavane, dit Étiemble.

25. Ces derniers mots indiquent une volonté de rompre avec les « formes vieilles » au nombre desquelles on peut ranger le vers classique. Rimbaud, il est vrai, écrira encore des vers « réguliers » en 1871 ; mais j'ai déjà dit qu'à peine arrivé à Paris il rompait des lances contre l'alexandrin (voir n. 3, p. 546), et en 1872, influencé sans doute par Verlaine qui fait en ce domaine figure de novateur, il fera dans ses *Derniers Vers* des tentatives de vers irréguliers, impairs, peu ou pas rimés.

26. *Rompue* se rapporte à *la nouvelle école, dite parnassienne,* dont Rimbaud cite divers représentants : certains eurent leur heure de notoriété, mais ont laissé peu de traces dans l'histoire littéraire : Armand Renaud, versificateur habile, qui venait de faire paraître *Les Nuits persanes;* Ch. Coran, A. Deschamps, E. des Essarts (qui fut en relations avec Mallarmé), R. Luzarche, L.-X. de Ricard, également connu comme journaliste (note 1, *L'Humanité chaussait,* p. 543); parmi eux, seuls Dierx, Sully-Prudhomme et Coppée sont classés comme *talents* (Delahaye nous a appris l'admiration de Rimbaud pour le *Lazare* de Dierx). Mendès, qui avait dirigé en 1861 la *Revue fantaisiste,* est peut-être appelé *fantaisiste* pour cette raison. Parmi les *femmes,* Rimbaud aurait pu ranger Nina de Callias qui avait donné plusieurs pièces au second *Parnasse.* Enfin viennent les deux *voyants :* Mérat et Verlaine. On est étonné de la place accordée à Mérat, aujourd'hui bien oublié; lui aussi figurait au *Parnasse,* et ses *Chimères* avaient paru en 1866 (Rimbaud lui-même a fait quelques emprunts à ses poèmes). Quant à Verlaine, Rimbaud le goûtait depuis longtemps puisqu'il déclare à Izambard, dans une lettre d'août 1870 (éd. Adam, p. 240), que les *Fêtes galantes* sont « adorables » et lui conseille d'acheter *La Bonne Chanson.*

Notons, enfin, l'omission « scandaleuse » de Mallarmé, dont le premier *Parnasse* avait pourtant publié onze pièces, et le second *Parnasse* un fragment d'*Hérodiade :* Rimbaud n'a jamais prononcé son nom, ce qui ne veut pourtant pas dire qu'il ne lui a jamais emprunté nulle inspiration (voir n. 5, p. 524).

27. Rimbaud comptait-il retourner à Paris pour prendre part aux luttes de la Commune? C'est probable, d'après cette dernière phrase; mais la « semaine sanglante » allait commencer (21-28 mai), et la victoire des Versaillais rendre désormais son départ sans objet.

A ERNEST DELAHAYE, JUIN 1872
P. 352.

1. Rimbaud vient de passer plusieurs semaines à Charleville, en raison, semble-t-il, de la situation pénible qu'il a créée dans le ménage de Verlaine (voir *Notice* des *Derniers Vers*), et c'est à ce séjour qu'il fait une allusion désabusée au début de sa lettre. Il est revenu à Paris au début de mai, et il y restera jusqu'en juillet. Cette lettre nous montre le Rimbaud qui a fréquenté avec Verlaine la bohème parisienne, les cafés, qui parle (de même que Verlaine) un argot particulier; qui continue à « s'encrapuler », mais aussi qui travaille et poursuit ses tentatives poétiques : on sait que la plupart des *Derniers Vers* sont datés de mai, de juin ou de juillet 1872.

2. Verlaine et Rimbaud (et aussi leurs amis) employaient, dans leurs lettres, une sorte d'argot particulier, que Rimbaud semble avoir affectionné à la fois pour sa grossièreté, et pour le plaisir enfantin de se créer un langage à part : *Parmerde* pour Paris, *Jumphe* pour juin, *travaincer* pour travailler... *Caropolmerdis* désigne les Carolopolitains ou habitants de Charleville, *colrage* remplace courage, etc. « Quelle anormale compétence dans la façon dont il encanaille les mots les plus bénins en leur forgeant des désinences incongrues ! » dit Rivière. Encanaillement et révolte, refus de la première des conventions sociales, le langage commun. « L'argot est la langue des ténébreux », dit Hugo dans les quatre chapitres qu'il a consacrés à l'argot au livre VII de la 4e partie des *Misérables*.

3. Un *cosmorama* est « une espèce d'optique où l'on voit des tableaux représentant les principales villes ou vues du monde », dit Littré, donc quelque chose d'assez semblable au *diorama,* qui avait été inventé vers 1820. Cf. dans *Le Père Goriot* le parler en *rama* des pensionnaires de Mme Vauquer.

4. Rimbaud a toujours craint la chaleur et la soif. Il aimait les *cavernes,* nombreuses dans les Ardennes, et Delahaye nous a rapporté le projet qu'il avait fait en 1870 de se retirer dans l'une d'elles et d'y vivre en ermite, plutôt que de retourner au lycée.

5. Tous les biographes de Verlaine nous ont raconté ses « soûleries » à l'absinthe dans les cafés de la rive gauche; on voit qu'il y a entraîné Rimbaud (cf. *l'Absinthe aux verts piliers* dans *Comédie de la soif*). L'*Académie* en question se trouvait 176, rue Saint-Jacques et a été désignée par Verlaine sous le nom d' « Institut Pellerier », du nom de son tenancier.

6. A Pâques 1871, Henri Perrin avait succédé à Georges Izambard comme professeur de rhétorique au collège de Charleville, puis, ayant

donné sa démission, il devint directeur du journal *Le Nord-Est* en juillet. Rimbaud lui avait envoyé plusieurs poèmes qui ne furent pas imprimés.

7. Les vœux antipatriotiques de Rimbaud font partie de sa réaction furieuse contre ce qu'il appelle le « patrouillotisme » (cf. sa lettre à Izambard d'août 1870, éd. Adam, p. 238-240) : le militarisme de la population de Charleville, « prud'hommesquement spadassine », disait-il dans la même lettre, appelle en contrepartie l'oppression militaire.

8. Rimbaud, après avoir été hébergé par divers amis de Verlaine, était ensuite resté trois mois (de janvier à mars 1872) dans une mansarde de la rue Campagne-Première, dont les amis de Verlaine s'étaient cotisés pour lui payer le loyer (25 francs par an). A son retour de Charleville, il s'installa d'abord rue Monsieur-le-Prince, puis logea à l'hôtel de Cluny, rue Victor-Cousin : c'est de là qu'il écrit sa lettre.

9. Cette évocation de la première heure du matin, qui fait songer à *Aube*, dans les *Illuminations,* a peut-être inspiré le poème en vers libres *Bonne Pensée du matin :* « A quatre heures du matin, l'été... », qui est daté de mai 1872. C'est un alliage bien rimbaldien que le mélange, dans cette lettre, d'un tel sentiment de pureté frissonnante devant l'aube et de tant de termes grossiers...

10. *La Renaissance littéraire et artistique,* journal dirigé par Émile Blémont, devait publier en septembre 1872 le poème de Rimbaud, *Les Corbeaux.* Blémont faisait partie du groupe des amis de Verlaine et allait aux réunions des Vilains Bonshommes. C'est à lui que Rimbaud donnera l'autographe de son sonnet *Voyelles.*

11. *Colrage* équivaut à courage dans l'argot rimbaldien (de même que Rimbaud écrit dans la lettre suivante : *rendez-vol* pour rendez-vous); mais l'allusion aux *saisons* reste obscure. On sait que ce terme, fréquemment employé par Rimbaud (cf. *O saisons, ô châteaux*) a été interprété dans les sens les plus variés. Il est probable toutefois qu'ici il s'agit simplement de cet « été accablant » qui donne à Rimbaud une « soif à craindre la gangrène ».

A ERNEST DELAHAYE, MAI 1873

P. 354.

1. Cette lettre est écrite du hameau de Roche, qui se trouve ici plaisamment désigné par *Laïtou.* La lettre est accompagnée de deux dessins, l'un représentant « Laïtou, mon village », c'est-à-dire, suivant Berrichon, le hameau de Roche vu de la maison de Mme Rimbaud — l'autre représentant un bonhomme portant, dit Berrichon, « une bêche en ostensoir » et disant : « O Nature, ô ma sœur », tandis qu'une oie, dans l'herbe, dit : « O Nature, ô ma tante ! » On peut voir ce dernier dessin dans le *Rimbaud par lui-même* d'Y. Bonnefoy, p. 118 et dans l'*Album Rimbaud* de la Pléiade, p. 159.

Rimbaud, usant toujours du même jargon, décrit dans cette lettre son horreur de la campagne ardennaise; mais aussi, ce qui est plus important, il y parle de ses travaux, et fait mention de ce *Livre païen* ou *Livre nègre* qui deviendra *Une saison en enfer.* Rimbaud était arrivé à Roche pour Pâques, le 11 avril, et s'il ne songeait sans doute pas encore à rompre avec Verlaine, il est probable qu'il traversait alors une crise morale dont *Mauvais Sang* garde la trace (voir l'*Introduction*, p. XLVII). (S. B.)

Le texte de la lettre est établi d'après le fac-similé publié par Steve Murphy (*Parade sauvage, Bulletin* n° 1, février 1985, p. 57-68). Voir aussi Jean-Pierre Chambon (*Rimbaud à la loupe*, colloque de Cambridge) (10-12 septembre 1987), Parade sauvage, 1990, p. 121-135 ; et *Parade sauvage, Bulletin* n° 4, mars 1988, p. 65-76. (A. G.)

2. *O Nature! ô ma mère!* est évidemment une exclamation parodique. Rimbaud songe probablement, comme l'a indiqué Bouillane de Lacoste dans son édition critique d'*Une saison en enfer*, soit à Rousseau (dans ses *Confessions*, description de l'île Saint-Pierre), soit à Musset (dans *Le Souvenir*), qui tous deux employaient cette même exclamation.

3. Ce dessin et le suivant sont les deux dessins décrits par Berrichon.

4. *Charlestown* est évidemment Charleville ; *l'Univers* est le café de l'Univers, à Charleville, auquel Rimbaud faisait allusion dans sa lettre de juin 1872.

5. Allusion à la bibliothèque dont Rimbaud était, suivant Delahaye, un lecteur assidu. C'est là qu'il a pu voir ces «assis» auxquels il a consacré un poème satirique.

6. *Le Nord-Est* est le journal dirigé par Perrin (voir n. 6, p. 555) ; il avait pour rédacteur en chef Léon Deverrière, professeur de rhétorique à l'Institution Rossat, que Rimbaud connaissait.

7. Il s'agit des *Romances sans paroles*, en grande partie écrites à Londres, et que Verlaine cherchait à éditer. Ce recueil compte, écrit Verlaine vers la même époque à Lepelletier, «468 vers purement littéraires», et Verlaine de son côté intrigue auprès de ses amis Lepelletier et Blémont pour le faire publier à Paris. Il enverra son «manusse» à Lepelletier le 19 mai.

8. *Boulion*, c'est Bouillon, à la frontière belge. Rimbaud n'étant pas venu au rendez-vous, Verlaine, qui était arrivé à pied par une pluie battante, devait lui écrire en lui demandant de lui fixer une nouvelle entrevenue. Le 23 mai, Verlaine qui se trouvait à Jehonville, chez une parente, dans le Luxembourg belge, écrivait à Lepelletier : «Je pars demain pour Bouillon, où j'ai rendez-vous avec des camaraux (*sic*) de Mézières, Charleville, et de là pour Liège, belle ville de moi inconnue et de Liège pour Anvers et de là pour Leun'deun'.» Effectivement, ils allaient se retrouver le 24 et, par l'itinéraire prévu, rentrer à Londres où ils arrivèrent le 26. Il résulte de la lettre de Rimbaud que s'il n'avait pas à cette date rompu avec Verlaine, il n'avait nullement l'intention, dans l'immédiat, de reprendre la vie commune avec lui.

9. Quelles étaient ces *trois histoires* déjà écrites ? Le brouillon de *Mauvais Sang* retrouvé en 1948 nous permet de penser qu'il y avait là *une* des histoires en question ; les deux autres ont-elles été, par la suite, intégrées à *Mauvais Sang* pour former le chapitre actuel ? C'est ce qui me paraît le plus probable (voir la *Notice* d'*Une saison en enfer*). Ne soyons pas surpris de voir Rimbaud hésiter devant les frais d'expédition de quelques feuillets : on sait combien Mme Rimbaud le tenait serré financièrement. Une fois de plus, nous le trouvons en train de parodier sa mère (*Ça coûte tant!*).

BIBLIOGRAPHIE

I

PRINCIPALES ÉDITIONS

On doit à Henry de Bouillane de Lacoste les premières éditions critiques des œuvres de Rimbaud. Elles parurent au Mercure de France, en 1939 *(Poésies), en 1941 (Une saison en enfer) et en 1949 (Illuminations). On a publié, par ailleurs, en France et à l'étranger, de nombreuses éditions annotées :*

ŒUVRES COMPLÈTES, texte établi et annoté par André Rolland de Renéville et Jules Mouquet, Gallimard, « Bibliothèque de la Pléiade », 1946 (avec des révisions et des retirages jusqu'en 1967).

ILLUMINATIONS, versione con testo a fronte, introduzione e note a cura di Mario Matucci, Firenze, Sansoni, 1952.

UNE SAISON EN ENFER (...) a cura di Mario Matucci, Firenze, Sansoni, 1955.

ŒUVRES, introduction d'Antoine Adam, notice de Paul Hartmann, Le Club du meilleur livre, 1957 (paru aussi au Mercure de France).

POÈMES, avec une introduction de Pierre Moreau et des notes de Michel Décaudin, Hachette, 1958.

OPERE, introduzione, traduzione e note a cura di Ivos Margoni, Milano, Feltrinelli, 1964.

ILLUMINATIONS, texte établi, annoté et commenté, avec une introduction, un répertoire de thèmes et une bibliographie, par Albert Py, Droz-Minard, 1967 (revu en 1969).

COMPLETE WORKS, SELECTED LETTERS, Translation, Introduction and Notes by Wallace Fowlie, University of Chicago Press, 1967.

ŒUVRES COMPLÈTES, édition établie, présentée et annotée par Antoine Adam, Gallimard, coll. Bibliothèque de la Pléiade, 1972.

POÉSIES, UNE SAISON EN ENFER, ILLUMINATIONS, préface de René Char, texte présenté, établi et annoté par Louis Forestier, Gallimard, coll. Poésie/Gallimard, 1973 ; rééd. revue et corrigée 1984.

LETTRES DU VOYANT *(13 et 15 mai 1871)*, éditées et commentées par Gérald Schaeffer, précédé de « La voyance avant Rimbaud » par Marc Eigeldinger, Droz-Minard, 1975.

OPERE, a cura di Diana Grange Fiori, introduzione di Yves Bonnefoy, Milan, Mondadori, 1975.

ILLUMINATIONS, Edited by Nick Osmond, University of London, The Athlone Press, coll. Athlone French Poets, 1976.

POÉSIES, édition critique, introduction, classement chronologique et notes par Marcel A. Ruff, Nizet, 1978.

ILLUMINAZIONI, introduzione, traduzione e note di Ivos Margoni e Cesare Colletta, commento di Cesare Colletta, Milan, Rizzoli, 1981.

POÉSIES (1869-1872), édition établie par F. Eigeldinger et G. Schaeffer, Neuchâtel, A la Baconnière-Payot, coll. Langages, 1981.

ILLUMINATIONS, texte établi et commenté par André Guyaux, Neuchâtel, A la Baconnière, coll. Langages, 1985.

ŒUVRES POÉTIQUES, textes présentés et commentés par Cecil Arthur Hackett, L'Imprimerie Nationale, coll. Lettres françaises, 1986.

UNE SAISON EN ENFER, édition critique par Pierre Brunel, Corti, 1987.

ŒUVRES, préfaces, notices et notes par Jean-Luc Steinmetz, Flammarion, coll. GF, 3 tomes, 1989.

II

PRINCIPALES ÉTUDES

Antoine Adam, « L'énigme des *Illuminations* », *Revue des sciences humaines,* octobre-décembre 1950, p. 221-245.

Pierre Arnoult, *Rimbaud,* Albin Michel, 1943. Rééd., 1955.

Danielle Bandelier, *Se dire et se taire : l'écriture d'Une saison en enfer d'Arthur Rimbaud,* Neuchâtel, A la Baconnière, coll. Langages, 1988.

Jean-Louis Baudry, « Le texte de Rimbaud », *Tel Quel,* n° 35, automne 1968, p. 46-63 et n° 36, hiver 1968-1969, p. 33-53.

Suzanne Bernard, *Le Poème en prose de Baudelaire jusqu'à nos jours,* Nizet, 1959 (sur Rimbaud, p. 151-211).

Maurice Blanchot, « Le sommeil de Rimbaud », *Critique,* mars 1947, p. 195-202. Repris dans *La Part du feu,* Gallimard, 1949, p. 157-165.

— « L'œuvre finale », *Nouvelle Revue française,* août 1961, p. 293-303. Repris dans *L'Entretien infini,* Gallimard, 1969, p. 421-431.

Yves Bonnefoy, *Rimbaud par lui-même,* Le Seuil, coll. Écrivains de toujours, 1961 ; rééd. 1979.

Henry de Bouillane de Lacoste, *Rimbaud et le problème des Illuminations,* Mercure de France, 1949.

Pierre Boutang, *Apocalypse du désir,* Grasset, 1979. « Damné par l'arc-en-ciel », p. 49-73.

André Breton, *Flagrant Délit : Rimbaud devant la conjuration de l'imposture et du truquage,* Thésée, 1949. Rééd. Pauvert, 1964. Repris auparavant dans *La Clé des Champs,* Éditions du Sagittaire, 1953.

Suzanne Briet, *Madame Rimbaud, essai de biographie,* Minard, 1968 (avec la correspondance de la mère de Rimbaud).

Pierre Brunel, *Arthur Rimbaud ou l'éclatant désastre,* Champ Vallon, coll. Champ poétique, 1983.

— *Rimbaud, Projets et réalisations,* Champion, coll. Unichamp, 1983.

ALBERT CAMUS, *L'Homme révolté,* Gallimard, 1951 (p. 115-118).

JEAN-MARIE CARRÉ, *La Vie aventureuse de Jean-Arthur Rimbaud,* Plon, 1926. Rééd. 1949.

CHARLES CHADWICK, *Études sur Rimbaud,* Nizet, 1960.

— *Rimbaud,* University of London, The Athlone Press, coll. Athlone French Poets, 1979.

ALAN ROWLAND CHISHOLM, *The Art of Rimbaud,* Melbourne University Press-Macmillan and Co, 1930.

PAUL CLAUDEL, «Arthur Rimbaud», *La Nouvelle Revue française,* 1er octobre 1912, p. 557-567 (publié la même année comme préface aux *Œuvres* de Rimbaud, Mercure de France). Repris dans les *Œuvres complètes* de Claudel, Gallimard, t. XV, 1959, p. 78-85.

BENOIT DE CORNULIER, *Théorie du vers : Rimbaud, Verlaine, Mallarmé,* Le Seuil, 1982.

MARCEL COULON, *La Vie de Rimbaud et de son œuvre,* Mercure de France, 1929.

DANIEL-ROPS, *Rimbaud, le drame spirituel,* Plon, 1936.

MARGARET DAVIES, *« Une saison en enfer » d'Arthur Rimbaud, analyse du texte,* Minard, 1975.

ERNEST DELAHAYE, *Rimbaud, l'artiste et l'être moral,* Messein, 1923.

— *Souvenirs familiers à propos de Rimbaud, Verlaine et Germain Nouveau,* Messein, 1925.

— *Les « Illuminations » et « Une saison en enfer » d'Arthur Rimbaud,* Messein, 1927.

ANDRÉ DHOTEL, *Rimbaud et la révolte moderne,* Gallimard, coll. Les Essais, 1952.

MAURICE DULLAERT, «L'affaire Verlaine», *Nord* (Bruxelles), 4e cahier, novembre 1930, p. 303-355.

MARC EIGELDINGER, *Rimbaud et le mythe solaire,* Neuchâtel, A la Baconnière, 1964.

— *Lumières du mythe,* PUF, coll. Écriture, 1983 (le chap. III est consacré à Rimbaud, p. 127-174).

— *Mythologie et intertextualité,* Genève, Slatkine, 1987 *(« Illuminations »,* p. 211-229 et «La demeure rimbaldienne», p. 233-242).

Frédéric Eigeldinger et André Gendre, *Delahaye témoin de Rimbaud*, Neuchâtel A la Baconnière, 1974.

Étiemble, *Le Mythe de Rimbaud*, Gallimard, tome I : *Genèse du mythe (1869-1949)*, *Bibliographie analytique et critique suivie d'un supplément aux iconographies*, 1954 (rééd. 1968) ; tome II : *Structure du mythe*, 1952 (2ᵉ éd. 1961 ; 3ᵉ éd. 1970) ; tome V : *L'Année du centenaire*, 1968.

— *Le Sonnet des Voyelles*, Gallimard, coll. Les Essais, 1968.

— *Hygiène des lettres*, tome IV : *Poètes ou faiseurs ?*, Gallimard, 1966 (sur Rimbaud, p. 51-52 et 152-177).

— *Rimbaud, système solaire ou trou noir*, PUF, coll. Écrivains, 1984.

Étiemble et Yassu Gauclère, *Rimbaud*, Gallimard, coll. Les Essais, 1936. Rééd. 1950 et 1966.

Robert Faurisson, « A-t-on lu Rimbaud ? », *Bizarre*, 4ᵉ tim. 1961, p. 1-48. Cet article a suscité une polémique et des réactions diverses (Antoine Adam, André Breton, Étiemble, etc.) réunies dans le numéro de juillet 1971 de *La Bibliothèque volante*.

Félix Fénéon, « Arthur Rimbaud : les *Illuminations* », *Le Symboliste*, 7-14 octobre 1886. Repris dans les *Œuvres plus que complètes* de Fénéon, éd. J.U. Halperin, Droz, 1970, tome II, p. 572-575.

Benjamin Fondane, *Rimbaud le voyou*, Denoël et Steele, 1933. Rééd. Plasma, 1979 et Bruxelles, Complexe, 1990.

Wallace Fowlie, *Rimbaud*, University of Chicago Press, 1965.

Hugo Friedrich, *Die Struktur der modernen Lyrik*, Hamburg, Rowohlt, 1968 (sur Rimbaud, p. 59-94). Prem. éd. 1956. Trad. française Michel-François Demet, Denoël-Gonthier, coll. Médiations, 1976, p. 73-123.

Jacques Gengoux, *La Pensée poétique de Rimbaud*, Nizet, 1950.

Jean-Pierre Giusto, *Rimbaud créateur*, PUF, 1980.

Colonel Godchot, *Arthur Rimbaud « ne varietur »*, 2 t., Nice, chez l'auteur, 1936-1937.

Robert Goffin, *Rimbaud vivant*, Corrêa, 1937.

ANDRÉ GUYAUX, *Poétique du fragment, essai sur les « Illuminations »* de Rimbaud, Neuchâtel, A la Baconnière, coll. Langages, 1985.

— *Duplicités de Rimbaud*, Neuchâtel, A la Baconnière, coll. Langages, 1991.

CECIL ARTHUR HACKETT, *Rimbaud l'enfant*, préface de Gaston Bachelard, Corti, 1948.

— *Rimbaud*, Londres, Bowes and Bowes, 1957.

— *Autour de Rimbaud*, Klincksieck, 1967.

— *Rimbaud, a Critical Introduction*, Cambridge University Press, 1981.

ALBERT HENRY, *Lecture de quelques Illuminations*, Bruxelles, Académie royale de Belgique, 1989.

GEORGES IZAMBARD, *Rimbaud tel que je l'ai connu*, Mercure de France, 1946.

GUSTAVE KAHN, *Symbolystes et décadents*, Vanier, 1902 (sur Rimbaud, p. 245-280).

ATLE KITTANG, *Discours et jeu, essai d'analyse des textes d'Arthur Rimbaud*, Presses universitaires de Bergen-Oslo-Tromsø et de Grenoble, 1975.

JAMES LAWLER, *The Langage of French Symbolism*, Princeton University Press, 1969 («Rimbaud as Rhetorician», p. 71-111).

— *Rimbaud's Theater of the Self*, Harvard University Press, 1991.

MARIO MATUCCI, *Les Deux Visages de Rimbaud*, Neuchâtel, A la Baconnière, coll. Langages, 1986.

HENRY MONDOR, *Rimbaud ou le génie impatient*, Gallimard, 1955.

BRUCE MORRISSETTE, *La Bataille Rimbaud, l'affaire de « La Chasse spirituelle »*, Nizet, 1959. Trad. française de *The Great Rimbaud Forgery*, Saint-Louis, Washington University Studies, 1956.

JULES MOUQUET, *Rimbaud raconté par Paul Verlaine*, Mercure de France, 1934.

YOSHIKAZU NAKAJI, *Combat spirituel ou immense dérision? Essai d'analyse textuelle d'Une saison en enfer*, Corti, 1987.

ÉMILIE NOULET, *Le Premier Visage de Rimbaud : huit poèmes de jeunesse, choix et commentaire*, Bruxelles, Académie royale de langue et littérature françaises, 1953; 2ᵉ éd. 1973.

ENID RHODES PESCHEL, *Flux and Reflux : Ambivalence in the Poems of Arthur Rimbaud*, préface d'Étiemble, Droz, 1977.

PIERRE PETITFILS, *Rimbaud, Biographie*, Julliard, 1982.

HENRY PEYRE, *Rimbaud vu par Verlaine*, Nizet, 1975.

YVES REBOUL, «Les problèmes rimbaldiens traditionnels et le témoignage d'Isabelle Rimbaud», *La Revue des lettres modernes, A. Rimbaud*, 1, 1972, p. 95-105 et 2, 1976, p. 83-102.

JACQUES PLESSEN, *Promenade et poésie : l'expérience de la marche et du mouvement dans l'œuvre de Rimbaud*, La Haye-Paris, Mouton, 1967.

GEORGES POULET, *La Poésie éclatée*, PUF, coll. Écriture, 1980 («Rimbaud», p. 85-165).

MAX RIBI D'ERMATINGEN, *Essai d'une rythmique des «Illuminations»* d'*Arthur Rimbaud*, Zürich, Uto, 1948.

JEAN-PIERRE RICHARD, *Poésie et profondeur*, Le Seuil, 1955 («Rimbaud ou la poésie du devenir», p. 187-250).

MARIO RICHTER, *Les Deux «Cimes» de Rimbaud : «Dévotion» et «Rêve»*, Genève, Slatkine, 1986.

JACQUES RIVIÈRE, *Rimbaud*, Kra, 1930. Rééd. Émile-Paul, 1938. Rééd. Roger Lefèvre, Gallimard, 1977.

ANDRÉ ROLLAND DE RENÉVILLE, *Rimbaud le voyant*, Au Sans Pareil, 1929. Rééd. La Colombe, 1947.

— «Verlaine témoin de Rimbaud», *Les Cahiers de la Pléiade*, printemps 1950, p. 91-115.

FRANÇOIS RUCHON, *Jean-Arthur Rimbaud, sa vie, son œuvre, son influence*, Champion, 1929.

MARCEL A. RUFF, *Rimbaud, l'homme et l'œuvre*, Hatier, 1968.

SERGIO SACCHI, *Rimbaud o la vita assente*, Roma, Bulzoni, 1978.

ENID STARKIE, *Rimbaud*, Londres, Faber and Faber, 1938. Rééd. 1947 et 1961. Trad. française Alain Borer, Flammarion, 1982.

— *Rimbaud en Abyssinie*, Payot, 1938.

JEAN-LUC STEINMETZ, *La Poésie et ses raisons*, Corti, 1990 («Variables : Rimbaud», p. 13-72).

TZVETAN TODOROV, *Les Genres du discours,* Le Seuil, coll. Poétique, 1987 (p. 99-181 et p. 204-220).

VERNON PHILIP UNDERWOOD, *Rimbaud et l'Angleterre,* Nizet, 1976.

PAUL VERLAINE, *Œuvres en prose complètes,* texte établi, présenté et annoté par Jacques Borel, Gallimard, coll. Bibliothèque de la Pléiade, 1972. Réunit les différents textes de Verlaine sur Rimbaud, en particulier l'étude pour *Les Poètes maudits* (1883), la préface pour la première édition des *Illuminations* (1886), le fascicule des *Hommes d'aujourd'hui* (1888), la préface pour l'édition des *Poésies complètes* (1895).

HERMANN WETZEL, *Rimbauds Dichtung,* Stuttgart, Metzler, 1985.

NATHANIEL WING, *Present Appearances, Aspects of Poetic Structure in Rimbaud's « Illuminations »,* University of Mississippi Press, 1974.

III

REVUES ET RECUEILS COLLECTIFS

Rimbaud vivant, Bulletin des amis de Rimbaud (29 numéros parus).

Études rimbaldiennes (3 numéros, en 1969, 1970, 1972).

La Revue des lettres modernes, série *Arthur Rimbaud* (4 numéros parus, en 1972, 1973, 1976, 1981).

Circeto, revue d'études rimbaldiennes (2 numéros parus, en 1983 et 1984).

Parade sauvage, revue d'études rimbaldiennes (7 numéros parus : octobre 1984, avril 1985, septembre 1986, juillet 1988, juin 1989, janvier 1991), avec un *Bulletin* (6 numéros parus : février 1985, janvier 1986, juin 1987, mars 1988, juillet 1989, novembre 1990).

Numéros spéciaux : *La Grive* (octobre 1954); *Europe* (mai-juin 1973); *Littérature* (octobre 1973); *Revue de l'Université de Bruxelles* (1982); *Revue des sciences humaines* (n° 193, 1984); *Cahiers de l'Association inter-*

nationale des études françaises (n° 36, mai 1984); *Revue d'histoire littéraire de la France* (janvier-février 1987); *Les Valenciennes* (n° 13, 1ᵉʳ trimestre 1990), *Europe* (juin 1991), *Sud* (1991).

Recueils, actes de colloque : *Rimbaud* (Hachette, coll. Génies et réalités, 1968); *Aujourd'hui Rimbaud*, enquête de Roger Munier (Minard, 1976); *Études sur les poésies de Rimbaud* (Neuchâtel, A la Baconnière-Payot, coll. Langages, 1979); *«Minute d'éveil»* : *Rimbaud maintenant* (CDU-SEDES, Société des Études romantiques, 1984); *Le Point vélique. Études sur Arthur Rimbaud et Germain Nouveau* (Neuchâtel, A la Baconnière, coll. Langages, 1986); *Rimbaud multiple* (Gourdon, Bedou et Touzot, 1986); *Arthur Rimbaud : poesia e avventura* (Pisa, Pacini, 1987); *Rimbaud ou la liberté libre* (Charleville-Mézières, Parade sauvage, 1987); *Rimbaud : le poème en prose et la traduction poétique* (Tübingen, Gunter Narr, 1988); *Arthur Rimbaud* (New York, Chelsea House, coll. Modern Critical Views, 1988); *Rimbaud à la loupe* (Charleville-Mézières, Parade sauvage, 1990).

IV

MANUSCRITS

Les manuscrits des textes de Rimbaud sont répartis entre quelques bibliothèques (la Bibliothèque Nationale, où sont conservés les manuscrits des anciennes collections Lucien-Graux et Barthou; le Fonds Doucet; la Bibliothèque Municipale de Charleville; la Bibliothèque Bodmer, près Genève, etc.) et des collections privées (celles de Pierre Berès, de Jacques Guérin, etc.).

Un volume de fac-similés des Poésies *a paru chez Messein en 1919, dans la collection «Les Manuscrits des Maîtres». Les fac-similés des* Illuminations *ont été publiés par Roger Pierrot (chez Ramsay en 1984) et par André Guyaux (dans* Poétique du fragment, op. cit.*).*

V

BIBLIOGRAPHIES

ÉTIEMBLE, *Le Mythe de Rimbaud,* tomes I et V (voir ci-dessus : ÉTUDES).

OLIVIER BIVORT et ANDRÉ GUYAUX, *Bibliographie des Illuminations,* Neuchâtel, A la Baconnière, 1991.

VI

INDEX ET CONCORDANCES

PIERRE GUIRAUD, *Index du vocabulaire du symbolisme,* n° 4 : *Index des mots des « Illuminations »,* Klincksieck, 1954.

ROBERT CLIVE ROACH, *Index du vocabulaire du symbolisme,* n° 7 : *Index des mots de « Une saison en enfer »,* Klincksieck, 1960.

WILLIAM C. CARTER et ROBERT F. VINES, *A Concordance to the « Œuvres complètes » of Arthur Rimbaud,* Ohio University Press, 1979.

ANDRÉ BANDELIER, FRÉDÉRIC EIGELDINGER, PIERRE-ÉRIC MONNIN, ÉRIC WEHRLI, *Table de concordances rythmique et syntaxique des « Poésies » d'Arthur Rimbaud,* Neuchâtel, A la Baconnière-Payot, coll. Langages, 1981 (tome II de l'éd. F. Eigeldinger-G. Schaeffer des *Poésies*).

FRÉDÉRIC EIGELDINGER, *Table de concordances rythmique et syntaxique de « Une saison en enfer »,* Neuchâtel, A la Baconnière, coll. Langages, 1984.

FRÉDÉRIC EIGELDINGER, *Table de concordances rythmique et syntaxique des « Illuminations »,* Neuchâtel, A la Baconnière, coll. Langages, 1986.

VII

ICONOGRAPHIE

Rimbaud, documents iconographiques, avec une préface et des notes par FRANÇOIS RUCHON, Vésenaz-Genève, Caillier, 1946.

Autour de Verlaine et de Rimbaud, dessins de Verlaine, Delahaye, G. Nouveau, présentés par JEAN-MARIE CARRÉ, Cahiers Jacques Doucet, 1949.

Catalogue de l'exposition Arthur Rimbaud, Bibliothèque Nationale, 1954.

ANDRÉ DHOTEL, *La Vie de Rimbaud,* Éditions du Sud-Albin Michel, coll. Vies et visages, 1965.

Album Rimbaud, iconographie réunie et commentée par HENRI MATARASSO et PIERRE PETITFILS, Gallimard, coll. Bibliothèque de la Pléiade, 1967.

FRÉDÉRIC MUSSO, *Arthur Rimbaud,* Charron, coll. Les Géants, 1972.

Arthur Rimbaud : portraits, dessins, manuscrits, catalogue de l'exposition du Musée d'Orsay (octobre 1991-janvier 1992).

TABLE DES MATIÈRES

PROSES « ÉVANGÉLIQUES »

UNE SAISON EN ENFER

ILLUMINATIONS

ALBUM ZUTIQUE

LES STUPRA

BROUILLONS D' « UNE SAISON EN ENFER »

CHOIX DE LETTRES

Aubin Imprimeur
LIGUGÉ, POITIERS

Dépôt légal : avril 1993
Dépôt légal de la 1ʳᵉ édition : 4ᵉ trimestre 1960
N° d'impression L 42797
Imprimé en France